Veröffentlichungen des Deutschen Historischen Instituts London

Publications of the German Historical Institute London

Herausgegeben von
Christina von Hodenberg

Edited by
Christina von Hodenberg

BAND 94/VOLUME 94

Veröffentlichungen des Deutschen Historischen Instituts London
Publications of the German Historical Institute London

Geprägte Freiheit

Großbritannien und das Europäische Währungssystem 1979–1992

von

Juliane Clegg

DE GRUYTER
OLDENBOURG

Diese Publikation ist die überarbeitete Fassung einer Dissertation, eingereicht an der Philosophischen Fakultät der Universität Potsdam im Jahr 2024.
Erstgutachter: Prof. Dr. Dominik Geppert
Zweitgutachter: Prof. Dr. Andreas Rödder
Datum der mündlichen Prüfung: 4. Juli 2024.

ISSN 2192-0257
ISBN 978-3-11-223485-3
ISBN 978-3-11-223486-0 (PDF)
ISBN 978-3-11-223487-7 (EPUB)
DOI https://doi.org/10.1515/9783112234860

Library of Congress Control Number: 2025934066

Bibliografische Information der Deutschen Nationalbibliothek
Die Deutsche Nationalbibliothek verzeichnet diese Publikation in der Deutschen Nationalbibliografie; detaillierte bibliografische Daten sind im Internet über https://dnb.dnb.de abrufbar.

De Gruyter Oldenbourg und Walter de Gruyter GmbH sind Teil von De Gruyter Brill.
www.degruyterbrill.com

Fragen zur allgemeinen Produktsicherheit: productsafety@degruyterbrill.com

Einbandabbildung: £5-Banknote mit dem Porträt von Queen Elizabeth II, Series C (Portrait Series), 1963. © Bank of England. Reproduced in accordance with the Bank of England's bank
conditions.
Druck: CPI books GmbH, Leck

FSC www.fsc.org MIX Papier | Fördert gute Waldnutzung FSC® C083411

Danksagung

Die vorliegende Studie ist die überarbeitete Fassung meiner 2024 an der Universität Potsdam angenommenen Dissertation.

Meinem Doktorvater Prof. Dr. Dominik Geppert danke ich für seinen unschätzbaren Beitrag. Seine Unterstützung bei der Themenfindung ermöglichte mir die Arbeit an einem Thema, das nicht nur meine Studieninteressen in Geschichte und Wirtschaft zusammenbrachte, sondern mich auch persönlich inspirierte. Er hat mich dazu ermutigt, Geld und Politik unter einem neuen Blickwinkel zu sehen, meine Perspektiven durch fachliche Diskussionen geschärft und mich gebremst, wenn ich im Überfluss von Quellen und Ideen zu ertrinken drohte. Nicht zuletzt hat er mir den Rücken für die Niederschrift freigehalten. Meinem Zweitgutachter Prof. Dr. Andreas Rödder danke ich für seine konstruktiven Anregungen, wertvollen Perspektiven und Hinweise.

Meinen Kolleginnen und Kollegen an den Universitäten Bonn und Potsdam danke ich für tägliche Hilfsbereitschaft, Unterstützung und anregende Gespräche, insbesondere Victor Jaeschke, auf dessen Rückhalt ich mich immer verlassen konnte. Ohne sie wäre meine Forschung nicht die inspirierende Erfahrung gewesen, die sie war.

Ich danke den Archivarinnen und Archivaren, die meine Recherchen mit großem Engagement unterstützt haben, nicht zuletzt während der coronabedingten Schließungen. Besonders danke ich Andrew Riley für seinen Rat schon bei meinen allerersten Archivrecherchen für die Masterarbeit und Dr. Matthias Weber für zahlreiche Hinweise, zusätzliche Materialien und seine mitreißende Motivation. Chris Collins danke ich für die Bereitstellung von Quellen durch die *Margaret Thatcher Foundation*, die so viel Forschung inspiriert, aber auch für den wertvollen Austausch über Thatchers Politik. Dem DHI London und dem DAAD danke ich für die materielle und ideelle Förderung meiner Forschungsreisen. Den Herausgebern der Veröffentlichungen des Deutschen Historischen Instituts London danke ich für die Aufnahme der Arbeit in die Reihe und ihre hilfreichen Hinweise zur Überarbeitung des Manuskripts.

Ich danke allen Kolleginnen und Kollegen, die auf zahlreichen Tagungen, Konferenzen und Kolloquien meine Thesen diskutiert und mir wertvolle Rückmeldungen gegeben haben.

Meinen Freundinnen und Freunden danke ich für ihre Unterstützung, ihren unerschütterlichen Glauben an mich und ihre Geduld.

Besonders danke ich meinem Partner Daniel Lübke für seine unermüdliche Unterstützung, Ermutigung und seine Rückmeldungen zu meiner Arbeit. All dies hat mir die Kraft gegeben, das Projekt abzuschließen. Meiner Familie danke ich für ihre Unterstützung und ihren bedingungslosen Rückhalt: meinen Schwestern Melanie und Victoria als Mitstreiterinnen in der Wissenschaft für inspirierende

Diskussionen, geteiltes Leid und verdoppelte Freude; meinem Bruder Georg für seinen Humor und seine Gelassenheit, besonders in unruhigen Zeiten. Meinen Eltern Sigrid und George Clegg danke ich, dass sie immer für mich da waren und immer an mich geglaubt haben, auch dann, wenn es mir selbst schwerfiel. Ich bin zutiefst dankbar für Eltern, die aus diesem Holz geschnitten sind.

Inhaltsverzeichnis

Einleitung

> But in those days money was easily earnt and plenty of it. And not in pieces of paper either. Solid gold sovereigns like my grandfather wore on his watch-chain. Little round pieces, yellow as summer daffodils, and wrinkled round the edges like shillings, with a head cut off in front, and a dragon and a man with a pole on the back. And they rang when he hit them on something solid. [...] I wonder did the last man, the very last man who had a pocketful of them, stop to think that he was the last man to be able to jingle sovereigns.[1]

Mit diesen Worten erinnert sich Huw Morgan, Protagonist in Richard Llewellyns *How Green Was My Valley* (1939), an die untergegangene Welt einer südwalisischen Bergbausiedlung. Für ihn symbolisieren Sovereign-Goldmünzen, die zwischen 1817 und 1914 zirkulierten, eine vergangene Lebensweise. Seit 1838 mit dem Porträt von Königin Victoria geprägt, wurden die Münzen zum Symbol nationaler Identität und imperialer Größe.[2] Ihre internationale Konvertibilität stand für nationale Zugehörigkeit und globale wirtschaftliche Einbindung.[3] Das Ende ihres Umlaufs 1914 markierte eine tiefgreifende Zäsur in der über tausendjährigen Geschichte der britischen Währung.[4]

Auch George Orwell beschrieb 1941 die britische Währung als Ausdruck kultureller Eigenart: „When you come back to England from any foreign country, you have immediately the sensation of breathing a different air. [...] The beer is bitterer, the coins are heavier, the grass is greener, the advertisements are more blatant."[5] Diese enge Verknüpfung von Geld und Lebensweise wirkte noch Jahrzehnte später in der öffentlichen Wahrnehmung währungspolitischer Reformen. So war auch die letzte große britische Währungsreform, die Einführung des Dezimalsystems (*decimalisation*) von 1971 heftig umstritten. Das bis dahin übliche System, in dem ein Pfund aus 20 Schilling zu jeweils zwölf Pence bestand und in dem Münzen wie *half-crown* und Sixpence kursierten, galt vielen als Teil britischer Tradition.[6] Reformvorschläge waren seit dem 19. Jahrhundert wiederholt an praktischen Bedenken und am Verweis auf die lange Währungsgeschichte gescheitert. Der britische Premierminister Herbert Henry Asquith hatte 1911 auf der Imperial Conference gewarnt: „I am quite certain that if you imposed the decimal coinage in this country you would have a revolution within a week."[7]

1 Llewellyn, My Valley, S. 8.

2 Alborn, Coin and Country, S. 2175 f.; ders., Money's Worth, S. 216.

3 Daunton, Globalisation, S. 24.

4 Weale, 1300 Years; Sinclair, Pound; Feavearyear, Pound Sterling.

5 Orwell, Lion, S. 77.

6 Cook, Decimalisation.

7 Minutes of the Proceedings of the Imperial Conference, 1911, Appendix to the Journals of the House of Representatives, 1911 Session I, A-04, Session on 2.6.1911, https://paperspast.natlib.govt.nz/parliamentary/AJHR1911-I.2.1.2.8 (30.9.2025), S. 169.

 | HTTPS://DOI.ORG/9783112234860-001

Erst 1967 beschloss die Labour-Regierung unter Harold Wilson die Reform, die 1971 von Edward Heaths konservativem Kabinett umgesetzt wurde. An „Britain's other D-Day", so der umgangssprachliche Name für den Umstellungstag am 15. Februar 1971, wurde das Pfund in 100 neue Pence unterteilt. Die Umstellung folgte pragmatischen Erwägungen: Einerseits sollte sie den Anschluss an dezimale Systeme ermöglichen, wie sie die Commonwealth-Länder Indien (1957), Südafrika (1961) und Australien (1966) bereits eingeführt hatten. Andererseits sollte der Zahlungsverkehr im Inland vereinfacht werden.[8] Rückblickend wurde sie jedoch – insbesondere im Kontext der Brexit-Debatten – als Bruch mit der Tradition und Anpassung an ein kontinentales System interpretiert.[9] Dies verweist darauf, dass währungspolitische Entscheidungen stets sowohl funktionale als auch symbolische Erwartungen berührten – ein Spannungsverhältnis, das in der späteren EWS-Debatte erneut sichtbar wurde.

Besonders deutlich wurde dieser Zusamenhang in den 1990er Jahren, als die geplante europäische Wirtschafts- und Währungsunion (WWU) Fragen nach nationaler Souveränität aufwarf. Diese prägten die politische Debatte in Großbritannien dauerhaft – insbesondere innerhalb der Konservativen Partei. Im Unterhauswahlkampf 2001 unterstrich die Konservative Partei mit dem Slogan „Save the Pound" ihre ablehnende Haltung.[10] „Abolish the pound and you abolish Britain", mahnte etwa der britische Konservative John Redwood in den späteren Debatten um den Euro.[11] Doch bereits vor dem Vertrag von Maastricht 1992, der die gemeinsame Währung etablierte, war die britische Rolle in der europäischen Währungspolitik umstritten. Das Europäische Währungssystem (EWS), 1978 gegründet und 1979 in Kraft getreten, sollte eine engere währungspolitische Zusammenarbeit ermöglichen. Großbritannien trat dem EWS zwar bei, blieb jedoch als einziges EG-Mitglied außerhalb des zentralen Wechselkursmechanismus (WKM), der die teilnehmenden Währungen in feste Wechselkursbandbreiten von ±2,25 Prozent – für Italien ±6 Prozent – einband.[12]

Labour-Premierminister James Callaghan ließ die Option eines späteren Beitritts zum WKM bewusst offen, um geldpolitische Autonomie zu bewahren – insbesondere gegenüber der starken Deutschen Mark. Zugleich sollte ein parteiinterner Konflikt vermieden werden, da weite Teile der Labour-Basis die EG-Mitgliedschaft ablehnten.[13] Als konservative Oppositionsführerin kritisierte Mar-

---

8 Cook, Decimalisation.

9 Dominic Sandbrook, The Day Britain Lost Its Soul. How Decimalisation Signalled the Demise of a Proudly Independent Nation, Daily Mail, 31.1.2011; Stephen Bayley, Decimalisation Day. Forty Years Ago, We Lost the Rich and Beautiful Poetry in Our Pockets, Daily Telegraph, 11.2.2011.

10 Burton, From Broke to Brexit, S. 70.

11 Redwood, Our Currency, S. 19.

12 Mourlon-Druol, A Europe Made of Money.

13 Ludlow, Making of the European Monetary System, S. 217–222.

garet Thatcher diesen dilatorischen Kurs scharf, setzte ihn jedoch nach ihrem Amtsantritt als Premierministerin 1979 fort. Er verschaffte ihr die notwendige geldpolitische Flexibilität für die Umsetzung monetaristischer Reformen – führte aber auch zu anhaltenden parteiinternen Konflikten über den richtigen Zeitpunkt eines Beitritts, die 1990 zu ihrem Rücktritt beitrugen.[14] Im Kern musste sie sich damit durchgehend der Frage stellen, ob weitgehend unbegrenzter geldpolitischer Handlungsspielraum oder eine externe Stabilisierung im WKM ihre politischen Zielsetzungen besser stützen würde.

Die Frage der WKM-Mitgliedschaft war deshalb so brisant, weil Geld nicht nur ökonomisches Instrument, sondern auch Träger gesellschaftlicher Strukturen und kultureller Bedeutungen war. Das verdeutlicht Martin Amis Erfolgsroman *Money. A Suicide Note* von 1984.[15] Protagonist ist der Antiheld John Self, doch die eigentliche Hauptrolle spielt das Geld, das vor allem als Buch- und Kreditkartengeld auftritt. Es treibt Self zu immer weiteren Exzessen, die seine persönlichen Beziehungen und schließlich seine Existenz vernichten. Dennoch bleibt die mächtige Fiktion unentrinnbar, wie Self am Ende feststellt: „If we all downed tools and joined hands for ten minutes and stopped believing in money, then money would no longer exist. We never will, of course. […] You can't get the money monkey off your back."[16] Der Roman macht den Wandel des Geldgebrauchs ebenso wie auf dessen politische und soziale Aufladung sichtbar.[17] Diese symbolischen Bedeutungen von Geld – als Ausdruck sozialer Ordnung, kollektiver Erinnerung und politischer Zugehörigkeit – wirkten über den literarischen Kontext hinaus. Sie prägten auch die politischen Auseinandersetzungen um währungspolitische Reformen und spiegelten sich besonders deutlich in der EWS-Debatte wider.[18] Gleichzeitig wurde Geld zunehmend als Gradmesser politischer Handlungsfähigkeit verstanden, was der WKM-Frage zusätzliches Gewicht verlieh.

Die EWS-Debatte war zudem Teil der anhaltenden Auseinandersetzung um Großbritanniens Rolle in der Europäischen Gemeinschaft (EG). Eines der Hauptergebnisse dieser Studie ist, dass souveränitätsbezogene Argumente erst ab den Verhandlungen um die Wirtschafts- und Währungsunion ab 1988 an Gewicht gewannen und zuvor eindeutig nachgeordnet waren. Diese späteren Konfliktlinien hatten allerdings eine lange Vorgeschichte. Bereits zwei Jahre nach dem späten EG-Beitritt 1973 hatte das Europareferendum von 1975 die Mitgliedschaft wieder

14 Stephens, Politics and the Pound.

15 Zum kritischen literarischen und kulturtheoretischen Kontext von Martin Amis' Auseinandersetzung mit Geld und Monetarismus vgl. Brooker, Introduction, S. 5 f.; ders., Sado-Monetarism, S. 136; del Valle Alcalá, Amis, S. 1; Mullen, Spectres, S. 14 f.; Vatanpour, Money Narratives, S. 287.

16 Amis, Money, S. 384.

17 Marsh, Money's Doubles.

18 Ingham, Nature, S. 72 f.; Müller, Politische Theorie, S. 4 f.; Müller und Sahr, Contested Privatisation.

zur Disposition gestellt. Trotz einer deutlichen Mehrheit von 67 Prozent für den Verbleib hatte es die Konflikte um die EG nicht dauerhaft beilegen können. Die Debatten über die europäische Integration dauerten an und spiegelten tiefgreifende Meinungsverschiedenheiten innerhalb sowie zwischen den Parteien.[19] Die EWS-Frage berührte diese Konflikte direkt. Eine Kursbindung des Pfunds hätte eine stärkere Angleichung der Wirtschafts- und Finanzpolitik an die EG bedeutet, mit Auswirkungen weit über den ökonomischen Bereich hinaus. Sozial-, Bildungs- und Verteidigungspolitik wären ebenso betroffen gewesen wie außenpolitische Orientierungen, in der transatlantischen *special relationship* mit den USA.[20] Die Diskussionen spitzten sich mit den Verhandlungen um die Wirtschafts- und Währungsunion ab 1988 zu. Denn anders als die flexible WKM-Mitgliedschaft wäre die Teilnahme an der nun diskutierten gemeinsamen Währung irreversibel gewesen – und damit von grundsätzlicher Bedeutung für die staatliche Souveränität. Das Pfund gewann zunehmend an Symbolkraft als Ausdruck britischer Staatlichkeit und Demokratie. Die Entscheidung über die WKM-Mitgliedschaft war somit weit mehr als eine technische Weichenstellung. Sie berührte zentrale Fragen nationaler Strategie, Identität und Selbstbestimmung.

Als Margaret Thatcher 1979 das Amt der Premierministerin übernahm, stand sie vor einer strategischen Grundsatzentscheidung in der europäischen Währungspolitik. Sollte Großbritannien sich enger an das Europäische Währungssystem (EWS) binden und dadurch seinen wirtschaftspolitischen Einfluss vergrößern – oder durch einen eigenständigen Reformkurs die Wirtschaft und damit die nationalstaatliche Unabhängigkeit stärken? Die Debatte wurde häufig als Gegensatz zwischen Integration und Souveränität dargestellt. Tatsächlich war die Lage jedoch komplexer: In der politischen Diskussion standen sich zwei unterschiedliche Konzepte strategischer Autonomie gegenüber. Während die Befürworter eines Beitritts zum WKM in einer Währungsbindung ein Instrument zur Stärkung der außenwirtschaftlichen Glaubwürdigkeit und des Einflusses auf europäische Entwicklungen sahen, setzte Thatcher auf ein umfassendes Reformprogramm, das Großbritannien aus eigener Kraft wirtschaftlich erneuern sollte.

Der WKM versprach konkrete Vorteile. Eine Anbindung an die D-Mark könnte als Stabilitätsanker für die Inflationsbekämpfung dienen, die institutionelle Einbindung die Verhandlungsposition Großbritanniens in der EG verbessern. Zudem waren mit der Vollmitgliedschaft Zugang zu den Unterstützungsmechanismen des EWS sowie eine Aufwertung Großbritanniens als wirtschaftspolitischer Akteur innerhalb der EG verbunden. Auch ohne formelle WKM-Wechselkursbindung agierte die britische Währungspolitik angesichts ökonomischer Zwänge keineswegs völlig frei. Erst 1976 hatte sich James Callaghans Labour-Regierung in einer schweren Pfundkrise gezwungen gesehen, IWF-Hilfskredite zu beantragen

19 Saunders, Yes to Europe.

20 Green, Political Economy of the Special Relationship.

und im Gegenzug restriktive Sparmaßnahmen zu akzeptieren. Dieser für Industrieländer ungewöhnliche Vorgang wurde als schwere Demütigung der früheren Weltmacht aufgefasst und machte deutlich, wie stark wirtschaftliche Schwäche den politischen Handlungsspielraum auch ohne formelle Bindungen an internationale Abkommen oder supranationale Institutionen einschränken konnte.[21] Die Bündelung der Kräfte mit den EG-Partnern, so ein Argument für die WKM-Teilnahme, könnte die Position gegenüber den Währungs- und Finanzmärkten und damit die politische Handlungsfähigkeit sogar stärken. Dem standen erhebliche politische und wirtschaftliche Bedenken gegenüber. Die Notwendigkeit, wirtschafts- und geldpolitische Entscheidungen auf ein gesamteuropäisches Maß auszurichten, vor allem auf die deutschen Stabilitätskriterien, schien im Widerspruch zu den wirtschaftlichen Besonderheiten und politischen Präferenzen Großbritanniens zu stehen.[22]

Thatcher entschied sich gegen eine Vollmitgliedschaft im WKM – nicht, weil sie prinzipiell gegen die EG-Mitgliedschaft war. Ganz im Gegenteil positionierte sich ihre Konservative Partei zu dieser Zeit als pro-europäische Kraft.[23] Die EG-Partner hatten mit ihrem Amtsantritt sogar große Hoffnungen für eine engere Zusammenarbeit auch in währungspolitischen Fragen verbunden. Gleichwohl war Thatcher überzeugt, dass ein unabhängiger nationaler Kurs bessere Voraussetzungen für wirtschaftliche Erneuerung und damit auch die Stärkung der internationalen Rolle böte. Statt einer engeren währungspolitischen EG-Bindung setzte sie auf ein wirtschaftsliberales Reformprogramm, das den vermeintlichen ökonomischen, politischen und kulturellen britischen Niedergang seit 1945 umkehren sollte. Aus ihrer Sicht war dies der beste Weg, um die britische wirtschaftliche Handlungsfähigkeit langfristig zu sichern.

Diese Entscheidung basierte nicht nur auf politischen Überzeugungen, sondern auf einer spezifischen ökonomischen Theorie, dem Monetarismus, der in der britischen Politik dieser Jahre prägend war. Im Zentrum dieses Ansatzes steht die Überzeugung, dass Inflation primär durch ein übermäßiges Geldmengenwachstum verursacht werde.[24] Die Regierung verfolgte daher einen Kurs der Geldmengensteuerung, mit dem Ziel, langfristige Preisstabilität als Voraussetzung für marktwirtschaftliches Wachstum zu schaffen.[25] Diese Regelbindung sollte auch ein weiteres zentrales Ziel erfüllen. Sie zielte auf die Steuerung der Erwartungen der Marktakteure. Das beruhte auf wirtschaftswissenschaftlichen Theorien, denen

---

21 Burk und Cairncross, Goodbye, S. xi; Bordo et al., Sterling in Crisis; eine positivere Deutung bei Rogers, Economic Policy.

22 Ludlow, Making of the European Monetary System; Stephens, Politics and the Pound.

23 Fontana und Parsons, Prejudice. Zum Verhältnis der Konservativen Partei zur europäischen Integration vgl. Crowson, Conservative Party.

24 Friedman und Schwartz, Monetary History.

25 Champroux und Sowels, Monetary and Fiscal Policies; Ledger, Neoliberal Thought and Thatcherism, S. 53–63; Minford, Evaluating Mrs. Thatcher's Reforms, S. 97–100.

zufolge Regierungen durch eine glaubwürdige Verpflichtung auf transparente, wissenschaftlich begründete Regeln Vertrauen schaffen könnten.[26]

Thatchers Regierung verfolgte das Ziel, durch ein glaubwürdiges Bekenntnis zu monetaristischen Regeln die Erwartungen der Marktakteure aktiv zu steuern. Sie verzichtete bewusst auf politische Handlungsfreiheit, um ihre Stabilitätsorientierung zu unterstreichen. So wie sich Odysseus in der Sage an den Mast seines Schiffes fesseln ließ, um dem Gesang der Sirenen zu widerstehen, band sich die Regierung an feste Regelwerke, um kurzfristig opportunen Lockerungen der Geldpolitik die Grundlage zu entziehen.[27] Das sollte nicht nur der Glaubwürdigkeit dienen, sondern einen realen Verhaltenswandel bei den Marktteilnehmern auslösen. In Erwartung sinkender Inflation würden diese von übermäßigen Lohnforderungen oder prophylaktischen Preiserhöhungen absehen, was wiederum die Stabilisierung fördern sollte. Für das Zustandekommen dieses positiven Kreislaufs war die Verlässlichkeit der Regelbindung essenziell. Damit wurde die überzeugende Vermittlung der Regelbindung ebenso bedeutsam wie die konkreten Maßnahmen selbst.

Gleichzeitig gewann das Konzept der Entpolitisierung an Bedeutung. Die wirtschaftspolitische Entscheidungsfindung wurde als technischer Prozess dargestellt, grundlegende Entscheidungen auf ein vermeintlich objektives und wissenschaftlich begründetes Regelwerk zurückgeführt. Dadurch konnte sich die Regierung von den sozialen und politischen Konflikten abgrenzen, die mit der Stabilisierungspolitik zwangsläufig einhergingen. Geldpolitik wurde zur Domäne von Experten – und damit von politischen Aushandlungsprozessen entkoppelt. Diese Entpolitisierung war jedoch kein bloßes Nebenprodukt, sondern eine bewusste politische Strategie zur Legitimation unpopulärer Maßnahmen. Die Bindung an monetaristische Prinzipien erlaubte es, wirtschaftspolitische Härten als notwendig und alternativlos darzustellen, ohne zugleich echte Entscheidungsbefugnisse an unabhängige Institutionen abzugeben.[28] Eine Delegation geldpolitischer Befugnisse, wie sie die Bundesrepublik mit der Bundesbank praktizierte, lehnte

---

26 Zur Bedeutung von Erwartungen vgl. Lucas, Econometric; Lucas und Sargent, Macroeconomics; Blackburn und Christensen, Monetary Policy; Ireland, Expectations. Zur Durchsetzung regelgebundener Rahmenwerke vgl. Kydland und Prescott, Rules; Barro und Gordon, Positive Theory; Ferguson, Anti-Politics Machine; Clift und Tomlinson, Rules; Clift, Hollowing out of Monetarism. Zur Glaubwürdigkeit in Wechselkurssystemen vgl. Svensson, Assessing Target Zone Credibility; Anthony und MacDonald, Mean-Reverting; Bordo, Monetary Policy Cooperation, S. 598–600; Minford, Inflation and Monetary Policy; Rivot, Rule-Based Frameworks.

27 Campbell, Odyssean Forward Guidance.

28 Burnham, Globalisation, S. 22; ders., New Labour; ders., Depoliticising Monetary Policy; Hay, Depoliticisation; Flinders, Memorandum; Buller und Flinders, Domestic Origins of Depoliticisation; Flinders und Buller, Depoliticisation; Roberts, Discipline.

Thatcher entschieden ab.[29] Erst unter der Labour-Regierung Tony Blairs erhielt die Bank of England 1997 operative Unabhängigkeit.[30]

Doch bereits Anfang der 1980er Jahre geriet der monetaristische Kurs unter Druck. Die Geldmengenziele wurden mehrfach verfehlt oder modifiziert, was die Glaubwürdigkeit der Strategie infrage stellte. Innerhalb des Kabinetts kam es zu Spannungen: Schatzkanzler Nigel Lawson sprach sich ab 1985 offen für eine WKM-Mitgliedschaft aus, da aus seiner Sicht ein Wechselkursziel inzwischen glaubwürdiger, transparenter und leichter nachvollziehbar sei als die schwer verständlichen Geldmengenziele. Auch Außenminister Geoffrey Howe, Teile der Bank of England, führende Wirtschaftsverbände sowie Teile der Opposition und der Konservativen Partei plädierten für einen Beitritt, allerdings aus unterschiedlichen Gründen. Während einige darin vor allem ein Instrument zur Stärkung geldpolitischer Glaubwürdigkeit und größerer Wechselkursstabilität sahen, verbanden andere damit die Hoffnung auf eine aktivere Rolle Großbritanniens bei der europäischen Integration oder mögliche parteipolitische Vorteile.

Zugleich veränderte sich die europäische Konstellation. Nach der Einigung über den lange umstrittenen britischen Haushaltsbeitrag im Jahr 1984 öffneten sich diplomatische Spielräume für eine konstruktivere britische Einbindung.[31] Die Verhandlungen um die Einheitliche Europäische Akte (1986/87) warfen verstärkt die Frage auf, inwieweit das Fernbleiben aus dem WKM eine effektive Mitgestaltung behinderte.[32] Mit dem Ende des Ost-West-Konflikts[33] und den WWU-Verhandlungen wurde diese Frage drängender.[34] Die Arbeit des Delors-Ausschusses ab Sommer 1988 verlieh dem EWS eine neue Dimension. Der WKM erschien zunehmend als Vorstufe einer Währungsunion – und damit auch als Eintrittskarte zu deren Mitgestaltung. Das verstärkte einerseits die Skepsis gegenüber einem Beitritt aus souveränitätspolitischen Gründen, andererseits wurde er nun auch als notwendige Voraussetzung verstanden, um Einfluss auf die Entwicklung einer gemeinsamen Währung zu sichern.

Erst 1990 trat Großbritannien unter dem Druck wirtschaftlicher Schwäche, wachsender Inflation und parteiinterner Konflikte dem WKM bei. Thatcher hatte diesen Schritt lange hinausgezögert, und ihre Weigerung, sich auf eine klare Linie festzulegen, trug maßgeblich zu ihrem Rücktritt nur zwei Monate später bei.[35]

29 James, Making a Modern Central Bank, S. 319. Zum Narrativ einer entpolitisierten Währung vgl. Eich, Currency of Politics, S. 178–205.

30 Dellepiane-Avellaneda, Gordon Unbound.

31 Ludlow, Double-Edged Victory; Schramm, Using Go-It-Alone Power.

32 Patel und Röhl, Transformation; Warlouzet, Governing Europe.

33 Gilbert et al., Germany, S. 9 f.; Patel, Project, S. 240; Wirsching, Preis; ders., Demokratie; Ther, Europe Since 1989.

34 James, Making the European Monetary Union; Dyson und Featherstone, Road to Maastricht; Verdun, Theorizing Economic and Monetary Union.

35 Moore, Herself Alone, S. 676–728.

Die EWS-Debatte war damit jedoch keineswegs beendet. Schon 1992, am sogenannten *Black Wednesday*, musste Großbritannien den WKM wieder verlassen, nach einem massiven Kursverfall des Pfunds, den auch Devisenmarktinterventionen in Höhe von über 20 Milliarden Pfund nicht hatten stoppen können.[36]

Der *Black Wednesday* wurde zum Kristallisationspunkt konkurrierender Narrative über die Beziehung Großbritanniens zu Europa. Für die einen war er Beleg für die Unvereinbarkeit britischer Interessen mit europäischen Institutionen, auch weil sich das nach dem WKM-Ausscheiden implementierte geldpolitische Rahmenwerk als überaus erfolgreich erwies. Basierend auf einem Inflationsziel bescherte es dem Land bis zur Finanzkrise 2007/08 die längste Phase wirtschaftlicher Stabilität seit dem Zweiten Weltkrieg – mit niedriger Inflation, geringer Arbeitslosigkeit und solidem Wachstum.[37] Im Rahmen der Brexit-Debatten wurde der Tag sogar als *White Wednesday* oder gar *Golden Wednesday* umgedeutet, als Bestätigung der Annahme, dass Großbritannien außerhalb europäischer Strukturen erfolgreicher agieren könne.[38] Für andere markierte das WKM-Ausscheiden den Beginn einer schleichenden Entfremdung von Europa, als Ausgangspunkt eines „toxic trail",[39] der im EU-Referendum 2016 kulminiert sei.[40] Aus dieser Perspektive wurden die Ereignisse nicht als Beleg für die prinzipielle Unvereinbarkeit europäischer und britischer Interessen gedeutet, sondern als Folge des Versäumnisses der politischen Führung, die Vorteile der europäischen Kooperation überzeugend zu nutzen und zu vermitteln.[41]

Diese Deutungen sind politisch hochgradig aufgeladen – und sie prägen bis heute die britischen Debatten über Geld-, Wirtschafts- und Europapolitik.[42] Gerade deshalb ist eine historische Analyse erforderlich, die diese Entwicklungen nicht als Folge klarer ideologischer Lager oder technokratischer Rationalität versteht, sondern als Ergebnis strategischer Abwägungen in einem Spannungsfeld aus dem Streben nach wirtschaftlicher Glaubwürdigkeit, politischem Erwartungsmanagement und europäischer Integration.

---

36 Zu dem WKM-Austritt und seinen Folgen: Keegan et al., Six Days; Ward, Black Wednesday; zeitgenössisch: Glees, Diplomacy; zu den langfristigen Folgen: Corsetti et al. (Hrsg.), Making of the European Monetary Union; Marsh, Six Lessons.

37 Benati, Inflation-Targeting Framework, S. 160–168; Congdon, Black Wednesday.

38 Martina Bet, No Deal Brexit. How Black Wednesday Showed Leaving EU Without Deal Would Be a Liberation, Express, 21.5.2019; Roger Bootle, Black Wednesday Shows that a No-Deal Brexit Would Be a Blessed Release for Britain's Economy, The Telegraph, 24.5.2019; kritisch zu solchen Narrativen: William Keegan, Black Wednesday Gets a Whitewash, The Guardian, 13.2.2005; William Keegan, Brexit Isn't a New Black Wednesday. It's Far Darker than That, The Guardian, 24.9.2017.

39 Paul Wallace, A Tale of Two Exits. From „Black Wednesday" to Brexit, Prospect, 13.9.2017.

40 Eichengreen, Thirty Years, S. 15; Obstfeld, Backdrop, S. 49; kritisch dazu: Dennison, State of the Science, S. 29.

41 Ebd.; Anthony Hilton, Black Wednesday Sowed the Seeds of Brexit, The Standard, 14.9.2017.

42 Eichengreen, Long Shadow.

Untersuchungsgegenstand und Fragestellung

Dass eine vermeintlich technische Frage wie die Wechselkursbindung im EWS so kontroverse Reaktionen hervorrief, erklärte der Ökonom Gavyn Davies 1989 damit, dass in Wahrheit die britische EG-Mitgliedschaft neu verhandelt werde.[43] Tatsächlich verband sich die Debatte seit den Beratungen des Delors-Ausschusses 1988 zunehmend mit Grundsatzfragen europäischer Integration. Dennoch greift die Gleichsetzung mit einem prinzipiellen EG-Widerstand zu kurz. Die britische Mitgliedschaft stand nicht zur Disposition. Thatchers Entscheidung gegen einen WKM-Beitritt 1979 wurde weder im Inland noch von den europäischen Partnern als grundsätzliches Votum gegen die EG verstanden. Selbst EWS-Gegner im britischen Kabinett erkannten die europapolitische Bedeutung einer WKM-Teilnahme an, betrachteten diese jedoch als nachrangig gegenüber geld- und wirtschaftspolitischen Erwägungen; auch, weil selbst die optimistischsten Einschätzungen keine konkreten Gegenleistungen der EG-Partner erwarteten, bestenfalls eine Verbesserung des Verhandlungsklimas. Zudem gelang es Thatcher und dem Schatzamt, wirtschaftliche Argumente – insbesondere die Auswirkungen einer WKM-Teilnahme auf die nationale Geldpolitik – als vorrangig und zugleich als legitim zu etablieren.

Diese Studie zeigt, wie sich die EWS-Debatte unter dem Einfluss der wachsenden europäischen Integrationsdynamik veränderte. In der Anfangsphase ab 1979 wurde das EWS in erster Linie als geldpolitisches Instrument zur Stabilisierung des Pfunds verstanden – eingebettet in einen wirtschaftspolitischen Reformkurs, mit dem Thatcher dem wahrgenommenen britischen Niedergang entgegenwirken wollte. Diskussionen über einen britischen *decline* – politisch, wirtschaftlich und gesellschaftlich – wurden seit Ende des 19. Jahrhunderts geführt und nach 1945 intensiviert.[44] Dabei wurde der Abstieg je nach politischem Lager unterschiedlich begründet. Während im linken politischen Spektrum geringe Inlandsinvestitionen, die Priorisierung des Überseehandels und die Dominanz des Finanzsektors als Ursachen benannt wurden,[45] verwiesen Konservative auf mangelnden Wettbewerb und Gewerkschaftsmacht.[46] Die Krisenerfahrung der 1970er Jahre verlieh diesen Diagnosen neue Aktualität.[47]

---

43 Gavyn Davies, EMS Proven but Not Painless, SUNDAY CORRESPONDENT, 15.10.1989.

44 SUPPLE, Official Economic Inquiry, S. 330 f.; ders., Economic Decline; FRIEDBERG, Weary Titan; TOMLINSON, Economic Policy, S. 205–210.

45 SHANKS, Stagnant Society.

46 SHONFIELD, British Economic Policy.

47 MARES, Großbritannien. Es gab unterschiedliche Erklärungen für den vermeintlichen Niedergang: Auf mangelnde Innovationskraft aufgrund kultureller Faktoren verwies WIENER, English Culture; auf fehlenden Wettbewerb CRAFTS, Relative Economic Decline; kritisch wurde auf die Problematik simplifizierender Erklärungen und Vergleiche hingewiesen von BOOTH, Manufacturing Failure Hypothesis; EDGERTON, Decline of Declinism; MCCLOSKEY, Economic Maturity; LAMBERG et al., Thinking About Industry Decline.

Die jüngere Forschung hat gezeigt, dass Niedergangsnarrative oft als parteipolitisches Instrument dienten.[48] Für Thatcher jedoch war der *decline* reale Herausforderung und handlungsleitendes Motiv, keine bloße Rhetorik. Die Überzeugung, sie müsse einem britischen Abstieg entgegenwirken, prägte ihre Ansichten über Staat und Gesellschaft und damit auch ihre Politik grundlegend, die nicht nur auf ökonomische Erholung zielte, sondern auf eine umfassende gesellschaftliche Erneuerung.[49] Das Pfund spielte dabei eine Schlüsselrolle, denn die Währung fungierte als symbolischer Kristallisationspunkt der Reformen. Der dramatische Wertverlust des Pfunds, das zu Beginn des 20. Jahrhunderts noch internationale Leitwährung gewesen war, stand für die britische Transformation von einem globalen Imperium zu einer europäischen Regionalmacht.[50] Zwischen 1953 und 1979 sank der Außenwert des Pfunds gegenüber der D-Mark von 11,70 auf 3,89.[51] Auch die Kaufkraft sank: Ein Pfund im Jahr 1953 war fast fünfmal so viel wert wie ein Pfund im Jahr 1979.[52] Wiederkehrende Währungskrisen erschütterten das Vertrauen in die nationale Handlungsfähigkeit. Sie gefährdeten nicht nur die marktwirtschaftliche Ordnung, sondern galten auch als Symbol für Großbritanniens Niedergang. Seit 1945 hatte kaum eine andere EG-Währung eine vergleichbare Serie von Abwertungen erlebt.[53] Auch deshalb rückte die Pfundstabilisierung in den Mittelpunkt von Thatchers wirtschaftspolitischer Agenda. Bereits ihr Vorgänger James Callaghan hatte Inflationsbekämpfung zum vorrangigen Ziel erklärt und damit traditionelle Prioritäten der Labour Party wie Beschäftigung und Wachstum relativiert.[54] In diesem Kontext wurde das EWS ab 1978 in Großbritannien weniger als europapolitisches Projekt verstanden, sondern primär als ein möglicher Anker zur Stabilisierung des Pfunds – insbesondere durch die Kopplung an die starke D-Mark. Die Mitgliedschaft im WKM wurde also vor allem danach bewertet, ob sie eine wirksamere Inflationsbekämpfung ermöglichte als eine eigenständige Geldpolitik.

Thatchers Entscheidung zugunsten einer nationalen Geldmengensteuerung bei freiem Wechselkurs (Floating) machte Großbritannien innerhalb der EG zum währungspolitischen Sonderfall – alle anderen Mitgliedstaaten hatten sich dem WKM angeschlossen. International gesehen entsprach diese Position jedoch dem

48 Tomlinson, Inventing Decline, S. 730–733; ders., Politics of Decline; vgl. auch Ebke, The Party is Over.

49 Geppert, Konservative Revolution, S. 219.

50 Schenk, Sterling and Monetary Policy, S. 448 f.

51 Statista, Jährliche Entwicklung des Wechselkurses des Britischen Pfundes gegenüber der D-Mark von 1953 bis 1998 (in D-Mark), 23.9.2015, https://de.statista.com/statistik/daten/studie/466296/umfrage/wechselkurs-des-britischen-pfundes-gegenueber-der-DM/ (30.9.2025).

52 Bank of England, Inflation Calculator, https://www.bankofengland.co.uk/monetary-policy/inflation/inflation-calculator (30.9.2025).

53 Burk und Cairncross, Goodbye.

54 Vgl. zu den ersten monetaristischen Ansätzen als Vorläufer von Thatchers Politik: Needham, UK Monetary Policy.

Regelfall. Seit dem Zerfall des Bretton-Woods-Systems 1973 waren flexible Wechselkurse für Währungen wie den US-Dollar oder den Yen üblich.[55] Die britische Regierung legte aus diplomatischen Gründen großen Wert auf die Unterscheidung zwischen ökonomischer Abwägung und europapolitischem Bekenntnis. Sie betonte, die Entscheidung gegen eine feste Wechselkursbindung sei sachlich motiviert gewesen und mindere nicht das Engagement in der EG. Gleichwohl verdeutlichte dieser Kurs, dass eine engere währungspolitische Kooperation in der EG keine vorrangige Priorität genoss.

Bis heute ist umstritten, ob in der britischen EWS-Politik wirtschaftliche oder politische Motive ausschlaggebend waren. Charles Moore, Verfasser der autorisierten Thatcher-Biographie, sieht diese Frage als eine zentrale Herausforderung für die historische Forschung.[56] Die zeitgenössische politische Rhetorik operierte explizit mit dieser dichotomischen Unterscheidung von wirtschaftlichen und politischen Argumenten. Wirtschaftliche Argumente – wie Inflationsbekämpfung, Zinsgestaltung oder Wirtschaftswachstum – wurden von politischen Überlegungen abgegrenzt, die sich auf Verhandlungspositionen in der EG, diplomatische Spielräume oder parteipolitische Erwägungen bezogen. Diese Unterscheidung greift jedoch zu kurz. Ein zentrales Argument dieser Studie ist, dass wirtschaftliche und politische Überlegungen in der Währungs- und Geldpolitik nicht eindeutig voneinander zu trennen sind. Politische Grundüberzeugungen beeinflussen, wie wirtschaftliche Prioritäten gesetzt, Zielgrößen definiert und Strategien formuliert werden.[57] Umgekehrt bestimmen wirtschaftliche Rahmenbedingungen – etwa Leistungsfähigkeit oder Währungsentwicklung – maßgeblich den politischen Handlungsspielraum, innen- wie außenpolitisch.[58]

Diese Wechselwirkungen stehen im Mittelpunkt der vorliegenden Untersuchung. Anstatt Argumente einer der beiden Kategorien eindeutig zuzuordnen, analysiert die Studie, wie Akteure die EWS-Debatte wahrnahmen, wie sie wirtschaftliche und politische Motive miteinander verknüpften und welche Deutungen sich daraus ergaben. Dadurch wird deutlich, welche unterschiedlichen Zielkonflikte verhandelt wurden und wie sich die europäische Integrationsdynamik der 1980er Jahre und innenpolitische Auseinandersetzungen gegenseitig beeinflussten. Die Analyse zeigt zugleich, wie wirtschaftliche Interessen der Mitgliedstaaten sowohl integrationsfördernd als auch integrationshemmend wirken konnten.

Drei zentrale Fragestellungen leiten die Untersuchung: Erstens wird analysiert, wie das Europäische Währungssystem (EWS) im Spannungsfeld zwischen euro-

55 BEGGS, Technocracy, S. 53–82; EICHENGREEN, Lessons, S. 187; VINES und SUBACCHI, Non-System; JAMES, International Monetary Cooperation; HELLEINER, States and the Reemergence.

56 MOORE, Herself Alone, S. 122.

57 Zur politischen Prägung und Nutzung wirtschaftlicher Narrative vgl. TOMLINSON, Managing the Economy.

58 COHEN, Geography of Money; ders., New Geography of Money; ders., Currency.

päischer Integration und Thatchers wirtschaftsliberalen Reformen verortet wurde. Wurde die europäische Kooperation als Ergänzung oder als Konkurrenz zu einem nationalen Reformkurs verstanden? Welche Prioritäten setzten Regierung und zentrale Akteure, wenn wirtschaftliche und politische Erwägungen miteinander konkurrierten? Damit rückt die Untersuchung die EWS-Politik in den Kontext der neoliberalen Neuausrichtung der 1970er Jahre „nach dem Boom".[59] Aus der Perspektive der EWS-Politik lassen sich die Auseinandersetzungen um neue wirtschaftspolitische Strategien analysieren, die ab Mitte der 1980er Jahre mit der *Great Moderation* eine Phase moderaten Wachstums mit niedrigen Inflationsraten einleiteten.[60] An der EWS-Frage lässt sich exemplarisch zeigen, wie neue wirtschaftspolitische Strategien mit dem Anspruch auf Glaubwürdigkeit, strategische Selbstbindung und Erwartungssteuerung verbunden wurden und wie sie politisch legitimiert wurden.

Zweitens wird das Verhältnis zwischen der EWS-Debatte und der britischen Mitgliedschaft in der Europäischen Gemeinschaft untersucht. Welche Auswirkungen hatte die umstrittene Nichtteilnahme am WKM auf die Zusammenarbeit mit den EG-Partnern? Und inwiefern beeinflussten die Dynamiken des europäischen Einigungsprozesses die währungspolitischen Entscheidungen Großbritanniens? Diese Perspektive macht die Wechselwirkungen zwischen wirtschafts- und integrationspolitischen Überlegungen greifbar. Beispielsweise schlug die Bundesrepublik trotz ähnlicher ordnungspolitischer Prämissen einen anderen Weg ein, was veranschaulicht, wie strategische Grundentscheidungen zur EG-Mitgliedschaft und zur Einbindung in das Währungssystem die Wahrnehmung ökonomischer Handlungsoptionen strukturierten. Zugleich zeigt sich, dass nationale Vorbehalte gegen einzelne Integrationsschritte nicht zwingend hemmend wirkten, sondern auch neue europäische Impulse auslösen konnten.

Drittens wird untersucht, wie die Deutung des Pfunds als Symbol nationaler Souveränität und Identität die EWS-Politik beeinflusste. Die Studie untersucht, wie Vorstellungen von Souveränität und Identität die Haltung gegenüber der europäischen Währungspolitik prägten, und wie diese Vorstellungen als strategisches Argument genutzt wurden, um politische Entscheidungen zu begründen und durchzusetzen. Für die Analyse der dritten Fragestellung ist daher ein kurzer Blick auf das Verhältnis von Geld und Währung zu Identität und Souveränität erforderlich.

Das Verständnis von Geld spiegelt die Verschränkung von ökonomischer Funktion und symbolischer Bedeutung wider. Die literarischen Werke von Llewellyn, Orwell und Amis veranschaulichen eindrücklich, dass Geld weit über seine ökonomische Funktion hinaus als kulturelles Symbol wirkte. Es diente nicht nur als Tauschmittel, sondern auch als Ausdruck sozialer Zugehörigkeit, politischer Ord-

59 Doering-Manteuffel und Raphael, Nach dem Boom; Doering-Manteuffel, Nach dem Boom.
60 Stock und Watson, Business Cycle.

nung und kollektiver Erinnerung. Diese symbolischen Dimensionen prägten auch die politische Auseinandersetzung um das EWS. Geld bezeichnet hier alle Einheiten, die die klassischen Geldfunktionen von Tauschmittel, Recheneinheit und Wertspeicher erfüllen.[61] Währung wird als institutionelle Ordnung dieser Geldverwendung verstanden – als Verfassung des Geldwesens eines Staates oder Wirtschaftsraums.[62] Die Studie zeigt, dass Geld und Währung in der britischen EWS-Politik nicht nur als ökonomische Instrumente, sondern auch als Träger historisch gewachsener Vorstellungen von Identität und Souveränität verhandelt wurden.[63] Um diese vielschichtigen Zuschreibungen analytisch zu fassen, verbindet die Untersuchung Ansätze zur symbolischen Dimension von Geld mit der institutionellen Analyse internationaler Währungsregime.[64]

Geld fungierte als soziales Konstrukt und Kommunikationsmittel in einer „vorgestellten Gemeinschaft"[65] sowie als sichtbarer Nachweis nationaler Anerkennung.[66] Im Währungssystem materialisierten sich wirtschaftliche und kulturelle Erfahrungen. „Jedes funktionsfähige Währungssystem", stellt Michel Aglietta fest, „hat eine historische Struktur und ist eine Kombination aus Konstruktivismus und Tradition."[67] So wirkten „tradierte Geschichtsbilder [...] wirklichkeits-, handlungs- und strukturprägend" für die Währungskultur eines Landes.[68] Wirtschaftskulturen prägen nicht nur das institutionelle Gefüge, sondern auch die politischen Erwartungen an Stabilität, Eigenständigkeit oder Anpassung. Daraus ergeben sich nationale Leitbilder und Erwartungshorizonte, die auch die Integrationsfähigkeit beeinflussen. Die Differenz der Währungskulturen in der EG stellte deswegen eine zentrale Herausforderung für den Aufbau einer gemeinsamen Währung und eine gemeinsame Währungspolitik dar.[69] Währungsdebatten waren also mehr als bloße Sachauseinandersetzungen, sie waren auch Momente der Selbstvergewisserung. Historisch begründete Vorstellungen über die Rolle des Staates, des Marktes und des Geldes wurden bestätigt, infrage gestellt oder neu ausgehandelt. Das britische Pfund, dessen Geschichte sich über mehr als ein Jahrtausend erstreckt, wurde eng mit dem Selbstbild des Landes verbunden, insbe-

---

61 Issing, Geldtheorie, S. 1; Deutsche Bundesbank (Hrsg.), Geld, S. 8–11.

62 Barfuß, Geld und Währung, S. 479.

63 McNamara, Currency; Helleiner, National Identities; ders., Making of National Money; ders., Historicizing Territorial Currencies; Kirshner, Study of Money; ders., Money is Politics; Hart, Heads.

64 Helleiner, The Macro-Social Meaning.

65 Anderson, Imagined Communities; Kraemer, Geld.

66 Cohen, Geography of Money, S. 35 f.; ders., New Geography of Money, S. 121–138.

67 Aglietta, Ambivalenz, S. 205. Vgl auch ders., Monnaie; ders., Money.

68 Metzler, Abolish the Pound, S. 169 f., S. 194–196. Vgl. dazu auch Löffler (Hrsg.), Währungsgeschichte. Zur gegenseitigen Beeinflussung von sozialer Struktur und Geld vgl. von Hagen, Microfoundations.

69 Brunnermeier et al., Euro.

sondere mit der Tradition parlamentarischer Budgethoheit.[70] Entsprechend wirkten sich Pfundkrisen oder ein spürbarer Wertverfall nicht nur ökonomisch, sondern auch symbolisch destabilisierend aus.[71]

Gleichwohl wäre es verkürzt, von einer starren kulturellen Determination auszugehen. So wurde in der britischen Diskussion um eine europäische Währung ab 1990 erbittert um das Porträt der Königin auf den Scheinen gestritten. Doch es handelte sich dabei um eine vergleichsweise junge Tradition: Britische Banknoten und Münzen wurden erst ab dem Zweiten Weltkrieg systematisch mit nationalen Symbolen zum Ausdruck einer englischen – und gelegentlich britischen – Identität genutzt.[72] Im Ersten Weltkrieg waren erstmals vorübergehend Geldscheine mit König Georgs V. Abbild ausgegeben worden, eine feste Tradition war das monarchische Porträt auf Bank of England-Noten[73] jedoch erst 1960 geworden, sieben Jahre nach Elisabeths II. Krönung. Dies ist somit ein Beispiel für eine erfundene Tradition,[74] deren potenzielle Abschaffung dennoch als historischer Bruch aufgefasst wurde und zu erheblichen Widerständen führte.[75] So erklärt der Ökonom Glyn Davies den ungewöhnlich heftigen britischen Widerstand gegen den Euro mit der lange ungebrochenen Tradition des britischen Pfunds, die keine vergleichbaren Brüche aufweise wie beispielsweise die deutsche oder französische Währungsgeschichte.[76] Neben der Funktion einer Währung als Instrument zur unabhängigen Steuerung von Wirtschaft und Finanzen verleiht auch der Geldgebrauch als „selbst- und kulturgestaltendes Handeln“[77] den Entscheidungen über dem Umgang mit Geld und seiner Gestaltung eine besondere Bedeutung.[78] Die Kontroversen um die Gestaltung der Pfund- bzw. der Euronoten zeugen davon, dass Währungen nicht als abstrakte, austauschbare Wirtschaftsmittel fungierten, sondern, wie Emily Gilbert konstatiert, „identities, values and communities“ produzierten und bekräftigten.[79]

Als Kristallisationspunkt von Geschichtsbildern und Selbstverständnis spiegelte sich in den Zuschreibungen zur Währung die britische Auffassung von der ei-

70 Metzler, Abolish the Pound; Desan, Über die Verfasstheit, S. 122.

71 Blaazer, Devalued and Dejected Britons.

72 Ders., Reading the Notes.

73 Die sechs Banken in Schottland und Nordirland, die bis heute gesetzlich zu der Ausgabe von Pfundscheinen berechtigt sind, verwendeten das monarchische Porträt zu keinem Zeitpunkt. Ihre Noten sind vom Parlament genehmigt, jedoch kein gesetzliches Zahlungsmittel – ebenso wenig wie Bank of England-Noten in Schottland und Nordirland. Gesetzliches Zahlungsmittel sind Bank of England-Noten nur in England und Wales. Vgl. Association of Commercial Banknote Issuers, https://www.ukfinance.org.uk/banknotes (30.9.2025).

74 Hobsbawm, Inventing Traditions.

75 Metzler, Abolish the Pound.

76 Davies, History of Money, S. 461–465.

77 Klattenhoff, Geld, S. 258 f.

78 Bandelj et al. (Hrsg.), Money Talks.

79 Gilbert, Common Cents, S. 375.

genen Rolle in Europa und der Welt.[80] Diese auf die Währung projizierten Bedeutungszuschreibungen waren jedoch divers. Zudem waren die Währungs- und Wirtschaftskulturen veränderlich[81] und die Verhandlungen um die Währungspolitik wurden auch von über die Währungspolitik hinausreichenden Interessen in der EG und später EU geprägt.[82] So verschoben sich die Zuschreibungen an das Pfund im Untersuchungszeitraum deutlich. Während es 1985 vorrangig als Instrument der Geldpolitik betrachtet wurde, rückten im Kontext der Verhandlungen um die Wirtschafts- und Währungsunion ab 1988 zunehmend Fragen von Souveränität und Identität in den Vordergrund.

In den Debatten zur europäischen Integration und Währungspolitik spielte die Frage der nationalen Souveränität eine zentrale Rolle. Doch das Konzept war vielschichtig, wandelbar und wurde im politischen Diskurs häufig strategisch eingesetzt,[83] sodass es als analytische Linse nur schwer verwendbar ist.[84] „Souveränität", so fasst es Ulrich Haltern prägnant, „ist keine Tatsache, sondern eine Idee."[85] Eine einheitlich gültige Definition gibt es nicht, da mit dem Konzept unterschiedliche Bedeutungen verbunden wurden.[86] Konventionelle Definitionen knüpfen an Jean Bodin an, der Souveränität als höchste, unteilbare Macht eines Staates versteht.[87] Dieses Verständnis wurde in der modernen politischen Theorie weiterentwickelt, um politischen und gesellschaftlichen Entwicklungen Rechnung zu tragen – etwa Konstitutionalismus und die Mitbestimmung von Parlamenten.[88] Stephen Krasner hat drei Elemente konventioneller Souveränität identifiziert: die rechtliche Anerkennung von Staaten, die Nichteinmischung in innere Angelegenheiten und die effektive Kontrolle über das eigene Staatsgebiet inklusive grenzüberschreitender Bewegungen. Obwohl theoretisch nur selten infrage gestellt, waren diese Ansprüche in der Praxis kaum gleichzeitig durchsetzbar, was Krasner mit der einprägsamen Formel der organisierten Heuchelei umschrieb.[89] Ansprüche auf volle Souveränität, stellt der Geograph John Agnew fest, seien für die allermeisten Staaten praktisch nicht durchsetzbar: „Only in few historical cases, usually associated with autarkic regimes exercising control over large territorial empires, has any sort of absolute territorial sovereignty even approached possibi-

80 Frieden, Currency Politics, S. 2.

81 Brunnermeier et al., Euro.

82 Thiemeyer, Economic Models; Brunnermeier et al., Euro; Gehler und Ziethen, Währungsidentitäten; Rödder, Europa; ders., Wandlungen, S. 37.

83 Agnew, Taking Back Control; Koselleck, Staat und Souveränität; Klippel, Souveränität; Boldt, Souveränität.

84 Rault, Sovereignty, S. 110–113.

85 Haltern, Souveränität, S. VII.

86 Ebd.

87 Bodin, Sechs Bücher über den Staat; Quaritsch, Bodins Souveränität, S. 270–273.

88 Lacchè, Sovereignty of the Constitution; Benn, Uses of Sovereignty, S. 122; Henkin, International Law, S. 9 f.

89 Krasner, Organized Hypocrisy, Kap. 1; ders., Alternativen zur Souveränität, S. 45.

lity".[90] Wegen der theoretischen und praktischen Ambivalenz gab es sogar mehrfach Vorschläge, den Begriff ganz aufzugeben.[91]

Wie Mythen und historische Vorstellungswelten aber nicht richtig oder falsch sind, sondern wirkmächtig oder nicht,[92] behielten auch die Vorstellungen uneingeschränkter nationalstaatlicher Souveränitätsausübung ein ungebrochenes politisches und emotionales Mobilisierungspotenzial.[93] So gelang es der britischen Vote Leave-Kampagne vor dem Brexit-Referendum 2016, mit dem Slogan „Take back control" weite Teile der britischen Wählerschaft zu mobilisieren. Gerade die Vieldeutigkeit machte Souveränität und verwandte Begriffe wie Kontrolle, Unabhängigkeit, Autonomie oder Selbstbestimmung zu so wirksamen rhetorischen Instrumenten, denn sie eigneten sich als Projektionsfläche für verschiedenste, teilweise widersprüchliche Ansprüche – über die Begrenzung der Immigration bis hin zur Finanzierung des NHS.[94]

Bereits in den 1980er Jahren waren die EG-Debatten stark von Souveränitätsdebatten geprägt. Hier zeigten sich gegensätzliche Souveränitätskonzepte, die entlang zweier konkurrierender Vorstellungen verliefen: Auf der einen Seite stand eine orthodoxe rechtliche Auslegung, nach der das Parlament alleinige Letztentscheidungsmacht ohne Bindung durch vorherige Legislaturen beanspruchte. Sie bezog sich auf die britische Tradition der Parlamentssouveränität, die zentrale Hoheitsrechte wie Haushalts-, Steuer- und Geldschöpfungsbefugnisse beim nationalen Gesetzgeber verankerte.[95] Da die Kontrolle über die eigene Währung als Ausdruck dieser Entscheidungsautorität galt,[96] kollidierten europäische Modelle geteilter Souveränität früh mit britischen Vorstellungen politischer Unteilbarkeit.[97] Anders als im deutschen Föderalismus ließ dieses Verständnis kaum Raum für die Vorstellung eines politischen Mehrebenensystems, zumal die Devolution von Befugnissen an Wales, Schottland und Nordirland noch in weiter Ferne lag.[98]

Auf der anderen Seite standen pragmatische Sichtweisen, die Souveränität als effektiven Handlungsspielraum definierten – die „reality of what Parliament can and cannot do".[99] Sie stellten auf praktische Durchsetzungsmöglichkeiten ab und

---

90 AGNEW, Taking Back Control, S. 259; vgl. auch WESTCOTT, Sovereignty and Brexit.

91 BENN, Uses of Sovereignty, S. 122; HENKIN, International Law, S. 9 f.

92 GEPPERT, Warum können sich Deutsche und Briten in Europa nicht verstehen, S. 140.

93 HEIDENREICH, Rhetorik der Souveränität, S. 53; GEYER, Historical Fiction; GELLWITZKI und HOUDE, Feeling, Feeling; MOSS et al., Emotion.

94 MENON und WAGER, Taking Back Control, S. 279; HÄKKINEN und KAARKOSKI, Sovereignty Versus Influence.

95 DICEY, Lectures, S. 35–79.

96 MUNDELL, Money and the Sovereignty of the State; MANN, Legal Aspect of Money, S. 460–478; CARREAU, Souveraineté et coopération monétaire, S. 15–97; ders., La souveraineté monétaire de l'Etat à la fin du XXe siècle; BURDEAU, L'exercice des compétences monétaires, S. 223–249.

97 BOGDANOR, Britain and Europe, S. 163.

98 GEPPERT, Europäische Union ohne Großbritannien, S. 121; VLAHOS, Political Economy.

99 ALLISON, Formal Sovereignty, S. 58. Für eine ähnliche Deutung vgl. MURAU und VAN'T KLOOSTER, Rethinking Monetary Sovereignty.

akzeptierten dafür partielle Kompetenzübertragungen. Aus dieser Perspektive konnte auch eine Begrenzung formeller Rechte die Souveränität steigern, wenn beispielsweise internationale Abkommen die Handlungsfreiheit vergrößerten. Diese beiden Deutungen wurden in der politischen Debatte der 1980er Jahre explizit benannt.[100] In der Praxis fand sich eine Vielzahl an Deutungen, die sich zwischen diesen beiden Polen bewegten.

In dieser Untersuchung wird Souveränität nicht als objektiv gegebene Größe verstanden, sondern als historisch wandelbarer „Anspruch, der erhoben, bezweifelt, angegriffen und verteidigt werden kann".[101] Souveränität wird – in Tanja Aalberts' Formulierung – als Frage und nicht als feststehende Größe behandelt.[102] Ziel ist nicht die Identifikation einer richtigen oder gar einzig gültigen Definition von Souveränität. Entscheidend ist vielmehr, wie der Begriff in politischen Debatten über europäische Währungspolitik gedeutet wurde. Damit werden die konkurrierenden Auffassungen von Souveränität in der EWS-Politik zum Untersuchungsgegenstand.

Die Diskussion um die nationale Währung als Symbol von Identität und Souveränität war vielschichtig: Während das Pfund von vielen als unverzichtbarer Ausdruck britischer Staatlichkeit betrachtet wurde, hielten andere eine europäische Währung durchaus für vereinbar mit nationaler Eigenständigkeit.[103] Erst die Berücksichtigung dieser Differenzierungen ermöglicht ein vertieftes Verständnis der bis heute erbittert geführten Auseinandersetzungen über die europäische Währungspolitik.

Quellen

Zur Beantwortung der Fragestellung steht ein breiter Quellenkorpus zur Verfügung. An veröffentlichten Quellen sind neben Zeitungsartikeln und zeitgenössischen Publikationen besonders die in Großbritannien üblichen Memoiren führender Politikerinnen und Politiker relevant: Margaret Thatcher schildert die EWS-Politik während ihrer Amtszeit ausführlich – insbesondere ihre Konflikte mit Schatzkanzler Nigel Lawson (1983–1989) und ihrem Außenminister Geoffrey Howe (1983–1989), die beide den WKM-Beitritt befürworteten.[104] Nigel Lawsons über 1 000 Seiten starke Memoiren aus dem Jahr 1992 sind bis heute eine wesentliche Grundlage für historische Studien zur Geld- und Wirtschaftspolitik dieser Zeit, weil sie neben den Vorgängen in der konservativen Regierung auch die

---

100 CRD-Memorandum, Labour's Plan to Withdrawal from the EEC, 12.8.1981, CPA, CRD/B/12/2.

101 Graf, Souveränität, S. 8.

102 Aalberts, Constructing Sovereignty, S. 3.

103 Blaazer, Reading the Notes; ders., Devalued and Dejected Britons.

104 Thatcher, Downing Street; zur Zeit vor und nach ihrer Amtszeit: Thatcher, Path to Power; Thatcher, Statecraft.

Funktionsweise des britischen Schatzamts und der politischen Entscheidungsmechanismen ausführlich beleuchten.[105] Geoffrey Howes Memoiren von 1995 bieten einen Blick auf die britische Außenpolitik, der auch deswegen eine wichtige Ergänzung darstellt, weil Howe sich ausdrücklich für eine engere Anbindung an die europäische Integration aussprach und damit einen Gegenpunkt zum wachsenden Euroskeptizismus innerhalb der Konservativen Partei setzte.[106] Zusätzlich liegen auch Erinnerungen anderer politischer Führungspersönlichkeiten und *civil servants* aus Regierungsbehörden vor.[107]

In der historischen Arbeit mit diesen Quellen sind einige Besonderheiten zu berücksichtigen: Wie in der britischen Memoirenliteratur früherer Regierungsmitglieder üblich, beruhen die geschilderten Ereignisse nicht allein auf Erinnerungen und persönlichen Notizen, sondern auch auf Dokumenten aus der Regierungszeit. Nach Absprache wurden von *civil servants* aus den entsprechenden Ministerien Regierungsdokumente für die Recherchen bereitgestellt. In den Archiven finden sich Spuren dieser Arbeit mit den Regierungsquellen: In den Unterlagen des Schatzamts in den National Archives (TNA) beispielsweise diskutieren interne Memoranden, welche Informationen Lawson und Howe in ihren Memoiren enthüllen könnten und welche Unterlagen ihnen bereitgestellt wurden. In den Papieren von Nigel Lawson in Christ Church, Oxford, wurden ganze Ordner zusammengestellt, in denen sich kommentierte Kopien von Regierungsdokumenten, Korrespondenzen mit *civil servants* und ehemaligen Kabinettskollegen über die Quellen und Ereignisse sowie Entwürfe für die Kapitel finden. Auch in Thatchers und Howes Papieren in dem Churchill Archives Centre, Cambridge, bzw. den Bodleian Libraries, Oxford, befindet sich Material, das eigens für die Memoiren erstellt wurde.

Vor Veröffentlichung wurden die Bücher vom Cabinet Office auf vertrauliche Informationen geprüft. Das entsprach den *Radcliffe Guidelines* für die Veröffentlichung politischer Erinnerungen und Tagebücher.[108] Diese schützen bestimmte sicherheitsrelevante und sensible Informationen sowie die Vertraulichkeit ministe-

---

105 LAWSON, View from No. 11.

106 HOWE, Conflict.

107 HURD, Memoirs; MAJOR, Autobiography; LAMONT, Office; BAKER, Turbulent Years; CAMERON, Record; HESELTINE, Challenge of Europe; CARRINGTON, Reflect on Things Past; PRIOR, Balance of Power; RIDLEY, My Style of Government; TEBBIT, Upwardly Mobile; BLAIR, Journey; BROWN, Life; BENN, Dare to Be a Daniel; CALLAGHAN, Time; HATTERSLEY, Who Goes Home; ASHDOWN, Fortunate Life; STEEL, Goliath; JENKINS, Life; INGHAM, Kill the Messenger; ders. Wages of Spin.

108 Diese Richtlinien wurden von einem Komitee unter Führung von Lord Radcliffe erstellt, nachdem die Tagebücher des Labour-Politikers Richard Crossman in den 1970er Jahren vertrauliche Kabinettsdiskussionen offengelegt hatten. Nach den Empfehlungen des Komitees sollten die Memoiren keine Informationen geben, die den Erfordernissen der nationalen Sicherheit zuwiderlaufen, den Beziehungen zu anderen Ländern schaden oder die Vertraulichkeit der Kabinetts- und ministeriumsinternen Beratungen untergraben könnten. Vor Veröffentlichung waren Konsultationen mit dem Cabinet Office und den entsprechenden Minis-

riumsinterner Konversationen über 15 Jahre. Dabei wurde allerdings mit Zurückhaltung vorgegangen. Statt explizite Verbote auszusprechen, bemühte man sich eher um ein Einvernehmen mit den Autorinnen oder Autoren. Zum einen bestanden noch enge persönliche Verbindungen, die verantwortlichen *civil servants* hatten in der Regel nur wenige Jahre zuvor eng mit Thatcher, Lawson und Howe zusammengearbeitet. Zum anderen wären Verbote im Konfliktfall rechtlich kaum durchsetzbar gewesen. So wurde gelegentlich die Anonymisierung von Namen, die Streichung sensibler Informationen zum Regierungsapparat sowie die Abänderung anstößiger Formulierungen verlangt, das grundlegende Narrativ blieb aber weitgehend unangetastet. Beispielsweise zeigt die im Archiv vorliegende Korrespondenz mit Lawson, dass er aufgefordert wurde, bei Auflistung der unterschiedlichen EWS-Standpunkte führender *officials* diese nicht namentlich zu benennen. Lawson strich die Namen, aber die Meinungsverschiedenheiten blieben weiterhin klar erkennbar.[109] Auch auf politischer Ebene wurde auf informelles Einvernehmen gesetzt. So sagte Lawson nach seinem Rücktritt aus der Regierung 1989 der Premierministerin zu, seine Memoiren erst nach der anstehenden Unterhauswahl zur veröffentlichen, um die Chancen der Konservativen Partei nicht zu schmälern.

Die Schilderungen in den Memoiren sind in den meisten Fällen zuverlässig datiert und beziehen sich teilweise wörtlich auf amtliche Protokolle und Memoranden. Dabei interpretieren sie die Ereignisse aus jeweils eigener Perspektive; diese weichen trotz der gemeinsamen Quellengrundlage in den drei Memoiren aber erheblich voneinander ab. Das hängt auch damit zusammen, dass sie relativ kurz nach 1992 erschienen: Die Erinnerung an den Ausstieg aus dem WKM war noch frisch. Dementsprechend hoch war die Motivation, sich von den Fehlern in der EWS-Politik zu distanzieren und das eigene Handeln zu rechtfertigen – ein Charakteristikum, das die politische Memoirenliteratur dieser Zeit generell kennzeichnet. Dabei ist es bemerkenswert, wie die drei Verfassenden in ihren Memoiren explizit auf die Erinnerungen der anderen eingehen. Thatcher betonte, Lawson und Howe hätten sich verbündet und sie regelrecht gezwungen, dem WKM-Beitritt zuzustimmen. Das weisen beide zurück, doch auch ihre Deutungen unterscheiden sich: Lawson betont, ihn hätten, anders als Howe, keine pro-europäischen Erwägungen motiviert, sondern rein wirtschaftliche Überlegungen. Howe verteidigt seine Position: Er habe Thatchers und Lawsons wachsende EG-Skepsis zwar nicht geteilt, doch ausschlaggebend seien für ihn rationale ökonomische Überlegungen gewesen.[110]

Das zeigt, warum die Memoiren trotz allen Detailreichtums und Quellennähe allein nicht ausreichen. Bisherige historische Studien können zwischen deren

---

terien vorgesehen. Committee of Privy Counsellors on Ministerial Memoirs, Radcliffe Report (Cmnd 6386), Januar 1976, TNA, CAB 164/1480.

109 Alex Allan an Nigel Lawson, 5.8.1992, CCA, SOC/Lawson/4/10.

110 Howe, Conflict, S. 579 f.; Lawson, View from No. 11, S. 928–935.

Deutungsangeboten zwar abwägen. Doch ohne Einblick in die zugrundeliegenden Dokumente ist eine kritische Prüfung der Narrative kaum möglich,[111] zumal der Blick in die Archive zeigt, dass nur ein kleiner Teil der heute zugänglichen Regierungsdokumente verwendet wurde. Für diese Studie bleiben die Memoiren ein wichtiger Baustein, um nicht offiziell dokumentierte Hintergrundgespräche oder Entscheidungsabläufe in den Ministerien zu rekonstruieren, doch sie werden anhand der nun verfügbaren archivalischen Quellen kritisch reflektiert. Insbesondere die privaten Papiere einiger führender Persönlichkeiten aus Politik und *civil service* sind aufschlussreich. Denn sie unterliegen nicht den oben genannten Veröffentlichungsvorgaben und erlauben daher Einblick in interne Konflikte, sensible wirtschaftliche Informationen – die damals vertraulich bleiben mussten – und die Zurechnung einzelner Entscheidungen zu konkreten Personen. Vor allem aber sind sie nicht rückblickend verfasst, sondern zeitgenössisch entstanden.

Die Untersuchung stützt sich auf eine breite Quellenbasis aus britischen, europäischen und deutschen Archiven. Zentrale Bestände bilden die Papiere Margaret Thatchers im Churchill Archives Centre, Cambridge (THCR), darunter persönliche Korrespondenz, Briefings und Aufzeichnungen. Ebenfalls dort finden sich die Papiere von Labour-Oppositionsführer Neil Kinnock (KNNK), Thatchers wirtschaftspolitischem Berater Alan Walters (WTRS) und Handels- und Industrieminister Nicholas Ridley (RIDL). Außerdem sind dort die Bestände der Akteure Julian Amery (AMEJ) und John Hoskyns (HOSK) zugänglich. Kaum erforscht waren bisher die Nachlässe konservativer EP-Abgeordneter, etwa Christopher Prout (KGLD) und Frederick Catherwood (CATH), die proeuropäische Positionen innerhalb der Konservativen Partei dokumentieren. Weitere zentrale Bestände liegen im Christ Church Archives, Oxford (CCA), mit den persönlichen Papieren von Schatzkanzler Nigel Lawson (Lawson). In den Bodleian Libraries, Oxford (BOD), liegen die Unterlagen des Schatzkanzlers und späteren Außenministers Geoffrey Howe (MS. Howe).

Die Regierungsunterlagen in den National Archives, Kew (TNA) umfassen unter anderem Akten des Prime Minister's Office (PREM), des Cabinet Office (CAB), des Foreign and Commonwealth Office (FCO) und des Schatzamts (T), einschließlich der Privatbüros der Schatzkanzler Geoffrey Howe, Nigel Lawson und John Major. Sie dokumentieren Entscheidungsprozesse auf höchster Ebene. Besonders in Fragen der Wechselkurs- und EWS-Politik zeigt sich trotz der dezentralen, auf Austausch beruhenden EG-Zuständigkeitsverteilung[112] ein bewusst gesteuerter Informationsfluss: Nur ein kleiner Kreis – meist die Premierministerin, der Schatzkanzler und wenige enge Berater – erhielt vollständige und aktuelle Unterlagen. Andere Ressorts erhielten gekürzte oder allgemein gehaltene Zusam-

---

111 Wenngleich Quellenzugang allein für die kritische Reflexion zeitgenössischer Deutungsmuster nicht ausreicht. Zur Diskussion dieser Problematik vgl. Graf und Priemel, Zeitgeschichte.

112 Bulmer und Burch, Europeanisation of Whitehall, S. 34–64; Bujard, British Prime Minister.

menfassungen, um marktsensible Details und interne Strategien zu schützen. Debatten unterhalb der Spitzenebene sind besonders aufschlussreich, weil die Vorarbeiten des *civil service* wesentlich zur politischen Entscheidungsfindung beitrugen.[113]

Unterlagen aus dem Bank of England Archive, London (BoE) zeigen die Rolle der Zentralbank als fachlich eigenständiger, international vernetzter Akteur.[114] Das Conservative Party Archive (CPA) enthält Materialien zu innerparteilichen Debatten über die Währungspolitik, darunter Briefings und Arbeitsunterlagen der Partei – etwa der Konservativen im Europäischen Parlament (CCO) und des Conservative Research Department (CRD) – sowie Publikationen (PUB). Das People's History Museum, Manchester bietet mit dem Labour Party Archive (LPA) Einblicke in Quellen zum programmatischem Kurswechsel der Partei nach 1987. Wirtschafts- und sozialpolitische Perspektiven erschließen sich über die Unterlagen von CBI und TUC im Modern Records Centre, Coventry (MRC). Damit ermöglicht die Auswertung von neu freigegebenem Archivmaterial[115] es, erstmals auch die Position von Gruppen jenseits der Regierung einzubeziehen, die in bisherigen Studien allenfalls am Rande behandelt wurden.

Die deutsche Position war wegen der führenden Rolle der Bundesbank und der Deutschen Mark im EWS ein wesentlicher Referenzpunkt für die britische EWS-Politik. Entsprechend lassen sich ihre währungspolitischen Grundsatzpositionen und außenpolitischen Begründungen anhand von Beständen aus drei Archiven rekonstruieren: Im Bundesarchiv, Koblenz (BArch), liegen die Unterlagen des Bundeskanzleramts (B 136) und des Bundesministeriums der Finanzen (B 126). Die Akten der Bundesbank zur internationalen Währungspolitik (B 330) stammen aus dem Historischen Archiv der Deutschen Bundesbank, Frankfurt (HAB), werden jedoch aufgrund einer Kooperation dauerhaft im Bundesarchiv verwahrt. Im HAB wurden außerdem Unterlagen zur britischen EWS- und EG-Mitgliedschaft sowie zur europäischen Währungspolitik eingesehen. Ergänzend bieten die Bestände des Politischen Archivs des Auswärtigen Amts, Berlin (PA AA), wichtige Hinweise darauf, wie die deutsche Haltung in den europäischen Kontext eingebettet war.

Das Archiv der Europäischen Zentralbank, Frankfurt (ECB) enthält Protokolle und Tonaufnahmen zentraler Ausschüsse, darunter des Delors-Ausschusses. Diese

113 Smith, Policy-Making in the Treasury, S. 221 f.; zur Entscheidung gegen den EWS-Vollbeitritt 1978/79 im Schatzamt vgl. auch Raineau, Treasury Officials.

114 Clegg, Practical Monetarism.

115 Seit 2022 ist offiziell die 20-Jahres-Freigabefrist für staatliche Akten in Kraft getreten, sodass die meisten Akten der 1980er Jahre freigegeben sind. Allerdings gibt es gerade in Foreign Office und Schatzamt Rückstau bei Evaluierung und Transfer an das Archiv, sodass auch in den kommenden Jahren weitere Freigaben zur europäischen Währungspolitik dieser Zeit zu erwarten sind. Vgl. The National Archives, 20-Year Rule, https://cdn.nationalarchives.gov.uk/documents/20-year-rule-faqs.pdf (15.3.2025).

sind besonders aufschlussreich, weil sie in nationalen Archiven selten vollständig überliefert sind und hier die Dynamik der multilateralen Verhandlungen im Wortlaut nachvollzogen werden kann.

Da sensible Wechselkursfragen oft nicht schriftlich fixiert wurden, ergänzen Interviews das Bild. Für diese Arbeit wurden sechs Gespräche mit politischen Entscheidungsträgern und leitenden *civil servants* geführt: mit dem ehemaligen Schatzkanzler Norman Lamont; Terence Burns, damals Chief Economic Adviser to the Treasury, später Permanent Secretary; John Kerr, dem britischen Botschafter bei der EG; Nigel Wicks, einem engem Berater Margaret Thatchers und hochrangigem *civil servant* im Schatzamt; John Gieve, Private Secretary mehrerer Schatzkanzler; sowie David Hannay, dem britischen Botschafter bei der EG. Zusätzlich wurden veröffentlichte Zeitzeugenberichte aus den Oral-History-Programmen des Churchill Archives Centre,[116] der Historical Archives of the European Union[117] und des Centre for Contemporary British History[118] ausgewertet.

Weitere Perspektiven liefert das Britain at Work Programme der London Metropolitan University, das nicht in offiziellen Akten dokumentierte gewerkschaftliche Sichtweisen erfasst.[119] Parlamentarische Debatten wurden über *Hansard*, die online verfügbaren Protokolle des britischen Parlaments (Ober- und Unterhaus), konsultiert.[120] Digitale Ressourcen wie die Margaret Thatcher Foundation (MTF)[121] und das John Major Archive (JMA)[122] ergänzten die Archivrecherche, ersetzten sie jedoch nicht, da viele zentrale Akten nur vor Ort zugänglich sind.

Forschungsstand und Thesen

In der EWS-Debatte verbanden sich Einschätzungen zur britischen Wirtschaftsgeschichte, zum Verhältnis zur europäischen Integration, zu den Folgen einer Wechselkursbindung sowie zur kulturellen und symbolischen Bedeutung von Geld und Währung. Diese Verknüpfung unterschiedlicher Deutungsebenen kann auf Grundlage einer umfangreichen Forschungsliteratur ausgeleuchtet werden. Zu Großbritannien in Europa existiert eine fast unüberschaubare Zahl an Publika-

116 Churchill Archives Centre (Hrsg.), The British Diplomatic Oral History Programme (BDOHP), https://bdohp.chu.cam.ac.uk/ (30.9.2025).

117 Historical Archives of the European Union (Hrsg.), All Programmes of Interviews, https://archives.eui.eu/en/oral_history (30.9.2025).

118 Speziell mit dem WKM-Austritt 1992 setzte sich 2007 ein Zeitzeugenseminar auseinander, an dem führende Persönlichkeiten aus Politik, *civil service* und Zentralbanken teilnahmen. Kandiah (Hrsg.), Black Wednesday.

119 London Metropolitan University (Hrsg.), Britain at Work. Voices from the Workplace 1945–1995 (BW), https://collections.londonmet.ac.uk/about/britainatwork (30.9.2025).

120 Hansard, Parliamentary Debates, 5th Series, https://hansard.parliament.uk/ (30.9.2025).

121 MTF, The Margaret Thatcher Foundation, https://www.margaretthatcher.org/ (30.9.2025).

122 JMA, John Major Archive, https://johnmajorarchive.org.uk/ (30.9.2025).

tionen,[123] darunter zahlreiche Studien aus Journalismus,[124] Politik-[125] und Geschichtswissenschaft[126] sowie Beiträge führender Personen aus Politik und Diplomatie.[127] Die offizielle Geschichte zur britischen EG-Mitgliedschaft, die in der Reihe Government Official History erscheint und auf vorzeitig freigegebenen Regierungsakten beruht, ist inzwischen beim dritten Band angelangt und reicht bis 1985.[128] Damit deckt die Reihe die intensiven Debatten um das EWS in der zweiten Hälfte der 1980er Jahre noch nicht ab. Studien zur britischen EG-Mitgliedschaft behandeln die Frage nach der britischen WKM-Mitgliedschaft zudem primär als Symbol für die britische Einbindung in den Integrationsprozess und beleuchten vor allem die politischen Folgen des Fernbleibens aus dem WKM. Dieser Schwerpunkt rückt jedoch die intensive Debatte über die angemessene geldpolitische Ausrichtung aus dem Fokus, die eine wesentliche Rolle für die Bewertung der WKM-Mitgliedschaft spielte. Die vorliegende Arbeit rückt diese geldpolitischen Auseinandersetzungen ins Zentrum der Analyse.

Anknüpfungspunkte für eine Untersuchung der EWS-Debatte an der Schnittstelle von Europa- und Geldpolitik bieten insbesondere die Studien, die eine Gegenüberstellung von ökonomischer und politischer Sphäre überwinden und stattdessen die Wechselwirkungen von wirtschaftlichen Erwägungen und Fragen zu Identität, Status, *Britishness* und weltpolitischer Rolle Großbritannien beleuchten.[129] Sie zeigen, wie ökonomische Deutungen politische Zielsetzungen beeinflussten und umgekehrt; sie bieten damit einen Ansatz zur Analyse der Verflechtung beider Ebenen in der EWS-Diskussion.[130] Dieser Prozess veränderte sich bereits ab Mitte der 1980er Jahre, was die in der Forschung oft gesetzte Zäsur des Vertrags von Maastricht 1992 in einem anderen Licht erscheinen lässt. Wirtschaftspolitische Entscheidungen erscheinen hier nicht als vorgezeichnete Reaktionen auf institutionelle Zwänge oder materielle Interessen. Vielmehr werden sie als Ergebnis von Problemanalysen durch eine bestimmte kognitive Brille gedeu-

---

123 Häußler, Sonderweg; Daddow, Britain and Europe Since 1945.

124 Young, Blessed.

125 Young, European Unity; Lord, Absent; Baker und Seawright (Hrsg.), Britain; Gowland und Turner, Reluctant; George, Awkward Partner; Jones, Britain.

126 Ludlow, Dealing with Britain; Kaiser, Using Europe; Camps, Britain; Parr, Wilson; Pine, Wilson; Ellison, Threatening; Wilkes, British Attitudes; Simms, Britain's Europe; Saunders, Yes; Warlouzet, Governing Europe, S. 196 f.; ders., Centre; Häußler, In or Out.

127 Wall, Stranger in Europe; ders., Official History, Bd. 2; ders., Official History, Bd. 3; Butler, Europe; Hannay, Britain's Quest for a Role; Heseltine, Challenge of Europe.

128 Milward, UK and the European Community; Wall, Rejection to Referendum; ders., Tiger Unleashed.

129 Ebke, Britishness; Gifford, Nationalism; Grob-Fitzgibbon, Continental Drift.

130 Ludlow, Commercial Preferences; aus politikwissenschaftlicher Perspektive: Abdelal et al. (Hrsg.), Constructing the International Economy; Tomlinson, Managing the Economy; ders., Inventing Decline; ders., Deindustrialisation and Thatcherism.

tet, geprägt von partei- und wahltaktischen Überlegungen sowie historisch geprägten Argumentations- und Deutungsmustern.[131]

Peter Ludlow analysierte bereits 1982 die EWS-Gründung und die britischen Beitrittsdiskussionen aus politikwissenschaftlicher Perspektive. Das britische Fernbleiben vom WKM führt er auf psychologische und politische Probleme mit der EG-Mitgliedschaft zurück und interpretiert es als frühen Ausdruck einer langfristig wirksamen Isolierung.[132] Emmanuel Mourlon-Druol zeigt in seiner jüngeren, auf umfangreichen Archivrecherchen basierenden Studie zur EWS-Gründung, wie die Währungskooperation in das Zentrum der europäischen Integrationsbestrebungen rückte. Er charakterisiert die britische Haltung zum WKM als Ergebnis interner institutioneller Spannungen und sachlich begründeter wirtschafts- und währungspolitischer Vorbehalte, die zeitgenössisch als strategische Vorsicht verstanden wurden, langfristig jedoch zu einer zunehmenden Marginalisierung Großbritanniens in der europäischen Währungskooperation beitrugen. Seine Deutung des EWS als Abkommen, das wirtschaftliche und politische Zielsetzungen zusammenbrachte, ist maßgeblich für diese Untersuchung.[133]

Auch unmittelbar Beteiligte an der EWS-Debatte haben ihre Perspektiven festgehalten. Edmund Dell, zu der Zeit Labour-Handelsminister und Gegner der WKM-Teilnahme, begründet die britische Zurückhaltung 1978 mit der Instabilität des Pfundkurses und sieht sich durch das WKM-Ausscheiden 1992 bestätigt.[134] Deutlich kritischer bewertet der damalige Leiter der Europaabteilung im Cabinet Office, Michael Franklin, die britische EWS-Politik. Auf Druck des Schatzamts habe die Regierung die wirtschaftlichen Risiken des EWS überbetont und die politischen Implikationen vernachlässigt. Damit sei die Chance auf eine gleichberechtigte Partnerschaft mit Frankreich und der Bundesrepublik vertan worden.[135]

Die Historikerin Giulia Bentivoglio zeigt, dass London Italiens Bedeutung als potenzieller Partner in den Verhandlungen zur EWS-Gründung 1978/79 unterschätzte und daher eine engere Zusammenarbeit in der EWS-Politik gar nicht erst verfolgte.[136] Ihre Analyse bietet damit einen wichtigen Ansatzpunkt für diese Studie. Denn sie zeigt, wie Großbritannien in der EWS-Politik – und noch deutlicher in den Verhandlungen zur Wirtschafts- und Währungsunion ab 1988 – die möglichen Allianzoptionen erneut grundlegend falsch einschätzte und der Bundesrepublik eine übergroße Bedeutung beimaß.

Eine weitere Perspektive eröffnet Thomas Raineaus Untersuchung der Debatten im Schatzamt zwischen 1977 und 1979. Sie zeigt, wie die dortige Skepsis gegenüber langfristigen EG-Verpflichtungen Verhandlungsfehler bei der EWS-Grün-

---

131 Biebricher, Neoliberalismus, S. 280–290; Parsons, Certain Idea, S. 5; ders., Brexit.

132 Ludlow, Making of the European Monetary System, S. 108 f. und S. 296.

133 Mourlon-Druol, A Europe Made of Money, S. 276 f.

134 Dell, Britain and the Origins.

135 Franklin, Could and Should Britain.

136 Bentivoglio, Tentative Alliance; dies., Two Sick Men, S. 110–125.

dung begünstigte – etwa das Versäumnis, Allianzen mit Frankreich und Italien zu suchen. Er arbeitet heraus, dass die *officials* ihre Einwände gegen eine engere währungspolitische Bindung an die EG deshalb so wirksam platzieren konnten, weil sie diese in eine harte ökonomische Sprache fassten.[137] Raineaus Analyse arbeitet damit sowohl den Einfluss heraus, den Expertenwissen im Schatzamt auf politische Entscheidungen ausübte, als auch die Vielfalt der Positionen innerhalb der Ministerien.

An diese im Schatzamt etablierte Praxis pragmatischer Nutzenabwägung und akzeptierter interner Differenz knüpfte Lawson ab 1985 an, als es ihm gelang, ausgerechnet das traditionell zurückhaltende Schatzamt[138] hinter seiner Forderung nach einem WKM-Beitritt zu versammeln. Dabei profitierte er auch von personellen Wechseln.[139] Zugleich weist Raineaus Befund auf die zentrale Bedeutung ökonomischer Argumentationen in den währungspolitischen Debatten hin, die häufig wirksamer waren als politische Narrative. Ein solches Muster bestätigt auch die vorliegende Studie für die 1980er und frühen 1990er Jahre.

Studien zur Geschichte des Pfunds nach 1945 beschreiben dessen Entwicklung von der führenden internationalen Reservewährung zu einer regionalen Währung mittleren Ranges.[140] Kiyoshi Hirowatari beleuchtet auf Basis britischer Archivquellen die Bestrebungen, das Pfund nach dem Zerfall des Bretton-Woods-Systems als europäische Währung zu etablieren. Das Fernbleiben aus dem WKM 1978/79, Endpunkt seiner Analyse, führt er auf die andauernde Unfähigkeit der Konservativen und der Labour Party zurück, einen Konsens über die Zukunft des Pfunds herzustellen.[141] Daisuke Ikemoto, ebenfalls unter Rückgriff auf britische Quellenbestände, ergänzt einen Vergleich mit Frankreich bis zur EWS-Gründung. Obwohl das EWS mit der von Labour und Konservativen angestrebten Inflationsbekämpfung vereinbar gewesen wäre, so sein Befund, hätten sich beide Parteien nicht zu einem gemeinsamen Ansatz durchringen können.[142] Für ein solches Einvernehmen bestand aber, wie diese Studie zeigt, keine echte Basis. Die antiinflationäre Zielsetzung Labours war ambivalent und die europäische Währungspolitik wurde von beiden Parteien in der Opposition regelmäßig als Druckmittel gegen die Regierung genutzt – was konstruktive Lösungen unwahrscheinlich machte.

---

137 Raineau, Treasury Officials, S. 161.

138 George, Awkward Partner, S. 12 f.; Bujard, British Prime Minister, S. 43 f.; Stephens, Politics and the Pound, S. 233.

139 Bulmer und Burch, Europeanisation of Whitehall, S. 126–153; positiver vgl. Pickering, Sir Douglas in Euroland.

140 Vgl. dazu die grundlegenden Arbeiten von Catherine Schenk, vor allem Schenk, Decline of Sterling. Vgl. auch Strange, Sterling.

141 Hirowatari, Monetary Cooperation.

142 Ikemoto, European Monetary Integration.

Helen Thompson, Birgit Bujard, Philip Stephens und Nathalie Champroux deuten die EWS-Debatte ab 1978/79 als Machtkampf in der konservativen Führungsspitze zwischen Premierministerin, Schatzamt und weiteren Schlüsselministerien. Thompson zeigt, dass die internen konservativen Differenzen eine kohärente Strategie angesichts wachsender internationaler Kapitalströme und zunehmend verflochtener Finanzmärkte verhinderten.[143] Bujard betont Thatchers begrenzten Handlungsspielraum.[144] Stephens – der die Debatte als *Financial Times*-Journalist verfolgte – hebt die symbolische Bedeutung für die europapolitische Ausrichtung hervor und verknüpft damit geld- und währungspolitische mit europapolitischen Fragestellungen.[145] Nathalie Champroux arbeitet den pragmatischen Umgang der Regierungen unter Margaret Thatcher und Tony Blair mit der europäischen Währungspolitik heraus und zeigt, dass diese nicht ausschließlich ideologischen Maßgaben folgten.[146]

Matthew Smith analysiert die Debatten im Schatzamt um die europäische Währungspolitik zwischen 1976 und 2007. Die Entscheidungen in diesem Bereich führt er auf eine pragmatische Kosten-Nutzen-Abwägung der dortigen *officials* zurück, nicht auf den Druck einer EG-skeptischen Öffentlichkeit und Parteibasis. Anders als Bujard konstatiert er einen großen Handlungsspielraum Margaret Thatchers. Smith zufolge gelang es ihr im Gegensatz zu ihren Amtsvorgängern und Nachfolgern, durch einen zunehmend autokratischen Regierungsstil ihre persönlichen, ideologisch begründeten Präferenzen durchzusetzen.[147] Die vorliegende Arbeit adressiert die Diskrepanz und zeigt auf, wie Thatcher die EWS-Beratungen sukzessive auf einen engen, selbst gewählten Personenkreis begrenzte, aber wegen ökonomischer, europa- und innenpolitischer Notwendigkeiten bis zu ihrem Rücktritt erhebliche Zugeständnisse machen musste.

Die Regierungsakten zeigen die Aushandlungsprozesse unterhalb der obersten Führungsebene.[148] In ihrer Erschließung liegt ein wesentlicher Beitrag dieser Studie – außer Smith, der 120 interne Schatzamt-Memoranden sichten konnte, und Bujard, die Unterlagen aus den britischen Nationalarchiven bis in das Jahr 1983 nutzt,[149] beruhen bisherige Studien zur britischen EWS-Politik nach 1979 auf veröffentlichten Quellen und Interviews. Charles Moore verwendet für seine autorisierte Thatcher-Biographie ebenfalls Unterlagen aus dem Prime Minister's Office und die Thatcher-Papiere in Cambridge, fokussiert sich aber auf Thatchers unmit-

143 Thompson, British Conservative Government; ähnlich argumentiert Buller, National Statecraft.

144 Bujard, British Prime Minister.

145 Stephens, Politics and the Pound.

146 Champroux, Entre convictions et obligations.

147 Smith, Policy-Making in the Treasury, S. 109–111.

148 Ebd., S. 207–211.

149 Bujard, British Prime Minister.

telbares Umfeld und bildet die internen Debatten in den beteiligten Ministerien nicht detailliert ab.[150]

Für die Analyse der EWS-Politik ab 1988 sind Studien zur Entstehung der Wirtschafts- und Währungsunion relevant. Die meisten konzentrieren sich auf die am Euro teilnehmenden Staaten, besonders die deutsch-französische Zusammenarbeit. Zwar werden die souveränitäts- und identitätspolitischen Vorbehalte Großbritanniens[151] und konstruktive Beiträge etwa zur Kapitalverkehrsliberalisierung[152] adressiert. Deren Zusammenwirken mit den für die WKM-Frage zentralen geldpolitischen Überlegungen wird aber weniger berücksichtigt.[153] Diese Studie verbindet beide Bereiche und verdeutlicht, dass die Erklärung der britischen Zurückhaltung im EWS allein mit Souveränitätserwägungen zu kurz greift, denn diese spielten erst ab 1988 eine gewichtige Rolle.

Die meisten Studien zur britischen EWS-Politik konzentrieren sich auf die Regierungsspitze. Harold James' quellengesättigte Studie zum Delors-Ausschuss zeigt die konstruktive Rolle des Bank of England-Governors Robert Leigh-Pemberton auf,[154] seine archivgestützte Geschichte der Bank macht die internen Konflikte und die ambivalente Positionierung in der EWS-Frage sichtbar.[155] Ansonsten spielt die britische Zentralbank trotz ihrer Expertise und Verantwortlichkeit für die Implementierung geld- und währungspolitischer Entscheidungen nur eine Nebenrolle. Auch Labour Party und Tarifparteien werden zwar als wichtige Faktoren für die Beitrittsentscheidungen 1990 benannt, aber ihre Position nicht näher beleuchtet. Studien zu Labours politischer Neuausrichtung, dem *Policy Review* ab Mitte der 1980er Jahre,[156] und der ambivalenten Haltung zur Wirtschafts- und

---

150 Moore, Herself Alone.

151 James, Making the European Monetary Union; Marsh, Euro; Dyson und Maes, Architects; Thiemeyer, Economic Models; Brunnermeier et al., Euro; Flachmeyer und Paul, Bridge over Troubled Waters; Wirsching, Zeit als Ressource; Loth, Helmut Kohl; ders., Between France and the Bundesbank; Geppert, Europa, das es nicht gibt; Drach, Economic and Monetary Union; mit explizitem Bezug zu Großbritannien: Geppert, Euro. Geburt aus dem Geist der Wiedervereinigung.

152 Ludlow, Roy Jenkins; Der Blick auf nichtstaatliche Akteure differenziert das Bild von Großbritannien als ‚*awkward partner*'. Alexis Drach zum Beispiel zeigt, wie britische Banken ab Mitte der 1980er Jahre die europäische Integration im Finanzsektor unterstützten. Drach, Gentlemanly Capitalism; ders., Reluctant Europeans; ders., Early Form.

153 Dyson und Featherstone, Road to Maastricht; Metzler, Abolish the Pound.

154 James, Making the European Monetary Union.

155 Ders., Making a Modern Central Bank, S. 268–277.

156 Hill, Labour Party; Bevir, Remaking of Labour; Daddow, New Labour and the European Union; Farr, Leading the Labour Party; Heffernan, Beyond Euro-Scepticism; Ludlam, New Labour; Hickson und Seldon (Hrsg.), New Labour; Deighton, Labour. Zu Kinnocks Reformen vgl. die Beiträge in Hickson, Neil Kinnock; insbesondere Johnson, Neil Kinnock; Tomlinson, Kinnock and the Economy.

Währungsunion[157] thematisieren zwar das EWS, analysieren aber den Kurswandel der Partei nicht detailliert. Dasselbe gilt für die vorliegenden Untersuchungen zur Europapolitik oder den Euro-Debatten der 1990er Jahre innerhalb von CBI und TUC.[158] Auch die Position der konservativen Abgeordneten im Europäischen Parlament, die einen Kontrast zur instrumentellen Perspektive auf das EWS in der konservativen Parteiführung bildeten und sich offener für eine Vertiefung der Währungsintegration zeigten, hat vergleichsweise wenig Beachtung gefunden.[159] Die vorliegende Studie bezieht diese Perspektiven auf Grundlage erstmals ausgewerteter archivalischer Bestände mit ein und zeigt, wie die unterschiedlichen, teilweise widersprüchlichen Erwartungen an einen WKM-Beitritt zu den Schwierigkeiten während der WKM-Mitgliedschaft beitrugen.

William Keegan, David Marsh und Richard Roberts deuten in ihrer Studie zum *Black Wednesday* das WKM-Ausscheiden einen wesentlichen Auslöser für die Entwicklung zum Brexit.[160] Als Ursachen benennen sie den äußeren Druck durch geopolitische Veränderungen, insbesondere die deutsche Wiedervereinigung, und eine Reihe britischer Fehleinschätzungen. Die Regierung habe die wachsende Inflexibilität des EWS durch die Perspektive der Wirtschafts- und Währungsunion unterschätzt – denn die vorher üblichen Leitkursanpassungen seien nun vermieden worden, um dieses Ziel nicht zu gefährden. Sie habe zudem Anpassungen in der deutschen Geldpolitik nicht vorhergesehen und den eigenen Einfluss auf die deutsche Zinssetzung überschätzt.[161]

Die Analyse der EWS-Diskussionen zwischen 1979 und 1990 bestätigt diese Deutung teilweise, erlaubt aber zwei wichtige Differenzierungen: Sie deutet das

157 Gamble und Gavin, British Labour Party; Luo, Interpreting the Blair Government's Policy-Making; Berbéri, Le Royaume-Uni face à l'euro; Buller, Importance of Being Autonomous.

158 Zur CBI: Rollings, Confederation of British Industry and European Integration; ders., British Business in the Formative Years of European Integration; ders., Organised Business and the Rise of Neoliberalism; Wurm, Verbände; McKinlay et al., Reluctant Europeans. Zum TUC: Berbéri, British Trade Unions; dies., Syndicats; Motard, TUC; Mitchell, Whitehall to Brussels; MacShane, British Unions; Monks, British Trade Unions; Lea, European Social Dialogue; Brown und Wright, Center Stage; Mullen, Great Debate; Strange, British Labour Movement; Teague, Monetary Union; Whyman, British Trade Unions and EMU; ders., British Trade Unions and Monetary Union, ders., 1975 European Referendum and Its Legacy.

159 Über die konservativen britischen Abgeordneten im Europäischen Parlament liegen nur wenige, überwiegend ältere Studien vor, die sich vor allem mit ihrer institutionellen Einbindung und strategischen Positionierung befassen, nicht jedoch mit ihrer Rolle in der EWS- oder WKM-Debatte. Zur Zusammenarbeit mit der EVP vgl. Jansen, European People's Party; Nelsen und Guth, Religion and the Struggle for European Union. Zu den Strategien der britischen Abgeordneten im Europäischen Parlament vgl. Jackson, British MEPs. Speziell zu den konservativen EP-Abgeordneten vgl. Jowiya, Conservative. Zu der Gruppierung der European Conservatives and Reformists (ECR) seit den frühen 2000er Jahren vgl. Steven, European Conservatives.

160 Keegan et al., Six Days, S. viii.

161 Ebd., Kap. 21.

Fernbleiben aus dem WKM vor 1990 ebenfalls als strategische Entscheidung für einen eigenständigen und gegen einen EG-basierten Reformkurs, wobei die britische EG-Mitgliedschaft nicht infrage gestellt wurde. Doch sie zeigt, dass die Entscheidungen in erster Linie im Hinblick auf die geldpolitische Strategie getroffen wurden, was die Lösung späterer Dilemmata im WKM erschwerte. Denn so bestand wenig Anreiz, Abstriche bei den eigenen geldpolitischen Interessen zugunsten der europäischen Einigung zu machen. Zweitens zeigt die Analyse, dass die Inflexibilität im EWS nicht allein Folge der Entwicklungen hin zu einer einheitlichen Währung war: Bereits beim Beitritt hatte die britische Regierung Leitkursanpassungen kategorisch ausgeschlossen und damit ihren Spielraum weiter eingeschränkt, als das EWS-Abkommen verlangte. Damit sollte die geldpolitische Glaubwürdigkeit erhöht werden.

Die Studie untersucht diese Wechselwirkungen zwischen europapolitischen und geldpolitischen Strategien. Damit schließt sie an Literatur zur britischen Geldpolitik der 1980er und frühen 1990er Jahre an, die das Narrativ eines monetaristischen Umbruchs 1979 hinterfragen. Labour-Premierminister James Callaghan hatte bereits nach der Pfundkrise 1976 die Inflationsbekämpfung zur zentralen Zielsetzung erklärt und Geldmengenziele etabliert.[162] Dies ergänzt jüngere Forschungen, die Kontinuitäten über Thatchers Amtsantritt hinweg aufzeigen[163] und die Vorstellung eines kohärenten, ideologischen Wirtschaftsliberalismus korrigieren, indem sie die begrenzte Ausarbeitung der monetaristischen Geldpolitik in der Oppositionszeit aufzeigen.[164] Stattdessen wird auf die angestrebte Entpolitisierung der Geldpolitik[165] und den – trotz öffentlich verkündeter Regelbindung – weiterhin bestehenden politischen Ermessensspielraum verwiesen.[166] Diese Befunde machen den widersprüchlichen Umgang mit dem Pfundkurs ab 1979 ver-

162 Needham, UK Monetary Policy; Needham und Hotson (Hrsg.), Expansionary Fiscal Contraction; Goodhart und Needham, Historical Reasons; Oliver, Long Road; Cobham, Monetary Policy; Schenk, Sterling and Monetary Policy; Aldcroft und Oliver, Exchange Rate Regimes; Capie und Wood, Monetary Control. Für frühere Experimente mit Geldmengenzielen vgl. Needham, Britain's Money Supply Experiment.

163 Farrall und Hay (Hrsg.), Legacy of Thatcherism; Freeman, Neoliberalism and Conservatism; Davies et al. (Hrsg.), Neoliberal Age.

164 Tomlinson, Thatcher's Macroeconomic Adventurism; Needham, UK Monetary Policy, S. 127. Zur Diskussion des neoliberalen Umbruchs 1979 vgl. Jackson, Intellectual Histories. Zur Diskussion der ideologischen Prägung vgl. Hall, Great Moving Right Show; ders., Neoliberal Revolution; Gamble, Free Economy; ders., Neoliberalism. Zu skeptischen Deutungen gegenüber dem Einfluss der Ideologie vgl. Vinen, Thatcher's Britain; ders., Thatcherism and the Cold War.

165 Tomlinson, Managing the Economy. Zur Entpolitisierung als Regierungsinstrument vgl. Eich, Old Utopias; ders., Currency of Politics; ders., John Locke, S. 6; Madra und Adaman, De-Politicisation.

166 Zur Möglichkeit pragmatischer Anpassung in regelbasierten Systemen: Clift, Hollowing out of Monetarism.

ständlich, der bis 1990 formell keine Rolle in der geldpolitischen Entscheidungsfindung spielte, de facto aber zur entscheidenden Größe aufstieg.

Das Scheitern der strikten Geldmengensteuerung bis 1985 ist gut dokumentiert, für die Zeit danach stehen quellenbasierte Untersuchungen der Geldpolitik noch aus. Die Studie zeigt, wie Geldmengen- und Wechselkursziele in der EWS-Politik im Spannungsfeld aus wirtschaftsliberalen Vorstellungen und praktischen Erfordernissen ausgehandelt wurden. Die Analyse der EWS-Politik zeigt, wie widersprüchlich die angestrebte Entpolitisierung durch Regelbindung verlief.[167] Sie zeigt, dass es keine lineare Entwicklung gab, in der die Geldpolitik zunehmend entpolitisiert wurde und die 1997 in der operativen Unabhängigkeit der Bank of England mündete.[168] Stattdessen war der Prozess ambivalent und widersprüchlich. Die WKM-Mitgliedschaft wurde häufig als Erfolg der Entpolitisierung gewertet, weil sie der Regierung eine Möglichkeit bot, die schmerzhaften Folgen einer restriktiven Geldpolitik auf externe Bindungen zurückzuführen.[169] Doch es gelang nicht dauerhaft, geldpolitische Entscheidungen als Ergebnis rein technischer Expertise zu präsentieren und damit die politische Verantwortung von sich zu weisen. Das ist wenig überraschend, da die britische Regierung ihren Widerstand gegen die Wirtschafts- und Währungsunion damit erklärte, dass Geld und Währung unverzichtbarer Ausdruck von Souveränität und nationaler Identität seien. Dies konterkarierte den gleichzeitig erhobenen Anspruch, die Geldpolitik nach rein ökonomischen Maßgaben zu gestalten, und führte zu einer Politisierung der Debatte.

Damit rückte 1988 die gesellschaftliche und kulturelle Dimension von Geld wieder in den Fokus. Hier schließt die Studie an die Geldforschung an, die sich seit den 1970er Jahren verstärkt sozial- und kulturwissenschaftlichen Fragestellungen widmet. Angeregt von Studien zu monetären Praktiken[170] wird Geld nicht nur als abstrakte Kaufkraft oder als Kreditgeflecht verstanden, sondern als heterogenes Set sozialer Praktiken.[171] Die Geldgeschichte[172] betont dabei die politische und gesellschaftliche Bedeutung von Finanzmärkten[173] ebenso wie kulturelle und religiöse Zuschreibungen.[174] Insbesondere mit Blick auf die Wirtschafts- und Währungsunion wurde die Bindung der Menschen an Nationalstaaten über die

167 Eich, Currency of Politics, S. 178–195.

168 So zum Beispiel Burnham, Depoliticising Monetary Policy.

169 Kettell, Does Depoliticisation Work.

170 Zelizer, Social Meaning; Wilkis, Moral Power.

171 Bereits im frühen 20. Jahrhundert vgl. Simmel, Philosophie. Zu neueren Perspektiven vgl. Degens und Sahr, Rückkehr, S. 14–31; Ganßmann, Geld und Arbeit; ders., Doing Money; Neu, Geld gebrauchen; Derix, Gelddinge; Asmuth et al. (Hrsg.), Theorie des Geldes.

172 North, Geschichte des Geldes; Chown, History of Money; Sprenger, Geld; Werner, Geschichte des Geldes.

173 Ferguson, Ascent of Money; ders., Cash Nexus; Davies, History of Money.

174 Braun, Preis des Geldes; Laum, Heiliges Geld. Vgl. auch die Beiträge in Maurer (Hrsg.), Cultural History of Money; Nelms und Pedersen (Hrsg.), Cultural History of Money.

ausgegebene Währung[175] sowie die Nutzung von Geld als Instrument der internationalen Politik thematisiert.[176] Dabei wurde betont, wie stark nationale wirtschafts- und europapolitische Präferenzen historisch geprägt sind.[177]

Viele geschichtswissenschaftliche Untersuchungen zielen auf die Gestaltung von Münzen und Banknoten.[178] Währungssysteme wie das EWS waren jedoch nicht durch die Ausgabe von Bargeld geprägt, sondern durch wechselseitige Verpflichtungen zwischen Staaten. Solchen Arrangements lagen Annahmen, Zielsetzungen und Argumentationsmuster zugrunde, die sich nicht über eine Analyse der bargeldbezogenen Ikonografie erschließen lassen. Stattdessen analysiert die Forschung politische Debatten, institutionelle Regeln und die symbolischen Praktiken des Geldgebrauchs, um diese Deutungszusammenhänge sichtbar zu machen. Auf diese Weise werden jene Vorstellungen von Stabilität, Souveränität und Währung rekonstruiert, die das Handeln der Akteure prägten.[179] So wird deutlich, wie die mit der Währung verbundenen Bedeutungszuschreibungen und Emotionen politisch wirkten: Sie strukturierten Wahrnehmungen und Entscheidungen, veränderten sich im Zuge politischer Auseinandersetzungen und wurden zugleich gezielt zur Durchsetzung politischer Ziele eingesetzt. So zeigt etwa David Blaazer, wie Diskurse über das Pfund politische Wahrnehmungen und Entscheidungen prägten und dabei bestehende Deutungsmuster verfestigten.[180] Die vorliegende Studie knüpft an diese Befunde mit der These an, dass nicht nur rational kalkulierte Wirtschaftsinteressen die britischen Reaktionen auf die europäische Währungspolitik prägten, sondern auch die mit der Währung verknüpften Traditionen, Mentalitäten und institutionellen Kulturen.

Sie verbindet Methoden der Politik- und Diplomatiegeschichte[181] mit Ansätzen einer modernen Kulturgeschichte des Geldes.[182] Dieser Zugriff erlaubt es, neben politischen und wirtschaftlichen Interessen auch die mit der Währung verknüpften Traditionen, Mentalitäten und Bedeutungszuschreibungen in ihrem Einfluss auf Entscheidungsprozesse zu erfassen. Um das „Netz von einander überlagern-

175 Helleiner, National Identities; ders., Making of National Money; Ingham, Nature of Money; Peacock, Introducing Money; Aglietta, 5000 Years; Peebles, Inverting the Panopticon; Gilbert, Common Cents, S. 359 f.

176 Schönhärl et al. (Hrsg.), Reden über Geld; Einaudi, Money; Thiemeyer, Internationalismus; Zimmermann, Money; Hetzel, Federal Reserve; Wallerstein, Modern World System; Eichengreen, Goldstandard; James, International Monetary Cooperation.

177 Thiemeyer, Economic Models; Geppert, Europäische Union in historischer Perspektive, S. 29 f.

178 Hymans, Color; Papadopoulos, Currency, S. 521; Mugnaini, Billets; Blaazer, Reading the Notes; Hewitt, Distant View; Hewitt und Keyworth, Good as Gold; Rowlinson, Scotch; Pointon, Money; Klüßendorf, Numismatik, S. 45.

179 McNamara, Currency; Helleiner, National Identities; ders., The Making of National Money; Kirshner, Money is Politics.

180 Blaazer, Devalued and Dejected Britons.

181 Mares, Großbritannien; Brown, State of British Political History, S. 190.

182 Conze, Abschied von Staat und Politik.

den Bedeutungszuschreibungen"[183] zum Pfund zu entschlüsseln, werden die Diskussionen um die Ausrichtung der Währungs- und EG-Politik in ihrem internationalen Kontext untersucht. Dabei waren nicht nur interne Erwägungen maßgeblich, sondern auch die Reaktionen auf Entwicklungen in anderen EG-Mitgliedstaaten, allen voran der Bundesrepublik, deren Politik ein zentraler Referenzpunkt war und mit der ein kontinuierlicher Informationsaustausch auf unterschiedlichen Ebenen bestand.[184] Elemente einer verflechtungsgeschichtlichen Betrachtung helfen hier, die wechselseitigen Bezüge und Interaktionen dieser Debatten und Entscheidungsprozesse sichtbar zu machen.[185]

Damit trägt die Studie auf vier Weisen zur Forschung bei: Erstens bettet sie die EWS-Debatte in den größeren Kontext geld- und europapolitischer Entwicklungen ein. Zweitens zeigt sie, wie wirtschaftliche und politische Motive in der Pfundpolitik ineinandergriffen, und überwindet den zeitgenössisch konstruierten Gegensatz zwischen beiden. Drittens berücksichtigt sie neben integrations-, innen- und wirtschaftspolitischen Aspekten auch die mentalitäts- und kulturhistorische Dimension der Währung. Viertens erschließt sie neu freigegebene Archivbestände aus Großbritannien, Deutschland und der EZB und relativiert auf dieser Basis die bisher angenommene Zäsur 1992 in der Währungspolitik.

Gang der Untersuchung

Die Analyse setzt mit einer historischen Verortung des Pfunds zwischen imperialem Erbe und europäischer Integration ein. Anschließend wird nachvollzogen, wie sich in der EWS-Politik der Schwerpunkt von wirtschaftspolitischen Erwägungen hin zu Fragen von Souveränität und nationaler Identität verlagerte. Den Abschluss bildet die Betrachtung der WKM-Mitgliedschaft und ihrer Folgen für die Geld- und Europapolitik.

Die Untersuchung gliedert sich in fünf chronologisch aufgebaute Kapitel. Das erste Kapitel umfasst den Zeitraum von 1945 bis 1979 und arbeitet heraus, wie sich das Pfund von einer imperialen Leitwährung zu einer europäischen Währung wandelte und welche Folgen dies für den Umgang mit der EG-Währungspolitik hatte. Wiederholte Pfundkrisen und anhaltende ökonomische Schwierigkeiten trugen maßgeblich zur Entscheidung gegen die WKM-Teilnahme 1978 bei. Dabei wird argumentiert, dass diese Entscheidung weniger aus der EG-politischen Spaltung der Labour-Partei resultierte als aus Vorbehalten gegenüber einem D-Mark-dominierten, potenziell deflationären System. Callaghans Labour-Regierung ver-

183 Mergel, Kulturgeschichte, S. 592.

184 Gallus et al., Deutsche Zeitgeschichte, S. 18; van Middelaar, Kontinent, S. 215; Rosamond, Integration, S. 240.

185 Werner und Zimmermann, Verflechtung.

folgte stattdessen einen eigenständigen Reformkurs – eine Linie, die Thatcher nach 1979 fortführte.

Das zweite Kapitel arbeitet heraus, wie Thatchers wirtschaftsliberaler Ansatz mit strikten monetaristischen Geldmengenzielen als unvereinbar mit festen Wechselkurszielen dargestellt wurde. Zugleich entsprach das gewählte Floating den marktorientierten Präferenzen ihrer Regierung. Die Analyse zeigt, dass EG-politischen Erwägungen nur nachrangige Bedeutung beigemessen wurde. Diese Haltung spiegelte sich auch institutionell wider: Ab 1979 verlagerte sich die Zuständigkeit für EWS-Fragen zunehmend vom Foreign Office hin zu Schatzamt und Bank of England, wobei Thatchers wachsendes Misstrauen gegenüber der Bank später zur Marginalisierung der Zentralbank in den Gesprächen auf höchster Ebene führte. Die Betrachtung arbeitet die Vielfalt der ministeriumsinternen Debatten heraus und zeigt, dass trotz öffentlicher Bekenntnisse zu monetaristischen Regelwerken weiterhin erheblicher Ermessensspielraum im Umgang mit dem Wechselkurs bestand.

Das dritte Kapitel untersucht die EWS-Debatte zwischen 1985 und 1988 im Spannungsfeld geld- und EG-politischer Erwägungen. Im Mittelpunkt steht der Übergang von monetaristischen Geldmengenzielen zu einer stärkeren Orientierung am Wechselkurs, den vor allem das Schatzamt vorantrieb. Die Analyse problematisiert die zeitgenössische Abgrenzung zwischen ökonomischen und politischen Argumenten, die sich in der Praxis kaum klar voneinander trennen ließen.[186] Es zeigt, dass diese künstliche Gegenüberstellung sich trotz schon damals deutlicher Inkonsistenzen als zentrales Element einer bewusst betriebenen Entpolitisierung der Währungspolitik etablierte. Entscheidungen wurden als technisch und regelgebunden präsentiert, um Glaubwürdigkeit und Marktvertrauen zu sichern, politische Zielsetzungen zu legitimieren und öffentliche Kontroversen zu vermeiden.[187] Trotz EG-politischer Impulse – etwa der Beilegung des Konflikts um den britischen EG-Haushaltsbeitrag 1984 und der Beratungen zur Einheitlichen Europäischen Akte[188] – blieben die Argumente vorrangig auf die heimische Wirtschaft sowie Inflations- und Zinspolitik bezogen. Fragen nach nationaler Identität und Souveränität wurden weitgehend ausgeblendet, wenngleich das zentrale Argument gegen den WKM – der Verlust geldpolitischer Handlungsfreiheit – bereits in diese Richtung wies.

Neben Foreign Office, Schatzamt und Bank of England positionierten sich ab 1985 auch der Industrieverband CBI, die Londoner City und konservative Europaabgeordnete für einen WKM-Beitritt und suchten gezielt Einfluss auf den politischen Entscheidungsprozess. In der oppositionellen Labour Party und im gewerkschaftlichen Dachverband TUC setzte nach 1987 ein Umdenken ein. Im Zuge des

---

186 Verdun, Logic, S. 199–214.

187 Tomlinson, Managing the Economy; Eich und Tooze, Great Inflation, S. 184; Graeber, Debt, S. 18; Jackson, Intellectual Histories, S. 61 f.

188 Patel und Röhl, Transformation durch Recht, S. 6.

Policy Review, Grundlage für das spätere New-Labour-Projekt, revidierte die Parteiführung um Neil Kinnock ihre europa- und wirtschaftspolitische Position. Das Kapitel zeigt, dass die gegen erhebliche parteiinterne Widerstände entwickelte WKM-Beitrittsforderung nicht nur eine konstruktivere EG-Politik signalisieren, sondern vor allem die wirtschaftspolitische Glaubwürdigkeit stärken sollte. Die Bereitschaft zur externen Disziplinierung mittels D-Mark-Bindung sollte Mäßigung und Vertrauenswürdigkeit der neuen ökonomischen Linie unterstreichen. Zugleich wurde die Beitrittsforderung als Instrument genutzt, um die konservative Regierung unter Druck zu setzen. Dies unterstreicht, welch unterschiedliche, teils widersprüchlichen Zielsetzungen verschiedene Akteure – von Regierung und Opposition bis zu Wirtschaftsverbänden – mit einem WKM-Beitritt verbanden.

Das vierte Kapitel zeigt, wie sich die EWS-Debatte mit den Verhandlungen um eine Wirtschafts- und Währungsunion ab 1988 veränderte. War sie zuvor stark durch ökonomische Argumentationen geprägt, politisierte sie sich in den folgenden Jahren. Mit der Arbeit des Delors-Ausschusses gewann das seit Jahren diskutierte Ziel der Wirtschafts- und Währungsunion konkrete Konturen. Das erhöhte den politischen Einsatz: Eine gemeinsame Geldpolitik griff stärker in nationale Kompetenzen ein als die Wechselkursbindung im WKM. Die Kontrolle über Steuer-, Haushalts- und Geldpolitik wurde als Kern der parlamentarischen Demokratie und als Teil der britischen Identität diskutiert. Damit verlagerte sich die Deutung der fachlichen Fragen einer gemeinsamen Währungspolitik in den politischen Raum.[189]

Das Kapitel zeigt das Dilemma auf, vor dem die Regierung stand: Ohne WKM-Mitgliedschaft drohte ein Verlust an Einfluss auf die Gestaltung der Währungsintegration, ein Beitritt hingegen konnte deren Dynamik zusätzlich befeuern. Das EWS wurde nun verstärkt als Vorstufe einer Wirtschafts- und Währungsunion diskutiert. Dies veränderte auch die Bewertung eines möglichen WKM-Beitritts: Einerseits wurde argumentiert, dass ein Beitritt umso dringlicher notwendig sei, um die EG-Verhandlungen effektiv zu beeinflussen; andererseits wurde befürchtet, der Schritt könne als Akzeptanz des Ziels einer gemeinsamen Währung und europäischen Zentralbank missverstanden werden. Nach der bewussten Beschränkung auf technische Aspekte wurde nun die parlamentarische Kontrolle über die Geldpolitik stärker hervorgehoben. Damit traten die bestehenden Differenzen über die Ziele der europäischen Integration klar hervor. Die bisherige Darstellung des WKM-Fernbleibens als rein ökonomisch-rationale Entscheidung ließ das Bekenntnis zur EG formal unangetastet. Die Verweigerung weiterer Schritte zur Währungsintegration machte klar, dass die britische Regierung zu den Kompetenzübertragungen, die eine Wirtschafts- und Währungsunion erforderten, grundsätzlich nicht bereit war.

---

189 ZÜRN, Politisierung, S. 19.

Das Kapitel arbeitet heraus, wie die Unterschiede im Verständnis von Souveränität sich auf die EWS-Politik auswirkten. Die Divergenzen der Positionen – von der Ablehnung jeglicher Kompetenzübertragungen bis zur pragmatischen Akzeptanz der Bündelung von Befugnissen auf europäischer Ebene – prägten die Positionen zur europäischen Währungspolitik. Zugleich führte die Betonung der staatlichen Handlungsfreiheit zu Spannungen mit der geldpolitischen Ausrichtung. Denn ursprünglich hatte die selbst auferlegte Regelbindung der Geldmengenziele genau darauf gezielt, den Handlungsspielraum einzuschränken, um politisch motivierte Eingriffe zu verhindern und so stabilisierende Glaubwürdigkeit zu schaffen. Diese Konflikte prägten die Bedingungen des WKM-Beitritts 1990 – und legten zugleich den Grundstein für jene inneren Spannungen, die die Mitgliedschaft bis zu ihrem Scheitern 1992 bestimmten.

Das fünfte Kapitel untersucht den britischen WKM-Beitritt im Oktober 1990 und die Mitgliedschaft bis zum Ausscheiden am ‚Schwarzen Mittwoch' im September 1992 und dessen unmittelbaren Folgen. Es zeigt, wie Thatcher unter dem wachsenden Druck der beschleunigten Integrationsdynamik, der weltpolitischen Umbrüche und der ökonomischen Schwierigkeiten dem WKM-Beitritt zustimmte. Der WKM-Beitritt, der kurz vor ihrem Rücktritt vollzogen wurde, sollte vor allem einen neuen geldpolitischen Stabilisierungsanker bieten und dadurch konjunkturfördernde Zinssenkungen ermöglichen. Zugleich erhoffte sich der neue Premierminister John Major aber auch, eine Entlastung in den EG-Verhandlungen, eine Beruhigung der eigenen Partei, wahltaktische Vorteile und ein positives Signal an Wirtschaft und Öffentlichkeit. Das Kapitel zeigt, wie diese unterschiedlichen Erwartungen den Umgang mit den Zielkonflikten erschwerten, die aus der Wechselkursbindung resultierten.

Die politischen Verwicklungen um den Vertrag von Maastricht verstärkten die Unsicherheit an den Finanzmärkten und erschwerten es, den Pfundkurs zu stabilisieren und in den WKM-Bandbreiten zu halten. Auch das EWS veränderte sich: Um das Projekt einer einheitlichen europäischen Währung nicht zu gefährden, unterließen die Mitgliedstaaten die im System vorgesehenen Leitkursanpassungen zur Entlastung des Wechselkursgefüges. Dadurch verringerte sich die Flexibilität des Systems, was die Spannungen verschärfte, die sich seit 1989 aus den geldpolitischen Folgen der deutschen Wiedervereinigung ergaben.

Auf Basis der Akten zeigt das Kapitel allerdings, dass der Druck im EWS nicht nur externen Umständen geschuldet war. Die britische Regierung verengte selbst ihren Handlungsspielraum erheblich, indem sie Leitkursanpassungen von Beginn an kategorisch ausschloss – obwohl zuvor gerade der Verlust geldpolitischer Freiheit als zentrales Argument gegen die WKM-Mitgliedschaft gegolten hatte. Dieser Kurs sollte kein europapolitisches Bekenntnis demonstrieren, sondern die Glaubwürdigkeit des Wechselkursziels stärken und die Effektivität der WKM-Mitgliedschaft als antiinflationärer Stabilitätsanker sichern. Dadurch beschränkte Major den eigenen Handlungsspielraum stärker, als es das EWS-Abkommen vorsah.

Auch als das Pfund 1992 unter erheblichen Druck geriet, blieb Major bei dieser Linie – trotz Forderungen der EWS-Partner nach einer Kursanpassung. Dieser Befund setzt ein Gegengewicht zu exkulpatorischen Deutungen, die vor allem in den Brexit-Debatten erneut aufgegriffen wurden und das Scheitern der WKM-Mitgliedschaft primär auf die Transformation des EWS in Vorbereitung auf die Wirtschafts- und Währungsunion zurückführen.

Die langfristigen Folgen des britischen WKM-Ausstiegs sind, wie das Kapitel erläutert, schwer zu bewerten. Erstens lassen sich kontrafaktische Aussagen – etwa ob Großbritannien ohne die Ereignisse von 1992 dem Euro beigetreten oder das Referendum von 2016 anders ausgegangen wäre – historisch nicht eindeutig be- oder widerlegen. Zweitens haben die Deutungen der Krise eine aktuelle politische Brisanz: Vom Streit um die Euro-Mitgliedschaft bis zu den Brexit-Kontroversen wurden die EWS-Debatte und vor allem der ‚Schwarze Mittwoch' immer wieder als Argument aufgegriffen. Während einige darin den Beleg für die Unvereinbarkeit britischer und europäischer Interessen erblicken, lesen andere die Ereignisse als Warnung vor einer britischen Isolierung in Europa. Eine historisch fundierte Einordnung ist daher unverzichtbar. Sie legt transparent offen, wo eindeutige Aussagen nicht möglich sind, prüft politische Deutungen kritisch und macht ihre Relevanz sowohl für politische Auseinandersetzungen als auch für ökonomische Interpretationen sichtbar. Diese Arbeit versteht Währung als Schnittstelle von Politik und Ökonomie und zeigt, dass ihre Deutungen in aktuellen Krisen- und Inflationsdebatten fortwirken.

KAPITEL 1

Der lange Weg nach Europa: Das Pfund und die europäische Währungspolitik 1945–1979

> Gone are the days when twelve old pence added up to make a shilling, not much sense; The half crown too has gone for good – a coin that foreigners never understood; Now some people who were feeling very bright have put their heads together just to make things right; They have made it easy for every citizen, 'cause all we have to do is count from one to ten.[1]

Mit diesen Zeilen warb der britische Comedian und Sänger Max Bygraves 1971 in seinem Lied *Decimalisation* für die Umstellung auf das Dezimalsystem – die größte Währungsreform seit dem Ende des Sovereign-Umlaufs 1914. Das Lied war Teil einer der größten Öffentlichkeitskampagnen der Nachkriegszeit,[2] mit der die Regierung für eine Vereinfachung des Münzsystems[3] und seine Angleichung an internationale Standards warb. Selbst die meisten Commonwealth-Staaten hatten diesen Schritt bereits vollzogen.[4]

Zeitgenössisch stand dabei keine ‚Europäisierung' im Vordergrund, sondern der praktische Nutzen der Vereinfachung. Rückblickend jedoch – vor allem in den Brexit-Debatten – wurde die Umstellung auf das Dezimalsystem als Symbol für den Verlust traditioneller Werte zugunsten europäischer Normen gedeutet.[5] Das Pfund erschien damit nicht nur als Zahlungsmittel, sondern als Symbol britischer Eigenständigkeit. Dieses Beispiel verdeutlicht, wie währungspolitischen Maßnahmen im Nachhinein eine symbolische Bedeutungen zugeschrieben wurden, die sie ursprünglich nicht hatten. Diese symbolische Aufladung erklärt sich aus der internationalen Vergangenheit des Pfunds. Einst führende Reservewährung, entwickelte es sich im 20. Jahrhundert zu einer regionalen Währung.[6] „There is no more potent symbol of Britain's postwar decline than sterling", konstatiert etwa Philip Stephens.[7]

---

1 Pickup, Fiftieth Anniversary. Das Lied ist abrufbar unter https://www.youtube.com/watch?v=ncZihiuztvg (6.2.2026).

2 Einige Plakate davon sind im Museum der Royal Mint, der königlichen Münzprägeanstalt mit Verantwortung für die Bargeldproduktion, ausgestellt. Royal Mint Museum: Decimal Posters, o. D., https://www.royalmintmuseum.org.uk/decimal-collection/decimal-posters/ (30.9.2025).

3 Das Pfund teilte sich in 20 Schilling zu jeweils zwölf Pennies, insgesamt also 240 Pennies. Daneben existierte eine Vielzahl weiterer Münzen (u. a. Farthing, Sixpence, Florin, Half Crown), die das System unübersichtlich machten.

4 Moore, Decimalisation; Bank of England (Hrsg.), Decimal Coinage.

5 Cook, Decimalisation, S. 55–78.

6 Schenk, Sterling and Monetary Policy.

7 Stephens, Politics and the Pound, S. xi.

 | HTTPS://DOI.ORG/9783112234860-002

Um diese Zuschreibung von britischer Identität und Größe zum Pfund zu verstehen, wird im folgenden Kapitel die Entwicklung der Währung ab 1945 nachgezeichnet und ihre Wirkung auf die Debatten um die europäische Währungspolitik aufgezeigt. Den Ausgangspunkt bildet dabei die internationale Rolle des Pfunds zwischen Bretton-Woods-System und Sterlingzone, die den Rahmen für seine spätere europäische Einbindung absteckte.

1 Von der führenden Reservewährung zur europäischen Einbindung

Das Pfund war noch um die Jahrhundertwende die dominierende Leitwährung der Welt. Der Aufstieg Großbritanniens zur Weltmacht war eng mit dem klassischen Goldstandard (1880–1914) verknüpft, in dessen Zentrum London stand.[8] Mit dem Ersten Weltkrieg zerfiel das System, das durch feste Wechselkurse den internationalen Handel erleichtert hatte. 1925 führte Schatzkanzler Winston Churchill Großbritannien in den Goldstandard zurück – und zwar zur Vorkriegsparität von 4,86 US-Dollar. Damit sollte die Position Londons als Finanzzentrum gestärkt und das Vertrauen in Sterling gewahrt werden.[9] Die Entscheidung war jedoch umstritten: John Maynard Keynes kritisierte sie scharf, da sie aus seiner Sicht eine Überbewertung zementierte und zu Deflation und Arbeitslosigkeit beitrug.[10] 1931 musste Großbritannien den Goldstandard erneut verlassen. Ob die Parität selbst oder strukturelle Schwächen entscheidend waren, bleibt in der Forschung umstritten.[11] Doch in der späteren Politik blieb die Episode ein wichtiger Referenzpunkt – bis hin zu Margaret Thatcher und ihrem Berater Alan Walters, die sie in den EWS-Debatten als warnendes Beispiel für die Risiken einer unflexiblen Wechselkursbindung anführten.

Nach Aufgabe der Goldbindung 1931 entstand die Sterlingzone: ein Verbund von Empire- und Handelspartnerstaaten, die ihre Währungen an das Pfund banden. Sie beruhte zunächst auf informellen Praktiken, wurde aber mit Beginn des Zweiten Weltkriegs durch Devisenkontrollen und gemeinsame Reserveregelungen institutionell gefestigt.[12] Auch nach 1945 blieb London durch diese Bindungen eine zentrale Stütze des 1944 begründeten Bretton-Woods-Systems, obwohl der

---

8 Officer, Gold Standard, S. 601–604.

9 Accominotti, International Monetary Regimes, S. 637–639; Eichengreen, Lens, S. 350.

10 Keynes, Economic Consequences.

11 Eine Überbewertung kritisierte zeitgenössisch Keynes, Economic Consequences; zu dieser Deutung auch Moggridge, British; Redmond, Overvalued; hingegen stellen Matthews, Overvalued; James, Globalization, diese Deutung infrage.

12 Schenk, Sterling Area 1945–1972, S. 772–774; Cooper, Century, S. 84 f.

Dollar die dominierende Stellung übernahm.[13] Dieses multilaterale Währungsabkommen sollte Protektionismus und Abwertungswettläufe wie in der Zwischenkriegszeit[14] verhindern und ein stabiles Umfeld für ökonomische Kooperation, effizienten Handel und Zahlungen schaffen.[15] Den teilnehmenden Regierungen ermöglichte dieser Rahmen eine Kombination von stabilen Wechselkursen und freiem Handel einerseits und einer relativ großen inneren Autonomie zur Implementierung von Vollbeschäftigungs- und Stabilisierungsprogrammen andererseits.[16] Kernstück war ein System fester, aber anpassungsfähiger Wechselkurse. Die teilnehmenden Währungen wurden mit Schwankungsbreiten von ± 1 Prozent an den Dollar gebunden, dessen Parität wiederum bei 35 US-Dollar pro Feinunze Gold fixiert wurde. Das Pfund wurde dem System mit einem Kurs von 4,03 zum US-Dollar angeschlossen. Allerdings war das Vereinigte Königreich nach 1945 mit erheblichen Kriegslasten konfrontiert, darunter vor allem rund 3,7 Milliarden Pfund an im Sterlingraum angehäuften Guthaben („sterling balances"), die als kurzfristig fällige Verbindlichkeiten wirkten. Hinzu kam ein erhebliches Zahlungsbilanzdefizit in den späten 1940er und frühen 1950er Jahren. Die Pfundabwertungen von 1949 und 1967 machten deutlich, wie sehr Großbritanniens anhaltende Zahlungsbilanzschwäche das internationale System belastete.[17] Als zweitwichtigste Reservewährung im System galt das Pfund als „first line of defence" der Gold-Dollar-Parität.[18] Zugleich war das Pfund als Reservewährung strukturell besonders anfällig für internationale Spannungen.[19] Innenpolitisch war der symbolische Gehalt dieser Krisen enorm: Die Parität des Pfunds wurde nicht nur als ökonomisches, sondern als nationales Prestigeprojekt verteidigt. Zeitgenössische Rhetorik in Presse und Parlament sprach von Schlachten um das Pfund oder nationaler Demütigung.[20] Auch Margaret Thatcher – damals noch unter ihrem Geburtsnamen Roberts – hatte 1949 als junge Politikerin das Pfund als Marker des britischen Status gedeutet. Sie betonte, eine wirtschaftliche Erholung

13 Naef, Exchange Rate History, S. 5–17; Eichengreen, Globalizing Capital, S. 116–119; Eichengreen und Flandreau, Rise and Fall; Eichengreen et al., Global Currencies, S. 156.

14 Wobei die damals vorherrschende Sichtweise, dass eine nationalistische Abwertungspolitik die Krise der Zwischenkriegszeit verlängert und intensiviert habe, inzwischen von der Forschung relativiert wird. Vgl. Bordo, Historical Overview, S. 30 f.; Burhop et al., Deutschland, S. 198.

15 Schenk, Decline of Sterling, S. 178.

16 Ruggie, Embedded Liberalism; Helleiner, Embedded Liberalism.

17 Bordo, Historical Overview, S. 43–45; Newton, Sterling Crisis of 1947, S. 392; Burhop et al., Deutschland, S. 202; Cairncross und Eichengreen, Sterling in Decline.

18 Bordo et al., Gold Pool, S. 1028.

19 Newton, Two Sterling Crises, S. 97 und ders, Sterling Devaluation, S. 928 f.; Hirst und Thompson, Globalization.

20 Blaazer, Devalued and Dejected Britons; Roberts, Pound and the Press, S. 253–256.

sei notwendig, „so that the pound can look the dollar in the face and not in the bootlaces."[21]

Mit der Abwertung von 1967 endete de facto die Rolle des Pfunds als Reservewährung. Trotz zahlreicher Stützungsversuche durch Regierung und Bank of England wurde eine Abwertung um 14,3 Prozent unvermeidlich.[22] Der Londoner Finanzsektor orientierte sich danach stärker am Dollar, und die Labour-Regierung gab den Anspruch einer globalen Führungsrolle im Bereich der Währung auf.[23] Viele Länder der Sterlingzone vollzogen – anders als 1931 und 1949 – die Abwertung nicht mit, lösten ihre Pfundbindung und diversifizierten ihre Währungsreserven. Die Sterlingzone zerfiel, wobei verschiedene internationale Unterstützungsabkommen diesen Prozess abfederten. Der Zerfall des Bretton-Woods-Systems ab 1971 verstärkte diese Entwicklung: Im freien Floating verlor das Pfund Sterling endgültig seine Rolle als Stütze der internationalen Ordnung.[24] Die Episode verdeutlichte, dass währungspolitische Entscheidungen zunehmend von externen Marktbedingungen beeinflusst wurden und nationale Handlungsspielräume dadurch enger wurden.

Während 1967 nationale Verteidigungsversuche noch im Vordergrund standen, machte die Sterlingkrise 1976 sichtbar, dass Großbritannien seine Währungsstabilität ohne externe Unterstützung nicht mehr sichern konnte.[25] Obwohl sich der wirtschaftliche Ausblick 1976 gegenüber den Vorjahren verbessert hatte, löste eine missglückte Intervention der Bank of England im März 1976 einen rapiden Kursverfall des Pfunds aus.[26] Erst ein IWF-Kredit von 3,9 Milliarden Dollar – für ein westliches Industrieland bis dahin beispiellos – konnte die Lage stabilisieren.[27] Nach heftigen Debatten akzeptierte das Kabinett die mit harten Haushaltsauflagen verbundenen Bedingungen. Schatzkanzler Denis Healey hatte bereits 1975 gewarnt, dass übermäßige Abhängigkeit von Auslandskrediten einen „unequivocal loss of sovereignty" bedeute.[28] Im Kabinett wurde dies im Herbst 1976 bestätigt: Ein Land, das dauerhaft mehr ausgebe als einnehme, mache sich von Geldgebern abhängig.[29] Die Krise führte eindringlich vor Augen, dass formelle Souveränitätsrechte in einer verflochtenen Weltwirtschaft keine wirtschaftspoliti-

21 Margaret Thatcher, Debatte mit dem Labour-Kandidaten Norman Dodds, 25.11.1949, Bericht im *Erith Observer*, 2.12.1949, MTF, https://www.margaretthatcher.org/document/100845 (30.9.2025).

22 Bordo, Historical Overview, S. 53.

23 Tomlinson, Labour Party and the City, S. 191.

24 Schenk, Sterling Area and Economic Disintegration; Bordo et al., France.

25 Burk und Cairncross, Goodbye; Dell, Pounding.

26 Naef, Exchange Rate History, S. 190–203.

27 Schenk, Decline of Sterling, S. 377 f.; Hirowatari, Monetary Cooperation, S. 247.

28 Hansard HC Deb. Vol. 890, Col. 284, 15.4.1975, https://hansard.parliament.uk/commons/1975-04-15/debates/a6121343-2247-4523-b64e-9806857bc64a/AnalysisAndStrategy#284 (30.9.2025).

29 Kabinettsprotokoll, Sitzung am 25.11.1976, TNA, CAB/128/60/12.

schen Entscheidungsspielräume garantierten, wenn nicht ausreichendes Marktvertrauen bestand.

Die Folgen der Krise waren weitreichend. Erstens setzte sich die Überzeugung durch, dass Inflationsbekämpfung Vorrang vor Beschäftigungspolitik haben müsse. Der bisher angenommene *trade off* von Inflation und Beschäftigung[30] wurde zunehmend hinterfragt. Das zeigte sich in James Callaghans berühmter Rede auf der Labour-Parteikonferenz in Blackpool 1976, in der er betonte: „We used to think that you could spend your way out of a recession [...] that option no longer exists, and in so far as it ever did exist, it only worked on each occasion since the war by injecting a bigger dose of inflation into the economy, followed by a higher level of unemployment as the next step."[31] Zweitens gewann der Monetarismus an Einfluss: Statt überhöhter Nachfrage oder hoher Produktionskosten galt nun ein übergroßes Geldmengenwachstum als Inflationstreiber, was zur Implementierung einer Geldmengenpolitik führte. Mit der Domestic Credit Expansion (DCE) wurde fortan eine explizite Zielgröße für das Geldmengenwachstum formuliert. Healey glaubte zwar nicht an den Monetarismus, sah darin aber eine praktische Notwendigkeit, um das Marktvertrauen wiederherzustellen.[32] Als eine der ersten Zentralbanken hatte die Bundesbank 1974 die Orientierung an Geldmengenzielen verkündet und mit diesem international als erfolgreich wahrgenommenen Modell eine Vorreiterrolle eingenommen.[33] Drittens verstärkte sich die Suche nach externer Disziplin: Teile der Labour Party hofften, die europäische Währungskooperation können einen Anker für Stabilität und Glaubwürdigkeit liefern, wenngleich andere weiter auf nationale Planung setzten.[34] Auf konservativer Seite hingegen wurde die IWF-Krise als Beleg für die zerstörerische Wirkung sozialistischer Politik gedeutet.[35] Margaret Thatcher sah sich durch die Ereignisse in ihrer Überzeugung bekräftigt, dass ein tiefergehender wirtschaftlicher, aber auch philosophischer Wandel notwendig sei.[36] Die Krise von 1976 markierte damit einen Einschnitt: Sie machte sichtbar, dass formelle Souveränitätsrechte ohne Marktver-

30 Zur Annahme eines stabilen *trade off* zwischen Inflation und Beschäftigung vgl. grundlegend PHILLIPS, Relation between Unemployment and the Rate of Change of Money Wage Rates. Zur Weiterentwicklung und Popularisierung dieser Annahme in der Nachkriegsökonomie vgl. SAMUELSON und SOLOW, Analytical Aspects. Zur kritischen Relativierung der Annahme, die Phillips-Kurve, die den Zusammenhang zwischen Inflation und Beschäftigung abbilden sollte, habe sich als allgemein akzeptiertes und stabiles Erklärungsmuster durchgesetzt, vgl. FORDER, Macroeconomics.

31 James Callaghan, Rede auf der Labour Party Conference in Blackpool, 28.9.1976, zit. n. GEPPERT, Konservative Revolution, S. 183.

32 HEALEY, Time of My Life, zit. n. STEPHENS, Politics and the Pound, S. 11.

33 AHRENS, Monetaristische Ziele, S. 308–311; KRAUSS, Geldpolitik im Umbruch, S. 128–134; BALTENSPERGER, Monetary Policy; Marsh, Bundesbank, S. 257.

34 HIROWATARI, Monetary Cooperation, S. 176 f.

35 BLAAZER, Devalued and Dejected Britons, S. 129.

36 Norman Strauss an Margaret Thatcher, 27.9.1976, CAC, HOSK 1/6.

trauen wenig wert waren. Das Pfund Sterling war keine globale Leitwährung mehr, London aber weiterhin ein führendes Finanzzentrum – nun getragen vom Eurodollar-Geschäft, statt von der Stärke der eigenen Währung.[37]

Aus der Kombination von Vertrauensverlust, monetaristischer Wende und der Suche nach externer Disziplin ergab sich ein Perspektivwechsel: Neben globalen Lösungen gewann auch die europäische Ebene an Bedeutung. Für Großbritannien eröffnete sich damit die europäische Währungskooperation als mögliche Handlungsoption – zunächst in einzelnen Initiativen nach dem Zweiten Weltkrieg, eine dauerhaft tragfähige Anbindung erfolgte jedoch erst mit dem EG-Beitritt 1973 nach einem langen und konfliktreichen Annäherungsprozess. Bereits 1950 war das Land der Europäischen Zahlungsunion beigetreten, deren Clearing-System den Handel zwischen den am Marshallplan beteiligten Staaten erleichtern und die Dollarknappheit mindern sollte.[38] Weitergehende Integrationsschritte lehnte die britische Regierung jedoch ab und blieb ein ambivalenter Partner, dessen Politik geprägt war von der engen Anbindung an den US-Dollar und der Sonderrolle des Pfunds als Reservewährung.

Mit den Römischen Verträgen (1957) gründeten Belgien, die Bundesrepublik Deutschland, Frankreich, Italien, Luxemburg und die Niederlande die Europäische Wirtschaftsgemeinschaft (EWG) mit Zollunion und dem Ziel eines gemeinsamen Marktes.[39] Monetäre Fragen standen nicht im Zentrum des Vertrags, nur wenige Artikel befassten sich mit der Thematik. Implizit setzte man auf die Wechselkursstabilität im Rahmen des Bretton-Woods-Systems.[40] Gleichwohl sah der Vertrag einen Währungsausschuss zur Koordinierung nationaler Politiken vor.[41] Großbritannien blieb dem Zusammenschluss zunächst fern. Gestützt auf das Empire und den Commonwealth, also auf die politischen und währungspolitischen Bindungen zu seinen Überseegebieten und Partnerstaaten der Sterlingzone, verfolgte das Land eine global ausgerichtete Strategie.[42] Wirtschaftliche Erwägungen und eine inkompatible geostrategische Position sprachen gegen die Teilnahme an dem Zusammenschluss, mit dem die teilnehmenden westeuropäischen Nationen ihre wirtschaftliche Erholung absichern und die Kooperation ver-

---

37 Schenk, Sterling Area 1945–1972, S. 789.

38 Cooper, Century, S. 85; Wagener und Eger, Europäische Integration, S. 355.

39 Loth, Building Europe, S. 62–74.

40 Koordinierung der Währungspolitik (Artikel 105), freier Zahlungsverkehr (Artikel 106), die Stabilität der Wechselkurse (Artikel 107) und Gleichgewicht der Zahlungsbilanzen (Artikel 108 und 109).

41 Vertrag zur Gründung der Europäischen Wirtschaftsgemeinschaft (EWG-Vertrag) vom 25.3.1957, Artikel 105.

42 Milward, UK and the European Community.

tiefen wollten.[43] Diese Strategie erwies sich rückblickend als kurzsichtig.[44] Nach dem Scheitern der Europäischen Freihandelsassoziation (EFTA), die als Gegengewicht zur EWG gegründet worden war, und zwei von Frankreichs Präsident Charles de Gaulle abgewiesenen Beitrittsanträgen gelang 1973 schließlich der Beitritt zur Europäischen Gemeinschaft (EG).[45]

Das Pfund war in den 1960er Jahren ein zentrales Hindernis für den Beitritt: Seine Rolle als internationale Leitwährung band britische Interessen aus französischer Sicht enger an die USA; wiederkehrende Pfundschwäche und hohe Sterling-Bestände der Länder der Sterlingzone galten als destabilisierend.[46] So begründete de Gaulle sein Veto gegen die britische EWG-Mitgliedschaft im November 1967 explizit mit dem Status des Pfunds.[47] Da der EWG-Vertrag Wechselkurse zum gemeinsamen Interesse erklärte und Beistand in Zahlungsbilanzkrisen vorsah, fürchtete man eine europäische Mitverantwortung für die Stützung des Pfunds. Die britische Regierung betonte zwar, dafür keine EWG-Hilfen zu beanspruchen. Doch selbst ein französischer Artikel von Schatzkanzler James Callaghan, der eine europäische Währung in Aussicht stellte, konnte die Bedenken über das Pfund als Beitrittshindernis nicht ausräumen. Zugleich arbeiteten Schatzamt und Bank of England daran, die Reservewährungsrolle des Pfunds abzubauen. Das Basel-Abkommen (1968) schuf hierfür eine internationale Lösung und ebnete den Weg für den Beitritt: Nach dem Basler Abkommen akzeptierten die EG-Partner, dass die Pfundfrage auf internationaler Ebene zu regeln sei.[48]

Die Erosion des Bretton-Woods-Festkurssystems, US-Zahlungsbilanzdefizite und Dollarschwankungen gaben den Anstoß zu einer Vertiefung der europäi-

---

43 Zu den unterschiedlich gelagerten nationalen Strategien und Wahrnehmungen vgl. Häußler, Helmut Schmidt; zum Zusammenspiel wirtschaftlicher und politischer Erwägungen: Ludlow, Safeguarding British Identity; Zu den unterschiedlichen historischen Deutungsmustern: Briggs, Britain.

44 Milward, UK and the European Community, S. 2; Ellison, Britain and Europe.

45 Der Begriff „Europäische Gemeinschaft" (EG) wurde mit dem Inkrafttreten des Fusionsvertrags am 1. Juli 1967 gebräuchlich, der die bisher parallel bestehenden Gemeinschaften EWG, Europäische Gemeinschaft für Kohle und Stahl und Euratom zusammenfasste. Zum britischen EG-Beitritt: Ludlow, Dealing with Britain; ders., Gaullist Challenge; Toomey, EEC Application; Parr, Britain's Policy; Camps, Britain and the European Community; Pine, Harold Wilson; Beloff, General Says No; Daddow (Hrsg.), Harold Wilson; Lord, British Entry; Ellison, Threatening Europe; Kaiser, Using Europe; Gehler, Scheitern.

46 Schenk, Britain's Applications; Kandiah und Staerck, Commonwealth International Financial Arrangements.

47 Charles de Gaulle, Pressekonferenz im Élysée-Palast am 27.11.1967, https://www.cvce.eu/content/publication/1999/1/1/fe79955c-ef62-4b76-9677-dce44151be53/publishable_en.pdf (30.9.2025).

48 Schenk, Britain's Applications, S. 345–368.

schen Währungskooperation.[49] Bei ihrem Treffen in Den Haag 1969 beschlossen die Staats- und Regierungschefs neben einer Erweiterung der Gemeinschaft auch das Ziel einer Wirtschafts- und Währungsunion.[50] Der eingesetzte Sachverständigenausschuss unter dem Vorsitz von Pierre Werner legte im Oktober 1970 einen Stufenplan zur ihrer Realisierung vor.[51] Der Plan scheiterte jedoch bereits in den frühen 1970er Jahren an den wirtschafts- und währungspolitischen Verwerfungen infolge der Auflösung des Bretton-Woods-Systems – die Ölpreiskrise 1973 verstärkte diese Entwicklung.[52] Realisiert wurde vorerst nur der Europäische Wechselkursverbund (EWKV), die sogenannte Währungsschlange. Das Abkommen koppelte die beteiligten europäischen Währungen in einem Paritätengitter mit Schwankungsbreiten von ±2,25 Prozent aneinander. Hintergrund war die Verbreiterung der Interventionsbänder im Bretton-Woods-System auf ±2,25 Prozent gegenüber dem US-Dollar: Im Extremfall konnten sich dadurch zwei europäische Währungen um bis zu neun Prozent voneinander entfernen, wenn eine am oberen und eine am unteren Dollarband notierte.[53] Um dieses Auseinanderdriften einzugrenzen, wurden sie in der Schlange enger aneinandergebunden und schwankten gemeinsam innerhalb der größeren Dollar-Spielräume (Schlange im Tunnel). Nach dem Übergang zu freien Wechselkursen mit dem Ende des Bretton-Woods-Systems 1973 blieb diese europäische Kopplung bestehen. Sie erwies sich jedoch als fragil, sodass einige teilnehmende Länder zeitweilig oder endgültig ausschieden.[54]

Unter diesen Bedingungen startete die dritte Runde von Beitrittsverhandlungen, die – nach Charles de Gaulles Ablösung durch Georges Pompidou – zum Erfolg führte. Die sechs EG-Mitglieder akzeptierten Großbritanniens Zusicherung, die Sterlingbestände geordnet abzubauen, um die Außenposition des Pfunds den übrigen EG-Währungen anzugleichen. Damit verband sich ein politisches Bekenntnis zur Aufgabe der internationalen Reservewährungsrolle.[55] Wie später in den EWS-Debatten wurde das Pfund so zum Symbol britischer strategischer Positionierung. Im Zuge des Beitritts bekräftigte die britische Regierung das Ziel der Wirtschafts- und Währungsunion. Premierminister Edward Heath setzte darauf, dass Großbritannien in einer europäischen Währungsordnung deutlich mehr Mitsprache erwarten könne als in der Dollarpolitik. Diese war bis dahin der zentrale

---

49 Zu den strukturellen Spannungen des Bretton-Woods-Systems und der Rolle der Dollarhegemonie vgl. Triffin, Gold; kritisch dazu Bordo und McCauley, Triffin.

50 Loth, Building Europe, S. 170–177; Broad, Harold Wilson, S. 199–236; Ludlow, Opportunity; Milward, Hague Conference; Pine, Harold Wilson, S. 131–156.

51 Danescu, Rereading of the Werner Report; dies. Pierre Werner and Europe; Wagener und Eger, Europäische Integration, S. 359 f.

52 Mourlon-Druol, A Europe Made of Money, S. 23 f.

53 Kugler und Straumann, International Monetary Regimes, S. 676.

54 James, Making the European Monetary Union, S. 102; McNamara, Currency, S. 109.

55 Schenk, Decline of Sterling, S. 138–152.

Bezugspunkt für das Pfund gewesen, doch Entscheidungen darüber trafen die USA ohne Konsultation Großbritanniens.[56] Als Signal für die Bereitschaft zur europäischen Einbindung trat das Pfund der Währungsschlange im Mai 1972 bei, noch vor dem offiziellen EG-Beitritt.[57] Nach nur sechs Wochen zwangen Spekulationen gegen das Pfund die Regierung jedoch schon wieder zum Austritt – „auf geradezu erniedrigende Art und Weise", wie Margaret Thatcher rückblickend anmerken sollte.[58] Die Episode prägte das britische Misstrauen gegenüber festen Wechselkursbindungen. Gleichzeitig bestätigte die Erfahrung, dass feste Wechselkursbindungen stets eine Abwägung zwischen kurzfristiger Stabilität und dem Verlust geldpolitischer Flexibilität erforderten. Nach und nach schieden auch andere Länder aus, sodass die Schlange bis 1975 auf eine kleine Zone mit wenigen Hartwährungsländern geschrumpft war, die ihre Währungen weiterhin an die stabile D-Mark banden.[59]

Edward Heath hielt dennoch an dem Ziel einer Währungsunion fest. Er unterstützte die Beschlüsse der Pariser Gipfelkonferenz von 1972, mit denen die EG-Staaten erneut die Absicht erklärten, bis 1980 eine Wirtschafts- und Währungsunion zu verwirklichen. Heath warb für ein *pooling* der Währungsreserven in einem gemeinsamen Fonds sowie ein gemeinsames europäisches Floating gegen den Dollar. Damit dachte er in großen strategischen Linien und verband die Frage der währungspolitischen Einbindung mit Überlegungen zur britischen Handlungsfähigkeit auf internationaler Ebene,[60] während nachfolgende Regierungen die Bewertung des Europäischen Währungssystems ab 1978 stärker auf technische Details stützten. Das von Heath geförderte Vorhaben scheiterte jedoch 1973 am Widerstand der Bundesbank, die nicht bereit war, ihre beträchtlichen Reserven für unbegrenzte Stützungszusagen einzusetzen.[61] Daraufhin wurde das Pfund faktisch an die europäischen Währungen gebunden, ohne dass dies öffentlich bekanntgegeben wurde.[62] Dieses Vorgehen nahm Nigel Lawsons spätere inoffizielle Bindung des Pfunds an den EWS-Wechselkursmechanismus (das *shadowing* von 1987 und 1988) vorweg.

Die Episode zeigt, dass Großbritannien nicht durchgehend nur ein währungspolitischer *awkward partner* (Stephen George) war. In dieser kurzen Phase öffnete sich vielmehr ein Möglichkeitsfenster für eine weiterreichende Kooperation im europäischen Rahmen. Zugleich treten zwei Konstanten hervor, die die britische

---

56 Hirowatari, Monetary Cooperation, S. 39 f.

57 Ebd., S. 45 f.

58 Thatcher, Downing Street, S. 954.

59 Mourlon-Druol, European Monetary Integration, S. 821 f.; Nienhaus, Europäische Integration, S. 664.

60 Hirowatari, Monetary Cooperation, S. 50.

61 Protokoll zu einem Treffen von Ministern und Governor zur Frage eines gemeinsamen Floatings, 2.3.1973, TNA, PREM 15/1459. Vgl. auch Krauss, Geldpolitik im Umbruch, S. 122 f.

62 Anthony Barber an Edward Heath, 20.3.1973, TNA, PREM 15/1459.

Linie in der europäischen Währungspolitik prägten. Erstens bestand stets eine Konditionalität: Europäische Lösungen wurden nur unterstützt, wenn sie direkten britischen Interessen dienten, etwa beim Abbau der Sterlingguthaben oder durch finanzielle Hilfen der Partner. Zweitens blieb die Frage der Souveränität als Bezugspunkt stets vorhanden, wurde aber je nach Phase unterschiedlich stark mobilisiert. Anfang der 1970er Jahre wurde eine Übertragung geldpolitischer Befugnisse noch erwogen; in den EWS-Debatten der 1980er Jahre hingegen wurde die Frage der Souveränität bewusst hinter technische Argumente zurückgestellt und trat erst mit den erneuten Debatten über das Ziel einer Wirtschafts- und Währungsunion wieder offen hervor.

Auch nach dem EG-Beitritt blieben die Fragen der Souveränität, die im Zusammenhang mit dem Beitritt kontrovers diskutiert worden waren, ein zentrales Spannungsfeld.[63] Vor allem innerhalb der Labour-Partei waren sie hoch umstritten, sodass der 1974 ins Amt gewählte Premierminister Harold Wilson für 1975 ein Referendum über den Verbleib in der EG ansetzte.[64] Allerdings hatten die Pfundkrise von 1976 und die IWF-Kreditauflagen verdeutlicht, wie beschränkt nationale Handlungsspielräume in einer verflochtenen Weltwirtschaft waren. Margaret Thatcher – die als konservative Oppositionsführerin für den EG-Verbleib warb – bezeichnete die Erwartung als illusorisch, durch einen Austritt Souveränität zurückzugewinnen.[65] Anders als gut vierzig Jahre später im Brexit-Referendum verfing das Souveränitätsargument nicht. Wirtschaftliche Probleme, Pfundkrisen und hohe Inflation hatten die potenziellen wirtschaftlichen Folgen in den Fokus gerückt. „For a generation", beobachtet Robert Saunders, „that had lived through rationing, seen oil prices quadruple in 1973 and queued for sugar in 1974, the idea of economic collapse was not at all abstract."[66] Trotz eines klaren Votums für die EG-Mitgliedschaft erfolgte kein Wiedereintritt in die Währungsschlange. Einerseits wirkte die Erfahrung des Ausscheidens 1972 fort. Andererseits ließen unterschiedliche Inflationsraten in der EG, asymmetrische Schocks und divergierende Leistungsbilanzen eine erneute Wechselkursbindung kaum tragfähig erscheinen, zumal inzwischen auch viele andere Länder die Währungsschlange verlassen hatten.[67]

Erst die Initiative für das Europäische Währungssystem (EWS) im Jahr 1978 eröffnete wieder Perspektiven für eine engere währungspolitische Kooperation mit den EG-Partnern. Die britischen Debatten darüber waren geprägt von den Erfah-

---

63 Ludlow, Safeguarding British Identity.

64 Aqui, First Referendum; Saunders, Yes to Europe; Häußler, Pyrrhic Victory; Gliddon, Labour Government; Butler und Kitzinger, 1975 Referendum; Baimbridge (Hrsg.), Referendum; Baimbridge et al., Referendum.

65 Saunders, Tale, S. 319.

66 Ders., Yes to Europe, S. 21. Vgl. auch Aqui, Government, S. 13; Häußler, Referenden; ders., Don't Think Twice.

67 Dell, Britain and the Origins, S. 5; McNamara, Currency, S. 109.

rungen mit der Reservewährungsrolle des Pfunds, der Krise von 1976 und den Enttäuschungen über die Währungsschlange.

2 Eine Parade von Zootieren: Die EWS-Initiative 1978/79

> There has been a sort of zoological parade in relation to this matter. I do not intend to talk about snakes in baskets and crawling pegs up grids—the dog in the manger has now been produced by the Chancellor—but I want to have my own animal, the horse and the cart.[68]

Mit diesen Worten beschrieb der konservative Unterhausabgeordnete Nicholas Ridley Ende November 1978 die Diskussionen um den deutsch-französischen Vorstoß zur Gründung eines Europäischen Währungssystems, in denen sich Tiermetaphern häuften. Mit dem Sprachbild vom Pferd, das hinter den Wagen gespannt wird, brachte er die Befürchtung auf den Punkt, Großbritannien könne durch eine Währungsbindung ohne ausreichende wirtschaftliche Konvergenz in der EG überfordert werden. Dahinter stand die Sorge, das angestrebte System sei eine bloße Wiederauflage der Währungsschlange von 1972, die für Großbritannien in einem raschen und als demütigend empfundenen Austritt geendet hatte. Die Initiative konfrontierte die britische Regierung mit einer Entscheidung von erheblicher Tragweite: Sollte London sich einem neuen europäischen Wechselkursverbund anschließen, der durch die Wechselkursbindung externe Disziplin versprach, oder außen vor bleiben und währungspolitische Flexibilität wahren?

Im Kern drehte sich die folgende Debatte um drei miteinander verknüpfte Fragen: Erstens stand ein globaler Ansatz mit Fokussierung auf den US-Dollar gegen eine regionale Orientierung in einer europäischen Stabilitätszone. Zweitens war offen, wie mit der Asymmetrie zwischen starken und schwachen Währungen innerhalb der EG umgegangen werden müsse – also wer die Anpassungslasten des Systems primär tragen sollte. Drittens stand die Regierung vor der Entscheidung, ob die wirtschaftliche Stabilisierung und Inflationsbekämpfung am besten durch externe Disziplinierung in Form einer Wechselkursbindung oder durch eine eigenständige nationale Politik zu erreichen sei. In Kabinett, Schatzamt, Bank of England und Opposition bildeten sich unterschiedliche Positionen heraus, die prägend für die späteren EWS-Debatten wurden.

Den Auftakt bildete eine überraschende Initiative: Im März 1978 schlug Bundeskanzler Helmut Schmidt Premierminister James Callaghan vor, in der EG eine Zone monetärer Stabilität zu schaffen. Geplant war, die Wechselkurse enger aneinanderzubinden, einen Europäischen Währungsfonds aufzubauen und den

68 Hansard HC Deb. Vol. 959, Col. 551, 29.11.1978, https://hansard.parliament.uk/commons/1978-11-29/debates/4636f094-94c6-4d7f-ba66-4b988e66c9ef/EuropeanMonetarySystem#551 (30.9.2025).

ECU als Recheneinheit einzuführen. Ziel war es, Europa unabhängiger vom Dollar und von der US-Wirtschaftspolitik zu machen, die Schmidt unter Präsident Jimmy Carter als unzuverlässig empfand. Damit griff er die Diskussionen über eine europäische Währungsunion auf, die EG-Kommissionspräsident Roy Jenkins ein Jahr zuvor in der jährlichen Jean-Monnet-Vorlesung in Florenz aufgeworfen hatte,[69] setzte dieser großen Integrationsvision einen pragmatischeren Vorschlag entgegen.[70] Das führte zu komplexen europäischen Verhandlungen, an deren Ende die EWS-Gründung stand.[71]

Aus britischer Sicht kam der Vorschlag zum ungünstigen Zeitpunkt, da bereits in den Bereichen Fischerei, EG-Haushalt und Gemeinsamer Agrarpolitik Spannungen mit den EG-Partnern bestanden.[72] Vor dem Treffen der EG-Staats- und Regierungschefs in Kopenhagen prüfte Callaghan den deutsch-französischen Vorschlag zunächst in einem engen Kreis.[73] Callaghan selbst hatte gegenüber dem französischen Präsidenten Giscard d'Estaing bereits deutlich gemacht, dass ein System, das das Pfund überbewerten und damit britische Exporte schwächen könnte, für ihn inakzeptabel sei.[74] Schatzamts-*official* Kenneth Couzens, der die Pfundkrisen miterlebt hatte und den Ausstieg aus der Währungsschlange 1972 als Demütigung empfand,[75] bekräftigte dieses Argument in dem Treffen. Er befürchtete, die angestrebte Wechselkursbindung würde vor allem der ohnehin exportstarken deutschen Wirtschaft zugutekommen. Zudem sah er in Schmidts Vorstoß einen Widerspruch zu Callaghans kurz zuvor auf der IWF-Jahrestagung in Washington vorgestelltem Fünf-Punkte-Plan, der auf eine weltweit koordinierte Stabilisierung unter Einbeziehung der USA zielte.[76] Ein regionales EG-Projekt drohe

---

69 Roy Jenkins, Europe's Present Challenge and Future Opportunity. Jean Monnet Lecture, 27.10.1977, Archive of European Integration (AEI), http://aei.pitt.edu/10983/ (30.9.2025).

70 Kenneth Stowe, Protokoll eines Gesprächs zwischen James Callaghan und Helmut Schmidt, 12.3.1978, TNA, PREM 15/1459. Vgl. auch James, Making a Modern Central Bank, S. 149; Marsh, Euro, S. 83 f.

71 Mourlon-Druol, A Europe Made of Money; Ludlow, Making of the European Monetary System; Marsh, Euro, S. 74–89.

72 Wall, Tiger Unleashed, S. 103–105; Ludlow, Double-Edged Victory, S. 48.

73 Teilnehmer waren Außenminister David Owen, Bank of England-Governor Gordon Richardson, Cabinet Secretary John Hunt, Kenneth Couzens (Schatzamt), Kit McMahon (Bank of England), und die Private Secretaries des Premierministers, Bryan Cartledge (auswärtige Angelegenheiten) und Nigel Wicks (Private Secretary des Premierministers). Bemerkenswert ist, dass Schatzkanzler Denis Healey in diesen ersten vertraulichen Beratungen nicht anwesend war.

74 Nigel Wicks, Protokoll eines Treffens von James Callaghan, David Owen, Gordon Richardson und *officials* am 4.4.1978, erstellt am 5.4.1978, FOI Release 248745, MTF, https://www.margaretthatcher.org/document/111475 (30.9.2025).

75 Dell, Britain and the Origins, S. 4; Kenneth Couzens, Memorandum zur Währungsschlange, 10.7.1978, TNA, PREM 16/1635.

76 Den Plan hatte Callaghan in seiner Rede bei der Finance House Association am 14.3.1978 vorgestellt. Vgl. Statler, British Foreign Policy, S. 208.

diesen Ansatz zu unterlaufen und die Priorität globaler Zusammenarbeit zu schwächen. Die Erinnerung an den raschen Austritt aus der Währungsschlange verstärkte zudem seine Sorge, dass eine erneute feste Wechselkursbindung den wirtschaftspolitischen Handlungsspielraum weiter einengen würde.[77]

Im Gegensatz dazu zeigten sich Vertreter der Bank of England, Governor Gordon Richardson und Executive Director Christopher ‚Kit' McMahon, offener. Sie verwiesen auf die potenziellen Vorteile einer stabileren Wechselkursordnung für Glaubwürdigkeit und Inflationsbekämpfung und betonten die Vereinbarkeit regionaler Projekte mit globaler Koordinierung.[78] Callaghan gab von beiden Seiten Papiere in Auftrag, die diese Positionen bekräftigten: Couzens, den Callaghan mit der inhaltlichen Einordnung des Vorschlags betraute, warnte eindringlich vor der Gefahr, das System könne sich faktisch zu einer von Deutschland dominierten Wirtschaftszone entwickeln.[79] McMahon stellte die Frage als Entscheidung zwischen regelgebundener und diskretionärer – also Ermessensspielräume lassender – Politik dar. Großbritannien könne seiner Ansicht nach von einem regelgebundenen System profitieren, sofern es gegenüber der Währungsschlange verbesserte Anpassungsverfahren, größere Kreditfazilitäten und bessere Wachstumsaussichten böte.[80]

Die Verhandlungen beim Europäischen Rat in Kopenhagen am 8. April 1978 bestärkten Callaghans Befürchtung, dass nicht ein verbessertes System, sondern eine Wiederauflage der Währungsschlange entstehen könnte. Dennoch stimmte er der Einrichtung einer trilateralen Arbeitsgruppe mit der Bundesrepublik und Frankreich zu.[81] Dass er den skeptischen Couzens zu den Gesprächen mit Horst Schulmann aus dem Bundeskanzleramt und Bernard Clappier von der Banque de France entsandte, wurde später als taktischer Fehler kritisiert, der die britische Isolierung verstärkte.[82] Die Akten verdeutlichen jedoch, dass diese Erklärung zu kurz greift: Sie zeigen, wie ausgeprägt Callaghans eigene Zweifel an der Initiative waren. Damit stützen sie jene Deutungen, die nicht personelle Fehlentscheidungen, sondern die grundsätzliche Skepsis des Premierministers als wesentliche Hürde für eine britische Teilnahme hervorheben.[83]

---

77 Nigel Wicks, Protokoll eines Treffens von James Callaghan, David Owen, Gordon Richardson und *officials* am 4.4.1978, erstellt am 5.4.1978, FOI Release 248745, MTF, https://www.margaretthatcher.org/document/111475 (30.9.2025).

78 Ebd.

79 Kenneth Couzens, EWS-Briefing, Chancellor Schmidt's Proposal. Reserve Pooling and the Snake, 6.4.1978, TNA, PREM 16/1615.

80 Kit McMahon, Memorandum zum EWS, 6.4.1978, TNA, PREM 16/1615.

81 James Callaghan, Vermerk über die EWS-Diskussion bei der Sitzung des Europäischen Rats in Kopenhagen, 11.4.1978, FOI Release 248745, MTF, https://www.margaretthatcher.org/document/111480 (30.9.2025).

82 Ludlow, Making of the European Monetary System, S. 109.

83 Ikemoto, European Monetary Integration, S. 174; Mourlon-Druol, A Europe Made of Money, S. 172 f., S. 193.

Im Verlauf der Verhandlungen kristallisierten sich drei zentrale britische Einwände heraus. Erstens bestand die Sorge, durch ein europäisches Abkommen die enge Zusammenarbeit mit den USA zu gefährden. Callaghan hielt diese Verbindung für unverzichtbar, um der weltwirtschaftlichen Instabilität infolge der amerikanischen Verschuldung und Inflation zu begegnen. Zudem verstand er Großbritannien aus historischen Gründen als engen Verbündeten der USA und als Bindeglied zwischen Washington und Europa. Schmidts Ausgangspunkt stand dem diametral entgegen: Sein Vorstoß speiste sich aus einer tiefen Ernüchterung über die aus seiner Sicht unzureichende amerikanische Führung. Für ihn lautete die Schlussfolgerung, Europa müsse sein wirtschaftliches und währungspolitisches Schicksal stärker in die eigenen Hände nehmen und sich von der Abhängigkeit von den USA lösen. Damit standen sich zwei grundlegend verschiedene Diagnosen und Strategien gegenüber.[84] Dieser britische Einwand verlor allerdings an Schlagkraft, als US-amerikanische Gesprächspartner nach anfänglichem Misstrauen die Initiative ausdrücklich begrüßten.[85]

Zweitens fürchtete die britische Regierung, das System werde eine Angleichung der wirtschaftlichen Leistungsfähigkeit nicht erreichen. Die D-Mark könnte durch die Wechselkursbindung im Verhältnis zu den anderen EG-Währungen künstlich niedrig gehalten werden. Dies würde Deutschlands Wettbewerbsfähigkeit weiter steigern – zulasten der anderen EG-Länder, denen durch die Wechselkursbindung die Chance auf exportfördernde Abwertungen genommen wäre.[86] Aus dieser Sorge heraus verlangte London mehr Symmetrie, also eine stärkere Übernahme von Anpassungslasten durch die Hartwährungsländer sowie substanzielle Ressourcentransfers, um strukturelle Ungleichgewichte auszugleichen.[87] Durchsetzen konnte die britische Regierung ihre Forderungen jedoch nicht.

Das stand in engem Zusammenhang mit dem dritten Einwand: der Sorge vor einem Verlust innenpolitischer Handlungsfreiheit. Zwar wurden durchaus die Chancen gesehen, durch eine Teilnahme größere Mitsprache auf europäischer Ebene zu erlangen, die Glaubwürdigkeit der eigenen Geld- und Wirtschaftspolitik zu stärken und durch die Wechselkursbindung das Pfund zu stabilisieren. Doch zugleich würde diese externe Disziplinierung eine restriktive Politik erfordern und damit den Spielraum etwa in der Zins- und Haushaltspolitik einengen. Dies verwies auf ein strukturelles Problem: Da die D-Mark de facto als Anker der europäischen Währungsordnung fungierte, hätte die Bundesrepublik einen überpro-

---

84 Nigel Wicks, Protokoll eines Treffens von James Callaghan, Denis Healey, Harold Lever, Gordon Richardson und *officials*, 20.4.1978, FOI Release 248745, MTF, https://www.margaretthatcher.org/document/111483 (30.9.2025).

85 F. K. Jones, Vermerk über ein Gespräch zwischen James Callaghan und Zbigniew Brzeziński, 6.10.1978, TNA, PREM 16/1636.

86 Denis Healey an James Callaghan, EWS-Grundsatzpapier, 22.6.1978, TNA, PREM 16/1634.

87 Ebd.

portionalen Einfluss auf die geldpolitischen Entscheidungen im System gehabt.[88] Aus britischer Sicht drohte dies die eigenen Handlungsspielräume zusätzlich einzuengen. Das Inflationsdifferenzial zwischen Großbritannien und der Bundesrepublik betrug fünf Prozent – 1977 waren es sogar über zwölf Prozent.[89] Es war also absehbar, dass eine Wechselkursbindung erhebliche Anpassungsleistungen erfordern würde. Theoretisch kam dies Labours erklärtem Ziel der Inflationsbekämpfung entgegen,[90] doch waren erhebliche politische und innerparteiliche Widerstände gegen die dafür notwendigen Maßnahmen zu erwarten. Eine Lockerung der deutschen Stabilitätspolitik als Ausweg aus diesem Dilemma war nicht zu erwarten. Dahingehenden Forderungen Callaghans, die Bundesrepublik solle durch eine wachstumsorientierte Ausgabenpolitik die Weltwirtschaft ankurbeln, wies Schmidt entschieden zurück.[91]

Dieser Grundsatzkonflikt schlug sich unmittelbar in den Verhandlungen über die Ausgestaltung der Wechselkursstabilisierung nieder. Die britische Seite forderte – gemeinsam mit Frankreich und Italien – einen Mechanismus, der starke und schwache Währungen gleichermaßen zur Anpassung verpflichten würde. Alle Währungen sollten an die European Currency Unit (ECU) gebunden werden, einen aus dem gewichteten Durchschnitt aller EG-Währungen berechneten Währungskorb.[92] Dieses Vorgehen hätte eine Orientierung am Durchschnitt gefördert: Auch aufwertende Währungen stünden dann unter Druck, beschäftigungsfördernde Maßnahmen zu ergreifen und den schwächeren Mitgliedern Luft zu verschaffen. Langfristig, so das Kalkül, würde dies den deutschen Wettbewerbsvorsprung abbauen und eine echte, nachhaltige Konvergenz in der EG befördern. Demgegenüber bestand die deutsche Seite auf dem Paritätengitter. Dieses Modell sah feste bilaterale Leitkurse zwischen den EG-Währungen vor. Wenn zwei Währungen zu stark vom Leitkurs abwichen, mussten theoretisch beide Seiten eingreifen. In der Praxis traf dies jedoch vor allem Länder mit schwächeren Währungen: Sie mussten durch eine restriktive Wirtschaftspolitik oder formelle Abwertungen reagieren, während von den Hartwährungen – insbesondere der D-Mark – weniger Anpassung erwartet wurde. Diese zusätzlichen Lasten, so Cal-

88 Nigel Wicks, Protokoll eines Treffens von James Callaghan, Denis Healey, Harold Lever, Gordon Richardson und *officials*, 20.4.1978, FOI Release 248745, MTF, https://www.margaretthatcher.org/document/111483 (30.9.2025).

89 In der Bundesrepublik betrug die Inflation 1978 2,7 Prozent, in Großbritannien wurde für dieses Jahr eine Inflation von 8,3 Prozent erfasst. Im Jahr 1977 waren es 3,7 beziehungsweise 15,8 Prozent. Die Daten sind erfasst in DEUTSCHE BUNDESBANK (Hrsg.), Geschäftsbericht 1979, S. 11.

90 IKEMOTO, European Monetary Integration, S. 157–191; ders., Callaghan.

91 Protokoll eines Gesprächs zwischen Helmut Schmidt und James Callaghan, 23.4.1978, TNA, PREM 16/1655.

92 Für einen Vergleich des französischen und britischen Ansatzes zur europäischen Währungsintegration vgl. IKEMOTO, European Monetary Integration; für die Kooperation mit Italien: BENTIVOGLIO, Tentative Alliance.

laghans Befürchtung, würden die benachteiligten Länder weiter belasten und bestehende Ungleichgewichte zementieren.[93] Aus deutscher Perspektive war jedoch gerade dieser Disziplinierungsmechanismus unerlässlich, um langfristig Stabilität zu sichern und ein Abgleiten des Verbunds in eine Weichwährungspolitik zu verhindern. Im Schatzamt wurden diese Gegensätze folgendermaßen auf den Punkt gebracht: „while the UK is striving to prevent the EMS being deflationary, this was precisely the advantage for it seen by the W Germans [West Germans, JC].“[94]

Trotz dieser Auffassungsunterschiede setzten Schmidt und Giscard d'Estaing die Initiative entschlossen fort. Ihre bilaterale Absprache in Hamburg im Juni 1978, in die Callaghan zu dessen Ärger nicht einbezogen wurde,[95] markierte den Beginn jener Verhandlungen, in denen sich Großbritannien zunehmend isoliert sah. Dementsprechend angespannt verlief das Dreiergespräch beim Europäischen Rat in Bremen im Juli 1978. Callaghan verweigerte die Zustimmung, solange die Einzelheiten unklar blieben, und warnte erneut vor einer faktischen D-Mark-Zone, die die Wettbewerbsfähigkeit schwächerer Länder untergraben würde.[96]

Während sich Großbritannien in den Verhandlungen zunehmend isoliert sah, verlagerten sich innerhalb der britischen Regierung zugleich die Zuständigkeiten von dem kleinen Kreis um Callaghan auf die eigens einberufene Ministerialgruppe GEN 136. Die Beratungsprotokolle zeigen, dass die Debatte dort vor allem unter dem Aspekt der Pfundbindung an die D-Mark geführt wurde; grundsätzliche Erwägungen zur strategischen Ausrichtung Großbritanniens oder zur Souveränitätsfrage traten dagegen in den Hintergrund.[97] Emmanuel Mourlon-Druol hebt hervor, dass die britische Regierung kaum versuchte, das System konstruktiv mitzugestalten.[98] Stattdessen folgte sie einem wiederkehrenden Muster: erst bremsen, dann Vorbedingungen stellen – etwa Ressourcentransfers, die in den parallel geführten *concurrent studies* verhandelt wurden,[99] oder eine Reform von Agrarpolitik und Haushalt.[100] Beide Forderungen blieben ohne Ergebnis.

---

93 Schatzamt-Memorandum, European Currency Arrangements. Handling, Timing and Tactics, Juni 1978, TNA, PREM 16/1634.

94 Protokoll eines Treffens von Nick Jordan-Moss mit Vertretern der CBI, 6.10.1978, MRC, MSS.200/C/3/ECO/2/33.

95 Protokoll eines Gesprächs zwischen James Callaghan und Roy Jenkins, 3.7.1978, TNA, PREM 16/1634.

96 Protokoll eines Gesprächs zwischen James Callaghan, Helmut Schmidt und Valéry Giscard d'Estaing, 6.7.1978, TNA, PREM 16/1634.

97 Die Gruppe tagte am 14.7.1978, am 18.7.1978, am 1.8.1978, am 12.9.1978 und am 10.10.1978, als die Entscheidung gegen eine britische Beteiligung am Wechselkursmechanismus fiel. Unterlagen und Protokolle der Treffen in TNA, CAB 130/1047.

98 Mourlon-Druol, A Europe Made of Money, S. 193.

99 Ludlow, Making of the European Monetary System, S. 170–181; Mourlon-Druol, A Europe Made of Money, S. 219–224 und 248–250.

100 John Hunt an Nigel Wicks, 4.10.1978, TNA, PREM 16/1636; Memorandum für den Europäischen Rat in Bremen, Contributions to the European Communities, o. D. (Juli 1978), TNA, PREM 16/1634.

Immerhin gelang es London gegen französischen Widerstand, die Anerkennung Großbritanniens als eines der drei wirtschaftlich schwächeren Länder neben Irland und Italien durchzusetzen.[101] Diese Länder waren zwar potenzielle Verbündete bei den britischen Forderungen nach Transfers, lehnten jedoch die weitergehenden Reformvorschläge ab. So setzte sich London dem Verdacht aus, legitime europäische Interessen als Druckmittel zur Verfolgung eigener Ziele zu missbrauchen, die mit der angestrebten Währungsstabilisierung wenig zu tun hatten. Vor allem Helmut Schmidt, der beträchtliches politisches Kapital in das EWS-Vorhaben investiert und die britische Einbindung in die EG stets öffentlich unterstützt hatte, zeigte sich zunehmend desillusioniert. Hinzu kam, dass die britischen Umverteilungsforderungen zwar auf nationale Entlastung zielten, zugleich aber eine föderale Vertiefung der Gemeinschaft implizierten – genau jene Entwicklung, die London eigentlich verhindern wollte.[102]

Während London mit den gestellten Bedingungen zunehmend ins Abseits geriet, vertieften Schmidt und Giscard d'Estaing ihre bilaterale Abstimmung. Auf dem Treffen der EG-Staats- und Regierungschefs in Aachen im September 1978 einigten sie sich in der umstrittenen Frage des Wechselkursarrangements auf den sogenannten belgischen Kompromiss.[103] Entsprechend der deutschen Forderung wurde ein Paritätengitter als Grundlage für die Interventionsverpflichtungen festgelegt; der ECU-Währungskorb blieb jedoch als eine Art Frühwarnsystem bestehen. Dass der Kompromiss ohne britische Beteiligung ausgehandelt worden war und für die Regierung überraschend kam, zeigte, wie weit das Land inzwischen aus dem Zentrum der Verhandlungen gerückt war.[104] Eine volle britische Beteiligung am EWS wurde zunehmend unwahrscheinlich, während die innenpolitischen Kontroversen anhielten.

Harold Lever, Minister ohne festen Geschäftsbereich und wirtschaftspolitischer Berater des Premierministers, hielt die Teilnahme für strategisch unerlässlich, um von Unterstützungsmechanismen zu profitieren und eine langfristige Isolierung zu vermeiden.[105] Auch Governor Gordon Richardson und Premierminister-Berater Bernard Donoughue mahnten, anstelle der Fixierung auf technische Details

101 F. K. Jones an Nigel Wicks, 2.10.1978, TNA, PREM 16/1635.

102 Dell, Britain and the Origins, S. 12.

103 Der Kompromiss ging auf den belgischen Ökonomen Jacques van Ypersele zurück. Mourlon-Druol, A Europe Made of Money, S. 210–213.

104 Protokoll eines Telefonats zwischen James Callaghan und Denis Healey, 18.9.1978, TNA, PREM 16/1635; Nigel Wicks an James Callaghan, 18.9.1978, TNA, PREM 16/1635.

105 Harold Lever, Kabinettspapier zum EWS, 31.10.1978, TNA, PREM 16/1636. Das Papier wurde dem Premierminister vorgelegt, aber letztlich nicht im Kabinett eingereicht, weil in der betreffenden Sitzung keine Beiträge von Regierungsmitgliedern gesichtet wurden. Vgl. auch Tim Lankester an James Callaghan, 31.10.1978, TNA, PREM 16/1636; Dell, Britain and the Origins, S. 52.

die langfristigen Gestaltungsmöglichkeiten in Europa im Blick zu behalten.[106] Dagegen lehnten weite Teile des Kabinetts und der Labour Party die Teilnahme ab. Tony Benn vom linken Parteiflügel warnte vor einem Verlust der Unabhängigkeit und plädierte erfolglos für protektionistische Einfuhrbeschränkungen.[107] Handelsminister Edmund Dell und Außenminister David Owen waren zwar grundsätzlich Befürworter der EG-Mitgliedschaft, sahen aber zu große wirtschafts- und parteipolitische Risiken.[108] Zugleich gab es auch Unterstützung für eine volle EWS-Teilnahme – eine Position, die sich zwar 1978/79 nicht durchsetzte, aber auf ein Potenzial für eine später stärker europafreundliche Ausrichtung der Partei verwies.[109]

Schatzkanzler Denis Healey reagierte auf diese Differenzen, indem er die britische Zustimmung an sechs Bedingungen knüpfte: keine Schwächung von Yen und Dollar, langfristige Funktionsfähigkeit des Systems, ausreichende Flexibilität, ausreichende Kreditmechanismen, gleichmäßige Verteilung der Anpassungslasten und substanzielle Ressourcentransfers.[110] Da diese Kernpunkte unerfüllt blieben, überwogen in der Ministerialgruppe GEN 136 die skeptischen Stimmen. Am 10. Oktober 1978 traf sie endgültig die Entscheidung gegen die volle EWS-Mitgliedschaft und begründete dies mit den Ähnlichkeiten zur Währungsschlange, der potenziellen deflationären Wirkung, möglicher Instabilität und den Widerständen in Parlament und Partei.[111] Bedenken wegen eines Souveränitätsverlustes wurden nicht explizit als Grund benannt, wenngleich sie in den Befürchtungen über die Verengung der geldpolitischen Handlungsspielräume mitschwangen. Eine explizite Nennung hätte jedoch die bestehenden innerparteilichen Spannungen über die EG-Mitgliedschaft verstärkt und die Geldpolitik zusätzlich belastet. Aus taktischen Gründen legte die Regierung die Entscheidung gegen eine WKM-Teilnahme zunächst nicht offen – um einen Vertrauensverlust in das Pfund zu vermeiden und vor allem, um die Mitsprache in den laufenden EWS-Verhandlungen zu wahren.[112] Obwohl das Fernbleiben feststand, stellte Schatzkanzler Healey

---

106 Gordon Richardson an James Callaghan, 31.10.1978, TNA, PREM 16/1636; Bernard Donoughue, Memorandum zum EWS, 9.10.1978, TNA, PREM 16/1636.

107 Tony Benn, Kabinettspapier, Britain, Germany and the Proposed EMS, 13.7.1978, TNA, PREM 16/1635.

108 Dell, Britain and the Origins, S. 762; Ludlow, Making of the European Monetary System, S. 220.

109 Protokoll einer außerordentlichen Parteiversammlung unter Anwesenheit des Premierministers und Schatzkanzlers, 29.11.1978, BOA, Kollektion: British Labour Party Papers 1968–1994, Minutes for 1978/79 session, Identifier: 1330-PM-1978-79, S. 78–81, https://britishonlinearchives.com/collections/2/british-labour-party-papers-1968-1994/access?documentId=64 (30.9.2025).

110 Ludlow, Making of the European Monetary System, S. 220.

111 Protokoll zum Treffen der EWS-Ministerialgruppe GEN 136, 5. Sitzung, 10.10.1978, TNA, CAB 130/1047; John Hunt an Nigel Wicks, 11.10.1978, TNA, PREM 16/1636.

112 Ebd.

auf EG-Ebene weiterhin Forderungen nach einer symmetrischen Gestaltung des Systems[113] und wiederholte sowohl die Bedingungen für einen britischen Beitritt als auch die weiterreichenden EG-Reformforderungen.[114] Schmidt ging zu diesem Zeitpunkt noch von einer grundsätzlichen Bereitschaft zur EWS-Teilnahme aus, plante aber bereits Szenarien, wie ein nachträglicher Beitritt gesichtswahrend ermöglicht werden könne.[115]

Die britische Entscheidung gegen die volle Teilnahme legte die tiefgreifenden Auffassungsunterschiede mit der deutschen Position offen. Während Premierminister und Schatzkanzler das System als potenziell nützlichen, aber zu asymmetrisch und deflationär ausgestalteten Stabilitätsanker betrachteten,[116] maß Schmidt dem Vorhaben erhebliche strategische Bedeutung bei. Dem Bundesbank-Rat sagte er Ende November 1978, es sei „geradezu eine Lebensversicherung für die deutsche Außenpolitik und ihre Autonomie."[117] Das war ein schlagkräftiges Argument für den Verzicht auf einen Teil währungspolitischer Autonomie und – in begrenztem Maße – sogar die Hinnahme wirtschaftlicher Nachteile. Aus britischer Sicht bestand dieser Anreiz nicht, zumal eine Beschleunigung der Integrationsdynamik nicht nur wenig attraktiv, sondern geradezu abschreckend wirkte. Um Schmidts erwartbare Verstimmung zu minimieren, plante die Regierung, ihre Entscheidung nicht mit den prinzipiellen Einwänden, sondern mit technischen Bedenken zu begründen.[118] Damit nahm sie die spätere Linie der Thatcher-Regierung vorweg, die ihre Ablehnung der Pläne für eine Wirtschafts- und Währungsunion ebenfalls zunächst auf technische Zweifel stützte.

Die Entscheidung bedeutete jedoch keinen vollständigen Rückzug. Um Isolierung zu vermeiden und künftige Optionen offen zu halten, entschied sich die Regierung für eine partielle Teilnahme am System ohne Beitritt zum WKM, der zu einem späteren Zeitpunkt nachgeholt werden sollte.[119] Dieser Zwischenweg sollte die verschiedenen Positionen zwischen Teilnahme und Fernbleiben versöhnen und zugleich ein Mindestmaß an Mitsprache in europäischen Währungsfragen si-

---

113 Patrick Wright an FCO, 16.10.1978, TNA, PREM 16/1636.

114 Schatzamt-Memorandum für das ECOFIN-Treffen am 20.11.1978, November 1978, TNA, T 382/70.

115 Bundesbank, Protokoll einer Sitzung des Bundesbankrats mit Helmut Schmidt, 30.11.1978, HAB, N2/267.

116 Kenneth Couzens, Protokoll eines Gesprächs mit Horst Schulmann am 20.4.1978, 21.4.1978, TNA, PREM 16/1616.

117 Bundesbank, Protokoll einer Sitzung des Bundesbankrats mit Helmut Schmidt, 30.11.1978, HAB, N2/267.

118 John Hunt an James Callaghan, 13.10.1978, TNA, PREM 16/1636; David Owen an James Callaghan, 13.10.1978, TNA, PREM 16/1636.

119 Schlussfolgerungen einer Sitzung des Kabinetts in Downing Street No. 10, 30.11.1978, TNA, CAB 128/64/21.

chern.[120] Deswegen wurde er in Kabinett und Parlament begrüßt; auch die EG-Staats- und Regierungschefs akzeptierten den Vorschlag im Dezember 1978 – wohl auch, weil sie ohnehin mit einem britischen Fernbleiben gerechnet hatten.[121]

Die Position hatte jedoch erhebliche Nachteile: Sie führte zu einem permanenten Schwebezustand, in dem fortwährend diskutiert wurde, ob die richtige Zeit erreicht sei. Zugleich zwang sie die Regierung zu einer widersprüchlichen Einordnung des EWS: Einerseits musste das System rhetorisch aufgewertet werden, um die Teilnahme auch ohne das funktionelle Kernstück sinnvoll erscheinen zu lassen; andererseits musste seine Bedeutung heruntergespielt werden, um es nicht als Schritt in Richtung Währungsunion erscheinen zu lassen und den Eindruck zu vermeiden, Großbritannien stehe in einer wesentlichen europäischen Initiative abseits. Um diesen schwierigen Fragen auszuweichen, wurden Souveränität und die strategischen Folgen der Nichtmitgliedschaft bewusst ausgeblendet.[122]

Dies sollte auch ein Wiederaufflammen der Grundsatzkonflikte um die britische EG-Mitgliedschaft verhindern, die in der Labour Party latent blieben – eine Mehrheit der Parteimitglieder und der institutionell eng verbundene Gewerkschaftsdachverband TUC[123] blieben ablehnend.[124] So betonte Callaghan im Unterhaus: „I think that the subject of erosion of sovereignty is getting a little motheaten. The power of Governments to control their rates of exchange has been severely eroded in recent years.“[125] Erst nach der Verkündung der Entscheidung beim Europäischen Rat im Dezember 1978 erklärte er:

---

120 Michael Butler aus dem Foreign Office und Governor Gordon Richardson hatten dieses Vorgehen angeregt. Butler unterbreitete James Callaghan den Vorschlag bei einem Lunch im September 1978, vgl. Wall, Tiger Unleashed, S. 123. Der ehemalige Außenminister David Owen berichtet, er habe bei einem Spaziergang mit Callaghan ebenfalls für diesen Ansatz geworben, vgl. Owen, Europe Restructured, S. 58 f. Auch Governor Gordon Richardson sprach sich in einem Memorandum an den Premierminister vom 31.10.1978 für eine solche Lösung aus, vgl. Gordon Richardson an James Callaghan, 31.10.1978, Memorandum, European Monetary System and the Choice for the UK, TNA, PREM 16/1636.

121 Bundesbank, Protokoll einer Sitzung des Bundesbankrats mit Helmut Schmidt, 30.11.1978, HAB, N2/267.

122 Bernard Donoughue, Memorandum zum EWS, 9.10.1978, TNA, PREM 16/1636.

123 Zum Verhältnis zwischen TUC und Labour Party vgl. Taylor, Trade Unions and the Labour Party; Taylor, Rise and Fall; Massey, Changing of the Praetorian Guard. Zum Verhältnis der Konservativen Partei und den Gewerkschaften vgl. Taylor, What About the Workers.

124 Anthony Benn an James Callaghan, Resolution zum EWS, 28.11.1978, TNA, T 382/71; Elinor Goodman, EMS Veto Sought, The Financial Times, 29.11.1978; British Trades Union Congress, Papier für das House of Commons-Expenditure Committee zum EWS, 3.10.1978, CVCE, https://www.cvce.eu/en/obj/paper_submitted_by_the_trades_union_congress_3_october_1978-en-bc383745-35ea-4669-ac27-50c64fd53ef4.html (30.9.2025).

125 Hansard HC Deb. Vol. 957, Col. 1183, 9.11.1978, MTF, https://www.margaretthatcher.org/document/103774 (30.9.2025).

> The control by Parliament of this country's economic and financial affairs must always be absolute, except to the extent that we ourselves decide formally to surrender a part of it [...] I would not hesitate to recommend to the House a departure from our national sovereignty for an international monetary system if I thought that it would increase growth [...]. But that must be a deliberate and conscious decision by this country and its people.[126]

Damit reagierte er auf den wachsenden Druck aus seiner Partei, setzte das Prinzip der Souveränitätswahrung jedoch nicht absolut, sondern erwog zumindest einen teilweisen Verzicht zugunsten wirtschaftlicher Vorteile. Der ambivalente Umgang mit der Souveränitätsfrage in der Währungsdebatte setzte sich in den 1980er Jahren fort.

3 Bruch der Währungsunion mit Irland

Eine der ersten Folgen des EWS, das langfristig den Weg zu einer gemeinsamen europäischen Währung ebnen sollte, war ironischerweise das Ende einer bereits bestehenden Währungsunion in Europa. Irland hatte in den 1820er Jahren das britische Pfund Sterling als alleinige Währung übernommen. Auch nach Einführung des irischen Pfunds 1928 wurde die Parität zum Sterling beibehalten. Damit bestand über ein Jahrhundert hinweg eine enge monetäre Union, die trotz irischer Eigenstaatlichkeit fortdauerte und das Land faktisch in der Sterlingzone hielt.[127] Mit der EWS-Initiative wurde diese Bindung erstmals grundsätzlich infrage gestellt. Denn träte nur eines der beiden Länder bei, würde die Kopplung zerbrechen. Für London war dies schwer vorstellbar, denn fast die Hälfte der irischen Exporte ging in das Vereinigte Königreich, das zudem eine wichtige Quelle für kurzfristige Liquiditätsbeschaffung und langfristige Investitionen in Irland war. Ein Wechselkursrisiko, so die britische Annahme, würde Irland unter diesen Umständen kaum hinnehmen.[128]

Ende 1978 zeichnete sich jedoch die irische Bereitschaft zur Teilnahme ab – einerseits, um die eigene Einbindung in die EG zu festigen, andererseits wegen der Aussicht auf substanzielle Ressourcentransfers.[129] Damit rückte für London ein Szenario in greifbare Nähe, das in den britischen Überlegungen von zentraler

126 Hansard HC Deb. Vol. 959, Cols. 1427 f., 6.12.1978, https://hansard.parliament.uk/commons/1978-12-06/debates/52b4e233-0a55-402c-83cc-7fa46e009cf8/EuropeanCommunityCouncil(BrusselsMeeting)#1427 (30.9.2025).

127 Irland übernahm mit dem Currency Act 1825 das Pfund Sterling als alleinige Währung; die vollständige Umstellung erfolgte 1826–1828 mit der Einführung entsprechender Münzen und Banknoten. Mit Einführung des irischen Pfunds 1928 blieb die Parität zum Sterling erhalten. Vgl. Honohan, Credit, S. 29; ders., Choices.

128 Ders., Other People's Money, S. 37.

129 Ders., Credit, S. 37–40.

Bedeutung war. Callaghans Berater Bernard Donoughue erinnerte ihn: „The UK and Ireland form one of the very few international monetary unions in the world – from the monetary point of view, Ireland is almost as much a part of the UK as Wales or Scotland."[130] Gerade diese enge Bindung machte einen irischen EWS-Beitritt so problematisch.

Die Auflösung der Währungsunion hätte die Handlungsfähigkeit Großbritanniens eingeschränkt. Irlands faktische Teilnahme an der Sterlingzone bedeutete, dass irische Guthaben in Pfund Sterling wie inländische Bestände behandelt wurden. Mit einem Beitritt zum EWS würde diese Sonderstellung entfallen: Irische Guthaben würden zu Auslandsbeständen – zusätzlich zu den ohnehin hohen Sterlingreserven anderer Länder, die jederzeit abgezogen werden konnten.[131] Schon der geordnete Abbau der Bestände anderer Länder war für London nur mit internationaler Unterstützung zu bewältigen.[132] Mit den irischen Guthaben – rund eine Milliarde Pfund – würde die Lage noch heikler. Hinzu kam die Gefahr, dass bei Bekanntwerden des britischen Fernbleibens von der EWS-Wechselkursbindung das Pfund einen Vertrauensverlust erleiden und abwerten könnte. In diesem Fall bestünden erhebliche Anreize für irische Banken und Anleger, ihre Sterlingbestände in stabilere EWS-Währungen umzuschichten. Das war doppelt problematisch, denn die 1947 eingeführten Devisenkontrollen galten nicht für Sterlingzonen-Länder, sodass der Kapitalabfluss nach Irland kaum zu stoppen wäre. London stünde dann vor der unattraktiven Wahl, den Abzug ungebremst hinzunehmen oder erstmals Kapitalverkehrskontrollen gegenüber Irland einzuführen.[133]

Beides war hochproblematisch. Die Hinnahme des Kapitalabflusses würde das Pfund substanziell schwächen; angesichts der offenen Grenze auf der irischen Insel wäre der Schmuggel von Geld ohnehin kaum zu verhindern. Eine symbolische Abkopplung Irlands könnte zudem die Spannungen im Nordirlandkonflikt anheizen – zu einer Zeit, in der Anschläge, paramilitärische Gewalt und die Präsenz britischer Truppen den Alltag prägten.[134] Hinzu kam eine unsichere Rechtslage. Viele britisch-irische Verträge legten gar nicht fest, ob Zahlungen in Pfund Sterling oder im irischen Pfund erfolgen sollten. Bei einem Bruch der Währungsunion drohten also erhebliche juristische, politische und wirtschaftliche Risiken. Vor diesem Hintergrund hoffte Donoughue, Irland trotz der in Aussicht gestellten EG-Hilfszahlungen – die er abfällig als Bestechung kritisierte – zumindest vorerst von einem EWS-Vollbeitritt abbringen zu können. Entscheidend sei, in Irland die Erwartung eines baldigen britischen EWS-Beitritts zu erwecken. Dann, so sein Kal-

130 Bernard Donoughue an James Callaghan, 24.11.1978, TNA, PREM 16/1638.

131 Bank of England (Hrsg.), Overseas Sterling Balances, S. 163.

132 Bank of England, Vermerk, The International Role of Sterling, März 1986, BoE 1A50/2; Oliver und Hamilton, Downhill, S. 493.

133 Bernard Donoughue an James Callaghan, 24.11.1978, TNA, PREM 16/1638.

134 Mulholland, Longest War; Hennessey, Evolution of the Troubles; McKittrick et al., Lost Lives.

kül, werde Dublin auf London warten, um nicht für eine um wenige Monate frühere EWS-Mitgliedschaft den riskanten Bruch mit Großbritannien zu vollziehen.[135]

Ende November 1978, als das britische Fernbleiben vom EWS-Interventionsmechanismus feststand, ließ Schatzkanzler Denis Healey Notfallpläne für den Fall eines irischen EWS-Beitritts ausarbeiten. Um das befürchtete Szenario extensiver irischer Kapitalabzüge zu verhindern, brachte London die Einführung von Kapitalverkehrskontrollen ins Spiel. Die irische Regierung äußerte dagegen den Wunsch, auch bei einem EWS-Beitritt den Sonderstatus als *scheduled territory* im *Exchange Control Act* von 1947[136] beizubehalten. Dies hätte Irland weiterhin den freien Zugang zu britischen Finanzmärkten gesichert und Kapitalverkehrskontrollen zwischen beiden Ländern vermieden. Bank of England und Schatzamt sahen dies jedoch als zu riskant an, da Irland über keine wirksamen Mechanismen verfügte, große Kapitalbewegungen einzudämmen. Healeys Notfallplan zielte daher darauf ab, im Falle massiver Kapitalabflüsse umgehend reagieren zu können: Der Sonderstatus Irlands sollte dann kurzfristig beendet und Kapitalverkehrskontrollen zwischen beiden Ländern eingeführt werden. Da dies gegen die Regeln des Gemeinsamen Marktes verstoßen hätte, musste eine Ausnahmegenehmigung durch die Europäische Kommission gesichert werden. Entsprechende Gespräche mit der Kommission wurden informell und diskret geführt.[137]

Selbst dieses begrenzte Vorgehen war angesichts des schwelenden Nordirlandkonflikts riskant. Bislang zirkulierten beide Währungen auf der Insel nebeneinander. Eine Änderung des Status quo hätte erhebliche politische Symbolkraft, warnte das Schatzamt: „The border, which for many people is at present not a physical barrier would acquire substantial practical significance." Das Memorandum betonte: „important will be the political impact through the exploitable symbolic effect of an increased sense of separation between the North and the South of Ireland."[138] Auf den ersten Blick schien dies vor allem für die irische Regierung problematisch, da ihr erklärtes Ziel eines vereinigten Irlands durch den Bruch infrage gestellt würde. Doch auch London wollte eine Verschärfung der ohnehin angespannten Lage vermeiden. Anfang 1978 hatte der irische Taoiseach Jack Lynch eine britische Erklärung zur Einheit Irlands gefordert – in London als Rückzugsforderung aus Nordirland verstanden – und der britische Nordirlandminister Roy Mason hatte mehrfach die irische Sicherheitspolitik kritisiert. Gespräche zwischen Callaghan und Lynch sowie zwischen den Außenministern am Rande des

135 Bernard Donoughue an James Callaghan, 24.11.1978, TNA, PREM 16/1638.

136 Schenk, Sterling Area and Economic Disintegration, S. 179.

137 Denis Healey an James Callaghan, 27.11.1978, Memorandum zum EWS und zur Währungsunion mit dem irischen Pfund, TNA, PREM 16/1638.

138 Schatzamt-Papier zur Währungsunion mit Irland, 27.10.1978, TNA, PREM 16/1636.

Europäischen Rats in Kopenhagen hatten im April 1978 die Lage etwas entspannt, doch war deutlich geworden, dass die relative Ruhe jederzeit kippen konnte.[139]

Das Ende der Währungsunion, so die britische Befürchtung, könnte von beiden Seiten politisch ausgenutzt werden: Die irische Regierung könnte argumentieren, Nordirland wäre als Teil Irlands bessergestellt, während die unionistische Mehrheit in Nordirland den Bruch als gestärkte Bindung an das Vereinigte Königreich darstellen könnte. Solche Überlegungen, betonte Healey in einem Schreiben an Callaghan, dürften zwar nicht ausschlaggebend für währungspolitische Entscheidungen sein. Doch sei es wesentlich, diese politische Instrumentalisierung so weit wie möglich einzudämmen.[140]

Die britische Strategie, Irland mit der Aussicht auf Kapitalverkehrskontrollen von einer EWS-Teilnahme abzuschrecken, ging nicht auf: Am 27. November 1978 erklärte der irische Taoiseach Jack Lynch dem britischen Premierminister James Callaghan, sein Land werde dem System unter den richtigen Konditionen beitreten. Er forderte Transfers in Höhe von 650 Millionen Pfund.[141] Die hohe Summe begründete er mit den erwarteten deflationären Effekten einer Aufwertung: Ein festeres irisches Pfund würde Exporte – auch in das wichtigste Absatzland Großbritannien – verteuern und die Nachfrage nach irischen Produkten senken. Letztlich konnte Irland zwar keine Zuschüsse aushandeln, erhielt jedoch die Zusage für ein Darlehenspaket von 1,125 Milliarden Pfund mit Zinssubventionen in Höhe von 225 Millionen Pfund, das später um ein weiteres Hilfspaket von 50 Millionen Pfund ergänzt wurde. So bestätigte die irische Regierung am 15. Dezember 1978 ihre EWS-Teilnahme. Neben dem damit verbundenen politischen Bekenntnis zur EG und dem Ausblick auf größere Währungsstabilität spielte auch der Wunsch nach größerer wirtschaftlicher Unabhängigkeit von Großbritannien eine Rolle. Die dortige Inflation hatte schon zuvor Kritik an der Pfundbindung ausgelöst, ohne jedoch zu ernsthaften Forderungen nach einer Abkopplung zu führen. Dass Irland dem EWS beitrat, obwohl die Zuwendungen deutlich niedriger ausfielen als ursprünglich gefordert, zeugte laut dem britischen Botschafter Robin Haydon vor allem von dem Bestreben, nicht gemeinsam mit Großbritannien in der EG-Währungspolitik isoliert zu werden.[142]

Trotz des nun absehbaren Endes der Pfundbindung änderte sich zunächst wenig: Beide Regierungen äußerten die Erwartung, dass der Wechselkurs stabil bleiben würde. Die britische Seite beschloss am 18. Dezember, vorerst auf Kapitalverkehrskontrollen zu verzichten, sofern es nicht zu erheblichen Kursschwankungen oder Kapitalabflüssen komme. Tatsächlich blieb der Wechselkurs in den folgen-

---

139 Robert Haydon, Jährlicher Bericht über Irland für 1978, 12.1.1978, TNA, FCO 30/4161.

140 Denis Healey an James Callaghan, 27.11.1978, Entwurf eines Papiers für das Kabinett, TNA, PREM 16/1638.

141 Protokoll eines Gesprächs zwischen James Callaghan und Jack Lynch, 27.11.1978, TNA, PREM 16/1638.

142 Robert Haydon, Memorandum zum EWS und zu Irland, 5.1.1979, TNA, FCO 30/4161.

den Monaten stabil, obwohl die britische Regierung ihre Pfundpolitik nicht an den EG-Währungen, sondern an den wichtigsten Handelspartnern orientierte. Anders als in späteren Versuchen, zumindest inoffiziell eine Annäherung an die EG-Wechselkurse zu bewerkstelligen, legte sie dabei als Zielgröße für die Pfundstabilisierung den handelsgewichteten effektiven Wechselkurs zugrunde. Praktisch, konstatierte der wichtigste Industrieverband CBI Ende Dezember 1978, wirke sich der kommende Bruch mit dem irischen Pfund kaum auf die Unternehmen aus – allenfalls die Banken müssten sich auf eventuelle Devisenkontrollen einstellen.[143] Dementsprechend gering war der Druck, konkrete Maßnahmen einzuleiten. So antwortete der Verband im Januar 1979 auf die Frage, ob das Problem geklärt sei: „The simple answer is ‚no – but it has been shelved'." Die irische Zentralbank tauschte weiterhin irisches und britisches Pfund im Verhältnis eins zu eins um. Über die Konsequenzen eines möglichen Bruchs der anhaltenden Stabilität zeigten sich die CBI-Mitglieder wenig besorgt.[144]

Mit Inkrafttreten des EWS im März 1979 zerschlugen sich die Hoffnungen auf eine bleibende Parität jedoch rasch. Bereits am 30. März 1979, kurz nach 11 Uhr, entfernten sich die beiden Währungen voneinander und besiegelten den faktischen Bruch der Währungsunion. Die zuvor befürchteten Verwerfungen traten allerdings nicht ein: Großbritannien verzichtete auf die vorbehaltenen Devisenkontrollen, denn entgegen der ursprünglichen Erwartung wertete nicht das britische, sondern das irische Pfund ab. Sterling wurde durch einen Anstieg der Ölpreise stabilisiert, von denen das Vereinigte Königreich dank seiner Nordseeölförderung profitierte.[145] Damit blieben auch die befürchteten politischen Unruhen aus.[146] Auch der Handel zwischen beiden Ländern veränderte sich nicht wesentlich.[147]

Damit nahm das britische Interesse an der irischen Währungsfrage rapide ab. Hatte sie bei den Abwägungen eines möglichen EWS-Beitritts eine wichtige, wenn auch nicht entscheidende Rolle gespielt, wurde sie nun von anderen Prioritäten überlagert. Die Frage verlor auch deswegen an Brisanz, weil die Regierung Margaret Thatchers im Oktober 1979 ohnehin alle verbleibenden Kapitalverkehrskontrollen abschaffte und sich damit die Frage nach einer irischen Sonderrolle nicht mehr stellte.[148] In den späteren britischen Auseinandersetzungen um eine EWS-Vollmitgliedschaft wurde das irische Pfund folglich kaum noch erwähnt.

Anders sah es für die irische Seite aus: Als der erhoffte baldige Eintritt Großbritanniens zum WKM sich nicht materialisierte, zerschlugen sich Hoffnungen

---

143 CBI Economic Policy Department, EWS-Briefing, 20.12.1978, MRC, MSS.200/C/3/ECO/2/33.

144 Jim Turner an D. R. Glynn, 7.2.1979, MRC, MSS.200/C/3/ECO/2/33.

145 Tony Battishill an Tim Lankester, 30.3.1979, TNA, FCO 30/4161.

146 Die begrenzten Auswirkungen der irischen Währungsfrage nach 1979 zeigen sich auch darin, dass Stephen Kellys Monographie zu Margaret Thatchers Nordirlandpolitik das EWS nur beiläufig erwähnt. Vgl. Kelly, Margaret Thatcher, S. 78–83, S. 272.

147 Thom und Walsh, Effect of a Currency Union, S. 1122 f.

148 Copley, Capital Controls.

auf einen mittelfristig stabilen Wechselkurs zwischen beiden Währungen. Das ersparte Irland zwar kurzfristig die deflationären Effekte einer Aufwertung gegenüber dem britischen Pfund, die einen Rückgang der Wettbewerbsfähigkeit und den Zwang zu Sparmaßnahmen nach sich gezogen hätte. Aber damit blieben auch die Erwartung einer strikteren antiinflationären Disziplin durch die EWS-Bindung zunächst unerfüllt. Zudem verteuerte die Sterling-Aufwertung britische Exporte nach Irland, was dort die Inflation befeuerte.[149] Dies führte zunächst zur Ernüchterung: „Apart from the escape it offered from sterling's 1980s strength", bemerkt Patrick Honohan, „the ERM did not have much to recommend it as an exchange rate regime. Despite all of the realignments it eventually proved to be no stronger or weaker on average than the sterling link".[150]

Irland hatte bis in die Mitte der 1980er Jahre mit hohen Inflationsraten zu kämpfen. Der Wechselkursmechanismus des EWS durchlief in seinen Anfangsjahren mehrere Leitkursanpassungen (Realignments). Als externer Anker für Preisstabilität erwies er sich damit als deutlich weniger restriktiv, als es eine Bindung an das Pfund Sterling unter Margaret Thatchers ab 1979 eingeleiteter strikter Inflationspolitik gewesen wäre. Innerhalb des WKM wertete das irische Pfund zweimal ab – 1983 und 1986. Beide Anpassungen standen in engem Zusammenhang mit einer Schwäche des britischen Pfunds und verdeutlichen, dass die Entwicklung Sterlings die irische Währungsentwicklung auch nach dem Ende der formellen Bindung weiter beeinflusste.[151] Mit jedem Kursverlust des Pfund Sterling geriet auch das irische Pfund unter Druck, was die irische Regierung zu Zinserhöhungen zwang, um die eigene Währung im EWS-Wechselkursgefüge zu stabilisieren. Jede gegenläufige Entwicklung zwischen dem Pfund Sterling und den übrigen EWS-Währungen belastete damit die irische Währungspolitik. Vor diesem Hintergrund wird verständlich, dass Irland zu den schärfsten Kritikern des britischen Fernbleibens aus dem WKM zählte und wiederholt eine britische Einbindung forderte.[152]

Die Auseinandersetzungen um die Kopplung von britischem und irischem Pfund verdeutlichen, dass Großbritanniens Fernbleiben vom WKM nicht folgenlos blieb: Es beendete eine über ein Jahrhundert bestehende Währungsunion, schwächte den britischen Einfluss im unmittelbaren Nachbarraum und zeigte zugleich, dass Währungspolitik untrennbar mit Fragen nationaler Identität, Souveränität und internationaler Bindungen verflochten war.

---

149 Robert Haydon an FCO, 16.3.1979, TNA, FCO 30/4161.

150 Honohan, Credit, S. 45.

151 Ebd., S. 2 f.; Thom und Walsh, Effect, S. 1113.

152 Honohan, Credit, S. 45 f.

4 Zwischen Europabekenntnis und Parteipolitik: Die konservative Opposition und das Schweigen der Öffentlichkeit

„This is a sad day for Europe“ – mit diesen deutlichen Worten geißelte Oppositionsführerin Margaret Thatcher im Unterhaus das britische Fernbleiben vom WKM, das James Callaghan am 5. Dezember 1978 beim Europäischen Rat in Brüssel verkündet hatte. Dieser Kurs, so ihre Kritik, dränge das Land in der EG in eine isolierte Position und etabliere offiziell den Status als eines der schwächsten Mitglieder.[153] Angesichts ihrer späteren Kämpfe gegen den WKM-Beitritt wirkt dieses Zitat überraschend. Im Kontext der späten 1970er Jahre war es jedoch folgerichtig: Während Labour über das EWS tief gespalten war, inszenierten sich die Konservativen als pro-europäische Kraft – auch wenn diese Linie ambivalent blieb.

In der konservativen Opposition prallten 1978 zwei Deutungen des EWS aufeinander: Für die einen verkörperte es marktfeindliche Intervention und die Gefahr innerparteilicher Konflikte, für andere eröffnete es die Möglichkeit, britischen Einfluss in Europa zu sichern. John Nott, handelspolitischer Sprecher der Partei, warnte Thatcher davor, sich für eine EWS-Mitgliedschaft einzusetzen. Nott hatte 1973 als Minister im Schatzamt die gescheiterten Versuche zur Zusammenlegung der EG-Währungsreserven miterlebt und bezweifelte aus dieser Erfahrung heraus die Bereitschaft der Bundesbank, ihre Reserven einzusetzen. Er sah im EWS einen interventionistischen, marktfeindlichen Ansatz, der für das Pfund als internationale Währung besondere Risiken berge, und plädierte stattdessen für eine Liberalisierung von Kapitalverkehr und Wirtschaft.[154] John Biffen, ab November wirtschaftspolitischer Sprecher (Mittelstand) im Führungsteam der Opposition, vertrat ebenfalls eine marktwirtschaftliche Linie. Er sah im EWS einen Widerspruch zur wirtschaftsliberalen Grundhaltung der Partei.[155] Schattenkanzler Geoffrey Howe, verantwortlich für Finanzfragen, warnte vor wirtschaftlichen Nachteilen und innerparteilichen Spannungen: Das System könne die deutsche Exportwirtschaft begünstigen, die Etablierung einer monetaristischen Geldmengenpolitik nach einem konservativen Regierungsantritt erschweren und Großbritannien in der währungspolitischen Zusammenarbeit mit der Bundesrepublik in eine Juniorrolle drängen.[156] Das war Ausdruck der Sorge, dass britische Prioritäten in einem D-Mark-orientierten System nur begrenzt durchsetzbar wären.

---

153 Hansard HC Deb. Vol. 959, Col. 1424, 6.12.1978, https://api.parliament.uk/historic-hansard/commons/1978/dec/06/european-community-council-brussels (30.9.2025).

154 John Nott an Margaret Thatcher, 10.7.1978, BOD, MS. Howe dep. 145; ähnlich argumentierte er vor dem Institute of Export and International Trade. John Nott, Rede vor dem Institute of Export and International Trade, 12.7.1978, BOD, MS. Howe dep. 145.

155 John Biffen, Rede vor den Kensington Young Conservatives am 30.10.1978, BOD, MS. Howe dep. 145.

156 John Biffen, Note on the Bremen Summit, 12.7.1978, BOD, MS. Howe dep. 145.

Demgegenüber plädierten Vertreter des Conservative Research Department, dem parteiinternen Thinktank, für ein aktiveres Engagement. Adam Ridley, ein enger Berater Thatchers, betrachtete das EWS als vorwiegend politisches Projekt, in dem sich Großbritannien nicht isolieren dürfe.[157] Simon May, Autor mehrerer EWS-Memoranden, mahnte, Großbritannien dürfe sich nicht durch technische Bedenken von einer europäischen Initiative ausschließen lassen. Die ökonomischen Effekte seien schwer abzuschätzen, die politischen Kosten einer Verweigerung jedoch sicher.[158] Angesichts des US-Rückzugs aus der globalen Währungsordnung laufe Großbritannien Gefahr, in einem maßgeblichen regionalen Abkommen Mitsprache zu verspielen: „That would be the real surrender of sovereignty."[159] Solche Formulierungen griffen die strategische Befürchtung auf, dass ein Fernbleiben den britischen Einfluss mindern und damit den Gestaltungsspielraum verkleinern würde.

Dies betonten auch einzelne konservative Abgeordnete wie Hugh Dykes und Robert Jackson.[160] Jackson sah im EWS sogar ein zusätzliches Instrument, sozialistische Politik einzudämmen – ähnlich wie 1976 der IWF-Kredit, dessen Konditionen protektionistische Maßnahmen der Labour-Regierung unterbunden hatten.[161] Bemerkenswert war hingegen die Zurückhaltung der konservativen Abgeordneten im Europäischen Parlament, die sich 1978 nicht klar positionierten, obwohl sie dem System tendenziell positiver gegenüberstanden als ihre Kollegen im Unterhaus.[162]

Zugleich wurde die EWS-Frage rasch zum parteipolitischen Instrument. Das zeigte ein Treffen führender konservativer Politiker unter Howes Vorsitz im Oktober 1978.[163] Howe warnte vor einem Verlust britischen Einflusses zugunsten der deutsch-französischen Achse. Nigel Lawson, Finanz- und Wirtschaftssprecher der Opposition, befürwortete den Beitritt grundsätzlich, knüpfte ihn jedoch an die Aufgabe von Kapitalverkehrsbeschränkungen. Francis Pym sah darin eine Chance zur Stärkung des britischen Einflusses, John Nott bezweifelte die Funktionsfähigkeit des Systems, und Lord Soames betrachtete die Debatte primär als Mittel, um

157 Adam Ridley an Margaret Thatcher, 23.10.1978, BOD, MS. Howe dep. 145.

158 Simon May, Memorandum zum Europäischen Währungssystem, 30.10.1978, CPA, CCO 20/32/13.

159 Simon May, Memorandum, E. M. S. Why Britain Must and Can Join, 21.11.1978, BOD, MS. Howe dep. 145.

160 Hugh Dykes, Aussage vor dem House of Commons Expenditure Committee zum EWS, 3.11.1978, CVCE, https://www.cvce.eu/obj/point_of_view_of_hugh_dykes_3_november_1978-en-c092872d-15ed-4ea6-978b-bf3120d10ef4.html (30.9.2025).

161 Robert Jackson, Memorandum zum EWS, 13.11.1978, CAC, THCR 2/6/2/65.

162 Protokoll eines Treffens der European Conservative Group, 2.-3.5.1978, CPA, CCO 508/16/3; Ludlow, Making of the European Monetary System, S. 221.

163 Teilnehmer waren Schattenkanzler Geoffrey Howe, Schattenaußenminister Francis Pym, Nigel Lawson, Lord Soames und John Nott, ebenso Adam Ridley, Michael Fallon und Simon May.

Labour anzugreifen. Howe fasste die Spannbreite zusammen: „[W]e needn't suggest a whole-hearted commitment but [...] respectable noises should be made, presented in European clothing." Die Partei solle die europapolitischen Zielsetzungen des EWS rhetorisch unterstützen, eine Entscheidung über den Beitritt jedoch vertagen. Damit verband Howe den Anspruch, europapolitische Glaubwürdigkeit zu wahren, mit der Möglichkeit, die EWS-Frage als parteipolitisches Mittel gegen Labour zu nutzen. In seinem Bericht an Thatcher schrieb er, eine konservative Regierung hätte weniger Probleme mit der externen Disziplinierung durch eine D-Mark-dominierte Währungszone als Labour: „Fundamentally, we do believe in German principles of economic management and should be able to get ourselves alongside them."[164] Howes Vorschlag wurde zur Parteilinie: Rhetorisch stellten sich die Konservativen hinter das EWS, um die Labour-Regierung unter Druck zu setzen, vermieden jedoch jede Festlegung auf eine WKM-Teilnahme.

Diese Taktik bot mehrere parteipolitische Vorteile: Sollte die Labour-Regierung den Beitritt vollziehen, würde ihr bei einem Scheitern die Verantwortung zugeschrieben; eine Ablehnung hingegen würde sie wegen der absehbaren Isolierung in der EG angreifbar machen. Zugleich schuf die konservative Beitrittsrhetorik guten Willen bei den EG-Partnern, unabhängig vom Ausgang.[165] Die sich bereits abzeichnende Ablehnung des WKM führte die konservative Seite öffentlichkeitswirksam auf die wirtschaftliche Schwäche durch Labours Politik zurück.[166] Lawson legte in einem Brief an Thatcher dar, er komme widerstrebend zu der Schlussfolgerung, dass ein Beitritt die beste Option sei. Strategisch am günstigsten sei der Schritt unter Labour: „The best hope is that the system would shortly collapse thereafter, *not* due to the weakness *of the £*, but because of pressures on the lira and perhaps *even the franc*; and that we could then propose some alternative and more sensible framework for European economic convergence." Labour würde dann nicht nur wirtschaftspolitische Glaubwürdigkeit verlieren, sondern könnte sich in Wahlen auch nicht mehr glaubhaft durch die Ablehnung der EG profilieren. Die Konservative Partei solle den Beitritt daher diskret fördern, ohne sich offen festzulegen, um Kontroversen in der eigenen Partei zu vermeiden.[167]

Solche Überlegungen zeigen, dass die EWS-Frage nicht nur als strategisches Projekt, sondern in erheblichem Maße auch als parteipolitisches Instrument ver-

---

164 Geoffrey Howe an Margaret Thatcher, 31.10.1978, CAC, THCR 2/1/1/32; Protokoll eines Treffens von konservativen Parteimitgliedern im Unterhaus, 25.10.1978, CAC, THCR 2/1/1/32.

165 Geoffrey Howe, Papier für das Leader's Consultative Committee, 14.11.1978, CAC, THCR 2/6/2/65.

166 Hansard HC Deb. Vol. 959, Cols. 485 f., 29.11.1978, https://hansard.parliament.uk/Commons/1978-11-29/debates/c8f221d9-5e8f-481a-806b-83c0b061c768/CommonsChamber (30.9.2025); Simon May, Memorandum, E. M. S. Why Britain Must and Can Join, 21.11.1978, BOD, MS. Howe dep. 145; Christopher Tugendhat, Rede vor dem Institute of Bankers in Schottland, Januar 1979, BOD, MS. Howe dep. 145.

167 Hervorhebung im Original. Nigel Lawson an Margaret Thatcher, 30.10.1978, CAC, THCR 2/1/2/12A.

standen wurde. Dieser Opportunismus sollte Thatcher nach ihrem Wahlsieg 1979 einholen: Die rhetorischen EWS-Bekenntnisse weckten bei den EG-Partnern die Erwartung, eine konservative Regierung werde die WKM-Teilnahme zeitnah realisieren. Zudem wendete Labour die Argumentation und deutete den ausbleibenden Beitritt als Beleg für das Versagen der konservativen Wirtschaftspolitik.

Gleichzeitig war die konservative Haltung zum EWS keineswegs einheitlich. Die konservative Führung stellte den WKM als antiinflationären Stabilitätsanker dar. Dies bot einen gemeinsamen Nenner zwischen Thatchers wirtschaftsliberalem Flügel und den pro-europäischeren *One Nation*-Konservativen,[168] die eine gemäßigte, stärker sozial ausgleichende Wirtschaftspolitik vertraten. Zudem machte die stets präsente Sorge, selbst ein zurückhaltendes Bekenntnis zur WKM-Mitgliedschaft könne die innerparteilichen Konflikte um die EG erneut aufbrechen, deutlich, dass sich die euroskeptische Tradition innerhalb der Partei schon vor Thatchers Amtsantritt herausgebildet hatte. Das relativiert die verbreitete Deutung, wonach die Entwicklung erst mit ihrem Aufstieg begonnen habe.[169] Thatchers spätere Polarisierung verstärkte diese Dynamik, war jedoch keineswegs ihr Ursprung.

In der Forschung wird die Zurückhaltung der Labour-Führung teils auf den fehlenden konservativen Rückhalt zurückgeführt. Daisuke Ikemoto hebt hervor, das EWS habe grundsätzlich zu den antiinflationären Zielen der Labour-Regierung gepasst. Ein positiverer Kurs sei jedoch ohne konservative Unterstützung politisch nicht durchsetzbar gewesen, da Callaghan die innerparteiliche und gewerkschaftliche Opposition nicht hätte überwinden können.[170] Diese Interpretation verweist auf einen wichtigen Aspekt, doch die Skepsis in der Labour-Führung reichte tiefer: Zwar zeigte sich auch die konservative Seite trotz pro-europäischer Selbstverortung gespalten und bemerkenswert unwillig, die langfristigen Perspektiven der Währungskooperation ernsthaft zu reflektieren; doch der Labour-Regierung fehlte zugleich die Bereitschaft, Währungsstabilität durch Wachstumsverzicht zu erkaufen. Angesichts der parteipolitischen Taktik hinter den Positionierungen beider Parteien ist es unwahrscheinlich, dass eine nachdrücklichere konservative Unterstützung die Entscheidung der Labour-Führung geändert hätte.

---

168 Diese Strömung der Konservativen Partei war bis in die 1970er Jahre vorherrschend. Der Begriff *One Nation*-Konservatismus wurde geprägt von Benjamin Disraeli, einem konservativen Premierminister des 19. Jahrhunderts. Anhänger dieser Richtung vertraten eine sozialpolitisch ausgerichtete Politik, die alle Schichten der Bevölkerung ansprechen und sowohl Prosperität als auch Unterstützung für die Armen gestatten sollte. Vgl. Seldon und Collings, Britain Under Thatcher, S. 83 f.; Dorey und Garnett, Weaker-Willed.

169 Fontana und Parsons, Prejudice. Für die gegenläufige Interpretation vgl. Usherwood, Margaret Thatcher; Ludlow, La politique européenne de Thatcher. Zu den Wurzeln EU-skeptischer Strömungen in der britischen Politik vgl. Gilbert, Intellectual Origins of Brexit.

170 Ikemoto, European Monetary Integration, S. 185–188.

Vielmehr zeichneten sich in der EWS-Debatte bei beiden Parteien bereits 1978 Muster ab, die auch spätere Reaktionen auf währungspolitische EG-Initiativen prägten: die Forderung, vor Zugeständnissen alle Details zu kennen; die Erwartung, ein Vorhaben werde an inneren Widersprüchen scheitern; die Selbstzuschreibung eines rationalen britischen Pragmatismus im Gegensatz zu einem angeblich idealistischen europäischen Integrationsdrang; und die Bereitschaft, europäische Grundsatzfragen in der parteipolitischen Auseinandersetzung zu instrumentalisieren. Diese kurzfristig wirksamen Taktiken schwächten langfristig sowohl die britische Verhandlungsposition als auch die innenpolitische Rückendeckung für eine aktive Europapolitik.

Während Labour und Konservative das Thema zunehmend als parteipolitisches Instrument nutzten, blieb die öffentliche Debatte über das EWS erstaunlich verhalten. Nur die Liberale Partei bekannte sich klar zu einem Beitritt und deutete das System als logische Fortsetzung der europäischen Integration. Parteichef David Steel warnte vor einem britischen „continental drift“ und sah in der ablehnenden Haltung der Regierung ein Symptom für das fehlende Engagement beider großer Parteien:

> The prospect of another five or six years of bumping along half-in and half-out of the Community, picking up one policy and rejecting another without any sense of wider commitment, is bleak in the extreme – likely to leave Britain as an offshore island associated with the Community but without much influence over its direction [...].[171]

Dieser Appell blieb folgenlos: Die Liberalen waren politisch geschwächt und mit internen Krisen beschäftigt.[172] Die Scottish National Party (SNP) lehnte den Beitritt zum EWS entschieden ab. Nachdem die Union mit England 1707 eine eigenständige schottische Währungspolitik erschwert habe, solle sich das Land nicht einer vergleichbaren europäischen Bindung unterwerfen.[173] Bereits im EG-Referendum 1975 hatte sich in Schottland eine kleinere Mehrheit für den Verbleib ausgesprochen als in England. Die SNP – ähnlich wie Plaid Cymru in Wales und Sinn Féin in Nordirland – sah im EWS eine Festigung britischer Dominanz und eine Bedrohung schottischer Souveränität. Erst 1988 formulierte sie das Konzept einer

171 David Steel, Labour's Sad Case of Continental Drift, The Times, 30.11.1978.

172 Ludlow, Making of the European Monetary System, S. 221.

173 Hansard HC Deb. Vol. 959, Col. 544, 29.11.1978, https://hansard.parliament.uk/Commons/1978-11-29/debates/c8f221d9-5e8f-481a-806b-83c0b061c768/CommonsChamber (30.9.2025).

„Unabhängigkeit in Europa" und verlieh damit ihrem programmatischen Wandel Ausdruck.[174]

Auch außerhalb des Parlaments blieb die Resonanz gering. Weder Gewerkschaften noch Industrieverbände suchten eine breite Auseinandersetzung. Der TUC lehnte das System als potenziell wachstumshemmend und instabil ab.[175] Der Industrieverband CBI befürwortete zwar die EG-Mitgliedschaft, hielt die Voraussetzungen für einen EWS-Beitritt – stabile Wechselkurse, ausreichende Kreditfazilitäten und eine Reform des EG-Haushalts – aber nicht für erfüllt.[176] Damit spiegelte er die Argumentation der Regierung, die ihre Ablehnung hinter einer Liste von Vorbedingungen verbarg. Innerhalb der CBI blieb die Frage umstritten: Präsident John Hedley Greenborough hob den möglichen Nutzen hervor, verwies jedoch auf die notwendige wirtschaftliche Konvergenz vor einem Beitritt.[177] Die partielle EWS-Mitgliedschaft nahm der Verband verhalten positiv auf und hoffte auf baldige Erfüllung der Bedingungen.[178] Eine klare Beitrittsempfehlung sprach die Association of British Chambers of Commerce aus,[179] stieß damit aber gegenüber dem Schatzamt[180] und der konservativen Führung auf wenig Resonanz.[181]

In den Wirtschaftswissenschaften überwog ebenfalls Zurückhaltung. Monetaristische wie keynesianisch geprägte Ökonomen warnten gleichermaßen, dass ein Beitritt unter den gegebenen Umständen zu riskant sei.[182] Die monetaristische Seite befürchtete Zielkonflikte zwischen Geldmengensteuerung und Wechselkursbindung, wenn das Pfund zu einem nicht langfristig marktgerechten Kurs eingebunden würde.[183] Vor einer WKM-Teilnahme hielten führende monetaristische Ökonomen eine umfassende Angleichung der Geldpolitik an die Bundesre-

---

174 In England hatten 1975 rund 69 Prozent für den EG-Verbleib gestimmt, in Schottland zehn Prozent weniger. Saunders, Auction of Fear; Glencross, Euroscepticism, S. 17.

175 British Trades Union Congress, Papier für das House of Commons-Expenditure Committee zum EWS, 3.10.1978, CVCE, https://www.cvce.eu/en/obj/paper_submitted_by_the_trades_union_congress_3_october_1978-en-bc383745-35ea-4669-ac27-50c64fd53ef4.html (30.9.2025).

176 CBI Committee for Economic and Financial Policy, Zwischenbericht über das EWG-Währungsstabilisierungsprogramm, 9.10.1978, CPA, CCO 20/32/13.

177 John Hedley Greenborough an James Callaghan, 19.10.1978, MRC, MSS.200/C/3/DG3/50.

178 Donald McDougall an Adrian Cadbury, 13.12.1978, MRC, MSS.200/C/3/ECO/2/33; Redezettel für das UNICE Executive Committee, 31.10.1978, MRC, MSS.200/C/3/ECO/2/33.

179 The Association of British Chambers of Commerce (ABCC), Publikation, The Case for EMS, London 1978, MRC, MSS.200/C/3/ECO/2/33.

180 Memorandum zur ABCC-Publikation The Case for EMS, o. D., TNA, T 472/27.

181 Margaret Thatcher an Tom Boardman, 22.11.1978, CAC, THCR 2/6/2/65.

182 Ludlow, Making of the European Monetary System, S. 222. Bericht des Expenditure Committees von November 1978, TNA, PREM 16/1638.

183 Gordon Pepper, Memorandum für das General Sub-Committee of the Expenditure Committee of the House of Commons, Januar 1979, BOD, MS. Howe dep. 145; Alan Budd und Terence Burns, Stellungnahme für das General Sub-Committee of the Expenditure Committee of the House of Commons, Januar 1979, BOD, MS. Howe dep. 145; Andreas Whittam Smith, Monetary Union Worth More than a Row of Beans, Daily Telegraph, 28.10.1978.

publik für notwendig.[184] Die andere Seite warnte vor deflationären Nebenwirkungen und sah substanzielle Transfers als Vorbedingung.[185]

Selbst in der Londoner City blieb die Debatte erstaunlich leise. Trotz breiter Befürwortung der EG-Mitgliedschaft[186] blieben die Reaktionen auf die EWS-Initiative gemischt. Führende Vertreter der vier großen Clearing-Banken – mit Ausnahme William Armstrongs (Midland Bank) – warben früh für eine britische Teilnahme und betonten den möglichen Beitrag britischer Finanzexpertise zu einem stabilitätsorientierten europäischen System. Jeremy Morse, Vorstandsvorsitzender der Lloyds Bank, setzte sich bei dem Premierminister und der konservativen Parteispitze für eine britische Teilnahme ein und betonte: „to be out would be horrifying, both for our reputation and for our influence."[187] Im Unterhausausschuss für Wirtschaftsfragen, dem Expenditure Committee, mahnte er: „I am dead against us staying out completely. I think that we will miss out on all the chances."[188] Auch Robin Leigh-Pemberton, Vorstand der National Westminster Bank (NatWest) und späterer Governor der Bank of England, hielt eine britische Teilnahme an EWS und WKM für unerlässlich für Mitsprache in Europa.[189] Anthony Tuke, Vorstandsvorsitzender der Barclays Bank, betonte, seit dem Zweiten Weltkrieg sei allgemeiner Wohlstand mit festen Wechselkursen verbunden.[190]

Armstrong hingegen sah angesichts des außereuropäischen Handels keinen Vorteil von einer Bindung an europäische Währungen und hielt eine internationale Lösung für besser: „I don't think this particular scheme at this particular time is worth a row of beans."[191] Diese Auffassung bekräftigte er Ende November 1978 bei einem Treffen des Committee on Invisible Exports, der Interessenvertretung der Dienstleistungsexporteure, in Anwesenheit von Premierminister James

---

184 Report of the Expenditure Committee, November 1978, TNA, PREM 16/1638.

185 Frank Blackaby, Stellungnahme für das General Sub-Committee of the Expenditure Committee of the House of Commons, Januar 1979, BOD, MS. Howe dep. 145.

186 Saunders, Yes to Europe, S. 170.

187 Lord Thorneycroft an Margaret Thatcher, 25.10.1978, CAC, THCR 2/6/2/65; Jeremy Morse an James Callaghan, 31.10.1978, TNA, PREM 16/1636.

188 Protokoll der mündlichen Aussagen im House of Commons Expenditure Committee, 7.11.1978, BoE 8A213/5.

189 Robin Leigh-Pemberton, Memorandum für das House of Commons Expenditure Committee zum EWS, 6.11.1978, BoE 8A213/5; Robin Leigh-Pemberton, Statement im Jahresbericht der Westminster National Bank 1978, Februar 1979, BoE 8A213/5; Robin Leigh-Pemberton, Statement im Jahresbericht der Westminster National Bank 1979, Februar 1980, BoE 8A213/5.

190 Protokoll der mündlichen Aussagen im House of Commons Expenditure Committee, 7.11.1978, BoE 8A213/5.

191 Patrick Sergeant, A Fierce Attack on the Scheme for European Monetary Union Comes from Lord Armstrong, Chairman of the Midland Bank, Daily Mail, 25.10.1978.

Callaghan.[192] Andere Stimmen aus der City äußerten sich positiver: David Montagu von der Konsortialbank Orion,[193] einem der führenden Player im Eurodollarmarkt, warnte, ein späterer Beitritt würde schwieriger und teurer.[194] Der Ökonom Christopher Johnson von der der Lloyds Bank warb intensiv für eine EWS-Vollmitgliedschaft, unter anderem als langjähriger Berater des Unterhausausschusses für Wirtschaftsfragen.[195] Er war äußerst gut vernetzt und suchte den Kontakt zur CBI ebenso wie zur Politik, später war er Berater für die Association for the Monetary Union of Europe.[196] Insgesamt blieb die Resonanz in der City jedoch verhalten.[197] Viele Finanzgeschäfte wurden längst in Fremdwährungen abgewickelt.[198] Eine Pfundbindung war für die Finanzunternehmen nicht entscheidend.

Ohnehin priorisierten beide großen Parteien weiterhin die Industriepolitik, obwohl Dienstleistungs- und Finanzdienstleistungen inzwischen einen positiven Beitrag zur Zahlungsbilanz leisteten, während der Güterhandel Abflüsse verzeichnete.[199] Labour kam der Fokus auf die Industrie ideologisch und mit Blick auf das Wahlklientel entgegen.[200] Der Finanzsektor galt als Ursache für Überinvestitionen im Ausland und mangelnde Unterstützung heimischer Unternehmen.[201] Zwar hatte die Partei Verstaatlichungsforderungen für Unternehmen des Finanzsektors[202] inzwischen fallengelassen.[203] Doch die Vorbehalte blieben bestehen. Dementsprechend fokussierte sich die Regierung bei der Bewertung stärker auf die Konsequenzen für die Industrie und räumte dem Erhalt eines wettbewerbsfä-

---

192 Protokoll eines Treffens des Committee on Invisible Exports mit James Callaghan am 27.11.1978, TNA, PREM 16/1638.

193 Beteiligt waren sechs der größten Banken der Welt aus den drei großen Handelsblöcken: Chase Manhattan, Royal Bank of Canada, NatWest, Westdeutsche Landesbank, Credito Italiano und die Mitsubishi Bank. Vgl. zur Geschichte der Bank ROBERTS und ARNANDER, Take your Partners.

194 Andreas Whittam Smith, Monetary Union Worth More than a Row of Beans, DAILY TELEGRAPH, 28.10.1978.

195 Christopher Johnson, Memorandum, The European Monetary System. The Economic Arguments, 3.11.1978, CAC, THCR 2/6/2/65.

196 Christopher Johnson an Jim Turner, 19.10.1978, MRC, MSS.200/C/3/ECO/2/33.

197 Conservative Research Department, Memorandum zum EWS, 14.11.1978, CAC, THCR 2/6/2/65.

198 TOMLINSON, Labour Party, S. 191.

199 BANK OF ENGLAND (Hrsg.), Some Recent Developments; LARSON et al., Strategic, S. 40.

200 DAVIES, City of London, S. 147 f.

201 REVELEY und SINGLETON, Clearing the Cupboard, S. 485.

202 Welche Unternehmen genau davon betroffen sein würden, wurde nicht genau benannt. Hauptkandidaten waren die vier großen Clearingbanken Barclays, Lloyds, Midland und National Westminster sowie große Versicherungsunternehmen, unter anderem Commercial Union, Royal, Prudential, Guardian Royal Exchange, General Accident, Sun Alliance, Norwich Union. Vgl. dazu LABOUR PARTY (Hrsg.), Banking and Insurance Green Paper, S. 17.

203 TOMLINSON, Labour Party and the City, S. 191 f.; POLLARD, Nationalisation; DAVIES, City of London; REVELEY und SINGLETON, Clearing the Cupboard, S. 485.

higen exportfördernden Wechselkurses großes Gewicht ein.[204] So würdigte Premierminister Callaghan bei einer Veranstaltung der City-Interessensvertretung Committee on Invisible Exports zwar die wachsende Bedeutung von Dienstleistungsexporten, machte aber auch deutlich: „the buoyant services sector could not solve all our problems. For the foreseeable future manufacturing would continue to require high priority through the industrial strategy and through the whole range of Government policies."[205] Das offizielle Regierungspapier (Green Paper) zur EWS-Politik bekräftigte diesen Fokus der Wirtschaftspolitik: „The foundations of these policies must be an improvement in our industrial performance and victory in the battle against inflation. Only these can provide a lasting basis for stability of the exchange rate."[206]

Auch die Konservative Partei legte zunächst den Fokus auf industrielle Wettbewerbsfähigkeit, trotz Warnungen des Conservative Research Department, der City könne ein Fernbleiben vom EWS schaden.[207] Erst lange nach Thatchers Amtsantritt verschob sich dieser Schwerpunkt, wie Richard Roberts und David Kynaston feststellen: „it was not until the Thatcherite 1980s – rather late in the day – that the City's importance at last sunk in."[208] Die frühe EWS-Debatte stützt damit Jim Tomlinsons These, dass der Abbau industrieller Beschäftigung zugunsten des Finanzsektors kein von Beginn an geplantes Unterfangen war, sondern sich nach dem Scheitern industrieller Wiederbelebung herauskristallisierte.[209] Obwohl in politischen Debatten wiederholt auf die die Expertise der City als mögliche Bereicherung des EWS hingewiesen wurde,[210] standen die Interessen des Finanzsektors in den frühen EWS-Diskussionen nicht im Fokus. Das steht im Kontrast zur Lage zehn Jahre später, als City-Vertreter mit dem Vorschlag des harten ECU einen wichtigen Beitrag zur britischen Politik in der Frage der Wirtschafts- und Währungsunion lieferten. Das verdeutlicht, wie stark es dem Finanzsektor in

---

204 Regierungspapier zum EWS, Green Paper. The European Monetary System, Cmnd. 7405, November 1978, CAC, THCR 2/6/2/65.

205 Protokoll eines Treffens des Committees on Invisible Exports mit James Callaghan am 27.11.1978, TNA, PREM 16/1638.

206 Regierungspapier zum EWS, Green Paper. The European Monetary System, Cmnd. 7405, November 1978, CAC, THCR 2/6/2/65.

207 Conservative Research Department, Memorandum zum EWS, 14.11.1978, CAC, THCR 2/6/2/65.

208 Roberts und Kynaston, City State, S. 12. Zur Geschichte der Londoner City ab 1945 vgl. Kynaston, City of London. Zum Verhältnis zur Regierung vgl. Michie, City of London and the British Government; Williamson, City of London and Government.

209 Tomlinson, Deindustrialisation and Thatcherism.

210 Gordon Richardson an James Callaghan, 31.10.1978, TNA, PREM 16/1636; Statement von Lord Soames im House of Lords, Hansard HL Vol. 396, Col. 1247, 28.11.1978 https://hansard.parliament.uk/lords/1978-11-28/debates/0956e58f-07c9-4d93-a7bf-7eb193b92a05/EuropeanMonetarySystemTalks#1247 (30.9.2025).

den folgenden Jahrzehnten gelang, ihre Interessen als wesentlichen Faktor bei Formulierung der britischen Wirtschaftspolitik zu positionieren.[211]

Die Debatten zeigen, dass der EWS-Vorschlag von der politischen Führung primär als technisches, nicht als politisches Projekt wahrgenommen wurde. Diese Zurückhaltung unterschied sich deutlich von den emotional aufgeladenen Währungsdebatten der späten 1980er Jahre. Ende der 1970er war Geldpolitik noch Domäne der Exekutive und spezialisierter Fachkreise, kaum Gegenstand öffentlicher Meinungsbildung. Der EWS-Beitritt wurde primär unter wirtschaftlichen, nicht unter symbolischen oder ideologischen Gesichtspunkten diskutiert. Dies blendete die Dimension der politischen Selbstverortung aus, die mit Fragen der Wechselkursordnung verbunden war. Diese technokratische Entpolitisierung markierte eine Zäsur: Sie zeigte, wie sehr die europäische Währungsfrage in Großbritannien – anders als auf dem Kontinent – noch als Expertenangelegenheit galt, deren politische Bedeutung erst im folgenden Jahrzehnt ins Bewusstsein rückte.

Während Großbritannien über den Beitritt weiter stritt, wurde das Europäische Währungssystem im März 1979 Realität – nach einer dreimonatigen Verzögerung aufgrund technischer Differenzen zur Gemeinsamen Agrarpolitik. Das Pfund war mit einem Anteil von 0,0885 Einheiten (rund 13 Prozent) in den Währungskorb ECU eingebunden,[212] zusätzlich erstritt sich Großbritannien das Recht, an den Beratungen über Wechselkursanpassungen im WKM teilzunehmen. Die partielle Teilnahme bot eine gesichtswahrende Möglichkeit, den WKM-Beitritt zu einem späteren Zeitpunkt nachzuholen, ohne endgültig außen vor zu bleiben. Zugleich hielt sie die Frage nach dem richtigen Zeitpunkt offen – und damit auch die Auseinandersetzung über die wirtschaftliche, politische und strategische Selbstverortung Großbritanniens in Europa.

Nach ihrer Wahl zur Premierministerin im Mai 1979 stand Margaret Thatcher erneut vor dieser Entscheidung, sah sich nun aber gezwungen, eine klare Position einzunehmen. Die Hoffnungen der EG-Partner auf eine positivere Haltung erfüllten sich jedoch nicht: Die Ambivalenz der Konservativen Partei gegenüber der europäischen Währungspolitik blieb bestehen. Vier Kontinuitäten prägten Thatchers EWS-Politik: Erstens das Ringen zwischen diskretionärer Wirtschaftspolitik und regelgebundener Stabilität. Mit der Entscheidung gegen die Wechselkursbindung hatte Labour den Boden für eine Regierung bereitet, die ebenfalls auf nationale Autonomie als Antwort auf die ‚große Inflation' setzte.[213] Zweitens blieb die deutsche Politik zentraler Referenzpunkt: Die D-Mark als informeller Anker des Systems machte die Bundesrepublik zum entscheidenden Bestimmungsfaktor der europäischen Stabilitätspolitik. Drittens blieb der Umgang mit der langfristigen Entwicklung der europäischen Währungskooperation doppelbödig. Statt über

---

211 Davies, City of London, S. 180.

212 Bank of England (Hrsg.), Intervention Arrangements.

213 Eich und Tooze, Great Inflation, S. 173 f.; Yergin und Stanislaw, Grande bataille; Tooze, Crashed, S. 19; Doering-Manteuffel und Raphael, Neue Einsichten und Erklärungsversuche, S. 30 f.

ihre strategischen Perspektiven zu diskutieren, konzentrierten sich britische Beiträge weiterhin auf technische Schwächen und die Funktionsfähigkeit des Systems, während die in der EG zirkulierende Zielsetzung einer Wirtschafts- und Währungsunion weitgehend ausgeblendet wurde. Viertens prägte die Erfahrung mit dem Pfund als internationaler Reservewährung die Argumentation weiterhin. Der Rückgriff auf historische Episoden wie den kurzen Wiedereintritt in den Goldstandard (1925–1931) oder die Pfundkrisen der Nachkriegszeit diente als Warnung vor externer Bindung. Die Berufung auf die historisch begründete Sonderstellung des Pfunds als führender Reservewährung verband den Glauben an einen britischen Exzeptionalismus mit Skepsis gegenüber den unterschiedlichen Wirtschaftsstrukturen innerhalb der EG.

KAPITEL 2

Für mehr Handlungsspielraum: Monetaristische Wende und Suche nach Stabilität (1979–1985)

Am Tag der britischen Unterhauswahl 1979, dem 3. Mai, zeichnete die Kommentarspalte der *Financial Times* ein desaströses Bild der britischen Wirtschaft: „In terms of inflation, output, unemployment, this country has done worse than any of its major industrial competitors. The miserable result has been achieved in spite of the fact that we have had the steadily growing benefit of North Sea oil production." Die Wahl sei eine Richtungsentscheidung darüber, wem es gelingen könne, den Niedergang aufzuhalten: Dem amtierenden Labour-Premierminister James Callaghan, der auf staatliche Intervention, Konzertierung der Tarifparteien und eine Preiskommission setzte, oder der konservativen Oppositionsführerin Margaret Thatcher, die Individualismus, Deregulierung und eine aktivere Rolle in der Europäischen Gemeinschaft und der Welt befürwortete. Für die *Financial Times* war die Antwort klar: Selbst ohne Erfolgsgarantie müsse letztere Chance zur Umkehr des Abwärtstrends ergriffen werden.[1]

An den Wahlurnen überzeugte Thatchers Vision: Die Konservative Partei erreichte mit 43,9 Prozent der Stimmen und 339 Sitzen im Unterhaus einen Erdrutschsieg. Labour verlor 50 Sitze und kam auf nurmehr 269 Sitze. Die Liberale Partei, die sich als einzige unzweideutig für die EWS-Teilnahme ausgesprochen hatte, errang elf Sitze – zwei weniger als zuvor.[2] Damit war der Weg frei für Margaret Thatchers wirtschaftsliberales Reformprogramm, dessen Kern die monetaristische Geldpolitik bildete. Sie sollte durch strikte Regelbindung die Inflationsbekämpfung sichern und verlorenes Vertrauen in die wirtschaftliche Steuerungsfähigkeit des Staates zurückgewinnen.

Die Präferenz der neuen Regierung für eine regelgebundene Geldpolitik war durch drei intellektuelle Umbrüche der 1970er Jahre vorbereitet worden. Erstens hatte sich in Großbritannien wie in anderen Industriestaaten die Priorität hin zu einer restriktiven Geld- und Währungspolitik verschoben. Die ‚große Inflation' der 1970er Jahre und das gleichzeitige Stagnieren der Wirtschaft ließen antiinflationäre Strategien Vorrang vor allen anderen Zielen gewinnen – einschließlich der Vollbeschäftigung.[3] Damit setzte sich eine Tendenz fort, die bereits unter Ja-

---

1 A Change of Direction, The Financial Times, 3.5.1979. Zu den wirtschaftlichen Problemen seit 1945 vgl. Morys, Cycles.

2 House of Commons Library, UK Election Statistics. 1918–2023. A Century of Elections, 9.8.2023, https://commonslibrary.parliament.uk/research-briefings/cbp-7529/ (12.12.2025).

3 Eich und Tooze, Great Inflation.

 | HTTPS://DOI.ORG/9783112234860-003

mes Callaghan begonnen hatte.[4] Auf EG-Ebene zeigte sich diese Verschiebung in der Bereitschaft der WKM-Mitglieder, ihre Währungen an die D-Mark und damit an die stabilitätsorientierte Bundesbankpolitik zu binden.[5] Zweitens traten Glaubwürdigkeit und Regelbindung der Geldpolitik als Voraussetzung erfolgreicher Inflationsbekämpfung in den Mittelpunkt.[6] Dreh- und Angelpunkt dieser Annahme waren Erwartungen: Auf den Arbeiten des Ökonomen Robert E. Lucas aufbauende Theorien besagten, dass Wirtschaftssubjekte ihr Verhalten an der wahrgenommenen Verlässlichkeit staatlicher Politik ausrichteten.[7] Zweifel an der Anti-Inflations-Entschlossenheit führten demnach zu preistreibenden Maßnahmen wie hohen Lohnforderungen oder Preiserhöhungen, Vertrauen hingegen zu stabilitätsförderndem Verhalten.[8] Der Ansatz der Regelbindung wurde seit den späten 1960er Jahren vom IWF gefördert.[9] Drittens boten sich zwei Wege an, um das Problem der sogenannten ‚Zeitinkonsistenz' zu lösen, das den Zielkonflikt der Regierungen beschrieb: Abweichungen von den selbst gesetzten Regeln waren kurzfristig attraktiv, weil expansive Maßnahmen – etwa Zinssenkungen oder höhere Ausgaben – Wachstum und Beschäftigung vorübergehend ankurbeln und die Wählerstimmung verbessern konnten. Langfristig untergrub dies jedoch die Glaubwürdigkeit.[10] Die zwei Lösungsoptionen waren entweder eine strikte Regelbindung der Politik oder die Übertragung geldpolitischer Entscheidungen an unabhängige, stabilitätsorientierte Zentralbanken.[11]

Während Thatchers Regierung die Regelbindung übernahm, lehnte sie eine formelle Unabhängigkeit der Bank of England ab. Stattdessen optierte sie für eine regelgebundene monetaristische Geldmengensteuerung. Diese stand allerdings potenziell in Konflikt mit einer Wechselkursbindung im Rahmen des EWS, die eigentlich im Einklang mit der europapolitischen Grundposition der Partei gestanden hätte. Nach dem ambivalenten Kurs der Oppositionszeit erforderte die Regierungsübernahme eine klare Entscheidung. In den folgenden Jahren wirkten

4 Tomlinson, Monetarism; Clift und Tomlinson, Rules; Needham, UK Monetary Policy.

5 Zum Durchbruch eines wirtschaftsliberalen und stabilitätsorientierten Paradigmas in der europäischen Integration der 1980er Jahre vgl. Warlouzet, Governing Europe.

6 Blackburn und Christensen, Monetary Policy; Ireland, Expectations. Zur Glaubwürdigkeit in Wechselkurssystemen vgl. Svensson, Assessing Target Zone Credibility; Anthony und MacDonald, Properties.

7 Lucas, Econometric Policy; Lucas und Sargent, Keynesian Macroeconomics. Sie argumentieren, dass ökonometrische Modelle nicht statisch funktionieren können, weil die Wirtschaftssubjekte ihre Erwartungen und ihr Verhalten an diese Modelle anpassen und damit deren Funktionsbedingungen ändern.

8 Thain und Wright, Treasury, S. 14–31; Clift und Tomlinson, Rules.

9 Clift und Tomlinson, Rules; Green, Political Economy of the Special Relationship, S. 193–231.

10 Kydland und Prescott, Rules; Nordhaus, Political Business Cycle; Barro und Gordon, Positive Theory; Eijffinger und De Haan, Political Economy.

11 Mit Betonung auf die Persönlichkeiten in Zentralbankführungen: Rogoff, Optimal Degree. Kritisch zur Durchsetzung der Präferenz für unabhängige Zentralbanken: Forder, Fallacies; ders., Central Bank Independence.

politische und wirtschaftliche Erwägungen eng zusammen. Die Bewertung einer EWS-Vollmitgliedschaft hing davon ab, welche Rolle dem Pfund im wirtschaftlichen und europapolitischen Kontext zugeschrieben wurde. Diese Spannung zwischen geldpolitischer Autonomie und europäischer Stabilität prägte die Debatten der frühen 1980er-Jahre.

1 Monetaristische Regelbindung als Reaktion auf ökonomische Unsicherheit (1979–1982)

Unmittelbar nach ihrem Wahlsieg beschrieb Margaret Thatcher ihre Zielsetzung mit einem überraschenden Zitat. Ausgerechnet mit dem Friedensgebet des Franziskus von Assisi[12] leitete die Premierministerin, die bereits drei Jahre zuvor den Spitznamen der ‚eisernen Lady' erhalten hatte[13] und explizit auf Überzeugungs- statt Konsenspolitik setzte,[14] vor den Stufen von 10 Downing Street ihre Amtszeit ein: „Where there is discord, may we bring harmony. Where there is error, may we bring truth. Where there is doubt, may we bring faith. And where there is despair, may we bring hope."[15] Damit signalisierte sie den proklamierten Bruch mit dem sozialdemokratischen Nachkriegskonsens.[16] Die Verwendung eines Gebets deutet zugleich auf den moralischen Anspruch ihres politischen Programms, das weit über ökonomische Fragen hinausging: „Though Thatcherites took ideas from diverse sources, their political project had a single guiding purpose: the moral (and, secondarily, economic) rejuvenation of Britain."[17] Thatcher selbst formulierte es 1979 in einem Interview für die *Financial Times* folgendermaßen: „Economics are the method; the object is to change the heart and soul."[18] Für sie waren

12 Die genaue Entstehungsgeschichte des 1912 erstmals erschienenen Gebetes ist ungeklärt, es wurde aber in den 1920er Jahren dem heiligen Franziskus zugeschrieben. Vgl. dazu: Renoux, La prière pour la paix.

13 Die Bezeichnung ‚eiserne Lady' wurde erstmals von der sowjetischen Armeezeitung Red Star am 24. Januar 1976 verwendet. Margaret Thatcher selbst griff ihn in ihrer Rede in der Kensington Town Hall („Britain Awake") am 19.1.1976 auf, MTF, https://www.margaretthatcher.org/document/102939 (30.9.2025).

14 Margaret Thatcher, Interview mit Robin Day, BBC1 Panorama, 9.4.1984, https://www.margaretthatcher.org/document/105538 (30.9.2025).

15 Margaret Thatcher, Pressekonferenz vor ihrer Dienstwohnung in 10 Downing Street, 4.5.1979, MTF, https://www.margaretthatcher.org/document/104078 (30.9.2025).

16 Vgl. zu Erklärungsansätzen für ein besonders konsensuales Politikverständnis in Großbritannien Harrison, Rise, S. 308–310; Dutton, British Politics; Kavanagh und Morris, Consensus; Toye, Consensus; Addison, Road, S. 14, S. 270–278.

17 Sutcliffe-Braithwaite, Neo-Liberalism, S. 497.

18 Margaret Thatcher, Interview mit Ronald Butt, The Sunday Times, 1.5.1981, MTF, https://www.margaretthatcher.org/document/104475 (30.9.2025).

wirtschaftliche und politische Freiheit untrennbar verbunden.[19] Diese Überzeugung stützte sich auf Friedrich August von Hayeks *Road to Serfdom* (1944). Sozialistische Modelle, selbst in demokratischer Form, neigten danach trotz bester Intentionen zu totalitären Ergebnissen.[20] Diese Grundannahme erklärt die Vehemenz, mit der Thatcher 1979 die sozialdemokratische Politik des Nachkriegskonsenses ablehnte – und ebenso später die Integrationsschritte der Europäischen Gemeinschaft bekämpfte, die sie als Beginn eines dirigistischen, supranationalen Projekts ansah.

Die wirtschaftliche Umgestaltung ab 1979 zielte auf die Überwindung einer zeitgenössisch als tiefgreifend empfundenen gesellschaftlichen und moralischen Krise, die im ‚Winter of Discontent' mit ausgedehnten Streiks und sichtbarem Staatsversagen einen Höhepunkt erreicht hatte.[21] Diese Ereignisse trugen wesentlich zum Misstrauensvotum gegen James Callaghan bei und ermöglichten Thatchers Erdrutschsieg mit dem Versprechen umfassender Erneuerung. Voraussetzung dieser Erneuerung war für sie die Beendigung eines britischen Niedergangs, der in der Auflösung des Empire,[22] dem Verlust des internationalen Gewichts des Pfunds[23] und dem Zustand der Industrie sichtbar wurde. Thatcher hatte im Wahlkampf erklärt, Großbritanniens Industrieproduktion weise seit Jahren die schlechteste Bilanz der großen Industriestaaten auf. Nur ein entschiedener Richtungswechsel könne diesen Niedergang stoppen: Individualismus, Eigenverantwortung, Rückdrängung staatlicher Intervention und produktives Wirtschaften seien Grundvoraussetzungen für den Erfolg.[24] Die jüngere Forschung hat dieses Niedergangsnarrativ zwar relativiert,[25] doch traf Thatcher mit ihrer eindringlichen Krisenvision einen Nerv.[26] Sie und ihr Kabinett waren überzeugt, dass das Land eine fundamentale Erneuerung benötigte. Großbritannien, 1820 noch das reichste Land der Welt gemessen am BIP pro Kopf, war bis Anfang der 1970er Jahre auf Rang zwölf zurückgefallen.[27] Zahlen, die Schatzamt-Chefökonom Terence Burns 1980 präsentierte, bestätigten das Bild: hohe Inflation, schwaches

19 Hansard HC Deb. Vol. 917, Col. 147, 11.10.1976, https://hansard.parliament.uk/commons/1976-10-11/debates/f83e51e2-6bb6-45f1-b082-e82e8c640594/EconomicSituation#147 (30.9.2025).

20 Hayek, Road to Serfdom.

21 Geppert, Konservative Revolution.

22 Wende, Empire, S. 312; Jansen und Osterhammel, Decolonization; Osterhammel, Empire, S. 64–69; Levine, British Empire, S. 190; Louis, Dissolution, S. 329–356; Stockwell, British End.

23 Schenk, Sterling Area 1945–1972; dies., Decline of Sterling.

24 Margaret Thatcher, Rede bei einer Wahlveranstaltung in Birmingham, 19.4.1979, MTF, https://www.margaretthatcher.org/document/104026 (30.9.2025).

25 Kitson, Failure, S. 55 f.; Tomlinson, Inventing Decline; ders., Politics of Decline; ders., Managing the Economy; ders., Economic Decline; ders., Deindustrialisation and Thatcherism, S. 83; Booth, Manufacturing Failure Hypothesis; Temin, Golden Age.

26 Cannadine, Apocalypse.

27 Kitson, Failure, S. 34.

Wachstum – von den westeuropäischen Industriestaaten schnitt nur Italien schlechter ab.[28]

Das Pfund galt als sichtbares Symbol dieses Verfalls, die wiederkehrenden Währungskrisen als Indikator wirtschaftlicher Schwäche.[29] Thatcher hatte bereits 1976 in ihrem Tagebuch notiert: „all the time the £ and our prestige slide".[30] Der Journalist Philip Stephens fasste es später so: „There is no more potent symbol of Britain's postwar decline than sterling."[31] Seit 1945 hatte das Pfund gegenüber dem Dollar fast die Hälfte seines Werts verloren, und auch gegenüber der D-Mark sank es von über 11 DM (1953) auf weniger als 4 DM (1978).[32] Gleichzeitig litt Großbritannien in den 1970er-Jahren unter hohen Inflationsraten. Wie in anderen Industriestaaten, doch dort weniger ausgeprägt, führte dies zu einem Verlust an geldpolitischer Handlungsfreiheit. Mit dem Wandel des internationalen Währungssystems war geldpolitische Kontrolle nicht mehr allein durch nationale Entscheidungen, sondern durch das Zusammenspiel von Staaten und Märkten begrenzt.[33] Mit anderen Worten: Es war nicht mehr nur entscheidend, was der Staat tat, sondern ebenso, für wie glaubwürdig die Märkte dieses Handeln hielten. Angesichts der wirtschaftlichen Daten war das Vertrauen in das Pfund geschwächt. In dieser neuen Konstellation konnte Handlungsspielraum nur durch wirtschaftliche Stärke zurückgewonnen werden. Die Währung war damit nicht nur Symbol, sondern auch Voraussetzung nationaler Leistungs- und Handlungsfähigkeit. Dementsprechend erklärte Thatcher 1983, die richtige Wirtschaftspolitik sei eine, die die Währung stärke.[34] Sechs Jahre später betonte sie: „I like a strong pound. Most chancellors and most prime ministers like a strong pound."[35] Der Begriff Souveränität spielte in diesem Kontext keine entscheidende Rolle; das Problem wurde als Verlust geldpolitischer Handlungsfähigkeit verstanden.

---

28 Terence Burns, Memorandum zur Präsentation vor dem Kabinett, 30.6.1980, TNA, PREM 19/173.

29 Blaazer, Devalued and Dejected Britons.

30 Margaret Thatcher an Ronald Millar, 14.10.1976, MTF, https://www.margaretthatcher.org/document/111742 (30.9.2025).

31 Stephens, Politics and the Pound, S. xi.

32 The Pound vs the Dollar. A History, The Financial Times, 11.10.2022; Statista, Jährliche Entwicklung des Wechselkurses des Britischen Pfundes gegenüber der D-Mark von 1953 bis 1998 (in D-Mark), 23.9.2015, https://de.statista.com/statistik/daten/studie/466296/umfrage/wechselkurs-des-britischen-pfundes-gegenueber-der-DM/ (30.9.2025).

33 Cohen, New Geography, S. 121–138.

34 Margaret Thatcher, Interview mit Brian Walden, 16.1.1983, MTF, https://www.margaretthatcher.org/document/105087 (30.9.2025).

35 Margaret Thatcher, Interview mit Brian Walden, 28.10.1989, MTF, https://www.margaretthatcher.org/document/107808 (30.9.2025).

TABELLE 1 Inflationsperformance im Vergleich mit den wichtigsten Handelspartnern[36]

	1963–1969	1970–1978
USA	3,0	6,7
Japan	5,0	9,8
Bundesrepublik Deutschland	2,5	5,2
Frankreich	3,6	9,0
Italien	3,4	13,1
Vereinigtes Königreich	4,2	12,8
Welt	3,4	8,0

TABELLE 2 Wachstum im internationalen Vergleich, 1963–1978

	1963–1969	1970–1978
Welt	5,3	3,6
USA	5,0	3,3
Japan	8,0	5,3
Bundesrepublik Deutschland	4,0	2,7
Vereinigtes Königreich	2,9	2,3

TABELLE 3 Wachstum im Vergleich mit anderen Industriestaaten[37]

	VK Wachstum	OECD Wachstum	Differenz
1900–13	1,9	2,9	1,0
1921–8	1,7	2,4	0,7
1950–60	2,5	4,2	1,7
1960–70	2,7	5,2	2,5
1970–80	1,3	3,5	2,2

Statt einer in sich geschlossenen Ideologie war Thatchers Wirtschaftspolitik das Ergebnis eines Zusammenspiels von ökonomischen Theorien, parteipolitischen Erfordernissen und moralischen Überzeugungen.[38] Die Geldpolitik bildete den Grundpfeiler einer Strategie zur Wiederherstellung wirtschaftlicher Leistungsfähigkeit – verstanden als Voraussetzung politischer Handlungsfähigkeit auf internationaler Ebene. Die zentralen Ziele waren industrieller Wiederaufbau und Inflationsbekämpfung. Daran wurden Fiskal-, Geld- und Währungspolitik ausge-

---

36 Eigene Darstellung, Daten aus: Terence Burns, Memorandum zur Präsentation vor dem Kabinett, 30.6.1980, TNA, PREM 19/173.

37 Ebd.

38 Die Debatte, inwiefern es sich um eine geschlossene Ideologie handelt, wird schon lange diskutiert. Frühe Beiträge lieferten Hall und Jacques (Hrsg.), Politics of Thatcherism; neuer: Davies et al., Everyman a Capitalist; Jackson, Intellectual Histories; Sutcliffe-Braithwaite, Neo-Liberalism.

richtet. Inflation galt nicht nur als ökonomisches, sondern auch als moralisches Übel.[39] „Inflation“, hieß es im Wahlmanifest von 1979, „has come near to destroying our political and social stability“.[40] Keith Joseph, Thatchers intellektueller Mentor,[41] hatte schon 1974 gewarnt: „Inflation at the present rate let alone worse spells disaster for us as a country, as a society and as a party. It is cruel beyond words for the poor and the thrifty, and it destroys the middle class.“[42]

Grundlage dieser Strategie waren monetaristische Theorien, die durch Milton Friedmans und Anna Schwartz' Werk über die amerikanische Geldpolitik populär geworden waren.[43] Sie stellten einen direkten Zusammenhang zwischen Geldmenge und Inflationsrate her. Drei Elemente waren zentral: erstens die Vorrangstellung von Preisstabilität vor Wachstums- und Beschäftigungszielen, zweitens die Annahme, dass langfristig das Geldmengenwachstum die Inflationsrate bestimmt, und drittens die Ablehnung diskretionärer Wirtschaftspolitik zugunsten strikter Regelbindung.[44] Vereinfacht gesagt, sollte durch die Begrenzung des Geldmengenwachstums die Inflation gedrosselt werden.[45] In der Praxis blieb das Konzept jedoch uneinheitlich, zumal Thatchers Politik auf verschiedenen, teil sich widersprechenden Ideen basierte. Hayek lehnte die Geldmengenpolitik als mechanistisch ab,[46] Friedman kritisierte die britische Umsetzung des monetaristischen Modells,[47] etwa die Wahl des Aggregats £ M3.[48]

Die Zusammensetzung des Kabinetts erschwerte die Implementierung eines strikten Monetarismus weiter: Innerparteiliche Gegner – sogenannte *wets*[49] – wie Peter Carrington oder James Prior hielten am keynesianisch geprägten Nachkriegskonsens fest.[50] Auch die Zielgröße selbst blieb unbestimmt: Verschiedene Aggregate wurden genutzt und mehrfach neu definiert, sodass der Ansatz „a ra-

39 Tomlinson, Monetarism, S. 62–77.

40 Konservatives Wahlmanifest 1979, MTF, https://www.margaretthatcher.org/document/110858 (30.9.2025).

41 Beule, Weg; Ranelagh, Thatcher's People, S. 120.

42 Keith Joseph, Memorandum zur Inflation für das Schattenkabinett, 1.5.1974, MTF, https://www.margaretthatcher.org/document/111899 (30.9.2025).

43 Friedman und Schwartz, Monetary History.

44 Clift und Tomlinson, Rules, S. 482.

45 Vgl. zur Geschichte und Durchsetzung dieser Ansätze in Großbritannien Needham, Evolution; ders., UK Monetary Policy.

46 Hennecke, Tradition, S. 315.

47 Meteling, Phoenix.

48 Dieses heute nicht mehr verwendete Maß beschreibt die weit gefasste Geldmenge. Sie umfasst den Bargeldumlauf und die Pfund Sterling-Bankeinlagen von Gebietsansässigen. Salop, Monetary Targeting, S. 35; Miles und Bull, External. Eine Übersicht über die angesteuerten Geldmengenaggregate von 1970 bis 1999 findet sich bei James, Making a Modern Central Bank, S. 467–471.

49 Geppert, Konservative Revolution, S. 327.

50 Stephens, Politics and the Pound, S. 1; Weitere Kabinettsmitglieder, die in Heaths letztem Schattenkabinett waren: u. a. Norman St John-Stevas (Leader of the House of Commons),

ther slippery concept“ blieb.[51] Dass die konservative Führung in der Oppositionszeit den technischen Details wenig Aufmerksamkeit geschenkt hatte, ließ sich nach der Machtübernahme kaum verbergen; Jim Tomlinson beschrieb dies als makroökonomisches Abenteurertum.[52]

Zwar hatte bereits Callaghans Regierung nach der Pfundkrise von 1976 eine Orientierung an der Geldmenge £M3 eingeführt.[53] Doch wies Thatchers Regierung diesen Zielen erstmals eine zentrale Rolle zu. Der britische Monetarismus ab 1979 war kein theoretisch geschlossenes Konzept, sondern eine politische Strategie, die auf ökonomische Regelbindung setzte, um Glaubwürdigkeit an den Märkten zu gewinnen – zugleich aber pragmatisch den politischen Erfordernissen angepasst wurde. Im Kern drehte sich die EWS-Debatte ab 1979 darum, inwiefern die gewählte monetaristische Strategie sich mit einer externen Zielgröße, der Bindung an die anderen EWS-Währungen, vereinbaren ließ. Die Debatte über Regelbindung und Glaubwürdigkeit blieb damit technokratisch; Fragen nach nationaler Souveränität oder politischer Selbstbestimmung blieben noch im Hintergrund.

2 Der Wechselkurs als Instrument und Zielgröße der monetaristischen Geldpolitik

Wie stark die Währungspolitik an der Schnittstelle von Wirtschaft und Politik angesiedelt war, zeigte das EWS-Abkommen, das explizit wirtschaftliche und politische Zwecke miteinander verband. Die Schlussfolgerung des Europäischen Rats in Brüssel vom 5. Dezember 1978 hielt fest: „The Monetary System will facilitate the convergence of economic development and give fresh impetus to the process of European Union.“[54] Auf britischer Ebene hatte das Pfund dabei eine doppelte Funktion: Es diente als Zielgröße der monetaristischen Geldpolitik und damit als zentrales Instrument der nationalen Wirtschaftsstrategie, zugleich aber als Symbol nationaler Identität und staatlicher Handlungsfähigkeit. Die symbolische Aufladung des Pfunds speiste sich nicht zuletzt aus seiner historischen Funktion als Ausdruck wirtschaftlicher Leistungsfähigkeit und politischer Selbstbehauptung. Die Gewichtung dieser Dimensionen blieb ab 1979 Gegenstand fortwährender Aushandlungsprozesse. Zunächst überwog die Interpretation des Pfunds als Instrument geldpolitischer Steuerung. Diese Perspektive ließ sich jedoch kaum von

Ian Gilmour (Lordsiegelbewahrer), Humphrey Atkins (Minister für Nordirland) und Francis Pym (Verteidigungsminister).

51 Schenk, Sterling and Monetary Policy, S. 457.

52 Tomlinson, Thatcher's Macroeconomic Adventurism. Zu einer ähnlichen Einschätzung kommt Needham, UK Monetary Policy, S. 127.

53 Thompson, Thatcherite Economic Legacy; Smith, Rise and Fall of Monetarism.

54 Schlussfolgerungen des Europäischen Rates in Brüssel, 5.12.1978, https://www.consilium.europa.eu/en/european-council/conclusions/1992-1975/ (30.9.2025).

der europäischen und innenpolitischen Ebene trennen. Der Begriff Souveränität spielte dabei kaum eine Rolle; die Regierung rahmte den Konflikt als Frage geldpolitischer Handlungsfähigkeit und Glaubwürdigkeit. Entwicklungen im EWS hielten die Frage einer britischen Teilnahme in den ersten Regierungsjahren immer wieder präsent, wurden jedoch nicht zum ausschlaggebenden Entscheidungskriterium.

Schon 40 Tage nach dem Wahlsieg setzte Schatzkanzler Geoffrey Howe das erste starke Signal: Das Budget vom Juni 1979 legte ein Ziel für das Wachstum von £M3 auf sieben bis elf Prozent bis April 1980 fest.[55] Das gesamte geldpolitische Instrumentarium – vor allem Zinsen und der Verkauf von Staatsanleihen – wurde darauf ausgerichtet, das Geldmengenwachstum auf dieses interne Ziel zu begrenzen. Der Wechselkurs war zunächst Restgröße: „The exchange rate is assumed to be determined by market forces with no intervention by the authorities."[56] Damit entsprach die Regierung ihrer erklärten Marktorientierung[57] und stellte zugleich klar, dass der EWS-Wechselkursmechanismus keine entscheidende Rolle spielte.[58]

Eine Vollmitgliedschaft im WKM hätte den Kern des Programms beeinträchtigt: Statt eines einzigen Indikators (Geldmenge) wären zwei Zielgrößen zu verfolgen gewesen – Geldmenge und Leitkurs. Problematisch war vor allem die Aufwertungsseite: Gegen eine Pfundschwäche wirkten Zinserhöhungen oder Pfundankäufe, die das Geldmengenwachstum dämpften. Doch bei Aufwertung wären Pfundverkäufe und Zinssenkungen nötig, die das Geldmengenwachstum anheizten und potenziell inflationär wirkten. Genau diese Zielkollision fürchtete das Schatzamt. Hinzu kam, dass Wechselkurse nicht nur von inländischen Fundamentaldaten abhingen, sondern auch von externen Faktoren wie den Bewegungen anderer Währungen, Rohstoffpreisen und Devisenmarktspekulationen – und damit außerhalb der unmittelbaren Regierungskontrolle lagen. Nachdem die Regierung erhebliches politisches Kapital in Geldmengenziele als Flaggschiff ihrer Strategie investiert hatte, sollte keine zweite, extern vorgegebene Zielgröße das Bild verwässern.

Zentral war die Erwartungsbildung an den Märkten: Explizite geldpolitische Ziele und fiskalische Strenge sollten Glaubwürdigkeit erzeugen und inflations-

---

55 Bank of England (Hrsg.), Economic Commentary Quarter 2, 1980, S. 120.

56 John Shepherd an Geoffrey Howe, Übersendung der Wirtschaftsprognose des Schatzamts 1980–81, 24.5.1979, TNA, PREM 19/29.

57 Vgl. dazu Schmelzer, Freiheit.

58 Ein Papier von Kenneth Berrill und Gordon Downey aus dem Central Policy Review Staff (CPRS) erwähnte die Option der WKM-Mitgliedschaft zwar unmittelbar nach der Wahl in einem Strategiepapier zur Geldpolitik, in den geldpolitischen Überlegungen bis 1985 wurde sie jedoch nicht als Priorität behandelt. Kenneth Berrill und Gordon Downey, CPRS-Memorandum, The Economy of the United Kingdom – Problems, Constraints, Opportunities, 4.5.1979, TNA, PREM 19/37.

dämpfendes Verhalten begünstigen.[59] Da Großbritannien historisch als inflationsanfällig galt, musste die Regierung konsequenter agieren als andere Länder, wie der spätere Schatzkanzler Nigel Lawson argumentierte: „The answer is history. [...] In the eyes of the world's financial market [...] British governments remain suspect."[60] Die Linie der Thatcher-Regierung lautete daher: eine eindeutige Regelbindung der Geldpolitik als Disziplinierungsinstrument. Jede diskretionäre Öffnung – etwa das Abwägen zwischen Geldmenge und Leitkurs – hätte neue Ansatzpunkte für Forderungen nach beschäftigungs- oder verteilungspolitischen Kurskorrekturen geschaffen. Die Rahmung durch wissenschaftliche Theorien beschränkte politische Interventionen auf die Festlegung und Umsetzung von Zielgrößen; das verlieh der Geldpolitik den Anschein technischer Neutralität.[61]

Die Praxis erwies sich jedoch früh als schwierig. Trotz drastischer Zinsschritte wurde das Ziel für £ M3 bereits im ersten Jahr deutlich verfehlt, während die Inflation weiter anstieg. Der restriktive Kurs trug zur schwersten Rezession seit den 1920er Jahren bei, trotzdem lag die Inflation im März 1980 bei fast 20 Prozent.[62] Öffentlich blieb Thatcher standhaft und betonte: „The lady's not for turning".[63] Doch die Akten zeigen punktuelle Flexibilität: Schon drei Monate vor dieser Rede waren die Zinsen trotz überschießender Geldmenge um ein Prozent gesenkt worden. „The Lady", formuliert der Historiker Duncan Needham, „IS For Turning".[64] Hinter den Kulissen wurde längst ein Wechsel der Zielgrößen diskutiert.[65] Thatchers ökonomischer Berater Alan Walters präferierte ein engeres Geldmengenaggregat (M0);[66] der Ökonom Jürg Niehans kritisierte eine zu restriktive Geldpolitik, die zu überhöhtem Pfundkurs und Rezession geführt habe.[67] Fehler aber ließen sich politisch nicht eingestehen, ohne Glaubwürdigkeit einzubüßen. Konsterniert notierte Walters in seinem Tagebuch: „Am rapidly learning the political game –

59 Clift und Tomlinson, Rules; Green, Political Economy of the Special Relationship, S. 193–231.

60 Rachel Lomax an David Norgrove, Chancellor's Paper for the Prime Minister's Seminar on EMS on 13.11.1985, erstellt am 11.11.1985, TNA, PREM 19/2162.

61 Buller und Flinders, Depoliticisation, S. 304–306.

62 Oliver, Long Road, S. 219; Needham, UK Monetary Policy, S. 1 f., S. 146.

63 Margaret Thatcher, Rede vor der konservativen Parteikonferenz am 10.10.1980, MTF, https://www.margaretthatcher.org/document/104431 (30.9.2025).

64 Needham, UK Monetary Policy, S. 134.

65 Zu den Vorüberlegungen und Verhandlung zum Budget 1981 vgl. Needham und Hotson (Hrsg.), Expansionary Fiscal Contraction.

66 Alan Walters, Tagebucheintrag vom 6.1.1981, MTF, https://www.margaretthatcher.org/document/137536 (30.9.2025). M0 bezeichnete zwischen 1969 und 2006 das enge Geldmengenaggregat, bestehend aus dem außerhalb der Bank of England umlaufenden Bargeld sowie den operativen Einlagen der Banken bei der Bank of England. Vgl. dazu Janssen und Andrews, Publication; Bank of England (Hrsg.), Changes to Monetary Aggregates.

67 Jürg Niehans, Memorandum, The Appreciation of Sterling – Causes, Effects, Policies, 7.1.1981, CAC, WTRS 1/4; Hoskyns, Time, S. 256 f.

never admit to an error!“[68] Schatzkanzler Howe hielt einen offiziellen Wechsel des Geldmengenindikators für technisch heikel und kommunikativ riskant.[69] Stattdessen wurden engere Geldmengenaggregate informell berücksichtigt.[70]

Eine Steuerung des Wechselkurses lehnte Howe ebenfalls ab – Bank of England-Governor Richardson hatte eine Pfundabwertung zur Entlastung der Industrie befürwortet. Zwar wurde hinter den Kulissen punktuell interveniert, um starke Schwankungen zu dämpfen, und die Haushaltserklärung 1981 berücksichtigte neben £M3 auch den Wechselkurs.[71] Dennoch übernahm die Regierung keine Verantwortung für den Außenwert des Pfunds, wie Thatcher erklärte: „We do not have a positive policy for intervening in the exchange rate. [...] there is nothing that can resist the market for long.“[72] Im Ergebnis blieb £M3 formell Leitgröße, während andere Indikatoren – einschließlich des Wechselkurses – faktisch an Gewicht gewannen.

Die Grundsatzfrage lautete 1979 nicht, ob man den geldpolitischen Handlungsspielraum begrenzen sollte, sondern wodurch: durch eine externe Wechselkursbindung im europäischen Rahmen oder durch eigenständige Regelbindung über Geldmengenziele. Howe hatte diese Alternativen bereits in seinem ersten EWS-Briefing für die Premierministerin beschrieben: Entweder biete der Beitritt zu einem Wechselkurssystem wie dem WKM den besten Weg, oder eine nationale Geldmengensteuerung und die Stärkung der Angebotsseite – also Produktivität und Wettbewerbsfähigkeit – würden den Wechselkurs marktbasiert bestimmen.[73] Die Regierung entschied sich für die interne Regelbindung.

Diese Entscheidung fügte sich in die Logik des vom Ökonomen Robert Mundell skizzierten Trilemmas (Abb. 2.1): Von drei Zielsetzungen – stabile Wechselkurse, freier Kapitalverkehr und autonome Geldpolitik – sind demnach stets nur zwei gleichzeitig erreichbar.[74] Großbritannien wählte autonome Geldpolitik und, mit der Aufhebung der Kapitalverkehrskontrollen im Oktober 1979, freien Kapitalverkehr.[75] Geldpolitische Autonomie wurde in dieser Phase nicht formal bestimmt, sondern primär im Hinblick auf die Fähigkeit zur Steuerung von Erwartungen

68 Alan Walters, Tagebucheintrag vom 8.1.1981, MTF, https://www.margaretthatcher.org/document/137536 (30.9.2025).

69 John Wiggins, Protokoll eines Treffens von Geoffrey Howe mit Schatzamt-*officials* und Alan Walters, 6.2.1981, TNA, T 388/231.

70 John Wiggins, Protokoll eines Treffens von Margaret Thatcher, Geoffrey Howe, Alan Walters und Schatzamt-*officials* zur Besprechung des Budgets, 10.2.1989, TNA, PREM 19/438.

71 P.S. Jenkins an Michael Scholar, 14.12.1981, Schatzamt-Memorandum, Monetary Policy and the Exchange Rate, CAC, WTRS 1/14.

72 Hansard HC Deb. Vol. 998, Col. 418, 5.2.1981, https://hansard.parliament.uk/Commons/1981-02-05/debates/1850c104-89ed-4088-bcf5-62249a73d9da/EconomicAndIndustrialPolicy (30.9.2025).

73 Geoffrey Howe an Margaret Thatcher, 20.6.1979, TNA, PREM 19/743.

74 Mundell, Capital Mobility; Fleming, Domestic Financial Policies.

75 Howe, Conflict, S. 142.

und Marktreaktionen diskutiert. Ein festes Wechselkursregime im WKM passte daher weder zu den wirtschaftlichen Erfordernissen noch zu Thatchers marktorientierter Leitvorstellung. Diese Weichenstellung wurde nicht als souveränitätspolitische, sondern als technische Entscheidung zur Wiedergewinnung von Glaubwürdigkeit gerahmt.

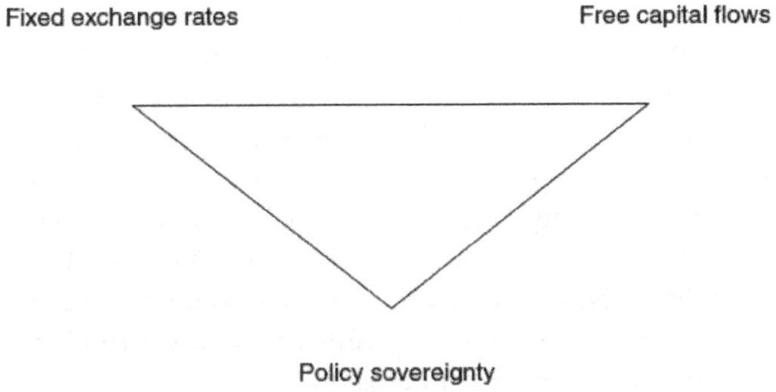

ABBILDUNG 2.1 Policy Trilemma nach Robert Mundell[76]

Thatcher bekräftigte kurz vor der Verkündung der Kapitalverkehrsliberalisierung, dass sie eine WKM-Mitgliedschaft für unvereinbar mit der Geldmengenpolitik hielt: „the Government's monetary objective must remain paramount."[77] Das Foreign Office hoffte zwar, die Frage bald wieder aufgreifen zu können, doch Schatzamt und Bank of England unterstützten diese Entscheidung.[78]

Die freien Kapitalbewegungen machten eine Wechselkursbindung noch unwahrscheinlicher. Denn mit dem Abbau der Kontrollen reagierte das Pfund sensibler auf externe Schocks – von Ölpreisen über Zinsen bis zu Marktspekulationen. Besonders der sogenannte Ölfaktor gewann an Bedeutung: Nach Erschließung der britischen Nordseevorkommen stieg der Beitrag des Öls zur Handelsbilanz rapide.[79] Steigende Ölpreise führten zu Pfundaufwertung, sinkende Preise zu Abwertung; in den anderen EG-Ländern wirkte der Mechanismus umgekehrt. Diese

76 Eigene Darstellung mit den Informationen aus Mundell, Capital Mobility.

77 Protokoll eines Treffens von Margaret Thatcher, Geoffrey Howe, Peter Carrington, John Nott und Gordon Richardson, 17.10.1979, TNA, T 639/128.

78 John Wiggins, Protokoll eines Treffens von Geoffrey Howe, Gordon Richardson und Douglas Wass am 16.1.1980, erstellt am 17.1.1980, BoE 7A133/2.

79 Nach Schätzungen des Schatzamts trug das Nordseeöl 1979 bereits fünf Milliarden Pfund zur Handelsbilanz bei, Tendenz steigend. Großbritannien konnte jedoch nicht allein auf das Öl setzen. Auch steigende Fördermengen – 1980/1 waren es 81,4 Millionen, ein Jahr später 90,5 Millionen Tonnen – konnten eine große Volkswirtschaft wie die britische aber nicht dauerhaft tragen, zumal die Erschöpfung der Vorräte ab den 1990er Jahren absehbar war. Vgl. Schatzamt, Memorandum zum Beitrag des Nordseeöls zur britischen Wirtschaft, 2.1.1980, TNA, PREM 19/222; Atkinson et al., Economic Effects of North Sea Oil, S. 39.

Asymmetrie erschwerte eine stabile Einbindung in den WKM, denn jede Ölpreisveränderung würde zu einer gegensätzlichen Entwicklung von Pfund und den anderen EWS-Währungen führen. Damit wurde das Argument, das Vereinigte Königreich könne aufgrund seiner Rohstofflage nicht dauerhaft symmetrisch in den WKM integriert werden, zu einem der Hauptgründe für das Fernbleiben.

Hinzu kam, dass es einen objektiv richtigen Pfundkurs für eine Fixierung nicht gab: Ein niedriger Kurs förderte Exporte, verteuerte Importe und trieb die Inflation; ein hoher Kurs dämpfte Preise, schwächte aber die Wettbewerbsfähigkeit. Exportindustrie, Verbraucher und Importeure verfolgten dementsprechend gegensätzliche Interessen. Trotz wissenschaftlicher Fundierung blieb der Regierung erheblicher Ermessensspielraum bei Gewichtung dieser Interessen. „I was reduced to pragmatism for a great deal of my time at the Treasury", kommentierte Howe.[80] Der deutsche Bundeskanzler Helmut Schmidt spottete über das Argument, man warte auf den richtigen Kurs: „The first time we had said we were unable to join because the pound was too low; now we were saying it was too high. He was not impressed by our arguments on either occasion."[81]

Im März 1980 führte das Schatzamt die *Medium Term Financial Strategy* (MTFS) ein, die erstmals mehrjährige geld- und fiskalpolitische Ziele verband. Planbare Konsolidierung sollte die Glaubwürdigkeit der Inflationsbekämpfung festigen.[82] Doch Finanzinnovationen, die Abschaffung des „Corset" (Juni 1980)[83] und der Immobilienboom im Zuge des *Right to Buy*-Programms ließen die Geldmenge weiter steigen.[84] Dass die Inflation dennoch sank, stellte den behaupteten kausalen Zusammenhang zwischen Geldmenge und Preissteigerungen infrage.[85] Formal hielt die Regierung bis 1985 an £M3 fest; faktisch orientierte sie sich zunehmend auch an anderen Größen – darunter dem Wechselkurs.

Diese Entwicklung führte zu einem Glaubwürdigkeitsproblem. Jede Anpassung der Strategie drohte, den Anspruch konsequenter Regelbindung zu untergraben. Der politische Wert des Monetarismus lag gerade in seiner scheinbaren Alternativlosigkeit: Sie erlaubte, Entscheidungen als technisch zwingend und nicht als politisch motiviert darzustellen. Ein Strategiewechsel hin zu einer expliziten Wechselkursorientierung – etwa durch den Beitritt zum WKM – hätte diese Rhe-

---

80 Lord Howe of Aberavon, CCBH Witness Programme, 14.11.2007, S. 17 f.

81 Protokoll eines Treffens von Helmut Schmidt, Peter Carrington, Hans-Dietrich Genscher, Oliver Wright, Berndt von Staden und George Walden, 26.2.1980, TNA, PREM 19/762.

82 Champroux und Sowels, Monetary and Fiscal Policies, S. 135; Thain, Education.

83 Das Supplementary Special Deposits Scheme (Corset) begrenzte das Geldmengenwachstum, indem Banken bei übermäßigem Anstieg ihrer Pfundeinlagen Zinsverluste tragen mussten. Es schränkte die Kreditvergabe direkt ein und wurde im Juni 1980 aufgehoben, nachdem es seit 1973 mehrfach in Kraft gewesen war. Vgl. Bank of England (Hrsg.), Supplementary Special Deposits Scheme.

84 P. S. Jenkins an Michael Scholar, 14.12.1981, Schatzamt-Memorandum, Monetary Policy and the Exchange Rate, CAC, WTRS 1/14.

85 Needham, UK Monetary Policy, S. 1 f.

torik durchbrochen, weil er den faktisch bestehenden Ermessensspielraum sichtbar gemacht und zugleich Entscheidungsautonomie an andere Mitgliedstaaten delegiert hätte. In dieser Phase wurde der Begriff ‚Souveränität' zwar noch kaum verwendet, doch genau diese Befürchtung – der Verlust geldpolitischer Steuerungshoheit – prägte die ministeriellen Überlegungen implizit.

Der Einwand, im WKM könnten geldpolitische Anpassungen nur im Einvernehmen mit Partnern erfolgen, rückte Anfang 1980 in den Mittelpunkt. Thatcher machte dies in Gesprächen mit EG-Kommissionspräsident Roy Jenkins deutlich: „she would be reluctant to enter the EMS unless she could be sure that it would leave her the freedom to manage the currency unimpaired". Jenkins' Hinweis, im aktuell stabilen Umfeld wären Kursabweichungen und damit notwendige Anpassungen unwahrscheinlich, traf nicht den Kern ihrer Befürchtung.[86] Denn allein die Möglichkeit eines Zielkonflikts galt als Risiko für die Glaubwürdigkeit. Das Schatzamt erwog verschiedene Varianten eines modifizierten WKM-Beitritts, um größere Flexibilität zu erreichen: ein breiteres Wechselkursband nach italienischem Vorbild (±6 statt ±2,25 Prozent erlaubte Abweichungen) oder ein britisches Sonderrecht auf unilaterale Realignments, bei denen die EWS-Partner nicht zustimmen mussten.[87] Beides wäre in der EG schwer durchsetzbar gewesen und hätte den disziplinierenden Wert des EWS geschwächt. Für die britische Regierung, die den Mechanismus ja gerade als Stabilitätsinstrument verstand, hätte das dem Beitrittszweck widersprochen.

Zugleich zeigte sich, dass auch ohne formale Wechselkursbindung die Marktkräfte den geldpolitischen Handlungsspielraum begrenzten.[88] Anhaltende Wechselkursbewegungen erschwerten die Erreichung der Geldmengenziele erheblich. Die Entscheidung für eine interne Regelbindung statt einer europäischen Wechselkursbindung bedeutete daher keine unbegrenzte Autonomie, sondern eine Verschiebung der Abhängigkeiten: Statt auf die Politik der Partner in einem Wechselkurssystem musste Thatchers Regierung zunehmend auf die Reaktionen der Währungs- und Finanzmärkte reagieren. Diese Abhängigkeit wurde durch Thatchers Deregulierungspolitik noch verstärkt, denn die Förderung freier Kapitalmärkte verringerte zugleich die staatlichen Möglichkeiten, Wechselkursbewegungen zu steuern. Hier zeigte sich ein zentraler Widerspruch in Thatchers Geldpolitik: Einerseits das Ziel, freie Märkte zu fördern; andererseits das Bestreben, einen der wichtigsten Märkte – den für Geld – durch monetäre Zielvorgaben zu

86 Protokoll eines Gesprächs zwischen Margaret Thatcher und Roy Jenkins, 17.3.1980, TNA, PREM 19/219.

87 Robert Armstrong an Margaret Thatcher, Memorandum zum EWS, 17.3.1980, TNA, PREM 19/743.

88 Vgl. dazu STRANGE, Mad Money; COHEN, New Geography; JAMES, International Monetary Cooperation; HELLEINER, States and the Reemergence.

kontrollieren.[89] Der scheinbar klare Gegensatz zwischen interner und externer Kontrolle war damit keineswegs so eindeutig, wie es in späteren Souveränitätsdebatten dargestellt wurde. Schon vor den mit Maastricht festgelegten formellen Kompetenzübertragungen – die Großbritannien später durch *Opt-outs* weitgehend umging – war der geldpolitische Handlungsspielraum der britischen Regierung faktisch eingeengt: nicht durch europäische Institutionen, sondern durch die Reaktionen der Finanzmärkte. Diese Einsicht wurde später zu einem zentralen Argument der Befürworter eines britischen WKM-Beitritts, die in der europäischen Kooperation einen Weg zu größerem faktischen Handlungsspielraum sahen.

Bis 1983 wurde die Frage permanent geprüft.[90] Das Schatzamt reagierte auf starke Pfundschwankungen, das Foreign Office auf politische Impulse europäischer Partner. Mitte 1981 kehrte die Wechselkursfrage erneut auf die Agenda zurück. Das Pfund gab im Laufe des Jahres stark nach – gegenüber dem Dollar von 2,38 auf unter 1,80.[91] Das führte zu neuen WKM-Beitrittserwägungen, die Thatcher zurückwies – obwohl drei erfolgreiche Realignments die Flexibilität des Systems belegt hatten.[92] Foreign Office und Bank of England standen angesichts der Schwächen der Geldmengensteuerung offener zur WKM-Bindung. Überraschend plädierte Nigel Lawson, zu dem Zeitpunkt Financial Secretary to the Treasury, im Juni 1981 für einen WKM-Beitritt[93] – allerdings nicht aus Überzeugung, sondern aus taktischen Erwägungen. Die Geldmengensteuerung hielt er weiterhin für das überlegene Instrument, sah jedoch im europäischen Rahmen des WKM eine wirksamere Möglichkeit, die notwendige geldpolitische Strenge auch innerparteilich durchzusetzen. Der europäische Ordnungsrahmen, so seine Überlegung, würde die oppositionellen Stimmen aus dem pro-europäischen *One-Nation*-Parteiflügel argumentativ entwaffnen. Denn sie könnten kaum gegen die restriktiven Maßnahmen Einspruch erheben, die für eine engere EWS-Einbindung notwendig waren: „In other words, we turn their own sword against them." Der Vorschlag entsprang also weniger einem Wandel seiner ökonomischen Überzeugungen als einer strategischen Überlegung zur politischen Durchsetzbarkeit. Lawson selbst betonte: „This is in many ways a second best course".[94] Im Schatzamt wurde seine

89 STEPHENS, Politics and the Pound, S. 14.

90 Lord Howe of Aberavon, CCBH Witness Programme, 14.11.2007, S. 17 f.

91 Handelsgewichtet von rund 100 auf unter 90. Vgl. Nicholas Monck an William Ryrie und Geoffrey Howe, 11.9.1981, TNA, PREM 19/743.

92 Graham Fry an Tom de Fonblanque und Nicholas Spreckley, 24.3.1981, TNA, FCO 30/4862.

93 Noch im Februar 1981 hatte Lawson Interventionen zur Beeinflussung des Pfundkurses als unnötige und törichte Aufgabe der Geldmengenziele abgelehnt. Nigel Lawson an Geoffrey Howe, 16.2.1981, TNA, T 567/22; das Papier findet sich auch in Nigel Lawsons Nachlass, CCA, SOC/Lawson/1/1981.

94 Nigel Lawson an Geoffrey Howe, 15.6.1981, CCA, SOC/Lawson/1/1981.

Initiative kritisch aufgenommen,[95] auch Schatzkanzler Howe hielt den Zeitpunkt noch nicht für gekommen.[96] Aus seiner Sicht war der Ölfaktor weiterhin relevant und im Gegensatz zu Lawson hielt er Sparmaßnahmen unter europäischen Vorzeichen für schwerer durchsetzbar als mit Verweis auf selbst auferlegte monetäre Ziele. Allerdings betonte Howe gegenüber der Premierministerin, dass sich die Gewichte der wirtschaftlichen Erwägungen zugunsten des WKM zu verschieben begannen: „the balance has shifted and may shift further."[97] Thatcher jedoch lehnte eine WKM-Teilnahme weiterhin ab: „Personally, I do *not* think the case for joining has been made. I am against."[98] Zwar verteidigte Lawson seine Argumente Mitte September noch einmal gegen die Kritik.[99] Doch mit seinem Wechsel an die Spitze des Energieministeriums versandete seine Initiative.

Die Bank of England drängte angesichts der Inkonsistenzen der Geldmengenpolitik weiterhin darauf, dem Wechselkurs eine größere Rolle in der Entscheidungsfindung einzuräumen. Sie fand jedoch kaum Gehör – die bekannte Skepsis der Bank gegenüber Thatchers monetaristischem Kurs hatte das Verhältnis zu 10 Downing Street bereits zuvor belastet. Dass der Chefökonom der Bank 1981 mit dem Ausspruch zitiert wurde, der Monetarismus sei „theology [...] and central banks aren't theological places",[100] verschlechterte die Zusammenarbeit zusätzlich.[101] Ein Brief von Governor Richardson an die Premierministerin, in dem er für eine WKM-Bindung zur Stärkung der Inflationsbekämpfung warb, blieb wirkungslos.[102] Im Schatzamt galten Dollarbindung und Ölfaktor weiterhin als entscheidende Gegengründe.[103] Auch dort wurde jedoch diskutiert, wie dem bislang unsystematisch in die Geldpolitik einbezogenen Pfundkurs eine glaubwürdigere und transparentere Rolle gegeben werden könne. Die Option einer WKM-Mitgliedschaft wurde verworfen, weil sie als formalisiertes Wechselkursziel am schwersten mit der Geldmengenpolitik vereinbar gewesen wäre. Ein Ziel für den effektiven Wechselkurs – also den handelsgewichteten Durchschnitt gegenüber den wichtigsten Partnerwährungen – versprach zwar größere Flexibilität, wäre in der EG aber kaum vermittelbar gewesen, da es als Bruch mit den Kooperationszielen gegolten hätte. Ein internes, nicht veröffentlichtes Wechselkursziel hätte

95 David Hancock an Kenneth Couzens, Memorandum, Joining the Exchange Rate Mechanism of the EMS, 30.6.1981, TNA, T 448/152. Vgl. auch Howe, Conflict, S. 448.

96 Protokoll eines Treffens von Margaret Thatcher und Geoffrey Howe, 16.9.1981, TNA, PREM 19/743.

97 Geoffrey Howe an Margaret Thatcher, 18.9.1981, TNA, PREM 19/743.

98 Hervorhebung im Original. Tim Lankester an Michael Alexander, 23.9.1981, TNA, PREM 19/743.

99 Nigel Lawson an Geoffrey Howe, 14.9.1981, CCA, SOC/Lawson/1/1981.

100 Laura Wallace, Patron of the Pound, Wall Street Journal, 17.12.1981.

101 Alan Walters an Michael Scholar, 6.1.1982, CAC, WTRS 1/15.

102 Gordon Richardson an Geoffrey Howe, 13.11.1981, TNA, T 448/152.

103 John Kerr an Roger Lavelle, 16.11.1981, TNA, T 448/152; Roger Lavelle an Kenneth Couzens, 17.11.1981, TNA, T 448/152; David Peretz an Geoffrey Howe, 20.11.1981, TNA, T 448/152.

dieses Problem umgangen, jedoch die Transparenz nicht erhöht und damit keinen entscheidenden Mehrwert geboten.[104] Somit blieb die WKM-Mitgliedschaft die einzige realistische Option für eine explizite Einbeziehung des Wechselkurses, doch zu einer Relativierung ihrer geldpolitischen Strategie war die Regierung nicht bereit. Im Ergebnis blieb es beim Status quo: Der Pfundkurs beeinflusste die Geldpolitik, ohne formell verankert zu sein – ein ungelöstes Glaubwürdigkeitsproblem.

Einige konservative Politiker – Nicholas Ridley, seit September 1981 Financial Secretary to the Treasury, und John Bruce-Gardyne, seit November Economic Secretary to the Treasury – befürworteten einen Beitritt aus politischen Erwägungen. Auch Schatzkanzler Howe zeigte sich inzwischen offener, doch die Mehrheit im Schatzamt blieb ablehnend.[105] In einer Besprechung zwischen Thatcher, ihrem ökonomischen Berater Alan Walters, Howe sowie Vertretern der Ministerien und der Bank of England wurden die Argumente noch einmal abgewogen. Howe würdigte die politischen Vorzüge eines WKM-Beitritts, warnte jedoch vor Konflikten mit der Geldmengensteuerung und vor einem ungünstigen Leitkurs. Den positiveren Einschätzungen von Governor Richardson hielt Thatcher eine Reihe von Einwänden entgegen: unkontrollierbare Kapitalflüsse, mangelnde Konvergenz und Haushaltsdefizite einzelner EWS-Länder – „usual anti-EMS-platitudes", wie Lawson rückblickend kommentierte.[106] Ausschlaggebend blieb für Thatcher der befürchtete Verlust geldpolitischer Handlungsfreiheit.[107] Kurzzeitig hatte sie in der Hoffnung auf eine Zinsentlastung einen WKM-Beitritt erwogen.[108] Doch das Beispiel Frankreichs, wo Präsident François Mitterrand seine expansive Politik auch aufgrund der EWS-Verpflichtungen aufgeben musste, bestärkte sie in ihrer Ablehnung.[109] Nach ihrer Entscheidung war die Option formaler Wechselkurssteuerung vorerst vom Tisch.

Erst nach dem deutlichen konservativen Wahlsieg von 1983 kam die Frage erneut auf. Nigel Lawson wurde Schatzkanzler, Geoffrey Howe Außenminister –

---

104 Schatzamt, Memorandum zu den Optionen der Wechselkurspolitik, o. D. (November 1981), TNA, T 448/152.

105 Kit McMahon, Vermerk über ein Gespräch mit Douglas Wass über die Haltung des Schatzamts zum EWS, 4.12.1981, BoE 8A213/5; Jill Rutter, Protokoll einer Besprechung im Schatzamt, 3.12.1981, TNA, T 448/152.

106 Nigel Lawson, handschriftliche Notizen zum EWS-Seminar der Premierministerin am 22.1.1981, o. D., CCA, SOC/Lawson/4/2.

107 Michael Scholar, Protokoll eines EWS-Seminars der Premierministerin am 22.1.1982, erstellt am 26.1.1982, TNA, PREM 19/743.

108 Tim Lankester, Protokoll eines Treffens von Margaret Thatcher, Geoffrey Howe, Gordon Richardson und Kenneth Couzens, 11.9.1981, TNA, PREM 19/743. Thatcher erklärte ihr Interesse rückblickend mit dem internationalen Druck. Vgl. THATCHER, Downing Street, S. 955.

109 Simon Broadbent, Protokoll eines Gesprächs mit David Hancock, 21.1.1982, TNA, FCO 30/5165; zur historischen Einordnung der französischen Neuorientierung: FULLA, Neoliberal Turn that Never Was.

beide waren sich einig, dass die Zeit noch nicht reif sei.[110] Die anhaltende Dollar-Volatilität unter US-Präsident Ronald Reagan verstärkte die Skepsis gegenüber einem WKM-Beitritt. Zwar bemühten sich die Staats- und Regierungschefs auf den G7-Gipfeln von Versailles (1982) und Williamsburg (1983) um mehr Stabilität im internationalen Währungssystem,[111] doch Thatcher lehnte jede Form von Wechselkursfixierung ab.[112] Die Dollarpolitik wurde nun zu einem zentralen Argument gegen den WKM-Beitritt: Das Pfund hing als Reservewährung stärker am Dollar als die meisten EWS-Währungen und wäre dadurch stärker von dessen Schwankungen betroffen gewesen – mit gegenläufigen Kursbewegungen und damit potenziellen Spannungen im Wechselkurssystem.[113] Zudem ließ die Instabilität des Dollars Unruhe im EWS befürchten, da eine Aufwertung der D-Mark erwartet wurde, die das gesamte Wechselkursgefüge unter Druck setzen könnte.[114] Gleichwohl stabilisierte sich das System: Nach einer Phase expansiver Politik leitete der neue französische Finanzminister Jacques Delors eine Stabilitätswende ein, die den Verbleib Frankreichs im EWS und damit den Fortbestand des Systems sicherte.[115] Delors' Begründung, die europäische Währungspolitik sei untrennbar mit den weiterreichenden Integrationsbestrebungen verbunden, tat die britische Seite als innenpolitische Rhetorik ab[116] – und unterschätzte damit die politische Bedeutung, die Delors der Währungszusammenarbeit beimaß.

Im selben Jahr attestierte das Oberhaus-Komitee für EG-Fragen dem EWS eine stabile Funktionsweise und empfahl einen baldigen britischen Beitritt.[117] Im Schatzamt wurde die Analyse als „thin and rather sketchy" kritisiert – ein fauler Kompromiss zwischen politisch argumentierenden Befürwortern und wirtschaftlich denkenden Gegnern. An der ablehnenden Haltung änderte das nichts.[118] Im Foreign Office hingegen bot der Bericht eine willkommene Gelegenheit, die Debatte wiederzubeleben. Zwar sah Außenminister Howe das EWS inzwischen positiver,[119] doch lehnte er interne Forderungen nach einer direkten Intervention bei

110 Brian Fall an Patrick Fairweather, 26.7.1983, TNA, FCO 30/5533.

111 Bayne, Foundations, S. 27; Text der Erklärung des G7-Gipfels in Williamsburg mit Notizen von Margaret Thatcher, 30.5.1983, CAC, THCR 5/1/4/54.

112 Vermerk über ein Vieraugengespräch zwischen Margaret Thatcher und Helmut Kohl bei den deutsch-britischen Konsultationen, 22.4.1983, BArch, B 136/59739.

113 Geoffrey Fitchew an Peter Middleton, 8.10.1984, TNA, T 448/152.

114 Simon Broadbent, Memorandum zum EWS, 6.1.1984, TNA, FCO 30/5911.

115 Michel Camdessus, Interview mit Joachim Algermissen, 10.3.2015, Algermissen, Digitale Zusatzmaterialien, S. 1–10, hier S. 6.

116 Michael Butler an FCO, 21.3.1983, TNA, FCO 30/5533.

117 House of Lords, Select Committee on the European Communities, Pressemitteilung, 22.9.1982, TNA, FCO 30/5533.

118 Geoffrey Fitchew an Nigel Lawson, 16.9.1983, TNA, T 448/152.

119 Ausschnitt aus dem Protokoll eines Treffens der britischen EG-Gesandten, Juni 1983, TNA, FCO 30/5534.

der Premierministerin ab, um Schatzkanzler Lawson nicht zu übergehen.[120] Zugleich bestand er darauf, ökonomische Argumente zu priorisieren und politische Erwägungen nur flankierend einzubeziehen: „The PM [Prime Minister, JC] will only buy it – me too, to some extent – if the economic case is fair. Ex rate [Exchange rate, JC] stability, at the right time and place, is the best argument, if clearly compatible […] with monetary discipline."[121] Damit verteidigte er die Mitsprache des Foreign Office in einem von wirtschaftspolitischen Kriterien dominierten Entscheidungsprozess. Hatten im Foreign Office 1979 noch politische Argumente an erster Stelle gestanden, galt inzwischen die Priorität ökonomischer Begründungen als unbestritten. Ein internes FCO-Papier hielt Mitte Februar 1984 fest:

> A decision on Britain's adherence to the ERM must continue to rest primarily on the economic arguments. […] The interest of the Foreign and Commonwealth Office is to ensure that the political case for joining, and particularly the need to ensure that we are not left out of important EC decisions, is never lost to view.[122]

Die zweite Jahreshälfte 1984 brachte eine Wende in der EWS-Debatte. Mit der Beilegung des EG-Haushaltskonflikts beim Europäischen Rat in Fontainebleau[123] und einer Pfundschwäche, die eine Zinserhöhung von neun auf zwölf Prozent erzwang,[124] gewann die Frage neue Dynamik. Zwar überwogen im Schatzamt noch die ablehnenden Stimmen, doch zeichnete sich ein Stimmungswandel ab.[125] Über die Sommerpause wandte sich Schatzkanzler Lawson endgültig dem Beitritt zu. Für den Beitritt sprachen mehrere Faktoren: Erstens hatte £ M3 seine Rolle als Leitindikator und Glaubwürdigkeitsanker verloren, sodass eine Neudefinition der geldpolitischen Regeln notwendig erschien; der Wechselkurs bot sich als Alternative an – zumal sich das Pfund seit März 1984 ohnehin innerhalb der WKM-Bänder bewegte. Zweitens war das Inflationsdifferenzial zu Deutschland auf rund zwei Prozent geschrumpft. Drittens hatte eine stabile Ölpreisentwicklung den ‚Ölfaktor' entkräftet.[126] Viertens ließ die Dollar-Volatilität den europäischen Anker

---

120 Roger Bone an Patrick Fairweather, 10.10.1983, TNA, FCO 30/5534.

121 Patrick Fairweather an David Hannay, 7.10.1983, mit handschriftlicher Anmerkung von Geoffrey Howe, TNA, FCO 30/5534.

122 Crispin Tickell an Brian Fall und Antony Acland, mit handschriftlichen Anmerkungen von Geoffrey Howe, 13.2.1984, TNA, FCO 30/5911.

123 Schlussfolgerungen des Europäischen Rates in Fontainebleau, 25./26.6.1984, https://www.cvce.eu/en/obj/conclusions_of_the_fontainebleau_european_council_25_and_26_june_1984-en-ba12c4fa-48d1-4e00-96cc-a19e4fa5c704.html (30.9.2025).

124 Bank of England (Hrsg.), Operation of Monetary Policy.

125 Peter Middleton an Geoffrey Howe, 9.10.1984, TNA, T 448/152.

126 Später kam es zwar wieder zu größeren Schwankungen, doch auch das verlieh dem Einwand in Lawsons Augen nicht wieder die vorherige Bedeutung. James Rollo, Memorandum zum EWS und zu einem *Financial Times*-Interview des Schatzkanzlers zur Wechselkurspolitik, 2.1.1985, TNA, T 448/152; Geoffrey Littler an Peter Middleton, 4.9.1984, TNA, T 448/152.

als sichereren Hafen erscheinen. Schließlich verbanden einige die Mitgliedschaft mit der Hoffnung auf Zinssenkungen – auch wenn selbst Befürworter aus dem Foreign Office dies skeptisch sahen.[127]

Auch innerhalb der Ministerien kam in der Folge zu scharfen Auseinandersetzungen: Einige sahen im WKM einen glaubwürdigeren Anti-Inflationsanker, andere hielten die bisherige *Medium Term Financial Strategy* für konsistenter. Die erneuten Debatten untergruben die Bemühungen, den Pfundkurs als nationales Symbol zu entmystifizieren und als bloße Restgröße einer Geldmengenpolitik zu etablieren. So warnte John Moore, Financial Secretary to the Treasury und einer von Thatchers Protegés, davor, den mühsam relativierten Status des Pfundkurses als „national virility symbol" wiederzubeleben.[128] Damit traten die früheren Deutungen des Wechselkurses als Indikator nationaler Stärke wieder stärker hervor. Zugleich blieb die Frage, wie sich Großbritannien in einer sich vertiefenden europäischen Währungsordnung positionieren wollte, im Hintergrund.

Letztlich hielt die Regierung formal an der geldmengenorientierten Regelbindung fest, während der Wechselkurs faktisch zunehmend in die Entscheidungslogik eindrang. Das Dilemma blieb bestehen: Jeder Schritt zur europäischen Bindung hätte die Entpolitisierungsrhetorik der monetaristischen Strategie sichtbar relativiert; der Verbleib außerhalb des WKM beließ die britische Geldpolitik in einem Rahmenwerk, dessen Glaubwürdigkeit deutlich angeschlagen war und das angesichts des Einflusses der Märkte ebenfalls keine absolute Handlungsfreiheit bot. Parallel zu diesen wirtschaftlichen Argumenten, die sich oft nur unscharf von politischen Faktoren abgrenzen ließen, verlief eine zweite Debatte um das Pfund als Symbol für Großbritanniens Stellung in Europa. Erst die Zusammenschau beider Ebenen erfasst die Komplexität der EWS-Frage und markiert den Ausgangspunkt des folgenden Abschnitts.

3 Testfall für das EG-Bekenntnis: Die EWS-Vollmitgliedschaft als Zeichen europäischer Einbindung

Als Margaret Thatcher im Mai 1979 ihr Amt antrat, verbanden die europäischen Partner mit der neuen konservativen Regierung große Erwartungen. Die Labour-Vorgängerregierung hatte tiefe Enttäuschung hinterlassen: Die Neuverhandlung der Beitrittsbedingungen, das Referendum von 1975 nach nur zwei Jahren EG-Mitgliedschaft und die Weigerung, dem Wechselkursmechanismus beizutreten, hatten Großbritannien den Ruf eines „awkward partner" eingetragen.[129] Da die Conservative Party im Unterschied zu Labour als die pro-europäische Kraft galt,

127 James Rollo an Private Secretary, 13.9.1984, Memorandum von Ken Warwick, Recent Arguments Supporting UK Participation in the Exchange Rate Mechanism, TNA, FCO 30/5912.

128 John Moore an Nigel Lawson, 12.10.1984, TNA, T 448/152.

129 George, Awkward Partner.

hoffte man, das Land werde sich nun auch an der monetären Komponente der Integration beteiligen.

Wie eng das Pfund mit der Europapolitik verwoben war, zeigte sich bereits am Tag nach der Wahl. Der Leiter des Cabinet Office, John Hunt, legte der Premierministerin einen Bericht zu zentralen Regierungsbereichen vor. Bemerkenswerterweise wurde die EWS-Frage nicht im wirtschafts-, sondern im europapolitischen Dossier behandelt. Konkret ging es um die Option, 20 Prozent der britischen Fremdwährungs- und Goldreserven beim Europäischen Fonds für währungspolitische Zusammenarbeit (EFWZ) gegen ECU zu hinterlegen – ein Schritt, zu dem Großbritannien als Nichtmitglied des WKM nicht verpflichtet war. Hunt empfahl ihn dennoch als kostengünstige Möglichkeit, guten Willen gegenüber der EG zu demonstrieren und das konservative Europabekenntnis zu unterstreichen.[130] Der ECU besaß auch symbolische Bedeutung: Das Kürzel erinnerte an die französische Goldmünze *écu d'or* und war zugleich die Abkürzung für European Currency Unit.[131] Thatchers Randnotiz auf Hunts Memorandum verdeutlichte ihre Zweifel an dem Potenzial des EWS, langfristig Währungsstabilität zu schaffen: „I doubt whether this can be achieved by a currency system. Indeed it can't unless all the underlying policies of each country are right."[132] Sie verstand Wechselkursstabilität weniger als institutionelles denn als politisch-wirtschaftliches Problem – eine Sicht, die ihre Haltung zum EWS dauerhaft prägen sollte.

Ihre grundlegenden Vorbehalte gegen das EWS sprach Thatcher in ihren ersten bilateralen Gesprächen mit Bundeskanzler Helmut Schmidt und dem französischen Präsidenten Valéry Giscard d'Estaing zunächst nicht offen aus. Beide bedauerten die distanzierte Europapolitik der Labour-Regierung und äußerten die Hoffnung, die neue Premierministerin werde einen Neuanfang suchen.[133] Schmidt warb besonders nachdrücklich für einen britischen Beitritt zum Wechselkursmechanismus und deutete an, dies könne die laufenden Verhandlungen über den britischen Haushaltsbeitrag erleichtern. Damit stellte er die Verbindung zwischen Währungs- und Haushaltspolitik her, die im britischen Diskurs bislang als fehlgeleitet gegolten hatte. Eine solche Entlastung in der *British Budgetary Question* – hinter vorgehaltener Hand bereits als *Bloody British Question*[134] bekannt – wäre

---

130 John Hunt an Margaret Thatcher, Eingangsbriefing zur Europapolitik, 4.5.1979, TNA, PREM 19/53.

131 PATTERSON, Europe's New Agenda. A Guide to the EMU, S. 8, auch abgeheftet in CPA, PUB M 352/6.

132 John Hunt an Margaret Thatcher, 4.5.1979, TNA, PREM 19/53; Pressekonferenz nach Gesprächen zwischen Margaret Thatcher und Helmut Schmidt, 11.5.1979, MTF, https://www.margaretthatcher.org/document/104081 (30.9.2025).

133 Protokoll eines Gesprächs zwischen Margaret Thatcher und Valéry Giscard d'Estaing, 5.6.1979, TNA, PREM 19/41.

134 Der britische Kommissionspräsident Roy Jenkins verwendete diesen Ausdruck rückblickend ebenfalls. JENKINS, Life, S. 491.

für London höchst willkommen gewesen. Über psychologische Verbesserungen hinaus stellte Schmidt jedoch nichts Konkretes in Aussicht.[135]

Thatcher lehnte einen sofortigen Beitritt jedoch mit Verweis auf den überhöhten Pfundkurs ab, sagte aber eine Prüfung bis September zu und stellte – als Zeichen eines „committed Europeanism" – die Hinterlegung von Reserven beim EFWZ in Aussicht.[136] Damit folgte sie Hunts Empfehlung, politisches Entgegenkommen zu zeigen, ohne geldpolitische Verpflichtungen einzugehen. Die Verbindung von Haushalts- und Europafrage machte deutlich, wie sehr sich politische und wirtschaftliche Dimensionen in der EWS-Debatte überlagerten. Einerseits sprach die Konzentration auf strikte Geldmengenziele gegen eine WKM-Teilnahme; andererseits benötigte Großbritannien Schmidts Unterstützung in der Haushaltsfrage – und dieser hielt den Beitritt für ein zentrales europapolitisches Signal.

Im Cabinet Office erkannte man, dass ein WKM-Beitritt allein kaum ausreichen würde, um substanzielle Zugeständnisse in der Haushaltsfrage zu sichern. Doch war deutlich geworden, dass sich das EWS zur Messlatte des britischen Europabekenntnisses entwickeln könnte. Michael Franklin notierte: „there is no doubt that it will be seen, perhaps more than any other single issue, as a touchstone of the Government's commitment to the Community".[137] Auch der britische EG-Kommissar Christopher Tugendhat warb unmittelbar nach Thatchers Wahlsieg für die WKM-Mitgliedschaft, die ein wichtiges Signal darstellen und den britischen Einfluss auf das System stärken würde.[138] Schatzkanzler Howe bemerkte im Gespräch mit dem Governor der Bank of England: „political imperatives could inexorably drive the Government to participate in the exchange rate mechanism – as an earnest of its commitment to Europe and the means of making progress on the problem of our net contribution."[139]

Diplomatische Rückmeldungen aus den EG-Hauptstädten bestätigten diesen Eindruck: Besonders Deutschland, Italien, die Benelux-Staaten und Dänemark sahen in einer britischen Teilnahme ein sichtbares Bekenntnis zu Europa.[140] Auch der irische Taoiseach Jack Lynch mahnte bei einem Lunch mit Thatcher einen baldigen Beitritt an, da die Schwäche des irischen Pfunds gegenüber Sterling psy-

---

135 Protokoll der Plenarsitzung bei den deutsch-britischen Konsultationen, 11.5.1979, TNA, PREM 19/58.

136 Protokoll eines Gesprächs zwischen Margaret Thatcher und Valéry Giscard d'Estaing, 5.6.1979, TNA, PREM 19/53.

137 Michael Franklin, Memorandum, EEC Strategy and Timing, Juni 1979, TNA, PREM 19/57.

138 Christopher Tugendhat an Margaret Thatcher, 7.5.1979, TNA, PREM 19/743.

139 Tony Battishill, Protokoll eines Gesprächs zwischen Geoffrey Howe und Gordon Richardson, 16.5.1979, MTF, https://www.margaretthatcher.org/document/113040 (30.9.2025).

140 Protokoll der Konferenz von Botschaftern aus EG-Mitgliedsstaaten und Beitrittsländern, 8.6.1979, TNA, PREM 19/53.

chologische Probleme verursache.[141] Die Regierung stand damit vor einem Dilemma, das die gesamte EWS-Debatte der 1980er-Jahre prägen sollte: die Entscheidung, ob EG-politische oder die wirtschaftlichen Faktoren höher zu gewichten seien. Die monetaristische Geldmengenstrategie sprach gegen eine Einbindung, die europapolitischen Vorteile waren jedoch offensichtlich. Schatzkanzler Howe stellte – trotz Anerkennung der politischen Vorzüge – im Juni 1979 klar: „I believe the decision will have to be taken primarily on the merits for the economy. In particular the implications for our monetary targets will have to weigh heavily, because they are such an important part of our economic strategy."[142]

Beim Europäischen Rat in Straßburg am 21. und 22. Juni 1979 ließ Thatcher die Entscheidung über einen Beitritt offen, kündigte jedoch die Hinterlegung von Währungsreserven an.[143] Damit verband sie das Ziel, den Spagat zwischen politischem Entgegenkommen und ökonomischer Vorsicht sichtbar zu machen. Sie argumentierte, nur ein wirtschaftlich gesundetes Großbritannien könne einen positiven Beitrag zur Gemeinschaft leisten – und dies sei nur mit einer unverfälschten Geldmengenpolitik möglich. Ein Beitritt unter ungünstigen Bedingungen würde dagegen sowohl das EWS als auch die Gemeinschaft selbst gefährden.[144] Diese Argumentation verlieh der Zurückhaltung einen europäischen Anstrich, ohne einen grundsätzlichen Rückzug aus der EG zu signalisieren.

Nach dem Gipfel begann eine intensive interne Evaluierung, an der neben Schatzamt und Bank of England auch das Cabinet und das Foreign Office sowie die Handels- und Industrieministerien beteiligt waren. Dabei blieb strittig, wie politisch die Entscheidung tatsächlich war. Für viele im Foreign Office war ein Beitritt vor allem aus europapolitischer Perspektive wünschenswert: Er könne die britische Verhandlungsposition in der Haushaltsfrage und in anderen EG-Bereichen stärken, während ein Fernbleiben die Mitspracherechte einschränken und London von zentralen Entscheidungen isolieren würde. Diese Befürchtung schien sich bereits am 23. September 1979 zu bestätigen, als die erste Leitkursanpassung beschlossen wurde. Die D-Mark wurde aufgewertet, Dänemarks Krone abgewertet. Als WKM-Nichtteilnehmer wurde London zunächst nicht zu den Verhandlungen der Finanzminister eingeladen und konnte keine angemessene Vertretung entsenden. Erst nachträglich gelang es, unter Berufung auf die im EWS-Abkommen zugesicherte Beteiligung an wesentlichen Entscheidungen die Teilnahme an

141 Protokoll eines Mittagessens von Margaret Thatcher, Jack Lynch und Geoffrey Howe, 5.9.1979, TNA, PREM 19/743.

142 Geoffrey Howe an Margaret Thatcher, 20.6.1979, TNA, PREM 19/743.

143 Nigel Lawson an Geoffrey Howe, 19.6.1979, CCA, SOC/Lawson/1/1979; Margaret Thatcher, Pressekonferenz nach dem Europäischen Rat in Straßburg am 21. und 22.6.1979, 22.6.1979, MTF, https://www.margaretthatcher.org/document/103880 (30.9.2025).

144 Protokoll eines Gesprächs zwischen Margaret Thatcher und Wilfried Martens, 12.9.1979, TNA, PREM 19/743.

allen künftigen Realignment-Sitzungen zu sichern.[145] Howe übernahm in der Folge häufig den Vorsitz dieser Beratungen und fungierte als ‚ehrlicher Makler' ohne eigene Interessen – ein symbolischer Ausdruck britischer Bemühungen, trotz Außenseiterrolle Einfluss zu wahren.[146] Zugleich zeigte die Episode, dass ein Fernbleiben vom Wechselkursmechanismus fortwährende Anstrengungen erforderte, um überhaupt in die europäischen Entscheidungsprozesse eingebunden zu bleiben.

Vor allem Bundeskanzler Helmut Schmidt betonte immer wieder die europapolitische Dimension. Bereits 1975 hatte er betont: „Währungspolitik ist Außenpolitik und Weltpolitik."[147] Er hielt die britische Einbindung für unerlässlich. Das EWS, so sein Argument, bilde die Voraussetzung für eine vertiefte europäische Einigung, und eine zweite internationale Reservewährung im System würde den Druck auf die D-Mark mindern. Bis zu seinem Rücktritt im Oktober 1982 plädierte Schmidt in bilateralen Gesprächen beharrlich für eine britische Vollmitgliedschaft – wobei in seinen späteren Äußerungen zunehmend Enttäuschung über die britische Europapolitik mitschwang.[148] Er hielt die technischen Bedenken Londons für vorgeschoben, um eine fehlende europäische Vision und nostalgische Bindungen an das Pfund zu kaschieren. Dem britischen Botschafter in Bonn, Sir Oliver Wright, erklärte er im Oktober 1979: „If the other fiddling little currencies could manage, sterling certainly could. [...]. The approach, the psychology, was all. The technical detail would follow." [149] Wright resümierte, Schmidt sehe das EMS „primarily as a political act of will" und erwarte, dass Großbritannien seinem proeuropäischen Selbstverständnis nun auch Taten folgen lasse. [150] „Britain", zeigte sich Schmidt über die anhaltende britische Verweigerung später desillusioniert, „had an insular monetary policy, and a psychological problem about the EMS."[151] Schmidts Einschätzung stieß im Foreign Office durchaus auf Resonanz, im Schatzamt aber auf Skepsis. Während das Foreign Office die Debatte als Chance begriff, die politische Glaubwürdigkeit Großbritanniens in der Gemeinschaft zu festigen, sahen Howe und der Governor Anfang 1980 die Risiken für die geldpolitische Strategie überwiegen.[152] Die Entscheidung, ob politische oder wirt-

---

145 Nick Jordan-Moss an Geoffrey Howe, 24.9.1979, TNA, T 639/255.

146 Francis Pym an die britische Botschaft in Washington, 8.4.1983, TNA, T 448/152.

147 Helmut Schmidt, Vortrag bei einer internationalen Konferenz von Ölproduzenten und -konsumenten („Bergedorfer Gesprächskreis" der Körber-Stiftung), 24.3.1975, zit. n. Böhm, Sicherheit, S. 96 f.

148 Häußler, Helmut Schmidt, S. 149–151.

149 Oliver Wright an Peter Carrington, 20.9.1979, TNA, PREM 19/762.

150 Oliver Wright an FCO, 8.10.1979, TNA, PREM 19/743.

151 Protokoll eines Treffens von Helmut Schmidt, Peter Carrington, Hans-Dietrich Genscher, Oliver Wright, Berndt von Staden und George Walden, 26.2.1980, TNA, PREM 19/762.

152 John Wiggins, Protokoll eines Treffens von Geoffrey Howe, Gordon Richardson und Douglas Wass am 16.1.1980, erstellt am 17.1.1980, BoE 7A133/2.

schaftliche Erwägungen Vorrang haben sollten, blieb damit offen – ein Konflikt, der die britische EWS-Debatte der 1980er Jahre durchzog.

So nachdrücklich wie Schmidt drängten nicht alle EG-Gesprächspartner zum WKM-Beitritt. Während der deutsche Außenminister Schmidts Haltung teilte, zeigte sich die deutsche Arbeitsebene unterhalb von Bundeskanzler und Ministeramt zurückhaltender und signalisierte keinen starken Wunsch nach einem britischen Beitritt.[153] Auch der französische Präsident drängte nicht auf rasches Handeln, sondern eine sukzessive Vorbereitung der Mitgliedschaft.[154] Das verdeutlicht die Bedenken unter einigen EWS-Mitgliedern, dass sich eine Integration des Pfunds negativ auf die Stabilität des Systems auswirken könnte. Insbesondere die enge Bindung an Dollar und Ölpreis sorgten für Bedenken.[155] Damit blieb die Wirkung des Fernbleibens ambivalent: Es erleichterte die Stabilisierung des EWS, erschwerte zugleich aber die Vertretung britischer Interessen in der Gemeinschaft.

Nachdem im Oktober 1979 und März 1980 der WKM-Beitritt mit Verweis auf den Vorrang der Geldmengenbindung abgelehnt worden war,[156] rückte 1981 die europapolitische Dimension erneut in den Fokus. Bei Gründung des EWS war vereinbart worden, bis März 1981 in eine zweite Stufe mit einem Europäischen Währungsfonds einzutreten. Angesichts der wirtschaftlich angespannten Lage war diese Frist auf dem Europäischen Rat in Luxemburg im Dezember 1980 verschoben worden: Nach den Wahlen in Deutschland (Oktober 1980) und Frankreich (Mai 1981) wurde die Frage erneut aufgegriffen, wodurch Großbritannien zu einer Positionierung gedrängt wurde. Paradoxerweise führten die Fehlschläge der Geldmengenpolitik aber nicht zu einer Stärkung der europapolitischen Argumente, ganz im Gegenteil: Nun müsse umso entschlossener an dem Kurs festgehalten werden, argumentierten Thatcher und das Schatzamt. Ein politisch motivierter Kurswechsel sei nur gesichtswahrend, wenn ihm wirtschaftliche Erfolge vorausgingen; andernfalls unterminiere er die Marktglaubwürdigkeit.[157] Dieser Schwebezustand – Zusicherung des EG-Bekenntnis bei anhaltender Verweigerung des WKM-Beitritts – könne aber nicht unbegrenzt fortgesetzt werden, gab Bank of England-Governor Richardson zu bedenken: „the very much wider issue [is] how long we can continue to be wholeheartedly committed to membership of the European Community while at the same time standing aside from its major monetary achieve-

153 Oliver Wright an FCO, 28.2.1980, TNA, PREM 19/743.

154 Protokoll eines Gesprächs zwischen Margaret Thatcher und Valéry Giscard d'Estaing, 5.6.1979, TNA, PREM 19/41.

155 Reginald Hibbert an FCO, 29.2.1980, BoE 8A213/2.

156 Protokoll eines Treffens von Margaret Thatcher, Geoffrey Howe, Peter Carrington, John Nott und Gordon Richardson, 17.10.1979, TNA, T 639/128; Tim Lankester, Protokoll eines EWS-Seminars der Premierministerin, 19.3.1980, TNA, PREM 19/743.

157 Protokoll eines Gesprächs zwischen Margaret Thatcher und Helmut Schmidt, 28.3.1980, TNA, PREM 19/743.

ment."[158] Das Fernbleiben gefährdete zunehmend das Selbstverständnis und die Selbstrepräsentation Großbritanniens als engagiertes Mitglied der Gemeinschaft.

Mit dem Regierungswechsel in Bonn im Oktober 1982 änderte sich der politische Kontext spürbar. Helmut Schmidt, der das Thema zu seiner persönlichen Priorität gemacht hatte, wurde durch ein konstruktives Misstrauensvotum abgelöst; sein Nachfolger Helmut Kohl stand einer möglichen britischen WKM-Mitgliedschaft zwar positiv, aber weit weniger engagiert gegenüber. Damit entfiel der wichtigste externe Motor, auf den sich die Befürworter im Foreign Office bislang stützen konnten.[159] Auch das persönliche Verhältnis zwischen Thatcher und Kohl blieb gespannt: Trotz gemeinsamer Positionen in Sicherheitsfragen und transatlantischer Politik unterschieden sich ihre Auffassungen zur europäischen Integration erheblich.[160] Die Aussicht auf eine enge geldpolitische Abstimmung mit der Bundesrepublik – eine notwendige Voraussetzung für den Beitritt – wurde dadurch zusätzlich erschwert.

Trotz der neuen Umstände versuchte das Foreign Office, die Debatte am Leben zu halten. Nach dem Rücktritt von Außenminister Carrington übernahm Francis Pym das Amt, gefolgt 1983 von Geoffrey Howe. Beide hielten zwar an einer grundsätzlich kooperativen Europapolitik fest, sahen jedoch keinen politischen Spielraum für neue WKM-Initiativen. Thatcher hatte bereits im Juli 1982 klargemacht, „she was loath to consider this again".[161] Pym schloss daraufhin eine weitere Initiative mit dem Kommentar aus: „Don't let us flog a sleeping horse!"[162] Einer erneuten Initiative, angesichts des sinkenden Pfundkurses die Beitrittsfrage wieder auf die Agenda zu setzen, räumte Foreign-Office-Ökonom Simon Broadbent Anfang 1983 aufgrund des fortgesetzten Widerstands aus dem Schatzamt wenig Chancen ein.[163]

Kurz vor Schmidts Abgang hatte Broadbent festgestellt, das politische Argument des Foreign Office für den WKM-Beitritt hänge wesentlich davon ab, „how much ice our joining is likely to cut with Chancellor Schmidt".[164] Nach dessen Rücktritt bemerkte sein Kollege de Fonblaque trocken, die britische Mitgliedschaft sei für Schmidt ein „hobby horse" gewesen; von Kohl sei kein vergleichbares Engagement zu erwarten.[165] David Hannay im Europareferat stellte fest, dass

158 Gordon Richardson an Geoffrey Howe, 13.11.1981, TNA, T 448/152.

159 Otto von der Gablentz, Vermerk über ein Gespräch des Bundeskanzlers Helmut Schmidt mit dem britischen Botschafter Jock Taylor, 14. Juli 1982, AAPD 1982, Dok. 211, S. 1111–1118, hier S. 1115 f. Vgl. die handschriftlichen Anmerkungen auf dem Telegramm von Jock Taylor an FCO, 22.7.1982, TNA, FCO 30/5165; David Hannay, Vermerk über ein Gespräch mit Vertretern aus Schatzamt und Industrieministerium, 1.2.1983, TNA, FCO 30/5533.

160 Geppert, Beziehungsprobleme.

161 Protokoll eines Gesprächs zwischen Margaret Thatcher, Francis Pym und Jock Taylor, 28.7.1982, TNA, PREM 19/1244.

162 Private Secretary an Francis Pym, 5.10.1982, TNA, FCO 30/5165.

163 Simon Broadbent an Brian Fall, 12.1.1983, TNA, FCO 30/5533.

164 Simon Broadbent an Nicholas Spreckley, 18.8.1982, TNA, FCO 30/5165.

die distanziertere Haltung Bonns die FCO-Position gegenüber dem Schatzamt merklich schwächte.[166] Gleichzeitig bestand innerhalb des Foreign Office das Bemühen, politische und wirtschaftliche Argumente enger miteinander zu verbinden. Michael Palliser, Leiter des diplomatischen Dienstes, und Michael Butler, Deputy Under-Secretary of State (European Affairs), hatten bereits 1979 auf den WKM-Beitritt gedrängt. Sie befürchteten, die fortgesetzte Selbstisolierung werde die außenpolitische Handlungsfähigkeit der Regierung untergraben. Butler warnte, „the impact on our foreign policy of our failure to have an exchange rate policy will [...] be grave". Palliser stimmte zu, betonte jedoch, dass EWS und Wechselkurspolitik nicht gleichzusetzen seien.[167] Beide hielten die Einschätzungen des Schatzamts für voreingenommen und zu eng auf monetaristische Kriterien verengt.[168]

Die Bank of England begann, ihre Position zu überdenken. Ein interner Review im September 1983 führte zu einem etwas günstigeren Urteil über die Chancen einer WKM-Mitgliedschaft, doch wurde die praktische Umsetzbarkeit weniger günstig eingeschätzt. In einer Sitzung unter Leitung des Deputy Governor kam man überein, dass auf absehbare Zeit keine realistische Aussicht bestehe, einen Vorschlag für den WKM-Beitritt weiterzuverfolgen.[169]

Ende 1983 griff schließlich die Europäische Kommission das Thema wieder auf. Der für Wirtschafts- und Währungsfragen zuständige Kommissar François-Xavier Ortoli kündigte an, die Frage der britischen Vollmitgliedschaft 1985 erneut aufzugreifen – als Teil einer breiteren Strategie zur Stärkung des EWS.[170] Seine Initiative fiel mit wachsender Unruhe über Thatchers Äußerungen beim Commonwealth Heads of Government Meeting (CHOGM) in Neu-Delhi zusammen, wo sie die Tragfähigkeit fester Wechselkursbindungen grundsätzlich in Zweifel gezogen hatte.[171] Britische Vertreter beeilten sich klarzustellen, die Bemerkungen hätten sich nicht gegen das EWS gerichtet, sondern gegen Versuche, die Wechselkurse international gegen die Marktkräfte zu fixieren.[172] Gleichwohl verdeutlichte der Vorfall, wie stark die EWS-Frage auch symbolisch aufgeladen war: Selbst beiläufige Äußerungen konnten als politisches Signal interpretiert werden.

Obwohl Ortoli seine Initiative letztlich nicht weiterverfolgte, erhöhte sie den Erwartungsdruck auf London, die eigene Position zu klären. Ortoli und sein Di-

165 John de Fonblanque an Andrew Marley Wood, 21.9.1982, TNA, FCO 30/5165.

166 David Hannay, Vermerk über ein Gespräch mit Vertretern aus Schatzamt sowie Industrieministerium, 1.2.1983, TNA, FCO 30/5533.

167 Michael Butler an Michael Palliser, 24.7.1979, TNA, FCO 30/4159.

168 Michael Butler an Michael Palliser, 7.9.1979, TNA, FCO 30/4159.

169 Corinna Balfour an J. E. W. Kirby, 23.9.1983, BoE 8A213/5.

170 Richard Butt an David Peretz, 28.11.1983, TNA, T 448/152.

171 Margaret Thatcher, Eröffnungsrede beim Commonwealth Heads of Government Meeting in Neu-Delhi, 23.11.1983, MTF, https://www.margaretthatcher.org/document/105477 (30.9.2025).

172 Richard Butt an David Peretz, 28.11.1983, TNA, T 448/152.

rektor für Währungsfragen, Jean-Paul Mingasson, betonten gegenüber dem Schatzamt, eine britische Teilnahme sei Voraussetzung für eine gemeinsame Dollarpolitik und ein wichtiges Signal an weitere Beitrittskandidaten. Der Europaexperte des Schatzamts, Geoffrey Fitchew, verwies dagegen auf politische Folgewirkungen: Ein Beitritt würde eine deutsch-britische „Dyarchie“ schaffen, die Frankreich kaum akzeptieren könne.[173] Fitchew rechnete ohnehin nicht mit starkem Druck aus Brüssel; die Bundesregierung hatte bereits im Vorjahr eine intensivere private ECU-Nutzung blockiert, um die Geldmengenkontrolle nicht zu gefährden – ähnliche Vorbehalte erwartete er auch künftig.[174] Während das Schatzamt intern weiterhin ökonomische Argumente priorisierte, setzte es politische Einwände gezielt ein, um der ökonomisch motivierten Ablehnung Akzeptanz zu verschaffen. Anfang 1984 erwog man, in der Haushaltserklärung die Haltung zum EWS zu präzisieren: das Beitrittsprinzip zu bekräftigen, einen baldigen Schritt jedoch auszuschließen.[175] Der Plan wurde verworfen – eine öffentliche Erklärung hätte die Aufmerksamkeit nur zusätzlich auf das heikle Thema gelenkt.

Mit der Einigung über den britischen Haushaltsbeitrag auf dem Europäischen Rat in Fontainebleau im Juni 1984 verschob sich der Kontext erneut. Die Beseitigung dieses zentralen Streitpunkts eröffnete Spielraum für eine aktivere Europapolitik. Thatcher nutzte die Gelegenheit, um mit dem Papier *Europe – The Future*[176] auf dem Gipfel eine eigene Vision für die künftige Entwicklung der Gemeinschaft zu formulieren.[177] Das Dokument betonte Handelsliberalisierung und außenpolitische Kooperation und diente als Grundlage für die britische Beteiligung am Dooge-Komitee, das institutionelle Reformvorschläge zur Gestaltung der europäischen Einigung erarbeiten sollte.[178]

Allerdings kritisierte der konservative Abgeordnete David Howell im Unterhaus scharf, dass das Papier die WKM-Mitgliedschaft nicht einmal erwähnte[179] – ein Hinweis darauf, wie sehr das Thema als Prüfstein für die britische Europapolitik galt. Die politischen Argumente für eine Teilnahme wurden dennoch inzwischen vorsichtig positiv bewertet. Zwar war zu erwarten, dass ein Beitritt die Beziehungen zu den Partnern verbessern und künftige Zugeständnisse erleichtern würde; innenpolitisch blieb das Risiko jedoch erheblich. William Ryrie, von der Overseas Development Administration (dem Foreign Office zugeordnet) und zu-

173 Geoffrey Fitchew an Geoffrey Littler und Geoffrey Howe, Protokoll eines Gesprächs von Geoffrey Fitchew und Geoffrey Littler mit Massimo Russo und Jean-Paul Mingasson am 24.1.1983, erstellt am 27.1.1983, TNA, T 448/152.

174 Ebd.

175 David Peretz an Geoffrey Fitchew, 1.12.1983, TNA, T 448/152.

176 HM Government (Hrsg.), Europe – the Future, 25.6.1984, abgeheftet in TNA, PREM 19/1229.

177 Patrick Fairweather an Robin Renwick und Crispin Tickell, 18.7.1984, TNA, FCO 30/5912.

178 Wall, Tiger Unleashed, S. 294.

179 Hansard HC Deb. Vol. 63, Cols. 923 f., 10.7.1984, https://hansard.parliament.uk/commons/1984-07-10/debates/483d6378-2b0e-4667-9367-5e8d076f8218/EuropeanCommunityAffairs#923 (30.9.2025).

vor civil servant im Schatzamt, stellte fest: „the political arguments within the community are in favour of participation; but [...] domestic political arguments are against."[180] Auch Julian Bullard, Deputy Under-Secretary of State im Foreign Office mit Zuständigkeit für Europa, warnte davor, die politischen Vorteile zu überschätzen.[181] Ein Beitritt könne das EWS destabilisieren oder im Falle wirtschaftlicher Probleme, wenn restriktive Maßnahmen zur Erreichung des Ziel-Pfundkurses notwendig wären, die EG-Mitgliedschaft diskreditieren.[182] Im Schatzamt wurden diese Bedenken aufgegriffen. Die Chancen auf eine Verbesserung der Verhandlungsposition sowohl auf EG- als auch auf internationaler Ebene hielt man für gering, umgekehrt könne eine unpopuläre Stabilitätspolitik unter „EG-Label" die innenpolitische Akzeptanz weiter schwächen.[183] Damit zeigte sich erneut, wie eng politische Deutungen und wirtschaftliche Durchsetzbarkeit miteinander verknüpft waren.

Im Foreign Office überwogen Mitte 1984 zwei politische Argumente für einen Beitritt. Erstens gewannen die Bemühungen der EG-Partner an Gewicht, angesichts der Dollarpolitik einen koordinierten Ansatz zu entwickeln; zweitens suchte die Gemeinschaft nach neuen Integrationsimpulsen, wie die „Feierliche Erklärung von Stuttgart" vom 19. Juni 1983 gezeigt hatte. Unter diesen Bedingungen erschien es wichtig, britischen Einfluss sichtbar zu machen und gegenüber neuen Initiativen nicht ablehnend zu wirken. Patrick Fairweather, Leiter der Europaabteilung, fasste zusammen: „We do not suggest that a decision to join the ERM could be based on purely political considerations of this kind but it remains true that joining the ERM would be one of the most attractive single gestures we could make".[184]

Auch im Europäischen Parlament und in der Kommission nahm der Druck zu.[185] Gleichwohl stand für das Schatzamt weiterhin die Vereinbarkeit des Systems mit der Geldmengenstrategie im Vordergrund. Peter Middleton räumte ein, dass nach der Lösung des Haushaltsstreits viele europäische Hindernisse beseitigt seien, betonte jedoch, das Land könne die ‚unreife Zeit' nicht endlos vorschieben.[186] Peter Rees, seit 1983 Chief Secretary im Schatzamt, argumentierte positi-

180 William Ryrie an Crispin Tickell, 27.2.1984, TNA, FCO 30/5911.

181 Michael Jay an Crispin Tickell, 27.2.1984, Bericht über ein Treffen der Abteilungsleiter im FCO am 24.1.1984, TNA, FCO 30/5911.

182 FCO, Memorandum zum EWS, Februar 1984, TNA, FCO 30/5911.

183 Schatzamt, Memorandum zum Verlauf der Diskussion um den WKM-Beitritt, o. D. (Februar 1985), TNA, PREM 19/2162.

184 Patrick Fairweather an Robin Renwick und Crispin Tickell, 3.5.1984, TNA, FCO 30/5911.

185 David Stoddart an FCO, 9.10.1984, TNA, FCO 30/5912.

186 Peter Middleton an Nigel Lawson, 9.10.1984, TNA, T 448/152.

ver: Ein Beitritt wäre „an important and positive new step in consolidating both our economic policies and our position in Europe."[187]

Das sogenannte Dooge-Komitee, das unter Leitung des ehemaligen irischen Außenministers James Dooge Vorschläge zur institutionellen Reform der EG erarbeitete, regte neue Grundsatzdiskussionen über die Rolle des EWS an. Damit geriet die britische Haltung zur Währungsintegration in die Defensive. Außenminister Howe verwies in den Beratungen darauf, dass Großbritannien mit seiner heimischen Stabilitätspolitik ohnehin zur wirtschaftlichen Konvergenz beitrage und eine stärkere Verwendung des ECU unterstütze; eine Vollmitgliedschaft sei daher nicht erforderlich, um konstruktives Engagement zu zeigen.[188] Mit dieser Argumentation konnte Howe zwar die britische Sonderposition rechtfertigen, nicht jedoch die wachsende Skepsis der Partner zerstreuen, die das Fernbleiben zunehmend als Ausdruck unzureichenden europäischen Engagements deuteten.

Bis Ende 1984 verdichtete sich die Debatte über die künftige Ausrichtung des EWS. Einerseits bot eine Vollmitgliedschaft die Aussicht auf größeren politischen Einfluss und die Möglichkeit, die Gemeinschaft im britischen Sinne zu prägen; andererseits fürchtete man einen Verlust geldpolitischer Glaubwürdigkeit, sollte das Pfund unter Druck geraten. Zudem drohten die notwendigen Stabilitätsmaßnahmen die ohnehin fragile Akzeptanz der EG in der Öffentlichkeit weiter zu schwächen. Das Centre for Policy Studies brachte den Konflikt auf den Punkt: „There is a fundamental choice to be made between standing alone or acting in concert in such a sensitive area of national sovereignty."[189]

Der Begriff der Souveränität spielte in den ministerialen Debatten dieser Jahre jedoch noch eine untergeordnete Rolle; er wurde eher implizit über Fragen strategischer Handlungsfähigkeit verhandelt. Zugleich deuteten Initiativen in der EG immer wieder auf die weiterreichenden strategischen Implikationen der europäischen Währungspolitik hin. Der französische Finanzminister Jacques Delors regte beim informellen ECOFIN-Treffen, dem Rat der Wirtschafts- und Finanzminister der EG, im Mai 1984 eine Weiterentwicklung des WKM-Interventionsmechanismus und eine stärkere Rolle des ECU an. Der ehemalige Bundeskanzler Helmut Schmidt plädierte inzwischen publizistisch in der *Zeit* für eine institutionelle Fortentwicklung des EWS und den Ausbau der ECU-Nutzung, um ein stabiles europäisches Währungsgebiet zu schaffen.[190] Bundesfinanzminister Gerhard Stoltenberg reagierte im Bundestag, indem er statt einer ECU-Stärkung die Priorität auf wirtschaftliche Konvergenz legte und auf eine britische Vollteilnahme dräng-

187 Peter Rees an Nigel Lawson, 28.11.1984, TNA, T 448/152.

188 Geoffrey Howe an Nigel Lawson, 28.12.1984, TNA, T 448/152.

189 James Rollo an Private Secretary, 13.9.1984, Memorandum von Ken Warwick, Recent Arguments Supporting UK Participation in the Exchange Rate Mechanism, TNA, FCO 30/5912.

190 Helmut Schmidt, Europa braucht Fortschritte, Die Zeit, 9.11.1984, abgeheftet in TNA, FCO 30/5912.

te, um den Ausbau des Systems voranzubringen.[191] Zugleich wurden neben dem britischen Fernbleiben auch weitere Sonderregeln – die sechsprozentigen Interventionsbänder für Italien sowie die Spaltung des belgischen Devisenmarkts in einen reglementierten und einen nicht reglementierten, interventionsfreien Bereich – als problematisch kritisiert. Bundesbankpräsident Karl Otto Pöhl nannte sie „Misstrauensvoten" gegen die Glaubwürdigkeit des EWS.[192] Für London machten diese Debatten deutlich, dass andere Regierungen das britische Fernbleiben zunehmend als Hindernis für weitergehende Reformen betrachteten – einige nutzten die britische Abwesenheit aber auch als Vorwand, um unerwünschte institutionelle Weiterentwicklungen aufzuschieben.

Der Zwischenbericht des Dooge-Komitees Ende November, der Anfang Dezember 1984 auf dem Europäischen Rat in Dublin diskutiert wurde, fiel aus britischer Sicht ambivalent aus. Während die Vorschläge zum Ausbau des Gemeinsamen Markts begrüßt wurden, begegnete man den Plänen zur institutionellen Vertiefung der EG mit Zurückhaltung. Das Komitee empfahl unter anderem den Beitritt aller Mitgliedstaaten zum WKM.[193] Auch der in Dublin vorgestellte Kommissionsbericht über die wirtschaftliche und soziale Lage identifizierte die britische Vollmitgliedschaft als einen Prüfstein für künftige Integration. Das Treffen verlief für London dennoch zufriedenstellend. Die von deutscher Seite angeregten institutionellen Erweiterungen wurden nicht prioritär behandelt, und die Schlussfolgerungen betonten vor allem die stärkere Nutzung des ECU und die Festigung des EWS.[194] Gleichwohl machten die weiteren Beratungen im Dooge-Komitee deutlich, dass die Frage britischer Beteiligung auf der europäischen Agenda blieb.

Die Ereignisse der Jahre 1984 und 1985 markierten damit eine Übergangsphase: Das Pfund blieb ein Symbol für britische Eigenständigkeit, zugleich aber ein Gradmesser für die Glaubwürdigkeit europäischer Integration. Das wirtschaftspolitisch motivierte Fernbleiben vom WKM war zu einem politischen Signal geworden – eines, das sowohl in London als auch in den europäischen Hauptstädten unterschiedlich gedeutet wurde. Damit war die Bühne bereitet für die 1985 erneut heftig aufflammenden Debatten innerhalb der britischen Regierung.

---

191 Julian Bullard an FCO, 4.12.1984, TNA, FCO 30/5913.

192 Julian Bullard an FCO, 11.12.1984, TNA, FCO 30/5913.

193 Dooge-Komitee, Zwischenbericht an den Europäischen Rat in Dublin, 3./4.12.1984, CVCE, https://www.cvce.eu/en/obj/interim_report_forwarded_to_the_dublin_european_council_3_and_4_december_1984-en-ab83868c-676d-483c-b221-6df7b63b31a2.html (30.9.2025).

194 Wall, Tiger Unleashed, S. 300 f.

4 Wer managt das Pfund? Zuständigkeiten und Entscheidungslogik in der britischen EWS-Politik

Die Politiksatiren *Yes Minister* und *Yes Prime Minister* gehörten zu den beliebtesten Sendungen im britischen Fernsehen – und auch Margaret Thatcher zeigte bei den National Viewers and Listeners' Association Awards 1984 Humor, als sie in einem Sketch selbst auftrat. Die Serien prägten überdies das Bild der britischen Verwaltung: Der fiktive *senior civil servant* Humphrey Appleby wurde zum Sinnbild eines *civil service*, der seine Interessen gegenüber gewählten Politikern zu behaupten wusste.[195] Auch in wissenschaftlichen Darstellungen dient diese Figur häufig als pointierte Illustration der Machtbalance zwischen Regierung und Verwaltung. Stephen Wall, selbst *civil servant* und später offizieller Historiker der britischen Europapolitik,[196] betont jedoch, dass politische Entscheidungsprozesse weder von machthungrigen *civil servants* à la Appleby gesteuert noch Ausdruck rationaler, linearer Logik seien. Tatsächlich entstünden sie im Zusammenspiel historischer Deutungen, persönlicher und parteipolitischer Interessen, öffentlichen Drucks, Zufalls und strategischer Überlegung.[197]

Das gilt auch für die britische EWS-Debatte: Jenseits formeller Zuständigkeiten[198] wirkten institutionelle Routinen, individuelle Überzeugungen und konkurrierende Deutungen eng zusammen. Mit einer EWS-Vollmitgliedschaft verbanden sich höchst unterschiedliche Zielsetzungen – von der Stabilisierung der Geldpolitik über ein europapolitisches Bekenntnis bis hin zu parteitaktischen Kalkülen. Diese Vielschichtigkeit erschwerte nicht nur die interministeriellen Verhandlungen über den Beitritt, sondern auch die Kommunikation der für eine Wechselkursstabilisierung notwendigen Maßnahmen.

Die britische Europapolitik war dezentral organisiert. Die Fachressorts verantworteten die jeweiligen Bereiche, während das European Secretariat im Cabinet Office als Koordinationsstelle fungierte.[199] Seine neun *civil servants*, aus anderen Ministerien abgeordnet, berieten die Premierministerin und bereiteten Entscheidungen in den Ausschüssen des European Defence and Overseas Policy Committee ((E)DOP) oder – bei Grundsatzfragen – im Defence and Overseas Policy Committee (DOP) vor.[200] Das Europäische Währungssystem betraf zugleich mehrere Zuständigkeitsbereiche: geldpolitisch das Schatzamt, europapolitisch das Foreign Office; bei Agrar- oder Handelsfragen waren weitere Ministerien beteiligt.

195 Granville, Downing Street's Favourite Soap Opera; Peirano, Représentation.
196 Wall, Stranger in Europe; ders., Rejection; ders., Tiger Unleashed.
197 Ders., Stranger in Europe, S. 185.
198 Zu den Zuständigkeiten vgl. Dunleavy und Rhodes, Core Executive, S. 4; Rhodes, Introducing the Core Executive; Bujard, British Prime Minister; Smith, Core Executive, S. 2.
199 John Hunt an Margaret Thatcher, Eingangsbriefing zur Europapolitik, 4.5.1979, TNA, PREM 19/53.
200 Pickering, Sir Douglas in Euroland, S. 591; Bujard, British Prime Minister, S. 44.

Diese Struktur nutzte die Fachkompetenz der Abteilungen, verlangte aber einen reibungslosen Informationsfluss – gerade hier zeigte sich das Schatzamt zurückhaltend, besonders bei marktsensiblen Wechselkursfragen.[201] Für die Forschung eröffnet diese Dezentralität eine breite Überlieferung: Viele zentrale Dokumente finden sich parallel in den Akten von Schatzamt, Foreign Office, Prime Minister's Office und Bank of England – und machen Informationssteuerung und politische Gewichtungen sichtbar.

Trotz der formellen Zuständigkeit des Cabinet Office für die EG-Politik hatte schon James Callaghan stärker auf das Schatzamt und ad hoc nach eigenem Ermessen zusammengestellte Komitees gesetzt.[202] In der EWS-Ministerialgruppe GEN 136 blieben profilierte EG-Gegner oder -Befürworter gleichermaßen außen vor, um Grundsatzdebatten zu vermeiden. Thatcher führte das nach dem Regierungswechsel 1979 fort. Cabinet Secretary John Hunt gelang es, sich als Organisator und Vermittler bei Kompetenzkonflikten zwischen den Ministerien zu positionieren, doch nach seinem Ausscheiden 1982 verlagerte Thatcher die Konsultation zunehmend auf bilaterale Konsultationen und ad hoc-Seminare.[203] Ab 1982 wurden die EWS-Seminare von Thatchers Private Secretaries organisiert. Mit dem Sieg im Falkland-Krieg[204] und dem Wahlsieg 1983[205] festigte sie ihre Position und richtete das Kabinett nach eigenen Vorstellungen aus.[206] Kollektive Entscheidungsforen wichen persönlicher Steuerung.

Auch personell verschob sich das Machtzentrum. Die Arbeit der Premierministerin wurde von ihrem Privatbüro koordiniert,[207] dessen Private Secretaries for Economic Affairs aus dem Schatzamt stammten – meist ausgebildete Ökonomen wie Tim Lankester, Andrew Turnbull oder Paul Gray, nur Michael Scholar hatte Philosophie studiert. Sie befassten sich vornehmlich mit dem EWS. Für Fragen zur EG-Politik standen Thatcher die vom Foreign Office entsandten Secretaries für außenpolitische Fragen zur Seite, Diplomaten wie Michael Alexander, John Coles und ab 1983 Charles Powell.[208] Dank seines engen Vertrauensverhältnisses zur Premierministerin blieb der ausgebildete Historiker Powell mit sechs Jahren außergewöhnlich lange im Amt.[209] Er wurde – anders als seine Vorgänger – zu-

---

201 Bulmer und Burch, Europeanisation of Whitehall.

202 Franklin, Could and Should Britain, S. 761.

203 Robert Armstrong an Margaret Thatcher, 5.1.1982, TNA, PREM 19/743.

204 Franklin und Freedman, Falklands; Ludlow, Solidarity, Sanctions and Misunderstanding.

205 Schek und Wendler, Unterrichtung über die Unterhauswahlen, 10.6.1983, BArch, B 136/29829.

206 Wall, Stranger in Europe, S. 196.

207 Zum Prime Minister's Office unter James Callaghan und Margaret Thatcher vgl. Bujard, British Prime Minister, S. 87–98. Zu den Private Secretaries vgl. Holt und Dockter (Hrsg.), Private Secretaries. Für die Diskussionen um die Rolle und Entwicklung des *civil service* vgl. Lowe, Civil Service; Lowe und Pemberton, Civil Service.

208 Zu den Aufgabenbereichen vgl. Donaghy, Margaret Thatcher's Private Secretaries.

209 Charles Powell, Interview mit Liz Cox, 18.7.2000, BDOHP, https://oa.churchillarchives.libnova.com/view/1733 (30.9.2025); Renwick, Journey, S. 240.

nehmend auch mit der Korrespondenz zur europäischen Währungskooperation betraut, insbesondere mit der Perspektive der Wirtschafts- und Währungsunion ab 1988. Sie machte eine strategische Beschäftigung mit der europäischen Integration unumgänglich und verwischte die organisatorische Trennung zwischen ökonomischer und außenpolitischer Beratung zunehmend.

Führendes Ministerium für die Geld- und Währungspolitik war das Schatzamt selbst. Die Kontrolle über die öffentlichen Ausgaben verlieh ihm strukturelle Macht – „the despotic authority which economic stringency confers on those who hold the purse", wie Roseveare schrieb.[210] Die EWS-Frage bot dem Ministerium zugleich ein neues Feld europapolitischer Einflussnahme und verschärfte die Konkurrenz mit dem Foreign Office.[211] Personelle Wechsel begünstigten den Kurswechsel hin zu Schatzkanzler Lawsons WKM-Beitrittsforderung, die sich 1985 vollzog: Mit Peter Middleton, Geoffrey Littler und Terence Burns trat eine jüngere Generation von speziell wirtschaftswissenschaftlich ausgebildeten Spezialisten an.[212] Sie trugen Lawsons Kurswechsel und seine spätere *shadowing*-Politik selbst bei anfänglichen persönlichen Zweifeln loyal mit, was die Dominanz des Schatzamts in der EWS-Frage festigte. Der Kurs entsprang einer pragmatischen Nutzenabwägung aufgrund der faktisch gewachsenen Bedeutung des Wechselkurses in der Geldpolitik – das EWS wurde explizit nicht als europapolitisches Symbol, sondern geldpolitisches Instrument betrachtet.

Dass der Wechselkurs zunehmend Zinsentscheidungen beeinflusste, führte 1986 zu einer organisatorischen Neuordnung im Schatzamt (vgl. Abb. 2.2): Die bis dahin getrennten Zuständigkeiten für nationale und internationale Finanzen wurden aufgehoben und unter Geoffrey Littlers Leitung im neuen Bereich Financial Sector zusammengeführt. Damit wurde der große Einfluss, den Wechselkursbewegungen auf die Zinssetzung hatten, auch institutionell anerkannt und der Wechselkurs in der Geldpolitik faktisch aufgewertet.[213] Während Thatcher öffentlich eine Formalisierung der wachsenden Rolle des Pfundkurses ablehnte, räumte das Schatzamt ihm institutionell größere Bedeutung ein – was trotz aller Bemühungen um Diskretion nicht unbemerkt blieb.[214] So kommentierte der *Guardian* die Neuordnung folgendermaßen: „We are virtually back on an exchange rate standard, rather than a money supply standard."[215]

---

210 Roseveare, Treasury, S. 343.

211 George, Awkward Partner, S. 12 f.; Pickering, Sir Douglas in Euroland, S. 591.

212 Raineau, Treasury Officials.

213 Für die institutionelle Entwicklung des Schatzamts Smith, Policy-Making in the Treasury, S. 35–37. Zur Europäisierung der Organisationsstruktur Bulmer und Burch, Europeanisation of Whitehall, Kap. 6. Sie beschreiben die internen Veränderungen im Schatzamt als „complex and not especially transparent".

214 Peter Middleton an Geoffrey Howe, 24.6.1986, CCA, SOC/Lawson/1/1986.

215 Hamish McRae, Financial Notebook. Now the Treasury Has Extended Its Own Feelers in to the Financial Market-Place / Government Reacts to Forthcoming Financial Services Revolution, The Guardian, 24.7.1986.

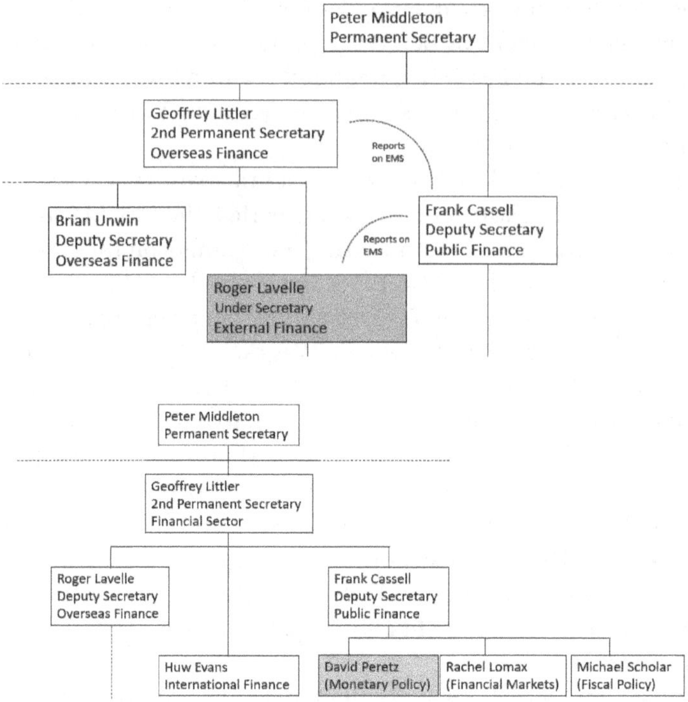

ABBILDUNG 2.2 Organisation des Bereiches ausländischer Finanzen im Schatzamt, 1983 und 1986[216]

Auch das Foreign Office beanspruchte Einfluss, da das EWS langfristige Folgen für die EG-Strategie hatte. Es organisierte die Ständige Vertretung in Brüssel und pflegte die diplomatischen Kontakte, verlor aber gegenüber dem Schatzamt an Gewicht. Thatcher begegnete dem Ministerium mit Misstrauen: Sie hielt es für zu europafreundlich und zu wenig auf nationale Interessen bedacht. „In her book", brachte es John Kerr, langjähriger *civil servant* im Schatzamt und im Foreign Office und später britischer EU-Botschafter, auf den Punkt, „the Treasury was pretty good, and the Foreign Office pretty bad."[217] Dass dem FCO bis 1983 mit Peter Carrington und Francis Pym Vertreter des Thatcher-kritischen Parteiflügels vorstanden, erleichterte den Stand des Ministeriums nicht,[218] zumal das Schatzamt mit Howe und ab 1983 Lawson von zwei engen Vertrauten Thatchers geführt

216 Eigene Darstellung auf Grundlage zeitgenössischer Quellen. Nach Schatzamt, Organigramm, Dezember 1983, TNA, PREM 19/1253; Rachel Lomax an Nigel Lawson, 13.6.1986, CCA, SOC/Lawson/1/1986.

217 John Kerr, Interview mit Malcolm McBain, 6.1.2004, BDOHP, https://oa.churchillarchives.libnova.com/view/1613 (30.9.2025).

218 Ranelagh, Thatcher's People, S. 156 f.

wurde. Thatcher sah ihre Vorbehalte bestätigt, als Geoffrey Howe nach seinem Wechsel vom Schatzamt ins Foreign Office 1983 den EWS-Vollbeitritt offen befürwortete. Sie deutete seine veränderte Haltung als Anpassung an die Sichtweise seines neuen Ministeriums – ‚*gone native*', lautete die verbreitete, etwas abschätzige Phrase für eine Anpassung an ein neues Amt. Mit dieser Einschätzung stand sie nicht allein: Der deutsche Botschafter Rüdiger Freiherr von Wechmar meldete, Howe sei erst nach seinem Weggang aus dem Schatzamt vom „Saulus zum Paulus" geworden.[219] Allerdings hatte Howe schon während seiner Zeit im Schatzamt die langfristigen EG-politischen Implikationen des EWS berücksichtigt – bereits 1981 war im Schatzamt seine größere Offenheit für eine EWS-Vollmitgliedschaft beobachtet worden.[220]

Um seinen Einfluss auf die EWS-Politik zu wahren, suchte das Foreign Office unter Howe den Schulterschluss mit dem Schatzamt.[221] Dafür war eine Meisterung der technischen Feinheiten unerlässlich, wie FCO-Chefökonom Simon Broadbent mahnte: „Economic considerations will inevitably take priority. In maintaining contact, we need to try to exhibit an adequate understanding of the technical issues."[222] Deswegen bemühte sich Howe, eine EWS-Initiative als geldpolitische Maßnahme statt als europapolitisches Signal zu präsentieren.[223] Doch auch nach Lawsons Kurswende von 1985 blieb das Verhältnis der Ressorts ambivalent: Lawson und Howe pflegten zwar gute persönliche Beziehungen, dennoch vermied Lawson angesichts von Thatchers Skepsis gegenüber Foreign-Office-Initiativen in der Europapolitik zunächst eine engere Abstimmung in dieser Frage. Erst die Verhandlungen über die Wirtschafts- und Währungsunion verliehen dem Thema solche Dringlichkeit, dass er seine Vorbehalte überwand und 1989 einen gemeinsamen Vorstoß bei der Premierministerin wagte. Doch auch da blieb es beim bekannten Muster, dass die Argumentation vorrangig auf ökonomische Aspekte abzielen müsse und damit das Schatzamt führend blieb, wie Howe rückblickend nach seiner Amtszeit schrieb: „We had agreed that it would be more persuasive to Number 10 if based, so far as possible, on economic/Treasury-type grounds, rather than generalist FCO-type political grounds."[224] Die Initiative scheiterte an Thatchers Widerstand, versinnbildlichte aber die untrennbare Verbindung von währungs- und integrationspolitischen Fragen. So suchten auch Howes und Lawsons Amtsnachfolger ab 1989 den Schulterschluss, allerdings bewusst informell, um den Eindruck einer gemeinsamen Front gegen die Premier-

---

219 Botschaft London an Auswärtiges Amt, Britische Haltung zur Vollmitgliedschaft im EWS, 26.3.1985, B 202-ZA/130604.

220 Kit McMahon, Vermerk über ein Gespräch mit Douglas Wass über die Haltung des Schatzamts zum EWS, 4.12.1981, BoE 8A213/5.

221 Nicholas Bayne an Nicholas Spreckley, 13.9.1979, TNA, FCO 30/4159.

222 Simon Broadbent, Memorandum zum EWS, 6.1.1984, TNA, FCO 30/5911.

223 Colin Budd an Patrick Fairweather, 17.12.1984, TNA, FCO 30/5913.

224 Geoffrey Howe an Nigel Lawson, 4.8.1992, CCA, SOC/Lawson/4/10.

ministerin zu vermeiden. Dabei ließ der Außenminister dem Schatzkanzler bewusst die inhaltliche Führung.[225]

So zeigt die institutionelle Entwicklung der 1980er-Jahre eine doppelte Bewegung: die Konzentration von Entscheidungsmacht im Schatzamt und im Umfeld der Premierministerin – und zugleich den wachsenden Widerspruch zwischen dem Anspruch, wirtschaftspolitische Entscheidungen als sachlich-technische Fragen darzustellen, und den politischen Auseinandersetzungen, die sie tatsächlich prägten.

Wie das Schatzamt verband auch die Bank of England fachliche Expertise mit institutioneller Autorität. „Patron of the Pound" beschrieb das *Wall Street Journal* 1981 die altehrwürdige Institution in der Threadneedle Street in der City of London. Ihre Stellung beruhte auf einer langen institutionellen Tradition: Die 1694 gegründete Bank war die zweitälteste Zentralbank der Welt und verfügte über eine ungewöhnlich breite Zuständigkeit für Geldmarkt-, Aufsichts- und Währungsfragen.[226] Seit ihrer Verstaatlichung 1946 unterstand sie formal den Weisungen des Schatzamts.[227] Von der Möglichkeit einer öffentlichen Weisung gegen den Willen der Bank machte das Schatzamt jedoch nie Gebrauch, da ein solcher Schritt unweigerlich eine Vertrauenskrise ausgelöst hätte.[228] In der Praxis sicherte der Bank eine Kombination aus Diskretion, Fachwissen und engen Beziehungen zu Regierungs- und Marktakteuren einen hohen Grad an Eigenständigkeit.[229]

Geld- und währungspolitische Entscheidungen wurden vom Schatzamt festgelegt und vom Schatzkanzler verkündet, jedoch in enger Konsultation mit der Bank getroffen. Sie lieferte die notwendigen Informationen, zeigte Optionen auf und war für die operative Umsetzung verantwortlich: für Interventionen am Devisenmarkt, die Liquiditätssteuerung und die Ausgabe von Staatsanleihen. Ein Team der Bank formulierte Empfehlungen für das Schatzamt; Vorsitzender war der Director of Home Finance. Das Führungsgremium der Bank war der Court of Directors. Den Vorsitz im Court führte der Governor, das Gremium legte die Politik der Bank fest, und seine Mitglieder wurden von der Regierung ernannt.[230] Es fanden regelmäßig Konsultationen zwischen Governor und Schatzkanzler statt, die informell abgehalten wurden. Traditionell blieb der Rat der Bank vertraulich;

---

225 Hurd, Memoirs, S. 436.

226 Laura Wallace, Patron of the Pound, The Wall Street Journal, 17.12.1981; James, Making a Modern Central Bank, S. 3. Zur Geschichte der Bank of England vgl. Clapham, Bank of England; Fforde, Bank of England; Capie, Bank of England.

227 Bank of England Act 1946, https://www.legislation.gov.uk/ukpga/Geo6/9-10/27/contents (30.9.2025). Vgl. auch James, Making a Modern Central Bank, S. 8.

228 Ebd., S. 16.

229 Nigel Lawson, Entwurf eines Artikels für Realités, Mai 1963, CCA, SOC/Lawson/1/1963.

230 Die Mitglieder waren der Governor (Robin Leigh-Pemberton 1983–1993), der Deputy Governor (Kit McMahon 1980–1990) und nach ihm Eddie George (1990–1993) sowie vier Executive Directors aus der Bank und zwölf Non-Executive Directors aus Wirtschaft und Wissenschaft.

falls die Positionen abwichen, wurde dies allenfalls verklausuliert in der vierteljährlich erscheinenden Publikation *Quarterly Bulletin* angedeutet.[231]

Eine offizielle Linie der Bank of England zum WKM-Beitritt gab es nicht. Mehrere interne Umfragen unter führenden Mitarbeitern zeigten seit 1978 zwar eine mehrheitliche Zustimmung für einen WKM-Beitritt. Allerdings ergaben sie auch erhebliche Differenzen über den richtigen Zeitpunkt und die Modalitäten, insbesondere den angemessenen Beitrittskurs.[232] Die Geldmarktabteilung urteilte zurückhaltender als die Internationale Abteilung; diese Auffassungsunterschiede spiegelten die Positionen innerhalb der Regierung, mit einem ablehnenden Schatzamt und einem befürwortenden Foreign Office. Dennoch trat Governor Gordon Richardson öffentlich für einen Beitritt ein und begründete dies mit den Vorzügen eines stabilen Pfundkurses für den Handel und EG-politischer Notwendigkeit.[233] Trotz Thatchers Versuchen, ihn von den internen WKM-Beratungen fernzuhalten, ließ sich seine Einbindung nicht vermeiden: Die EWS-Kooperation lief über die Zentralbanken, und ohne ihre technische Expertise waren Reichweite, Kosten und Technik von Kursstützungen kaum zu beurteilen.[234]

Gleichzeitig belasteten inhaltliche Differenzen das Verhältnis zur Regierung. Die Bank of England favorisierte einen pragmatischen, diskretionären „practical monetarism" und kritisierte starre Geldmengenziele.[235] Das schadete der Kommunikation mit Downing Street; die Premierministerin sah darin eine Ursache der geldpolitischen Probleme.[236] Zudem wurde in der Bank of England bezweifelt, dass angesichts zunehmend verflochtener internationaler Währungsmärkte eine vollkommen eigenständige Geldpolitik möglich sei, wie die Marktabteilung 1979 festhielt: „In the extreme, it becomes impossible for the UK to have interest rates different from elsewhere. It follows that it becomes impossible for us to have a monetary policy different from the ‚world average' monetary policy".[237]

Mit Robin Leigh-Pemberton als Governor (ab 1983) verbesserte sich das Verhältnis zur Premierministerin zunächst. Sie hatte sich für seine Ernennung eingesetzt – trotz erheblicher öffentlicher Kritik, dass er als ehemaliger *clearing banker*

231 Bindseil, Monetary Policy Implementation.

232 Kit McMahon an Gordon Richardson, Group on EMS, 28.1.1980, BoE 8A213/2.

233 Gordon Richardson an James Callaghan, 31.10.1978, TNA, PREM 16/1636; Gordon Richardson an Geoffrey Howe, 13.11.1981, TNA, T 448/152.

234 John Townend, Memorandum, The Orientation of Monetary Policy and the Monetary Policy Decision-Making Process in the United Kingdom, November 1990, BoE 10A114/24.

235 John Fforde an Gordon Richardson, The Dilemma of the Liberal Central Banker in XXth Century Britain, 10.4.1981, BoE 10A153/1; Fforde, Setting Monetary Objective; Acosta et al., Six Decades, S. 8.

236 Michael Pattison an Tim Lankester, 3.9.1981, TNA, PREM 19/178.

237 Christopher Dow an Robin Leigh-Pemberton, 17.1.1979, Memorandum, International Implications of UK Monetary Policy, BoE 6A177/1.

nicht die notwendige Zentralbankerfahrung mitbringe.[238] Doch nach anfänglicher Zurückhaltung unterstützte Leigh-Pemberton Lawsons WKM-Beitrittskurs zunehmend, obwohl innerhalb der Bank besonders die Marktabteilung skeptisch blieb. Bank-Chefökonom Christopher Dow verwies darauf, dass Regierung und Bank unterschiedliche Wirkungen eines WKM erwarteten: das Schatzamt suchte ein Instrument zur zusätzlichen Disziplinierung, die Bank hingegen hoffte, ein zusätzliches Wechselkursziel könne die starre Orientierung an Geldmengenzielen aufbrechen und die Geldpolitik flexibilisieren.[239]

Unter Leigh-Pembertons Führung professionalisierte und europäisierte sich die Bank. Er förderte Nachwuchs wie den späteren Governor Eddie George und pflegte die Beziehungen im Ausschuss der EG-Notenbankgouverneure; die regelmäßigen Treffen stärkten das Vertrauen und die Bereitschaft zur europäischen Kooperation.[240] Gleichwohl blieb die öffentliche Banklinie bisweilen uneinheitlich. Leigh-Pembertons Ansprachen verwiesen auf den potenziellen Nutzen einer nominalen Wechselkursstabilität,[241] das *Quarterly Bulletin* hingegen betonte deren begrenzte Erfolge.[242] Lawson sah in dieser ambivalenten Positionierung rückblickend eine Ursache für Verzögerungen beim WKM-Beitritt.[243]

Aus Leigh-Pembertons Sicht war die Abwägung eines WKM-Beitritts keine technische, sondern letztlich eine politische Entscheidung von grundsätzlicher Bedeutung, die Fragen demokratischer Verantwortung berührte und sich nicht allein in Zahlen fassen ließ.[244] Bank of England-Ökonom John Arrowsmith bekräftigte im März 1987: „the decision to be made hinges on practical politics rather than economic arguments."[245] Diese Sicht widersprach allerdings der Regierungsdarstellung, es gehe primär um sachlich-ökonomische Abwägungen. Als Lawson 1985 die Bank eng einband, scheiterte der Beitritt am Veto der Premierministerin;[246] die institutionell dichte Kooperation lebte erst 1990 – unter Major und Leigh-Pemberton – wieder auf.

Die Delors-Arbeiten verschoben den Rahmen. Ab 1988 berieten die Notenbankgouverneure in persönlicher Eigenschaft Wege zur Wirtschafts- und Währungsunion. Das schärfte Spannungen um Status und Mandat der Bank: zwischen for-

---

238 James, Making a Modern Central Bank, S. 131 f.; Capie, Leigh-Pemberton; Samuel Brittan, A Missed Opportunity – and Thus a Blunder, The Financial Times, 6.1.1983.

239 Christopher Dow, Memorandum zur EMS Group, 15.9.1983, BoE 8A213/5.

240 James, Making a Modern Central Bank, S. 131 f.; ders., Making the European Monetary Union, S. 24, S. 266; Verdun, Role.

241 Simon Broadbent, Memorandum, EMS. Further Arguments in Support of UK Participation in the Exchange Rate Mechanism, Oktober 1984, TNA, FCO 30/5912; Anatole Kaletsky, Monetary Policy Must Be Flexible, Says Governor, The Financial Times, 24.7.1984.

242 Bank of England (Hrsg.), Variability of Exchange Rates Measurement.

243 Lawson, View from No. 11, S. 486, S. 494–497.

244 Robin Leigh-Pemberton, Interview mit Radio 4 (BBC), Januar 1985, TNA, T 450/382.

245 John Arrowsmith an Tony Latter, 3.3.1987, BoE 4A39/11.

246 Rachel Lomax an David Norgrove, 2.9.1985, TNA, PREM 19/2162.

maler Weisungsgebundenheit daheim und dem Anspruch fachlicher Unabhängigkeit im europäischen Prozess. Der Delors-Bericht mit seiner Betonung einer unabhängigen Zentralbank machte die politische Dimension vermeintlich technischer Geldpolitik sichtbar – und bereitete die spätere operative Unabhängigkeit der Bank von England (1997) intellektuell vor.[247]

Unter den Bedingungen wachsender europäischer Kooperation verlieh die Bank of England der britischen Währungspolitik Expertise, Instrumente und internationale Anschlussfähigkeit – ohne die politische Letztentscheidung zu besitzen. Gerade im Spannungsfeld zwischen formeller Abhängigkeit und faktischer Eigenständigkeit wurde sichtbar, wie sehr der Anspruch technokratischer Rationalität auf informelle Aushandlung, Deutungshoheit und Politik traf.[248]

Thatcher nutzte die begrenzten Ressourcen ihres Premierministerbüros, um durch persönliche Berater ökonomische Expertise und strategische Steuerungsfähigkeit zu gewinnen. Nach dem Wahlsieg 1983 löste sie den Central *Policy Review* Staff auf und stärkte die Policy Unit als Thinktank.[249] Ihre Leiter – John Redwood (1983–1985) und Brian Griffiths (1985–1990) – vertraten den monetaristischen Deutungsrahmen, auf dem Thatchers Wirtschaftspolitik beruhte. Redwood warnte mit Blick auf das EWS vor deutscher Dominanz und Souveränitätsverlust.[250] Thatchers Interesse an Redwoods Analysen galt jedoch vorrangig den ökonomischen, nicht den politischen Implikationen. Seine Verweise auf die Souveränität blieben daher folgenlos – sie passten nicht in Thatchers Bemühen bis 1988, die EWS-Frage als rein wirtschaftliche Entscheidung zu behandeln. Redwoods Nachfolger Griffiths betonte die theoretischen Grenzen einer Wechselkursbindung und argumentierte, Stabilität lasse sich nur durch glaubwürdige nationale Geldpolitik erreichen. Damit lieferte er Thatcher die ökonomische Legitimation, den WKM-Beitritt weiter hinauszuschieben.[251]

Die prägendste Persönlichkeit unter Thatchers Beratern in der EWS-Frage war der Ökonom Alan Walters, der später zum Symbol der Konflikte um den politischen Einfluss persönlicher Berater wurde. Er war Professor an der Johns Hopkins University in den USA und beriet Thatcher offiziell von 1981 bis 1983 sowie 1989; auch während der Jahre ohne offizielles Mandat blieb er in regelmäßigem Kontakt mit ihr.[252] Zwischen beiden entstand eine enge, vertrauensvolle Arbeitsbeziehung und schließlich Freundschaft, zu der Walters' höfliche und zurückhaltende Art ebenso beitrug wie seine festen Grundüberzeugungen, die Thatchers wirtschaftspolitischen Ansichten nahe standen.[253]

---

247 James, Making the European Monetary Union.

248 Clegg, Practical Monetarism.

249 Lowe und Pemberton, Civil Service, S. 29.

250 John Redwood an Margaret Thatcher, 27.9.1985, TNA, PREM 19/2162.

251 Michael Arthur an John Kerr, 9.9.1988, TNA, FCO 30/7281.

252 Lowe und Pemberton, Civil Service, S. 36. Zur Biografie von Walters vgl. Smith, Walters.

253 Ebd.

Als überzeugter Monetarist lehnte Walters eine Wechselkursbindung als marktfern ab. Aus seiner Sicht waren die festen, aber anpassungsfähigen Wechselkurse im WKM mit Geldmengenzielen und freiem Kapitalverkehr unvereinbar und führten zu politisch motivierten Marktverzerrungen. In seiner „Walters critique" legte er diese Vorbehalte dar: In einem Wechselkursverbund müssten die Länder ihre Nominalzinsen angleichen – sonst würde Kapital in höher verzinste Währungen abfließen, da die Kopplung das Wechselkursrisiko weitgehend eliminiere. Gleichen aber Länder mit unterschiedlichen Inflationsraten ihre Nominalzinsen an, driften die Realzinsen – also die um die Inflation bereinigten Zinssätze – auseinander. Walters veranschaulichte dies am Beispiel Deutschlands und Italiens: Bei einer Inflationsrate von zwei Prozent in der Bundesrepublik und sieben Prozent in Italien würde ein gemeinsamer Nominalzins von fünf Prozent reale Zinsen von plus drei Prozent in Deutschland, aber minus zwei Prozent in Italien bedeuten – ein strukturelles Ungleichgewicht, das die Divergenz der Volkswirtschaften verstärken würde. Das deutsche Wirtschaftswachstum und die ohnehin niedrige Inflation würden mit den relativ hohen drei Prozent Zinsen weiter gedrosselt, wohingegen die italienische Wirtschaft und Inflation durch die extrem niedrigen, negativen Realzinssätze weiter angeheizt würden. Statt der erhofften Konvergenz würde das EWS also die Auseinanderentwicklung der EG-Ökonomien beschleunigen.[254] Für Walters zeigte dies, dass das EWS kein stabiles Gleichgewicht schaffen konnte: Es war zu starr für Marktanpassung und zu politisch, um geldpolitische Glaubwürdigkeit zu sichern. Interventionen zur Kursstützung würden nur neue Instabilitäten erzeugen und den Wechselkurs selbst zum Gegenstand europäischer Machtpolitik machen.[255] Diese Argumentation traf Thatchers wirtschaftsliberale Grundüberzeugung und prägte ihren Widerstand gegen den WKM-Beitritt.

Während Walters' erster Amtszeit verlief die Zusammenarbeit mit Schatzamt und Schatzkanzler zunächst konstruktiv, da die Positionen zur Geldmengensteuerung und zur Ablehnung eines Wechselkursziels übereinstimmten.[256] Doch mit Schatzkanzler Lawsons Hinwendung zu einem WKM-Beitritt ab 1985 kam es zu Spannungen. Lawson und Außenminister Howe sahen in Walters einen „troublemaker"[257] und „transatlantic guru",[258] der Thatchers Haltung beeinflusste. Walters' Doppelrolle erwies sich als unauflöslicher Widerspruch: Als Wissenschaftler war die öffentliche Diskussion seiner Thesen genuiner Teil seiner Arbeit, als politischer Berater jedoch war Diskretion erforderlich. Das spitzte sich nach Walters' Wiederengagement 1989 zu. Seine öffentlichen Kommentare untergruben Lawsons Autorität und nährten den Eindruck mangelnder Rückendeckung durch

254 Walters, Sterling in Danger, S. 79 f.

255 Alan Walters an Margaret Thatcher, Memorandum zum EWS, 22.10.1981, TNA, PREM 19/743.

256 Lowe und Pemberton, Civil Service, S. 38.

257 Lawson, View from No. 11, S. 955.

258 Howe, Conflict, S. 606.

Thatcher.[259] Die etwas hämische Frage des *Guardian*, „Will the real Chancellor please stand up?", war nur eine von vielen ähnlichen Schlagzeilen.[260] Die Veröffentlichung eines älteren EWS-kritischen Aufsatzes von Walters in der *Financial Times* brachte den Konflikt schließlich zum Ausbruch: Als sich Thatcher weigerte, Walters zu entlassen, sah Lawson seine Position als unhaltbar an und trat im Oktober 1989 zurück. Kurz darauf legte auch Walters sein Amt nieder.[261]

In der Rückschau wurde Walters zur Projektionsfigur der inneren Regierungskonflikte: Howe und Lawson sahen in ihm den Auslöser der Spaltung über die WKM-Mitgliedschaft,[262] während Thatcher sich durch sein 1990 erschienenes Buch *Sterling in Danger* öffentlich exponiert sah.[263] Obwohl Walters weitreichende Änderungen an dem im Schatzamt eingereichten Manuskript vornahm, wurde er in die Entscheidungsfindung nicht mehr eingebunden[264] und spielte in den Verhandlungen zwischen John Major und Thatcher unmittelbar vor dem WKM-Beitritt im Oktober 1990 keine nennenswerte Rolle mehr.

Der Streit um Walters' Rolle spiegelte nicht nur persönliche Loyalitäten, sondern auch strukturelle Spannungen in der Position persönlicher Berater.[265] Howes Beschreibung seiner Tätigkeit als „remote control" für Thatchers Denken[266] greift jedoch zu weit. Wie schon in ihrem Umgang mit Denkern wie Hayek oder Friedman folgte Thatcher keiner Theorie durchgängig, sondern passte ökonomische Thesen ihren politischen Grundüberzeugungen an und adaptierte sie bedarfsweise.[267] Auch Walters' Rat übernahm sie nicht in allen Aspekten: Zwischenzeitlich hielt Walters aus strikt ökonomischen Erwägungen eine Währungsunion für stabiler als das EWS – ein Gedanke, der für Thatcher inakzeptabel war.[268] Walters' Einfluss beruhte weniger auf direkter Steuerung als auf der Bestätigung ihrer Überzeugung, ökonomische Vernunft müsse politischer Rücksichtnahme übergeordnet sein. Damit prägte er die Grundlinien von Thatchers Argumentation, während für die praktischen Schritte – Einladungen, Formate, Abläufe – der *civil service* maßgeblich blieb. Die Konflikte um das EWS allein oder primär dem

259 Alex Allan, Protokoll eines Gesprächs zwischen Nigel Lawson und Alan Walters, 20.3.1989, TNA, T 640/58.

260 Andrew Rawnsley, Will the Real Chancellor Please Stand Up?, The Guardian, 20.10.1989, abgeheftet in TNA, PREM 19/3741.

261 Alan Walters an Margaret Thatcher, Rücktrittsbrief, 7.11.1989, CAC, THCR 1/20/6/6/10.

262 Lawson, View from No. 11, S. 451 f., S. 796.

263 Andrew Turnbull an Margaret Thatcher, 8.3.1990, TNA, PREM 19/3438; Andrew Turnbull an Alan Walters, 13.3.1990, TNA, PREM 19/3438; Walters, Sterling in Danger.

264 Alan Walters an Terence Burns, 7.9.1990, TNA, PREM 19/3438.

265 Lowe, Grit in the Oyster; Blick, People.

266 Lawson, View from No.11, S. 451 f.

267 Geppert, Konservative Revolution, S. 234, S. 284 f.; Ledger, Neoliberal Thought and Thatcherism, S. 42; Henneke, Tradition, S. 325–340; Brown, Neoliberalism's Scorpion Tail; Green, Thatcher.

268 Alan Walters, Agenda für ein Meeting am 13.1.1982, o. D. (Januar 1982), CAC, THCR 1/11/13.

Einfluss eines Beraters zuzuschreiben, bietet zwar eine bequeme externe Erklärung für die innerparteilichen Differenzen und Spaltungen; doch Walters' Rat war weder exklusiv noch in allen Fällen wirksam – letztlich konnten auch seine Warnungen die Beitrittsentscheidung nicht verhindern.[269] Seine Figur steht damit exemplarisch für die Personalisierung und Ideologisierung der wirtschaftspolitischen Entscheidungsfindung in der Spätphase der Regierung Thatcher.

Während persönliche Berater im Umfeld der Premierministerin die Entscheidungen prägten, blieb das Parlament der Ort öffentlicher Legitimation – allerdings aufgrund der starken Stellung der Exekutive mit sehr begrenzten Einflussmöglichkeiten. Die Regierung behielt die Initiative. Im Oberhaus war das 1974 gegründete Select Committee on the European Communities für die EG-Politik zuständig; dessen Subkomitee A für Finanzfragen befasste sich mit dem EWS. Im Unterhaus lag die Zuständigkeit nicht beim European Scrutiny Committee (ESC) für EG-Politik,[270] sondern beim 1979 eingerichteten Treasury and Civil Service Select Committee (TCSC) für Wirtschaftsfragen.[271] Dass die EWS-Frage wirtschaftspolitischen Ausschüssen zugeordnet wurde, spiegelte die britische Sichtweise wider, den WKM als ökonomisches, nicht als integrationspolitisches Thema zu behandeln. Die Komitees boten Raum für kritische Befragungen von hochrangigem Personal aus den betreffenden Ministerien und öffentlichkeitswirksame Expertisen und zwangen damit die Regierung und Bank of England, ihre Positionen zu präzisieren.[272] Sie verliehen der Debatte Sichtbarkeit, nicht Richtung. So wurde im Foreign Office mehrfach beklagt, das Schatzamt gehe über Ergebnisse der TCSC-Berichte mit einem positiven Blick auf das EWS ohnehin hinweg.[273]

Der Unterhausausschuss TCSC und zuvor sein Vorgängerausschuss hatten sich 1978 und 1984 gegen einen WKM-Beitritt ausgesprochen.[274] Das Oberhauskomitee hatte einen baldigen, wenngleich nicht unmittelbaren, Beitritt 1983 als vorteilhaft benannt.[275] Eine erneute TCSC-Untersuchung sprach sich 1985 mit äußerst knapper Mehrheit gegen einen kurz- bis mittelfristigen Beitritt aus und geriet damit

269 Andrew Turnbull, handschriftlicher Redezettel für ein Gespräch mit Alan Walters, o. D. (November 1990), TNA, PREM 19/3325.

270 Bujard, British Prime Minister, S. 47–49.

271 Vorgänger war das Expenditure Committee. Zu Gründung, Aufgabenbereich und Funktionsstruktur des TCSC zwischen 1979 und 1990 vgl. Laugharne, Treasury.

272 Stephen Flanagan, Memorandum über die TCSC-Aussage des Schatzkanzlers am 12.10.1992, erstellt am 28.10.1992, TNA, T 579/174. Vgl. auch Laugharne, Treasury, S. 237 f.

273 James Rollo an Patrick Fairweather, 11.7.1984, TNA, FCO 30/5912; Simon Broadbent an Leonard Appleyard, 19.11.1985, TNA, FCO 30/6268.

274 House of Commons (Hrsg.), First Report from the Expenditure Committee 1978–79, London 1978; House of Commons (Hrsg.), Fifth Report from the Treasury and Civil Service Select Committee 1983–84, London 1984.

275 House of Lords (Hrsg.), Fifth Report from the Select Committee on the European Communities, European Monetary System, 1983–84, London 1983, Paragraph 85 (c).

erstmals in Konflikt mit der Schatzamt-Linie.[276] Die Analyse war klar auf wirtschaftliche Faktoren zugeschnitten: „Our concern is solely with the economic case, namely whether membership would help to improve the UK's economic performance in ways which we could not reasonably expect to achieve outside."[277] Ende der 1980er Jahre veränderte sich diese Argumentation: Mit dem Delors-Bericht von 1989 und der Perspektive einer Währungsunion rückte die Frage nationaler Souveränität in den Mittelpunkt, und das EWS wurde als Faktor in den politischen Verhandlungen betrachtet.[278]

Auch im Unterhaus spiegelten sich die Spannungen der Regierungspolitik. In der konservativen Fraktion verschob sich das Meinungsbild ab Mitte der 1980er-Jahre: Während der monetaristische Flügel um Thatcher auf nationale Steuerungsfreiheit bestand, forderten EG-freundliche Abgeordnete den Beitritt zum WKM als Zeichen europäischer Verlässlichkeit. Vertreter wie Edward Heath und David Howell verbanden den Beitritt mit der Hoffnung auf Stabilität und internationale Führungsrolle, andere sahen darin ein Instrument zur Disziplinierung der Geldpolitik.[279] Trotz wachsender Zustimmung entstand keine geschlossene innerparteiliche Bewegung; die Motive reichten von ordnungspolitischem Pragmatismus bis zu europapolitischem Idealismus.[280] Der Druck auf Thatcher nahm zwar zu – so ergab 1989 eine Gallup-Umfrage, dass 60 Prozent der konservativen Parlamentsfraktion eine WKM-Mitgliedschaft befürwortete.[281] Dennoch blieb er politisch handhabbar.

Die Oppositionsparteien konnten über Ausschüsse, Parlamentsdebatten und gezielte Anträge Einfluss auf die EWS-Diskussion nehmen, blieben dabei jedoch auf öffentliche Interventionen statt auf direkte Mitgestaltung beschränkt.[282] In der Opposition spiegelten sich die ideologischen Ambivalenzen der britischen Europapolitik besonders deutlich. Die Labour Party hatte den WKM-Beitritt in den frühen 1980er-Jahren strikt abgelehnt und 1983 sogar den EG-Austritt gefor-

---

276 House of Commons (Hrsg.), Treasury and Civil Service Committee, The Financial and Economic Consequences of UK Membership of the European Communities. The European Monetary System, London 1985, Abstimmung in den Minutes of Proceedings, S. III, abgeheftet in BoE 3A161/200.

277 Treasury and Civil Service Committee, Berichtsentwurf von Brian Sedgemore, 29.10.1985, BoE 3A161/200.

278 Treasury and Civil Service Committee, The Delors Report. Ordered by the House of Commons to be printed 19 June 1989, BoE 3A161/200.

279 David Norgrove, Protokoll eines EWS-Seminars von Margaret Thatcher, Ministern und Bank of England-Vertretern am 13.11.1985, erstellt am 14.11.1985, TNA, PREM 19/2162.

280 Outlook. The Friends and Enemies of the EMS, The Independent, 16.2.1989.

281 Die Ergebnisse stammen aus einer Umfrage mit 125 konservativen Parlamentsmitgliedern. John Kerr an Stephen Wall, 19.7.1989, TNA, FCO 30/7281; Third of Tory MPs Oppose Freer Frontiers, Daily Telegraph, 18.7.1988.

282 Bujard, British Prime Minister, S. 47 f.

dert[283] – Ausdruck des Einflusses ihres linken Flügels, der die Gemeinschaft als kapitalistischen Club sah.[284] Nach der Wahlniederlage 1987 leitete Parteiführer Neil Kinnock einen *Policy Review* ein, der die Partei wirtschaftspolitisch und europapolitisch in die Mitte rückte. In diesem Prozess wurde der WKM-Beitritt von einem Symbol ökonomischer Abhängigkeit zu einem Baustein einer neuen, marktorientierten Stabilitätsstrategie. Aus taktischem Kalkül begonnen, entwickelte sich die Beitrittsforderung zu einem Kern des wirtschaftspolitischen Alternativangebots zu Thatchers Monetarismus. Die Labour-Opposition trug damit wesentlich dazu bei, den politischen Druck auf die Regierung zu erhöhen und die EWS-Debatte stärker europa- und parteipolitisch aufzuladen. Die konfrontativere Debattenkultur im Westminster-System mit zugespitzten Formulierungen trug dazu bei, andere, eher auf geschickte Kompromissfindung ausgerichtete Parlamente in der EG zu befremden.[285]

Die 1981 gegründete Allianz aus Liberalen und sozialdemokratischer SDP trat in den 1980er-Jahren am konsequentesten für einen WKM-Beitritt ein, mit dem sie wirtschaftliche Stabilitätsziele und ein Bekenntnis zu einer vertieften europäischen Integration verband. Die SDP, die sich 1981 von der zunehmend EG-skeptisch auftretenden Labour Party abgespalten hatte,[286] sah im EWS vor allem ein Instrument zur Wechselkursstabilisierung.[287] Die Liberalen betonten den politischen Wert einer aktiven Rolle im europäischen Währungssystem und vertraten – deutlich weiterreichend als die SDP – das Ziel eines föderalen, vereinten Europas.[288] Beide verstanden den Beitritt als Schritt zu einer Europäischen Zentralbank und langfristig zu einer Währungsunion. Zugleich wurde die WKM zum Grundpfeiler der wirtschaftspolitischen Strategie: Das im September 1982 veröffentlichte gemeinsame Programm zur Bekämpfung der Arbeitslosigkeit, *Back to Work*, sah den EWS-Vollbeitritt als Weg, um bei einem wettbewerbsfähigen Pfundkurs niedrige Zinsen zu ermöglichen und damit das Wirtschaftswachstum zu fördern.[289] Unter den Bedingungen des Mehrheitswahlrechts blieb die Allianz

283 Ebd., S. 59 f.

284 Labour Party, Britain and the European Community, LPA, MF L26/26.

285 Geppert, Europäische Union ohne Großbritannien, S. 121.

286 Meredith, Catalyst for Secession, S. 348; ders., Brooding Oppressive Shadow, S. 252 f.; Crewe und King, SDP, S. 106 f.; Desai, Intellectuals and Socialism; Stephenson, SDP, S. 49; Aikman, Birth.

287 Protokoll eines Gesprächs zwischen Margaret Thatcher und Roy Jenkins, 3.11.1980, TNA, PREM 19/228.

288 Simon Titley, Liberals and Social Democrats, o. D. (Februar 1979), BOA, Kollektion: Liberal Party from Asquith to Ashdown 1912–1988, The SDP-Liberal Alliance, 1979–1987, Identifier: 73327D-07, https://microform.digital/boa/collections/81/liberal-party-from-asquith-to-ashdown-1912-1988/access?documentId=10875 (30.9.2025).

289 Back to Work. Interim Report of the Liberal/SDP Alliance. Commission on Employment and Industrial Recovery, August 1982, MRC, MSS.126/TG/384/PUB/25; Six-Minute Ovation Emphasises Steel's Ascendancy, The Financial Times, 25.9.1982.

trotz hoher Stimmenanteile politisch marginal.[290] Trotz Interventionen zugunsten des WKM-Beitritts in Unterhausdebatten und direkt bei Regierungsvertretern blieb ihr Einfluss begrenzt.

In der EWS-Politik konnte, wie Birgit Bujard konstatiert, die Opposition wegen der dominanten Position der Exekutive keine prägende Rolle in der EWS-Politik übernehmen. So scheiterten von 213 durch die Regierung eingebrachten Gesetzentwürfen zwischen 1987 und 1992 gerade einmal 11, umgekehrt wurden von 584 eingebrachten Initiativen einzelner Parlamentsmitglieder wenige diskutiert und nur 65 Gesetze verabschiedet.[291] Im Gesamtergebnis prägte das Parlament die EWS-Politik weniger durch Entscheidungen als durch parlamentarische Beiträge und öffentlichen Druck. Ausschüsse und Oppositionsparteien machten Widersprüche zwischen ökonomischen Argumenten, europapolitischen Zielsetzungen und Fragen nationaler Souveränität sichtbar, konnten die Regierungslinie aber nicht direkt verändern. Die EWS-Debatten im Westminster-System spiegelten damit das Grundmuster britischer Europapolitik: eine starke Exekutive, fragmentierte Parteien und ein dauerhaft ambivalentes Verhältnis zwischen wirtschaftlicher Rationalität und politischer Integration.

Zwischenfazit: Stabilität durch Entpolitisierung

In den ersten Jahren der konservativen Regierung wurde die Frage eines britischen Beitritts zum Wechselkursmechanismus zwar wiederholt diskutiert, jedoch nicht mit hoher Priorität. Die betont pro-europäische Haltung der Konservativen Partei, die im Kontrast zur distanzierten Haltung der Labour-Vorgängerregierung stand, weckte die Erwartung einer Teilnahme an der monetären Kooperation, die besonders eindringlich von Bundeskanzler Helmut Schmidt formuliert wurde. Doch rasch folgte Ernüchterung über die zurückhaltende britische Europapolitik, die Jürgen Ruhfus aus der deutschen Botschaft in London folgendermaßen zusammenfasste: „Europa wird in britischer Öffentlichkeit nicht so sehr an ideellpolitischen, sondern vielmehr an nüchternen, oft nahezu kaufmännischen Maßstäben gemessen“.[292]

Die konservative Regierung verstand das EWS primär im Kontext der monetaristischen Strategie, die zum Flaggschiff der wirtschafts- und gesellschaftspolitischen Reformen wurde. Dreh- und Angelpunkt war die geldpolitische Glaubwürdigkeit, als deren Prüfstein das Pfund galt. Die Geldmengenpolitik, so die Annahme, könne nur bei konsequenter Umsetzung des Regelwerks wirken; ein zusätzliches Wechselkursziel im WKM hätte diese Strategie unterlaufen. Argu-

290 Schek und Wendler, Unterrichtung über die Unterhauswahlen, 10.6.1983, BArch, B 136/29829; Robin Oakley, Jenkins Aims to Unite Centre. European Elections, The Times, 18.5.1989.

291 Bujard, British Prime Minister, S. 47.

292 Jürgen Ruhfus, Telegramm an Auswärtiges Amt, 11.6.1980, BArch, B 136/30920.

mente um den ‚Ölfaktor' und die US-Bindung – die gegensätzliche Wirkung von Ölpreis- und Dollarschwankungen auf das Pfund und die EWS-Währungen – verstärkten diesen Einwand. Im Kern der Debatten stand das Ziel, wirtschaftliche Erneuerung nicht im Verbund mit den EG-Partnern, sondern durch eine eigenständige Reformpolitik zu erreichen. Wirtschaftliche Rationalität erschien als übergeordnetes Prinzip, politische Aspekte wie Souveränität oder europäische Symbolik blieben ausgeblendet.

Diese Deutung schlug sich auch institutionell nieder: Die politischen Implikationen wurden in den Verantwortungsbereich des Foreign Office verwiesen, während die wirtschaftliche Bewertung vom Schatzamt dominiert wurde. Der Einflussverlust des Foreign Office zeigt deutlich, wie sich die Deutung des WKM als primär wirtschaftspolitisches Problem durchsetzte. Zugleich verdeutlicht die instabile Position der Bank of England, die um Mitsprache ringen musste, dass Thatcher trotz aller Regelbindung die Kontrolle eng bei sich behalten wollte – selbst wenn wirtschaftswissenschaftliche Theorien den Mehrwert einer stärkeren Rolle für die Zentralbanken herausstrichen. Obwohl Thatcher die Souveränität des Parlaments in späteren Debatten um die Wirtschafts- und Währungsunion in den Vordergrund rückte, hatte es auf die geldpolitischen Entscheidungen nur geringen Einfluss und blieb in der praktischen Entscheidungsfindung weitgehend ausgeblendet.

Diese technokratische Entpolitisierung verlieh der Regierungspolitik Stabilität: Sie erlaubte es, Konflikte über Europas Rolle als Fragen wirtschaftlicher Zweckmäßigkeit zu behandeln, ohne die zugrunde liegenden politischen Gegensätze offen auszutragen. Schon in dieser Phase zeigte sich jedoch, dass die Trennung zwischen wirtschaftlicher und politischer Dimension künstlich war. So war das Argument, eine WKM-Mitgliedschaft erhöhe die britische Mitsprache in der EG, vordergründig politisch, doch mit handfesten finanziellen Interessen verknüpft – etwa der Hoffnung auf eine günstigere Lösung im Haushaltsstreit. Ähnlich ambivalent war die Debatte über die D-Mark. Einerseits galt ihre Ankerrolle im EWS als Grundlage für dessen potenziellen Nutzen als antiinflationäres Disziplinierungsinstrument – das wichtigste ökonomische Argument für den WKM-Beitritt. Andererseits schürte gerade dies Vorbehalte gegen eine übergroße deutsche Dominanz in Europa. Trotz dieses Spannungsfelds blieb die wirtschaftliche Verortung weitgehend unangefochten. Mit Howes Wechsel von der Spitze des Schatzamts an die des Foreign Office 1983 wurden selbst dort primär ökonomische Argumente angeführt. In der Bank of England wurde zwar der politische Charakter der Entscheidung betont, doch das angespannte Verhältnis zu 10 Downing Street bis zur Ernennung Leigh-Pembertons als Governor und Thatchers zunehmende Verlagerung der Entscheidungsfindung in einen engen Kreis minderten ihren Einfluss.

Bis 1985 blieb die Auseinandersetzung von pragmatischer Entpolitisierung geprägt – Stabilität entstand aus der Übersetzung politischer Grundsatzfragen in administrative und ökonomische Kategorien. Erst als die monetaristische Strategie an Grenzen stieß und Wechselkursbewegungen die wirtschaftspolitische Steuerung zunehmend prägten, gewann die EWS-Debatte an Dynamik. Lawsons Kurswechsel im Sommer 1985 markierte den Übergang zu einer neuen Phase, in der die institutionell eingeübte Trennung von Ökonomie und Politik brüchig wurde und die Konflikte offen zutage traten.

KAPITEL 3

Bewusste Entpolitisierung: Glaubwürdigkeit, Wechselkurs und politische Handlungsfreiheit 1985–1988

Als erklärte Überzeugungspolitikerin hatte Margaret Thatcher wenig Scheu vor Kontroversen. Im Gegenteil: Konsens, hatte sie schon vor ihrem Amtsantritt betont, sei ein Zeichen von Politik, die viele zufriedenstelle, aber wenig bewirke. „Clash of opinions is the stuff of which democracy is composed", formulierte sie 1969 und bekräftigte diese Haltung auch als Premierministerin.[1] Auch in der Europapolitik schreckte sie nicht vor Konfrontationen zurück, wenn es darum ging, britische Interessen durchzusetzen – etwa bei der Reduzierung des Beitrags zum EG-Haushalt oder bei Reformen der Gemeinsamen Agrarpolitik.[2]

Doch 1985 markierte einen Wendepunkt. In jenem Jahr erlebte Thatcher zwei prägende Niederlagen, die ihre Haltung zur EG- und Währungspolitik nachhaltig beeinflussten. Im Juni 1985 wurde sie beim Europäischen Rat in Mailand von den übrigen Staats- und Regierungschefs überstimmt, als über die Einberufung einer Regierungskonferenz zur Reform der seit 1957 unveränderten EG-Verträge entschieden wurde. In einem diplomatischen „Coup" setzte der italienische Ministerpräsident Bettino Craxi die Konferenz gegen den britischen Widerstand durch – Großbritannien fand sich, gemeinsam mit Griechenland und Dänemark, isoliert.[3] Zwar nahm die britische Regierung in den anschließenden Verhandlungen eine konstruktive Haltung ein und konnte in dem daraus entstehenden Vertragswerk, der Einheitlichen Europäischen Akte (EEA) von 1986/87, die Vollendung des Gemeinsamen Marktes bis 1992 verankern.[4] Dennoch hinterließ die diplomatische Niederlage von Mailand tiefe Spuren. Ein zweites „Mailand" wurde fortan zum Schreckbild britischer Europapolitik und zur ständigen Warnung in späteren währungspolitischen Diskussionen. Nur wenige Monate später folgte der zweite Schlüsselmoment. Am 13. November 1985 berief Thatcher in 10 Downing Street ein internes Seminar ein, um mit ihren wichtigsten Ministern – darunter Schatzkanzler Lawson und Außenminister Howe – die Frage einer möglichen britischen EWS-Vollmitgliedschaft zu erörtern. Zu ihrer Überraschung sah sie sich isoliert: Nahezu alle Anwesenden plädierten für einen baldigen Beitritt. Wie Mailand wur-

1 Geppert, Konservative Revolution, S. 221.

2 Seidel, Common Agricultural Policy; Loux, Impact; Swinbank, Something Significant; Franklin (Hrsg.), Joining the CAP; Ludlow, Making of the CAP; ders., Green Heart of Europe.

3 van Middelaar, Kontinent, S. 178–194.

4 Wall, Single European Act; ders., Single Market; Dinan, Single European Act.

de auch dieses Treffen zu einem warnenden Beispiel, das *civil servants* und Berater noch in den 1990er Jahren als Mahnung zur Vorsicht anführten.

Die beiden Ereignisse markierten die zwei Entwicklungslinien, an deren Schnittstelle die britische EWS-Debatte von 1985 bis 1988 stattfand. Erstens gewann die europäische Integration Mitte der 1980er Jahre neue Dynamik, deren vorläufiger Höhepunkt die EEA 1986/87 war. Zugleich rückte mit der Vollendung des Binnenmarkts bis 1992 auch die Idee einer europäischen Gemeinschaftswährung auf die politische Agenda.[5] Zweitens stellten internationale Währungsturbulenzen und die Deregulierung der Finanz- und Kapitalmärkte die monetaristische Geldpolitik der Regierung vor neue Herausforderungen. Entlang dieser beiden Linien wurde die Frage eines britischen WKM-Beitritts vor allem als geld- und währungspolitisches Problem behandelt, während die EG-politische Dimension bis 1988 nachgeordnet blieb. Funktionell war dies insofern plausibel, als eine WKM-Mitgliedschaft die drei klassischen Elemente der Währungssouveränität – Geldausgabe, Währungsordnung und Wechselkurssteuerung – nur in letzterem Punkt berührte und durch Realignments als reversibel galt.[6] Vor allem aber war die Fokussierung auf geldpolitische Aspekte, so die zentrale These dieses Kapitels, Ergebnis einer bewussten Entpolitisierung von Geld- und Wechselkurspolitik.

Die Strategie knüpfte an Konzepte regelgebundener Politik an, die in den 1970er und 1980er Jahren an Einfluss gewonnen hatten. Ziel war es, durch berechenbares Handeln die Erwartungen der Märkte zu stabilisieren und so geldpolitische Glaubwürdigkeit zu sichern. Entscheidend war, jeden Eindruck politischer Einflussnahme zu vermeiden.[7] Distanz zu partei- oder europapolitischen Erwägungen galt als Voraussetzung erfolgreicher Politik. Entpolitisierung bedeutete somit nicht die Abwesenheit politischer Entscheidungen, sondern deren bewusste Einbettung in ökonomische Begründungsmuster.

Von den drei gängigen Formen der Entpolitisierung – der Übertragung von Entscheidungsbefugnissen auf unabhängige Institutionen, der Transparenz und externen Evaluation sowie der Etablierung fester, wissenschaftlich begründeter Regelwerke[8] – setzte Thatchers Regierung zunächst auf die beiden letzteren. Sie legte vorab definierte, ökonomisch fundierte Zielgrößen fest, an denen sich die Politik messen ließ. Eine Übertragung geldpolitischer Verantwortung an eine unabhängige Zentralbank war hingegen nicht vorgesehen. Diese Form der Entpolitisierung sollte die Effizienz und Glaubwürdigkeit der Regierungspolitik erhöhen, bot aber zugleich politische Vorteile.[9] Die wachstums- und beschäftigungshemmenden Folgen des restriktiven Kurses konnten als notwendiger Preis der Inflationsbekämpfung dargestellt werden; gegenüber den EWS-Partnern diente der Ver-

5 WALL, Single European Act, S. 38.
6 MUNDELL, Money and the Sovereignty of the State; GIANVITI, Monetary Sovereignty.
7 Zur Definition von Depolitisierung vgl. BULLER et al., Depoliticisation, S. 1–22.
8 BURNHAM, Globalisation, S. 22–25.
9 Ders., New Labour, S. 127.

weis auf ökonomische Zwänge dazu, den Eindruck mangelnder europäischer Loyalität zu zerstreuen. Hinter der Entscheidung für Geldmengenziele und gegen die EWS-Wechselkursbindung stand eine politische Gewichtung, die einer nationalen Reformstrategie Priorität vor einer europäisch gebundenen und der Inflationsbekämpfung Vorrang vor anderen wirtschaftspolitischen Zielen einräumte. Damit entfernte sich der Prozess keineswegs von politischer Steuerung, sondern verlagerte sie in ökonomische Begründungsmuster – ganz im Sinne von Peter Burnhams Beobachtung: „depoliticization is highly political".[10]

Auch jenseits der Regierung fand das Argument der Entpolitisierung Widerhall.[11] Die EWS-Debatte zeigt, dass sich in Wirtschaft, Gewerkschaften und Opposition zunehmend die Vorstellung durchsetzte, wirtschaftliche Stabilität lasse sich nur durch feste Regeln und die Distanz zu politischen Erwägungen sichern. Selbst kritische Stimmen aus dem linken politischen Spektrum griffen die Sprache der Regelbindung und Glaubwürdigkeit auf, um eigene Forderungen zu legitimieren – ob für eine engere europäische Einbindung oder für eine stärker auf Beschäftigung ausgerichtete Wirtschaftspolitik. So wurde die Entpolitisierung der Geld- und Wechselkurspolitik zu einem breit geteilten Deutungsmuster wirtschaftlicher Vernunft.

Die EWS-Debatte von 1985 bis 1988 verdeutlicht somit, dass Entpolitisierung nicht als linearer Prozess zu verstehen ist. Statt eines seit den 1970er Jahren kontinuierlich voranschreitenden Prozesses hin zur Unabhängigkeit der Bank of England 1997[12] wird eine komplexere Dynamik sichtbar, in der Entpolitisierung und Politisierung parallel und widersprüchlich verliefen. Während die Regierung auf ökonomische Rationalität verwies, blieben strategische und wahlpolitische Erwägungen zentral. Thatcher sträubte sich gegen den WKM, da er den geldpolitischen Handlungsspielraum einschränkte – obwohl gerade dies Ziel jeder Regelbindung war. Auch Schatzkanzler Lawson sah sich allenfalls zu einer widerruflichen EWS-Bindung bereit, und Außenminister Howe im Foreign Office trug die Ausblendung EG-politischer Erwägungen zunehmend widerwillig und aus taktischen Gründen mit. Die Perspektive einer Wirtschafts- und Währungsunion ab 1988 rückte nationale Souveränität ins Zentrum der Debatte und untergrub das Narrativ, die Geld- und Währungspolitik folge einer rein ökonomischen Logik. Die EWS-Debatte legt Kontinuitäten offen, wo oft ein geldpolitischer Bruch von 1979 vermutet wird,[13] und zeigt, dass sich eine beschleunigte Integrationsdynamik bereits lange vor dem Vertrag von Maastricht abzeichnete.

---

10 Burnham, Globalisation, S. 22. Vgl. auch ders., Depoliticising Monetary Policy.

11 Zur Erweiterung des Entpolitisierungsbegriffs über die Regierungsebene hinaus vgl. Hay, Depoliticisation, S. 79; Buller und Flinders, Depoliticisation.

12 Burnham, Depoliticising Monetary Policy.

13 Zu den geldpolitischen Kontinuitäten vgl. Needham, UK Monetary Policy; Cobham, Making of Monetary Policy.

1 Disziplin durch Europa? Zwischen geldpolitischer Glaubwürdigkeit und Integrationsdynamik

Im Jahr 1985 kamen drei parallele Entwicklungen zusammen, die die Frage einer britischen WKM-Mitgliedschaft erneut in den Fokus der Politik rückten. Erstens warf eine Pfundkrise im Januar 1985 die seit Jahren schwelende Diskussion über die Rolle des Wechselkurses wieder auf. Zweitens beschleunigten die Verhandlungen über die Einheitliche Europäische Akte ab Mitte des Jahres die Integrationsdynamik und rückten die Währungsunion nach dem Scheitern des Werner-Plans in den 1970er Jahren wieder auf die Tagesordnung. Drittens wurde die internationale Währungskooperation mit Abkommen zur Dollarstabilisierung, geschlossen im Plaza Hotel in New York (1985) und im Pariser Louvre (1987), ausgebaut. Das bisherige freie Flottieren der Währungen wurde dadurch zunehmend durch koordinierte Ansätze zur Wechselkursstabilisierung ergänzt. Damit rückte auch für die britische Regierung die Frage einer stärker abgestimmten Wechselkurspolitik wieder in den Blick – nicht als unmittelbare WKM-Beitrittsperspektive, sondern als möglicher Bestandteil ihres wirtschaftspolitischen Instrumentariums. Zugleich stellte sich damit die Frage, wie viel geldpolitischen Handlungsspielraum die engere Abstimmung lassen würde.

EWS-Wechselkursbindung als Alternative? Dollarstärke und Fontainebleau 1984

Unbefriedigende Ergebnisse der Geldmengenpolitik und eine verbesserte europapolitische Ausgangslage bereiteten ab Sommer 1984 den Boden für eine erneute Beschäftigung mit der EWS-Frage im Schatzamt und in der Bank of England. Auslöser war die scharfe Abwertung des Pfunds gegenüber dem Dollar.[14] Bereits im Mai 1984 hatte Lawson in seiner traditionellen Mais Lecture die enge Fokussierung auf die Geldmenge £ M3 relativiert. Diese habe anfangs „for reasons of continuity and simplicity" ein nützliches Rahmenwerk für die wirtschaftspolitischen Reformen geboten; inzwischen aber habe die Praxis gezeigt, dass auch andere Geldmengenaggregate und Indikatoren wie Haushaltslage, Vermögenswerte und Wechselkurse berücksichtigt werden müssten. Eine explizite Wechselkurspolitik lehnte Lawson jedoch weiterhin ab.[15] Die angebotsorientierten Reformen und die expansive Haushaltspolitik des 1980 gewählten Präsidenten Ronald Reagan hatten die US-Wirtschaft angekurbelt; zugleich verfolgte Fed-Chef Paul Volcker eine strikte Hochzinspolitik, um die bei seinem Amtsantritt 1979 noch rund 15 Prozent betragende Inflation zu senken. Diese Kombination führte zu massiven Kapitalzu-

---

14 Robin Leigh-Pemberton, Protokoll eines Gesprächs mit Peter Middleton, 16.7.1984, BoE 7A/133/6.

15 Nigel Lawson, Mais Lecture, The British Experiment, 18.5.1984, MTF, https://www.margaretthatcher.org/document/109504 (30.9.2025).

flüssen und ließ den Dollarkurs steigen. Zugleich wuchs das US-Haushaltsdefizit, was die Abhängigkeit von Kapitalimporten erhöhte und das Risiko einer abrupten Kurskorrektur – und damit internationaler Instabilität – mit sich brachte.[16] Die britischen Appelle an die US-Regierung, das wachsende Haushaltsdefizit durch eine striktere Finanzpolitik einzudämmen, blieben ohne Wirkung. Auch nach Ronald Reagans Wiederwahl im November 1984 zeichnete sich keine Kursänderung ab.[17]

Die Attraktivität des EWS als mögliche Abschirmung gegen diese Spannungen wurde durch eine Verbesserung der britischen Position in der EG noch gesteigert. Die Lösung des langwierigen Konflikts über den britischen Haushaltsbeitrag beim Europäischen Rat in Fontainebleau 1984 eröffnete die Aussicht auf einen politischen Neustart. In dem Konzeptpapier *Europe – The Future* legte Thatchers Regierung ihre Vorstellungen von der EG-Entwicklung dar: es zielte auf ein marktwirtschaftliches Programm mit weitreichenden Liberalisierungen und blieb zurückhaltend bei institutionellen Neuerungen. Dennoch war die Bemühung erkennbar, den Integrationsbestrebungen der Partner rhetorisch entgegenzukommen. So betonte es, der Fortschritt zu einer „ever-closer union of the peoples of Europe […] is unlikely to be reversed."[18] Selbst Schatzkanzler Nigel Lawson, der sonst auf die Priorisierung der geldpolitischen Abwägungen pochte und integrationspolitischer Rhetorik skeptisch gegenüberstand, beschwor im November 1984 einen „spirit of Fontainebleau" und plädierte für eine offenere britische Haltung zur EWS-Weiterentwicklung.[19]

Dennoch blieb die Skepsis groß. Im Schatzamt überwogen Argumente, die gegen einen Beitritt sprachen: eine zu erwartende Aufwertung der D-Mark gegenüber dem Dollar mit potenziell destabilisierender Wirkung auf den WKM; das Risiko, dass sich das Pfund als Ölwährung wegen der anhaltend volatilen Ölpreise gegensätzlich zu den anderen EWS-Währungen entwickeln könnte; und schließlich die Sorge, dass die Kombination aus Geldmengen- und Wechselkurszielen eine widerspruchsfreie und glaubwürdige Kommunikation der Geldpolitik erschweren würde.[20] Gleichwohl deuteten interne Stellungnahmen darauf hin, dass die strikte Ablehnung des EWS an Gewicht verlor. So bemerkte Geoffrey Littler, Leiter der Internationalen Abteilung des Schatzamts, bei einem seiner regelmäßigen Gespräche mit Crispin Tickell von der Foreign Office-Abteilung für Wirtschaftsfragen im Juli 1984, Lawson habe sich von einer „position of hostility […]

16 Großer und Weinert, Reagonomics, S. 536 f.

17 Leonard Appleyard an Charles Powell, The Next US Administration, 7.11.1984, TNA, PREM 19/1405.

18 HM Government, Europe; Warlouzet, Governing Europe, S. 189 f.; Wall, Stranger in Europe, S. 41–61.

19 David Peretz an Chris Kelly, 19.11.1984, TNA, FCO 30/5912.

20 Geoffrey Littler an Peter Middleton, 26.7.1984, TNA, T 448/152.

to one of benevolent interest“ bewegt.[21] Diese vorsichtige Annäherung spiegelte den Versuch wider, Stabilität zu gewährleisten, ohne politische Bindungen einzugehen – ein Balanceakt zwischen geldpolitischer Glaubwürdigkeit und institutioneller Unabhängigkeit.

Im Oktober 1984 bekräftigte Nigel Lawson in seiner traditionellen *Mansion House*-Rede vor der Londoner Finanzwirtschaft – nach eigener Einschätzung seine letzte als „gläubiger Monetarist“ – die Vorrangstellung der Geldmengenziele gegenüber anderen Indikatoren.[22] In einem Brief an den SDP-Vorsitzenden David Owen unterstrich er, eine explizite EWS-Wechselkurspolitik könne weder das Dollarproblem lösen noch automatisch zu niedrigeren Zinsen führen. Auf europapolitische Argumente ging er nicht ein.[23] Gleichwohl blieb die Frage nach der Rolle des Wechselkurses virulent. Bank of England-Governor Leigh-Pemberton äußerte sich inzwischen deutlich positiver: In Gesprächen mit dem Schatzamt brachte er den WKM als Möglichkeit ins Spiel, sich von den hohen US-amerikanischen Zinsen zu entkoppeln, wie das der Bundesrepublik gelungen sei.[24] Öffentlich erklärte er, das Interesse für das EWS in Finanz- und Wirtschaftskreisen sei berechtigt.[25] Allerdings blieben die Signale aus der Bank noch ambivalent – ein Beitrag im *Quarterly Bulletin* der Bank stellte gleichzeitig die stabilisierende Wirkung des EWS infrage.[26]

Auch im Foreign Office lebte im Sommer 1984 das Interesse an einer EWS-Vollmitgliedschaft wieder auf. Anlass war die größere Offenheit der Premierministerin, die Geoffrey Howe bei Gesprächen am Rande des Treffens der Regierungs- und Staatsoberhäupter der EG in Fontainebleau wahrgenommen zu haben glaubte.[27] Auf seine Weisung und mit Einverständnis der Wirtschaftsabteilung nahm Patrick Fairweather, Leiter des EG-Referats im Foreign Office, die Frage erneut auf.[28] In den internen Analysen sahen die *civil servants* die Hauptursache der britischen Zurückhaltung weniger in ökonomischen als in politisch-psychologischen Motiven – einer latenten EG-Skepsis in Regierung und Parlament. FCO-Ökonom James Rollo notierte: „The main question for the FCO is why, given the general sympathy for exchange rate intervention […] they do not come down in favour of UK participation in the ERM of the EMS.“ Der neu erschienene, ablehnende Bericht des Unterhausausschusses TCSC zur WKM-Mitgliedschaft, so Rollo weiter,

21 Crispin Tickell an Leonard Appleyard, 25.7.1984, TNA, FCO 30/5912.

22 Lawson, View from No. 11, S. 464; Dell, Chancellors, S. 503.

23 Nigel Lawson an David Owen, 31.10.1984, TNA, PREM 19/1456.

24 Robin Leigh-Pemberton, Vermerk über ein Gespräch mit Peter Middleton am 11.10.1984, 12.10.1984, BoE 7A133/6.

25 James Rollo an Private Secretary, 13.9.1984, Memorandum von Ken Warwick, Recent Arguments Supporting UK Participation in the Exchange Rate Mechanism, 11.9.1984, TNA, FCO 30/5912.

26 Bank of England (Hrsg.), Variability of Exchange Rates Measurement.

27 Roger Bone an Patrick Fairweather, 6.7.1984, TNA, FCO 30/5912.

28 Patrick Fairweather an Crispin Tickell, 10.7.1984, TNA, FCO 30/5912.

„will provide more ammunition for the Treasury when rejecting EMS for their own reasons."[29]

Pauline Neville-Jones, Leiterin des Politischen Planungsstabs, warnte zugleich vor den politischen Folgen: „Our partners will watch with interest which way we opt on EMS. [...] I do not see we can forever hold to the doctrine of the unripe time without serious loss of credibility not only over EMS but more widely also."[30] Anhaltende Zurückhaltung, so die Sorge, würde den britischen Einfluss in europäischen Abstimmungen schmälern. Nach Fontainebleau sah auch Fairweather die politischen Argumente für einen Beitritt so stark wie nie zuvor. Sein Memorandum an Außenminister Howe Mitte Juli zielte primär darauf, das Argument zu entkräften, man müsse vor einem WKM-Beitritt zunächst die erwartete Kurskorrektur des Dollars abwarten. Erst in zweiter Linie betonte er, der Schritt werde das britische EG-Bekenntnis sichtbar stärken. Howe teilte die Einschätzung, dass gewichtige politische Argumente für einen Beitritt sprachen, lehnte jedoch eine neue gemeinsame Studie von Schatzamt und Bank of England ab – aus Sorge, sie könne zu einer formellen Ablehnung führen und das Thema vorläufig beenden. Stattdessen hielt er einen vorsichtigen Kurs mit informeller Einflussnahme auf Schatzamt und Bank für den vielversprechenderen Weg.[31]

In der konservativen Fraktion im Europäischen Parlament mehrten sich zu dieser Zeit ebenfalls Stimmen, die auf die politischen Vorteile einer britischen Beteiligung am EWS hinwiesen. Seit 1979 wurden die Abgeordneten nicht mehr von den nationalen Parlamenten entsandt, sondern alle fünf Jahre direkt gewählt. Das stärkte ihre Position und förderte eine eigenständigere politische Linie, verschärfte aber zugleich die Konflikte über ihre Mitsprache bei der nationalen Europapolitik.[32] Als Mitglieder der European Democratic Group (EDG), also dem Zusammenschluss verschiedener konservativer Parteien im EP,[33] verbanden Politiker wie Fred Catherwood oder Henry Plumb die Frage der Wechselkursstabilität mit einer breiter verstandenen europäischen Verantwortung Großbritanniens[34] – ein Argumentationsmuster, das sich von der strikt ökonomischen Sichtweise der Regierung deutlich unterschied. Andere hinterfragten die innere Logik von Thatchers Argumentation. So argumentierte der konservative EP-Abgeordnete John

29 James Rollo an Patrick Fairweather, 11.7.1984, TNA, FCO 30/5912.

30 Pauline Neville-Jones an Patrick Fairweather, 12.7.1984, TNA, FCO 30/5912.

31 Leonard Appleyard an Patrick Fairweather, 23.7.1984, TNA, FCO 30/5912.

32 FCO European Community Department, Memorandum zu den Beziehungen zwischen Parteiführung und den konservativen Europaabgeordneten, 29.4.1981, TNA, PREM 19/2163/1. Zur Konsolidierung der Arbeitsbeziehungen zwischen EP- und Unterhausfraktion vgl. Jowiya, Conservative Party, S. 88 f.

33 Die konservativen Abgeordneten waren gemeinsam mit der dänischen Konservativen Volkspartei in der European Democratic Group (EDG) organisiert, später stieß vorübergehend die spanische Allianza Popular (1986–1989) dazu. Ab 1989 gehörten zur EDG nur noch 34 Abgeordnete, 1992 schloss sie sich der EVP an.

34 Alastair Graham an Henry Plumb, Memorandum zur EDG, 4.12.1985, CPA, CRD 4/30/3/14.

Stevens, unter wirtschaftsliberalen Prämissen, die auf eine Trennung von Staat und Wirtschaft zielten, stelle eine politisch unabhängige europäische Geldpolitik kein grundsätzliches Problem dar; vielmehr stütze sie die angestrebte Geldwertstabilität.[35] Tatsächlich hatten die EP-Abgeordneten jedoch nur geringen Einfluss. Gegen sie bestanden im Unterhaus erhebliche Vorbehalte, wie der konservative EP-Abgeordnete David Curry beklagte: Sie galten vielen als „surrogates for a ‚real Parliament'" oder gar „carpetbaggers for sovereignty".[36] Thatchers Regierung bezeichnete das EP beharrlich als „Assembly".[37] Damit blieb der Einfluss der EP-Fraktion auf die politische Linie in London gering. Obwohl die Forderung nach einem WKM-Beitritt im Einklang mit Lawsons Position ab 1985 stand, fand die stärker politisch ausgerichtete Sichtweise im Schatzamt keine Resonanz und verhinderte ein Zusammengehen.

Positionswandel im Schatzamt: Pfundkrise und internationale Währungskooperation 1985

Eine erneute Pfundkrise Anfang 1985 gab den Ausschlag für den Beginn einer intensiven Debatte. Der Pfundkurs fiel zu Jahresbeginn rapide und erreichte Anfang Februar mit einem Kurswert von unter 1,10 US-Dollar einen alarmierenden Tiefstand – selbst eine Parität mit dem Dollar schien nicht mehr ausgeschlossen. Die Krise stellte nicht nur die Stabilität der Währung, sondern auch die wirtschaftspolitische Kompetenz der Regierung infrage. In einer Eurobarometer-Umfrage vom März/April 1985 gaben lediglich 22 Prozent der britischen Befragten an, ihre Währung sei in einem gesunden Zustand – nur in Italien lag dieser Wert noch niedriger. Vor allem aber legte die Krise die Inkonsistenzen der Geldpolitik offen, denn unter diesen Bedingungen ließ sich die Bedeutung des Wechselkurses kaum noch leugnen. Am 12. Januar 1985, einen Tag nach einer Zinserhöhung von 9,625 auf 10,5 Prozent, gab Thatchers Chief Press Secretary Bernard Ingham sein wöchentlich stattfindendes Pressebriefing. Die *Sunday Times* und der *Sunday Telegraph* schlossen aus seinen Äußerungen, die Regierung werde sich dem Kursverfall unter einen Dollar nicht mit Devisenmarktinterventionen entgegenstellen. Der daraus resultierende Abwertungsdruck zwang das Schatzamt zu dem ungewöhnlichen Schritt, noch am Sonntag eine Richtigstellung herauszugeben: Die Regierung werde den Pfundkurs entschlossen verteidigen. Entsetzt über die Vorstellung, das Pfund könne ausgerechnet unter ihrer Führung unter einen Dollar fallen, stimmte Thatcher einer Zinserhöhung auf 12 Prozent zu. Diese brachte je-

35 John Stevens, Evidence to the Sub-Committee of the House of Lords, 1.11.1989, CAC, AMEJ 2/1/152.

36 David Curry, The Press and Public Relations of the EDG. The U. K. Initial Reflections, Januar 1985, CPA, CCO 508/16/35/1.

37 Tom Normanton an Leon Brittan, 3.8.1979, CPA, CCO 508/1/4. Zu den Spannungen vgl. Lynch und Whitaker, Loveless Marriage.

doch nur kurzzeitige Entlastung: Am 28. Januar wurde eine weitere Erhöhung auf 14 Prozent notwendig – die dritte innerhalb von drei Wochen.[38] Die Episode verdeutlicht den ambivalenten Blick der Regierung auf Währung und Märkte. Die ideologisch begründete Präferenz für frei flottierende Wechselkurse ließ sich angesichts der politischen Symbolik und der inflationären Folgen eines Pfundverfalls kaum aufrechterhalten. Zugleich traten die destruktiven Wirkungen von Spekulationen zutage, die doch Ausdruck der eigentlich geforderten Marktkräfte waren.

Ende Januar 1985 sprach sich Schatzkanzler Lawson vor dem Unterhausausschuss TCSC erstmals vorsichtig für einen baldigen WKM-Beitritt aus.[39] Governor Leigh-Pemberton ging weiter und erklärte in einem Interview mit Radio 4, eine EWS-Vollmitgliedschaft hätte die Krise mildern können. Der offen zutage tretende Dissens zwischen Schatzamt und Bank of England hatte politische Wirkung: Der liberale Parteichef David Steel verwies im Unterhaus und in zwei offenen Briefen an Lawson auf die Diskrepanz.[40] „I am afraid", wurde in der geldpolitischen Abteilung im Schatzamt festgehalten, „the Governor's remarks [...] were not too bright"[41]; „some ingenuity had to be used to overlay the Governors comments [...] and leave the right general message."[42] Dabei war die WKM-Mitgliedschaft innerhalb der Bank of England umstritten. Deputy Governor Kit McMahon begrüßte eine Bindung an den antiinflationären D-Mark-Block auch aus europapolitischen Gründen: „it cannot be denied that there is something strange about an effectively permanent self-exclusion from a set of arrangements which the rest of the Community regards as central and important."[43] Dagegen warnte Eddie George, Direktor der Geldmarktabteilung, vor einem Verlust geldpolitischer Flexibilität. Ohne ausreichende Konvergenz mit der deutschen Wirtschaft und angesichts instabiler Öl- und Währungsmärkte könne eine Wechselkursbindung mehr Schaden als Nutzen anrichten.[44] Insgesamt war die Einbeziehung eines Wechselkursziels für die Bank, die ohnehin eine Flexibilisierung der Geldpolitik befürwortete, nicht so ein großer Bruch mit der bisherigen Linie wie dies bei der Regierung der Fall war.[45]

---

38 Stephens, Politics and the Pound, S. 27 f.; Thompson, British Conservative Government, S. 42. Eine ausführlichere Schilderung der Episode findet sich bei Harris, Good and Faithful Servant.

39 Stephens, Politics and the Pound, S. 28–30.

40 Nigel Lawson an David Steel, 4.2.1985, TNA, T 450/382; Nigel Lawson an David Steel, 14.2.1985, TNA, T 450/382.

41 Roger Lavelle an Nigel Lawson, 4.2.1985, TNA, T 450/382.

42 Roger Lavelle an Nigel Lawson, 8.2.1985, TNA, T 450/382; Nigel Lawson an David Steel, 14.2.1985, TNA, T 450/382.

43 Kit McMahon an Robin Leigh-Pemberton, 6.2.1985, TNA, PREM 19/2162.

44 Eddie George an Robin Leigh-Pemberton, 7.2.1985, BoE 10A114/7.

45 Eddie George (diktiert) an Robin Leigh Pemberton, 25.2.1985, BoE 10A114/7.

Die Währungsturbulenzen rückten zugleich die internationale Währungskooperation stärker in den Fokus, die seit Beginn der 1980er Jahre regelmäßig diskutiert wurde. Auf den G7-Gipfeln[46] in Versailles (1982) und Williamsburg (1983) führte der starke Dollar zu Forderungen nach einer gemeinsamen Lösung für die dadurch entstehenden Spannungen. Die US-Regierung unter Ronald Reagan hatte Devisenmarktinterventionen seit 1981 weitgehend eingestellt und beharrte darauf, dass freie Märkte langfristig effizienter seien. Diese Position stieß auf den Widerstand Frankreichs, das auf eine Rückkehr zu stärker koordinierten Wechselkursregelungen nach dem Muster von Bretton Woods drängte.[47] 1982 einigte man sich lediglich auf das Ziel größerer Stabilität und die Erstellung eines Berichts zu Devisenmarktinterventionen.[48] Die vom Währungsspezialisten Philippe Jurgensen geleitete Expertengruppe attestierte konzertierten, also zwischen mehreren Ländern abgestimmten Interventionen, in Ausnahmesituationen einen gewissen Nutzen, betonte jedoch die Voraussetzung einer wirtschaftlichen Konvergenz.[49] Beide Seiten sahen sich dadurch bestätigt: Frankreich in der Forderung nach mehr Koordination, die USA in ihrer Einschätzung, dass Interventionen strukturelle Ungleichgewichte nur kaschieren könnten.[50] 1983 blieb es bei der Einigung auf Konsultationen und Interventionen, sofern Einigkeit über deren Zweck bestand.[51] Die britische Regierung, die einer Wechselkursbindung weiterhin skeptisch gegenüberstand, unterstützte die zurückhaltende Linie Washingtons in der Frage der Devisenmarktinterventionen und betrachtete den Abbau des US-Haushaltsdefizits als den einzigen nachhaltigen Weg zu einem stabileren Dollarkurs.[52]

Die Pfundkrise Anfang 1985 änderte die bisherige Einschätzung grundlegend. Vor dem anstehenden Treffen der G5-Finanzminister[53] in Washington am 17. Januar 1985 drängte Margaret Thatcher in einer persönlichen Botschaft an Ronald Reagan auf einen kollektiven Ansatz, um das Problem des überbewerteten Dollars durch engere Währungskooperation anzugehen („restore reality to the market"). Erstmals hielt sie auch koordinierte Eingriffe in den Devisenmarkt für notwendig.[54] Tatsächlich meldete ein hochzufriedener Lawson telefonisch von der

46 Auf der Ebene der Staats- und Regierungschefs umfassten diese Treffen Frankreich, Deutschland, Japan, Großbritannien, USA, Kanada und Italien.

47 Zu internationalen Treffen von Staats- und Regierungschefs seit den 1970er Jahren vgl. Mourlon-Druol und Romero (Hrsg.), Summitry.

48 Bayne, Foundations, S. 27.

49 Jurgensen, Report.

50 James, Making the European Monetary Union, S. 194.

51 Text der Erklärung vom G7-Gipfel in Williamsburg mit Notizen von Margaret Thatcher, 30.5.1983, CAC, THCR 5/1/4/54.

52 Jürgen Ruhfus an Auswärtiges Amt, 2.2.1983, BArch, B 136/29829; Alan Walters an Margaret Thatcher, 25.4.1983, TNA, PREM 19/1008.

53 An diesen Treffen nahmen Frankreich, Deutschland, Japan, das Vereinigte Königreich und die USA teil.

54 Margaret Thatcher an Ronald Reagan, 15.1.1985, TNA, PREM 19/1456.

Konferenz, die US-amerikanische Haltung sei infolge der Zuschrift deutlich kooperativer. Ein gemeinsames Statement der G5 – ein Novum für diese Zusammenkünfte – bekräftigte das Bekenntnis zu koordinierten Interventionen.[55] Der amerikanische Kurswechsel hatte handfeste innenpolitische Gründe: Zwar war die Inflation durch Volckers Hochzinspolitik auf rund drei Prozent gesunken, doch der handelsgewichtete Dollar-Wechselkurs war seit 1979 um 55 Prozent gestiegen und schadete zunehmend den Exporten. Im Kongress wurden Forderungen nach protektionistischen Maßnahmen laut, sodass der neue Finanzminister James Baker, offener für eine aktive Wechselkursstabilisierung als Donald Regan, ein Einvernehmen mit den wichtigsten Industrieländern suchte.[56]

Am 22. September 1985 einigten sich die G5-Finanzminister und Zentralbankpräsidenten im New Yorker Plaza-Hotel auf eine angestrebte Abwertung des US-Dollars um zehn bis zwölf Prozent.[57] Inwiefern die Interventionen zur folgenden Entspannung beitrugen, war umstritten, denn bereits im Februar 1985 hatte der Dollar im langfristigen Trend zu fallen begonnen; der deutliche Anstieg kurz vor dem Abkommen war eine Ausnahme gewesen.[58] Entscheidend war jedoch, dass Lawson die folgende Dollarabwertung als Erfolg der internationalen Währungskooperation interpretierte. In seiner Wahrnehmung standen die Finanzminister den Märkten nicht länger hilflos gegenüber, sondern konnten aktiv auf Wechselkursentwicklungen einwirken.[59]

Zunächst teilte auch Thatcher diese Einschätzung. Sie beauftragte Lawson am 28. Januar sogar, die Option einer WKM-Mitgliedschaft zu prüfen, um das weiterhin unter Druck stehende Pfund zu entlasten.[60] Erst im Rückblick bewertete sie das Plaza-Abkommen als Fehler: Zum einen habe Alan Walters ihr erläutert, dass Devisenmarktinterventionen langfristig keine Wirkung hätten; zum anderen hätte es Lawson zu der Annahme verleitet, den Märkten trotzen zu können.[61] Zunächst aber überzeugte Lawson sie, ein erneutes ministeriumsübergreifendes EWS-Semi-

---

55 Robin Butler, Vermerk über eine telefonische Botschaft von Nigel Lawson, 17.1.1985, TNA, PREM 19/1456.

56 Bordo, Monetary Policy Cooperation, S. 598 f.

57 Geoffrey Littler, Vermerk über das Treffen der G5-Staaten im Plaza-Hotel in Washington, 22.9.1985, BoE 11A21/11.

58 Dass die Devisenmarktinterventionen im Anschluss an die Vereinbarung ausschlaggebend für die Stabilisierung waren, bezweifeln Feldstein, Evidence; Humpage, Intervention; Bordo et al., Strained Relations, S. 304; Bordo, Monetary Policy Cooperation, S. 599. Hingegen schreiben andere den Interventionen eine maßgebliche Wirkung zu, vgl. Dominguez und Frankel, Foreign Exchange Intervention.

59 Stephens, Politics and the Pound, S. 45, S. 61.

60 Andrew Turnbull an Rachel Lomax, Protokoll einer Besprechung zwischen Margaret Thatcher, Nigel Lawson und Kit McMahon, 28.1.1985, TNA, PREM 19/1456.

61 Thatcher, Downing Street, S. 957.

nar einzuberufen.[62] In dem vorbereitenden Papier stellte das Schatzamt klar, dass geld- und nicht EG-politische Faktoren ausschlaggebend sein müssten:

> The main argument for joining the ERM is not to replace a missing dimension from our European policy. Though other member states will welcome our membership of the ERM with varying degrees of enthusiasm, there is no reason to suppose that our joining the ERM would make it any easier to achieve our other objectives in Europe [...]. Nor is it likely to add to the popularity of Community membership [...] The fundamental issue is whether entry would provide the Government with an opportunity to restate its economic policy and give a new impetus to counter-inflation policy.[63]

Damit kehrte sich die bisherige Argumentation um: Ein WKM-Beitritt garantierte demnach keine europapolitischen Vorteile, sondern konnte – etwa durch erforderliche restriktive Maßnahmen zur Kursstabilisierung – innenpolitische Zustimmung zur EG-Mitgliedschaft untergraben. Auch das Foreign Office konzentrierte sich, entsprechend Thatchers Präferenz, auf wirtschaftliche Aspekte. Ihr Private Secretary Andrew Turnbull fasste die Vorbehalte in 10 Downing Street treffend zusammen: „FCO may provide a paper but what is needed from them is not waffle about how pleased the Europeans would be (the decision should be taken on its economic merits), but what we *can screw out of them in return*.“[64] Thatcher unterstrich den Satz mit zwei Häkchen und signalisierte so ihre Zustimmung.[65]

Entschieden gegen die WKM-Mitgliedschaft argumentierten im Vorfeld Policy-Unit-Chef John Redwood, der eine übermäßig deflationäre Politik durch die D-Mark-Bindung befürchtete,[66] und Alan Walters, der aus den USA vor Spekulationen gegen das Pfund, Abwertungen und möglichen Kapitalkontrollen warnte. Aus seiner Sicht hofften die anderen EWS-Mitglieder, durch eine britische Vollmitgliedschaft Spekulationen von ihren eigenen Währungen abzulenken: „One can understand the enthusiasm of the EMS members to include the UK since Britain would act as a safety valve for much speculation in the System, and as the DM strengthens in the months ahead, sterling's position would continue to be precarious.“[67]

Das EWS-Seminar am 13. Februar 1985 verlief erstaunlich unspektakulär. Alan Walters nahm nicht teil, und die übrigen Anwesenden plädierten nicht für einen sofortigen Beitritt, sondern für Vorbereitungen. Nigel Lawson argumentierte, die

62 Andrew Turnbull, Protokoll eines Gesprächs zwischen Margaret Thatcher und Nigel Lawson am 3.2.1985, erstellt am 4.2.1985, TNA, PREM 19/2162.
63 Roger Lavelle an Peter Middleton, 6.2.1985, TNA, T 438/325.
64 Hervorhebung im Original. Andrew Turnbull an Margaret Thatcher, 8.2.1985, TNA, PREM 19/2162.
65 Ebd.
66 John Redwood an Margaret Thatcher, 12.2.1985, TNA, PREM 19/2162.
67 Alan Walters an Andrew Turnbull, o. D. (Februar 1985), TNA, PREM 19/2162.

Rahmenbedingungen seien inzwischen deutlich günstiger: Der Pfundkurs habe ein angemessenes Niveau erreicht, das EWS sei stabiler – seit März 1983 habe es keine Realignments mehr gegeben – und eine WKM-Mitgliedschaft könne helfen, die Aufmerksamkeit der Märkte vom Dollarkurs abzulenken. Gleichwohl sah Lawson noch gewichtige Einwände: der Status des Pfunds als Öl- und Reservewährung, die relativ geringe wirtschaftliche Verflechtung mit der Bundesrepublik und die erhöhte Spekulationsgefahr angesichts der bevorstehenden Unterhauswahlen. Hinzu kam ein zu geringer Bestand an Währungsreserven für die im WKM notwendigen Devisenmarktinterventionen. Außenminister Howe bestätigte diese Einschätzung und damit auch die ökonomische Prioritätensetzung: „[He] recognised that the decision had to be taken on *economic* grounds." Auch Governor Robin Leigh-Pemberton pflichtete bei und betonte: „Though not unanimous, the Bank leant towards joining at some stage though current circumstances were not right." Damit fiel die Entscheidung gegen einen unmittelbaren Beitritt; zugleich wurde jedoch die Aufstockung der Reserven beschlossen, um die Grundlagen für eine spätere EWS-Vollmitgliedschaft zu schaffen.[68]

Parallel zur vorsichtigen Öffnung in Regierung und Bank vollzog auch die Confederation of British Industry (CBI) einen Kurswechsel. Bis 1984 hatte die EWS-Arbeitsgruppe des CBI, verankert im Economic and Financial Policy Committee (EFPC),[69] unter Verweis auf ökonomische Risiken einen WKM-Beitritt abgelehnt, während das verbandsinterne Europe Committee[70] ihn mit Blick auf eine stärkere Position Großbritanniens in der EG befürwortete.[71] Diese Spannung spiegelte die Lage im Kabinett – „shades of Treasury and FCO!" kommentierte Brian Unwin aus dem Schatzamt den Gegensatz zwischen „economists" und „Euro side".[72]

Im Dezember 1984 deutete sich im EFPC erstmals ein Umdenken an, da keine eindeutige Entscheidung gegen den Beitritt fiel.[73] Im Januar 1985 zog sich das führende President's Committee auf Beitrittsbedingungen zurück: ein wettbewerbsfähiger Pfund-D-Mark-Kurs, die Aufhebung von Kapitalverkehrsbeschränkungen

---

68 Andrew Turnbull an Rachel Lomax, Protokoll eines EWS-Seminars, 13.2.1985, TNA, PREM 19/2162.

69 Dem EFPC gehörten um die 20 Mitglieder aus den Vorständen von Mitgliedsunternehmen an. Sie berieten sechs- bis siebenmal jährlich wirtschaftspolitische Fragestellungen, insbesondere die CBI-Linie zu Haushalts- und Fiskalpolitik.

70 Das Europe Committee bestand aus 15 Mitgliedern, meist Delegierte aus Unternehmen und Handelsverbänden mit spezifischen EG-Interessen. Sie hatten die Aufgabe, die EG-Politik des Verbands zu koordinieren.

71 Terence Beckett an Jeremy Leigh-Pemberton, 7.10.1983, MRC, MSS.200/C/2008/ Box 127; Sprechzettel des Generaldirektors für den Council, o. D. (Oktober 1983), MRC, MSS.200/C/2008/ Box 127; Protokoll der Sitzung des President's Committee am 3.10.1983, MRC, MSS.200/C/2008/ Box 127.

72 Brian Unwin an Geoffrey Littler, 22.1.1985, TNA, T 450/380.

73 Jeremy Leigh-Pemberton an Terence Beckett, 4.10.1983, MRC, MSS.200/C/2008/ Box 127.

sowie eine stärkere Marktliberalisierung innerhalb der EG.[74] Im Februar wurden diese Bedingungen fallengelassen, und dem CBI Council – der letztlich entscheidenden Mitgliederversammlung – wurde eine Beitrittsempfehlung vorgelegt.[75] Nach der internen Abstimmung teilte CBI-Präsident James Cleminson dem Schatzkanzler den Kurswechsel schriftlich mit,[76] bevor die neue Linie Ende Februar 1985 vom CBI Council genehmigt und offiziell verkündet wurde – ein „U-turn" von der bisherigen Linie, wie es der *Guardian* formulierte.[77] Cleminson verwies in seiner Erklärung zwar auch auf die politischen Vorteile eines Beitritts, stellte diese jedoch in den Kontext wirtschaftlicher Stabilität und betonte, der Wechselkursmechanismus könne vor allem zur Stärkung der Glaubwürdigkeit und Wettbewerbsfähigkeit beitragen. Damit blieb die Schwerpunktsetzung klar ökonomisch, die politische Dimension wurde in eine Argumentation ökonomischer Rationalität eingebettet.[78]

In öffentlichen Stellungnahmen, etwa für den Unterhausausschuss TCSC, blieb die CBI bei dieser Linie. Sie betonte: „Although we have confined our detailed comments to the economic aspects of the issue, this should not be taken to imply that we reject the political arguments for membership. [...] business obviously depends to a large extent on the favourable political environment."[79] Intern fiel die Gewichtung jedoch anders aus. In einem Hintergrundpapier hieß es: „It may be suggested that the economic arguments for entry into the Exchange Rate Mechanism are finely balanced. [...] However, the political arguments seem to be overwhelmingly in favour. Real and significant progress, in areas of major importance to UK business, is not only possible but very likely if we join."[80]

Die öffentliche Konzentration auf ökonomische Aspekte war damit Ausdruck derselben Entpolitisierungsstrategie, die auch die Regierung verfolgte: Europapolitische Motive wurden in wirtschaftliche Rationalität übersetzt, um Legitimität aus ökonomischer Vernunft statt politischem Engagement zu beziehen. An dieser Linie hielt der Verband fest. Im Februar 1986 mahnte CBI-Präsident James Cleminson: „sterling is a Eurocurrency and not a petro-currency."[81] Das CBI-Papier zur britischen EG-Präsidentschaft 1986 unterstrich den Kurs: „Although this step

74 Entwurf für das President's Committee am 4.2.1985, o. D. (Januar 1985), MRC, MSS.200/C/Dec/1996/7934 File 1; John Caff an Patrick Rock, 21.1.1985, MRC, MSS.200/Dec/1996/7943 File 1.

75 Patrick Rock an Terence Beckett, 18.2.1985, MRC, MSS.200/C/Dec/1996/7934 File 1.

76 James Cleminson an Nigel Lawson, 21.2.1985, TNA, T 450/382.

77 David Simpson, CBI Urges EMS Entry, The Guardian, 21.2.1985.

78 Ebd.

79 CBI, Vorlage für das House of Commons Treasury and Civil Service Sub Committee zur Untersuchung der finanziellen und wirtschaftlichen Folgen der britischen Mitgliedschaft in den Europäischen Gemeinschaften, 28.2.1985, MRC, MSS.200/C/Dec/1996/7934 File 3.

80 CBI, Memorandum über die Aussage beim TCSC, o. D. (Februar 1985), MRC, MSS.200/C/Dec/1996/7934 File 3.

81 Walter Ellis, CBI Urges Full Membership of EMS, The Financial Times, 27.2.1986.

would have a useful political effect, our advocacy of it is based on the economic arguments which we have repeatedly advanced, plus the distinct psychological gain in terms of encouragement to more UK companies to increase their business with other EC countries."[82] Die Wirkung solcher Plädoyers blieb allerdings begrenzt, auch weil Thatchers Regierung bewusst von korporatistischen Ansätzen ihrer Vorgänger abrückte und den Einfluss von Arbeitgeber- wie Arbeitnehmerverbänden auf die politische Entscheidungsfindung deutlich reduzierte.[83]

Neben der CBI befürworteten auch andere Wirtschaftsverbände eine EWS-Vollmitgliedschaft. Bereits im Oktober 1984 hatte ein vielbeachteter, ausführlicher Bericht des Thinktanks Federal Trust – mit prominenter Beteiligung aus City und Politik – für den Beitritt plädiert. Ebenso befürworteten das Institute of Directors (IoD), das National Institute for Economic and Social Research, die London School of Economics – „once regarded as a citadel for monetarism", wie Christopher Johnson von Lloyds bemerkte[84] – sowie die Britische Handelskammer ein baldiges Vorgehen.[85]

Auch in der Londoner City wurde die Priorisierung wirtschaftlicher Rationalität geteilt. Ökonomen und Analysten begrüßten die Geldmengenpolitik weitgehend.[86] Ab 1983 mehrten sich jedoch Stimmen, die eine Vereinbarkeit mit der WKM-Mitgliedschaft betonten und sie als Verstärkung geldpolitischer Glaubwürdigkeit sahen.[87] Diese Argumente wurden im Foreign Office dankbar als „useful weapon in the battle with the Treasury" aufgegriffen.[88] Vertreter führender Finanzhäuser, etwa Michael Butler (Hambros Bank) und Christopher Johnson (Lloyds Bank), betonten vor allem die Festigung des antiinflationären Kurses, auch wenn die City mangels einer einheitlichen Interessenvertretung und angesichts ihrer internationalen Ausrichtung insgesamt zurückhaltender blieb.[89] Die Reaktionen verdeutlichen, dass sich die Strategie der Entpolitisierung bis in die Finanzwelt hinein fortsetzte – als ökonomisches Argumentationsmuster, nicht als Integrationsbekenntnis.

---

82 Amanda Burn an Henry Plumb, 5.6.1986, CBI-Memorandum, Priorities for the UK Presidency of the European Community, July–December 1986, CPA, CCO 508/1/53 Part 2.

83 Rollings, Cracks, S. 641; Woodward und Silverwood, Shadows, S. 279–298.

84 Johnson, Britain and the European Monetary System, S. 174.

85 James Ackers an Nigel Lawson, 8.11.1984, TNA, T 450/380.

86 Peden, Treasury and the City, S. 133; Davies, City of London, Kap. 5; Green, Conservatives and the City, S. 171 f.; Stephens, Politics and the Pound, S. 79.

87 Hugo Herbert-Jones an Adrian Cadbury, 14.10.1983, MRC, MSS.200/C/2008/ Box 127; Geoffrey Dennis, EMS Membership & UK Monetary Policy, 22.10.1984, TNA, PREM 19/2162. Vgl. dazu auch Talani, Betting for and against EMU; dies., Globalization, S. 69–71.

88 Colin Budd an Simon Broadbent, 5.11.1984, TNA, FCO 30/5912.

89 Michael Butler an Margaret Thatcher, 21.10.1986, TNA, PREM 19/2162; FCO, Memorandum, Membership of ERM. Summary Points, o. D. (1986), CCA, SOC/Lawson/1/1986; Quentin Peel, Britain Should Join EMS, Says Lloyds, Financial Times, 22.3.1985, abgeheftet in TNA, T 450/382.

Während wirtschaftsnahe Akteure – von der CBI bis zur City – zunehmend für einen WKM-Beitritt eintraten, suchte die Regierung, den politischen Charakter der Debatte kommunikativ zu entschärfen. In der Presse wurde die EWS-Frage zugleich als Test wirtschaftlicher Glaubwürdigkeit und politischer Führungsstärke verhandelt. Die Regierung bemühte sich, durch gezielte Öffentlichkeitsarbeit und die Rahmung als technisches Thema Einfluss auf die Berichterstattung zu nehmen. Doch spiegelten die großen Tageszeitungen die politische Brisanz des Themas zwischen Wirtschaftspolitik und Europa immer deutlicher.[90] Seit 1985 unterstützten *Financial Times* und *Times* überwiegend einen Beitritt, wenn auch mit Vorbehalten,[91] während Boulevardmedien wie die *Daily Mail* Souveränitätsbedenken betonten.[92] Die Presse wurde so selbst zum Akteur: Kommentare über Wechselkursbewegungen und mögliche Entscheidungen beeinflussten die Markterwartungen, während gezielte Informationslecks aus Regierungskreisen ihrerseits zur politischen Steuerung eingesetzt wurden.[93] Auffällig ist, dass in der Presse bereits ab 1985 den politischen Implikationen ein deutlich höherer Stellenwert beigemessen wurde als in den internen Regierungsdebatten. Die Entpolitisierungsstrategie, mit der die geldpolitischen Diskussionen rationalisiert und in den Bereich technischer Expertise verwiesen werden sollten, fruchtete in der öffentlichen Präsentation nur begrenzt.

Nachdem die EWS-Vollmitgliedschaft mit der Pfundkrise Anfang 1985 wieder in Reichweite gerückt war, hielten sowohl die Verhandlungen über die Einheitliche Europäische Akte auf EG-Ebene als auch die innenpolitische Diskussion über die Kohärenz der Geldpolitik das Thema weiter auf der Agenda. Vorrang hatten dabei jedoch 1985 eindeutig die geldpolitischen Erwägungen.

Zwischen EG-Regierungskonferenz und Abkehr vom Geldmengenziel

Die Konzentration auf wirtschaftliche Erwägungen, vor allem im Hinblick auf die Wirkung auf die heimische Geldpolitik, hatte bereits 1984 Nicholas Colchester in der *Financial Times* konstatiert: „The Treasury insists, and the Foreign Office accepts, that economic considerations are paramount." Damit verkenne man jedoch, so seine Kritik, dass sich die Debatte über das EWS grundlegend verändert habe. Statt weiter auf den seit Jahren aufgeschobenen britischen WKM-Beitritt zu

---

90 Meteling, Phoenix; Häußler, Popular Press.

91 Economic Advisers, EMS. Recent Developments, 12.3.1986, TNA, FCO 30/6576; Simon Broadbent, EMS. Further Arguments in Support of UK Participation in the Exchange Rate Mechanism, Oktober 1984, TNA, FCO 30/5912.

92 Britain Tiptoes Towards EMS, Daily Mail, 30.9.1985; Andrew Alexander, Will Lawson Succumb to this EMS Lure?, Daily Mail, 15.1.1986; Andrew Alexander, Joining EMS Would Signal a Loss of Nerve, Daily Mail, 3.6.1986.

93 Stephens, Politics and the Pound, S. 157; Robin Butler an Andrew Turnbull, 18.6.1990, TNA, PREM 19/2983.

warten, hätten sich die europäischen Partner zunehmend dem Ziel einer Währungsunion zugewandt.[94] Diese Beobachtung teilte auch Simon Broadbent im Foreign Office, der eine stärkere Berücksichtigung der strategischen EG-Ausrichtung anmahnte.[95]

Auf EG-Ebene setzte Mitte 1985 mit den Verhandlungen über die Einheitliche Europäische Akte (EEA) eine neue Integrationsdynamik ein, die den ökonomischen Deutungsrahmen des EWS in Großbritannien infrage stellte. Die Reform der EG-Verträge brachte die Währungsintegration wieder auf die politische Agenda. In Fontainebleau 1984 hatte der Europäische Rat dazu einen Ausschuss unter Vorsitz des ehemaligen irischen Außenministers James Dooge eingesetzt, dessen Bericht im Frühjahr 1985 weitreichende Vorschläge enthielt: eine engere wirtschafts-, haushalts- und geldpolitische Koordinierung, die Liberalisierung des Kapitalverkehrs, die Förderung der ECU-Nutzung sowie die Teilnahme aller EWS-Mitglieder am Wechselkursmechanismus.[96] Gegen weitergehende Ideen – wie den Verweis auf eine Europäische Zentralbank oder eine gemeinsame Währung – hatte Großbritannien Vorbehalte eingelegt.[97]

Eine ausführliche Diskussion des Dooge-Berichts fand beim Europäischen Rat in Mailand am 28. und 29. Juni 1985 statt. Trotz positiver Erwartungen der Presse erlitt Thatcher dort eine empfindliche diplomatische Niederlage: Der italienische Premierminister Bettino Craxi setzte in einer außerordentlichen Abstimmung gegen ihren Widerstand die Einberufung einer Regierungskonferenz durch.[98] Trotz dieser Isolierung nahm die britische Regierung an der Konferenz teil, die am 9. September 1985 ihre Arbeit aufnahm. Die im Dezember vereinbarte Schaffung des Binnenmarkts bis 1992 wurde in London ausdrücklich begrüßt – Thatcher beanspruchte sogar, daran maßgeblich mitgewirkt zu haben. Den Ausbau der Mehrheitsentscheidungen und der Befugnisse des Europäischen Parlaments hingegen sah sie kritisch, stimmte ihm aber ebenso zu wie der Aufnahme des Ziels einer Wirtschafts- und Währungsunion.[99]

Da an einer Formalisierung des EWS in den EG-Verträgen kein Interesse bestand, befassten sich die Vorbereitungen der Regierungskonferenz zunächst kaum mit dessen technischen Details.[100] Gemeinsam mit der Bundesrepublik, Irland, Dänemark und den Niederlanden lehnte das britische Verhandlungsteam

---

94 Nicholas Colchester, The Ecu Finds New Friends, The Financial Times, 26.11.1984, abgeheftet in TNA, T 450/380.

95 Simon Broadbent, EWS-Papier, 6.1.1984, TNA, FCO 30/5911.

96 Dooge Committee, Report from the Ad Hoc Committee on Institutional Affairs, 29./30.3.1985, CVCE, https://www.cvce.eu/en/education/unit-content/-/unit/02bb76df-d066-4c08-a58a-d4686a3e68ff/f1aa4206-3fac-43e8-bc83-9070b8846e0b/Resources#17c22ae3-480a-4637-ad28-e152d86105b7_en&overlay (30.9.2025).

97 Geoffrey Fitchew an Nigel Lawson, 12.12.1984, TNA, T 450/380.

98 Warlouzet, Governing Europe, S. 195.

99 Crowson, Britain, S. 116 f.; Wall, Single European Act, S. 37.

100 Keith Bloomfield an Janet Barber, 16.8.1985, TNA, T 450/384.

die unter anderem von Frankreich, Italien und der EG-Kommission vorgebrachten Vorschläge ab, das EWS, bisher formell ein Abkommen zwischen Notenbanken, vertraglich in der EG zu verankern.[101] Damit, so die britische Befürchtung, würde nicht nur geldpolitische Kompetenz auf die Gemeinschaftsebene übergehen, sondern es könnte auch eine rechtliche Verpflichtung zum WKM-Beitritt entstehen.[102] Die parallel verlaufenden Diskussionen im Ausschuss der Zentralbankpräsidenten und im Währungsausschuss rückten die Frage der britischen WKM-Teilnahme dennoch wieder auf die Agenda. London versuchte dem durch eigene Vorschläge zu begegnen, die eine nicht-institutionelle Weiterentwicklung des EWS ermöglichten – etwa durch die vollständige Aufhebung der Kapitalverkehrskontrollen, die Förderung wirtschaftlicher Konvergenz und den Ausbau der ECU-Nutzung, allerdings über Marktliberalisierung statt staatlicher Anreize. Damit hoffte die britische Regierung, sich konstruktiv in die EWS-Diskussion einzubringen und den Eindruck einer grundlegenden Gegnerschaft zu vermeiden.[103]

Neben den Forderungen der EG-Partner erregte im britischen Schatzamt auch die Einbindung der Außenministerien bei Beratungen zur Währungspolitik Missfallen. J. E. Mortimer betonte: „I am loath to agree that foreign ministers should be allowed to discuss this sort of topic [...] the last thing we would want is for the Foreign Secretary – whose views on membership are different from the Chancellor's – to get involved as well".[104] Tatsächlich legte Außenminister Howe größeres Gewicht auf die EG-politische Dimension, wie er an Lawson schrieb: „We have agreed many times that entry could only be contemplated on the basis of its economic merits. But I know you share my belief that UK membership of the ERM would bring benefits in other areas of European political and economic cooperation, notably the internal market."[105] Trotz der laufenden EG-Verhandlungen blieb in London die Wirkung auf Geld- und Wirtschaftspolitik das zentrale Kriterium jeder Beitrittsüberlegung.

Als die Ergebnisse der Regierungskonferenz beim Europäischen Rat in Luxemburg am 2. und 3. Dezember 1985 diskutiert wurden, lehnte die britische Delegation die Aufnahme des Ziels einer Wirtschafts- und Währungsunion in die Einheitliche Europäische Akte ab. Thatcher und Howe gelang es jedoch nicht, diese Passage zu verhindern.[106] Dass die britische Seite dem Vertrag dennoch zustimmte, lag daran, dass er wesentliche Kernforderungen erfüllte: die Schaffung des Binnenmarkts bis 1992, die Liberalisierung des Kapitalverkehrs und die vertragliche Regelung der außenpolitischen Grundlagen. Thatcher betonte rückblickend,

---

101 John Weston an Robin Renwick, 13.8.1985, TNA, T 450/384.

102 Janet Barber an Keith Bloomfield, o. D. (August 1985), TNA, T 450/384.

103 Chris Kelly an Janet Barber, 23.8.1985, TNA, T 450/384.

104 J. E. Mortimer an Chris Kelly, 22.8.1985, TNA, T 450/384.

105 Geoffrey Howe an Nigel Lawson, 5.8.1985, TNA, FCO 73/576.

106 HOWE, Conflict, S. 445.

Großbritannien sei unter ihrer Führung „originator of and the driving force behind the Single European Act" gewesen.[107]

Der Europäische Rat beschloss, den Verweis auf die Wirtschafts- und Währungsunion an zwei Stellen aufzunehmen: in die Präambel, die ausdrücklich auf den Beschluss der Staats- und Regierungschefs von Oktober 1972 zur schrittweisen Verwirklichung einer Wirtschafts- und Währungsunion verwies, und in die Überschrift zu Titel II, Artikel 20, Kapitel 1. Dieser Teil definierte den Rahmen für eine verstärkte wirtschafts- und währungspolitische Zusammenarbeit, blieb jedoch auf eine allgemeine Koordinierung wirtschafts- und geldpolitischer Maßnahmen beschränkt und enthielt keine Verpflichtung auf das Ziel einer Währungsunion.[108] Diese eher unscheinbare, nicht näher erläuterte Erwähnung ging auf eine Initiative Genschers zurück. Kommissionspräsident Delors bezeichnete sie später als „little white pebble" – einen kleinen weißen Kieselstein, den er bewusst ausgelegt habe, um die Spur zur gemeinsamen Währung zu markieren.[109] Die britische Seite hatte zuvor versucht, jede ausdrückliche Bezugnahme auf eine Wirtschafts- und Währungsunion zu vermeiden, akzeptierte die Passage letztlich jedoch in der Annahme, sie wiederhole lediglich bereits bestehende Zielsetzungen und schaffe keine neuen rechtlichen Verpflichtungen.[110] Thatchers persönlicher Brief an den EG-Botschafter David Hannay unterstrich diese Wahrnehmung: „It was a fairly trying occasion but I think we came out of it in good shape."[111] Thatcher unterschätzte die Bedeutung der Einheitlichen Europäischen Akte für den nachfolgenden schrittweisen Ausbau der Währungsintegration.[112] Später wurde der Passus als Beleg für eine britische Zustimmung zum Prinzip einer Wirtschafts- und Währungsunion herangezogen, was Versuche unterlief, das WKM-Fernbleiben als EG-politisch irrelevant darzustellen. Damit legte die Einheitliche Europäische Akte, die im Februar 1986 unterzeichnet wurde und am 1. Juli 1987 in Kraft trat, eine wichtige Grundlage für die folgenden Debatten um die gemeinsame Währung.

Vor diesem Hintergrund setzte sich Lawsons Neuorientierung in der Wechselkurspolitik fort. Für ihn waren jedoch nicht die politischen Ambitionen der Gemeinschaft ausschlaggebend, sondern die Anforderungen der britischen Geldpolitik. Nur wenige Wochen nach dem EWS-Seminar im Februar hatte er in seiner Haushaltsrede im März 1985 betont, dass ein „benign neglect" des Wechselkurses

---

107 Thatcher, Statecraft, S. 372 f.

108 Schlussfolgerungen des Europäischen Rates in Luxemburg, 2./3.12.1985, https://www.consilium.europa.eu/de/european-council/conclusions/1992-1975/ (30.9.2025); Einheitliche Europäische Akte, ABl. L 169 vom 29.6.1987, S. 1–28, http://data.europa.eu/eli/treaty/sea/sign (30.9.2025).

109 James, Making the European Monetary Union, S. 214.

110 Telegramm des britischen Botschafters in Luxemburg an FCO, 4.12.1985, TNA, PREM 19/1752.

111 Margaret Thatcher an David Hannay, 9.12.1985, TNA, PREM 19/1752.

112 Anta, Quarrel on the Idea, S. 10.

keine Option mehr sei, da größere Schwankungen die Inflationserwartungen und damit die Effizienz der Geldpolitik untergrüben.[113] In seiner Mansion-House-Rede am 17. Oktober 1985 erklärte er schließlich, £ M3 eigne sich nicht länger als Hauptzielgröße und werde durch andere Aggregate und den Wechselkurs als zusätzlichen Indikator ergänzt: „When, as now, signals from the various measures of money become difficult to interpret, the exchange rate inevitably assumes an increased weight in monetary policy decisions."[114] Faktisch bedeutete das die Aussetzung des Geldmengenziels £ M3. Oft wird dies als Endpunkt der britischen Geldmengenpolitik gedeutet; tatsächlich blieben Geldmengenziele Bestandteil des bis 1997 gültigen MTFS-Rahmens.[115] Die Rede markierte dennoch einen Bruchpunkt: In den fünfeinhalb Jahren zwischen 1985 und dem WKM-Beitritt 1990 existierte de facto kein klar definierter Rahmen für die Geldpolitik mehr.[116] Lawson sprach später von einem „patching up job", der aus seiner Sicht nicht ausreichte, um das notwendige Vertrauen der Märkte zu sichern. Den alternativen Ordnungsrahmen – die WKM-Mitgliedschaft – lehnte Thatcher weiterhin ab.[117]

Faktisch richtete sich die Politik jedoch seit Mitte 1985 zunehmend am Wechselkurs aus. Im August visierte Lawson, trotz günstiger Geldmengendaten, Devisenmarktinterventionen in Höhe von 500 Millionen Dollar an, um einer Aufwertung des Pfunds gegenüber der D-Mark entgegenzuwirken – eine „astonishing volte-face", wie Anthony Loehnis aus der Internationalen Abteilung der Bank of England anmerkte. Noch im Juli hatte Lawson derartige Eingriffe ausgeschlossen. Geoffrey Littler erklärte den Kurswechsel mit Lawsons wachsender Bereitschaft zu einem WKM-Beitritt, während Eddie George vor der Außenwirkung warnte: Bekanntwerden der Aktion könnte, so seine Sorge, den Strategiewechsel offenlegen und Verunsicherung auslösen.[118]

Im selben Monat unternahm Außenminister Geoffrey Howe einen weiteren Versuch, die EWS-Frage wieder auf die Tagesordnung zu setzen. In einem persönlichen Schreiben an Lawson vom 5. August 1985 behandelte er vor allem ökonomische Aspekte – ein Ansatz, der im Foreign Office auf Skepsis stieß. Dort bezweifelte man, dass eine rein wirtschaftliche Argumentation durch den Außen-

---

113 Hansard HC Deb. Vol. 75, Cols. 783–801, 19.3.1985, https://hansard.parliament.uk/commons/1985-03-19/debates/d71059f4-db6c-4740-accb-23e4f08b015f/WaysAndMeans#783 (30.9.2025).

114 Nigel Lawson, Mansion House Speech, 17.10.1985, HM Government, https://assets.publishing.service.gov.uk/government/uploads/system/uploads/attachment_data/file/308260/document2014-05-01-113932.pdf (30.9.2025).

115 James, Making a Modern Central Bank, S. 12 f.

116 David Cobham sieht schon in der Festlegung des unrealistischen Zielkorridors für das £ M3-Wachstum im Haushalt 1985 den ersten Schritt für die Aufgabe der strikten Geldmengenpolitik. Cobham, Making of Monetary Policy, S. 53.

117 Nigel Lawson an David Norgrove, The European Monetary System, 11.11.1985, TNA, PREM 19/2162.

118 Anthony Loehnis an Robin Leigh-Pemberton, 31.7.1985, BoE 10A114/8.

minister bei Thatcher Erfolg haben würde.[119] Im Schatzamt wiederum galt Howes Initiative als kontraproduktiv, da sie in den Kompetenzbereich des Schatzamts eingriff und Thatchers Widerstand erwartet wurde. Im Foreign Office sah man dennoch Handlungsbedarf, weil befürchtet wurde, die anstehenden Unterhauswahlen 1987 könnten als Vorwand dienen, eine Entscheidung erneut aufzuschieben. Robin Renwick aus der Europapolitischen Abteilung drängte deshalb, das „Momentum" zu nutzen, da inzwischen alle großen Zeitungen mit Ausnahme des konservativen *Daily Telegraph* den Beitritt befürworteten.[120] Selbst kritische Stimmen wie Schatzamts-Chefökonom Terence Burns oder Eddie George in der Bank of England plädierten inzwischen für eine Neuorientierung. George schrieb an den Governor: „On broader strategy the behaviour of broad money [...] and the lack of credibility of M0 makes us increasingly feel that we will not be able to achieve coherence other than through EMS. We think it right to have another go with the PM on this."[121]

In einem bilateralen Gespräch mit Margaret Thatcher Ende August hatte Lawson ein erneutes EWS-Seminar für Ende September vereinbart. Hatten ihn im Februar das schwache Pfund und geringe Währungsreserven noch zu Zurückhaltung veranlasst, hielt er den Zeitpunkt nun für gekommen. In einer Besprechung mit Schatzamt-*officials* am 2. September 1985 zeigte er sich zuversichtlich, Thatchers Einwände überwinden zu können: „The Prime Minister remains instinctively against joining, but her mind is not totally closed. It will be for those who favour joining to make their case." Um sie zu überzeugen, beauftragte er Schatzamt und Bank of England mit einem gemeinsamen Papier, das die EWS-Vollmitgliedschaft als „selling document" positiv darstellen sollte.[122] Ökonomische Interventionen aus dem Außenministerium verbat er sich für die Zukunft als „not suitable".[123]

Das Papier von Schatzamt und Bank präsentierte die Mitgliedschaft nicht als Bruch mit der bisherigen geldpolitischen Strategie, sondern als deren „natural extension", die mehr Transparenz und Glaubwürdigkeit schaffen und Disziplinierungseffekte auf Gewerkschaften und Unternehmen entfalten würde. Das Papier empfahl den Beitritt „at the earliest practicable opportunity" bei einer Bandbreite von ±2,25 Prozent und sah eine Unterhausabstimmung vor.[124] Parallel erläuterte Lawson der Premierministerin in einem vertraulichen Brief seine Lösung für das wahlzyklische Risiko, dass Spekulationen vor Unterhauswahlen den Pfundkurs

---

119 Howard Davies an Nigel Lawson, 19.7.1985, TNA, T 450/384.

120 Robin Renwick an Leonard Appleyard, 4.9.1985, TNA, FCO 30/6267.

121 Eddie George an Robin Leigh-Pemberton, 3.9.1985, BoE 10A114/8.

122 Geoffrey Littler an Nigel Lawson, 6.9.1985, TNA, T 450/447.

123 Rachel Lomax, Protokoll eines Gesprächs zwischen Nigel Lawson, Peter Middleton, Terence Burns und Geoffrey Littler am 2.9.1985, erstellt am 4.9.1985, TNA, T 450/447.

124 Gemeinsames Papier von Schatzamt und Bank of England für das EWS-Seminar, Sterling and the European Rate Mechanism (sic!), 30.9.1985, TNA, PREM 19/2162.

unter Druck setzen und damit der regierenden Partei wahltaktisch schaden könnten. Er verwies darauf, dass eine temporäre Suspendierung der WKM-Mitgliedschaft zwar nicht vorgesehen, aber in Ausnahmefällen faktisch möglich sei, da frühere Verstöße anderer Mitglieder ungeahndet geblieben waren. Daraus leitete er die Annahme ab, eine britische Aussetzung müsse mangels wirksamer Sanktionsmechanismen akzeptiert werden – ja, sie könne sogar politisch nützlich sein: denn ein Kursrutsch könnte Wählerinnen und Wählern als Reaktion der Märkte auf eine drohende Labour-Regierung präsentiert werden.[125] Diese Überlegungen machten deutlich, dass Lawson vor allem geldpolitische und wahlstrategische, nicht europapolitische Motive in den Vordergrund rückte.

Widerspruch kam von David Willetts und Brian Griffiths aus der Policy Unit. Sie warnten, wirtschaftliche Divergenzen würden Großbritannien im WKM zu untragbaren Maßnahmen zwingen: „If God had intended us to join the Exchange Rate Mechanism, we would be *as productive and as moderate in our wage demands as the Germans*." Thatcher versah den Satz mit einem Ausrufezeichen. Zugleich befürchteten sie, ein britischer Beitritt würde das EWS von einem *„Deutschmark system"* in ein *„bipolar monetary system"* verwandeln.[126] Diese Argumentation prägte fortan die offizielle Linie: Das Fernbleiben wurde als Beitrag zur Stabilität des EWS dargestellt – als Schutz des Systems vor den Risiken, die das Pfund als internationale Reservewährung für ein regionales Wechselkursgefüge bedeutet hätte. Dieses Risiko sahen die EG-Partner zwar durchaus, doch es gelang nicht, der britischen Position die europapolitische Schärfe zu nehmen.

Ganz entschieden sprach sich auch John Redwood gegen den Beitritt aus. Als Hauptargument führte er die Bindung an die deutsche Währung an. Während das Schatzamt darin eine antiinflationäre Disziplinierung sah, erblickte Redwood eine Bedrohung für die britische Souveränität und für das Wirtschaftswachstum, das durch die Erfordernisse einer strikten Geldpolitik eingeschränkt würde. Er warnte wiederholt vor dem Zwang zur Anpassung an eine übermäßig restriktive Politik, die er als „a hair shirt of *Teutonic prickliness*" bezeichnete.[127] Daraus würde nicht einmal Stabilität folgen: „You surrender sovereignty, and in turn receive recurrent sterling crises".[128] Mit seinem Beharren auf Handlungsfreiheit rückte er auch von der Regelbindung ab, die Grundlage der Geldmengenpolitik gewesen war, und plädierte für einen pragmatischen, diskretionären Ansatz: „This may not be intellectually pure, but it is politically *much more sensible*; keep our *own desti-*

---

125 Nigel Lawson an Margaret Thatcher, 27.9.1985, TNA, PREM 19/2162.

126 Hervorhebung im Original. David Willetts an Margaret Thatcher, 27.9.1985, TNA, PREM 19/2162.

127 Hervorhebung im Original. John Redwood an Margaret Thatcher, 12.2.1985, TNA, PREM 19/2162.

128 John Redwood, Memorandum für Margaret Thatcher, 26.6.1985, CAC, THCR 2/11/3/4 Part 2.

nies in our hands and not in those of the Germans.“[129] Hinter seinen Warnungen stand weniger ein abstrakter Souveränitätsdiskurs als die Sorge, dass strikte Regelbindungen den innenpolitischen Handlungsspielraum beschneiden und britische Entscheidungen indirekt durch die deutsche Geldpolitik determiniert würden. Redwood verwies als einer der wenigen in Thatchers engem Umfeld explizit auf den Begriff der Souveränität. Seine These vom Primat des Politischen fand Thatchers Aufmerksamkeit – ihre intensiven Randnotizen zeugen davon –, setzte sich aber nicht durch.

In erster Linie wurde die EWS-Frage weiterhin als wirtschaftliche Entscheidung behandelt. Thatchers Private Secretary für Wirtschaftsfragen, David Norgrove, schrieb:

> Joining the ERM could turn out to be the most important economic decision of this Parliament and quite possibly of your administration. [...] Sir Alan Walters and, to a lesser extent, the Chancellor tend to see joining as a question of the *framework.* John Redwood sees it more as a question of the *stance*, risking *tighter policies, higher unemployment* and damage to the *Government's electoral prospects.*[130]

Während Norgrove eine Beitrittsentscheidung für realistisch hielt, zeigte sich Thatchers Principal Private Secretary Nigel Wicks skeptischer. Er warnte, im Falle einer Entscheidung – „and it is a big if“ – sei eine ausgewogenere Präsentation nötig: „Treasury will concentrate too much on the technicalities of £ M3, M0 et al, and the FCO will regard it as an exercise in Europhilia.“[131]

Als das EWS-Seminar am 30. September 1985 in 10 Downing Street stattfand, dominierte die Position des Schatzamts. Neben Schatzkanzler Lawson und Governor Leigh-Pemberton nahmen Außenminister Howe, Brian Griffiths, Thatchers Economic Secretary Ian Stewart sowie *officials* aus Schatzamt und Bank teil. Wie von Wicks vorgeschlagen, legten sie nacheinander ihre Einschätzungen vor. Lawson befürwortete den Beitritt als „natural development“ der bisherigen Strategie, die Industrie zu disziplinieren, da überhöhte, inflationäre Lohnsteigerungen im WKM nicht mehr durch exportsteigernde Pfundabwertungen kompensiert werden könnten.[132] Dieser Ansatz ließ das EWS faktisch als Ersatz für eine explizite Einkommenspolitik erscheinen – also die Begrenzung von Lohnabschlüssen durch Abkommen mit den Gewerkschaften, wie sie von der Labour-Regierung

129 Hervorhebung im Original. John Redwood an Margaret Thatcher, 27.9.1985, TNA, PREM 19/2162.

130 Hervorhebung im Original. David Norgrove an Margaret Thatcher, 27.9.1985, TNA, PREM 19/2162.

131 Nigel Wicks, Memorandum zum EWS, 26.6.1979, TNA, PREM 19/2162.

132 David Norgrove an Rachel Lomax, Protokoll eines EWS-Seminars der Premierministerin am 30.9.1985, erstellt am 1.10.1985, TNA, PREM 19/2162.

praktiziert worden war.[133] Auch Robin Leigh-Pemberton betonte die Kontinuität, indem er auf die Notwendigkeit „to reinforce the strategy" hinwies. Howe betonte ebenfalls bewusst ökonomische Vorteile und begegnete so dem Vorwurf, unkritisch den Forderungen der EG-Partner das Wort zu reden: größere Konvergenz zur deutschen Wirtschaft, Stabilität des EWS und verbesserte Realignment-Mechanismen.[134]

Thatcher überzeugte keine dieser Deutungen. Unterstützt von ihrem Berater Brian Griffiths verwies sie auf den drohenden Verlust geldpolitischer Handlungsfreiheit („room for manoeuvre") durch die externe Bindung. Ihre Einwände zielten weniger auf ein abstraktes Souveränitätsverständnis als auf politische Steuerungsfähigkeit. Dadurch trat die Ambivalenz der proklamierten Regelbindung deutlich hervor: Die geforderte Handlungsfreiheit setzte letztlich eine diskretionäre, also situativ anpassbare Politik voraus. Genau diese sollte die öffentliche Orientierung an Geldmengenzielen eigentlich ausschließen, um Verlässlichkeit und Glaubwürdigkeit zu signalisieren. Ergänzend nannte sie den internationalen Reservewährungsstatus des Pfunds, mögliche Spekulationen, Ölpreisschwankungen und große Kapitalbewegungen. Thatcher schloss, sie sei nicht überzeugt, dass sich die Abwägung zugunsten eines Beitritts verändert habe.[135]

Dennoch stimmte Thatcher zu, die Frage in einem weiteren EWS-Seminar im November 1985 zu erörtern.[136] Als Grundlage sollten Schatzamt und Bank of England einen Fragebogen zu den Vorteilen des EWS beantworten. Der von Alan Walters entworfene Fragenkatalog wurde dort als einseitig empfunden und daher gemeinsam überarbeitet – ein weiterer Hinweis auf die enge Zusammenarbeit von Schatzamt und Bank, während das Foreign Office inzwischen weitgehend an den Rand gedrängt war. Lawson und Leigh-Pemberton hielten fest: „The Treasury and the Bank will be approaching the meeting as advocates for joining but not without a sense of realism of the validity of the old arguments against joining."[137]

Im Schatzamt gab es allerdings auch Skepsis. Frank Cassell, Leiter der Abteilung für Geldpolitik, übermittelte Lawson am 1. November ein Papier, das auf die Risiken einer WKM-Mitgliedschaft hinwies. Aufgrund seiner Erfahrungen mit früheren Pfundkrisen sah er in Devisenmarktinterventionen nur begrenzte Wirkung und hielt in einer Stresssituation drastische Zinserhöhungen oder gar Kapitalverkehrskontrollen für unvermeidlich. Das Pfund sei wegen der hohen Auslandsbestände besonders anfällig: Seit 1973 hatten sich diese fast versiebenfacht und ent-

---

133 Vgl. dazu Brady, Unions, S. 21–51; Rogers, Social Contract; Brown, Industrial Relations, S. 412 f.; Taylor, Rise and Fall, S. 70–98.

134 David Norgrove an Rachel Lomax, Protokoll eines EWS-Seminars der Premierministerin am 30.9.1985, erstellt am 1.10.1985, TNA, PREM 19/2162.

135 Ebd.

136 David Norgrove an Margaret Thatcher, 9.10.1985, TNA, PREM 19/2162.

137 Protokoll eines Treffens zwischen Schatzkanzler und Governor, 17.9.1985, BoE C4/7.

sprachen 1985 rund elf Prozent des BIP.[138] Ähnlich mahnte Malcolm Gill, Leiter der Devisenabteilung der Bank of England, die Risiken von Kapitalbewegungen zwischen Pfund und D-Mark würden unterschätzt.[139] Beide Einschätzungen fanden jedoch kein Gehör. Lawson wies Cassells Argumente als „interesting but flawed“ zurück und hielt entgegen, eine WKM-Mitgliedschaft würde das Marktvertrauen stärken und Abwertungsdruck gerade verhindern.[140]

In seinem Memorandum an Thatcher vom 11. November, zwei Tage vor dem entscheidenden EWS-Seminar, bekräftigte Lawson diese Linie. Großbritannien, argumentierte er, müsse nach Jahren hoher Inflation besondere Glaubwürdigkeit beweisen; dafür sei eine konsequente Regelbindung nötig. Die mittelfristige Finanzstrategie habe an Überzeugungskraft verloren: „The rules based on them have inevitably lost much of their original clarity.“ Ein WKM-Beitritt könne ein wirkungsvoller neuer Impuls sein. Die starke Wirtschaftslage und die relative Stabilität des Pfunds, das sich seit 1982 zwischen 3,60 und 4,00 DM bewegt habe, rechtfertigten den Beitritt zum Leitkurs von 3,70 DM. Die Aufgabe der Abwertungsoption würde, so Lawson, Lohnzurückhaltung fördern: „*not* to join now would be a historic missed opportunity in the conduct of economic policy which we would before very long come bitterly to regret.“[141]

Die Antworten auf den Fragebogen griffen Cassells Bedenken stärker auf und gestanden zu, dass die Märkte den gewählten Kurs durch Spekulationen testen könnten und eine enge Abstimmung mit der deutschen Politik notwendig sei.[142] Doch Thatcher blieb unbeeindruckt. Wo Schatzkanzler und Governor eine Verstärkung der bisherigen Strategie sahen, notierte sie „U-turn“. Sie erwartete nicht Stabilität, sondern stärkeren Druck auf das Pfund und womöglich Forderungen nach einer Wiedereinführung der 1979 abgeschafften Kapitalverkehrskontrollen.[143] Ihr Private Secretary David Norgrove betonte zudem parteipolitische Risiken: Lawson habe im Kabinett Zustimmung gewonnen, „blinded them with science, bringing out the advantages in terms of economic policy, narrowly defined, without exposing for them the political disadvantages“.[144] Bestärkt wurde Thatcher von Brian Griffiths und David Willetts aus der Policy Unit, die Lawsons EWS-Forderung als Rückgriff auf ein nie erreichtes goldenes Zeitalter einer angeblich widerspruchsfreien Geldpolitik kritisierten. Anders als Lawson erwarteten sie keine Entlastung der Zinspolitik durch Glaubwürdigkeitsgewinne, sondern be-

138 Frank Cassell an Nigel Lawson, 1.11.1985, TNA, T 450/448. Ein Faksimile von Frank Cassells Begleitschreiben findet sich in dem Bericht von Peter Sedgwick, Treasury Documents.

139 Malcolm Gill an Eddie George, 25.10.1985, BoE C4/7.

140 Rachel Lomax an Frank Cassell, 4.11.1985, TNA, T 450/448.

141 Hervorhebung im Original. Nigel Lawson an David Norgrove, The European Monetary System, 11.11.1985, TNA, PREM 19/2162.

142 Ebd.

143 Rachel Lomax an David Norgrove, 6.11.1985, TNA, PREM 19/2162.

144 David Norgrove an Margaret Thatcher, 12.11.1985, TNA, PREM 19/2162.

fürchteten einen Verlust geldpolitischer Kontrolle.[145] Rückhalt bot schließlich der Bericht des Unterhausausschusses TCSC, der sich mit knapper Mehrheit ebenfalls gegen einen baldigen Beitritt aussprach.[146]

Am 13. November 1985 kamen Margaret Thatcher, Schatzkanzler Nigel Lawson, Außenminister Geoffrey Howe und Bank of England-Governor Robin Leigh-Pemberton zu dem EWS-Seminar zusammen, das nun in erweiterter Runde stattfand: Neben Deputy Prime Minister und Oberhausführer Willie Whitelaw, Unterhausführer John Biffen, Chancellor of the Duchy of Lancaster Norman Tebbit und Chief Whip John Wakeham (zuständig für die konservative Fraktionsdisziplin im Unterhaus) nahmen auch Industrie- und Handelsminister Leon Brittan, Peter Middleton und Terence Burns aus dem Schatzamt, Eddie George von der Bank of England sowie Brian Griffiths teil. Die Diskussion zeigte, wie stark Handlungsfreiheit und Wahltaktik inzwischen in den Vordergrund der Argumentation gerückt waren. Lawson befürwortete die WKM-Mitgliedschaft als verlässlichen geldpolitischen Rahmen, der die Handlungsfähigkeit langfristig erhöhen würde: „The belief that outside the ERM the UK would have greater freedom than inside, was, to a large extent, illusory: the Government never had complete freedom of action in the real world. Its economic policy depended critically on confidence in the markets and that confidence could be greater if the Government had made the commitment to the ERM." Das Problem der „election trap" – spekulativer Pfundverkäufe vor einer Unterhauswahl – sah er durch eine mögliche Suspendierung der WKM-Verpflichtungen zufriedenstellend gelöst.[147]

Unterstützt wurde er von Robin Leigh-Pemberton, der argumentierte, die faktische Wechselkursorientierung solle nun durch einen WKM-Beitritt formalisiert werden, sowie von Geoffrey Howe, der weniger die europapolitische Ebene als den Vertrauensverlust in die bisherige monetaristische Politik hervorhob. Selbst Norman Tebbit, bislang einer der loyalsten Unterstützer Thatchers, schloss sich der Position von Schatzkanzler und Governor an; auch Willie Whitelaw sprach sich zustimmend aus. Chief Whip John Wakeham betonte, die konservative Unterhausfraktion werde diesen Schritt wohlwollend aufnehmen. Thatcher, nur von Brian Griffiths und John Biffen unterstützt, beendete das Treffen abrupt mit der Feststellung, sie sei nicht überzeugt: Die Regierung dürfe ihren geldpolitischen Handlungsspielraum nicht durch eine Bindung der Wechselkurse einschränken.[148]

145 Brian Griffiths und David Willetts an Margaret Thatcher, Memorandum, The Exchange Rate Mechanism, 12.11.1985, TNA, PREM 19/2162.

146 House of Commons (Hrsg.), Treasury and Civil Service Committee, The Financial and Economic Consequences of UK Membership of the European Communities. The European Monetary System, London 1985, abgeheftet in BoE 3A161/200.

147 David Norgrove, Protokoll eines EWS-Seminars von Margaret Thatcher, Ministern und Bank of England-Vertretern am 13.11.1985, erstellt am 14.11.1985, TNA, PREM 19/2162.

148 Ebd.

Selbst für ihren konfrontativen politischen Stil war diese Entscheidung gegen die ausdrückliche Mehrheit ihrer verantwortlichen Minister ungewöhnlich. „For all her conviction“, urteilte Philip Stephens, „when it counted she usually preferred retreat to isolation. The ERM was the exception.“[149] Für Thatcher, Lawson und Howe wurde das EWS-Seminar zu einem Wendepunkt. Lawson erwog kurzzeitig den Rücktritt.[150] Es sei, wie er rückblickend schrieb, „[t]he saddest event of my time as Chancellor and the greatest missed opportunity“. Er machte Alan Walters' Einfluss auf Thatcher für die Entscheidung verantwortlich, was das Vertrauensverhältnis zwischen beiden nachhaltig beschädigte. Rückblickend zeigte sich Lawson besonders verärgert, dass ohne sein Wissen ein Kapitel aus Walters' EWS-kritischem Buch *Britain's Economic Renaissance* vorab in Whitehall kursiert war, weil seine *officials* ihn trotz sonstiger Loyalität nicht unterrichtet hätten.[151] Die Akten zeigen jedoch, dass Peter Middleton die übliche Durchsicht von Publikationen ehemaliger Berater auf politische Implikationen veranlasst hatte und Lawsons Private Office unter den Empfängern verzeichnet war. Warum das Manuskript den Schatzkanzler dennoch offenbar nicht erreichte, bleibt unklar.[152] Die Episode verdeutlichte jedoch, wie stark das Verhältnis zwischen Schatzkanzler und Thatchers wirtschaftspolitischem Berater bereits erodiert war. Auch für Thatcher selbst wurde das Seminar und ihre unerwartete Isolierung im Kabinettskreis zum abschreckenden Beispiel, auf das ihr Private Secretary Norgrove noch Jahre später verwies, wenn er zu sorgfältiger Planung und Teilnehmerauswahl mahnte.[153]

Thatcher bestand auf Flexibilität und Handlungsspielraum in der Geldpolitik. Sie beschränkte die Debatte auf ökonomische Erwägungen: Weder der Begriff der Souveränität noch weiterreichende politische Implikationen wurden offen thematisiert. Politische Faktoren spielten für sie nur insofern eine Rolle, als spekulative Pfundbewegungen im Vorfeld von Wahlen als Risiko galten. Doch selbst in diesen streng vertraulichen Beratungen benannte Thatcher dieses parteipolitische Kalkül nicht explizit, sondern hob die wirtschaftlichen Konsequenzen – mögliche Spekulationswellen und Inflationsrisiken – hervor. Ihr Pochen auf Handlungsfreiheit deutete auf eine wachsende Desillusionierung gegenüber der Regelbindung hin, die hinter der Geldmengenpolitik gestanden hatte – noch ohne die später offen EG-skeptische Stoßrichtung. Nigel Lawson interpretierte die Frage dagegen grundlegend anders. Aus seiner Sicht würde der Handlungsspielraum durch den WKM-Beitritt nicht verringert, sondern erweitert. Erstens sei die Politik ohnehin nicht ungebunden – „the MTFS was also deliberately intended to limit the Go-

149 Stephens, Politics and the Pound, S. 51.

150 Lawson, View from No. 11, S. 499; Thatcher, Downing Street, S. 961 f.; Howe, Conflict, S. 448–450. Vgl. dazu auch Stephens, Politics and the Pound, S. 48–50.

151 Lawson, View from No. 11, S. 501 f.; Walters, Economic Renaissance.

152 Andrew Turnbull an Rachel Lomax, 6.7.1985, TNA, T 450/381.

153 David Norgrove an Margaret Thatcher, 10.6.1987, TNA, PREM 19/2675.

vernment's freedom of action; indeed that is the case for any kind of policy rule."[154] Zweitens könne der Wechselkurs schon längst nicht mehr vernachlässigt werden, sodass eine formelle WKM-Bindung wenig ändere. Drittens diene der Mechanismus, auch dank der CBI-Unterstützung, zur Disziplinierung der Tarifparteien: Der Industrieverband könne dann nicht mehr auf Pfundabwertungen zur Kompensation überhöhter Löhne drängen. Die Regelbindung zielte damit nicht nur auf die Begrenzung staatlicher Diskretion, sondern ebenso auf die Einbindung gesellschaftlicher Akteure – ein Kernmotiv von Lawsons Verständnis ökonomischer Glaubwürdigkeit.[155]

Insofern war der Konflikt um das EWS innerhalb des Kabinetts, der mit Thatchers Veto gegen den Beitritt einen ersten Höhepunkt erreichte, zugleich ein Konflikt um die Entpolitisierung. Während Lawson sie durch eine neue, aus seiner Sicht glaubwürdigere Regelbindung an eine vielversprechendere Zielgröße gewährleistet sah, erschien Thatcher derselbe Schritt wie ein Kurswechsel, der als politische Willkürentscheidung gedeutet werden und damit die Glaubwürdigkeit der bisherigen Geldpolitik untergraben konnte. Beide hielten am Argumentationsmuster fest, die Entscheidung sei eine rein wirtschaftliche – was faktisch einer bewussten Ausblendung der EG-politischen Dimension gleichkam. Dass sich selbst Außenminister Howe, dessen Ressort gerade mit diesem Aspekt betraut war, dieser Lesart anschloss, verdeutlicht, wie sehr sich das Ideal einer entpolitisierten Geldpolitik etabliert hatte. Zwar wurde die politische Tragweite des EWS in Howes Foreign Office ebenso wie in John Redwoods Beiträgen klar benannt, doch in den Beratungen auf höchster Ebene und in der öffentlichen Darstellung der Regierung wurde sie gezielt marginalisiert. In der Bank of England hob Governor Robin Leigh-Pemberton den politischen Charakter der Entscheidung ausdrücklich hervor – ein Hinweis auf die dort fortbestehende Uneinigkeit über die wirtschaftlichen Vor- und Nachteile des Beitritts.

Nach dem EWS-Seminar wurde die Debatte zunächst vertagt, auch wegen ihrer politischen Sensibilität, vor der Peter Middleton Lawson später warnte: „The EMS is causing some very strange things to be said. It is an emotional issue. My strong recommendation would be to deal with these questions in future by saying that there is nothing to add to what has already been said. It may be boring but at least it is safe."[156] Trotz des Konflikts war zu diesem Zeitpunkt noch nicht absehbar, dass der Beitritt letztlich weitere fünf Jahre auf sich warten lassen würde. Im Dezember 1985 reisten Peter Middleton und Geoffrey Littler aus dem Schatzamt sowie Anthony Loehnis aus der Bank of England zu Konsultationen über eine mögliche WKM-Mitgliedschaft in die Bundesrepublik. Dort trafen sie Bundesbankdirektor Leonhard Gleske, Ministerialdirigent Waldemar Müller-Enders und

154 Rachel Lomax an Frank Cassell, 30.10.1985, TNA, T 474/286.

155 Elster, Ulysses.

156 Peter Middleton an Nigel Lawson, 25.11.1986, TNA, T 640/58.

Staatssekretär Hans Tietmeyer aus dem Bundesfinanzministerium. Diese ‚Geheimmission' war zwischen Lawson und dem deutschen Finanzminister Gerhard Stoltenberg noch vor dem EWS-Seminar im November vereinbart worden – ohne Wissen der Premierministerin. Die Gespräche in Tietmeyers Godesberger Anwesen verliefen aus britischer Sicht erfreulich: Die Deutschen reagierten überrascht, aber positiv auf die Aussicht eines baldigen britischen Beitritts, da sie Großbritannien als potenziellen ordnungspolitischen Verbündeten im WKM betrachteten. Der vorgeschlagene Leitkurs von 3,70 DM für ein Pfund stieß auf Zustimmung, Lawsons Idee einer temporären EWS-Suspendierung hingegen auf Ablehnung. Zwei Tage später stellte Gleske im Gespräch mit Loehnis sogar ein Swap-Abkommen in Aussicht, um die notwendigen Devisenreserven für künftige Interventionen im WKM bereitzustellen.[157] Thatchers anhaltende Ablehnung verhinderte aber eine Realisierung.

Während die Frage in London damit vorerst in technokratischen Abstimmungen zwischen Schatzamt, Bank of England und Foreign Office stecken blieb, versuchten konservative Europaabgeordnete, das Thema auf politischer Ebene lebendig zu halten. Vertreter der European Democratic Group (EDG) wie Henry Plumb und Fred Catherwood drängten weiterhin auf eine britische Teilnahme am WKM, die sie als Ausdruck europäischer Führungsverantwortung interpretierten. Zu Beginn der 1980er Jahre hatte die Fraktion ihre zustimmende Haltung aus Rücksicht auf die offizielle Regierungslinie nur zurückhaltend kommuniziert,[158] ab 1985 traten die Befürworter jedoch zunehmend offen für einen Beitritt ein – sowohl in Zuschriften an Fachministerien[159] als auch in öffentlichen Reden. Plumb, Anführer der konservativen MEPs und späterer Präsident des Europäischen Parlaments, erklärte im April 1985: „Sterling should be in the Exchange Rate Mechanism, and those who say the time is not yet ripe should remember that there are always good reasons for doing nothing and there is only one good reason for doing anything – and that is that it is the right thing to do."[160] Nun wurde auch eine EDG-Resolution unterstützt, die die britische Regierung zum unverzüglichen WKM-Beitritt aufforderte und damit erstmals offen der offiziellen Regierungslinie widersprach.[161] Trotz einzelner Kontakte, etwa eines Treffens mit

157 Geoffrey Littler an Nigel Lawson, 9.12.1985, CCA, SOC/Lawson/1/1985; Anthony Loehnis an Robin Leigh-Pemberton, 7.12.1985 und 12.12.1985, BoE C4/7.

158 Fred Catherwood, Motion on British Membership of the European Monetary System. Explanatory Statement, 27.4.1981, CPA, CCO 508/16/14; European Democratic Group, Treffen am 1.4.1981 in London, CPA, CCO 508/16/14; Edward Bickham an Ian Gilmour, 6.4.1981, TNA, FCO 30/4862; James Scott-Hopkins an Geoffrey Howe, 9.6.1981, CPA, CCO 508/1/47/2.

159 Protokoll Backbench Committee on European Affairs, 20.3.1985, CPA, CRD/P/9/1.

160 Protokoll, Debatte des Europäischen Parlaments, Nr. 2-325/140-142, 17.4.1985, abgeheftet in LPA, EPLP 3/5/1 Part 2.

161 EDG Secretariat, Information Note for Members of the Group. European Monetary System, 26.3.1985, TNA, T 450/382; Ben Patterson, EDG Resolution for UK to Enter ERM, adopted 6.2.1985, CPA, CCO 508/16/35/3.

Schatzkanzler Nigel Lawson im Mai 1985, blieb der Austausch oberflächlich.[162] Die EDG betonte die europapolitische Dimension des Beitritts, während das Schatzamt den WKM weiterhin als technisches Instrument verstand. Ein Schulterschluss war daher ebenso unwahrscheinlich wie politisch riskant: Eine offene Unterstützung der EDG hätte Lawsons Position gegenüber Thatcher, die die potenziell integrationsfreundlicheren MEPs mit Misstrauen sah, eher geschwächt als gestärkt. Die Episode verdeutlicht die wachsende Distanz zwischen nationaler und europäischer Parteiebene.

Eine erneute Pfundschwäche im Januar 1986, diesmal gegenüber der D-Mark, löste kurzzeitig Mutmaßungen über eine bevorstehende WKM-Mitgliedschaft aus. Das Pfund war auf 3,50 DM gefallen, im April wurde mit 3,36 DM ein neuer Tiefstand erreicht. Wie politisch sensibel die Frage blieb, zeigten die Reaktionen auf zwei Reden von Lawson und Howe: Lawson erklärte im April in New York, er habe keine grundsätzlichen Einwände gegen den WKM-Beitritt, und betonte am 16. April vor der Lombard Association (Vereinigung der Londoner Banken und Finanzhäuser), ein anderes Wechselkursarrangement als der WKM komme für Großbritannien nicht infrage.[163] Am selben Tag mahnte Howe, die EWS-Entscheidung könne nicht unbegrenzt aufgeschoben werden.[164] Die Presse deutete dies als konzertierten Angriff auf Thatchers Linie. Tatsächlich finden sich in den Akten, abgesehen von der üblichen Freigabe von Howes Rede durch das Schatzamt – Standard bei wirtschaftspolitischen Äußerungen –, keine Hinweise auf eine abgestimmte Vorgehensweise.[165] Gleichwohl rief die Berichterstattung Irritationen im Büro der Premierministerin hervor und bestätigte die Vorsicht im Schatzamt, was die Veröffentlichung von Informationen zur EWS-Politik betraf: „anything to do with the exchange rate mechanism has in the past proved to be extremely sensitive, or at least seen as such by the Ministers."[166] Im Juni 1986 machte Thatcher mit „unerwarteter Deutlichkeit" im Unterhaus klar, die britische Wirtschaftsentwicklung weiche weiterhin zu stark von der deutschen ab. Eine Aufgabe des autonomen Wechselkursregimes oder den Einsatz größerer Devisenreserven für Interventionen lehnte sie daher ab.[167]

Um dem fortgesetzten Fernbleiben die EG-politische Spitze zu nehmen, betonte die Regierung umso nachdrücklicher den rein technischen Charakter der Entscheidung. Economic Secretary Ian Stewart, dem Lawson nach Thatchers Veto das Thema vorerst überließ, erklärte im Februar 1986 gegenüber der deutschen Botschaft, ein WKM-Beitritt dürfe nicht als Votum für oder gegen die Fortent-

---

162 Peter Hayden an Geoffrey Fitchew, 22.5.1985, TNA, T 450/383; EDG, Protokoll eines Treffens von Nigel Lawson mit EDG-Vertretern, 24.5.1985, TNA, T 450/383.
163 Nigel Lawson, Rede vor der Lombard Association, 16.4.1986, TNA, FCO 30/6577.
164 Stephen Wall an Robin Renwick und Lynda Chalker, 20.6.1986, TNA, FCO 30/6577.
165 Colin Budd an Rachel Lomax, 14.4.1986, TNA, T 640/531.
166 Chris Kelly an Stephen Pickford, 11.4.1986, TNA, T 450/465.
167 Botschaft London an Auswärtiges Amt, 11.6.1986, PA AA, B 224-ZA/168787.

wicklung der Europäischen Gemeinschaft missverstanden werden.[168] Auch Geoffrey Howe formulierte im Juni im Gespräch mit dem niederländischen *Telegraaf* entsprechend: „We do belong to the EMS and we value the development of the ECU […]. The bit we do not belong to is the Exchange Mechanism: for technical rather than political reasons".[169] Diese Linie stand im Gegensatz zu den Einschätzungen der Bank of England. Der Court of Directors befasste sich im Mai 1986 erneut mit der EWS-Frage, blieb jedoch gespalten. Das war kaum überraschend, da das vorbereitende Papier gemeinsam von Anthony Loehnis, der einen Beitritt befürwortete, und Eddie George, der dagegen war, verfasst worden war. Beide Autoren stimmten lediglich darin überein, dass die zentrale Frage sei, ob eine EWS-Wechselkursorientierung dem bisherigen geldpolitischen Rahmenwerk überlegen wäre. Das Ergebnis fiel entsprechend ambivalent aus: Der WKM könne aufgrund seiner größeren Transparenz zwar nützlich sein, werde aber womöglich überschätzt – denn auch eine Wechselkursorientierung verlange letztlich geldpolitische Entscheidungen. Im Fazit hieß es: „It probably still remains the case that the overriding arguments for joining (or not) the ERM are political rather than economic."[170] Diese Einschätzung fand im Council nahezu wörtliche Bestätigung: „It was considered that the arguments were finely balanced and that any decision on membership would be more likely to be political rather than economical".[171]

Mit der britischen EG-Ratspräsidentschaft in der zweiten Jahreshälfte 1986 erhielt die EWS-Frage neue Aufmerksamkeit. Wie bereits bei den Verhandlungen zur Einheitlichen Europäischen Akte setzte das Schatzamt andere Prioritäten und konzentrierte sich auf die Umsetzung der von der Kommission vorgeschlagenen Richtlinie zur weiteren Liberalisierung des Kapitalverkehrs, nachdem Frankreich im Mai 1986 eine substanzielle Lockerung der verbliebenen Kontrollen angekündigt hatte. Die Richtlinie erweiterte die seit 1960 bestehende Kapitalverkehrsrichtlinie[172] und liberalisierte langfristige Handelskredite sowie den Erwerb nicht börsengehandelter Wertpapiere. Obwohl die Maßnahmen im Schatzamt als moderat eingeschätzt wurden, sollten sie während der britischen Präsidentschaft als sichtbarer Erfolg präsentiert werden. Vorschläge zur Förderung der ECU-Verwendung bewertete man hingegen zurückhaltend, da von deutscher Seite mit Widerstand gegen eine quasi-Parallelwährung gerechnet wurde, deren Ausgabe die Geldmen-

---

168 Botschaft London an Auswärtiges Amt, 5.2.1986, PA AA, B 224-ZA/168787.

169 Geoffrey Howe, Interview mit dem TELEGRAAF, 4.6.1986, TNA, FCO 30/6577.

170 Anthony Loehnis und Eddie George, EMS. UK Membership of the Exchange Rate Mechanism, April 1986, BoE 3A161/200.

171 Protokoll der Sitzung des Court of Directors der Bank of England am 29.5.1986, BoE 3A161/200.

172 EWG-Rat, Erste Richtlinie zur Durchführung des Artikels 67 des Vertrages, ABl. 43 vom 12.7.1960, S. 921, https://eur-lex.europa.eu/DE/legal-content/summary/free-movement-of-capital-in-the-eu.html (30.9.2025).

gensteuerung erschweren und damit potenziell destabilisierend wirken könnte.[173] Im Rahmen der Kapitalverkehrsliberalisierung konnte Lawson als ECOFIN-Vorsitzender am 17. November 1986 die Öffnung weiterer Finanzinstrumente verkünden – ein Schritt, der vor allem der Londoner City den Zugang zu neuen Märkten erleichterte.[174]

Den Druck zu einer EWS-Vollmitgliedschaft erhöhte weniger die EG-Entwicklung als vielmehr eine Neuorientierung der Labour Party. Im Oktober 1986 kündigten Labour-Vorsitzender Neil Kinnock und Schattenschatzkanzler Roy Hattersley an, einen WKM-Beitritt unter bestimmten Bedingungen zu unterstützen.[175] Diese Akzentverschiebung setzte die Konservativen unter Zugzwang, ihre Position zur richtigen Zeit eines WKM-Beitritts zu präzisieren, und bot den Befürwortern zugleich ein neues innenpolitisches Argument. Michael Butler, ehemaliger Diplomat und inzwischen Direktor der Hambros Bank, schrieb in einem der ersten von zahlreichen Briefen zur Unterstützung eines WKM-Beitritts, der Schritt würde die anhaltende EG-politische Spaltung der Labour Party offenlegen und den Konservativen Wahlvorteile verschaffen.[176] Thatcher erteilte einem Beitritt jedoch erneut eine klare Absage. In einem Interview mit der *Financial Times* im November 1986 bekräftigte sie, vor der anstehenden Unterhauswahl 1987 komme ein WKM-Beitritt nicht in Betracht.[177]

Bis 1986 blieb es damit bei einer Pattsituation im Kabinett: Nigel Lawson und Geoffrey Howe drängten weiterhin auf einen baldigen WKM-Beitritt, den Margaret Thatcher trotz zunehmenden Drucks aus Wirtschaft, Presse und vonseiten der EG-Partner ablehnte. Nach außen betonte die Regierung unverändert den unpolitischen Charakter ihres Kurses. Auf einem Notizzettel für eine EWS-Debatte im Unterhaus hielt Economic Secretary Ian Stewart fest:

> Not a question of being for or against the Community. The Government's commitment to Europe is beyond dispute. The fact that we have remained outside ERM casts no doubt on it whatsoever. [...] The ERM is a fixed, but adjustable exchange rate system on Bretton Woods lines intended to promote greater economic convergence – and in particular lower inflation – between the participants.[178]

Diese Entpolitisierung verfolgte zwei Ziele. Erstens verlieh sie der wirtschaftlichen Argumentation für das Fernbleiben größere Überzeugungskraft im Umgang

173 Geoffrey Fitchew an David Williamson, 19.5.1986, TNA, FCO 30/6577.

174 Pressemitteilung aus dem Schatzamt zur EG-Richtlinie über die Liberalisierung des Kapitalverkehrs, 17.11.1986, TNA, T 450/466.

175 Thompson, British Conservative Government, S. 79 f.

176 Michael Butler an Margaret Thatcher, 21.10.1986, TNA, PREM 19/2162.

177 Margaret Thatcher, Interview mit Malcolm Rutherford von der Financial Times, 17.11.1986, MTF, https://www.margaretthatcher.org/document/106518 (30.9.2025).

178 Schatzamt, Memorandum für den Economic Secretary Ian Stewart für die EWS-Unterhausdebatte am 29.10.1986, Oktober 1986, TNA, T 450/465.

mit den Akteuren der Geld- und Währungsmärkte, deren Erwartungen als entscheidend für die Inflationsentwicklung galten. Zweitens sollte sie Zweifel am europäischen Bekenntnis der Regierung zerstreuen. Wie die internen Debatten jedoch zeigen, entsprach diese Argumentation nur teilweise den tatsächlichen Entscheidungslogiken: Ökonomische Erwägungen spielten keineswegs allein die ausschlaggebende Rolle. Im Foreign Office blieben die integrationspolitischen Überlegungen trotz Howes Hinweis auf geldpolitische Effekte zentral; die Bank of England betrachtete die Frage ohnehin als politische Entscheidung; und Thatcher selbst hielt zwar die EG-politischen Argumente für wenig überzeugend, ließ sich jedoch stark von den wahltaktischen Überlegungen leiten, die Alan Walters ins Spiel gebracht hatte.

Die Engführung auf wirtschaftliche Argumente geschah somit um den Preis, dass die europäischen Implikationen des britischen Fernbleibens nur unzureichend reflektiert wurden. Die anhaltenden Konflikte im Kabinett und Thatchers Ablehnung einer WKM-Mitgliedschaft führten ab 1987 dazu, dass der Schatzkanzler eine informelle Wechselkursbindung und eine stärkere internationale Währungskooperation anstrebte.

2 Mitgliedschaft auf Probe? *Shadowing* des EWS und die Suche nach geldpolitischer Glaubwürdigkeit

Louvre-Abkommen und internationale Währungskooperation ab 1987

Je weiter eine britische Teilnahme am WKM in die Ferne rückte, desto stärker konzentrierte sich Nigel Lawson auf die internationale Währungskooperation auf G5- und G7-Ebene. Im August 1986 beauftragte er die Ausarbeitung eines Modells für ein G5-Wechselkursabkommen, dessen Disziplinierungswirkung durch den Ausschluss von Ländern mit zu hoher Inflationsrate gewährleistet werden sollte.[179] Im Schatzamt bestanden Zweifel darüber, dass dies verhandelbar sei. So notierte Geoffrey Littler: „My own feeling is that this is not a realistic runner."[180] Lawson jedoch bestand auf der weiteren Ausarbeitung des Projekts. Bestätigt sah er sich im Abkommen, das die Finanzminister und Zentralbankpräsidenten der G6 (Frankreich, Großbritannien, Bundesrepublik Deutschland, USA, Kanada und Japan) am 22. Februar 1987 im Pariser Louvre schlossen. Hatte das Plaza-Abkommen von September 1985 noch der Dollarstärke entgegengewirkt, so sollte nun eine rapide Dollarabwertung gebremst werden.[181] Ziel war es, den Wechselkurs auf dem aktuellen Niveau zu stabilisieren. Nach längeren Diskussionen verständigten sich die Finanzminister auf einen Dollarkurs von 1,8250 DM und 153,5 Yen.

179 Huw Evans an Geoffrey Littler, 15.8.1986, TNA, T 640/531.
180 Geoffrey Littler an Nigel Lawson, 27.8.1985, TNA, T 640/531.
181 James, Making the European Monetary Union, S. 221.

Abweichungen von ±2,5 Prozent sollten durch Devisenmarktinterventionen ausgeglichen werden; bei Schwankungen von fünf Prozent waren Konsultationen vorgesehen.[182] Zur Stabilisierung waren Interventionen im Umfang von bis zu zwölf Milliarden Dollar geplant, gedeckelt auf 300 Millionen Dollar pro Tag. Jeweils ein Drittel sollte von den USA, Japan und den europäischen Partnern getragen werden.[183] Auf Drängen des US-Finanzministers wurde das Abkommen, dessen Details geheim gehalten wurden, zunächst befristet und beim Treffen in Washington im April 1987 überprüft.[184] Dort wurde es auf Bestreben der Finanzminister Édouard Balladur (Frankreich) und Gerhard Stoltenberg (Bundesrepublik) verlängert.[185]

Obwohl die Debatte über konkrete Interventionsmechanismen unübersichtlich blieb und deren Ausarbeitung schließlich den Notenbankgouverneuren überlassen wurde,[186] zeigte sich Lawson vor dem G7-Gipfel in Venedig äußerst zufrieden mit der Kooperation.[187] Er sah in der Interventionskooperation einen Beleg für den Erfolg multilateraler Zusammenarbeit und bekräftigte ihre Fortsetzung. Zwar blieb der Erfolg begrenzt – der handelsgewichtete Dollarkurs fiel bis Februar 1988 weiter[188] –, doch hielt Lawson die Mäßigung der Wechselkursbewegungen und das Prinzip koordinierter Politik für einen Beweis, dass eine britische Beteiligung am WKM mit dieser internationalen Kooperation vereinbar sei. Die internationale Abstimmung erweiterte aus seiner Sicht den britischen Handlungsspielraum, statt ihn einzuengen. Den Widerspruch zwischen europäischer und globaler Währungskoordination, der im Hinblick auf die Wirtschafts- und Währungsunion häufig betont wurde, sah er zu diesem Zeitpunkt noch nicht. Margaret Thatcher hingegen reagierte beunruhigt auf den Umfang der Devisenmarktinterventionen.[189] Bereits am 7. Mai 1987 warnte ihr Private Secretary for Economic Affairs, David Norgrove, dass die britischen US-Dollarreserven seit dem Louvre-Abkommen um zwölf Milliarden Dollar angewachsen seien und Großbritannien damit einen wachsenden Teil des US-amerikanischen Defizits finanziere.[190] In den folgenden Wochen betonte er wiederholt, dass die Interventionen zur Wechselkursstabilisierung auf diesem Niveau nicht fortgesetzt werden könnten – allein am 24. Juni

182 Robin Leigh-Pemberton, Protokoll des G5-Treffens in Paris am 22.2.1987, erstellt am 23.2.1987, BoE 11A21/11.

183 Understanding on Intervention (secret), 22.1.1987, BoE 11A21/11.

184 Geoffrey Littler, Protokoll des G5-Treffens in Washington am 8.4.1987, erstellt am 9.4.1987, BoE 11A21/11.

185 Geoffrey Littler, Zusatzprotokoll der Interventionsdebatte beim G5-Treffen am 9.4.1987, erstellt am 15.4.1987, BoE 11A21/11.

186 Anthony Loehnis an Eddie George, 16.4.1987, BoE 11A21/11.

187 Ian Polin an Malcolm Gill, 3.6.1987, Nigel Lawsons Pressebriefing zum G5-Treffen in Venedig am 2.6.1987, mit Transkript, 3.6.1987, BoE 11A21/11.

188 Schenk, Decline of Sterling, S. 404.

189 Thatcher, Downing Street, S. 964.

190 David Norgrove an Margaret Thatcher, 7.5.1987, TNA, PREM 19/2084.

1987 habe die Bank of England hundert Millionen Dollar zur Stabilisierung des Pfunds aufgewendet.[191]

Deckelung des Pfunds bei 3,00 DM

Die umfangreichen Interventionen waren auch eine Folge von Lawsons neuer Taktik: Seit März 1987 koppelte er das Pfund mangels einer formellen Wechselkurspolitik inoffiziell an die D-Mark. Hintergrund war der deutliche Anstieg des Pfunds gegenüber der D-Mark, das sich ab Februar festigte und bis Juni 1987 um rund neun Prozent aufwertete – von 2,75 DM auf 2,99 DM.[192] Gute Umfragewerte der Konservativen vor der anstehenden Unterhauswahl, die positive Aufnahme von Lawsons Haushaltsvorschlag, die sinkende öffentliche Verschuldung, höhere Ölpreise und günstige Investitionsaussichten hatten den Pfundkurs beflügelt.[193] Um einen Anstieg über 3,00 DM zu verhindern, senkte Lawson die Zinssätze in drei Schritten von elf auf neun Prozent und ordnete beträchtliche Devisenmarktinterventionen an.[194] Diese unilaterale D-Mark-Kopplung ähnelte einer inoffiziellen WKM-Vollmitgliedschaft (*shadowing*) und wurde bis März 1988 fortgesetzt. Die Idee einer informellen WKM-Kopplung nicht neu: Bereits im Februar 1985 hatte Peter Middleton bei einem Treffen von Vertretern der Bank of England und des Schatzamts ein „shadow EMS" als Option zur Wechselkurssteuerung ins Spiel gebracht. Damals war diese Möglichkeit – ebenso wie ein unveröffentlichtes Wechselkursziel – verworfen worden, da beiden Ansätzen kaum Vorteile für Transparenz und Glaubwürdigkeit zugeschrieben worden war.[195] Die Instabilität des Pfunds und das geldpolitische Vakuum machten die Variante 1987 für Lawson jedoch attraktiv. Eine ausdrückliche Zustimmung der Premierministerin erhielt er nicht. Thatcher gab später in ihren Memoiren an, erst im November 1987 von dem Vorgehen erfahren zu haben, als Redakteure der *Financial Times* ihr im Interview eine Tabelle mit Wechselkursbewegungen vorlegten.[196] Allerdings erhielt sie regelmäßig Berichte der Bank of England über Devisenmarktinterventionen sowie Hinweise von ihrem Economic Private Secretary David Norgrove. Auch in der Presse wurde über eine fiktive EWS-Bindung spekuliert – einen *Guardian*-Artikel mit dem Titel „Lawson's secret membership card" sandte Principal Private Secretary Nigel Wicks der Premierministerin im August 1987 sogar persönlich

191 David Norgrove an Margaret Thatcher, 23.6.1987, TNA, PREM 19/2084.

192 Economic Advisers, Memorandum zum EWS, 16.6.1987, TNA, FCO 30/6851.

193 Terry Smeeton an Private Secretary, 7.4.1987, BoE 11A21/11.

194 Economic Advisers, Memorandum zum EWS, 16.6.1987, TNA, FCO 30/6851.

195 Protokoll eines Treffens von Schatzamt- und Bank of England-Vertretern in Peter Middletons Büro am 19.2.1985, erstellt am 20.2.1985, BoE 10A114/7.

196 Thatcher, Downing Street, S. 964–967.

zu.[197] Alan Walters erklärte später, er habe Thatcher vor Lawsons Vorgehen gewarnt, sie habe jedoch nicht eingreifen wollen, um den Schatzkanzler nicht zu verlieren.[198]

In einem *Times*-Interview von Juni 1991 erklärte Thatcher dagegen, sie habe von der Politik gewusst; sie zu akzeptieren sei einer ihrer größten Fehler gewesen.[199] Die widersprüchlichen Darstellungen erklären sich – wie vieles in der britischen EWS-Geschichte – aus dem späteren Bezugspunkt des WKM-Ausscheidens am sogenannten *Black Wednesday* und der Abgrenzung gegenüber der Wirtschafts- und Währungsunion. In Thatchers nachträglicher Argumentation, sie sei zum WKM-Beitritt durch wirtschaftliche Umstände und politischen Druck gezwungen worden, spielte die ab 1988 steigende Inflation eine zentrale Rolle, die sie auf Lawsons *shadowing*-Politik zurückführte. Damit diente ihr das Beispiel zugleich als Beleg für die vermeintlich schädlichen Folgen einer Wechselkursbindung – und als Rechtfertigung, die Verantwortung dafür von sich zu weisen. Auch Lawson konnte seine Politik später nur teilweise als Resultat regulärer Entscheidungsprozesse darstellen. Eddie George bemerkte im Dezember 1987, Lawsons Vorgehen sei kein Ergebnis des normalen politischen Entscheidungsprozesses gewesen, da es nie offiziell abgestimmt worden sei.[200] Letztlich akzeptierten sowohl Thatcher als auch Lawson die Praxis als unausgesprochenen Kompromiss: Für Lawson bot sie die Möglichkeit, eine Wechselkurspolitik als Testfall für eine künftige WKM-Mitgliedschaft zu erproben. Thatcher wiederum konnte von der Stabilität des Pfunds und den niedrigeren Zinssätzen profitieren, ohne öffentlich von ihrem Bekenntnis zu freien Währungsmärkten abzurücken.[201] Zugleich blieb die institutionalisierte Bindung an die EG-Währungen vermieden – ein Punkt, der ihre Befürchtungen vor einem Verlust an Handlungsspielraum beruhigte.

Auch die Bank of England verhielt sich ambivalent. Eddie George schrieb offen an den Governor: „as far as the Bank is concerned we simply drifted into the present position through circumstance." Im Frühjahr 1987 hatte die Bank die Deckelung des Pfundkurses noch in der Annahme unterstützt, der Aufwertungsdruck sei Ergebnis außergewöhnlicher Kapitalzuflüsse, deren Korrektur wünschenswert sei. Inzwischen aber sei deutlich geworden, dass es sich um einen längerfristigen Trend handle, dem nur mit erheblichen Interventionen und übermäßig niedrigen Zinsen begegnet werden könne. Wiederholte Warnungen vor einer Fortsetzung der Politik seien im Schatzamt indes ohne Wirkung geblieben.[202]

---

197 Nigel Wicks, Notiz für die Premierministerin, mit einer Kopie des Artikels von Christopher Huhne, Lawson's Secret Membership Card, The Guardian, 5.8.1987, TNA, PREM 19/2675.

198 Wyatt, Journals, Bd. 2, 10.6.1989, S. 102.

199 Thompson, Conservative, S. 88–90.

200 Eddie George an Robin Leigh-Pemberton, 15.12.1987, BoE 11A21/11.

201 Thompson, Conservative, S. 90 f.

202 Eddie George an Robin Leigh-Pemberton, 15.12.1987, BoE 11A21/11.

Mit der Unterhauswahl 1987 gewannen wahl- und parteipolitische Erwägungen zunehmend an Gewicht bei den Überlegungen zum Zeitpunkt eines möglichen Beitritts. Stephen Wall vom Foreign Office brachte die Gemengelage prägnant auf den Punkt: „although the factors which weigh in a decision to go in or not are mainly economic, the decision itself is very much a matter of political hunch."[203] Nach der Wahl blieb der Zeitpunkt offen. Am 15. Juni 1987 erklärte Lawson im Unterhaus, es bestehe zwar eine größere Offenheit gegenüber einer WKM-Mitgliedschaft, doch müssten zuvor technische und politische Fragen geklärt werden.[204] Die Premierministerin zeigte sich dagegen weiterhin ablehnend gegenüber einem dauerhaften Management des Wechselkurses. Das machte sie während ihres USA-Besuchs am 17. Juli 1987 im Gespräch mit dem amerikanischen Finanzminister James Baker deutlich, der die Erfolge der G5-Treffen von Plaza, Louvre und Washington hervorhob. Zwar stritt sie den Wert dieser Treffen nicht ab, betonte jedoch auf Bakers Beobachtung hin, nur ein Bruchteil der Devisentransaktionen sei mit dem Handel verbunden: „The Prime Minister commented that this was why intervention to maintain exchange rates was fruitless. It explained, too, why she was not keen on joining the EMS. That would give the speculator a one way option. She was not keen to return to fixed exchange rates."[205] Im Gespräch mit dem zukünftigen Fed-Vorsitzenden, Alan Greenspan, äußerte sie ähnliche Vorbehalte: Sie wollte den Pfundkurs nicht an die politischen Realignment-Verhandlungen knüpfen.[206]

In die Details der wilden Ehe mit dem EWS („living in sin"), wie es zeitgenössisch hieß, waren nur Schatzamt und Bank of England eingeweiht. Das Foreign Office und Außenminister Geoffrey Howe konnten, ebenso wie das Prime Minister's Office, den informellen Anker von 3,00 DM nur vermuten.[207] Lawson ging es dabei ausdrücklich nicht um eine EG-politische Initiative, sondern um einen geldpolitischen Ansatz im Rahmen des Louvre-Abkommens.[208] Dies machte er im Gespräch mit Thatcher im Juli 1987 deutlich: „The Chancellor said that he was not himself a great believer in UK membership of the European Community, but this was one of the few areas where membership had benefits to offer." Das inzwischen gewachsene Polster an Währungsreserven, das gestiegene Vertrauen von Unternehmen und Investoren sowie die disziplinierende Wirkung einer Wechsel-

203 Stephen Wall an Lynda Chalker, 29.5.1987, TNA, FCO 30/6851.

204 Mark Lyall-Grant an Stephen Wall und Lynda Chalker, 14.7.1987, TNA, FCO 30/6851.

205 Nigel Wicks an Alex Allan, 17.7.1987, Protokoll eines Gesprächs zwischen Margaret Thatcher und James Baker, TNA, FCO 30/6851.

206 Nigel Wicks an Alex Allan, 17.7.1987, Protokoll eines Gesprächs zwischen Margaret Thatcher und Alan Greenspan, TNA, FCO 30/6851.

207 Economic Advisers, EWS-Memorandum, 16.6.1987, TNA, FCO 30/6851; Lord Howe of Aberavon, CCBH Witness Programme, 14.11.2007, S. 17–22.

208 Hansard HC Deb. Vol. 178, Col. 214, 23.10.1990, https://hansard.parliament.uk/Commons/1990-10-23/debates/0a9a2dc7-1ca7-4ef3-ab6a-ee70f7589555/ExchangeRateMechanism (30.9.2025).

kursbindung sprachen aus seiner Sicht für einen baldigen Beitritt. Thatcher hielt die disziplinierende Wirkung dagegen für zweifelhaft und verglich Lawsons Argumentation mit Edward Heaths Fehleinschätzung, durch eine EG-Mitgliedschaft ließen sich die Gewerkschaften zu Lohnzurückhaltung bewegen. Bei guter Wirtschaftslage, so ihre Einschätzung, sei der WKM überflüssig; in Krisenzeiten verschärfe er die Probleme durch mangelnde Flexibilität. Daher lehnte sie ab, vor 1988 weitere Gespräche über einen möglichen Beitritt zu führen.[209]

Zuvor hatten Brian Griffiths und Alan Walters erneut gewarnt, eine EWS-Vollmitgliedschaft könne Spekulationen gegen den Leitkurs begünstigen. Durch die feste Wechselkursbindung entstehe eine sogenannte „one way option", die Wetten auf einen fallenden Pfundkurs nahezu risikolos mache. Bei Abwertungsdruck könnten Händler Pfund auf Termin – also zum heutigen Kurs, aber mit Lieferung zu einem späteren Zeitpunkt – verkaufen. Wenn der Pfundkurs in einem Realignment nach unten korrigiert würde, ließen sich die Pfund zum Zeitpunkt der Lieferung günstiger zurückkaufen, sodass ein Gewinn entstünde. Eine unerwartete Aufwertung des Pfunds, die – wegen des teureren Rückkaufs – Verluste verursacht hätte, war durch das Wechselkursband jedoch äußerst unwahrscheinlich. Der WKM setzte so die üblichen Marktmechanismen außer Kraft und lud, so Walters, spekulative Angriffe auf das Pfund geradezu ein. Hinzu kamen nach seiner Einschätzung stärkere Zinsschwankungen, geringere Wachstumsraten und die Gefahr von Kreditkontrollen.[210]

Damit vertiefte sich der Gegensatz zwischen Premierministerin und Schatzkanzler, der sich zunehmend auf die internationale Wechselkurskooperation konzentrierte. Ende September 1987 nutzte Lawson seine Rede vor dem IMF Board of Governors, um das Floating, also das freie Schwanken der Wechselkurse, nach Auflösung des Bretton-Woods-Systems grundsätzlich zu kritisieren. Zugleich lobte er Devisenmarktinterventionen, die er noch wenige Jahre zuvor scharf als marktferne Eingriffe attackiert hatte: „With hindsight, some of the arguments for free floating seem much less compelling, and the belief markets would provide a stabilising influence, through the operation of medium-term speculators, has not been borne out." Die Senkung der Inflationsraten und die Annäherung der wirtschaftspolitischen Grundüberzeugungen eröffneten aus seiner Sicht neue Spielräume für eine dauerhafte Wechselkursordnung: „I believe that we can and should use the experience we have gained to build a more permanent regime of managed floating. [...] I believe that external stability should now complement the internal financial stability that we have already achieved."[211]

---

209 David Norgrove an Margaret Thatcher, 20.7.1987, TNA, PREM 19/2675.

210 David Norgrove, Protokoll eines Treffens von Margaret Thatcher, Alan Walters und Brian Griffiths, 2.7.1987, TNA, PREM 19/2675.

211 Nigel Lawson, Rede vor dem jährlichen Treffen des Board of Governors, 30.9.1987, TNA, FCO 30/6852.

Im Foreign Office stieß dieser Vorstoß auf Skepsis. Simon Broadbent kritisierte, die Rede lasse zentrale Fragen – etwa nach der Ankerwährung – offen und gehe zu idealistisch von einem universellen Konsens über die Priorität der Inflationsbekämpfung aus. Zudem, so Broadbent, mache diese Argumentation das britische Fernbleiben vom EWS zunehmend unhaltbar. Unhaltbar nicht, notierte Kerr lakonisch und ergänzte: „‚illogical' yes". Handschriftlich wurde auch eine Anekdote von der Pressekonferenz wiedergegeben: „A. Hack: ‚Did you discuss all this with the PM?' Chancellor (after long pause): ‚I had a long talk with the PM before I came out.' [...] Hack (soft voice): ‚... and she'll be having a longer talk with you when you get back.' [...] True, I'm told."[212] Auch die Bank of England monierte, dass sie vor einer solchen Initiative nicht konsultiert worden war. Die weitere Gestaltung der Währungskooperation, hielt ein internes Papier für die Mitglieder des Court of Directors fest, erfordere nun gemeinsame Überlegungen.[213]

Die EWS-Reformen von Basel und Nyborg

Gleichzeitig durchlief das Europäische Währungssystem grundlegende Reformen. Im Januar 1987 hatte ein hochumstrittenes Realignment stattgefunden. Die Kursanpassung war deswegen so disruptiv, weil sie trotz erheblicher Spekulationen aus politischen Gründen aufgeschoben worden war. Vor den Bundestagswahlen hatte sich die deutsche Seite einer von Frankreich geforderten Aufwertung widersetzt. Die schließlich erfolgte dreiprozentige D-Mark- und Gulden-Aufwertung sowie die zweiprozentige des belgischen Franken wurde „one of the most traumatic incidents in the development of the EMS."[214] Die Bundesbank kritisierte diese Politisierung scharf. Bundesbank-Chefvolkswirt Schlesinger erklärte dem britischen Botschafter Julian Bullard: „politicians here and in France had rather tied their own hands by their public statements: Making a drama out of what ought to be treated as a technicality."[215] Auch Simon Broadbent kommentierte, die Ereignisse „will do nothing to encourage opponents of UK entry to change their mind."[216]

Zum einen widersprach diese politische Aushandlung der Wechselkurse Thatchers Ziel, das Pfund aus politischen Erwägungen herauszuhalten – Alan Walters hatte wiederholt davor gewarnt, den Wechselkurs als volkswirtschaftlich zentrale Größe in den Bereich der EG-Politik zu ziehen. Zum anderen spiegelten die turbulenten Kursbewegungen ein strukturelles Problem wider. In den frühen Jahren des EWS war der starke Dollar den Mitgliedsländern zwar wegen des hohen Zinsniveaus zunehmend ein Dorn im Auge gewesen, von dem sie sich kaum abkoppeln konnten. Zugleich hatte die Dollarstärke den Aufwertungsdruck der D-Mark

212 Simon Broadbent an Anthony Galsworthy, 1.10.1987, TNA, FCO 30/6852.
213 Papier für die Mitglieder des Court of Directors der Bank of England, 1.10.1987, BoE C4/7.
214 James, Making the European Monetary Union, S. 219.
215 Julian Bullard an FCO, 7.1.1987, TNA, PREM 19/2162.
216 Simon Broadbent an Anthony Galsworthy, 13.1.1987, TNA, FCO 30/6851.

gegenüber den übrigen EWS-Währungen zumindest teilweise kompensiert und so deren Ausbrechen aus dem Paritätengitter verhindert. Ab Frühjahr 1985 änderte sich diese Situation jedoch grundlegend. Mit der Dollarabwertung flossen zunehmend Kapitalmittel aus den USA in die Bundesrepublik, was den durch das Stabilitätsgefälle bedingten Aufwertungsdruck auf die D-Mark weiter verstärkte. Der daraus resultierende Druck im Wechselkursgefüge erforderte erstens ein größeres Zinsgefälle – 1988 wurden kurzfristige D-Mark-Anlagen mit vier, vergleichbare Franc- und Lira-Anlagen jedoch mit neun beziehungsweise elf Prozent verzinst – und zweitens häufigere Devisenmarktinterventionen. Diese erfolgten oft intramarginal, also bereits vor Erreichen der zulässigen Grenzkurse, um Spekulationen im Keim zu ersticken. Üblicherweise griffen die Zentralbanken bei Erreichen des sogenannten Divergenzindikators ein, also bei Abweichungen von 75 Prozent der zulässigen Bandbreite. Anders als bei Pflichtinterventionen an den Grenzbändern bestand dabei jedoch kein Anspruch auf EWS-Kreditmechanismen.[217]

Diese Situation schränkte den geldpolitischen Handlungsspielraum aller EWS-Mitglieder ein. Um dem Aufwertungsdruck entgegenzuwirken, akzeptierte die Bundesbank niedrigere Zinsen, als für die Erreichung ihrer Geldmengenziele erforderlich gewesen wären. Insgesamt konnte sie ihre Stabilitätspolitik jedoch beibehalten, während die Länder mit schwächeren Währungen aufgrund der hohen Zinsen und kostspieligen Interventionen einen unverhältnismäßig großen Teil der Anpassungslast trugen. Die schrittweise Aufhebung der französischen und italienischen Kapitalverkehrskontrollen erleichterte Kapitalverschiebungen aus diesen Währungen und verstärkte den Druck weiter.[218] Damit flammte die seit 1978 bestehende Kontroverse über die ‚Asymmetrie' bei der Verteilung der Anpassungslasten erneut auf.

Seit Frühjahr 1987 erörterten der Ausschuss der EG-Zentralbankpräsidenten und der Währungsausschuss Vorschläge für eine Reform des EWS. Insbesondere Frankreich und Italien drängten auf weitergehende, auch institutionelle Neuerungen – etwa auf einen Ausbau der gegenseitigen Unterstützungsmechanismen bei intramarginalen, also vor Erreichen der offiziellen Bandbreiten stattfindenden, Interventionen. Die Hartwährungsländer um die Bundesrepublik lehnten solche institutionellen Reformen, insbesondere die Schaffung einer gemeinsamen Zentralbank, ab und begegneten auch der Ausweitung der Währungsbeistandsmechanismen mit Skepsis.[219] Sie befürchteten, dass dies ihnen einen Großteil der Wechselkursrisiken schwächerer Währungen aufbürden und zu einem Import

217 Maier, Monetäre Kooperation, S. 49.

218 Ebd., S. 50.

219 Seinen Widerstand gegen die Aufnahme des EWS in die EG-Verträge hatte Bundeskanzler Helmut Kohl bereits im November 1985 im Gespräch mit Jacques Delors deutlich gemacht. Protokoll eines Gesprächs zwischen Helmut Kohl und Jacques Delors im Bundeskanzleramt, 18.11.1985, PA AA, B 1-ZA/178936.

inflationärer Tendenzen führen könnte. Großbritannien nahm in dieser Gemengelage als Nichtmitglied des WKM eine Mittelposition ein. Lawson sah in den Reformverhandlungen einerseits die Chance, durch engere Zusammenarbeit mit Frankreich EWS-Reformen zu erwirken, die bei einem möglichen Vollbeitritt den britischen Interessen entsprächen.[220]

Andererseits lag das Schatzamt mit seinem Bestreben, institutionelle Neuerungen zu vermeiden, auf einer Linie mit der Bundesbank. Entsprechend befürwortete es vor allem kleinere technische Anpassungen: Die Verhandlungen über Realignments sollten diskreter ablaufen, um Wechselkursanpassungen ihre politische Brisanz zu nehmen; die Kursstabilisierung sollte stärker über Zinsänderungen als durch Interventionen erfolgen; und die Bandbreiten sollten weiter ausgenutzt werden, um Kursentwicklungen weniger vorhersehbar zu machen und damit Spekulationen zu erschweren. Übereinstimmungen mit Frankreich ergaben sich aus zwei britischen Forderungen: Erstens sollten die kurzfristigen Kreditfazilitäten auch für intramarginale Interventionen geöffnet werden, zweitens sollten die Restriktionen für die Anreicherung der eigenen Währungsreserven mit anderen EWS-Währungen – insbesondere D-Mark – gelockert werden. Bisher war für größere EWS-Devisentransaktionen, also den Kauf oder Verkauf anderer EWS-Währungen, eine Abstimmung mit der ausgebenden Zentralbank erforderlich. Beide Reformvorschläge stießen bei der Bundesbank auf Kritik. Sie befürchtete, dass verstärkte D-Mark-Interventionen anderer EG-Zentralbanken eine inflationäre, von ihr nicht mehr kontrollierbare Ausweitung der Geldmenge bewirken könnten. In beiden Punkten blieb die britische Haltung ambivalent, weil die mögliche Rolle des Pfunds im WKM unklar war. Zwar zeichnete sich ab, dass es nicht zum festen Kern des Hartwährungsblocks zählen und somit von großzügigen Unterstützungsmechanismen und größerer Flexibilität bei Interventionen profitieren würde. Doch war nicht ausgeschlossen, dass es gegenüber schwächeren Währungen wie dem irischen Pfund selbst in die Geberposition geraten könnte. Beide Ziele galten daher als wünschenswert, aber nicht prioritär. Zudem war kaum realistisch, einzelne Reformen im Gegenzug für einen möglichen Beitritt durchzusetzen.[221]

Umgekehrt wandte sich die britische Regierung entschieden gegen Édouard Balladurs Vorstoß, eine umfassende EWS-Reform zur Voraussetzung für die beschlossene Kapitalverkehrsliberalisierung zu machen.[222] Ziel blieb, die EWS-Reformen auf die engere währungspolitische Kooperation zu begrenzen und institutionelle, also vertragliche, Änderungen ebenso zu vermeiden wie ein Übergreifen auf andere EG-Politikfelder. Damit sollte verhindert werden, dass Großbritannien auch dort in die Rolle des Außenseiters geriet. Entsprechend setzte die britische

220 Alex Allan an Chris Kelly, 22.6.1987, TNA, PREM 19/2675.

221 David Peretz an Nigel Lawson, 7.7.1987, TNA, PREM 19/2675.

222 Oliver Miles an FCO, 15.6.1987, TNA, FCO 30/6851.

Seite auf die deutsche Zurückhaltung und begrüßte die moderaten Änderungen, die auf französischen Druck zustande kamen, ohne sich selbst im wenig vorteilhaften Status der halben EWS-Mitgliedschaft zu stark exponieren zu müssen.

Letztlich stand am Ende der Verhandlungen ein Kompromiss, der im September 1987 zunächst von den Notenbankchefs in Basel (8. September) und anschließend von den EG-Finanzministern im dänischen Nyborg (12. September) verabschiedet wurde. Er umfasste vier wesentliche Neuregelungen. Erstens wurde eine gemeinsame Überwachung der Wirtschaftsentwicklung beschlossen. Zweitens verlängerten die Partner die sehr kurzfristigen Finanzierungskredite durch den Europäischen Fonds für währungspolitische Zusammenarbeit (EFWZ), den zentralen Kreditmechanismus des EWS, von 2,5 auf 3,5 Monate und erhöhten den Plafond, also die Kreditobergrenze, für automatische Verlängerungen von 100 auf 200 Prozent der jeweiligen Schuldnerquote. Drittens wurden intramarginale Interventionen unter bestimmten Bedingungen in die sehr kurzfristige Finanzierung einbezogen. Viertens erhielten die Mitgliedstaaten die Möglichkeit, erhaltene Währungskredite im EWS bis zu 100 Prozent in ECU statt – wie bislang – nur zur Hälfte in der ursprünglich geliehenen Währung zurückzuzahlen.[223] Diese Beschlüsse stellten die weitreichendste Reform des EWS seit dessen Inkrafttreten 1979 dar, markierten zugleich jedoch auch einen Endpunkt: Weitergehende Änderungen hätten eine Vertragsänderung und damit eine Regierungskonferenz erfordert.[224] Mit dem Großteil der Neuregelungen konnte Großbritannien gut leben, auch wenn im Schatzamt die vorgesehenen Maßnahmen zur Förderung der ECU-Nutzung skeptisch beurteilt wurden, da aus britischer Sicht vorrangig auf Marktkräfte gesetzt werden sollte.[225]

Da das Vereinigte Königreich als Nichtmitglied des WKM und angesichts seiner ambivalenten Einschätzung der eigenen Währungsstärke ohnehin keine ausgearbeitete Reformagenda verfolgte, hatten die Beschlüsse für die interne Beitrittsdebatte keine unmittelbare Bedeutung. Simon Broadbent im Foreign Office erhoffte sich zwar, dass die verbesserte Funktionsfähigkeit des WKM die wirtschaftlichen Einwände entkräften und damit die politischen Argumente für eine Mitgliedschaft stärker in den Vordergrund rücken würde. Entscheidend war aus seiner Sicht jedoch weniger der Inhalt der technischen Anpassungen als vielmehr der Umstand, dass die Bundesbank überhaupt zu Zugeständnissen bereit war.[226] Eine von Nigel Lawson positiv aufgenommene Studie des Credit Suisse Research Institute (CSFB Economics) stellte fest, die neue Haltung der Bundesbank entschärfe das Problem des verlorenen Handlungsspielraums im WKM: „They mean the

223 Ausschuss der EG-Zentralbankpräsidenten, Pressekommuniqué, Basel, 18.9.1987, ECB, CoG 2.1/1.

224 James, Making the European Monetary Union, S. 224 f.

225 Simon Broadbent an Anthony Galsworthy, 16.6.1987, TNA, FCO 30/6851.

226 Simon Broadbent an Anthony Galsworthy, 15.9.1987, TNA, FCO 30/6852.

U. K. can have a firm sterling-DM link without becoming a German satellite."[227] In der Bank of England herrschte dagegen Skepsis. Anthony Loehnis von der Internationalen Abteilung erwartete nicht, dass die EWS-Reformen von Basel und Nyborg eine wesentliche Neuorientierung bewirken könnten.[228] Auch der Court of Directors hielt fest, die moderaten Verbesserungen seien kaum geeignet, die grundlegende Abwägung über eine britische WKM-Mitgliedschaft maßgeblich zu verändern. Da Lawson sich in seiner Rede vor dem IMF Board of Governors deutlich für die internationale Währungskooperation ausgesprochen hatte, galt in der Bank inzwischen selbst ein Wechselkursziel jenseits der EG nicht mehr als ausgeschlossen – eine Option, die zuvor wegen der negativen politischen Signalwirkung innerhalb der Gemeinschaft als unhaltbar gegolten hatte.[229]

Andererseits machten die Reformverhandlungen auch deutlich, dass die übrigen EWS-Länder – wie von Nicholas Colchester bereits 1984 in der *Financial Times* vorhergesagt – zunehmend nicht mehr bereit waren, für Fortschritte in der europäischen Währungspolitik auf eine britische Vollmitgliedschaft zu setzen. Zwar wurde ein britischer Beitritt bei Gesprächen über die Funktionsfähigkeit des Systems weiterhin regelmäßig angemahnt, doch hielt man zugleich fest, dass das Fernbleiben Großbritanniens keinen wesentlichen technischen Einfluss auf die Zusammensetzung des ECU oder die Funktionsweise des EWS hatte. So stellte der Ausschuss der Zentralbankpräsidenten in seinem Bericht über Maßnahmen zur Stärkung des EWS vom September 1987 fest: „The basic problem with non-participation, however, is that it casts doubt on the future of European monetary integration."[230] Damit folgte er den Ergebnissen der Währungsexpertengruppe unter Leitung des dänischen Zentralbankpräsidenten Henning Dalgaard, die den Bericht im Auftrag des Ausschusses erstellt hatte. Diese kam zu dem Schluss, dass sich aus der fortgesetzten Nichtteilnahme Großbritanniens kurzfristig keine Probleme ergäben, langfristig jedoch Zweifel am Integrationsprozess selbst entstünden: „Indeed, non-participation creates doubts about the possibility of European monetary integration in the foreseeable future. It is therefore important to keep alive the idea of full membership of all Community countries in the EMS and to enhance efforts for bringing these countries closer together with the EMS."[231]

Kurzfristig entlastete diese faktische Akzeptanz des britischen Fernbleibens zwar die Regierung in London, da sie den politischen Druck für einen unmittelbaren Beitritt verringerte. Langfristig jedoch deutete sie auf eine schleichende Entkopplung der währungspolitischen EG-Reformen von der britischen Partizipation

227 CSFB Economics, EMS. Advance or Face Retreat, September 1987, TNA, T 640/531.

228 Anthony Loehnis an Rodric Braithwaite, 10.9.1987, TNA, FCO 30/6852.

229 Papier für den Court of Directors der Bank of England am 12.11.1987, BoE 3A161/200.

230 Bericht des Ausschusses der EG-Zentralbankpräsidenten zur Stärkung des EWS, 8.9.1987, BArch, B 136/23640.

231 Dalgaard Group of Experts, Bericht Nr. 59, Working of the European Monetary System, 29.5.1987, ECB, CoG 5.

hin, was die Möglichkeit einer effektiven Mitsprache zunehmend einschränkte – ein Umstand, der sich in den späteren Verhandlungen um die Wirtschafts- und Währungsunion rächen sollte. Hier wurde erneut deutlich, dass sich Handlungsfreiheit nicht allein an formalen Souveränitätsrechten bemaß, sondern auch am praktischen Einfluss auf Entscheidungsprozesse. Die Fokussierung auf technische und wirtschaftliche Fragen in der britischen EWS-Debatte erfolgte somit zum Preis einer politischen Selbstbeschränkung: In Großbritannien wurden die langfristigen integrationspolitischen Implikationen unterschätzt, während aus Sicht der EG-Partner die britische Position an Relevanz für den weiteren Ausbau der Währungskooperation verlor.

Konflikte um D-Mark-Interventionen zur Pfunddeckelung

Unmittelbar wurden die Grenzen des auf wirtschaftliche Funktionalität zielenden EWS-Ansatzes deutlich, als internationale Währungsturbulenzen Ende 1987 zu Konflikten zwischen der britischen Geldpolitik und der EWS-Entwicklung führten. Noch am 26. September lobten die G7-Finanzminister und Notenbankpräsidenten das Louvre-Abkommen, erklärten, die Wechselkurse entsprächen im Großen und Ganzen den wirtschaftlichen Fundamentaldaten, und kündigten eine Fortsetzung der Zusammenarbeit an. Bald darauf traten jedoch die Bruchstellen der internationalen Währungskooperation offen zutage – und bestätigten, was der Court of Directors bereits Ende September festgestellt hatte: Lawsons unilaterale EWS-Bindung im *shadowing* war allein durch innere geldpolitische Erwägungen motiviert und implizierte keinerlei politisches Bekenntnis zur Europäischen Gemeinschaft.[232]

Im Oktober verschärften sich die Spannungen zwischen dem US-Dollar und der D-Mark. Eine Erhöhung des Diskontsatzes der US-Notenbank von 5,5 auf sechs Prozent veranlasste die Bundesbank – besorgt über die Überschreitung ihrer Geldmengenziele – zu einer Anhebung der Mindestzinsen für Offenmarktgeschäfte mit Rückkaufvereinbarungen über Wertpapiere (Repogeschäfte) um zehn Basispunkte auf 3,6 Prozent.[233] Dies führte zu einem Konflikt mit den USA: Finanzminister James Baker reagierte mit der Ankündigung, den Dollarkurs gegenüber der D-Mark absinken zu lassen. Der daraus resultierende Aufwertungsdruck auf die D-Mark machte im EWS Interventionen im Umfang von rund 900 Millionen Dollar notwendig. Die Ankündigung, den fallenden Dollarkurs nicht weiter zu stützen, erschütterte das Vertrauen zusätzlich und trug zum Einbruch an den internationalen Börsen – dem „Schwarzen Montag“ am 19. Oktober 1987 – bei. Der Dow Jones fiel um 508 Punkte, was einem Rückgang um 22,6 Prozent ent-

---

232 G. A. Croughton, Protokoll eines Treffens des Court of Directors der Bank of England am 19.11.1987, erstellt am 26.11.1987, BoE 3A161/200.

233 Deutsche Bundesbank (Hrsg.), Geschäftsbericht 1987, Anhang, S. 50.

sprach. Die anschließenden Zinssenkungen in den USA ließen den Dollar weiter fallen.[234] Nach einem gemeinsamen Mittagessen mit Bundesbankpräsident Karl Otto Pöhl und Finanzminister Gerhard Stoltenberg veröffentlichte Baker zwar noch am selben Tag ein versöhnliches Statement, das die Kontroverse vorläufig beendete, doch die Spannungen blieben bestehen. Als Baker Schatzkanzler Lawson am Abend aus Stockholm anrief, machte er seine Verärgerung deutlich. Er erklärte, die Louvre-Parität sei auf 1,77 DM festgelegt worden – eine Senkung um drei Prozent – und betonte: „if the Germans kept raising interest rates, ‚the Louvre Accord would die'."[235] Zwar erholten sich die Aktienkurse bald darauf, doch blieb die Episode als Erschütterung der koordinierten Währungspolitik im Gedächtnis.[236]

Für Brian Griffiths hatte das Louvre-Abkommen mit den resultierenden Zinserhöhungen einen wesentlichen Anteil an der Krise, wie er Thatcher schrieb. Er sandte ihr einen Artikel des Wirtschaftswissenschaftlers Allan Meltzer, der argumentierte, fixierte Wechselkurse seien zwischen Ländern mit hohen Zahlungsbilanzdefiziten nicht haltbar: Statt den Wechselkurs künstlich zu stabilisieren, sollten die Politikansätze – insbesondere das Bekenntnis zur Preisstabilität – angeglichen werden.[237] Lawson dagegen wies die Vorstellung zurück, die Abkommen zur Wechselkursstabilisierung hätten den Kurssturz verursacht, und bezeichnete sie als „poppycock".[238]

Während Lawson an der Wechselkursstabilisierung festhielt, wuchsen in Downing Street die Zweifel. Die Premierministerin und ihre Berater begegneten der Politik mit zunehmender Skepsis, wodurch der ohnehin fragile Kompromiss der inoffiziellen EWS-Bindung ins Wanken geriet. Obwohl Lawson infolge der Krise die Zinsen zweimal um jeweils ein halbes Prozent senkte, setzte der fallende Dollar das Pfund erneut unter Aufwertungsdruck, sodass der Wechselkurs die gesetzte 3,00-DM-Grenze zu durchbrechen drohte. Dollar-Ankäufe gegen Pfund – bis Mitte Oktober hatte die Bank of England 4,75 Milliarden Dollar aufgekauft – konnten den Druck auf den Kurs jedoch nicht wirksam abfedern. In der Bank of England warnte der Leiter der Geldmarktabteilung, Eddie George, bereits zu diesem Zeitpunkt, dass eine so große Pfundmenge nicht durch die üblichen Anleiheverkäufe[239] wieder aus dem Markt gezogen und damit die Wirkung auf die Geld-

---

234 VIANELLI, Achieving a Shared Consensus, S. 315 f.

235 Alex Allan, Vermerk über ein Telefonat von Nigel Lawson und James Baker, 19.10.1987, BoE 11A21/11.

236 BOUGHTON, Silent Revolution, S. 220–223.

237 Brian Griffiths an Margaret Thatcher, Übersendung eines Artikels von Allan Meltzer vom 13.9.1987, o. D. (13.9.1987), CAC, THCR 1/5/23A.

238 Brian Griffiths an Margaret Thatcher, Memorandum zur Wechselkurspolitik, 27.11.1987, TNA, PREM 19/2631.

239 Bei der sogenannten Sterilisierung von Interventionen wurde die bei Pfundverkäufen in den Markt gelangende Geldmenge durch die Ausgabe von Staatsanleihen wieder abgeschöpft. Ziel war es, die inflationstreibenden Effekte des geldmengenwirksamen Wachstums infolge

menge neutralisiert werden könne. Bei Fortsetzung dieser Politik drohe ein erneuter Inflationsanstieg auf über fünf Prozent. Er riet deshalb, die Pfunddeckelung aufzugeben oder zumindest die Interventionsgrenze auf über 3,00 DM zu verschieben.[240] Für Lawson kam das nicht infrage. Selbst ohne offizielle Erklärung hatten die Märkte seine Wechselkurspolitik längst erkannt; eine Änderung hätte seiner Ansicht nach einen massiven Vertrauensverlust ausgelöst – ein Risiko, das nach dem Börsensturz vom Oktober 1987 umso schwerer wog.[241] Zugleich erwiesen sich die Dollarverkäufe zunehmend als ungeeignet, den Pfund-D-Mark-Kurs zu stabilisieren. Direkte D-Mark-Interventionen wären zwar wirkungsvoller gewesen, doch verweigerte die Bundesbank ihre laut EWS-Abkommen erforderliche Zustimmung. Umfangreiche D-Mark-Käufe hätten nämlich nicht nur – wie von Lawson beabsichtigt – eine Aufwertung gegenüber dem Pfund, sondern zugleich gegenüber den übrigen EWS-Währungen bewirkt. Damit wäre das ohnehin angespannte Wechselkursgefüge im WKM weiter unter Druck geraten.[242]

Anfang Dezember erreichten die britischen Devisenmarktinterventionen ein erhebliches Ausmaß. Allein am 3. Dezember 1987 intervenierte die Bank of England mit 900 Millionen Dollar, um den Pfundkurs niedrig zu halten. Insgesamt hatte Großbritannien seit Abschluss des Louvre-Abkommens mehr als 20 Milliarden Dollar angekauft – mehr als alle anderen Zentralbanken mit Ausnahme der japanischen. Aus Sicht von Schatzkanzler und Premierministerin leistete das Land den proportional größten Beitrag zur internationalen Dollarstabilisierung und trug damit einen beträchtlichen Teil der Belastungen, die aus dem US-amerikanischen Leistungsbilanzdefizit resultierten. Auch eine erneute Zinssenkung um ein halbes Prozent hatte den Aufwertungsdruck auf das Pfund nicht mindern können. In diesem Dilemma kam Lawson zu dem Schluss, dass ihm nur noch direkte D-Mark-Interventionen blieben. Nachdem er zwei Monate zuvor noch öffentlichkeitswirksam eine Vertiefung der internationalen Währungskooperation gefordert hatte, beschloss er nun, die EWS-Regel zu ignorieren, wonach Interventionen in anderen EWS-Währungen abzustimmen waren. Er berief sich auf die britischen Belastungen, um über die aus seiner Sicht unvernünftigen deutschen Einwände hinwegzugehen. Am 4. Dezember versuchte er, den Widerstand von Governor Robin Leigh-Pemberton gegen die regelwidrigen D-Mark-Interventionen zu brechen. „He will *insist*", meldete Charles Powell nach einem Gespräch

---

von Devisenmarktinterventionen zu neutralisieren. Zu diesem Zweck wurden Anleihen über den eigentlichen Finanzierungsbedarf des Staates hinaus emittiert. Auf diese Weise entstand ein Überhang an Staatsanleihen, der entsprechende Zinskosten verursachte.

240 Eddie George an Robin Leigh-Pemberton, 14.10.1987, BoE 11A21/11.

241 Alex Allan, Protokoll eines Treffens von Nigel Lawson, Robin Leigh-Pemberton und *officials*, 30.10.1987, BoE 11A21/11.

242 Anthony Loehnis, Vermerk über ein Gespräch mit Waizenegger, 15.10.1987, BoE 11A21/11.

mit Lawson, „that the Bank intervene in DM [...] the Chancellor will say that inter-central-bank arrangements will simply have to be over-ridden."[243]

Lawson rechtfertigte den Bruch des Abkommens mit dem überproportionalen britischen Beitrag zur Dollarstützung und der Annahme, die Bundesbank erschwere Großbritannien als WKM-Nichtmitglied die Interventionspolitik aus Prinzip. Er erwog sogar, der Bank of England bei einer Weigerung den Zugriff auf den Exchange Equalisation Account, die Verwaltung der Währungsreserven, zu entziehen und ihre Agentenfunktion für das Schatzamt an eine andere Stelle zu übertragen.[244] Zu dieser Eskalation kam es nicht. In einem bilateralen Treffen verwies der Governor erneut auf die Ablehnung der Bundesbank, während Lawson die vorgeschlagenen Alternativen – eine Freigabe des Pfundkurses oder weitere Zinssenkungen – unter Verweis auf drohende Vertrauensverluste ausschloss. Im Anschluss ordnete er Interventionen in Höhe von 100 Millionen US-Dollar mit der Option auf eine Verdopplung an. Ein Großteil sollte in D-Mark erfolgen, flankiert durch Käufe anderer Währungen und gut sichtbare Dollarankäufe, um die Bundesbank zu besänftigen. Denn umfangreiche D-Mark-Interventionen hätten nicht nur das EWS-Gefüge belastet, sondern auch die Bemühungen des Louvre-Abkommens zur Stützung des Dollars konterkariert.[245]

Als Leigh-Pemberton anschließend Bundesbankpräsident Karl Otto Pöhl kontaktierte, verweigerte dieser wie erwartet seine Zustimmung zur Verwendung der D-Mark. Durch den massiven Ankauf von D-Mark wäre deren Kurs gegenüber allen anderen EWS-Währungen gestiegen – mit der Folge, dass das empfindliche Wechselkursgefüge des Systems ins Wanken geraten wäre „The exercise would destroy all our efforts at international cooperation and be exceptionally damaging in the present uncertain climate", warnte er. Auch Lawsons Hoffnung auf französische Unterstützung erfüllte sich nicht: Der französische Notenbankpräsident Jacques de Larosière befürchtete einen „enormous shock to the cooperative efforts to support the dollar" und ein Zerbrechen des EWS-Wechselkursgefüges durch das Hochtreiben der D-Mark bei massiven britischen Ankäufen. Er riet stattdessen zu einer weiteren Senkung der Zinsen,[246] die am Mittag bereits auf neun Prozent reduziert worden waren.[247] Nach offiziellen Angaben beschränkten sich die Interventionen des Tages auf schwächere EWS-Währungen und den

---

243 Hervorhebung im Original. Charles Powell an Margaret Thatcher, o. D. (3. oder 4.12.1987), TNA, PREM 19/2631.

244 Ebd.

245 Alex Allan, Protokoll einer Besprechung von Nigel Lawson, Robin Leigh-Pemberton und *officials* am 4.12.1987 um 11:45 Uhr, erstellt am 7.12.1987, BoE 11A21/11.

246 John Footman, Protokoll von Telefonaten Robin Leigh-Pembertons mit Karl Otto Pöhl, Nigel Lawson und Jacques de Larosière am 4.12.1987, erstellt am 7.12.1987, BoE 11A21/11.

247 Alex Allan, Protokoll einer Besprechung zwischen Nigel Lawson, Robin Leigh-Pemberton und *officials* am 4.12.1987 um 13 Uhr, erstellt am 7.12.1987, BoE 11A21/11.

ECU; de facto jedoch wurden von den insgesamt 140 Millionen Dollar rund 75 Millionen in D-Mark ausgeführt.[248]

In der folgenden Woche kam es zu weiteren Interventionen und einer Reihe von Telefonaten und Konsultationen, in denen Governor Leigh-Pemberton seinen EG-Zentralbankkollegen – insbesondere Bundesbankpräsident Karl Otto Pöhl – die von ihm selbst abgelehnte britische Politik erläutern musste. Am Montag, dem 7. Dezember, versuchte Lawson vergeblich, den deutschen Finanzminister Gerhard Stoltenberg von der Genehmigung breiter D-Mark-Interventionen zu überzeugen. Einen Tag später sprach Leigh-Pemberton beim Treffen der EG-Zentralbankpräsidenten erneut persönlich mit Pöhl, ohne dass eine Einigung erzielt wurde. Am 8. Dezember äußerte Margaret Thatcher in einem bilateralen Gespräch mit Lawson ihre Sorge über den Umfang der Devisenmarktinterventionen zur Stabilisierung des Pfundkurses, die seit Beginn des Finanzjahres bereits 27 Milliarden Dollar erreicht hatten. Sie befürchtete, die durch Pfundverkäufe in Umlauf gebrachte Geldmenge könne die Inflationsbekämpfung gefährden. Lawson entgegnete, die Interventionen ließen sich durch Anleiheverkäufe und gegenläufige Pfundankäufe neutralisieren, sollte die Währung unter Druck geraten. Thatcher ließ sich überzeugen und stimmte auch dem Einsatz der D-Mark zu. Für sie hatte die britische Geldpolitik eindeutig Vorrang vor der EG-Kooperation: „Whilst recognising that his would mean breaking the EMS agreement reached between central banks in March 1979, the Prime Minister asked the Chancellor to instruct the Governor [...] to cease all intervention in dollars and to intervene instead in DM."[249]

Die Bank of England widersetzte sich dieser Anweisung entschieden. Leigh-Pemberton sah sich nicht nur dem unmittelbaren Protest seiner Zentralbankkollegen ausgesetzt; in der Bank of England herrschte auch die Sorge, ein Bruch des EWS-Abkommens könne das auf Vertrauen und informeller Kommunikation beruhende Netzwerk der Zentralbanken dauerhaft beschädigen. Dieses funktionierte bislang auch ohne britische Vollmitgliedschaft, gerade weil die politische Verantwortung klar bei der Regierung lag. Ein offener Regelverstoß aber würde den Ruf der Bank nachhaltig belasten. Leigh-Pemberton warnte Lawson am 9. Dezember, den Widerstand der EG-Partner, insbesondere aus Deutschland und Frankreich, nicht zu unterschätzen, und schlug stattdessen eine weitere Zinssenkung vor. Lawson, der sich Thatchers Rückendeckung gesichert hatte, lehnte ab. Angesichts der Tragweite des Konflikts verlangte der Governor schriftliche Anweisungen, die Lawson zusagte.[250] Wie erwartet reagierte Pöhl empört. In einem Telefonat mit Leigh-Pemberton bezeichnete er das Vorgehen als „insult" gegenüber den

248 Charles Powell an Margaret Thatcher, 4.12.1987, TNA, PREM 19/2631.

249 David Norgrove an Alex Allan, Protokoll eines Treffens von Margaret Thatcher und Nigel Lawson, 8.12.1987, TNA, PREM 19/2085.

250 John Footman, Protokoll eines Telefonats zwischen Robin Leigh-Pemberton und Nigel Lawson am 9.12.1987 um 8:30 Uhr, BoE 11A21/11.

EWS-Zentralbanken und Regierungen, „a clear breach of our agreements", und warnte vor „severe political consequences". Auch Jacques de Larosière teilte diese Einschätzung, zeigte sich aber durch die britische Ankündigung gleichzeitiger Franc-Käufe etwas beruhigt.[251]

Um 14:15 Uhr ging Lawsons schriftliche Anweisung ein, fortan alle Interventionen zur Pfunddeckelung in D-Mark durchzuführen. Lawson rechtfertigte dies mit dem Hinweis, Großbritannien habe mit seinen Interventionen von insgesamt 25 Milliarden Dollar mehr zur internationalen Kooperation beigetragen als die Bundesbank mit weniger als drei Milliarden, und Pöhls Widerstand sei „unreasonable".[252] Leigh-Pemberton äußerte in einem weiteren Gespräch mit Lawson seine große Besorgnis über den Bruch des EWS-Abkommens und fragte nach der Einbeziehung des Außenministers, der laut Lawson nur grob informiert war. Wegen der Tragweite der Entscheidung bestand der Governor auf einer direkten Unterredung mit der Premierministerin und – wenn möglich – dem Außenminister; das Treffen wurde für den Folgetag anberaumt.[253] Inzwischen hatte Pöhl, wie angekündigt, schriftlich Beschwerde gegen das Vorgehen eingelegt und die übrigen EWS-Zentralbanken per Telegramm über den Bruch informiert.[254] Carlo Ciampi, der italienische Vorsitzende des Ausschusses der EG-Zentralbankpräsidenten, mahnte daraufhin ebenfalls die Einhaltung des Abkommens an. Aufgeschreckt von Pöhls Nachricht, äußerte er die Hoffnung, der Governor könne einen offenen Bruch des EWS-Abkommens noch vermeiden.[255]

Das vom Governor verlangte Gespräch mit Schatzkanzler, Premierministerin und ihrem Berater Griffiths – wohlgemerkt ohne Außenminister – brachte keine Einigung. In der Unterredung unterstützte Thatcher Lawsons Kurs. Sie argumentierte, die weitreichenden Dollarkäufe gefährdeten das vorrangige Ziel der Inflationsbekämpfung; deshalb sei der effektivere Einsatz von D-Mark-Interventionen notwendig. Auch sie sah den Bruch des EWS-Abkommens durch die umfangreichen britischen Dollarinterventionen als gerechtfertigt an. Leigh-Pemberton bezweifelte die größere Wirksamkeit und warnte erneut vor den negativen Folgen für die künftige währungspolitische Zusammenarbeit. Thatcher bestand jedoch darauf, den Pfundkurs zumindest übergangsweise mit D-Mark-Interventionen unter der festgesetzten Grenze von 3,00 DM zu stabilisieren. Eine Überbewertung

251 John Footman, Protokoll der Telefonate von Robin Leigh-Pemberton mit Karl Otto Pöhl, Jacques de Larosière, Mariano Rubio und Nigel Lawson am 9. und 10.12.1987, BoE 11A21/11; Karl Otto Pöhl an Gerhard Stoltenberg, Vermerk über Gespräche zwischen der Bank von England und der Deutschen Bundesbank, 9.12.1987, ACDP, I-626-101/1.

252 Nigel Lawson an Robin Leigh-Pemberton, 9.12.1987, BoE 11A21/11.

253 John Footman, Protokoll der Telefonate Robin Leigh-Pembertons mit Karl Otto Pöhl, Jacques de Larosière und Nigel Lawson, 10.12.1987, BoE 11A21/11.

254 Malcolm Gill, Vermerk über ein Telefonat mit Scholl (Bundesbank), 9.12.1987, BoE 11A21/11; Bundesbank, Fax an Mariano Rubio, 9.12.1987, BoE 11A21/11.

255 John Footman, Protokoll des Telefonats von Governor Robin Leigh-Pemberton mit Carlo Ciampi, 14.12.1988, BoE 11A21/11.

des Pfunds berge die Gefahr einer abrupten Kurskorrektur, die wiederum Inflationsdruck auslösen könne. Zur Beruhigung der EWS-Partner schlug Lawson vor, die D-Mark-Interventionen durch Käufe von Franc und anderen Währungen zu ergänzen, um das Paritätengitter des Systems zu entlasten.[256] In einem anschließenden Telefonat mit dem Governor äußerte Pöhl erneut seine Bedenken hinsichtlich der Folgen für EWS und Dollar, gestand aber zu, dass der ergänzende Ankauf anderer EWS-Währungen die Belastung für das System mindern könne.[257]

Ab dem 10. Dezember führte die Bank of England ihre Interventionen, soweit möglich, in D-Mark aus und flankierte sie durch Käufe französischer Francs in ähnlicher Größenordnung.[258] Intern hielt Leigh-Pemberton den Protest des Court of Directors gegen diesen Bruch eines internationalen Abkommens in einem formellen Brief fest.[259] Die Bundesbank wiederholte am 11. Dezember in einem Fax an alle EWS-Zentralbanken, das britische Vorgehen verstoße gegen das EWS-Abkommen und untergrabe die Kooperation innerhalb des EWS wie auch der G7.[260] Am selben Tag äußerte auch der französische Premierminister Jacques Chirac seine Bedenken in einem Telefonat mit der Premierministerin: „Since yesterday, the Bank of England has been selling dollars to buy DMs. If this went on, the EMS would blow up. The Mark was going up, and there would be a devaluation of the French Franc." Thatcher entgegnete, Großbritannien habe mit seinen umfangreichen Dollarinterventionen den größten Anteil an der internationalen Stützung getragen, was so aus stabilitätspolitischen Gründen nicht fortgesetzt werden könne. Nun sei es an der Bundesbank, sich stärker zu engagieren. Zudem, betonte sie, verkaufe die Bank of England nicht Dollar, sondern Pfund. Jede Einmischung wies sie entschieden zurück: „The Prime Minister said the purpose of such calls should not be to tell us to stop what we were doing. There was no question of that." Chirac legte besonderen Wert auf die Zusicherung, dass zugleich auch Francs gekauft würden.[261]

Doch am folgenden Tag bekräftigte der französische Notenbankpräsident Jacques de Larosière im Gespräch mit Leigh-Pemberton, das Vorgehen werde als „extreme act of hostility against France and the EMS" empfunden. Das britische Protokoll hielt fest: „he felt that relations between the Governments of the UK and France had been irretrievably damaged by our actions."[262] Auch aus den USA ka-

256 David Norgrove an Alex Allan, Protokoll eines Treffens von Margaret Thatcher, Nigel Lawson, Robin Leigh-Pemberton und Brian Griffiths, 10.12.1987, BoE 11A21/11.

257 John Footman, Protokoll der Telefonate mit Karl Otto Pöhl, Jacques de Larosière und Nigel Lawson, 10.12.1987, BoE 11A21/11.

258 Nigel Lawson an Robin Leigh-Pemberton, 10.12.1987, BoE 11A21/11.

259 Robin Leigh-Pemberton an Nigel Lawson, 10.12.1987, BoE 11A21/11.

260 Karl Otto Pöhl an Robin Leigh-Pemberton, 11.12.1987, BoE 11A21/11.

261 Charles Powell an Alex Allan, Protokoll eines Telefonats zwischen Margaret Thatcher und Jacques Chirac, 10.12.1987, BoE 11A21/11.

262 D. A. Collins, Vermerk über ein Gespräch zwischen Robin Leigh-Pemberton und Jacques de Larosière, 11.12.1987, BoE 11A21/11.

men negative Reaktionen. Fed-Chef Alan Greenspan sagte Leigh-Pemberton, er hoffe, „that someone would conclude quickly that we were moving in the wrong direction."[263] Vertreter der Bank of England machten in weiteren Gesprächen mit Carlo Ciampi (Banca d'Italia), Sam Cross und Ted Truman (Federal Reserve) sowie Patrick Wright vom Foreign Office keinen Hehl aus ihrer eigenen Ablehnung der Interventionspolitik, die von allen Seiten scharf kritisiert wurde.[264] Bundesfinanzminister Gerhard Stoltenberg berichtete Bundeskanzler Helmut Kohl, die Bank of England setze trotz deutscher Proteste ihre milliardenschweren D-Mark-Käufe fort, was eine „erhebliche Belastung" für das EWS und die internationale Zusammenarbeit darstelle.[265]

Auch im Währungsausschuss der EG, der am 15. Dezember zusammentrat, stieß die britische Politik auf geschlossene Ablehnung. Hans Tietmeyer (Bundesfinanzministerium), Leonhard Gleske (Bundesbank), Jean-Claude Trichet (Trésor) und Lamberto Dini (Banca d'Italia) warnten Geoffrey Littler (britisches Schatzamt) und Anthony Loehnis (Bank of England), das Vorgehen widerspreche jeder Form der Währungskooperation. Tietmeyer warnte vor einer Kettenreaktion, sollte das britische Vorgehen an den Märkten bekannt werden: Die D-Mark würde gegenüber dem Dollar aufwerten und andere Zentralbanken zu weiteren Käufen verleiten. „The UK is playing with fire", mahnte er.[266] Trotz dieser Warnungen kaufte die Bank of England im Dezember insgesamt D-Mark im Wert von rund 830 Millionen Dollar. Erst als fallende Ölpreise eine Abwertung des Pfunds nach sich zogen, wurden die Interventionen eingestellt. Am 15. Dezember 1987 regte Eddie George schließlich eine grundlegende Neuorientierung der geldpolitischen Strategie an.[267]

Die Episode machte deutlich, unter welchen Vorzeichen das EWS in Großbritannien gesehen wurde. Die internationale Währungskooperation, die Lawson noch kurz zuvor so nachdrücklich gefordert hatte, war nachhaltig erschüttert. Sein Beschluss, das EWS-Abkommen nicht als bindend zu betrachten, weil es im engeren rechtlichen Sinne kein Bestandteil des EG-Rechts war,[268] zeugte von einer funktionalen, an kurzfristigen britischen Interessen orientierten Sicht. Demnach konnte internationale – und insbesondere europäische – Kooperation Teil der nationalen Strategie sein, solange sie widerruflich blieb und den eigenen Zielen diente.

---

263 D. A. Collins, Vermerk über ein Telefonat zwischen Robin Leigh-Pemberton und Alan Greenspan, 11.12.1987, BoE 11A21/11.

264 Anthony Loehnis und J.R.E. Footman, Vermerke über Telefonate mit Zentralbank- und FCO-Vertretern, 14.12.1987, BoE 11A21/11.

265 Gerhard Stoltenberg an Helmut Kohl, 14.12.1987, ACDP, I-626-096/1.

266 Anthony Loehnis an Robin Leigh-Pemberton, 15.12.1987, BoE 11A21/11.

267 Eddie George an Robin Leigh-Pemberton, 15.12.1987, BoE 11A21/11.

268 Robert Lindley an John Arrowsmith und J. E. W. Kirby, 10.12.1987, Übersendung eines Papiers zu den rechtlichen Grundlagen des EWS, BoE 11A21/11.

Im Unterschied zur Bank of England betrachteten Thatcher und Lawson die Kooperation im Konfliktfall jedoch nicht als tragende Säule einer langfristigen Stabilitätspolitik, für deren Wahrung sich die Inkaufnahme temporärer Nachteile lohnte. Philip Warland aus der Presseabteilung der Bank of England brachte diese Differenz in einem internen post mortem der Krise auf den Punkt: Glaube man, die britische Industrie und Wirtschaft profitierten von der Pfunddeckelung, erscheine die D-Mark-Intervention „the most natural thing in the world". Weitaus schwieriger sei es hingegen, der Öffentlichkeit den strategischen Nutzen einer funktionierenden internationalen Kooperation zu vermitteln – insbesondere, wenn diese die europäische und nicht die amerikanische Dimension betraf:

> In a short term, nationalistic sense, that is much easier to present than the more complex medium to long term considerations which motivate us. A failure to honour an international commitment is a more powerful argument, but again, one which the public at large will take a highly pragmatic view of, particularly since it is a European agreement, towards which the Government is equivocal at best. [...] Conversely, the attitude to the dollar which the suggested action would betray can be far more easily portrayed as immediately damaging to the interests not only of the international community but the UK itself.[269]

Die Episode legte zugleich den eng begrenzten Handlungsspielraum der Bank of England offen, die eigens eine interne Rechtsprüfung zur Klärung ihrer Kompetenzen in diesem Konfliktfall veranlasst hatte. Diese ergab, dass die Befugnisse der Bank zur Erfüllung europäischer und internationaler Verpflichtungen nur soweit reichten, wie sie nicht mit den Anweisungen der Regierung kollidierten.[270] Wenn Schatzamt und Bank of England bis zur Unabhängigkeit 1997 wiederholt betonten, vom Weisungsrecht des Schatzkanzlers sei seit der Verstaatlichung der Bank 1946 nie Gebrauch gemacht worden,[271] trifft dies daher nur im engsten formalen Sinne zu. Zwar ließ es der Governor letztlich nicht auf eine offene Verweigerung der Anweisung ankommen. Von einer konsensualen Entscheidungsfindung, wie sie die wiederholten Beteuerungen nahelegten, konnte in dieser Episode jedoch keine Rede sein. Gleichzeitig galt die demonstrative Einigkeit zwischen Zentralbank und Schatzamt als entscheidend für Marktvertrauen und Erwartungsbildung. Wie wichtig dieser Aspekt war, sollte sich institutionell nach dem WKM-Austritt 1992 zeigen, als ein regelmäßiger öffentlicher Bericht der Bank of England zur Geldpolitik eingeführt wurde, um durch Transparenz Ver-

---

269 Philip Warland an the Governor's Private Secretary, 9.12.1987, BoE 11A21/11.

270 Robert Lindley an John Arrowsmith und J. E. W. Kirby, 10.12.1987, Übersendung eines Papiers zu den rechtlichen Grundlagen des EWS, BoE 11A21/11.

271 Bis heute wird das immer wieder betont. So die Bank of England über die eigene Geschichte fest: „To date, the Government's power to issue directions has not been used." Bank of England, Our History, https://www.bankofengland.co.uk/about/history (30.9.2025).

trauen zu schaffen.[272] Zu einer solchen Abgabe von Deutungshoheit waren Schatzamt und Prime Minister's Office in den 1980er Jahren trotz aller Beteuerungen zur Transparenz jedoch noch nicht bereit.

So wurde 1987 auch die Unzufriedenheit von Governor Robin Leigh-Pemberton greifbar. Das zuvor mühsam aufgebaute und nun schwer beschädigte Vertrauen unter den Zentralbanken, warnte er, werde man in künftigen Währungskrisen schmerzlich vermissen. Darin stimmte er mit Anthony Loehnis überein, der am 16. Dezember in einem Brief an den Governor seinem Ärger Luft machte. Loehnis bezweifelte nicht nur den Nutzen direkter D-Mark-Käufe, sondern kritisierte auch das kurzfristige Denken, das in scharfem Gegensatz zu Lawsons öffentlichen Bekenntnissen zur Währungskooperation stehe:

> I still remain totally baffled as to what national interest the Chancellor or the prime Minister thought that their bilateral intervention policy change would achieve. Even if she [Margaret Thatcher, JC] had been right, the relatively small gain on that front would have been bought at the cost of undermining the whole of what one had thought to be the HMG's policy for international economic co-operation (cf the Chancellor's speeches passim) and the deliberate affronting of all our European Community allies [...].
> Additionally, all the tangible benefit and goodwill for the future – particularly in hard economic times – from central banks' trust and co-operation has been thrown out of the window, and may well take years to restore. [...] If Nos. 10 and 11 have concluded that the laws of the jungle should prevail in international economic matters, then that should be debated with us, and one would think with the Cabinet also.[273]

Als sich die Märkte im Laufe der Woche beruhigten, schlug Leigh-Pemberton am 18. Dezember in einem Treffen von Vertretern des Schatzamts und der Bank of England eine Neuausrichtung der Geldpolitik vor: Entweder eine Formalisierung der praktizierten Wechselkurspolitik oder die Aufgabe der Pfunddeckelung zugunsten einer flexibleren, diskretionären Steuerung anhand verschiedener Indikatoren. Während Vertreter des Schatzamts für die Beibehaltung der aktuellen Strategie plädierten, warnten Governor Leigh-Pemberton, Eddie George und Anthony Loehnis vor Inflationsrisiken. Sie forderten eine pragmatischere Herangehensweise und eine Anpassung des Wechselkursziels. Lawson entschied sich vorerst, an der bestehenden Linie festzuhalten und dem Wechselkursdruck mit deutlich sichtbaren Interventionen zu begegnen.[274]

In dem Treffen wurde auch das Vorgehen in den laufenden G7-Verhandlungen zur Dollarstabilisierung erörtert. Die britischen D-Mark-Ankäufe der vorangegangenen Woche hatten die Regierung dort in Erklärungsnot gebracht. Die Runde ei-

---

272 Norman Lamont, Mansion House Speech, 29.10.1992, https://www.gov.uk/government/publications/chancellors-mansion-house-speeches-1985-1994 (30.9.2025).

273 Anthony Loehnis an Robin Leigh-Pemberton, 16.12.1987, BoE 10A114/20.

274 Alex Allan, Protokoll eines Treffens von Schatzamt- und Bank of England-Vertretern am 18.12.1987, BoE 11A21/11.

nigte sich darauf, die Ereignisse als vorübergehende Episode darzustellen und mit der Ausnahmesituation der Märkte zu begründen. Für das weitere Vorgehen lag ein deutscher Entwurf von Gerhard Stoltenberg vor, der regelmäßige Konsultationen und konzertierte Interventionen in Höhe von 15 Milliarden Dollar bis Anfang 1988 vorsah, um den Dollar auf dem aktuellen Niveau zu stabilisieren.[275] Obwohl Lawson die vagen Vorgaben und die fehlende Beachtung geldpolitischer Aspekte kritisiert hatte, einigte sich die Runde auf eine Annahme des Vorschlags.[276]

Dass die Differenzen zwischen Premierministerin und Schatzkanzler trotz ihrer Einigkeit in der Frage der D-Mark-Interventionen fortbestanden, zeigte Thatchers Reaktion auf das neue G7-Abkommen. Über ihren Private Secretary for Economic Affairs David Norgrove ließ sie ausrichten, sie halte es für bloßes „tinkering" und sei überzeugt, „that intervention without policy measures to improve the economic fundamentals will be damaging rather than helpful".[277] Wie Nigel Lawsons Private Secretary Jonathan Taylor später einräumte, war die Premierministerin bewusst erst kurz vor Abschluss der Verhandlungen informiert worden.[278] Lawson beruhigte sie letztlich mit dem Hinweis, das Abkommen verpflichte Großbritannien nur zu geringen Beiträgen und signalisiere vor allem die fortgesetzte Kooperationsbereitschaft der USA, die weitergehende Anpassungsschritte ermöglichen könnte.[279]

Für die Bank of England stellte sich nun die Frage, wie sie die „pitiful episode" beim anstehenden Treffen des Ausschusses der Präsidenten der Zentralbanken der EG-Mitgliedstaaten präsentieren sollte.[280] Die Diskussion am 12. Januar 1988 verlief jedoch sachlicher, als es die emotionalen Reaktionen im Dezember hatten erwarten lassen. Der Governor erläuterte seine Position als Agent der Regierung und seine Einwände gegen die Interventionen. Von den insgesamt fünf Milliarden Dollar seien 3,5 Milliarden in Dollar, 830 Millionen in D-Mark, 660 Millionen in Franc, 310 Millionen in ECU und der Rest in anderen Währungen eingesetzt worden. Er bedauerte den Bruch des Abkommens und äußerte die Hoffnung, nicht erneut in eine solche Situation zu geraten. Schlesinger und de Larosière zeigten Verständnis für die schwierige Lage der Bank, warnten jedoch vor der Erosion der europäischen Kooperation. Wie der Vorsitzende Godeaux betonte, hofften sie, eine solche Diskussion künftig nicht mehr führen zu müssen.[281] Letztlich schützte

275 Gerhard Stoltenberg, Entwurf, Understanding on Intervention and Consultations, Dezember 1987, BoE 11A21/11.

276 Alex Allan, Protokoll eines Treffens von Schatzamt- und Bank of England-Vertretern am 18.12.1987, BoE 11A21/11.

277 David Norgrove an Alex Allan, 18.12.1987, TNA, PREM 19/2631.

278 John Footman an Eddie George, 29.12.1987, BoE 11A21/11.

279 Jonathan Taylor an David Norgrove, 21.12.1987, TNA, PREM 19/2631.

280 Anthony Loehnis an Robin Leigh-Pemberton, 23.12.1987, BoE 11A21/11.

281 J. E. W. Kirby, Vermerk über die Sitzung des Ausschusses der EG-Zentralbankpräsidenten am 12.1.1988, erstellt am 13.1.1988, BoE 11A21/12.

auch hier die Verantwortlichkeit der Regierung die Kooperation der Zentralbanken – ein bemerkenswerter Befund, da bereits vor der Eskalation am 8. Dezember 1987 im Ausschuss der EG-Zentralbankpräsidenten kontrovers über britische ECU-Interventionen diskutiert und insbesondere von Pöhl und de Larosière eine engere Abstimmung eingefordert worden war.[282]

In der britischen Regierung blieb die inoffizielle Wechselkursbindung ein sensibles Thema. Im Februar 1988 riet John Kerr dem Außenminister davon ab, die EWS-Vollmitgliedschaft im Gespräch mit der Premierministerin anzusprechen: „As I see it, there is at present a kind of unwritten No 10/HMT understanding".[283] Denn im Gegenzug zur Akzeptanz einer engen D-Mark-Bindung wurde das EWS öffentlich kaum noch thematisiert. Obwohl Thatcher Lawsons Pfundpolitik zuvor entschieden gegen den Widerstand des Governors verteidigt hatte, stand sie dem Kurs weiterhin skeptisch gegenüber. Sie machte seine Politik mitverantwortlich für die erneute Zunahme der Inflation, die von 3,4 Prozent (1986) auf 9,8 Prozent (1990) anstieg.[284] Rückblickend erklärte sie, sie habe das ohnehin belastete Arbeitsverhältnis nicht weiter beschädigen wollen, die Wechselkursvorgabe als Maßstab für politischen und wirtschaftlichen Erfolg jedoch für „Unsinn" gehalten.[285] Tatsächlich vermerkte sie ihre Skepsis in den Akten, hatte aber offenbar keine Alternative anzubieten – und nahm sowohl den wachsenden Unmut der Bank of England als auch der EG-Partner hin. Die Zusammenarbeit zwischen Premierministerin und Schatzkanzler beruhte damit weniger auf einer strategischen Übereinstimmung als auf einem Mangel an Alternativen. Denn bei allen Differenzen über den Nutzen von Devisenmarktinterventionen zeigten sich beide, Lawson und Thatcher, kaum interessiert an den langfristigen politischen Implikationen, die der Bruch des EWS-Abkommens nach sich ziehen konnte.

Lange überlebte der währungspolitische Kompromiss die Währungsturbulenzen im Dezember 1987 nicht: Im März 1988 legte Thatcher ihr Veto gegen die weitere informelle D-Mark-Kopplung ein, nachdem Interventionen von mehr als einer Milliarde Pfund notwendig geworden waren, um den Kurs unter 3,00 DM zu halten.[286] Am 3. März machte Paul Gray, Thatchers neuer Private Secretary for Economic Affairs, ihre Einwände bekannt.[287] Angesichts der massiven Interventionen, die am 4. März eine Milliarde Dollar erreichten, rieten Paul Gray und Bri-

---

282 Vermerk über die Sitzung des Ausschusses der EG-Zentralbankpräsidenten am 8.12.1987, ECB, CoG 2.1.

283 John Kerr an Anthony Galsworthy, 17.2.1988, TNA, FCO 30/7240.

284 Retail Price Index, Percentage Change Over 12 Months, https://www.ons.gov.uk/economy/inflationandpriceindices/timeseries/czbh/mm23 (30.9.2025); Zu *shadowing* und dem sogenannten „Lawson Boom": Cobham, Making of Monetary Policy, S. 53–72; Keegan et al., Six Days, S. 60.

285 Thatcher, Downing Street, S. 968 f.

286 Ebd.

287 Paul Gray an Margaret Thatcher, 3.3.1988, TNA, PREM 19/2631.

an Griffiths zur Aufgabe der Deckelung.[288] Lawson zeigte sich jedoch äußerst widerwillig, so kurz vor Verkündung seines Haushaltsplans einen so grundlegenden Kurswechsel vorzunehmen. Nach einem Gespräch mit der Premierministerin und Konsultationen mit der Bank willigte er ein, die 3,00-DM-Grenze nur noch für diesen Tag zu verteidigen. Sollte der Aufwertungsdruck über das Wochenende anhalten, sollte der Kurs am Montag freigegeben werden. Auf Lawsons Drängen stimmte Thatcher weiteren Interventionen zu, begrenzte sie jedoch auf 50 Millionen Pfund.[289] Als dies den Aufwertungsdruck nicht minderte, wurde der Kurs freigegeben und durchbrach am 7. März die 3,00-DM-Marke. In der Presse wurde dies als Kapitulation gegenüber den Währungsmärkten gedeutet.[290]

Die darauf folgende Inflation beschleunigte die Erosion des Verhältnisses zwischen Thatcher und ihrem Schatzkanzler. In der Bank of England wurde Thatchers Diagnose, dass allein die informelle Pfundbindung für den Inflationsanstieg verantwortlich sei, hinterfragt. Ein internes Memorandum verwies auf den Versuch der gesamten Regierung, den nach Aufgabe der Geldmengenziele gewonnenen Handlungsspielraum zur Wachstums- und Beschäftigungsförderung zu nutzen – in der Hoffnung, sinkende Ölpreise würden ein vorübergehendes Abweichen vom Stabilitätsziel ausgleichen. Die niedrigen Zinsen zur Stabilisierung des Pfundkurses hätten die Lage zwar verschärft, ebenso wie die Zinssenkungen nach dem Börsencrash und die fiskalischen Lockerungen in Lawsons Haushalt von 1988, seien aber nicht ursächlich für den anschließenden Boom und den Inflationsanstieg ab 1988.[291] So oder so musste Thatcher in den folgenden Jahren feststellen, dass sie sich als Regierungschefin von der Politik ihres Schatzkanzlers nicht vollständig distanzieren konnte.

Während sich in London der Konflikt zwischen Premierministerin, Schatzkanzler, Außenminister und Bank of England zunehmend zuspitzte, gewannen auf europäischer Ebene konservative Stimmen an Gewicht, die eine weiterreichende währungspolitische Integration befürworteten. Innerhalb der European Democratic Group (EDG) im Europäischen Parlament verlagerte sich der Fokus ab 1987 von der WKM-Mitgliedschaft auf die Perspektive einer Wirtschafts- und Währungsunion. Der neue Fraktionsvorsitzende Christopher Prout, ein Befürworter von Thatchers wirtschaftsliberalen Reformen, versuchte zwar, das Verhältnis zur Premierministerin zu stabilisieren.[292] Er konnte aber weder ihre wachsende Distanz noch die internen Differenzen innerhalb der Fraktion über die integrati-

---

288 Brian Griffiths an Margaret Thatcher, 3.3.1988, TNA, PREM 19/2086.

289 Paul Gray an Alex Allan, Protokoll eines Gesprächs zwischen Margaret Thatcher und Nigel Lawson, 4.3.1988, TNA, PREM 19/2086.

290 Bernard Ingham, Pressebriefing für Margaret Thatcher, 8.3.1988, CAC, THCR3/5/77.

291 John Townend, Memorandum, The Orientation of Monetary Policy and the Monetary Policy Decision Making Process in the United Kingdom, November 1990, BoE 10A114/24.

292 Christopher Prout, Statement zur Zusammenarbeit mit der konservativen Parteiführung, 3.10.1988, CAC, KGLD 2/11.

onspolitische Ausrichtung der EG überbrücken.[293] Während ein Teil der britischen MEPs Delors' Initiativen zur institutionellen Vertiefung der EG ausdrücklich unterstützte, reagierte die Parteiführung in London zunehmend irritiert.[294] Auch Prout selbst drängte auf einen WKM-Beitritt[295] – mehr noch der linke Flügel um Fred Catherwood, der ihn als Symbol für einen konstruktiveren britischen EG-Kurs verstand.[296] Insgesamt blieb die Haltung der EDG ambivalent: Sie zeigte sich offen für langfristige Schritte hin zu einer europäischen Zentralbank und Währung,[297] priorisierte jedoch zunächst den WKM-Beitritt, um größere Konflikte zu vermeiden.[298] Die wachsende Bereitschaft zu weiterreichenden Integrationsschritten und den damit verbundenen Souveränitätsteilungen stellte jedoch die Sollbruchstelle zwischen der europäischen und der nationalen Parteiebene dar, die mit den konkreten Schritten zur Wirtschafts- und Währungsunion ab 1988 aufbrach. Die zunehmend sichtbare Distanz zwischen der EDG-Fraktion und der Regierung verstärkte den Druck auf Thatcher, die sich in der EWS-Frage zunehmend isoliert sah.[299]

Die Konflikte über die *shadowing*-Politik machten die unterschiedlichen Einschätzungen über den Wert internationaler und europäischer Kooperation sowie über die Bereitschaft deutlich, dafür kurzfristige geldpolitische Nachteile in Kauf zu nehmen. Letztlich handelte es sich dabei um eine politische Gewichtung, die jedoch durch den Verweis auf den vermeintlich rein wirtschaftlichen Charakter der EWS-Entscheidung von der Regierung nur unzureichend reflektiert wurde. Das erschwerte eine klare Verständigung über die währungspolitische Strategie in Europa – ein Defizit, das ab 1988 nicht länger kaschiert werden konnte, als die konkrete Perspektive einer Wirtschafts- und Währungsunion die etablierten Argumentationsmuster infrage stellte.

3 Vom Signal zur politischen Schlüsselforderung: EWS und Labours *Policy Review*

Die Labour Party blieb auch nach 1979 in der Frage einer WKM-Mitgliedschaft uneins, da der linke Flügel der Partei der Europäischen Gemeinschaft weiterhin skeptisch gegenüberstand. Unter Michael Foot, der 1980 James Callaghan als Parteivorsitzender ablöste, wandte sich die Labour-Führung nicht allein wegen der

293 True, Prout.

294 Robin Harris, CRD-Bericht zur Europawahl-Kampagne 1989, 27.6.1989, CPA, CRD 4/30/3/38.

295 John Palmer, Tory MEPs Find Thatcherite Won Hard to Swallow, The Guardian, 12.2.1987.

296 Protokoll der EDG-Sitzung am 14.2.1989, CPA, CCO 508/16/46/3.

297 EDG, Positionspapier, Group Objectives in the Field of Economic, Monetary, Fiscal and Industrial Policy, 10.3.1987, CPA, CRD 4/30/3/15.

298 Protokoll der EDG-Sitzung am 14.2.1989, CPA, CCO 508/16/46/3.

299 Derek Prag, Leserbrief, The Independent, 3.10.1988, abgeheftet in CPA, CCO 508/15/20.

europäischen Einbindung gegen das EWS, sondern vor allem aus wirtschaftspolitischen Gründen: Sie übernahm Callaghans bereits 1978 geäußerte Befürchtung, das System sei unvereinbar mit einer koordinierten nationalen Wirtschaftsstrategie, die im Falle eines Wahlsiegs auf Nachfragesteigerung, Investitionen und höhere Neuverschuldung setzen sollte.[300] Forderungen nach einer Abwertung des Pfunds zur Ankurbelung der Exporte – Schattenkanzler Peter Shore hielt 1983 eine Abwertung um 30 Prozent für notwendig – widersprachen dem Ziel der Wechselkursstabilisierung, da die EWS-Partner einer solchen kompetitiven Abwertung kaum zugestimmt hätten.[301] Im Wahlmanifest von 1983, *The New Hope for Britain*, bekannte sich die Partei zu „radical, socialist policies for reviving the British economy", einschließlich weiterer Verstaatlichungen, unilateraler nuklearer Abrüstung und des Austritts aus der Europäischen Gemeinschaft. Mit diesem Programm, das der Labour-Politiker Gerald Kaufman als „the longest suicide note in history" bezeichnete, distanzierte sich die Partei deutlich von der europäischen Integration und der antiinflationären Wechselkursstabilisierung, auf die das EWS explizit abzielte.[302]

Labours Wahlniederlage von 1983 – mit 27,5 Prozent der Stimmen und 209 Unterhaussitzen das schlechteste Ergebnis seit 1931[303] – setzte einen ersten Impuls für eine umfassende Neuorientierung. Nach dem Rücktritt Michael Foots begann sein Nachfolger Neil Kinnock einen Reformkurs, der ab 1987 mit dem *Policy Review* an Fahrt aufnehmen sollte und darauf zielte, die Partei durch eine Annäherung an die politische Mitte wieder wählbar zu machen.[304] Die personelle Konstellation nach seiner Wahl erwies sich dabei als Glücksfall: Der unterlegene Roy Hattersley, erfahrener Innenpolitiker und Vertreter des rechten Parteiflügels, wurde stellvertretender Parteivorsitzender und übernahm zugleich das Amt des Schattenschatzkanzlers. Hattersley hatte 1973 gemeinsam mit 68 anderen Labour-Abgeordneten im Unterhaus für den EG-Beitritt gestimmt – gegen die eigene Parteilinie – und leitete als Schattenschatzkanzler eine wirtschaftspolitische Linie ein, die neben Umverteilung und Nachfragemanagement auch die Angebotsseite stärker berücksichtigte. Der 41-jährige Waliser Neil Kinnock, ein begabter Redner und Vertreter des linken Flügels, galt zugleich als pragmatischer Politiker. Diese Kombination, die beide Parteilager einband, wurde in Partei und Presse als „dream ticket" gefeiert.[305]

Bereits zu Beginn seiner Amtszeit sah sich Kinnock mit dem Bergarbeiterstreik von 1984/85 einer erheblichen Bewährungsprobe gegenüber: Der Konflikt stellte

300 Tufekci, Socialist Ideas.

301 Simon Broadbent an Brian Fall, 12.1.1983, TNA, FCO 30/5533.

302 Wahlmanifest der Labour Party, Mai 1983, http://www.labour-party.org.uk/manifestos/1983/1983-labour-manifesto.shtml (30.9.2025); Tomlinson, Kinnock and the Economy, S. 101–103.

303 Schek und Wendler, Unterrichtung über die Unterhauswahlen, 10.6.1983, BArch, B 136/29829.

304 Tomlinson, Kinnock and the Economy; Pike, Life; Farr, Leading the Labour Party.

305 Ian Aitken, Labour's „Dream Ticket" Takes Charge, The Guardian, 9.10.1983.

die traditionell enge Bindung der Labour Party an die Gewerkschaften infrage und verschärfte zugleich die innerparteilichen Spannungen.[306] Kinnocks entschlossenes Auftreten gegenüber dem als radikal empfundenen Vorsitzenden der Bergbaugewerkschaft NUM, Arthur Scargill, und Teilen des linken Flügels festigte sein politisches Profil und demonstrierte seinen Willen, auch mit überkommenen Parteitraditionen zu brechen. Ein weiteres Problemfeld war Labours Europapolitik, die der deutsche Botschafter Rüdiger von Wechmar 1985 als „diffus" charakterisierte. Zwar war der Mehrheit in Parteivorstand und Fraktion zwei Jahre nach der Unterhauswahl 1983 bewusst, dass ein Austritt aus der EG politisch kaum realisierbar war, doch scheute die Parteiführung mit Rücksicht auf die Skepsis in Gewerkschaften und Parteibasis vor offenen europapolitischen Bekenntnissen zurück. Kinnock sei, so Wechmar, „kein Europäer aus Überzeugung", habe sich als Pragmatiker jedoch bewusst gemacht, dass ein EG-Austritt „unrealistisch und schädlich" wäre.[307]

Wirtschaftspolitisch rückte Kinnock bereits 1984 von der Vorstellung eines weitreichenden Nachfragemanagements – also einer aktiven Steuerung von Konjunktur und Beschäftigung über Staatsausgaben und Geldpolitik – ab und betonte die Notwendigkeit einer effizienteren, angebotsorientierten Politik. Bis 1987 wurde der EG-Austritt als politische Forderung auch offiziell fallengelassen. Anfangs änderte diese Neuausrichtung die Haltung zum Wechselkursmechanismus nicht: Als der Unterhausausschuss TCSC die EWS-Frage 1985 untersuchte, stimmten die Labour-Mitglieder geschlossen gegen einen Beitritt.[308] Im Januar 1986 bekräftigte Tony Blair, ein finanzpolitischer Sprecher, im Unterhaus: „We are not convinced that policy objectives that are currently pursued in the EMS converge sufficiently with those which we would want to be pursued domestically."[309] Doch im Oktober 1986 deutete sich ein Wandel an. In einer viel beachteten Rede vor der General Federation of Trade Unions (GFTU) – dem Zusammenschluss kleinerer Gewerkschaften und gewerkschaftlicher Bildungsverbände – erklärte Schattenkanzler Roy Hattersley in Manchester, Labour schließe einen WKM-Beitritt zum Schutz des Pfunds vor Abwertungsdruck und hohen Zinsen nicht prinzipiell aus. Er griff dabei – wie die Tageszeitung *Independent* nicht ohne Spott bemerkte – auf eine „ancient technique" zurück, die bereits 1978 von den Konservativen und vor 1985 von der CBI verwendet worden war.[310] Er band seine Unterstützung an Vorbedingungen. Dieses Vorgehen ermöglichte es ihm, eine grundsätzlich positi-

306 DOREY, Industrial Relations; ders., Comrades; AVRIL und BÉLIARD (Hrsg.), Labour; STEWART, Preserving the Contentious Alliance; WRIGLEY, Trade Unionists; TAYLOR, Trade Unions.

307 Rüdiger von Wechmar, Telegramm zur Europapolitik der Labour Party, 12.11.1985, BArch, B 136/30268.

308 Simon Broadbent an Leonard Appleyard, Bericht zum Unterhausausschuss TCSC, 19.11.1985, TNA, FCO 30/6268.

309 Hansard HC Deb. Vol. 90, Col. 989, 29.1.1986, https://hansard.parliament.uk/commons/1986-01-29/debates/2a6387ff-3d6a-466c-953d-e8868a931965/ExchangeAndInterestRates (30.9.2025)

310 Hattersley's Revisionism, THE INDEPENDENT, 16.10.1986.

ve Linie in Aussicht zu stellen, ohne sich festzulegen oder unmittelbar handeln zu müssen. Zugleich verlieh es den wirtschaftspolitischen Forderungen, die hinter den Bedingungen standen, zusätzliches Gewicht und machte sie zum Maßstab, an dem die Regierung gemessen werden konnte. Er forderte einen wettbewerbsfähigen Pfundkurs, den Ausbau der Wachstums-, Beschäftigungs- und Regionalpolitik der EG sowie eine Aufstockung der Finanzierungshilfen für EWS-Devisenmarktinterventionen, die eine größere Rolle für die Kursstabilisierung spielen sollten – bisher wurde diese primär über die nationale Zinssetzung bewerkstelligt.[311]

Neil Kinnock bekräftigte diese vorsichtige Kursänderung am 7. November 1986 in einem Artikel im *New Statesman*, dem führenden sozialdemokratischen Wochenmagazin. Er formulierte jedoch vier Bedingungen: mehr Zentralbankkooperation, um den Effekten kurzfristiger spekulativer Kapitalströme bei Aufhebung der verbleibenden Devisenkontrollen entgegenzuwirken; erhöhte Regional- und Strukturfonds in der EG; eine koordinierte EG-Wachstumsstrategie und einen wettbewerbsfähigen Beitrittskurs.[312] Ein derart reformiertes EWS, so sein Argument, stelle statt der bisherigen deflatorischen Effekte einen ersten Schritt zu einer rationalen europäischen Wachstumsstrategie dar, die die EG-Länder von der ungehemmten Ausnutzung ihrer Wettbewerbsvorteile abhielte und stabilisierend wirke. Statt eines Systems, das Wettbewerb zwischen den Mitgliedstaaten begünstigte, sollte das EWS so zu einer Grundlage gemeinsamer, auf Wachstum und Beschäftigung gerichteter Politik werden. Durch feste Wechselkursbeziehungen und engere Abstimmung der Geld- und Wirtschaftspolitiken, so Kinnocks Vorstellung, ließe sich der wirtschaftliche Kurs der Mitgliedstaaten besser aufeinander abstimmen und den Wettbewerb gegeneinander, der die Mitgliedstaaten zu immer neuen Spar- und Kostensenkungsrunden trieb, abmildern.[313]

Eine Herzensangelegenheit war ihm das EWS allerdings nicht. Auch für ihn hatte es instrumentellen Charakter: Es bot die Möglichkeit, wirtschaftspolitische Verantwortlichkeit zu demonstrieren, ohne sich auf konkrete Verpflichtungen festzulegen. Es erschien als respektable und glaubwürdige Alternative zu Thatchers wirtschaftsliberaler Politik, während Labours bisherige Gegenforderungen – etwa die Wiedereinführung von Kapitalverkehrskontrollen und protektionistischen Maßnahmen – aus der Zeit gefallen schienen und bei Wahlen kaum zu überzeugen vermochten. Anders ausgedrückt diente die Offenheit für das EWS

---

311 Roy Hattersley, Exchange Rates and the EMS, Rede vor der General Federation of Trade Unions, Manchester, 5.10.1986; Bericht in John Hunt, Hattersley Outlines Policy on Full EMS Membership, THE FINANCIAL TIMES, 16.10.1986.

312 Labour Party, The Exchange Rate Mechanism of the EMS, and the Delors Report, o. D. (1990), CAC, KNNK 8/53.

313 Neil Kinnock, Is There a European Route to Economic Recovery, NEW STATESMAN, 7.11.1986, abgeheftet in CAC, KNNK 8/52.

zugleich als Beleg und Signal eines neuen EG- und wirtschaftspolitischen Realismus sowie für Labours Rückkehr zur politischen Mitte.

Labours Position blieb jedoch ambivalent. Der Ökonom Henry Neuburger und Jane Ashley von der Labour-Europafraktion relativierten die Neuausrichtung gegenüber den Mitgliedern des Wirtschaftskomitees der Confederation of Socialist Parties, dem Zusammenschluss der sozialistischen Parteien in der EG. Das EWS blieb, wie sie ausführten, ein parteipolitisch schwieriges Thema. Ihre vorsichtige Formulierung spiegelte die anhaltenden innerparteilichen Widerstände gegen die neue Linie wider. Die Erfüllung der Bedingungen ermögliche lediglich eine Prüfung, aber keinen automatischen Beitritt. „In the ensuing discussion", hielten sie in ihrem Bericht an die Parteiführung fest, „some members were puzzled at our cautious position on joining EMS, having read Roy Hattersley's and Neil Kinnock's pronouncements as a clear shift in our position".[314]

Dabei waren Kinnocks weitreichende Forderungen realistischerweise mit den EG-Partnern kaum verhandelbar. Die Forderung nach dem Ausbau der Regional- und Strukturfonds war bereits bei Schaffung des EWS 1978 abgelehnt worden, und dass die anderen Mitgliedstaaten, insbesondere die Bundesrepublik, als Preis für einen britischen Beitritt die EWS-Stabilitätsprinzipien zugunsten einer konzertierten Wachstumsstrategie aufgeben würden, war höchst unwahrscheinlich. Das gab Kinnock bei seiner Rede vor einem Parteitreffen am 29. Oktober 1986 ganz unumwunden zu: „The Leader stated that the Party maintained the position that we would only consider entering the system on our own terms and conditions which were highly unlikely to obtain in the foreseeable future. What the Party wished to see in Europe was a coordinated recovery programme for all European economies". Eine Absage an EWS und EG, machte Kinnock deutlich, sei aber ein Irrweg, weil sie der Partei wahltaktisch schade: „The British people had made it clear at the last general election that they did not support the policy of withdrawal."[315]

Dass die Erfüllung der Bedingungen kurz- bis mittelfristig nicht zu erwarten war, schmälerte aus Sicht der Labour-Führung jedoch keineswegs die wahltaktische Attraktivität der WKM-Beitrittsforderung – im Gegenteil: Sie erlaubte es, die Rückkehr der Partei zur ökonomischen Orthodoxie durch Akzeptanz von Wechselkursdisziplin und EG-Mitgliedschaft zu signalisieren, ohne sich ernstlich mit einer potenziell parteispaltenden Beitrittsoption auseinandersetzen zu müssen. Möglichst weitreichende Vorbedingungen boten zudem die Gelegenheit, die Regierung mit der nicht zu beweisenden, aber auch nicht zu widerlegenden Behauptung unter Druck zu setzen, die eigene Partei hätte in EG-Verhandlungen bessere Ergebnisse erzielt. Die EWS-Debatte war damit ein typisches Beispiel dafür, dass

314 Jane Ashley und Henry Neuburger, Bericht über die Sitzung des Economic Committee der Confederation of Socialist Parties am 7.11.1986 für das Policy Directorate, November 1986, CAC, KNNK 8/52.

315 Protokoll des Labour-Parteitreffens, 29.10.1986, LPA, EPLP 2/6/3.

EG-Fragen für eine Oppositionspartei leichter zu bespielen waren. Das hielt auch ein konservatives Parteibriefing von 1990 fest: „It is also very easy, when out of office, to support EC measures on pollution, workers' rights etc. But of course, the moment Labour was in office they would face greater problems with the EC than Mrs. Thatcher."[316]

Diese Taktik, in der Opposition Forderungen ohne größere Sorgen um die Realisierungsmöglichkeiten zu stellen, war keineswegs neu. Immerhin hatte die konservative Opposition ganz ähnlich agiert: Thatcher hatte das WKM-Fernbleiben 1979 als Folge der Schwäche gegeißelt, die Labours Regierungspolitik verursacht habe – als „humiliating recognition of Britain's weakness", als Wortbruch gegenüber den EG-Partnern und Ausdruck radikaler „socialist illusions"[317] – und beim eigenen Regierungsantritt festgestellt, dass sie die Einschränkung des geldpolitischen Spielraums und die engere EG-Anbindung selbst nicht akzeptieren wollte. Zehn Jahre später argumentierte die oppositionelle Labour-Führung spiegelbildlich: Der WKM-Beitritt sei wegen der Schwäche infolge der konservativen Politik, insbesondere des Zusammenbruchs der Industrie seit 1979, unmöglich. Außerdem verhindere Thatchers konfrontative Herangehensweise eine EWS-Reform im britischen Sinne. Beide Parteien behaupteten in der Opposition, ihre jeweils größeren europapolitischen Meriten hätten bessere Verhandlungsergebnisse und eine EG-Entwicklung im britischen Sinne ermöglicht. Damit schürten sie nicht nur überzogene Erwartungen, sondern bekräftigten die Instrumentalisierung des EWS als parteipolitisches Kampfmittel.

Über die parteipolitische Ebene hinaus bedeutete Kinnocks vorsichtige Annäherung an das EWS in zweierlei Hinsicht eine tiefgreifende Verschiebung. Erstens war sie Ausdruck der Einsicht, dass die Möglichkeiten nationaler Umverteilungspolitiken und des Nachfragemanagements in zunehmend verflochtenen Kapital- und Währungsmärkten stark eingeschränkt waren. Deutlich hatte das François Mitterrands sozialistisches Experiment zur Wachstumsförderung in Frankreich ab 1981 gezeigt, dem im März 1983 eine Franc-Abwertung und eine Hinwendung zu einer stärker stabilitätsorientierten Wirtschaftspolitik gefolgt waren.[318] „It is very evident", stellte ein Papier für das Economic Sub-Committee des Labour-Schattenkabinetts im Juni 1989 fest, „that even with sterling outside the ERM we certainly do not have an independent monetary policy."[319] Zweitens stellte Kinnocks Annäherung an die WKM-Mitgliedschaft die bisherige Priorisierung des Vollbeschäftigungsziels infrage, das als unvereinbar mit Wechselkursstabilität

316 Konservative Partei, Ebury Research Note Nr. 551, The Tories & the EC, 4.1.1990, CPA, CTT/PT 4/6/1.

317 EWS-Briefing für ein Interview Margaret Thatchers mit „Weekend World" am 7.1.1979, Januar 1979, CAC, THCR 5/1/2/235.

318 Fulla, Neoliberal Turn that Never Was.

319 Positionspapier für das Economic Sub-Committee, Labour's Position up to Now, Juni 1989, CAC, KNNK 8/53.

galt. Neil Kinnocks ökonomischer Berater zwischen 1985 und 1992, der am Trinity College in Cambridge tätige Ökonom John Eatwell, förderte Kinnocks Annäherung an die WKM-Mitgliedschaft nachdrücklich und legte 1992 die neuen Grundannahmen dar: Einer wirksamen Beschäftigungspolitik, argumentierte er, sei mit der Schaffung stabiler Wechselkurse, Zinsen und Preise als Voraussetzung langfristiger Investitionen besser gedient als mit einem zentralen nationalstaatlichen Wirtschaftsmanagement.[320]

Dieses Umdenken zeichnete sich ab 1986 jedoch erst in Ansätzen ab und verlief keineswegs spannungsfrei. Der im Jahr 1987 ernannte Schatten-Handelsminister, Bryan Gould, gehörte zu den entschiedensten Gegnern eines WKM-Beitritts, weil er die eigentlichen Labour-Ziele von Wachstumsförderung und Vollbeschäftigung gefährdet sah.[321] Auch das EG-skeptische parteiinterne Labour Common Market Safeguards Committee positionierte sich klar gegen einen EWS-Vollbeitritt. Das Komitee war aufgrund seiner beachtlichen Mitgliedschaft einflussreich, verlor aber mit Kinnocks Kurswechsel deutlich an Bedeutung: Nach der Unterhauswahl 1987 gehörten ihm noch 83 Abgeordnete an, darunter neun Schattenkabinettsmitglieder – unter ihnen auch Bryan Gould. Allerdings standen einige von ihnen nur noch formal auf der Liste, die bis 1990 auf 52 Mitglieder, davon fünf aus dem Schattenkabinett, zusammenschmolz.[322] Bis 2000 reduzierte sich auch diese Zahl auf 21.[323]

Als die Partei die Unterhauswahl 1987 erneut verlor, führte das zu einer Intensivierung der innerparteilichen Reformanstrengungen. Die interne Bewertung des Wahlergebnisses kam zu dem Schluss, dass aus Wählersicht vor allem die mangelnde Wirtschaftskompetenz entscheidend für die Niederlage gewesen sei. In der zugrunde liegenden Umfrage hatten 56 Prozent der Befragten angegeben, im Falle eines Labour-Wahlsiegs eine Wirtschaftskrise zu erwarten; 63 Prozent trauten der Partei keine wirksame Inflationsbekämpfung zu. Besonders bitter: Der letzte Wert hatte sich im Laufe der Wahlkampagne verschlechtert – zuvor hatten nur 59 Prozent diese negative Einschätzung geäußert.[324] Ganz offensichtlich, so die Nachlese des Economic Sub-Committee im Schattenkabinett, war es nicht gelungen, eine glaubwürdige Wirtschaftspolitik zu entwickeln und zu vermitteln. Diese sei jedoch entscheidend für den politischen Erfolg: „The public perception of the content of our economic policy will be a major determining factor in the next election." Daher sei eine klare Haltung zum EWS unverzichtbar: „It's bound

---

320 Tomlinson, Kinnock and the Economy, S. 104 f.

321 Bryan Gould, The Great Leveller Has the Wrong Answers for Us, The Guardian, 15.5.1985, abgeheftet in TNA, T 450/383; Bryan Gould, Memorandum zum EWS für das Economic Sub-Committee, 27.10.1987, CAC, KNNK 6/2/4.

322 John Whittingdale an Edward Llewellyn, 30.10.1990, CPA, CRD L 5/15/3.

323 Johnson, Neil Kinnock, S. 186.

324 Terry Ward, Papier für das Economic Sub-Committee, 14.9.1987, CAC, KNNK 6/2/4.

to be a major issue, whether generated by UK financial crises or the wider international problems which stem from the fragility of the dollar."[325]

Angestoßen durch die Wahlniederlage intensivierte Kinnock die Neuausrichtung der Partei. Dabei spielte die Option einer WKM-Mitgliedschaft eine zentrale Rolle. Im Mittelpunkt stand jedoch weniger eine Neujustierung der Europapolitik als die Suche nach einem glaubwürdigen wirtschaftspolitischen Rahmen. Die inhaltliche Neuaufstellung spiegelte sich auch personell im Schattenkabinett wider: Im Juli 1987 übernahm John Smith das Amt des Schattenschatzkanzlers von Roy Hattersley, der fortan für die innenpolitische Linie zuständig war. Smith war als Anwalt in komplexen Sachfragen versiert und hatte in Callaghans Labour-Regierung 1978–1979 als Handelsminister gedient. Seine Ernennung sollte das wirtschaftspolitische Profil der Partei schärfen. Flankiert wurde sie durch die Berufung von Gordon Brown zu Smiths Stellvertreter. Der aufstrebende schottische Politiker übernahm die Leitung des neu eingerichteten Economic Secretariat, in dem Fachberater für Fraktion und Partei sowie Vertreter der Parteiführung zusammenarbeiteten. Koordiniert von Kinnocks und Smiths ökonomischen Beratern John Eatwell und Andrew Graham stellte das Economic Secretariat Briefings für die parlamentarische Auseinandersetzung und die Strategieentwicklung bereit.[326] Unter Browns Leitung entstand eine kohärentere und stärker angebotsorientierte wirtschaftspolitische Argumentation, die auf fiskalische Disziplin, Investitionsförderung und die Wiederherstellung von Labours wirtschaftlicher Glaubwürdigkeit zielte.

Um das Image einer radikalen und fiskalpolitisch unverantwortlichen Partei abzustreifen, initiierte Kinnock zudem einen *Policy Review*, in dessen Rahmen das National Executive Committee (NEC) und das Schattenkabinett eine neue politische Linie entwickeln sollten. Der Prozess umfasste vier Phasen. In der ersten Phase bis 1988 wurde ein Statement mit den Zielen und Werten der Partei erarbeitet, das auf der Parteikonferenz 1988 verabschiedet wurde. Parallel dazu suchte die Partei in der Kampagne *Labour Listens* den Austausch mit regionalen Verbänden.[327] Zudem wurden sieben Review-Gruppen zu unterschiedlichen Politikbereichen geschaffen. Diese erste Phase schloss 1988 mit dem Dokument *Social Justice and Economic Efficiency* ab, das auf Basis der bisherigen Arbeit Werte, Ziele und Themen umriss. In der zweiten Phase ab 1989 wurde auf dieser Grundlage in den *Policy Review*-Komitees eine neue politische Linie erarbeitet. Die Ergebnisse wurden in dem Dokument *Meet the Challenge, Make the Change* (1989) festgehalten. Die dritte Phase ab 1990 diente der Beantwortung offener Fragen sowie dem Beginn der Wahlkampagne für die Unterhauswahl 1992, wobei zentrale programmatische Punkte in den Dokumenten *Looking to the Future* (1990) und *Opportunity*

325 Economic Sub-Committee, Economic Prospects, o. D. (1987), CAC, KNNK 6/2/4.

326 Ward, Shadow Budget, S. 5; Corry, 1992 Shadow Budget, S. 4.

327 Larry Whitty an die NEC-Mitglieder, 22.10.1987, Memorandum zu „Labour Listens", Oktober 1987, LPA, NEC, Uncatalogued, Meetings, 28.10.1987.

Britain (1991) dokumentiert wurden. Eine vierte Phase ab 1991 diente der öffentlichen Vermittlung der zentralen Politikstrategien.[328]

Die sieben Review-Gruppen behandelten die Themenbereiche Wirtschaft, Arbeitnehmende, wirtschaftliche Gleichheit, Konsum und Gemeinschaft, Demokratie, Umwelt sowie internationale Fragen.[329] Ihnen gehörten jeweils sechs bis acht hochrangige, thematisch einschlägig befasste Personen aus NEC, Schattenkabinett und Gewerkschaften an; geleitet wurden sie gemeinsam von je einer Vertreterin oder einem Vertreter aus NEC und Schattenkabinett. Koordiniert vom Policy Directorate erhielten sie Beratung von parteinahen Fachleuten. Für das EWS war vor allem die wirtschaftspolitische Gruppe A Productive and Competitive Economy zuständig, die einen demokratischen und sozialistischen Ansatz zu Unternehmen, Eigentum, Märkten, Industrie, Beschäftigung und Berufsbildung entwickeln und dabei auch die internationale Dimension berücksichtigen sollte. Diese Zuordnung spiegelte die Behandlung des EWS als primär ökonomische Frage. Dennoch kam es zu inhaltlichen Überschneidungen mit der Gruppe für internationale Fragen, Britain in the World.[330]

In der Gruppe A Productive and Competitive Economy trafen unterschiedliche wirtschaftspolitische Auffassungen aufeinander, die einen radikalen Wandel der WKM-Position zunächst unwahrscheinlich machten: Der aus dem NEC entsandte Co-Vorsitzende Bryan Gould galt als entschiedener Gegner eines WKM-Beitritts, während Gordon Brown die Mitgliedschaft befürwortete. Mit Ken Livingstone gehörte zudem ein Vertreter des linken Parteiflügels zur Gruppe, der im Parteiführungsgremium NEC wiederholt Anträge gegen eine marktorientierte Ausrichtung und gegen die EG-Mitgliedschaft einbrachte. Tatsächlich spielte die EWS-Vollmitgliedschaft in den Beratungen der ersten Phase nur eine untergeordnete Rolle. Der erste *Policy Review*-Bericht, *Social Justice and Economic Efficiency*, forderte im von der Gruppe *A Productive and Competitive Economy* verfassten Abschnitt zur Wirtschaftspolitik „a macro-economic policy of steady expansion, competitive exchange rates and low inflation". Zugleich gestand er die Notwendigkeit einer stärkeren Anpassung der Industrie an die Marktkräfte zu: „Pre-1979 policies of economic management will not be adequate. Demand management must complement structural measures that ensure a modern supply response." Während das Kapitel die Bedeutung internationaler Kooperation zur Einhegung ungebremster Marktkräfte hervorhob und die EG-Wechselkurse als einen der wichtigsten Einflüsse auf die britische Wirtschaft benannte, wurde der Gemeinsame Markt zugleich als

328 Massey, Modernisation, S. 89–129; Bevir, Remaking of Labour.

329 Folgende Gruppen wurden gegründet: A Productive and Competitive Economy; People at Work; Economic Equality; Consumers and the Community; Democracy for the Individual and The Community; Physical and Social Environment; Britain in the World. Vgl. Massey, Modernisation, S. 101.

330 Larry Whitty an die NEC-Mitglieder, 22.10.1987, Memorandum zum Policy Review-Prozess, Oktober 1987, LPA, NEC, Uncatalogued, Meetings, 28.10.1987.

potenzielle Bedrohung einer aktiven nationalen Wachstumsstrategie beschrieben. Zum WKM und seinem Verhältnis zur nationalen Geldpolitik wurde lediglich eine weitere Prüfung angekündigt.[331]

In den Diskussionen um die Etablierung eines stabilitätsorientierten *supply-side socialism*, verstanden als wachstumsorientierte Wirtschaftspolitik durch Investitionen und Strukturreformen statt vorwiegend über Nachfrageimpulse, spielte das EWS jedoch bereits in dieser Phase eine Schlüsselrolle. Kinnock und John Eatwell interpretierten die angebotsseitige Neuausrichtung – anders als die konservative Parteiführung – nicht als Deregulierung und Flexibilisierung, sondern als Schaffung von Produktionsanreizen durch gezielte Investitionen in Ausbildung, Forschung, Regionalpolitik, Infrastruktur und Finanzinnovationen, die die bisher anvisierte Manipulation der Nachfrage ablösen sollten.[332] Der Zielkonflikt zwischen einem niedrigen Wechselkurs, der Exporte fördern und Wachstumsimpulse setzen sollte, und einem höheren Kurs zur Sicherung der Preisstabilität blieb zunächst ungelöst. Dan Corry aus dem Wirtschaftsteam des Schattenkabinetts schrieb 1989 zur neuen Labour-Strategie: „While making clear our commitment to a competitive pound, it also makes clear that we are not heading for a purely devaluationalist policy but aim to improve price and non-price competitiveness by supply-side policies."[333] Voraussetzung für den Erfolg dieser Investitionen waren Preis- und Wechselkursstabilität, die wiederum von der Glaubwürdigkeit auf den internationalen Finanzmärkten abhingen. Unter umgekehrten Vorzeichen stellte sich der Labour-Führung damit dasselbe Problem wie der konservativen Regierung: das Vertrauen der Märkte zu gewinnen und zu erhalten, da es inzwischen als unverzichtbare Grundlage einer wirksamen Wirtschaftspolitik galt. Der externe WKM-Anker sollte dieses Vertrauen schaffen – ein Symbol für Stabilität und Disziplin, das Labour, zumal nach dem radikalen Programm von 1983, dringend benötigte. Damit wurde die EWS-Frage zunehmend zu einer strategischen Frage, da Glaubwürdigkeit auf den Märkten über den tatsächlichen wirtschaftspolitischen Handlungsspielraum entschied. Das Pfund signalisierte damit weniger nationale Identität als politische Verantwortlichkeit und erwartbare Wirtschaftspolitik.

Das Marktbekenntnis und die Zuschreibung wirtschaftlicher Kompetenz verschafften der Konservativen Partei einen erheblichen Startvorteil im Umgang mit den Währungsmärkten, wie regelmäßige Pfundabwertungen bei der Aussicht auf Labour-Wahlerfolge zeigten. So hielt der Wirtschaftshistoriker Jim Tomlinson 1988 in einem Papier für die Politikabteilung der Labour Party fest: „the expecta-

331 The Labour Party, Social Justice & Economic Efficiency. First Report of Labour's Policy Review for the 1990s, 1988, Zitate S. 3, S. 6, LPA, Policy Review – Uncatalogued, Papers and Reports.

332 Tomlinson, Kinnock and the Economy, S. 106–109.

333 Dan Corry, Entwurf einer Wirtschaftsstrategie für die Zeit nach der Labour Policy Review, 22.6.1989, MRC, MSS.292D/409/565/3.

tion and advent of a Labour government is likely to lead to substantial capital flight and depreciation. Thus a Labour government is likely to face substantial inflationary pressures". Unternehmen und Finanzmärkte von der Ernsthaftigkeit der Inflationsbekämpfung zu überzeugen, sei entscheidend für Wahlerfolge und eine erfolgreiche Wirtschaftspolitik; dafür sei ein Wechselkursziel am geeignetsten. „This would seem clearly superior to any other relevant target (e. g. targets for monetary growth [...]) and least objectionable in relation to Labour's other objectives." Eine EWS-Vollmitgliedschaft würde ein solches Ziel glaubwürdiger und damit effizienter machen. Die Einschränkung des geldpolitischen Handlungsspielraums hielt Tomlinson für zweitrangig, da dieser angesichts des mangelnden Marktvertrauens, mit dem eine Labour-Regierung zu kämpfen hätte, ohnehin begrenzt sei. Eine Entlastung vom Inflationsdruck und der Zugang zu den EWS-Interventionsfonds könnten den Spielraum sogar vergrößern: „the issue should be thought of in terms of government influence over financial markets, and in this dichotomy E. M. S. membership is a reinforcement of government capacity."[334]

Ein Treffen des Economic Committee der Partei mit Gewerkschaften im August 1989 verdeutlichte, wie sich das EWS von einer parteipolitisch motivierten Forderung zu einem Kernbestandteil der Wirtschaftsstrategie entwickelte. Bisher, so hielt die Diskussion offen fest, sei die Forderung von der Partei vor allem als populistisches Mittel verwendet worden, das mit der Europa-Frage verknüpft worden sei. Nun müsse sie mit konkreten wirtschaftlichen und alltäglichen Fragen verbunden werden.[335] Noch 1990 bestand, wie Peter Mandelson, Labours Kommunikations- und Wahlkampfleiter und eine Schlüsselfigur des *Policy Review*, rückblickend festhielt, die Notwendigkeit, „to modernise [Labour's] economic policy and detoxify its image with the business community."[336] Auch er betrachtete daher eine klare Positionierung zum vertrauensfördernden EWS-Stabilitätsanker als unvermeidbar und warnte bereits im April 1988: „generalised, re-gurgitated statement will not take us as far as we need."[337] Im Economic Sub-Committee des Schattenkabinetts plädierten der Vorsitzende und Schattenschatzkanzler John Smith, Gordon Brown – zunächst Chief Secretary, ab 1990 Schatten-Handelsminister – sowie Tony Blair, Sprecher für die Londoner City, später für Handel und Beschäftigungspolitik, für einen neuen EWS-Kurs.[338] Anders als in der Konservativen Partei wurden marktinduzierte Handlungszwänge in der Labour-Führung jedoch noch nicht als zwar unbequemes, letztlich aber notwendiges Korrektiv ver-

334 Jim Tomlinson, Labour and Policy on Inflation, Papier für das Labour Party Policy Directorate und die Sitzung der Productive and Competitive Economy Policy Review Group am 1.11.1988, erstellt im Oktober 1988, CAC, KNNK 2/2/11 Part 2.

335 Dan Corry, Protokoll eines Treffens mit Trade Union Research Officers zur Diskussion des EWS, 1.8.1989, CAC, KNNK 6/2/13.

336 Mandelson, Third Man, Kap. 4.

337 Peter Mandelson an John Eatwell und Geoff Bish, 6.4.1988, CAC, KNNK 2/2/11 Part 3.

338 Mandelson, Third Man, Kap. 4.

standen. Ohne diese wirtschaftsliberale Sinnstiftung erschien die Notwendigkeit einer glaubwürdigeren, disziplinierteren Politik, die der angestrebten nationalen Wachstumsstrategie enge Grenzen setzte, umso unattraktiver.

Eine treibende Kraft für die Neuausrichtung der EWS-Politik war John Eatwell, Kinnocks wirtschaftspolitischer Berater. Er warb in zahlreichen Veröffentlichungen und internen Memoranden für einen konstruktiven Ansatz.[339] Die Wechselkursinstabilität und die kurzfristigen spekulativen Kapitalflüsse nach dem Zusammenbruch des Bretton-Woods-Systems, so argumentierte er, hätten selbst durch konzertierte G7-Initiativen nicht wirksam eingegrenzt werden können und die Länder zu deflationären Maßnahmen gezwungen.[340] Das EWS sah er in diesem Umfeld als antiinflationäres Instrument und als Hafen der Wechselkursstabilität; eine vertiefte EG-Kooperation wiederum als Mittel zu größerer Kontrolle über multinationale Konzerne und zu stärkerem Einfluss gegenüber den USA.[341] Seine Argumente fielen auch deshalb auf fruchtbaren Boden, weil Kinnock bereits 1987 eine Stärkung des internationalen Währungssystems gefordert hatte.[342] Ein erneuertes Bretton-Woods-System erschien ihm als potenzieller Schritt zur Schaffung eines auf Wachstums- und Beschäftigungsziele ausgerichteten Welthandelssystems, das die Staaten von der ungebremsten Ausnutzung ihrer Wettbewerbsvorteile gegeneinander abhalten sollte. Allerdings hatte er dabei bewusst nicht die Wechselkursbindung, sondern den Abbau von Zahlungsbilanzungleichgewichten in den Vordergrund gerückt, um die WKM-Frage zu umgehen.[343]

Dass die WKM-Frage ab 1987 expliziter adressiert wurde, hing auch mit dem EG-politischen Positionswandel der Partei zusammen. Dieser ermöglichte es erstens, sich von der konservativen Politik abzugrenzen und sich als moderne Kraft zu präsentieren; zweitens bot die EG eine Alternative zum Thatcherismus – umso mehr, als dieser von Wahlsieg zu Wahlsieg eilte. Der Labour Fraktionsmitarbeiter in Brüssel Geoff Harris hatte bereits im März 1987, drei Monate vor der britischen Unterhauswahl, beklagt, Labours Indifferenz habe die EG als Themenfeld ganz den Konservativen überlassen und ihnen damit die Durchsetzung zentraler Anliegen wie weitreichender Liberalisierungen ermöglicht. Notwendig sei eine pragmatische EG-Politik, auch um Labour als moderne politische Kraft von den zunehmend EG-skeptisch auftretenden Tories abzugrenzen: „Labour is the party of modernisation whilst the Conservatives, wedded to outdated values and imperial

339 Vgl. dazu die persönlichen Unterlagen von Neil Kinnock im CAC, KNNK 8/71; KNNK 8/73; KNNK 6/1/7.

340 John Eatwell, Socialist Economic Policy and the Single Market, Act, o. D. (1988/89), CAC, KNNK 8/53.

341 Alan Donnelly an Mitglieder der British Labour Group, Übersendung eines Artikels von John Eatwell, Socialising the Single Market, New Socialist, 12.10.1989, abgeheftet in LPA, EPLP 2/4/5.

342 John Eatwell an James Orr, 13.1.1987, CAC, KNNK 6/1/7.

343 Bernard Donoghue an Patricia Hewitt, Oktober 1985, CAC, KNNK 6/1/7.

sentiment, have only succeeded in deepening Britain's economic crisis. [...] we are no longer the world's arbitrator, we have to use international frameworks, of which the Community is only one, to maximise our influence as a power for good."[344]

Damit deutete er jene zweite Ebene an, die Kinnock mit seiner Vision eines erneuerten Bretton-Woods-Systems noch international verortet hatte: die EG als alternativen Rahmen für sozialdemokratische und wachstumsorientierte Reformen, denen Thatchers Wahlsiege den innenpolitischen Boden entzogen hatten. Auch der Labour-Politiker Jim Murphy konstatierte ein „desire to find in Europe a more accommodating response to Labour objectives than we can possibly find in Britain after a decade of Thatcherism. [...] Even on the old anti-Market left, this has led to a softening of attitudes towards Brussels, an emphasis on the gains which social democracy at European level has made even over British Thatcherism".[345] Deutlich wurde dieser Haltungswandel auch in der Labour-Fraktion im Europäischen Parlament, der British Labour Group (BLG), die in der Party of European Socialists organisiert war. Unter der Führung von Barbara Castle (1979–1985) und Alfred Lomas (1985–1987) hatte sie sich für einen Rückzug aus der EG ausgesprochen.[346] Die Wahl von David Martin, Vertreter des gemäßigten sozialdemokratischen Flügels, zum Delegationsvorsitzenden brachte die BLG 1987 wieder in Einklang mit dem vom EG-Austritt abgerückten Labour-Mainstream – was Kinnock und die Socialist Group gleichermaßen erleichtert aufnahmen.[347]

In einem Pamphlet für die Fabian Society, einen traditionsreichen sozialdemokratischen Thinktank, vom März 1988 verwarfen Martin und Kinnock beide den EG-Rückzug als „politically romantic and economically self-defeating": „The way forward for socialism in Britain is through co-ordinated European strategies for recovery".[348] Drei Monate später berichtete Martin in einem internen Bericht über die Beziehungen zwischen den Labour-Fraktionen in Unterhaus und EP von einer Verbesserung der Zusammenarbeit und betonte, als Mitglied der außenpolitischen *Policy Review*-Arbeitsgruppe Britain in the World zu dieser europapolitischen Neuorientierung beigetragen zu haben.[349]

344 Labour's Manifesto for the European Elections, Mai 1984, LPA, BEE 1/1/7.

345 Jim Murphy, Europe and the Labour Party, Mai 1988, CAC, KNNK 6/2/3.

346 Martin Linton, Labour Group of Euro MPs Ousts Barbara Castle from Leadership, The Guardian, 12.6.1985.

347 Labour's Rite in Europe, The Financial Times, 17.6.1987.

348 Neil Kinnock und David Martin, Bringing Common Sense to the Common Market. A Left Agenda for Europe (Fabian Society 525), London 1988, Zitate S. 1, S. 4, abgeheftet in LPA, Pamphlets – Box 63 – 328.51 Europe – 1964.

349 David Martin, Bericht über seine Tätigkeit als BLG-Anführer, Juni 1988, LPA, EPLP/1/2/8.

Der Prozess verlief jedoch nicht gradlinig. Im Juni 1988 wurde Martin von dem EG-kritischeren Barry Seal abgelöst.[350] Seal unterstützte auf der Labour-Parteikonferenz im Oktober 1988 zwar die von EG-Kommissionspräsident Jacques Delors beförderten Ziele einer vertieften europäischen Integration teilweise, warnte zugleich jedoch vor den Folgen des Gemeinsamen Marktes ab 1992, dem Wegfall nationaler Grenzen und wachsender Deregulierung. Der beste Weg, Thatchers Politik Einhalt zu gebieten, sei nicht der „Common Market", sondern eine britische Labour-Regierung. Zudem stand Seal dem *Policy Review* skeptisch gegenüber.[351] Ein Jahr später folgte mit Glyn Ford (1989–1993) jedoch ein entschiedener EG-Befürworter.[352] Selbst Barbara Castle äußerte sich im Mai 1989 anlässlich ihres Ausscheidens aus dem Europäischen Parlament deutlich positiver über die EG, die sie als Rahmen sozialistischer Solidarität und Stolperstein für Thatcher lobte: „We in the Labour movement suddenly find we have new allies."[353]

Auf nationaler Ebene blieb dieser Kurswandel ebenfalls umstritten. Prominente EG-Skeptiker wie Tony Benn oder Ron Leighton äußerten weiterhin ihren Missmut über Kinnocks Position, während andere, etwa Brian Sedgemore, die EG-Mitgliedschaft nun enthusiastisch zu unterstützen begannen. Zugleich konnten Neil Kinnock und sein Stellvertreter Roy Hattersley 1988 in den parteiinternen Führungswahlen die Herausforderer aus dem linken Parteiflügel – Tony Benn und John Prescott – mit Leichtigkeit abwehren und errangen 88,6 beziehungsweise 66,8 Prozent der Stimmen.[354] Die Parteikonferenz von 1989 brachte schließlich die Entscheidung: Eine verabschiedete Resolution versetzte der Austrittspolitik den endgültigen Todesstoß: „[The] conference recognises that Britain is politically and economically integrated into the European Community. Therefore, the Labour Party, in conjunction with the socialist parties of the EC, must seek to use and adapt the Community institutions to promote democratic socialism."[355] Wahlpolitische Realitäten bestätigten diesen Wandel: Bei der Wahl zum Europäischen Parlament 1989 gelang der Partei erstmals seit Oktober 1974 wieder ein Sieg. Labour errang mit knapp 39 Prozent der Stimmen 45 Sitze, während die Konservativen 32 Mandate erhielten.[356]

---

350 William Dawkins, Anti-EC MEP Leads Labour's Euro-Group, The Financial Times, 15.6.1988.

351 Barry Seal, Rede vor der Labour-Parteikonferenz in Blackpool 2.–7.10.1988, LPA, EPLP/1/2/8 Part 2.

352 John Palmer und Michael White, The Day in Politics. Labour Pro-EEC Purge, The Guardian, 21.6.1989.

353 Michael Binyon und Robin Oakley, Spirited Castle Says Her Farewells, The Times, 24.5.1989. Zu Barbara Castles Position zur europäischen Integration vgl. King, Barbara Castle.

354 Bevir, Remaking of Labour.

355 Zit. n. Johnson, Neil Kinnock, S. 183.

356 EUI, European Governance and Politics Programme, EP Election Results at Constituency Level, 1979-2019, United Kingdom, https://europeangovernanceandpolitics.eui.eu/project/ep-election-results-at-constituency-level/ (30.9.2025).

Zu Beginn war der neue EG-Kurs ein Produkt wahltaktischen Fatalismus und blieb konzeptionell nur wenig ausgearbeitet.[357] Die positivere Haltung zur EG-Mitgliedschaft wurde aus Sicht der Labour-Führung jedoch bald zu mehr als einer Verlegenheitslösung: Sie bot einen zunehmend attraktiven Ausweg aus den wirtschafts- und währungspolitischen Dilemmata sowie aus der innenpolitischen Dominanz des Thatcherismus. Einen wesentlichen Beitrag zu dieser Neuorientierung leistete Chris Allsopp, Wirtschaftswissenschaftler an der Universität Oxford, der in wirtschaftspolitischen Fragen wiederholt für die Partei beratend tätig war. In einem gemeinsam mit Charles Williams verfassten Briefing für das Treffen der Productive and Competitive Economy Group im November 1988 argumentierte er: „we should move philosophically from ‚Socialism in one country' to ‚Socialism in Europe'." Angesichts der Schwierigkeiten nationaler Wachstumsstrategien im Umfeld offener Märkte sei eine engere EG-Einbindung Voraussetzung für eine wirksame Wachstums- und Regionalpolitik. Da die Vollendung des Gemeinsamen Marktes bis 1992 ohnehin eine Vertiefung der Währungsintegration impliziere, hielt Allsopp die Zusicherung eines WKM-Beitritts – oder, im Falle einer früheren konservativen Beitrittsentscheidung, eines Verbleibs – für entscheidend, um den europapolitischen Anschluss nicht zu verlieren. Als Bedingung schlug er die Aufgabe der Kapitalverkehrskontrollen in anderen EG-Staaten vor – eine Forderung, die ein Jahr später auch Margaret Thatcher auf Anraten ihres wirtschaftspolitischen Beraters Alan Walters erhob. Politisch ging Allsopp jedoch noch deutlich weiter: „we will also have to accept that the end-product will be monetary union and co-ordination of national monetary policies."[358] So weit wollte die Labour-Führung zunächst nicht gehen und lehnte sowohl eine Währungsunion als auch die Kapitalverkehrsliberalisierung entschieden ab. Die Forderung nach Wiedereinführung der 1979 von den Konservativen aufgehobenen Devisenkontrollen wurde erst 1989 aufgegeben – nicht zuletzt wegen der Unvereinbarkeit mit dem entstehenden Binnenmarkt.[359]

Gleichwohl bildete das EWS eine Projektionsfläche für europäische Alternativen zum thatcheristischen Marktparadigma, zumal sich Kommissionspräsident Jacques Delors bewusst um eine stärkere Einbeziehung von Arbeitnehmervertretungen bemühte.[360] Das machte er in seiner Rede vor dem Kongress des britischen Gewerkschaftsverbands TUC im September 1988 in Bournemouth deutlich,

---

357 Johnson, Neil Kinnock, S. 184.

358 Chris Allsopp und Charles Williams, Memorandum für das Labour Policy Review Committee into the Productive and Competitive Economy, Monetary Policy for 1991/2, Oktober 1988, CAC, KNNK 2/2/11 Part 2.

359 Economic Policy Sub Committee, Entwurf für den Bericht des Komitees für den Policy Review, o. D. (April 1989), CAC, KNNK 2/2/46.

360 Mechi und Varsori, European Social Policy; Warlouzet, Creating a Social Europe, S. 118–120; ders., A Flanking European Welfare State, S. 11–13; ders., A Social Europe; Zaccaria, Delors, S. 291–293.

wo er für seine Ausführungen zur sozialen Dimension des Gemeinsamen Marktes mit Standing Ovations gefeiert wurde.[361] Die TUC-Führung hatte ihn trotz anfänglicher Bedenken eingeladen – ein Schritt, der die Bereitschaft zur Aufnahme von Delors' europapolitischen Signalen markierte. Die Rede erwies sich als Schlüsselmoment: Sie öffnete auch den eng mit Labour verbundenen TUC für Delors' europapolitische Agenda.[362]

Bereits vor 1988 hatte sich im TUC angesichts seines Einflussverlustes und des Aufstiegs moderaterer Gewerkschaften[363] ein ‚neuer Realismus' durchgesetzt, der zu einer pro-europäischen Grundhaltung führte – und sich früher vollzog als in der Labour Party.[364] Entscheidend war jedoch, wie die nun freigegebenen Akten zeigen, dass der TUC über eine engere Zusammenarbeit mit dem Europäischen Gewerkschaftsbund (EGB) neue Einflussmöglichkeiten anstrebte.[365] Delors' Initiative zum sozialen Dialog eröffnete dem Verband trotz Thatchers restriktiver Gewerkschaftspolitik neue Handlungsspielräume.[366] Ron Todd fasste es in seiner Kongressrede 1988 mit der vielzitierten Wendung zusammen: „the only card game in town at the moment is in a town called Brussels, and it is a game of poker where we have got to learn the rules and learn them fast".[367] Die EGB-Kooperation – nicht Labours *Policy Review* – bot 1989 den unmittelbaren Anlass zur Wiederaufnahme der seit 1978 ruhenden WKM-Frage.[368] In den komplexen, in mehreren Komitees ablaufenden internen Beratungen wurde dem EWS eine doppelte Bedeutung zugeschrieben: funktional als Ansatzpunkt einer alternativen wirtschaftspolitischen Strategie zur Wahrung arbeitnehmerseitiger Interessen und symbolisch als Zugang zu einem europäischen politischen Raum, der neue gewerkschaftliche Wirkungsmöglichkeiten versprach.[369] Die weitergehende Wäh-

---

361 Jacques Delors, Rede bei dem TUC-Kongress in Bournemouth, 8.9.1988, The Social Dimension, MTF, https://www.margaretthatcher.org/document/113686 (30.9.2025); Edmonds, TUC; Monks, British Trade Unions.

362 David Lea, Interview 1999, TUC Millennium Film Project, BW, https://web.archive.org/web/20160415192218/http://www.unionhistory.info/britainatwork/videodisplay.php?irn=1059 (30.9.2025).

363 Taylor, Trade Unions, S. 15–17; Frieden, Labour, S. 205 f.

364 Berbéri, British Trade Unions, S. 4; Mitchell, Whitehall to Brussels, S. 25, S. 44.

365 Zum Europäischen Gewerkschaftsbund vgl. Ramírez Pérez, European Trade Unions; Hyman, ETUC; Dølvik, Redrawing the Boundaries; Degryse, Europäischer Gewerkschaftsbund; EG-Kommission (Hrsg.), The European Trade Union Confederation.

366 TUC General Council, Protokoll der Sitzung am 2.7.1990, MRC, MSS.292/F/1685; Lea, European Social Dialogue, S. 134, S. 138; Tilly, CES, S. 86; Ramírez Pérez, European Trade Unions, S. 245.

367 Zit. n. van der Maas, Only Game in Town, S. 131.

368 TUC Economic Committee, Protokoll der 6. Sitzung am 14.6.1989, MRC, MSS.292D/560.1/59.

369 TUC General Council, Protokoll des 4. Treffens (1989–90) am 22.11.1989, erstellt am 14.12.1989, MRC, MSS.292/F/1685; TUC, Pressemitteilung, 9.10.1989, MRC, MSS.292D/409/565/3; TUC, Pressemitteilung, 12.10.1989, MRC, MSS.292D/409/565/3; TUC, Managing the Economy. Towards 2000, 6.8.1990, MRC, MSS.292D/410.2/14.

rungsintegration erschien zunehmend als Chance zur Durchsetzung gewerkschaftlicher Anliegen und wurde trotz interner Kontroversen auch öffentlich gefordert.[370] Während der TUC die europäische Integration primär als sozialpolitische Chance begriff, blieb für Labour zunächst die währungspolitische Dimension zentral.

In der Labour Party verhalfen die Notwendigkeit, Marktvertrauen zu gewinnen, die zunehmend begrenzten Optionen nationaler Wachstumsstrategien und die Hinwendung zur EG einer positiveren Haltung zur WKM-Mitgliedschaft zum Durchbruch. Dennoch blieb die Ausgestaltung vage. Das lag zum einen an der politischen Symbolfunktion, wie Kommunikationschef Peter Mandelson rückblickend festhielt:

> [S]upporting a regime of financial control would help to expunge Labour's past economic embarrassments – not just the heaps of rotting garbage during the Winter of Discontent, but Denis Healey's need in 1976 to go cap in hand for a bailout from the International Monetary Fund. [...] Very little thought was given to the level of sterling's entry. It was the politics that mattered, the need for Labour to demonstrate financial discipline.[371]

Mandelson erinnerte daran, dass es in dieser Phase weniger um den konkreten Pfundkurs oder geldpolitische Details ging als um das politische Signal, wirtschaftliche Disziplin zu akzeptieren. Zum anderen war die Unschärfe Ausdruck der unterschiedlichen, teils widersprüchlichen Erwartungen, die mit einer EWS-Vollmitgliedschaft verbunden wurden. Die von Kinnock, Smith, Mandelson und Eatwell erhoffte Signalisierung einer ernstzunehmenden antiinflationären Strategie hätte einen hohen Pfundkurs erfordert, während die besonders von Hinterbänklern, also den der Fraktionsabgeordneten ohne Regierungsamt, erwartete Steigerung der Wettbewerbsfähigkeit einen niedrigen nahelegte. Auch eine erhoffte Zinssenkung durch die geborgte EWS-Glaubwürdigkeit hätte mit Stabilitätszielen konfligiert. Die von Chris Allsopp betonten Impulse für EG-Reformen wiederum setzten eine stärkere Betonung gemeinschaftlicher Kooperation voraus, als viele parteiinterne Debatten bislang einzuräumen bereit waren. Ähnlich wie in der konservativen Partei greift daher auch für Labour die einfache Einteilung in Beitrittsbefürwortung und Gegnerschaft zu kurz. Die Vor- und Nachteile einer EWS-Vollmitgliedschaft, konstatierte Allsopp in einem Memorandum von April 1988, könnten nicht absolut, sondern nur im Verhältnis zur praktischen Handhabung der Währungskooperation und den Zielen der eigenen Wirtschaftsstrategie bewertet werden: „The desirability of EMS depends crucially on other

370 TUC, Memorandum, Europe 1992 and After. Challenges for Britain, Oktober 1990, CAC, KNNK 8/56; TUC General Council, Protokoll der 12. Sitzung (1991–92) am 22.7.1992, MRC, MSS.292D/20/27.

371 MANDELSON, Third Man, Kap. 4.

aspects of strategy, and [...] even within the ERM, different exchange rate strategies can be envisaged." Würde die durch den Beitritt vertiefte EG-Kooperation Großbritannien lediglich deutsche Deflation aufzwingen, wäre sie abzulehnen; als Ausgangspunkt einer koordinierten Wachstumsstrategie sei sie hingegen sinnvoll.[372]

Dass Labours Kurs unbestimmt blieb, stellte nicht unbedingt einen politischen Nachteil dar. Je unkonkreter die EWS-Alternative blieb, desto weniger Angriffs- und mehr Projektionsfläche bot sie für unterschiedliche Erwartungen an einen Wirtschaftskurs jenseits des Thatcherismus – und konnte so auch disparate Strömungen in der Partei verbinden. Inzwischen näherte sich die Parteiführung zudem der Vorstellung einer engeren Währungskooperation an. Neil Kinnock notierte im April 1989, Labour solle für einen baldmöglichsten WKM-Beitritt unter Wahrung „prudent and reasonable conditions" werben und eine währungspolitische Zusammenarbeit fördern.[373] Zugleich gab es innerhalb der Partei gewichtige Gegenargumente. Der Schattenhandels- und Industrieminister Bryan Gould warnte, monetaristische Befürworter betrachteten das EWS als eine Art Goldstandard, der durch die Einschränkung politischer Handlungsspielräume Disziplin erzwinge. Ein Beitritt, so Gould, drohe die seit Jahren bestehende Fehlorientierung britischer Wirtschaftspolitik fortzuschreiben, indem er Geldmengenziele über die Realwirtschaft stelle. Eine Labour-Regierung müsse sich daher widersetzen, „because it would prohibit expansionary monetary and fiscal policy".[374]

Die Parteiführung hingegen warb nun aktiv für eine EWS-Vollmitgliedschaft. Die im Rahmen des *Policy Review* entwickelte Linie versuchte, beide Positionen zu versöhnen. Der Anfang 1989 formulierte und im Herbst von der Parteikonferenz angenommene Abschlussbericht der zweiten Phase, *Meet the Challenge, Make the Change*, hielt fest:

> On monetary policy in particular, we see the clear advantage in returning to a more stable and predictable system of exchange rates, but we believe that the European Monetary System, as at present constituted, suffers from too great an emphasis on deflationary measures as a means of achieving monetary targets [...]. Substantial changes would therefore be required before the next Labour Government could take sterling into the Exchange Rate Mechanism. There must be less reliance on interest rate adjustments and more on co-operation between central banks. [...] There must be a co-ordinated EC-wide growth policy. The pound would have to enter at a rate and on conditions which ensured that British goods became and remained competitive.[375]

---

372 Christopher Allsopp, Memorandum zum EWS, April 1988, CAC, KNNK 6/2/3.

373 Neil Kinnock, handschriftliche Notizen zu EWS und Wirtschafts- und Währungsunion, o. D. (April 1989), CAC, KNNK 2/2/46.

374 Bryan Gould, Memorandum zum EWS, 27.10.1987, CAC, KNNK 6/2/3.

375 Labour Party (Hrsg.), Meet the Challenge, Make the Change. A New Agenda for Britain. Final Report of Labour's Policy Review for the 1990s, London 1989, S. 14, LPA, Policy Review – Uncatalogued, Papers and Reports.

Das Europa-Wahlmanifest der Labour Party von Mai 1989 bekräftigte: „The European Monetary System, as at present constituted, suffers from too great an emphasis on deflationary measures as a means of achieving monetary targets, and substantial changes would therefore be required before we could take sterling into the mechanism."[376] Damit markierte das Dokument einen deutlichen Richtungswechsel gegenüber dem Wahlprogramm von 1984, das ein Fernbleiben vom EWS angekündigt hatte, um die Wettbewerbsfähigkeit britischer Güter auf den EG-Märkten nicht durch einen überhöhten Pfundkurs zu gefährden.[377]

Die 1989 formulierten Bedingungen für einen Beitritt waren: erstens ein Ausbau der EG-Zentralbankkooperation, zweitens ein wettbewerbsfähiger – also niedriger – Pfund-Beitrittskurs und drittens eine gemeinsame EG-Wachstumsstrategie. Kinnocks ursprüngliche vierte Bedingung, der Ausbau von EG-Regional- und Strukturfonds, wurde zugunsten der Forderung nach einer gemeinsamen Handelsstrategie zum Abbau des deutschen Zahlungsbilanzüberschusses fallen gelassen – aus pragmatischen Gründen: Großbritannien wäre als Nettozahler bei einem Ausbau der Fonds voraussichtlich nicht Begünstigter, sondern Beitragszahler gewesen.[378] In einem internen Memorandum zum Wahlmanifest für die Wahlen zum Europäischen Parlament beschrieb Bill Duncan die Doppeldeutigkeit des Labour-Standpunkts: „[T]his statement should not be qualified by the normal ‚get out' that this will only occur when conditions are ‚right.' The truth is that conditions will never be 100 % right as it would call for all countries of the E. C., to have exactly the same inflation rates, the same preferences with respect to unemployment and inflation and identical growth rates in productivity." Der mit der WKM-Mitgliedschaft verbundene Einflussgewinn gegenüber dem US-Dollar, so das Papier, rechtfertige die Inkaufnahme der Nachteile einer Wechselkursbindung.[379]

Auf der Labour-Parteikonferenz Anfang Oktober 1989 sprach sich Schattenkanzler John Smith für den WKM-Beitritt aus und bezeichnete den Schritt als „early objective" einer künftigen Labour-Regierung.[380] Kinnock bekräftigte dies und nannte 1992 als voraussichtlichen Zeitpunkt. Der Beitritt sollte eine Strategie zur Inflationsbekämpfung bieten, aber auch ein Symbol für ein stärkeres europapolitisches Engagement.[381] Auch Bryan Gould, Schattenhandels- und Industrieminister, signalisierte am 1. Oktober in der *Sunday Times* Offenheit, forderte jedoch nachdrücklich eine grundlegende Reform des EWS auf Basis der genannten Bei-

376 Labour's Manifesto for the European Election, Mai 1989, CAC, KNNK 3/3/28.

377 Labour's Manifesto for the European Election, Mai 1984, LPA, BEE 1/1/7.

378 Alan Donnelly an die Mitglieder der European Labour Group im Europäischen Parlament, 12.10.1989, Memorandum, The European Monetary System (Oktober 1989), 12.10.1989, LPA, EPLP 2/4/5.

379 Bill Duncan, Memorandum, European Election Manifesto, o. D., LPA, BEE 1/1/7.

380 Philip Stephens, Labour Supports Early EMS Entry, The Financial Times, 2.10.1989.

381 Wolf-Rüdiger Bengs an Auswärtiges Amt, 4.10.1989, PA AA, B 224-ZA/168787.

trittsbedingungen.[382] John Smith und sein Wirtschaftsteam verliehen der neuen Position durch Besuche in EG-Hauptstädten zusätzlichen Nachdruck. Anfang November wurde Gould – der ins Umweltressort wechselte – durch den EWS-Befürworter Gordon Brown ersetzt, was die neue Linie weiter festigte.[383] Zwar gab es weiterhin entschiedene Gegenstimmen: Die prominenten Labour-EG-Skeptiker Peter Shore, Austin Mitchell, Ron Leighton und David Stoddart warnten vor den deflationären Folgen eines WKM-Beitritts.[384] Sie konnten sich jedoch nicht durchsetzen.

Das verdeutlicht, dass die EWS-Debatte nicht mehr entlang der alten Bruchlinie zwischen einem linken, potenziell EG-skeptischen Flügel und dem Rest der Partei verlief. Während einzelne Vertreter der Linken wie Brian Sedgemore oder Tony Banks nach anfänglicher Gegnerschaft eine weiterreichende europäische Integration zunehmend enthusiastisch begrüßten, gehörte Austin Mitchell – einer der lautstärksten Gegner eines WKM-Beitritts – dem rechten Parteiflügel an.[385] Das Labour Common Market Safeguards Committee, dem Ron Leighton vorstand, pochte am 2. Juli 1990 in einer Zuschrift an Kinnock erneut darauf, die vereinbarten WKM-Beitrittsbedingungen einzuhalten. Unter den gegebenen Umständen, so hieß es in dem Schreiben, wäre es „disastrous for Britain to join the ERM in any realistically foreseeable circumstances". Das Komitee betonte: „the Labour Party at every level must abide by the decision on conditions to be fulfilled before we join the ERM". Besonders brisant war, dass das Komitee als Mitglieder auch mehrere prominente Schattenkabinett-Vertreter aufführte – Namen, die Kinnock in seiner Kopie rot markierte –, darunter Gordon Brown, Bryan Gould und Margaret Beckett, als Shadow Chief Secretary to the Treasury zuständig für Haushaltsfragen.[386]

In der Praxis jedoch hatten sich die genannten Mitglieder längst von den Positionen des Komitees distanziert und unterstützten sowohl Kinnocks Reformkurs als auch die offizielle WKM-Beitrittslinie. Der *Independent* zitierte dazu einen führenden Labour-Abgeordneten: „Most of them will have forgotten that they still belong to this group."[387] Kinnock konnte im Umgang mit solchen Einwänden auf die Beitrittskonditionen verweisen. Da deren Erfüllung in absehbarer Zeit ohnehin nicht zu erwarten war, nahm dies den Druck von der Parteiführung und half, die innerparteiliche Opposition zu besänftigen. Die Konservativen trugen ihren Teil dazu bei: Die zunehmend öffentlich ausgetragenen Differenzen zwischen

382 Bryan Gould, Labour Tots Up the EMS, THE SUNDAY TIMES, 1.10.1989.

383 WARD, Shadow Budget, S. 9.

384 David Stoddart an Neil Kinnock, 5.9.1990, CAC, KNNK 1/3/56; Austin Mitchell an Kinnock, 21.12.1990, CAC, KNNK 1/3/52; Peter Shore an Neil Kinnock, 5.12.1990, CAC, KNNK 1/3/56.

385 Colin Brown und Nicholas Timmins, Parliament and Politics. European Rift that Crosses the Party Lines, THE INDEPENDENT, 23.10.1990.

386 John Mills an Neil Kinnock, 2.7.1990, CAC, KNNK 1/3/51.

387 Anthony Bevins, Labour Edges Towards EC Unity, THE INDEPENDENT, 18.10.1990.

Thatcher und Lawson über das EWS ließen die Labour Party – trotz ihrer eigenen Ambivalenzen – im Vergleich erstaunlich geeint erscheinen.

Zunächst konzentrierte sich die Labour-Führung weiterhin auf das EWS, auch als sich die EG-Debatte längst um eine weiterreichende Währungsintegration drehte. Auf der Labour-Parteikonferenz Anfang Oktober 1990 äußerte sich Kinnock in seiner Rede nicht zu den Vorschlägen für eine Wirtschafts- und Währungsunion. Gemeinsam mit John Smith forderte er jedoch den WKM-Beitritt und eine einprozentige Zinssenkung.[388] Am letzten Tag der Konferenz verkündete die konservative Regierung den EWS-Vollbeitritt, was die Labour-Führung überraschte und ihre sorgfältig geplante Präsentation der neuen Strategie überschattete. Entsprechend scharf kritisierte Labour den Zeitpunkt der Entscheidung als ausschließlich innenpolitisch motiviert. Den Schritt selbst begrüßte Kinnock zwar – nach den jahrelangen Forderungen hatte er kaum eine andere Wahl –, betonte aber, eine Labour-Regierung hätte mit Zusagen für eine koordinierte Wachstumspolitik einen besseren Deal ausgehandelt als die von partei- und wahltaktischen Motiven getriebene konservative Regierung.[389]

Politisch stellte die Entscheidung Labour vor schwierige Fragen. Erstens machte sie einen wesentlichen Bestandteil des europäischen und wirtschaftspolitischen Alternativangebots zum Regierungskurs hinfällig. „On Europe", bemerkte die *Times*, „Labour's fox has been shot."[390] Zweitens musste sich die Partei nun ernsthaft mit dem politisch sensiblen Thema der Wirtschafts- und Währungsunion auseinandersetzen, das sie bislang unter Verweis auf die offene EWS-Frage vermieden hatte. Ein Jahr nach dem Beitritt hielt das Abschlussdokument des *Policy Review*, *Opportunity Britain*, fest, wie tief das EWS einerseits inzwischen in Labours Wirtschaftsstrategie verankert war, andererseits aber weiterhin als politisches Argument fungierte:

> Our future as a successful industrial nation depends on investment. Because investment flourishes best when there is confidence in the future, the first requirement is a stable economic framework. To secure such a framework, the Labour Party strongly advocated the £'s entry into the ERM. Indeed, we welcomed the government's eventual entry into the ERM last year, although we were highly critical of the way in which entry was so clearly undertaken for political reasons and timed to coincide with the Conservative Party conference.[391]

Es ist bemerkenswert, wie es Kinnock gelang, seine Partei trotz der tiefgreifenden Umbruchprozesse geeint zu halten. Der Verlauf der EWS-Debatte zeigt zugleich,

388 Labour Party Economic Secretariat, Economic Brief, 8.10.1990, CAC, KNNK 8/56.

389 Neil Kinnock, Erklärung zum WKM-Beitritt, 5.10.1990, CAC, KNNK 8/56.

390 Robin Oakley, Britain's Entry to ERM Undermines Labour Line on Europe, THE TIMES, 22.10.1990.

391 Labour Party, Opportunity Britain. Labour's Better Way for the 1990s, April 1991, S. 14 f., LPA, Policy Review – Uncatalogued, Papers and Reports.

dass es zu kurz griffe, die gewandelte Position allein als Ausdruck von Labours europapolitischer Neuausrichtung zu verstehen. Entscheidend war vielmehr die Annahme, dass eine gesteigerte Glaubwürdigkeit gegenüber den Währungsmärkten Voraussetzung für eine erfolgreiche, auch wahlpolitisch überzeugende Wirtschaftspolitik war. Die Hinwendung zur WKM-Mitgliedschaft folgte damit derselben Logik geldpolitischer Selbstbindung und Entpolitisierung, die auch für die Beitrittsbefürworter im Schatzamt ausschlaggebend gewesen war. Der TUC – dessen eigene Positionierung zum EWS einer anderen, stärker auf die EG-Einbindung zielenden Logik folgte – beeinflusste diesen Prozess wenig.

Die langfristigen Implikationen der europäischen Währungskooperation und die Frage der Souveränität blendete die Labour-Führung ebenso aus wie die konservative Regierung. Die EWS-Frage sollte bewusst von den scharfen innerparteilichen Kontroversen über Souveränität und die EG isoliert bleiben. Das kostete die Partei politische Angriffsflächen: Christopher Allsopp mahnte 1988, Thatcher gelinge es weitgehend unangefochten, ökonomisch vorteilhafte Souveränitätsübertragungen hinzunehmen und sich zugleich als Hüterin nationaler Unabhängigkeit zu präsentieren. Angesichts der Einheitlichen Europäischen Akte habe Labour, so Allsopp, versäumt, dieses Paradox öffentlich zu benennen: „One of Mrs. Thatcher's striking political successes has been to accept a massive transfer of sovereignty while being perceived as the champion of national independence. It is an equally striking failure of the opposition not to have pointed this out."[392]

Ein Aufgreifen der Souveränitätsfrage hätte jedoch erhebliche Risiken für die Parteiführung bedeutet. Wie Michael Butler 1987 betonte, hatte sie die Partei in der ersten Hälfte der 1980er Jahre zutiefst gespalten.[393] Sie im Zusammenhang mit dem EWS erneut zu eröffnen, hätte Kinnocks Befriedungsstrategie unterlaufen und die Etablierung des EWS als glaubwürdigem Stabilitätsanker der wirtschafts- und geldpolitischen Programmatik infrage gestellt. Entsprechend wurden interne Einwürfe, das EWS untergrabe die Souveränität,[394] mit dem Hinweis abmoderiert, dass eine glaubwürdige Geldpolitik im Gegenteil politischen Handlungsspielraum erweitere. Diese Argumentation setzte Callaghans pragmatischen Umgang mit der Souveränitätsfrage in der EWS-Debatte 1978 fort. Zudem deutete sie auf ein funktionales Souveränitätsverständnis: nicht formale Unabhängigkeit, sondern faktische Handlungsfähigkeit sollte entscheidend sein.[395] Dan Corry, ökonomischer Berater für Labours Schattenkabinett, betonte, die Währung habe

392 Chris Allsopp und Charles Williams, Monetary Policy for 1991/2. A Paper Prepared for Labour's Policy Review Committee into the Productive and Competitive Economy, Oktober 1988, CAC, KNNK 2/2/11 Part 2.

393 Michael Butler, Interview mit Andrew Crozier, 10.8.1998, HAEU, Voices of Europe Collection, https://archives.eui.eu/en/oral_history/INT565 (30.9.2025).

394 Brian Sedgemore, Entwurf für den Bericht des Treasury and Civil Service Committee, 29.10.1985, BoE 3A161/200.

395 Patrick Wintour, Labour Signals Shift to EMS, The Guardian, 24.7.1989.

nicht die Aufgabe, Souveränität zu symbolisieren, sondern wirtschaftliche Stabilität für die Bevölkerung zu sichern; in einer globalisierten Wirtschaft könne geteilte Souveränität faktisch zu größerem Einfluss führen.[396] Dementsprechend bezeichnete John Smith auf der Parteikonferenz 1989 vollständige monetäre Souveränität als „increasingly illusory concept".[397] Auch Kinnock hielt wenig später im Gespräch mit Jacques Delors fest: „sovereignty in the modern age has to be shared in order to be useful" und griff damit explizit eine Äußerung des Deputy Prime Minister Geoffrey Howe auf.[398]

Das EWS wurde so zu einer zunehmend wichtigen Stütze von Labours wirtschaftspolitischer Alternativstrategie – und bewusst vom breiteren Souveränitätsdiskurs entkoppelt. Die vage gehaltenen Beitrittsbedingungen boten zudem den Vorteil, unterschiedliche, teils widersprüchliche Reformanliegen zu adressieren. Aus heutiger Sicht wirkt Labours Haltung zur EG wie eine Paradoxie: ein aus wahlpolitischer Not geborener Pragmatismus, den die Partei dreißig Jahre später in den Brexit-Debatten nicht erneut zu entfalten vermochte.[399]

---

396 Dan Corry an David Ward, 11.2.1990, CAC, KNNK 6/2/14.

397 Patrick Wintour, The Labour Party at Brighton. Labour „will put the economy first", The Guardian, 2.10.1989.

398 Protokoll eines Gesprächs zwischen Neil Kinnock und Jacques Delors, 10.11.1989, CAC, KNNK 8/36.

399 Johnson, Neil Kinnock, S. 186.

KAPITEL 4

Die Wirtschafts- und Währungsunion und die Politisierung der EWS-Debatte 1988–1990

Als die Konservative Partei 1978 ihre Position zur Initiative der EWS-Gründung verhandelte, bedauerte der strategische Berater Simon May die von ihm beobachtete Verengung auf ökonomische Aspekte, „since it can be argued that the EMS is 95 % about politics."[1] Seine Warnung blieb ungehört: In den folgenden zehn Jahren wurden die EG-politischen Perspektiven in der britischen Politik bewusst nachrangig behandelt. Das änderte sich 1988 mit der Perspektive einer Wirtschafts- und Währungsunion, die eine Neubewertung der EWS-Frage anstieß. Hatten Regierung, Opposition und Wirtschaftsverbände die Frage bisher bewusst unter dem Vorzeichen geldpolitischer Zweckmäßigkeit behandelt, begann nun eine Politisierung der Währungsfrage. Die Überlegungen zu einer engeren Währungsintegration in der EG verdeutlichten, dass es im EWS nicht mehr nur um ökonomische Koordinierung, sondern auch um politische Steuerungsfähigkeit, Souveränität und demokratische Legitimation ging. Bereits im ersten Jahrzehnt des EWS hatte sich gezeigt, dass wirtschaftspolitische Kooperation kaum von politischen Zielsetzungen zu trennen war. Mit den Arbeiten im Delors-Ausschuss rückten nun die politischen Konsequenzen einer dauerhaften Kompetenzübertragung auf die supranationale Ebene eindeutig in den Fokus.

Das lag auch daran, dass die Wirtschafts- und Währungsunion, wie sie im Delors-Bericht vorgesehen wurde, die Währungssouveränität deutlich stärker betreffen würde als die Wechselkursbindung im EWS. Alle drei klassischen Befugnisse – Geldausgabe, Wechselkurssteuerung und Festlegung der Währungsordnung – wären damit an die zu gründende Europäische Zentralbank übergegangen.[2] Dies führte zu einer intensiveren Debatte über die Rolle des Pfunds als Symbol für Staatlichkeit und Souveränität.[3] Zugleich wurde der Begriff der Souveränität in sehr unterschiedlichen Bedeutungen verwendet und fungierte als Projektionsfläche divergierender politischer Erwartungen. Damit rückte die Unterscheidung zwischen formaler Unabhängigkeit und tatsächlicher politischer Steuerungsfähigkeit in den Vordergrund. Die Deutungen bewegten sich zwischen zwei Polen: einem formellen, verfassungsbezogenen Verständnis von Souveränität, das an der Unteilbarkeit nationaler Entscheidungskompetenzen festhielt, und einem funktionalen Verständnis, das auf Einfluss und praktische Steuerungsfähigkeit abstellte. Bereits 1981 hatte das Conservative Research Department diese beiden Positio-

1 Simon May, Memorandum zum EWS, o. D. (1978), CPA, CCO 20/32/13.

2 Potts, National Economic Sovereignty, S. 11–23.

3 Wilson, Shades of Sovereignty, S. 5.

nen unterschieden: „One can opt for a strictly legalistic definition [...] or define sovereignty more broadly in terms of how much influence or control the people of Britain have." In dieser breiteren Lesart – so das CRD – konnte eine Begrenzung formeller Rechte Souveränität sogar stärken, weil sie größere Gestaltungsspielräume eröffnete.[4] Die Abgrenzungen blieben jedoch politisch umstritten.

Innerhalb der EG traten die Auffassungsunterschiede nun deutlich zutage: Bundeskanzler Helmut Kohl und der französische Präsident François Mitterrand, die die währungspolitischen Vorstöße auf EG-Ebene maßgeblich vorantrieben, betrachteten die Währungsunion als wesentlichen Schritt zur Schaffung einer Europäischen Union.[5] Auch Thatcher sah in ihr kein wirtschaftliches, sondern ein politisches Instrument zur Förderung einer europäischen Einigung – allerdings eine, die sie zunehmend als Bedrohung für Nationalstaaten und Demokratie wahrnahm. Sie hielt es für eine tragische Ironie, dass die EG-Staaten gerade während des Durchbruchs demokratischer Bestrebungen in den osteuropäischen Ländern einen Kernbereich ihrer nationalen Souveränität freiwillig von demokratisch gewählten Parlamenten auf zentrale, nicht legitimierte Institutionen übertragen wollten.[6] Damit wurde Souveränität erstmals ausdrücklich in den Mittelpunkt gerückt – die Kategorie war im vorangegangenen Jahrzehnt der EWS-Debatte bewusst nachrangig behandelt worden. Sie avancierte nun vom blinden Fleck zum zentralen Legitimationsinstrument: Thatchers Rückgriff auf die Parlamentssouveränität markierte eine strategische Umdeutung ökonomischer Konflikte in verfassungspolitische Fragen.

Trotz aller Differenzen in der EWS-Frage bestand hier zwischen Thatcher und Schatzkanzler Lawson Einigkeit. Beide sahen erhebliche Gefahren für die demokratische Verantwortlichkeit.[7] So erklärte Lawson die Wirtschafts- und Währungsunion als „incompatible with independent sovereign states with control over their own fiscal and monetary policies."[8] Sie befürchteten die Etablierung einer zentralistischen, interventionistischen Bürokratie, die immer mehr Macht an sich ziehen würde und mit der eigenen Vorstellung eines wirtschaftsliberalen, offenen Staatenbundes unvereinbar wäre.[9] Dies entsprach den Argumenten einer Reihe wirtschaftsliberaler Denker, die in der europäischen Einigung zunächst ein Vehi-

---

4 CRD-Memorandum, Labour's Plan to Withdraw from the EEC, 12.8.1981, CPA, CRD/B/12/2.

5 Loth, Between France and the Bundesbank, S. 331; ders., Helmut Kohl, S. 456 f.; Bozo, France, S. 248.

6 Margaret Thatcher, handschriftliche Notiz auf einem Artikelentwurf von Nigel Lawson für den Correspondent vom 12.11.1989, erstellt am 9.11.1989, TNA, PREM 19/3741.

7 David Hannay an FCO, 10.7.1989, TNA, PREM 19/2676.

8 Nigel Lawson, Chatham House Speech zum Delors-Bericht, 25.1.1989, CVCE, https://www.cvce.eu/en/obj/address_given_by_nigel_lawson_on_the_delors_report_london_25_january_1989-en-25d45d02-4d31-4d5e-83cf-fa1ebd57f362.html (30.9.2025).

9 Zu den binären Optionen, die Thatcher in ihren Argumentationen darlegte, vgl. Dorey, Oratory of Margaret Thatcher.

kel für die Durchsetzung freier Märkte und Kapitalverkehr gesehen hatten, aber Ende der 1980er Jahre zunehmend skeptischer wurden.[10]

Der WKM-Beitritt wurde nun unter veränderten Vorzeichen diskutiert: Zum einen wurde er als Möglichkeit dargestellt, die Debatten um eine Europäische Zentralbank und Einheitswährung abzuwehren oder zumindest aufzuschieben. Zum anderen wurde das EWS zum Vorläufer und Symbol für die voranschreitende Währungsintegration. Das warf die Grundsatzfrage nach der britischen Rolle in Europa auf. Der Delors-Bericht von 1989 machte diese Verschiebung unübersehbar: Er verband die technische Architektur der Währungsunion mit einer expliziten Vision europäischer Staatlichkeit – und zwang damit auch die britische Regierung, ihre bisherige Strategie der Entpolitisierung zu überdenken und politisch neu zu bewerten.

1 Der Delors-Ausschuss und die politische Neubewertung des EWS

Neue Vorstöße zur Schaffung einer Europäischen Zentralbank und Währung

Die Vorstöße in Richtung einer europäischen Währungsunion hatten sich schon vor 1988 abgezeichnet: Die Einheitliche Europäische Akte von 1986/87 hatte einen Verweis auf die Schaffung einer Europäischen Währungsunion enthalten, das Ziel war auch in den Verhandlungen um die EWS-Reformen von Basel und Nyborg 1987 mehrfach benannt worden. Während sich die britische Regierung auf ökonomische Argumente zurückzog, wurde immer deutlicher, dass das EWS auf EG-Ebene nicht nur als geldpolitisches Arrangement, sondern als Instrument zur Vertiefung der politischen Integration verstanden wurde.[11]

Neben politischen Vorstößen zur Gründung einer Wirtschafts- und Währungsunion gewann das Thema nun auch in der Öffentlichkeit an Sichtbarkeit. Im Oktober 1987 rief die von großen europäischen Unternehmen gegründete Association for the Monetary Union of Europe zur Gründung einer unabhängigen Europäischen Zentralbank auf. Auch das Komitee für eine Europäische Währungsunion, gegründet vom ehemaligen Bundeskanzler Helmut Schmidt und dem ehemaligen französischen Präsidenten Valéry Giscard d'Estaing, forderte im Februar 1988 eine Europäische Zentralbank und den Ausbau des ECU zu einer Gemeinschaftswährung.[12]

10 Slobodian und Plehwe, Neoliberals Against Europe, S. 90 f.

11 Mourlon-Druol, A Europe Made of Money, S. 261. Vgl. auch Warlouzet, Implementation, S. 247 f.

12 Michael Lewis an Anthony Loehnis, 13.6.1988, A European Central Bank. Background and Proposals, Juni 1988, BoE 249/1.

Gleichwohl konzentrierten sich die britischen EWS-Debatten weiterhin auf die geldpolitischen Implikationen. Erst ab 1988 wurde die Frage einer Währungsunion intensiv diskutiert. Auslöser war ein Vorstoß des französischen Finanzministers Édouard Balladur: Unterstützt von Premierminister Jacques Chirac forderte er in einem Memorandum von Januar 1988 die Schaffung einer Europäischen Zentralbank mit einer gemeinsamen Währung, dem ECU.[13] Während die britische Regierung Balladurs Forderung nach einer raschen Kapitalverkehrsliberalisierung begrüßte, lehnte sie weiterreichende Schritte entschieden ab.[14] Die Tragweite der angestoßenen Diskussion wurde von britischer Seite unterschätzt. Das Papier enthalte wenig Neues und richte sich vornehmlich an ein innenpolitisches Publikum, meldete die britische Botschaft in Paris.[15] Das Schatzamt stellte sich auf den Standpunkt, das Papier skizziere lediglich ein Zukunftsszenario nach Etablierung des Gemeinsamen Marktes 1992.[16] Dementsprechend reagierte es nur mit einer Würdigung der Vorschläge zur Kapitalverkehrsliberalisierung.[17] Im Foreign Office wurde diese Einschätzung mit Sorge gesehen: Wieder einmal, hielt ein internes Papier fest, unterschätze das Schatzamt die potenziellen Implikationen einer währungspolitischen Initiative. Das Papier sah darin „all the hallmarks of our approach to the Community: ie hoping that if we ignore something or damn it with faint praise it will go away."[18]

Diese Fehleinschätzung ergab sich auch aus den Differenzen innerhalb der Bundesrepublik: Die skeptischeren Stimmen aus Finanzministerium und Bundesbank, die befürwortende Linie im Außenministerium und Kohls abwartende Haltung wurden auf britischer Seite mit Interesse registriert.[19] Allerdings schätzte die britische Führung, wie die folgenden Debatten zeigten, die stabilitätspolitischen Vorbehalte in Bundesfinanzministerium und Bundesbank falsch ein und überschätzte insbesondere den Einfluss der Bundesbank. Im Vertrauen auf effektiven deutschen Widerstand gegen Balladurs Pläne erfasste sie zu spät, dass sich mit den währungspolitischen Vorschlägen eine Debatte über die künftige politische Ordnung Europas abzeichnete – und dass die britische Passivität diese Entwicklung eher beschleunigte als bremste.

Entgegen den Erwartungen im Schatzamt gewann die währungspolitische EG-Debatte an Dynamik. Am 23. Februar 1988 legte der italienische Schatzminister Giuliano Amato ein Papier vor, dessen währungspolitische Forderungen sich weitgehend mit den französischen Vorschlägen deckten. Es plädierte für weitere Schritte zur Stärkung der Währungskooperation, den Ausbau des Europäischen

---

13 Édouard Balladur an Nigel Lawson, 8.1.1988, TNA, FCO 30/7239.
14 Édouard Balladur, La construction monétaire européenne, Januar 1988, TNA, FCO 30/7239.
15 John Weston an FCO, 12.1.1988, TNA, FCO 30/7239.
16 Helen Goodman an Robert L. Turner, 19.1.1988, TNA, FCO 30/7241.
17 Helen Goodman an Chris Savage, 15.1.1988, TNA, FCO 30/7239.
18 Robert L. Turner an Stephen Wall und Rodric Braithwaite, 25.1.1988, TNA, FCO 30/7241.
19 Maes, Commission Européenne.

Fonds für währungspolitische Zusammenarbeit und eine stärkere Nutzung des ECU.[20] Wenige Tage darauf, am 26. Februar, folgte das *Memorandum für die Schaffung eines europäischen Währungsraumes und einer Europäischen Zentralbank* vom deutschen Außenminister Hans-Dietrich Genscher. Es bekräftigte nicht nur das Ziel einer Währungsunion, sondern enthielt auch konkrete Vorschläge zu deren Umsetzung. Der Europäische Rat in Hannover sollte demnach einen fünf- bis siebenköpfigen „Rat der Weisen" einsetzen, der binnen eines Jahres Empfehlungen für die Realisierung einer Wirtschafts- und Währungsunion vorlegen sollte.[21] Das Papier, bewusst nicht im Kabinett abgestimmt, hatte den Charakter eines persönlichen Vorstoßes und sollte die Debatte um die Währungsintegration gegen Widerstände in Regierung und Bundesbank vorantreiben, wo es mit Skepsis aufgenommen wurde.[22] Die Betonung monetärer Stabilität und Zentralbankunabhängigkeit rang allerdings selbst der Bundesbank eine vorsichtig positive Reaktion ab – weil sie zuvor die Zielsetzung einer Währungsunion öffentlich unterstützt hatte, konnte sie nun allenfalls Einwände gegen das Prozedere erheben.[23]

Die anhaltenden deutschen Debatten führten dazu, dass ab März 1988 auch das britische Schatzamt die Thematik intensiver aufgriff. Die weitreichenden Genscher-Pläne, berichtete Geoffrey Littler, Ressortleiter für das internationale Finanzwesen, im Gespräch mit Rodric Braithwaite vom Foreign Office, hätten das Interesse an Balladurs gemäßigteren Vorschlägen erhöht. Das wurde nicht nur negativ gesehen: Forderungen nach größerer Symmetrie im EWS, insbesondere die Diversifikation der Reserven und der Ausbau der privaten ECU-Nutzung, galten in London als wünschenswert. Der private ECU war die marktbasiert gehandelte Variante der europäischen Rechnungseinheit, die von Banken und Unternehmen für Kredite, Anleihen und Finanzgeschäfte genutzt wurde. Er konnte als von den Märkten entwickelte Annäherung an eine gemeinsame europäische Währung gelesen werden. Die Bundesbank befürchtete jedoch, die vorgeschlagenen EWS-Reformen und der verstärkte Gebrauch des privaten ECU könnten ihre DM-Politik negativ beeinflussen. Deswegen suchte das Schatzamt gezielt die Kooperation mit der französischen Seite und erarbeitete gemeinsam mit der Bank of England konkrete Vorschläge zur ECU-Förderung.[24]

In dieser Phase zeichneten sich zwei Muster ab, die sich durch den britischen Umgang mit Forderungen nach Vertiefung der europäischen Währungsintegrati-

20 Giuliano Amato an Nigel Lawson, 23.2.1988, On „European Monetary Construction". The Italian Position, Februar 1988, TNA, FCO 30/7239.

21 Hans-Dietrich Genscher, Memorandum für die Schaffung eines europäischen Währungsraumes und einer Europäischen Zentralbank, 26.2.1988, TNA, FCO 30/7239; Loth, Helmut Kohl, S. 459; ders., Building Europe, S. 292 f.

22 James, Making the European Monetary Union, S. 229.

23 Loth, Helmut Kohl, S. 459.

24 John Kerr an Rodric Braithwaite und Anthony Galsworthy, 18.3.1988, TNA, FCO 30/7239.

on ziehen sollten: Erstens wurden Forderungen nach einer EWS-Reform, insbesondere dem Ausbau der privaten ECU-Nutzung, erhoben, um Aktivität zu signalisieren, aber zugleich weitergehende Integrationspläne abzuwehren. Zweitens wurde das zuvor in den EWS-Debatten marginalisierte Foreign Office nun stärker einbezogen, um diese Forderungen über den ECOFIN und Währungsausschuss hinaus breiter in den EG-Gremien zu platzieren. Diese Taktik folgte einem vertrauten Muster: selektive Kooperation, um Einfluss zu sichern, ohne sich institutionell zu binden.

Das Kernproblem dieser Linie lag in ihrer begrenzten Glaubwürdigkeit. Als Nichtmitglied des WKM konnte Großbritannien Reformforderungen nur eingeschränkt vertreten und provozierte damit zwangsläufig Fragen nach der eigenen Teilnahme. Deshalb verlagerte sich der Fokus auf die Entwicklung des privaten ECU. Der Londoner Finanzplatz hatte sich in diesem Bereich eine Führungsposition erarbeitet: London war nach Paris das bedeutendste Zentrum des privaten ECU-Handels, der vor allem auf dem Interbankenmarkt konzentriert war. Ende März 1988 entfielen auf in London ansässige Banken rund 22 Prozent aller ECU-Transaktionen (Frankreich 26 Prozent) mit einem Gesamtvolumen von etwa 90 Milliarden.[25] Die britische Regierung begrüßte den Ausbau der privaten ECU-Nutzung und förderte ihn durch die Ausgabe eigener, in ECU denominierter Anleihen und durch die Liberalisierung der Finanzinstrumente.[26] Vorschläge der EG-Kommission und des Europäischen Parlaments zur staatlichen Förderung des ECU lehnte sie hingegen ab: Der ECU sollte sich marktorientiert entwickeln, ohne gesetzliche Vorgaben oder institutionelle Eingriffe.[27] Initiativen in diesem Bereich galten aus britischer Sicht als besonders vorteilhaft: Sie kämen den Interessen des heimischen Finanzsektors entgegen, konnten als konstruktiver Beitrag zur europäischen Währungskooperation dargestellt werden und blieben – sofern sie sich vor allem auf Deregulierung bezogen – souveränitätspolitisch unbedenklich, da keine Abgabe geldpolitischer Kompetenzen notwendig war.

Am 15. März legte der deutsche Finanzminister Gerhard Stoltenberg dem Staatssekretärsausschuss für Europäische Angelegenheiten und dem EG-Währungsausschuss das Papier *Zur weiteren Entwicklung der währungspolitischen Zusammenarbeit in Europa* vor. Darin räumte er der Währungskooperation einen hohen Stellenwert ein, hielt eine Europäische Zentralbank aber erst nach einer politisch-institutionellen Umgestaltung der Gemeinschaft in eine umfassendere Union für realistisch. Unter anderem müssten der Kapitalverkehr freigegeben, größere wirtschaftliche Konvergenz erreicht und alle Mitgliedswährungen in den

---

25 Bank of England (Hrsg.), ECU Financial Activity, S. 510.

26 Nigel Wicks an Michael Scholar, 10.2.1989, mit Anlage: Rede von Brian Griffiths vor der Arbeitsgruppe für Währungen und Wechselkurse im Europäischen Parlament im Februar 1989, TNA, T 450/569.

27 Stephen Wall an Robin Renwick, 25.6.1986, TNA, FCO 30/6577.

WKM eingebracht werden.[28] Das Papier wurde am 21. März 1988 offiziell an Lawson weitergeleitet.[29] Es wurde in London als Bestätigung der eigenen vorsichtigen Linie verstanden und deutlich günstiger bewertet als Genschers Beitrag: Der Aufschub einer Währungsunion, die Forderung nach Kapitalverkehrsliberalisierung sowie die Absage an eine Harmonisierung von Finanzaufsicht und Besteuerung entsprachen britischen Interessen. Zugleich bestand die Befürchtung, Kohl könne eher Genschers Papier unterstützen – „for fear of being outflanked". Daher sollte die Koordinierung mit Frankreich bei der EWS-Reform weiter vorangetrieben werden. Zugleich plädierte das Schatzamt dafür, die Frage in den bestehenden, eher zurückhaltend besetzten EG-Währungsgremien beraten zu lassen und nicht, wie von Genscher vorgeschlagen, in einem eigens einzuberufenden Sachverständigenausschuss.[30]

Debatten um die künftige Rolle des Wechselkurses ab März 1988

Obwohl alle vorgelegten Papiere den WKM-Beitritt der noch nicht teilnehmenden EWS-Mitglieder vorsahen, hatte dies zunächst kaum Auswirkungen auf die interne britische EWS-Debatte. Die Bedingungen für einen Beitritt, so die offizielle Linie, blieben unverändert: „Question of joining ERM is complex financial issue with practical arguments on both sides. Must be decided on its merits. UK's commitment to Europe not in doubt."[31] Damit wurde die europäische Ebene wieder einmal weitgehen ausgeblendet. Im Zentrum stand der Konflikt um die Folgen von Lawsons *shadowing*-Politik und die Rolle des Wechselkurses in der Geldpolitik. Am 7. März war die informelle Pfunddeckelung bei 3,00 DM – und damit das geldpolitische Rahmenwerk des Schatzkanzlers – aufgegeben worden. Die mühsam kaschierten Meinungsverschiedenheiten zwischen ihm und der Premierministerin traten nun offen zutage. Am 10. März erklärte Thatcher im Unterhaus zwar ihre Unterstützung für Lawsons Politik und hob das gemeinsame Bekenntnis zur Inflationsbekämpfung hervor. Sie schloss ihre Ausführungen jedoch mit der Formel „There is no way in which one can buck the market", was als öffentliche Rüge in Richtung ihres Schatzkanzlers aufgefasst wurde.[32]

Auch von außen wuchs der Druck. Am 9. März äußerte sich CBI-Präsident David Nickson in einer Rede vor Verbandsmitgliedern in Cambridge besorgt über den Pfundanstieg über 3,00 DM, der die Wirtschaftsentwicklung und das Vertrauen gefährde:„Business can no longer have confidence about where the exchange

28 Stoltenberg, Entwicklung.

29 Gerhard Stoltenberg an Nigel Lawson, 21.3.1988, TNA, FCO 30/7293.

30 John Kerr an Anthony Galsworthy, 23.3.1988, TNA, FCO 30/7239.

31 Ian Polin an Robert L. Turner, 30.3.1988, mit Anhang: Memorandum zur offiziellen Schatzamt-Linie zum EWS, TNA, FCO 30/7241.

32 Hansard HC Deb. Vol. 129, Col. 517, 10.3.1988, https://hansard.parliament.uk/commons/1988-03-10/debates/c419d49b-2400-483b-a079-e33b6699373b/Engagements#517 (30.9.2025).

rate is going".[33] Diese Sorge bekräftigte er in einem persönlichen Brief an Nigel Lawson, in dem er eindringlich die Notwendigkeit einer konsistenten Geldpolitik betonte und anregte, in der anstehenden Haushaltsrede eine Wiederherstellung der Pfunddeckelung zu erwägen.[34] Die Äußerung des Wirtschaftsministers Lord Young vor Geschäftsleuten in Manchester, der Pfundkurs werde unabhängig von Regierungsbemühungen seinen marktgerechten Wert finden, wurde als Bekenntnis zu Thatchers Linie gedeutet, während die Premierministerin bemüht war, öffentlich Geschlossenheit zu demonstrieren.[35] Der *Independent* vermutete gar eine orchestrierte Kampagne gegen Lawson und kommentierte lakonisch: Zumindest die Märkte hätten angesichts des ohnehin undurchsichtigen Regierungskurses nicht beunruhigt reagiert, „having already become so confused by the various explanations of policy that there was hardly any sensible reaction to be made."[36] Die öffentliche Kommunikation gewann politische Brisanz: Äußerungen von Regierungsvertretern zu Wechselkurs und EWS wurden in der Presse akribisch auf Widersprüche geprüft. Gerade weil geldpolitische Glaubwürdigkeit auf Konsistenz beruhte, wirkten solche Inkonsistenzen destabilisierend – sowohl gegenüber den Märkten als auch im inneren Machtgefüge. Entsprechend wurden Erklärungen zunehmend auf die Berichterstattung abgestimmt, gelegentlich auch gezielt Informationen lanciert, um Erwartungen zu steuern. Zugleich traten einflussreiche Medien – allen voran die *Financial Times* – zunehmend als eigenständige Akteure auf, die mit ihren Analysen und Leaks selbst Teil der geldpolitischen Auseinandersetzungen wurden.

Um die wachsenden Spekulationen über die Rolle des Wechselkurses in der Geldpolitik zu beenden, wurde für den 25. März 1988 eine Besprechung zwischen Margaret Thatcher, Nigel Lawson und Robin Leigh-Pemberton anberaumt. Dass die Presse von den Plänen erfuhr, erhöhte den Druck auf die Teilnehmenden, Einigkeit zu demonstrieren. Das Schatzamt verfasste ein vorbereitendes Memorandum, das drei Optionen zum Umgang mit dem Pfundkurs darlegte: erstens die Einbeziehung des Wechselkurses als einen von mehreren geldpolitischen Indikatoren zur Festlegung der Geldpolitik, zweitens die Implementierung eines unpublizierten Wechselkursbandes und drittens eine formelle WKM-Mitgliedschaft. Im Zentrum stand die Frage nach der Glaubwürdigkeit der Geldpolitik. Eine klare Kommunikation über die Rolle des Wechselkurses, so das Memorandum, würde nicht nur das Ziel der Inflationsbekämpfung erleichtern, sondern auch das Vertrauen der Märkte und Unternehmen stärken: „[If] they understand it, see actions confirming it, and believe other policies are consistent with it, markets will re-

33 CBI-Pressemitteilung, Rede von David Nickson in Cambridge, 9.3.1988, TNA, T 640/854.

34 David Nickson an Nigel Lawson, 10.3.1988, TNA, T 640/854.

35 Peter Riddell, Young's Line on Money Policy, THE FINANCIAL TIMES, 22.3.1988.

36 Lord Young Whips Up the Exchange Rate Pudding, THE INDEPENDENT, 22.3.1988.

spond in a constructive way rather than a destabilising way, and business confidence and hence enterprise will be enhanced."[37]

Ziel der Schatzamt-Vertreter war es, Margaret Thatchers Zustimmung für die zweite Option, eine informelle Wechselkursbandbreite, zu sichern. Das würde, wie Chefökonom Terence Burns schrieb, eine Schwankungsbreite des Pfunds zwischen 2,80 und 3,20 DM bedeuten. Die Strategie sollte mit der Premierministerin abgestimmt, die konkrete Interventionspolitik aber von Schatzamt und Bank of England unter Konsultation von Thatchers Berater Brian Griffiths festgelegt werden.[38] Letztlich würde es den Wechsel von der bisherigen Steuerung, die faktisch auf die Einhaltung eines bestimmten Zinsniveaus abzielte, zu einem unveröffentlichten Wechselkursband bedeuten und einen gewissen Grad geldpolitischer Flexibilität bei größerer Wechselkursstabilität ermöglichen. Die Lösung sei, schrieb Schatzamt-Leiter Peter Middleton an Eddie George, den Leiter der Marktabteilung der Bank of England, „the best hope of peace breaking out."[39]

Ohnehin wäre in der öffentlichen Präsentation der Übergang fließend: Bisher wurde der Wechselkurs explizit als einer von mehreren Indikatoren berücksichtigt, bei einem informellen Wechselkursband würde eine entschiedene Meinung über ein angemessenes Wechselkursniveau verkündet werden. Brian Griffiths blieb in seinem Briefing für die Premierministerin aber skeptisch. Ganz abgesehen von den massiven Schwierigkeiten, ein nachhaltiges Wechselkursniveau zu identifizieren, hielt er den Versuch, den Kurs auch wirklich dort zu halten, für wenig aussichtsreich. Allerdings hielt auch er die Option eines komplett freien Floatings – die, wie er kritisch anmerkte, im Schatzamt-Papier gar nicht aufgeführt war – nicht mehr für durchsetzbar. Thatcher solle deswegen, wenn sie sich zum Zugeständnis einer Wechselkurszielzone gezwungen sah, auf einen möglichst großen Spielraum und eine flexible Handhabung hinwirken.[40]

In dem Treffen, an dem neben Thatcher, Lawson und Governor Leigh-Pemberton auch Griffiths und Vertreter des Schatzamts und der Bank of England teilnahmen, argumentierte Lawson für eine größere Formalisierung der Wechselkurspolitik. Das wäre auch deswegen notwendig, weil andere Länder sich vermehrt zur formalisierten Wechselkursstabilisierung bekannten. Ein Abseitsstehen mache das Pfund nun umso mehr zur Zielscheibe von Spekulationen. Ein intelligentes Management des Wechselkurses hingegen könne die Erwartungen stabilisieren und so die Inflationsbekämpfung stützen. Thatcher folgte allerdings Griffiths Deutung: Zwar gestand sie zu, dass eine größere Wechselkursstabilität Vorteile bieten würde und stellte auch Devisenmarktinterventionen in Aussicht – wenn auch keinesfalls im gleichen Ausmaß wie im vorangegangenen Jahr. Die Festlegung eines

---

37 Schatzamt, Memorandum, Monetary Policy and the Role of the Exchange Rate, 23.3.1988, TNA, PREM 19/2631.

38 Terence Burns an Nigel Lawson, 24.3.1988, BoE 10A161/8.

39 Peter Middleton, Notiz an Eddie George, o. D. (24.3.1988), BoE 10A161/8.

40 Brian Griffiths an Margaret Thatcher, 24.3.1988, TNA, PREM 19/2631.

festen Wechselkursniveaus sei aber zu vermeiden, um die Flexibilität beim Einsatz der drei geldpolitischen Instrumente, Zinssetzung, Devisenmarktinterventionen und Wechselkursanpassungen, zu erhalten.[41] Letztlich wurde keine Wechselkurszielzone vereinbart. Allerdings wurde dem Wechselkurs öffentlich eine zentrale Rolle in der Geldpolitik zugestanden und Wechselkursstabilität sowie die Einhaltung internationaler Währungsabkommen hervorgehoben. Außerdem setzte Lawson seine Bemühungen fort, den Pfundkurs etwa um 3,00 DM zu halten.[42] Die Diskussion verdeutlicht die britische Fokussierung auf technische Steuerung und innenpolitische Signalwirkung. Europäische Integrationsfragen blieben dagegen ausgeklammert – die Debatte um Wechselkursmanagement verlief weitgehend losgelöst von den parallel verlaufenden EG-Initiativen zur Wirtschafts- und Währungsunion.

Die öffentliche Auseinandersetzung um die Rolle des Wechselkurses – und damit implizit auch der EWS-Vollmitgliedschaft – war mit dieser Entscheidung allerdings nicht beendet. Besondere Aufmerksamkeit erregte die Debatte, die sich in der *Financial Times* zwischen dem Finanzjournalisten Samuel Brittan und Alan Walters entspann, der zu diesem Zeitpunkt zwar kein offizieller Regierungsberater war, der Premierministerin aber weiterhin nahestand. Am Tag von Margaret Thatchers „buck the market"-Statement im Unterhaus, am 10. März 1988, kritisierte Brittan Thatchers Politik scharf und schlug sich in der Frage der Wechselkurspolitik auf Lawsons Seite: „[T]he Chancellor [...] having seen his whole economic strategy kicked away [...] is now a principal victim of the Prime Minister's endless ‚I will not have,' ‚I will not allow' and ‚I insist.'"[43] Am 24. März wiederholte er seine Kritik am WKM-Fernbleiben und ging – im Gegensatz zur internen Regierungsdebatte – direkt auf die EG-Vorschläge einer Währungsunion ein, die er befürwortete: „While the Prime Minister is digging in her heels ever more obsessionally against EMS membership [...] the EMS may be superseded."[44]

Brittans anhaltender Kritik setzte Alan Walters einen Artikel in der *Financial Times* entgegen, in dem er ausführte, dass Großbritannien außerhalb des EWS-Wechselkursarrangements wirtschaftlich nicht schlechter gefahren sei und er deswegen keinen Grund sehe, die WKM-Mitgliedschaft zu empfehlen.[45] Margaret Thatcher, die Walters vorab von dem geplanten Artikel unterrichtet hatte, zeigte

---

41 Alex Allan, Protokoll eines Treffens von Margaret Thatcher, Nigel Lawson, Robin Leigh-Pemberton, Peter Middleton, Terence Burns, Brian Griffiths und Eddie George, 25.3.1988, TNA, PREM 19/2631.

42 Thompson, Conservative Party, S. 117.

43 Samuel Brittan, Economic Viewpoint. The Economic Costs of Mrs Thatcher, The Financial Times, 10.3.1988.

44 Samuel Brittan, Economic Viewpoint. The Need for A European Currency, The Financial Times, 24.3.1988.

45 Alan Walters, Britain Does Best Outside the EMS, The Financial Times, 6.4.1988.

sich besorgt, der Artikel könne den Konflikt mit Lawson wieder anheizen: „But I am sure Alan will have confined his comments to Sam Brittan!".[46]

Brittan reagierte Anfang Mai mit einer Erwiderung, in der er seine Kritik am inkonsistenten Umgang mit dem Wechselkurs wiederholte und den resultierenden Vertrauensverlust als extrem schädlich beschrieb: „Whether it was right to make the sterling/D-Mark rate the policy anchor is a matter of judgment. But what was unforgiveable was to cast aside that anchor once chosen."[47] Diese Konflikte sorgten sowohl in der Konservativen Partei als auch in den Ministerien für Unruhe. Im Foreign Office wurde diese öffentliche Zurschaustellung der internen Differenzen in ungewöhnlich deutlichen Worten kritisiert: „It's a most un-British phenomenon, this battle setting out in public the intellectual substance of the No 10/No 11 exchange! [...] And for our next thrilling instalment: Will Walters fight back? Or will the diminutive figure of Brian Griffiths be seen climbing under the ropes? Rivetting – but rather French, and surely not at all British!"[48]

Am 17. Mai warnte William Clark, Vorsitzender des Finance Committee der konservativen Hinterbänkler, in einem eigens anberaumten Gespräch mit der Premierministerin, dass die Berichte über Meinungsverschiedenheiten zwischen ihr und dem Schatzkanzler die Partei schwächen würden. Obwohl sich beide in ihrer Ablehnung eines WKM-Beitritts einig waren, drängte Clark auf geschlossenes Auftreten von Thatcher und Lawson.[49] Weitere Aufmerksamkeit erregte eine Rede von Geoffrey Howe vor schottischen Konservativen in Perth am 13. Mai 1988. Darin wiederholte er die übliche Linie, der WKM-Beitritt werde zur richtigen Zeit folgen, betonte aber: „We cannot go on forever adding that qualification to the underlying commitment".[50] Das hatte er seit 1978 mehrfach hervorgehoben – nicht zuletzt in seinen EWS-Briefings für Margaret Thatcher. Das Foreign Office argumentierte deswegen, Howes Aussage wiederhole lediglich bekannte Positionen. In einem eigens zusammengestellten Papier identifizierte es allein seit 1986 acht entsprechende Statements.[51] In der aufgeheizten Stimmung wurde die Rede jedoch als Schulterschluss mit Lawson gegen die Premierministerin gedeutet. Nur so sei, bemerkte Howe rückblickend, die „near-paranoid quality of

46 Paul Gray an Margaret Thatcher, Vermerk über ein Telefonat mit Alan Walters, mit handschriftlicher Notiz von Margaret Thatcher, 31.3.1988, TNA, PREM 19/2086.

47 Samuel Brittan, Economic Viewpoint. Counter-Inflation and Credibility, THE FINANCIAL TIMES, 5.5.1988.

48 John Kerr an Rodric Braithwaite, Stephen Wall und Robert L. Turner, 5.5.1988, TNA, FCO 30/7241.

49 Nigel Wicks, Protokoll eines Gesprächs zwischen Margaret Thatcher und William Clark, 17.5.1988, TNA, PREM 19/2631.

50 Geoffrey Howe, Rede vor konservativen Parteimitgliedern in Perth, 13.5.1988, TNA, FCO 30/7241.

51 Zum Beispiel Geoffrey Howe an Margaret Thatcher, 18.9.1981, TNA, PREM 19/743; Robert L. Turner an Stephen Wall, 16.3.1988, TNA, FCO 30/7241.

Margaret's reaction" verständlich.[52] Auf Howes telefonische Bitte um ein gemeinsames klärendes Gespräch mit Lawson machte Thatcher unmissverständlich klar, dass sie die Zuständigkeit für den Wechselkurs nicht beim Foreign Office sah: „The best thing the Foreign Secretary could do would be to keep quiet. The present difficulties were occurring because people were saying too much."[53] Öffentliche Äußerungen zur EWS-Frage waren deswegen so problematisch, weil jede Meldung über den Wechselkurs Währungsspekulationen auslösen und damit unmittelbare Auswirkungen auf den Kurs haben konnte. Der bestehende Aufwertungsdruck auf das Pfund verstärkte zugleich das mediale Interesse an den Differenzen im Kabinett, weil genau beobachtet wurde, inwiefern die Regierung den Pfundanstieg duldete oder bekämpfte.

Am 17. Mai stimmte Thatcher Lawsons Vorschlag für eine Zinssenkung auf 7,5 Prozent zu – den niedrigsten Satz in ihrer gesamten Regierungszeit. Damit sollte der Pfundkurs, der inzwischen 3,187 DM erreicht hatte, gesenkt werden – nach Thatchers rückblickender Aussage der „Preis für ein erträgliches Arbeitsverhältnis" mit dem Schatzkanzler.[54] Der Schritt war nach Konsultationen hochrangiger Vertreter aus Schatzamt und Bank of England vorgeschlagen worden. Trotz Bedenken über das niedrige Zinsniveau war dies, wie Thatchers Private Secretary Paul Gray festhielt, die einzige Alternative zur Untätigkeit. Ein Statement über den Wunsch nach Wechselkursstabilität im Unterhaus sollte zusätzlich stabilisierend wirken.[55] Am folgenden Tag betonte Thatcher dort auf eine Frage von Oppositionsführer Neil Kinnock, die Wechselkurspolitik sei „part of overall economic policy", in deren Rahmen Zinssenkungen schon lange bewusst zur Wechselkursstabilisierung eingesetzt würden.[56] Im Schatzamt wurde angenommen, der hohe Wechselkurs gleiche die Effekte eines niedrigen Zinsniveaus aus. Als sich der Pfundkurs Anfang Juni abschwächte, wurden mehrere Zinserhöhungen notwendig, sodass die Zinsen am Monatsende bei 9,0 Prozent standen. Hier arbeiteten Lawson und Thatcher zusammen, um durch höhere Zinsen die Inflation zu bekämpfen.[57]

Die Perspektive einer Währungsunion wurde dabei noch nicht als drängend wahrgenommen. So betonte Nigel Lawson vor der Conservative Women's Conference am 24. Mai 1988, allenfalls in ferner Zukunft sei mit konkreten Schritten zu rechnen. Überhaupt sei es kaum lohnend, visionäre Entwicklungen zu verfolgen,

---

52 Howe, Conflict, S. 575.

53 Charles Powell, Protokoll eines Telefonats zwischen Margaret Thatcher und Geoffrey Howe, 16.5.1988, TNA, PREM 19/2675.

54 Thatcher, Downing Street, S. 972.

55 Paul Gray an Margaret Thatcher, 16.5.1988, TNA, PREM 19/2099.

56 Margaret Thatcher, Prime Minister's Questions, 17.5.1988, MTF, https://www.margaretthatcher.org/document/107243 (30.9.2025).

57 Nigel Wicks an Margaret Thatcher, 1.6.1988, TNA, PREM 19/2086; Thompson, Conservative, S. 118 f.

deren Urheber nicht einmal selbst wüssten, was genau sie meinten.[58] Auch das Foreign Office bemühte sich weiterhin, den eigenen EWS-Standpunkt mit Blick auf die Geldpolitik zu legitimieren. Ein internes Briefing für das Treffen von Permanent Under-Secretary Patrick Wright mit dem *Financial Times*-Journalisten Geoffrey Owen hielt fest: „his [Geoffrey Howe's, JC] belief that we should join the exchange rate mechanism (ERM) of the EMS is, like the Chancellor's, based upon a view of what is in the economic interests of the UK [...]. It is not, as some would claim, peddling a (non-existent) Foreign Office view that we should be nice to Foreigners." Inflationsbekämpfung, eine konsistente Geldpolitik und EWS-Unterstützungsmechanismen seien ausschlaggebend. Doch zumindest in einem nachgeschobenen Punkt wurde die Bedeutung des Delors-Ausschusses dargelegt: „our reluctance to join the ERM may increasingly inhibit our ability to influence the development of economic and monetary integration in Europe, to our likely economic disadvantage."[59] Dies deutete den Übergang von einer technokratisch begründeten Wechselkursdebatte zu einer politisch aufgeladenen Frage der europäischen Einflussnahme voraus.

Eine ähnliche Beobachtung machte John Arrowsmith aus der Internationalen Abteilung der Bank of England. Denn auf EG-Ebene – im ECOFIN, im Währungsausschuss und unter den Zentralbankpräsidenten – wurde die Entwicklung der Währungsintegration weiterhin intensiv diskutiert. Geoffrey Littler aus dem Schatzamt argumentierte in seiner Funktion als Vorsitzender des Währungsausschusses zwar, vor weiteren Neuerungen müssten zunächst die Auswirkungen der EWS-Reformen von Basel und Nyborg abgewartet werden. Doch auch er konnte die Frage nach der langfristigen Entwicklung und damit nach der Schaffung einer Europäischen Zentralbank nicht umgehen. In den EG-Währungsgremien war eine Auseinandersetzung mit dieser Perspektive schon deswegen notwendig, um das Feld nicht den Außenministern zu überlassen und die Behandlung der Frage im eigenen Ressort zu behalten. Arrowsmith stellte dazu fest:

> It is clearly in our interest, as EMS member, putative ERM participant and subscriber to our goal of EMU that we participate actively in discussion of the future development of the system. Our locus for influencing the debate, however, is weak as long as sterling remains outside the ERM; and our starting position is negative in so far as we consider institutional change to be realistic only in the long-term context of full EMU and further steps to improve the working of the ERM to be premature so soon after Basle/Nyborg.[60]

58 Schatzamt, Pressemitteilung über Nigel Lawsons Rede bei der Conservative Women's Conference am 24.5.1988, erstellt am 2.6.1988, TNA, PREM 19/2086.

59 Simon Broadbent an Patrick Wright, 18.5.1988, TNA, FCO 30/7241.

60 John Arrowsmith, Briefing für die informelle ECOFIN-Sitzung 13.–15.5.1988, erstellt am 13.5.1988, BoE 8A249/1.

So zeichnete sich zunehmend ab, dass das Beharren auf größtmöglicher formaler Unabhängigkeit zwar kurzfristig Entscheidungsfreiheit wahrte, durch den Verlust an Mitsprache jedoch langfristig zu einer stärkeren Einschränkung funktionaler Handlungsfähigkeit führen konnte. Um ein Zurückfallen in den zweiten Rang einer abgestuften europäischen Integration zu vermeiden, musste sich die britische Regierung trotz des eigenen Widerwillens in die anstehenden Verhandlungen so konstruktiv wie möglich einbringen.

Einberufung des Delors-Ausschusses beim Europäischen Rat in Hannover, Juni 1988

Eine grundsätzliche Weichenstellung brachte der Europäische Rat in Hannover am 27. und 28. Juni 1988. Dort wurde ein „Ausschuss zur Prüfung der Wirtschafts- und Währungsunion" eingesetzt, der innerhalb von zwölf Monaten die konkreten Etappen zur Verwirklichung einer Wirtschafts- und Währungsunion erörtern sollte. Rückblickend kritisierte Nigel Lawson, Thatcher habe sich fast ausschließlich von ihrem außenpolitischen Private Secretary Charles Powell beraten lassen und daher den Fehler gemacht, einer für Großbritannien ungünstigen Zusammensetzung des Ausschusses zuzustimmen.[61] Neben den EG- Zentralbankpräsidenten, auf deren Einbeziehung als potenziell konservative Praktiker die britische Seite selbst gedrängt hatte, gehörten auch externe Experten an. Vor allem aber führte Kommissionspräsident Jacques Delors den Vorsitz und konnte so die Beratungen maßgeblich prägen.[62] Tatsächlich hatte es im Schatzamt Zweifel gegeben, ob Margaret Thatcher Lawsons abschließendes Briefing zur Währungsunion überhaupt gelesen hatte.[63] Sowohl in 10 Downing Street als auch im Schatzamt war jedoch angenommen worden, man könne von weiterreichenden Vorschlägen für eine Währungsunion durch den Hinweis auf notwendige EWS-Reformen ablenken, sodass – wie bisher – allenfalls Absichtserklärungen für die ferne Zukunft entstehen würden. Im Mai hatte Lawsons Private Secretary Alex Allan in seinem Vermerk für ein Gespräch mit der Premierministerin zur Europäischen Zentralbank festgehalten: „Main aim is to bat that off into the long grass, but *not* to a group of ‚wise men'".[64]

Die Vorbereitungsdokumente für den Europäischen Rat in Hannover aus Foreign Office und Schatzamt gingen davon aus, die internen Differenzen in der Bun-

---

61 Lawson, View from No. 11, S. 902 f.

62 Thompson, Conservative Party, S. 120–122.

63 Auf dem Protokoll von Thatchers abschließendem Koordinierungsgespräch mit dem UK Permanent Representative in Brüssel, David Hannay, notierte Nigel Lawsons Private Secretary Alex Allan: „This clearly shows that the PM *did* see your minute (even if she has differed from your wording!)". Hervorhebung im Original. Charles Powell, Protokoll eines Gesprächs zwischen Margaret Thatcher und David Hannay, 24.6.1988, TNA, T 640/641.

64 Alex Allan an Nigel Lawson, 10.5.1988, TNA, T 640/58.

desrepublik könnten genutzt werden, um ein unerwünscht rasches Vorgehen in Richtung Währungsunion zu verhindern. Aus britischer Sicht waren dabei zwei Punkte entscheidend: Erstens sollte kein unabhängiger Sachverständigenrat eingesetzt werden, wie ihn Genscher gefordert hatte. Stattdessen sollte die Diskussion in den etablierten, institutionell vorsichtigeren EG-Fachgremien, also dem Ausschuss der Zentralbankpräsidenten oder dem Währungsausschuss, verbleiben. Zweitens sollte das Mandat der Studiengruppe die Debatte nicht vorab auf eine Europäische Zentralbank und Währungsunion festlegen.[65] Ursprünglich hatten Kohl und Delors bei einem bilateralen Gespräch in Oggersheim am 11. Juni 1988 die Einberufung zweier parallel tagender Gremien erwogen: einerseits der Zentralbankpräsidenten, andererseits eines siebenköpfigen Expertengremiums unter dem Vorsitz von Bundesbankpräsident Pöhl, dem auch Delors selbst angehören sollte.[66] Bald zeigte sich jedoch, dass die Einsetzung eines Expertenrats sowohl in der Bundesrepublik, wo Bundesfinanzminister Gerhard Stoltenberg und die Bundesbank die währungspolitischen EG-Gremien bevorzugten, als auch bei anderen Mitgliedstaaten auf Bedenken stieß. Daher äußerte Howe in seinem Vorbereitungsmemorandum vom 17. Juni 1988 die Erwartung, Kohl und Mitterrand würden die Einberufung einer Gruppe von Zentralbankpräsidenten vorschlagen. Als beste Taktik empfahl er, die Diskussion durch Forderungen nach kurzfristig umsetzbaren, technischen Maßnahmen zur Stärkung der Währungskooperation abzulenken: etwa durch die Ausweitung der ECU-Nutzung für Devisenmarktinterventionen und der gegenseitigen Bestände von Gemeinschaftswährungen in den Währungsreserven. Zwar lasse sich eine Erörterung der langfristigen Währungsintegration kaum verhindern, doch müsse dafür ein möglichst breites, unkonkretes Mandat festgelegt werden – eines, das nicht die Eigenschaften einer künftigen Zentralbank, sondern die Grundsatzfrage umfasse, ob eine solche Institution überhaupt geschaffen werden solle. Dieses Vorgehen orientierte sich an Stoltenbergs Linie. Zudem müsse der Bericht dem ECOFIN zur Entscheidung vorgelegt werden.[67]

Am Rande des G7-Gipfels in Toronto vom 19. bis 21. Juni 1988 erörterte Bundeskanzler Helmut Kohl mit britischen, italienischen und französischen Vertretern das Vorgehen für die geplante Studiengruppe. Margaret Thatcher machte dabei ihre Einwände nicht nur gegen einen Sachverständigenrat, sondern gegen das gesamte Prinzip einer Währungsunion deutlich. Vor ihrem Treffen mit Kohl sprach sie sogar Bundesfinanzminister Gerhard Stoltenberg im Flur an und wandte sich

65 Schatzamt, Briefing zur Vorbereitung des Europäischen Rates in Hannover mit handschriftlichen Anmerkungen von Nigel Lawson, Juni 1988, TNA, T 640/641.

66 Joachim Bitterlich, Vermerk zur Vorbereitung des Europäischen Rats in Hannover. Treffen des Herrn Bundeskanzlers mit EGK-Präsidenten Delors am 11. Juni 1988 in Oggersheim, 11.6.1988, BArch, B 136/30903.

67 Geoffrey Howe an Margaret Thatcher, Briefing zu den Themen des Europäischen Rates in Hannover, 17.6.1988, TNA, T 640/641.

gegen einen Rat der Weisen. Dem Bundeskanzler sagte sie darüber hinaus, das Mandat müsse strikt begrenzt bleiben: „It was no good building castles in the air about a European Central Bank. There would not be such a Central Bank until there was a single government, a single economic policy and a single currency in Europe and that would never happen."[68]

Nach dem G7-Treffen hielt Geoffrey Howe fest, dass die Einberufung einer Gruppe aus Zentralbankpräsidenten wahrscheinlich sei. Unter diesen Bedingungen empfahl er, die deutschen Vorschläge für das Mandat anzunehmen, die ihm informell mitgeteilt worden waren: die Erörterung der Prinzipien für eine stärkere Währungskooperation unter besonderer Berücksichtigung dreier Aspekte – erstens der wirtschaftlichen, finanziellen und geldpolitischen Schritte zu diesem Ziel; zweitens konkreter EWS-Stärkungsmaßnahmen; und drittens der Eigenschaften einer Europäischen Zentralbank unter Maßgabe der Geldwertstabilität.[69] Auch Nigel Lawson hielt es für kaum möglich, Kohls Vorschläge für eine Studie zur Europäischen Zentralbank vollständig abzuweisen. Anders als Howe empfahl er in seinem Briefing jedoch, den Mandatsumfang deutlich zu begrenzen: Die Untersuchung der Prinzipien für eine stärkere Währungskooperation sollte sich als „first priority" auf die praktische EWS-Stärkung konzentrieren. Erst danach könnten langfristige Entwicklungen erörtert werden – unter anderem die Frage, ob eine Europäische Zentralbank angesichts der fortbestehenden nationalen Zentralbankverantwortlichkeiten überhaupt eine Rolle spielen könnte und, falls ja, wie sie gestaltet sein sollte. Auch aus seiner Sicht mussten die Verhandlungen in etablierten Gremien – dem Ausschuss der Zentralbankpräsidenten oder dem Währungsausschuss – unter Genehmigungsvorbehalt des ECOFIN geführt werden.[70] Die Erweiterung des Mandatsvorschlags um den Verweis auf die nationalen Zentralbanken beruhte auf der Annahme, dass eine Europäische Zentralbank ohnehin erst dann wirkliche Funktionen übernehmen könnte, wenn die Mitgliedstaaten zugunsten einer gemeinsamen Regierung und Wirtschaftspolitik auf nationale Zuständigkeiten verzichteten.[71]

Margaret Thatcher hatte diese Haltung bereits in Toronto im Gespräch mit Helmut Kohl deutlich gemacht und ihre Ablehnung einer Europäischen Zentralbank, wie die deutsche Botschaft berichtete, polemisch im Unterhaus wiederholt: „We can have a European central bank only when there is a united states of Europe under one sovereign Government, not under 12, and when all the countries have the same economic policy [...it] would come about only with the dissolution

68 Charles Powell an Anthony Galsworthy, Protokoll eines Gesprächs zwischen Margaret Thatcher und Helmut Kohl, 19.6.1988, TNA, PREM 19/2633.

69 Geoffrey Howe an Margaret Thatcher, Hanover European Council, 23.6.1988, TNA, T 640/641.

70 Nigel Lawson (unterzeichnet in Abwesenheit von Alex Allan) an Margaret Thatcher, 23.6.1988, TNA, T 640/641.

71 M. Parkinson an Alex Allan und Nigel Lawson, 14.6.1988, TNA, T 640/1128.

of this House, among others.“ [72] Auch am folgenden Tag zeigte sie sich im Koordinierungsgespräch mit dem Permanent Representative in Brüssel, David Hannay, noch restriktiver als Außenminister und Schatzkanzler. Sie lehnte jeglichen Verweis auf eine Europäische Zentralbank im Studienauftrag als „first step on a slippery slope“ in Richtung Währungsunion ab: „it was unacceptable to make particular mention of a European Central Bank, since that would imply that the idea had some special status amongst the various longer term issues which would be covered by the study.“ Lediglich auf praktische Schritte zur EWS-Stärkung und mögliche langfristige währungspolitische Entwicklungen solle im Mandat der Studiengruppe Bezug genommen werden.[73] Diese Linie übermittelte ihr außenpolitischer Private Secretary Charles Powell telefonisch an Peter Hartmann aus dem Bundeskanzleramt. Thatcher, hielt Hartmann in seinem Gesprächsprotokoll fest, werde der Einsetzung eines Gremiums aus Notenbankgouverneuren zustimmen, aber „[u]nter keinen Umständen“ einem Expertenrat. Die Begriffe „Europäische Zentralbank“ und „europäische Währung“ dürften im Mandat nicht erwähnt werden, sonst „werde es eine harte Auseinandersetzung geben“. Das Gremium, habe ihm Powell jedoch bedeutet, könne diese Begriffe in seinen Beratungen durchaus verwenden.[74] Auch John Kerr aus dem Foreign Office setzte Jürgen Trumpf aus der Wirtschaftsabteilung im Auswärtigen Amt über diese Haltung in Kenntnis.[75]

Beim Europäischen Rat in Hannover sah sich Margaret Thatcher allerdings in der Defensive. Die Frage der Währungsintegration kam beim Abendessen zur Sprache. Der deutsche Vermerk zur Bewertung des Europäischen Rats hielt im Anschluss fest, dass die „politisch wichtigste Aussprache“ zum Thema Währungsunion „ohne kontroverse Diskussion zu Substanzfragen“ recht schnell Einigung über das weitere Verfahren erzielen konnte.[76] Nach einleitenden Fragen von Kommissionspräsident Jacques Delors nach einer Gemeinschaftswährung und deren Verwaltung schlug Bundeskanzler Helmut Kohl die Einberufung eines Ausschusses der Zentralbankpräsidenten unter Vorsitz von Delors und unter Beteiligung einzelner Experten vor. Eine Mehrheit der Anwesenden wollte die Schaffung einer Europäischen Zentralbank in den Fokus rücken. Der dänische Ministerpräsident Poul Schlüter sprach sich dagegen aus, unterstützt von Margaret

72 Telegramm der deutschen Botschaft in London an das Auswärtige Amt, 24.6.1988, PA AA, B 224-ZA/168730; Hansard HC Deb. Vol. 135, Col. 1267, 23.6.1988, https://hansard.parliament.uk/commons/1988-06-23/debates/82a73ae7-3243-448e-b3e0-7decf4fa7a1d/Engagements#1267 (30.9.2025).

73 Charles Powell an Lynn Parker, Protokoll eines Treffens von Margaret Thatcher mit David Hannay und Roger Lavelle, 24.6.1988, TNA, T 640/641.

74 Peter Hartmann, Vermerk zum Mandat zur währungspolitischen Zusammenarbeit, 24.6.1988, BArch, B 136/30904.

75 Jürgen Trumpf, Unterrichtung über StS an BM. Währungsfragen auf dem Europäischen Rat in Hannover, 24.6.1988, PA AA, B 224-ZA/168730.

76 Gunter Pleuger, Drahterlass zum Europäischen Rat in Hannover am 27./28. Juni 1988, 29.6.1988, BArch, B 136/30906.

Thatcher, die eine Konzentration auf die Stärkung der bestehenden Währungskooperation forderte. Letztlich wurde vereinbart, einen Ausschuss der Zentralbankpräsidenten unter Vorsitz von Delors einzuberufen und das Mandat auf die Präambel der Einheitlichen Europäischen Akte zu stützen, die eine „schrittweise Verwirklichung der Wirtschafts- und Währungsunion" vorsah.[77] Nach weiteren Beratungen wurden als externe Experten BIZ-Generaldirektor Alexandre Lamfalussy, der dänische Wirtschaftsprofessor Niels Thygesen und der ehemalige spanische Wirtschaftsminister Miguel Boyer benannt; zudem nahm Kommissionsvizepräsident Frans Andriessen als Vertreter der EG-Kommission teil.[78]

Ihre Prioritäten – die Vermeidung eines unabhängigen Expertenausschusses und einer expliziten Bezugnahme auf eine EG-Zentralbank oder eine gemeinsame Währung – hatte Thatcher zwar erreicht. Doch die Ernennung von Jacques Delors als Vorsitzendem des Ausschusses bedeutete eine entscheidende Weichenstellung. Kohl hatte persönlich auf seine Ernennung gedrängt, auch weil ihr gemeinsamer Hintergrund im sozialen Katholizismus eine Grundlage für gegenseitiges Vertrauen bot.[79] Nigel Lawson beschrieb diese Entscheidung später als Katastrophe.[80] Thatcher hingegen zeigte sich zuversichtlicher, da sie darauf vertraute, dass Bundesbankpräsident Karl Otto Pöhl in den Beratungen eine Währungsunion bremsen würde.[81]

Ob Großbritannien die Beteiligung der Kommission nach den vorherigen Absprachen hätte verhindern können, ist fraglich – zumal der Handlungsspielraum bei währungspolitischen Verhandlungen durch den Status als WKM-Außenseiter begrenzt war. Im deutschen Außenministerium hatte es Anfang Mai Überlegungen gegeben, bei Einberufung einer kleineren Fünfer-Expertengruppe sollten nur „wichtige Kernländer im Wechselkursmechanismus" einbezogen werden; Großbritannien solle allenfalls „in einer größeren Gruppe (hier kommt es sehr auf die Person des Mitglieds an) vertreten sein". Zwar ist es unwahrscheinlich, dass die britische Regierung im Ernstfall eine Teilnahme nicht hätte durchsetzen können – zumal das entsprechende Memorandum betonte, man solle sich Mitspracheforderungen anderer EG-Länder nicht prinzipiell verweigern.[82] Doch der Vorstoß illustriert die argumentativen Schwierigkeiten, denen Großbritannien in dieser Frage begegnete. Den Verweis auf eine Wirtschafts- und Währungsunion im Mandat hatte Thatcher ebenfalls nicht verhindern können. Dieses Ziel war jedoch bereits

77 Geoffrey Howe, Notiz über den Europäischen Rat in Hannover am 27./28.6.1988, o. D., BOD, MS. Howe dep. 159.

78 List of Participants and Seating Plans of the Meeting of 13 September 1988, 13.9.1988, ECB, DelC 1.1.

79 James, Making the European Monetary Union, S. 234.

80 Lawson, View from No. 11, S. 902 f.

81 James, Making the European Monetary Union, S. 234.

82 Valentin Gescher, Vermerk zur Weiterentwicklung des EWS, über StS an BM, 6.5.1988, PA AA, B 224-ZA/168786.

in der Einheitlichen Europäischen Akte festgeschrieben und ließ sich in ihrer Lesart mit einer pragmatischen Interpretation verbinden: Eine Währungsunion setzte ihrer Ansicht nach weder eine Einheitswährung noch eine gemeinsame Zentralbank voraus. Das Mandat ermöglichte nach dieser Deutung zunächst die Diskussion unmittelbarer praktischer Schritte zur Währungskooperation.[83]

Thatchers Annahme, Pöhl werde den Fortschritt zu einer Wirtschafts- und Währungsunion bremsen, war allerdings zu optimistisch. Die Bundesbank hatte ihre grundsätzliche Zustimmung zum Prinzip einer Währungsunion erklärt – wenn auch erst für eine ferne Zukunft. Zudem bestanden wesentliche Unterschiede zwischen der britischen und der deutschen Position. Während Thatcher hoffte, Pöhl werde weiterreichenden Visionen einer Einheitswährung entgegentreten und stattdessen die von ihr bevorzugten praktischen Schritte forcieren, lehnte die Bundesbank gerade diese konkreten EWS-Vorschläge ab. Kohls Briefing für Themen und Ablauf des Europäischen Rats in Hannover hielt diese Differenzen deutlich fest:

> Die bisherige pragmatische Weiterentwicklung des EWS ist nach deutscher Ansicht an ihre Grenzen gestoßen. Die von F, GB geforderte Übernahme von EG-Währungen in die Währungsreserven würde unsere Stabilität aufweichen, ohne integrationspolitische Fortschritte zu bringen. Sie wird von der dafür allein zuständigen Bundesbank daher mit Entschiedenheit abgelehnt.[84]

Eine Asymmetrie, wie sie Großbritannien korrigiert sehen wollte, bestehe „nach deutscher Ansicht nicht"; vor allem aber würde eine „von GB usw. gewünschte stärkere Verpflichtung der Starkwährungsländer [...] den gewollten Zwang zur wirtschaftspolitischen Anpassung und damit zur Stabilität" verringern.[85]

Im Ministergespräch zur Vorbereitung des Europäischen Rats in Hannover am 26. Mai 1988 hatte Pöhl zwar betont, dass eine Europäische Zentralbank für den gemeinsamen Markt nicht unbedingt erforderlich sei. Vorrangig seien volle Konvertibilität, Liberalisierung des Kapitalverkehrs, relativ stabile Wechselkurse sowie ein Ausbau des EWS. Dieser Ausbau bestand für ihn jedoch vor allem in der Teilnahme Großbritanniens und Spaniens am WKM, dem beide trotz ihrer EWS-Mitgliedschaft bislang nicht angehörten – gerade diese Frage wollte Großbritannien jedoch vermeiden. Zudem führte Pöhl aus, bei einer Ausweitung der WKM-Interventionsverpflichtungen seien die Beschlüsse von Basel und Nyborg „bis an

83 Margaret Thatcher, Pressekonferenz nach der Sitzung des Europäischen Rats in Hannover am 27./28. Juni 1988, 28.6.1988, MTF, https://www.margaretthatcher.org/document/107277 (30.9.2025).

84 Hervorhebung im Original. Bundeskanzleramt, Überblick über Ablauf und Themen des Europäischen Rats, o. D. (Juni 1988), BArch, B 136/30904.

85 Ebd.

die Grenzen des Möglichen gegangen".[86] Damit war von Beginn an unwahrscheinlich, dass Pöhl das von britischer Seite angebotene Alternativprogramm zur Entwicklung einer Währungsunion aufgreifen würde. Die doppelbödige Strategie, sich taktisch an französische EWS-Vorschläge anzulehnen, um vom langfristigen Ziel der Währungsunion abzulenken, zugleich aber auf deutsche Unterstützung bei deren Ablehnung zu setzen, obwohl die Bundesbank die britischen EWS-Initiativen selbst zurückwies, konnte nicht aufgehen.

Die wiederholten britischen Verweise auf eine pragmatische EWS-Weiterentwicklung brachten zwangsläufig die Frage nach der britischen Vollmitgliedschaft im System auf die Agenda. Denn, wie Pöhl betonte, war die naheliegendste Maßnahme zur Stärkung des EWS, wenn alle Mitglieder durch die WKM-Mitgliedschaft ihr Vertrauen in das System bewiesen. Bundesfinanzminister Gerhard Stoltenberg hatte am 28. März 1988 in einem *Financial Times*-Interview ungewöhnlich nachdrücklich den britischen WKM-Beitritt gefordert und ihn als Vorbedingung für weitere Reformen des EWS bezeichnet.[87] Auch Außenminister Hans-Dietrich Genscher plädierte in seinem Gespräch mit Geoffrey Howe am 15. Juli 1988 für einen britischen Beitritt. „Für die Fortentwicklung des EWS wäre der Beitritt GB's zum Wechselkursmechanismus von großer Bedeutung", hielt ein internes Briefing der Wirtschaftsabteilung des Auswärtigen Amts fest.[88] Die potenziellen Schwierigkeiten einer Pfundmitgliedschaft wurden dabei durchaus erkannt und beim deutschen Ministertreffen vor Hannover von Pöhl freimütig dargelegt. Das Protokoll vermerkte:

> Was den Beitritt Großbritanniens angehe, bestehe einerseits die Gefahr, daß damit erhebliche Interventionsverpflichtungen mit zusätzlichem Druck auf die deutsche Geldpolitik entstünden; andererseits erhalte das EWS nur bei Teilnahme der britischen und spanischen Währung ein dem Dollar-Raum vergleichbares Gewicht. Außerdem sei Großbritannien in der Ordnungspolitik ein potenzieller Verbündeter.[89]

So stand fest, dass jede Debatte über den Ausbau des EWS kaum ohne Verweis auf den Status des Pfunds auskommen würde. Die britische Regierung versuchte, das Fernbleiben als Argument gegen eine weiterreichende Währungsintegration umzumünzen: Kurz vor dem Europäischen Rat in Hannover hatte Außenminister Howe im Gespräch mit Bundespräsident Richard von Weizsäcker gewarnt, öffent-

---

86 Vermerk, Vorbereitung des Europäischen Rats am 27./28. Juni 1988 in Hannover, Ministergespräch, 26.5.1988, BArch, B 136/30903.

87 David Marsh, Stoltenberg Urges Thatcher to Accept Full EMS Membership, The Financial Times, 28.3.1988.

88 Sachstand Follow-Up ER Hannover. Europäisches Währungssystem / Großbritannien, 14.7.1988, PA AA, B 224-ZA/168787; Gesprächsführungsvorschlag, Gespräch mit dem britischen Außenminister Howe, 15.7.1988, PA AA, B 224-ZA/168787.

89 Vermerk, Vorbereitung des Europäischen Rats am 27./28. Juni 1988 in Hannover. Ministergespräch am 26. Mai 1988, 26.5.1988, BArch, B 136/30903.

liche Diskussionen über die Währungsunion würden den britischen WKM-Beitritt erschweren, da diesem dadurch ein unerwünschtes politisches Gewicht verliehen werde.[90]

Die konkreten Verhandlungen über die Wirtschafts- und Währungsunion veränderten auch die innenpolitischen Argumente für einen WKM-Beitritt. Zuvor war nicht einmal das Foreign Office ernsthaft davon ausgegangen, über eine allgemeine Verbesserung der Verhandlungsposition hinaus konkrete Gegenleistungen von den EG-Partnern aushandeln zu können. Nun aber erhöhten sich die politischen Kosten der WKM-Nichtmitgliedschaft. Sie war, schrieb Anthony Loehnis an den Governor, ein „major problem“ für die britische Verhandlungsposition.[91] Ob Kapitalverkehrsliberalisierung, wirtschaftliche Konvergenz oder Ausbau der ECU-Verwendung – alle diese britischen Forderungen warfen letztlich die Gegenfrage nach der WKM-Teilnahme auf. Für die EG-Partner war die britische Teilnahme zwar ein wichtiges Anliegen, diente zugleich aber oft als Vorwand, die EWS-Entwicklung auf die Zeit nach dem britischen Beitritt zu vertagen.

Erweiterter Handlungsspielraum der Bank of England: Die Verhandlungen im Delors-Ausschuss 1988/1989

Neben Delors' Vorsitz prägte auch die Berufung der Notenbankpräsidenten *ad personam* – also frei von Regierungsweisungen – die Verhandlungen maßgeblich. So konnten sie, befreit vom institutionellen Zwang ihres Amts, als Währungsexperten agieren. Ihre Institute unterstanden – mit Ausnahme der Bundesbank und der dänischen Nationalbank – politischen Weisungen. Governor Robin Leigh-Pemberton legte auf seine Unabhängigkeit in dem Ausschuss großen Wert. Nicht das Schatzamt, sondern eine Expertengruppe der Bank of England um John Arrowsmith und Lionel Price aus der Internationalen Abteilung erarbeitete die inhaltlichen Positionen.[92] „I am ready for their assistance, but not instructions!“, notierte Leigh-Pemberton Mitte Juli 1988 zum Umgang mit der Regierung.[93] Ende 1988 warnte Thatchers Private Secretary für Wirtschaftsfragen, Paul Gray, die Premierministerin vor zu offensichtlicher Einflussnahme: „The Governor is sensitive to the fact that he is on the Delors Group in a *personal* capacity“.[94]

90 Botschaft London an Auswärtiges Amt, Bericht über ein Gespräch zwischen Richard von Weizsäcker und Geoffrey Howe, 24.6.1988, PA AA, B 224-ZA/168787.

91 Anthony Loehnis an Robin Leigh-Pemberton, 19.8.1988, BoE 8A249/2.

92 James, Making a Modern Central Bank, S. 258; Beratend agierten unter anderem auch Kit McMahon, Eddie George, John Flemming, Michael Foot und John Arrowsmith. Vgl. auch die Unterlagen in BoE 8A249/2.

93 Margaret O'Mara an Anthony Loehnis, 18.7.1989, mit handschriftlichen Notizen von Robin Leigh-Pemberton, BoE 8A249/2.

94 Hervorhebung im Original. Paul Gray an Margaret Thatcher, 14.2.1989, TNA, PREM 19/2675; Thatcher, Downing Street, S. 708.

Die Ausgangslage stellte den Governor vor ein Dilemma: Im Ausschuss agierte er zwar als unabhängiger Experte, doch verlangten Schatzkanzler und Premierministerin, denen er innenpolitisch unterstand, Ergebnisse, die sich gegen die übrigen Mitglieder des Gremiums kaum durchsetzen ließen. Dieses Spannungsverhältnis wurde durch unterschiedliche strategische Grundannahmen verschärft. Thatcher glaubte – bestärkt durch den von ihr geschätzten Bundesbankpräsidenten Karl Otto Pöhl[95] –, die meisten EG-Regierungen seien letztlich nicht bereit, zugunsten einer Währungsunion auf Souveränität zu verzichten. Auch später zitierte sie ihn – zum Missfallen deutscher Diplomaten – wiederholt als Kronzeugen für ihre souveränitätspolitischen Bedenken.[96] Aus ihrer Sicht sollte Leigh-Pemberton technische Detaildebatten mit dem Verweis auf ungeklärte Grundsatzfragen abwehren und den drohenden Souveränitätsverlust möglichst deutlich herausstellen.[97] Das sollte die anderen Länder von weitreichenden Plänen für eine gemeinsame Währung abschrecken.

Grundlegend anders beurteilte Anthony Loehnis in der Bank of England die Lage: „During the Committee's work, the seriousness of the UK's commitment to Europe will be on trial, and an inability to say anything of encouragement on our adherence to the ERM will be taken by many as pretty damning evidence.“ Für ihn bot eine möglichst unpolitische, sachorientierte Diskussion die einzige Chance auf reale Mitsprache. Hier könne die Bank mit ihrem Renommee und ihrer technischen Expertise Einfluss gewinnen – trotz der WKM-Nichtteilnahme. Die von Thatcher geforderte Grundsatzdebatte über Souveränität hielt er für wenig aussichtsreich und ihre Erwartung, gemeinsam mit Pöhl ein „Grand Design“ zur Währungsunion blockieren zu können, für unrealistisch. Schließlich habe Großbritannien selbst entsprechende EG-Erklärungen unterzeichnet, zuletzt in der Einheitlichen Europäischen Akte. „The Treasury's views – indeed those of Whitehall in general [...] – are over-influenced, I think, by fear of the Prime Minister's dislike of talks of a common currency, a European Central Bank or (horror of horrors) a United States of Europe.“ Ein konstruktiver Ansatz sei daher nicht nur die einzige realistische Option auf Mitsprache, sondern auch im Hinblick auf die Zentralbankkooperation geboten: „*sub specie aeternitatis*, central bank solidarity may be worth preserving.“[98]

Die Beratungen im Delors-Ausschuss, die ab September 1988 in acht Sitzungen stattfanden, verliefen deutlich informeller und sachlicher, als die politischen Ge-

---

95 Christopher Mallaby an FCO, 7.5.1988, TNA, PREM 19/2675.

96 Wagner, Telegramm an Auswärtiges Amt, Bericht über die Unterhausdebatte im Anschluss an die Sitzung des Europäischen Rats in Madrid, 30.6.1989, BArch, B 136/35343.

97 Charles Powell an Alex Allan, 14.12.1988, TNA, PREM 19/2675; Charles Powell, Protokoll eines Treffens von Margaret Thatcher, Nigel Lawson, Geoffrey Howe und Robin Leigh-Pemberton, 14.12.1988, BoE 8A249/3.

98 Hervorhebung im Original. Anthony Loehnis an Robin Leigh-Pemberton, 19.8.1988, BoE 8A249/2.

gensätze der Mitgliedstaaten hätten vermuten lassen. Dazu trug das gewachsene Gemeinschaftsgefühl der Zentralbankpräsidenten bei, gestärkt durch ihre regelmäßigen Treffen seit den 1970er-Jahren.[99] Diese positiven Kooperationserfahrungen erhöhten Leigh-Pembertons Bereitschaft, durch eine konstruktive Haltung langfristig die Zusammenarbeit im EWS zu sichern. In den Diskussionen arbeitete er aktiv mit und setzte so einen Gegenakzent zu Thatchers zunehmender Isolierung in währungspolitischen Fragen. Er übernahm damit in einem Kernbereich der Währungspolitik eine Rolle, die sonst dem Schatzamt vorbehalten war.

Dort hatte sich bereits im Juni 1988 unter Geoffrey Littlers Leitung eine ministeriumsübergreifende Arbeitsgruppe zur Evaluierung der Wirtschafts- und Währungsunion gebildet – vor allem, um einer erwarteten Initiative des Foreign Office zuvorzukommen. Ihr gehörten Anthony Loehnis (Bank of England), Roger Lavelle (Cabinet Office), John Kerr (Foreign Office) und David Hannay (UKREP) an.[100] Sie erhielt regelmäßige Briefings über die Arbeit des Delors-Ausschusses, allerdings unter der strikten Maßgabe, die Unterlagen vertraulich zu behandeln und keine Weisungen zu erteilen. Die Arbeitsgruppe in der Bank verstand sich als realistischer Gegenpol zu überzogenen Erwartungen im Schatzamt und im Prime Minister's Office. Im Juli warnte Loehnis: „I do not for one moment believe that Delors and his Commission merry men will be distracted from seeking to create a ‚Delors-Plan' […] it seems most unwise to give them additional scope to meddle in the day-to-day operation of the ERM".[101]

Erst im Oktober 1988 schaltete sich die Premierministerin stärker in die Diskussionen ein, nachdem Powell gewarnt hatte, durch die bisherige Passivität riskiere man, dass Großbritanniens ohnehin schwierige Position als EWS-Außenseiter weiter an Einfluss verliere. Ein direkter Nexus zwischen EWS und Währungsunion sollte in der internen Debatte dennoch vermieden werden. Vor einem geplanten Treffen von Premierministerin, Schatzkanzler, Außenminister und Governor zur Besprechung der Arbeiten im Delors-Ausschuss warnte Powell: „beware of it looking like an EMS discussion".[102] Stattdessen sollten Strategien entwickelt werden, um die sich abzeichnende Einigung auf einen Weg zur Währungsunion zu bremsen. Denn aus Thatchers Sicht verhieß der Fortschrittsbericht des Governors vom Dezember 1988 nach drei Ausschusssitzungen wenig Gutes.[103] Powells Vermerk lautete: „we really don't seem to have a policy".[104] Ähnlich warnte Thatchers

99 Borio und Toniolo, Central Bank Cooperation, S. 60; James, Making the European Monetary Union, S. 24, S. 266; Verdun, Role.

100 Geoffrey Littler an Roger Lavelle, 29.6.1988, BoE 8A249/2.

101 Anthony Loehnis an Robin Leigh-Pemberton, 1.7.1988, BoE 8A249/2.

102 Charles Powell an Margaret Thatcher, 28.10.1988, TNA, PREM 19/2675.

103 Charles Powell an Margaret Thatcher, 13.12.1988, Übersendung eines Fortschrittsberichts der Bank of England zu den Verhandlungen im Delors-Ausschuss, Dezember 1988, TNA, PREM 19/2675.

104 Charles Powell an Margaret Thatcher, 9.12.1988, TNA, PREM 19/2675.

ehemaliger Privatsekretär Nigel Wicks: „The Bank's paper suggests that we have no plan. We must get one, and quick."[105] Auch Brian Griffiths und Roger Lavelle warnten, bei einem Weitergang der Verhandlungen in dieser Richtung seien zu weitreichende Schlussfolgerungen zu erwarten.[106]

Ein Treffen der Premierministerin mit dem Governor, dem Schatzkanzler und dem Außenminister am 14. Dezember 1988 sollte einen gemeinsamen Kurs festlegen. Thatcher und Lawson machten darin deutlich, dass der Bericht des Delors-Ausschusses aus ihrer Sicht zeigen müsse, dass eine Währungsunion keine notwendige Voraussetzung für die Vollendung des Gemeinsamen Markts sei. Zudem solle er die Implikationen für die nationale Souveränität ausdrücklich benennen. Um dies zu erreichen, sollte der Governor eine möglichst breite Opposition gegen Vertragsänderungen bündeln und dabei insbesondere mit Pöhl sowie den niederländischen, belgischen und dänischen Vertretern zusammenarbeiten. Der Bericht, schloss Thatcher, müsse „descriptive and not prescriptive" sein.[107] Gerade der begrenzte Mandatsauftrag der Studiengruppe erschwerte jedoch eine solche Allianz. Der Delors-Ausschuss war nicht beauftragt, die Frage einer Wirtschafts- und Währungsunion grundsätzlich zu bewerten, sondern Wege zu ihrer Umsetzung aufzuzeigen. Die Grundsatzentscheidung, betonte Pöhl mehrfach, könne nur von Regierungen getroffen werden: „Purely political questions are negotiated not by central bankers but governments."[108] Damit waren die Aussichten begrenzt, die politische Auseinandersetzung über das Prinzip der Währungsunion in den bewusst aus Praktikern und Sachverständigen zusammengesetzten Ausschuss zu verweisen.

Der britische WKM-Beitritt, den die übrigen Mitglieder als wesentlichen Beitrag zur EWS-Weiterentwicklung betrachteten, wurde in dem Treffen nicht thematisiert. Leigh-Pemberton kam jedoch zunehmend zu der Überzeugung, dass dieser Schritt notwendig sei, wolle Großbritannien nicht dauerhaft den zweiten Rang einer abgestuften europäischen Integration einnehmen. Dem Ausschuss konservativer Hinterbänkler für Finanzfragen berichtete er Ende Januar 1989 vom unablässigen Druck der anderen EG-Zentralbanken, nun den Schritt zur EWS-Vollmitgliedschaft zu vollziehen. Zwar seien die Zinsen derzeit zu hoch, doch aus europapolitischer Sicht müsse der geeignete Zeitpunkt bald genutzt werden: „We

105 Nigel Wicks an Margaret Thatcher, 13.12.1988, TNA, PREM 19/2675.

106 Roger Lavelle an Paul Gray, 13.12.1989, TNA, PREM 19/2675; Brian Griffiths an Margaret Thatcher, 13.12.1988, TNA, PREM 19/2675.

107 Charles Powell an Alex Allan, Protokoll zum Treffen von Margaret Thatcher, Robin Leigh-Pemberton, Nigel Lawson und Geoffrey Howe, 14.12.1988, TNA, PREM 19/2675.

108 Tonbandaufnahme der fünften Sitzung des Delors-Ausschusses am 10.1.1989, ECB, DelC 10-1988-01-10.

had to be aware that our continued non membership of the ERM could mean that we were left behind by our European partners."[109]

Anfang 1989 zeichnete sich mit den Beratungen über konkrete Berichtsentwürfe immer deutlicher das Scheitern der Strategie ab, auf Pöhls Widerstand zu setzen. Thatchers Private Secretary for Economic Affairs, Paul Gray, notierte vor einem Treffen von Thatcher und Lawson am 17. Januar 1989: „I am told that things did not go too well at the last meeting, and that there were signs of Pohl (*sic!*) slipping away, e. g. by being content to consider the drafting of possible Treaty amendments. You will want to consider the next stage in the light of what the Chancellor has to say."[110] Mit dem Fortschrittsbericht des Governors vom Februar 1989 zeigten sich Thatcher und Lawson unzufrieden. Die vom Sekretariat des Delors-Ausschusses vorgelegten Entwürfe griffen die Definition der Wirtschafts- und Währungsunion aus dem Werner-Bericht von 1970 auf und gliederten den Weg dorthin in drei Stufen: Die erste sah eine vertiefte geldpolitische Kooperation vor, insbesondere durch vorherige Konsultationen zur geldpolitischen Ausrichtung anstelle der bisher üblichen nachträglichen Abstimmungen. Die zweite Stufe sollte erste Strukturen einer gemeinsamen Währungsinstitution schaffen, die dritte schließlich die Übertragung geldpolitischer Befugnisse auf die Gemeinschaftsebene. Die erste Stufe ließ sich ohne Vertragsänderungen umsetzen; die beiden letzten Stufen hätten hingegen Eingriffe in die EG-Verträge erfordert.[111] Leigh-Pemberton hatte in einem Brief an Delors bereits erfolglos darauf hingewiesen, dass sich die Beratungen des Ausschusses gegen die Aufnahme direkter Verweise auf Vertragsänderungen im Bericht ausgesprochen hatten.[112] Der britischen Regierung gelang es nicht, die Währungsfrage auf technische Diskussionen zu begrenzen, und sie konnte nur indirekt Einfluss auf die Debatten über die institutionellen Grundlagen der künftigen Währungsunion nehmen.

Die Abweichungen der Berichtsentwürfe von den britischen Vorstellungen waren so groß, dass Lawson auch durch die von Leigh-Pemberton angestrebten Änderungen kein annehmbares Ergebnis mehr erwartete. Daher solle der Governor, so Lawson, den Abschlussbericht nicht unterzeichnen, sondern einen Gegenbericht vorlegen, dem sich – so die Hoffnung – weitere Ausschussmitglieder anschließen würden.[113] Paul Gray und Roger Lavelle, Leiter des Europasekretariats im Cabinet Office, rieten jedoch, diesen Schritt erst zu gehen, wenn alle anderen Optionen ausgeschöpft seien. Sobald klar werde, dass Großbritannien sich dem

109 Protokoll des Conservative Parliamentary Backbench Finance Committee, 27.1.1989, CPA, CRD 4/4/157.

110 Paul Gray an Margaret Thatcher, 17.1.1989, TNA, PREM 19/2948.

111 Delors-Ausschuss, Entwurf von Teil I, mit Notizen, 10.2.1989; Entwurf von Teil III, mit Notizen, 10.2.1989, ECB, DelC 3; Vorschlag für die Neuanordnung von Teil II von Robin Leigh-Pemberton, 10.2.1989, ECB, DelC 3.

112 Robin Leigh-Pemberton an Jacques Delors, 2.2.1989, ECB, DelC 3.

113 Nigel Lawson an Margaret Thatcher, 13.2.1989, TNA, PREM 19/2675.

gemeinsamen Bericht ohnehin nicht anschließe, verliere der Governor jeden Einfluss bei den Verhandlungen um den Text.[114]

In der anschließenden Besprechung in 10 Downing Street am 15. Februar schilderte Governor Leigh-Pemberton seine Bemühungen im Ausschuss, praktische Maßnahmen zu lancieren, für die keine Vertragsänderungen erforderlich wären. Thatcher und Lawson hielten jedoch die letzten beiden Abschnitte des dreiteiligen Berichtsentwurfs – die Definition der Wirtschafts- und Währungsunion sowie die Stufen zu deren Realisierung – für inakzeptabel. Sie nähmen, so die Kritik, die Entscheidung zugunsten einer europäischen Währung und Zentralbank faktisch vorweg und gingen damit über das Mandat der Studiengruppe hinaus. Deshalb sollten alternative Entwürfe erarbeitet werden: für den zweiten Teil im Schatzamt, für den dritten Teil in der Bank of England. Sie sollten zugleich als Grundlage für einen eventuellen britischen Gegenbericht dienen.[115]

Anfang Mai übermittelte Leigh-Pemberton Jacques Delors einen ausführlichen Änderungsentwurf. Darin schlug er vor, den Beginn möglicher Vertragsverhandlungen auf einen späteren Zeitpunkt zu verschieben und nicht – wie bisher vorgesehen – bereits mit Start der ersten Stufe anzusetzen. Zudem argumentierte er, der voraussichtlich lange Prozess zur Schaffung der Wirtschafts- und Währungsunion könne nicht im Detail festgelegt werden.[116] Eine vorherige Abstimmung des Entwurfs mit Kabinettsmitgliedern hatte er bewusst abgelehnt, um sich in seinen Verhandlungspositionen nicht festlegen zu müssen. Nur Nigel Wicks, dem Vorsitzenden der Arbeitsgruppe zur Wirtschafts- und Währungsunion im Schatzamt, stellte er ihn zur Verfügung. Dieser stimmte sich informell mit Lawson und der Premierministerin ab.[117] Im Sekretariat des Delors-Ausschusses in Basel wurde Leigh-Pembertons Entwurf skeptisch aufgenommen. Er sei widersprüchlich, hieß es, da er einerseits betone, der Prozess lasse sich nicht im Detail planen, andererseits aber selbst am dreistufigen Modell festhalte, anstatt sich auf die erste Stufe und die Beschreibung des Endzustands zu beschränken.[118]

Obwohl der Schatzkanzler und die Arbeitsgruppe zur Wirtschafts- und Währungsunion im Schatzamt Leigh-Pembertons Entwurf zum dritten Berichtsteil akzeptierten,[119] zeigte sich Thatcher unzufrieden. Denn er verwies zwar – wie von der Premierministerin gewünscht – deutlich auf die mit einer Währungsunion

---

114 Paul Gray an Margaret Thatcher, 14.2.1989, TNA, PREM 19/2675.

115 Charles Powell an Alex Allan, Protokoll eines Treffens von Margaret Thatcher, Nigel Lawson und Robin Leigh-Pemberton, 15.2.1989, TNA, PREM 19/2675; John Footman an Charles Powell, 17.2.1989, TNA, PREM 19/2675.

116 Robin Leigh-Pemberton an Jacques Delors, Übersendung eines Berichtsentwurfs für Teil III, 6.5.1989, ECB, DelC 3.

117 Nigel Wicks an Nigel Lawson, 27.2.1989, TNA, T 450/591.

118 Joly Dixon, Aktenvermerk zu dem Entwurf von Robin Leigh-Pemberton für Teil III des Delors-Berichts, 8.3.1989, ECB, DelC 3.

119 Alex Allan an Margaret O'Mara, 2.3.1989, TNA, T 450/591.

verbundenen Souveränitätsübertragungen. Das Papier sah jedoch auch die WKM-Mitgliedschaft aller EG-Währungen bis zum Ende der ersten Stufe vor. Tatsächlich war diese Formulierung weiterreichender als jene des bisherigen Entwurfs, der lediglich Bemühungen um eine Teilnahme aller Währungen vorsah.[120] Thatcher wollte dagegen über die erste Stufe – eine engere Kooperation ohne institutionelle Änderungen – hinaus überhaupt keine konkreten Inhalte festlegen.[121] Letztlich ließ sich die Vorgabe, dass in Stufe 1 alle Länder dem WKM angeschlossen würden, aber kaum vermeiden. Wie viele andere Ausschussmitglieder argumentierte auch Pöhl, dass weiterführende EWS-Reformen erst möglich seien, wenn sämtliche EWS-Mitglieder dem WKM beiträten.[122] Leigh-Pemberton teilte diese Einschätzung ausdrücklich. „I think", bemerkte Pöhl dazu, „it is very courageous that the Governor of the Bank of England is prepared to stand to this statement in public, because everybody knows that this is not the position of the British Government."[123]

Leigh-Pemberton agierte somit im Ausschuss mit beträchtlicher Autonomie, trotz Absprachen mit Thatcher und dem Schatzamt. Er brachte zwar zentrale Anliegen der Regierung ein, indem er die Bedeutung der Inflationsbekämpfung betonte und sich gegen feste Zeitpläne und weitreichende Ressourcentransfers aussprach.[124] Zugleich bekannte er sich offen zum Ziel der Währungsunion, das er allerdings nur schrittweise und parallel zur Wirtschaftsunion für realisierbar hielt: „Now, may we assume [...] that in discussing Economic and Monetary Union we all are agreed that the definition of the final objective contained in Werner remains the aim of the Community? I hold that view."[125] Seine Differenzen mit der Regierung sprach er dabei offen aus: „I'm one of those who believe that one of these days there will be economic and monetary union in Europe. But I can't immediately [Zwischenruf Delors: Not during the life of your Prime Minister, you see] Mr. Chairman, you have gone straight to the point, you see. She knows what my beliefs are and that I'm entitled to express them here."[126]

---

120 Sekretariat des Delors-Ausschusses, Übersicht zu den wesentlichen Unterschieden zwischen den Entwürfen für Teil III von den Berichterstattern und von Governor Robin Leigh-Pemberton, 9.3.1989, ECB, DelC 3.

121 Charles Powell an Alex Allan, 2.3.1989, TNA, PREM 19/2676.

122 Protokoll der siebten Sitzung des Delors-Ausschusses am 14. März 1989, 16.3.1989, ECB, DelC 2.7.

123 Protokoll der achten Sitzung des Delors-Ausschusses am 11./12. April 1989, 25.4.1989, ECB, DelC 2.8.

124 Joly Dixon, Aktenvermerk zu dem Entwurf von Robin Leigh-Pemberton für Teil III des Delors-Berichts, 8.3.1989, ECB, DelC 3.

125 Tonbandaufnahme der ersten Sitzung des Delors-Ausschusses am 13.9.1988, ECB, DelC 10-1988-09-13-a.

126 Tonbandaufnahme der dritten Sitzung des Delors-Ausschusses am 8.11.1988, ECB, DelC 10-1988-11-08-d.

Folgerichtig argumentierte er auch dagegen, eine Passage über das mögliche Fernbleiben einzelner Länder in den Bericht aufzunehmen – schließlich, so scherzte er unter Gelächter seiner Kollegen, könne sich die britische Haltung noch ändern: „It may well be that in two or three years from now their attitudes have changed, when they read our report. Who knows?"[127] Ebenso entschied er sich gegen ein Europa der zwei Geschwindigkeiten – auch, wie er später augenzwinkernd bemerkte, aus persönlichem Interesse: „I'm fated to be in the last carriage".[128]

In der Frage der EWS-Vollmitgliedschaft distanzierte sich Leigh-Pemberton offen vom Regierungsstandpunkt. Für allgemeine Heiterkeit sorgte er, als er erklärte, Großbritannien müsse dem Wechselkursmechanismus beitreten, sobald die Zeit dafür reif sei – „when we are to achieve that is another matter". In derselben Sitzung betonte er, an der nationalen Währung nicht aus Prinzip festhalten zu wollen. Wenn die Wechselkurse einmal unwiderruflich fixiert seien, erscheine auch der Übergang zu einer Einheitswährung sinnvoll: „It seems to me that if we've achieved and fixed parities, there is very little advantage in continuing individual currencies." Ein solcher Schritt müsse jedoch wegen der absehbaren politischen Widerstände sorgfältig vorbereitet werden.[129] In einer späteren Sitzung bekräftigte er seine Position: „If you really wanted a good signal – and I would be ready to give you that, if I could – the best signal Europe could get for progress towards EMU would be for Britain to join the ERM when the report is presented in June."[130] Diese deutliche Abweichung von der Regierungsposition verstärkte Thatchers Misstrauen. Ihr wirtschaftspolitischer Berater Brian Griffiths warnte: „All of my experience with the Bank suggests a considerable hankering for closer European monetary integration (by senior officials.)"[131] Leigh-Pembertons Äußerungen machten sichtbar, wie weit sich die institutionelle Perspektive der Bank of England bereits von der politischen Linie Thatchers entfernt hatte, Diese Diskrepanz untergrub die Autorität der Regierung in der Währungsfrage zunehmend.

---

127 Tonbandaufnahme der zweiten Sitzung des Delors-Ausschusses am 10.10.1988, ECB, DelC 10-1988-10-10-f.

128 Tonbandaufnahme der fünften Sitzung des Delors-Ausschusses am 10.1.1989, ECB, DelC 10-1989-12-13-g.

129 Tonbandaufnahme der fünften Sitzung des Ausschusses am 10.1.1989, ECB, DelC 10-1989-12-13-d.

130 Tonbandaufnahme der achten Sitzung des Ausschusses am 11./12.4.1989, ECB, DelC 10-1989-04-12-a.

131 Brian Griffiths an Margaret Thatcher, 13.12.1988, TNA, PREM 19/2675.

Veröffentlichung des Delors-Berichts 1989

Letztlich lehnte Leigh-Pemberton es ab, einen Minderheitenbericht vorzulegen. Trotz erheblicher Bedenken von Premierministerin und Schatzkanzler unterzeichnete er im April 1989 gemeinsam mit den anderen Ausschussmitgliedern den Abschlussbericht über die Wirtschafts- und Währungsunion in der Europäischen Gemeinschaft. Leigh-Pemberton zeigte sich mit dem Ergebnis zufrieden und betonte im Gespräch mit Paul Gray, er habe die meisten seiner Ziele erreicht. Gray, der diesen Optimismus nicht teilte, notierte etwas indigniert: „He is apparently claiming that Larosière is going home an unhappy man."[132] In einem Brief an die Premierministerin – einer „exculpatory note", wie Powell kritisch anmerkte[133] – schrieb der Governor: „The document is now reasonably balanced, and it generally avoids the prescriptive, almost hectoring tone of earlier texts."[134] Ihm war jedoch bewusst, wie wenig begeistert die politische Führung über einzelne seiner Positionen sein würde, insbesondere über die Maßgabe eines EWS-Vollbeitritts bereits in der ersten Stufe. In den Abschlussverhandlungen sagte er mit etwas ironischer Übertreibung: „Lord help me. How could I commit to that? I helped to put my head on the block to say that Britain should join the ERM and you then say I have to go further."[135]

In der britischen Regierung löste der am 12. April veröffentlichte Bericht Bestürzung aus. Er schlug drei Stufen zur Realisierung einer Wirtschafts- und Währungsunion vor, an deren Ende die Errichtung einer unabhängigen Europäischen Zentralbank stehen sollte. Die dafür notwendige Übertragung nationaler Befugnisse war für Thatcher und Lawson gleichermaßen inakzeptabel. Besonders die in Abschnitt 39 festgeschriebene Maßgabe, dass der Eintritt in die erste Stufe automatisch eine Verpflichtung zum gesamten Prozess bedeute, stieß auf Widerstand. Charles Powell kommentierte: „This makes a *nonsense of the step by step* approach. It means that the *ideologues have won over the pragmatists*".[136] Diese Verpflichtung zum gesamten Prozess bekämpfte die britische Regierung in den folgenden Monaten entschieden. Trotz ihrer EWS-Differenzen waren sich Thatcher und Lawson in der negativen Bewertung des Delors-Berichts vollkommen einig.

In seiner Pressekonferenz zur Veröffentlichung folgte Lawson zwar der Linie, das Dokument nicht rundweg zu verwerfen, um sich außenpolitisch nicht zu isolieren, und bezeichnete es als „extremely valuable and thorough piece of analysis". Zugleich stellte er aber klar: „*We cannot accept* the *transfer of sovereignty* which is implied by the Delors report. EMU as spelled out would *in effect require*

132 Paul Gray, Notiz an Margaret Thatcher, 12.4.1989, TNA, PREM 19/2676.

133 Charles Powell an Margaret Thatcher, 13.4.1989, TNA, PREM 19/2676.

134 Robin Leigh-Pemberton an Margaret Thatcher, 13.4.1989, TNA, PREM 19/2676.

135 Tonbandaufnahme der achten Sitzung des Ausschusses am 11./12.4.1989, ECB, DelC 10-1989-04-12-a.

136 Hervorhebung im Original. Charles Powell an Margaret Thatcher, 13.4.1989, TNA, PREM 19/2676.

political union, a United States of Europe. That is simply *not on the agenda now or for the foreseeable future.*"[137] Gleichzeitig kam er in der Bewertung des EWS zu völlig anderen Schlussfolgerungen als die Premierministerin. Lawson sah den WKM als reversible Zusammenarbeit unabhängiger Staaten an, während die Wirtschafts- und Währungsunion eine dauerhafte Übertragung geld- und fiskalpolitischer Kompetenzen und letztlich die „United States of Europe" erfordere. Er mahnte: „No one should confuse the two".[138] Die WKM-Mitgliedschaft hielt er nun für notwendig, um Großbritannien in den Verhandlungen ausreichend Einfluss zu verschaffen, der es ermöglichen sollte, auf eine Verlangsamung des Prozesses hinzuwirken. Thatcher hingegen befürchtete, der Schritt könne zum schrittweisen Verlust politischer Gestaltungsspielräume führen.[139] Damit erhielt die Souveränitätsproblematik auch eine taktische Dimension.[140] Für Lawson bot sie ein zusätzliches Argument, die zögernde Premierministerin vom WKM-Beitritt zu überzeugen, den er auch aus geldpolitischen Gründen für notwendig hielt. Für Thatcher wiederum konnte die Verteidigung parlamentarischer Rechte ein legitimes Anliegen darstellen, um ihre – auch wirtschaftlich begründeten – Vorbehalte wirkungsvoller zu artikulieren. So deutete es jedenfalls der konservative Thinktank Progress Trust: „Her aim should be not to appear obstructive on her own behalf, but in defence of the rights of Parliament."[141]

Außenminister Howe hingegen setzte Thatchers und Lawsons strikter Ablehnung von Souveränitätsteilung eine Deutung entgegen, die auf eine Ausweitung des effektiven Handlungsspielraums zielte. Forderungen nach ungeteilter Souveränität begegnete er mit der vielzitierten britischen Wendung: „Sovereignty is not virginity, which you either have or you don't."[142] Zwar hielt auch er den Ansatz des Delors-Berichts für zu deterministisch und potenziell spaltend, doch erschien ihm langfristig eine stärkere wirtschafts- und währungspolitische Integration in Europa unerlässlich, um handlungsfähig zu bleiben. So sagte er dem deutschen Außenminister, man könne in Großbritannien noch „nicht öffentlich zugeben, dass keine Nation souveräne Kontrolle über den Wechselkurs seiner Währung haben könne. Man werde sicherlich noch dahin kommen, die Frage sei nur

137 Hervorhebung im Original. Juliet Campbell an FCO, 17.4.1989, Nigel Lawsons Pressekonferenz zum Delors-Bericht, TNA, PREM 19/2676.

138 Ebd.

139 Brian Griffiths an Margaret Thatcher, 13.12.1988, TNA, PREM 19/2675; Paul Gray, Protokoll eines Treffens von Margaret Thatcher und Nigel Lawson, 3.5.1989, TNA, PREM 19/2676.

140 Abromeit, Volkssouveränität.

141 Progress Trust Think Tank, Ebury Research Note No. 571, The Dublin Summit, 19.6.1990, CPA, CTT/PT/4/6/1.

142 Howe, Sovereignty and Interdependence, S. 679.

wann."[143] Aus dieser Haltung heraus trug er zwar die britische Regierungspolitik mit, doch seine Position war immer schwerer mit Thatchers unnachgiebiger Position zu vereinbaren.

Zwischen Premierministerin und Governor führte der Bericht zu einer anhaltenden Entfremdung. Wie Lionel Price (Bank of England) im November FCO-Chefökonom Simon Broadbent anvertraute, hatten beide seit der Veröffentlichung kaum Kontakt: „He said that the Governor had had no contact with the Prime Minister since the Delors Report was completed (except a frosty and distant gaze at the Canterbury memorial service)".[144] In der britischen Regierung vermutete man, der Governor habe die Auseinandersetzung mit seinen Zentralbankkollegen gescheut und deshalb in für London inakzeptable Bedingungen eingewilligt. Tatsächlich entsprach das Ergebnis einerseits Leigh-Pembertons Überzeugung, dass eine Europäische Währungsunion als langfristiges EG-Ziel wünschenswert und letztlich unvermeidbar sei. Andererseits war er überzeugt, dass britische Interessen durch eine Selbstisolierung nicht zu wahren wären. Bereits im Delors-Ausschuss hatte er verdeutlicht, dass er die strikte Position seiner Regierungschefin nicht teilte; in der Folge äußerte er seine Zweifel an der Betonung von Souveränität zunehmend offen. So sagte er dem TCSC-Unterhauskomitee etwas später: „Sovereignty? What does it really mean? If one enters into any treaty, one's sovereignty is affected. […] Parliament's sovereignty however can always be exercised by saying ‚We will abrogate the treaty and take the country out of the Common Market.'"[145] In einem Interview mit der BBC Newsnight betonte er: „Sovereignty is a relative matter anyway". Großbritannien könne sich auch außerhalb einer Wirtschafts- und Währungsunion nicht von der Entwicklung der großen Reservewährungen D-Mark, Dollar und Yen abkoppeln: „it's impossible to suggest that anybody […] any one country nowadays has total independence in these matters." [146] Den WKM-Beitritt hielt er nicht für eine wesentliche Einschränkung: „Indeed, in practice there would be no greater transfer of sovereignty than occurred through our membership of the IMF during periods of fixed exchange rates."[147]

Dass Leigh-Pemberton den Bericht nicht stärker im Sinne der britischen Position hatte prägen können, lag aber auch an der Verhandlungsposition. Pöhl – auf

143 Auswärtiges Amt, Vermerk über Konsultationen zwischen dem britischen Außenminister Sir Geoffrey Howe und Bundesminister Hans-Dietrich Genscher am 27.1.1989 in Bonn (Venusberg), erstellt am 30.1.1989, PA AA, B 31-ZA/178054.

144 Simon Broadbent an John Kerr, 29.11.1989, Bericht über ein Telefonat mit Lionel Price, TNA, FCO 30/7885.

145 Robin Leigh-Pemberton, Aussage vor dem TCSC-Unterauskomitee, Fourth Report: The Delors Report, ordered by the House of Commons to be printed 19 June 1989, Juni 1989, BoE 3A161/200.

146 BBC Newsnight am 12.7.1990, Transkript, HBA, B 330/24323.

147 Robin Leigh-Pemberton, Rede vor dem Institute of Economic Affairs am 26.7.1989, PA AA, B 224-ZA/168731.

den Thatcher ihre Hoffnungen gesetzt hatte – zeigte nicht den erwarteten Widerstand gegen die Währungsunion. Für ihn stand nicht der Souveränitätserhalt im Zentrum, sondern die Unabhängigkeit und Unteilbarkeit der geldpolitischen Verantwortung als Voraussetzung für nachhaltige Stabilität. Das war eine fundamental andere Zielsetzung als Thatchers und Lawsons Bestreben, die geldpolitischen Entscheidungen im Einflussbereich nationaler Parlamente zu halten. Dass dieser Gegensatz unterschätzt wurde, lag auch an dem ambivalenten Zusammenwirken beider Seiten.

So hatte Charles Powell nach einem gemeinsamen Mittagessen von Premierministerin und Bundesbankpräsident im Februar 1989 notiert, es sei eine „cheerful indeed boisterous occasion with – I am bound to record – a certain, jovial air of *belle alliance* against Finance Ministers and all their works“ gewesen. Die Anwesenden – darunter auch Vertreter deutscher Privatbanken – hätten ihre Vorbehalte gegen eine dirigistische, bürokratische Entwicklung der EG geäußert.[148] Doch auf britischer Seite verleiteten solche Gespräche dazu, über die bestehenden Auffassungsunterschiede hinwegzugehen. Pöhl sprach diese Unterschiede beim Lunch mit Mitgliedern der britischen Botschaft offen an und betonte die „difference […] on […] their respective visions of the future. While he and others accepted the desirability of merging sovereignty in a number of spheres in Europe, Mrs Thatcher, he thought, rejected this as undesirable as well as unrealistic.“[149] Aus Pöhls Sicht verfehlte die britische Kritik den entscheidenden Punkt: Die Währungsunion werde ohnehin kommen; die Herausforderung liege darin, ihre Ausgestaltung zu beeinflussen und Stabilitätsorientierung zu verankern. Dafür sei eine konstruktive Mitwirkung gemäßigter Stimmen erforderlich – eine Haltung, die durch eine kategorische Ablehnung des gesamten Projekts kaum zu erreichen sei.[150]

Zugleich sendete Pöhl Signale, die Thatcher als Entgegenkommen gegenüber britischen Bedenken verstand. Auf informellen Wegen – durch die Übersendung von Redetexten und in persönlichen Gesprächen – ermutigte er die britische Regierung, auf die Gefahren eines zu schnellen institutionellen Vorgriffs hinzuweisen. Bei einem Dinner in der deutschen Botschaft kurz vor dem Treffen der Staats- und Regierungschefs in Madrid im Juni 1989 erklärte er, seine Haltung zur Währungsunion bleibe grundsätzlich positiv. Zugleich äußerte er jedoch die Erwartung, Großbritannien werde mit seiner Ablehnung weitreichender Souveräni-

---

148 Hervorhebung im Original. Charles Powell an Alex Allan, Protokoll eines Mittagessens von Margaret Thatcher, Karl Otto Pöhl, Alfred Herrhausen (Deutsche Bank), Walter Seipp (Commerzbank) und Leonhard Gleske (Bundesbank) unter Anwesenheit des Botschafters am 20.2.1989, erstellt am 22.2.1989, TNA, FCO 30/7896.

149 Pauline Neville-Jones an Christopher Mallaby, Bericht über die Positionen von Karl Otto Pöhl beim Lunch der Botschafter am 23.2.1989 in Bonn, erstellt am 27.2.1989, TNA, FCO 30/7896.

150 Karl Otto Pöhl, Rede vor dem Kongress der Deutschen Sparkassen am 8.6.1989, TNA, PREM 19/2676.

tätsübertragungen nicht isoliert bleiben, und betonte seine Übereinstimmung mit Lawson, dass eine gemeinsame Zentralbank eine gemeinsame politische Autorität voraussetze, die noch nicht existiere.[151]

Warnungen aus dem Foreign Office und dem Schatzamt, angesichts von Pöhls ambivalenter Haltung seine Unterstützung nicht zu überschätzen, fanden in 10 Downing Street wenig Gehör. John Kerr kommentierte nach dem informellen Treffen im Februar: „I think the PM will have been reassured by Poehl on EMU. Just as well: it was her earlier confidence in him that was mistaken."[152] Auch im Schatzamt zeigte sich Lawson von Berichten der deutschen Botschaft, die die Offenheit der Bundesbank für eine politisch unabhängige Europäische Zentralbank festhielten, wenig überrascht: „there is nothing the least surprising about the views expressed [...]. The view held by some that Poehl is likely to be a staunch ally of ours has always had a large element of wishful thinking."[153] In der Bank of England wurde die wachsende Irritation deutlich: „If Poehl were ever to make two consecutive consistent statements on EMU it will only demonstrate what I have always maintained – that he is thoroughly unreliable." Im Private Office des Schatzkanzlers wurde dies als Bestätigung der eigenen Skepsis vermerkt: „This will only buttress your view of Pöhl."[154]

Bei der Abwehr des besonders umstrittenen Abschnitts 39 des Delors-Berichts – der mit dem Eintritt in die erste Stufe die Bindung an den gesamten Prozess verknüpfte – war deutsche Unterstützung von Anfang an nicht zu erwarten. Denn gerade die Bundesbank hatte auf dieser Bestimmung bestanden. In einem Gespräch mit Vertretern der britischen Botschaft erläuterte Leonhard Gleske, Direktoriumsmitglied der Bundesbank, eine schrittweise Übertragung geldpolitischer Befugnisse ohne verbindliches Endziel komme nicht infrage. Dahinter stand die Befürchtung, dass der Prozess vor der Etablierung einer unabhängigen Europäischen Zentralbank ins Stocken geraten und die bereits übertragenen Kompetenzen dauerhaft unter politische Kontrolle geraten könnten – ohne die vorgesehenen Stabilitätsmechanismen: „this could lead to a salami-like process of small steps which would effectively bring about a measure of de facto union with many undesirable elements [...] which would remove effective monetary constraints on individual governments."[155] „Es sei nicht möglich", betonte im folgenden Jahr

151 Julian D. N. Hartland-Swann an Christopher Mallaby, 22.6.1989, Bericht über Karl Otto Pöhls Äußerungen zur Wirtschafts- und Währungsunion, TNA, T 450/602.

152 Charles Powell an Alex Allan, Protokoll eines Mittagessens von Margaret Thatcher, Karl Otto Pöhl, Alfred Herrhausen (Deutsche Bank), Walter Seipp (Commerzbank) und Leonhard Gleske (Bundesbank) unter Anwesenheit des Botschafters am 20.2.1989, erstellt am 22.2.1989, TNA, FCO 30/7896.

153 Alex Allan an Nigel Wicks, 20.2.1989, TNA, T 450/591.

154 Anthony Loehnis an Nigel Lawson, 27.2.1989, mit handschriftlicher Notiz von Nigel Wicks, TNA, T 450/591.

155 Pauline Neville-Jones an John Kerr, Bericht über ein Gespräch mit Leonhard Gleske, 15.3.1989, TNA, FCO 30/7896.

auch Staatsministerin Irmgard Adam-Schwaetzer in einer Konsultation mit dem britischen Europa-Staatsminister Francis Maude, „daß wir scheibchenweise nationale Souveränität in diesem außerordentlich wichtigen Bereich aufgäben, ohne zu wissen, wohin die Reise führe. Insbesondere die Haltung der Bundesbank sei in dieser Hinsicht außerordentlich fest."[156] Die Position der Bundesbank gründete weniger auf dem Bestreben, nationale Souveränität zu erhalten, sondern der Überzeugung, dass geldpolitische Stabilität klare institutionelle Verantwortlichkeit erfordere. Diese Verantwortlichkeit konnte auch auf supranationaler Ebene verankert sein, solange sie in einer Hand lag und politisch unabhängig blieb. Dies stand im unvereinbaren Gegensatz zu Thatchers Position, die ausschließlich nationale Instanzen als legitime Träger geldpolitischer Befugnisse akzeptierte.

Die britische Regierung hatte zudem unterschätzt, wie sehr Pöhl auf die Wahrung institutioneller Unabhängigkeit bedacht war – nicht nur im Sinne der Weisungsfreiheit gegenüber der Politik, sondern auch in der Ablehnung politischer Richtungsentscheidungen durch die Zentralbanken selbst. Ebenso wenig wie er Thatchers Wunsch nach einer grundsätzlichen Absage an die Währungsunion erfüllte, folgte er Delors Forderung nach einem politischen Signal zugunsten der Währungsunion, zu dem er den Ausschuss nicht legitimiert sah: „We cannot give this signal, it is not our task and we are not authorised to give any signals, we can only make some proposals."[157]

Die Opposition zu dem Projekt, die Thatcher und Lawson erwartet hatten, konnte Pöhl aus diesen Gründen im Delors-Ausschuss kaum liefern. Doch in der Hoffnung auf deutsche Unterstützung wurden auf britischer Regierungsebene seine Einwände und die vermeintlichen Gemeinsamkeiten überschätzt. Die Verantwortung für den unerwünschten Delors-Bericht dem Governor anzulasten, bot eine bequeme Erklärung für diese strategische Fehleinschätzung – die dadurch verschärft wurde, dass eine offene Diskussion über die Perspektiven der Währungspolitik durch die innerparteiliche Sensibilität des EWS-Konflikts blockiert war. Diese Schuldzuweisung verhinderte zugleich eine fundierte Reflexion über mögliche Bündnisoptionen.

So bemühte sich das Schatzamt 1990 bei der Ausarbeitung des Alternativvorschlags eines „harten ECU", den Plan für die deutsche Seite anschlussfähig zu gestalten – obwohl die Bundesbank nie Zweifel an ihrem Widerstand gegen die Etablierung einer Parallelwährung gelassen hatte, auf die der Vorschlag letztlich hinauslief. Bereits 1988 hatten interne Papiere zu einer europäischen Parallelwährung festgestellt: Eine solche Lösung hätte bei unzureichender Konvergenz eine wirkungsvolle Stabilitätspolitik „erschwert, wenn nicht gar zum Scheitern verur-

156 Protokoll eines Gesprächs zwischen Francis Maude und Staatsministerin Irmgard Adam-Schwaetzer über die Wirtschafts- und Währungsunion am 15.10.1990, PA AA, B 224-ZA/168736.

157 Protokoll der siebten Sitzung des Delors-Ausschusses am 14. März 1989, erstellt am 15.3.1989, DelC 2.7.

teilt“; bei ausreichender Konvergenz wäre sie hingegen „eigentlich überflüssig und gegenüber einer Einheitswährung, die alle nationalen Währungen ablöst, nur die zweitbeste Lösung“.[158] Damit würde „europapolitisch wenig gewonnen, stabilitätspolitisch aber viel aufs Spiel gesetzt“.[159] Im Delors-Ausschuss war es Pöhls entschiedener Widerstand gewesen, der im Januar 1989 zur endgültigen Verwerfung der Parallelwährungsoption führte. Der spätere britische Alternativvorschlag fand daher – wenig überraschend – nicht die deutsche Unterstützung, auf die er maßgeblich gebaut hatte (vgl. Kapitel 4.3).

Der Delors-Bericht hatte weitreichende Folgen: Nun verbanden sich Thatchers Vorbehalte gegen die EG-Währungspolitik mit ihren Sorgen über die Richtung der europäischen Integration, die sie im September 1988 in ihrer inzwischen berüchtigten Rede vor dem Europakolleg in Brügge dargelegt hatte. Darin hatte sie einen britischen EG-Austritt zwar als „dream of some cosy, isolated existence on the fringes“ zurückgewiesen, jedoch zugleich die Übertragung von Befugnissen auf eine supranationale Ebene als unzulässigen Eingriff in die nationale Souveränität abgelehnt. Sie hatte sich gegen die Schaffung einer „identikit European personality“ gewandt und im bekanntesten Satz der Rede betont: „We have not successfully rolled back the frontiers of the state in Britain, only to see them reimposed at a European level with a European super-state exercising a new dominance from Brussels.“[160] Es bleibt umstritten, wie sehr die Präsentation ihres Pressesekretärs Bernard Ingham dazu beitrug, dass die Rede trotz des eindeutigen Bekenntnisses zur EG-Mitgliedschaft als Manifest eines wachsenden Euroskeptizismus gelesen wurde.[161] Deutlich wurde jedoch, dass Thatcher supranationale Institutionen als fundamentale Bedrohung der Demokratie wahrnahm. Für sie war diese in den nationalen Parlamenten verankert, deren Autorität durch Kompetenzübertragungen untergraben würde. Damit knüpfte sie an eine enge Auslegung der britischen Parlamentssouveränität an, die zentrale Hoheitsrechte – insbesondere Haushalts-, Steuer- und Geldbefugnisse – als unteilbar verstand.[162] Aus dieser Perspektive erschienen ihr supranationale Zuständigkeiten nicht als graduelle Kompetenzverschiebungen, sondern als grundsätzlicher Eingriff in die demokratisch verankerte Entscheidungsautorität des Parlaments.

Hatte sie zuvor versucht, die EWS-Frage bewusst als technische und nicht als europapolitische Angelegenheit zu behandeln, wurde die Währungspolitik nun zu einem zentralen Bestandteil der EG-Debatten. Die geplante Währungsunion

---

158 A. Müller, Vermerk zur Problematik einer europäischen Parallelwährung, 10.3.1988, HBA, N 4/52.

159 Textbeitrag der Hauptabteilung Volkswirtschaft zum Bundesbank-Positionspapier, 6.4.1988, HBA, N 4/52.

160 Margaret Thatcher, Rede vor dem Europa-Kolleg in Brügge, 20.9.1988, MTF, https://www.margaretthatcher.org/document/107332 (30.9.2025).

161 Roe-Crines und Heppell, Legitimising Euroscepticism; Daddow et al., Battle of Bruges.

162 Dicey, Lectures, S. 35–79.

erschien ihr dabei zugleich als Symptom und als Motor einer beunruhigenden Entwicklung Europas. Die Konkretisierung dieser Pläne markierte, wie der britische Vertreter in Brüssel, David Hannay, rückblickend festhielt, den Bruchpunkt in Thatchers Verhältnis zur EG:

> [S]omething that she considered fundamentally objectionable was now moving from the realm of seminars and debate to the realm of actual decisions. [...] she shifted from being very strongly in favour of many aspects of the European Community while critical of others, to a position where she began to feel the whole venture was moving in the wrong direction and it was her job to stop it from doing so.[163]

Das veränderte auch die bisher vornehmlich unter technischen Gesichtspunkten geführte Wechselkursdebatte grundlegend. Denn nun tat sich ein weiterer Bruch zwischen Thatcher einerseits und Lawson, Howe, Leigh-Pemberton sowie dem 1989 neu ernannten britischen Europakommissar Leon Brittan andererseits auf. Thatcher betonte, ein WKM-Beitritt setze ein fatales Signal, der Entwicklung in Richtung einer Währungsunion nachzugeben. Sie beharrte darauf, dass ein solcher Schritt erst denkbar sei, wenn die anderen EG-Länder grundlegende Reformen zur Steigerung von Wettbewerbsfähigkeit und Deregulierung vollzogen hätten.[164]

Die Gegenseite hingegen sah im WKM-Beitritt den notwendigen Ausgangspunkt, um genau diese Reformbereitschaft bei den Partnern zu fördern. Entscheidender noch: Aus ihrer Sicht war dieser Schritt unvermeidlich, um unerwünschte Entwicklungen in Richtung einer Wirtschafts- und Währungsunion überhaupt bremsen zu können. Leon Brittan sagte der Premierministerin Mitte Mai 1989: „Membership would give us an important say on the next steps in economic and monetary co-operation. [...] He was reinforced in his view by a remark made to him by Monsieur Delors at a private dinner: ‚If she joins, she wins.'"[165] Auch im Foreign Office und in der Bank of England setzte sich nun die Ansicht durch, ein Beitritt könne britischen Einfluss sichern und zugleich das Tempo in Richtung Währungsunion dämpfen.[166] Lionel Price aus der Internationalen Abteilung der Bank of England beobachtete:

> Another argument in favour of sterling's participation is that our *influence in the Community* is damaged by staying outside the ERM. This argument has long been

163 David Hannay, Interview mit Andrew Crozier, 5.8.1998, HAEU, Voices of Europe Collection, https://archives.eui.eu/en/oral_history/INT570 (30.9.2025).

164 Barry Nelson an Melanie Williams, Memorandum zum EWS, November 1988, TNA, T 450/569.

165 Charles Powell an Stephen Wall, Protokoll eines Gesprächs zwischen Margaret Thatcher und Leon Brittan, 18.5.1989, TNA, PREM 19/2676.

166 Simon Broadbent an Stephen Wall, 10.2.1989, TNA, FCO 30/7885.

> advanced in general political terms – notably by the FCO – but has now acquired a heavier economic and financial gloss in terms, first, of our lack of influence over the debate on EMU and, secondly, that London's position as Europe's leading financial centre could be threatened by sterling's absence from a European currency bloc of growing global importance.[167]

Damit erhielt das zuvor als politisch diskreditierte Argument der Mitgestaltung in der EG nun ökonomische Relevanz und Legitimität.

Margaret Thatcher hielt nichts von diesem Argument. Sie sagte Nigel Lawson am 3. Mai 1989: „She did not believe that the Delors report altered the balance of arguments in favour of joining the ERM; on the contrary, following the Delors report the EMS would not stay the same and we should certainly not be drawn further into it."[168] Obwohl sowohl Thatcher als auch Lawson die Währungsunion ablehnten, zogen sie daraus grundverschiedene Schlussfolgerungen für die WKM-Mitgliedschaft.

Die britische EWS-Debatte verlagerte sich damit auf zwei Ebenen: Erstens blieb sie Teil der Auseinandersetzung um die angemessene Geld- und Wechselkurspolitik. Zweitens gewann sie eine neue integrationspolitische Dimension, weil die EG-Partner – aus jeweils unterschiedlichen Motiven – nun umso nachdrücklicher den britischen Beitritt forderten: als Symbol für das europäische Bekenntnis, aber auch aus handfesten wirtschaftlichen Interessen. Die Bundesrepublik hoffte auf einen ordnungspolitischen Verbündeten, Frankreich auf ein Gegengewicht zur DM, während Irland unter den Wechselkursschwankungen mit seinem wichtigsten Handelspartner Großbritannien litt. Hinzu kam das Argument der ECU-Stabilität: Der Anteil des frei flottierenden Pfunds im ECU-Währungskorb vergrößerte dessen Schwankungen gegenüber den übrigen EG-Währungen. Damit galt die britische Nichtteilnahme als Hindernis für eine breitere Nutzung des ECU.[169] Der französische Finanzminister Pierre Bérégovoy warnte den britischen Botschafter gar: „there might well be a choice between staying in the ECU and entering the ERM, or leaving both."[170] Das Schatzamt wies – gestützt auf eine eigens angefertigte Studie der Bank of England – die Vorwürfe zurück. Das Pfund sei gegenüber US-Dollar und Yen stabil und gefährde deswegen nicht die ECU-Stabilität auf internationaler Ebene.[171] Dennoch blieb die Sorge bestehen,

167 Hervorhebung im Original. Lionel Price, Memorandum, Sterling's Participation in the ERM, 29.6.1989, BoE 3A161/200.

168 Protokoll eines Gesprächs zwischen Margaret Thatcher und Nigel Lawson, 3.5.1989, TNA, PREM 19/2676.

169 Tim Lankester an Geoffrey Littler, 11.11.1989, TNA, T 450/569; Papier des EG-Kommissionspräsidenten Jacques Delors zur möglichen Assoziierung neuer Mitglieder, 2.5.1990, ECB CoG 3.3./7-1.

170 Ewen Fergusson, Bericht über ein Gespräch mit Pierre Bérégovoy, 22.6.1988, TNA, T 640/972.

171 Neil Williams an Garry Young, 12.12.1988, TNA, T 450/569; Mr. Bull an N. R. Collier, 23.11.1988, TNA, T 450/569; Garry Young an Neil Williams, 13.12.1988, TNA, T 450/569.

bei weiterem Fernbleiben nicht nur aus dem engeren Kreis der Währungsverhandlungen, sondern letztlich auch aus dem EWS selbst gedrängt zu werden. Der Druck, zu handeln, wuchs.

2 „Madrid could be a Milan": Gefahr der britischen Isolierung

Zwischen Geld- und EG-Politik: Allianz von Schatzkanzler und Außenminister 1989

Die anstehenden EG-Verhandlungen über den Delors-Bericht, die für den Europäischen Rat in Madrid am 26. und 27. Juni 1989 anberaumt waren, veranlassten Nigel Lawson zu einem Schritt, der zuvor kaum denkbar gewesen war: eine enge Einbeziehung des Außenministers in die Währungspolitik. Obwohl Geoffrey Howe als ehemaliger Schatzkanzler die notwendige Fachkenntnis mitbrachte und beide Männer aus den gemeinsamen Jahren im konservativen Wirtschaftsteam der Oppositionszeit und später im Schatzamt eine gute Arbeitsbeziehung verband, hatte Lawson eine solche Zusammenarbeit bis 1989 stets vermieden. Howe war zwar wegen der EG-politischen Tragweite in die Beratungen zum Delors-Bericht eingebunden, von den technischen WKM-Debatten jedoch ausgeschlossen geblieben. Ein gemeinsamer Vorstoß bei der Premierministerin hätte nicht nur deren Misstrauen bestätigt, das durch Presseberichte über eine angebliche EWS-Allianz im eigenen Kabinett ohnehin geschürt wurde. Er hätte aus Sicht des Schatzamts zudem einen gefährlichen Präzedenzfall geschaffen, indem andere Ministerien in einen Kernbereich der Geld- und Währungspolitik einbezogen worden wären.

Vor allem aber wäre damit die WKM-Debatte mit EG-politischen Zielen verknüpft worden – obwohl die Premierministerin die Vorrangigkeit der Geldpolitik stets betont hatte. Als in der Geldpolitik-Abteilung des Schatzamts im Januar 1988 vorgeschlagen wurde, die EWS-Frage solle nicht mehr zwischen Schatzkanzler und Premierministerin, sondern im weiteren Kabinettskreis erörtert werden, stieß dieser Ansatz auf Ablehnung. Das EWS-Seminar von 1985 und Thatchers empfindliche Reaktion auf ihre unerwartete Isolierung ließen eine solche Erweiterung riskant erscheinen. Die Premierministerin durch die Einbeziehung anderer Minister, die mehrheitlich den WKM-Beitritt befürworteten, unter Druck zu setzen, hätte wie ein „ganging up" gewirkt – und wäre auch inhaltlich der eigenen Position kaum zuträglich gewesen.[172]

Aber die Verhandlungen über den Delors-Bericht veränderten die Lage. Denn nun stand nicht mehr nur die EWS-Teilnahme auf dem Spiel, sondern es drohte

172 Helen Goodman an David Peretz, 12.1.1988, mit handschriftlichen Notizen von Margaret O'Mara und David Peretz, TNA, T 450/514; David Peretz an Helen Goodman, 12.1.1988, TNA, T 450/514.

der Ausschluss aus einem zentralen Projekt der europäischen Integration. Hier spitzten sich die Unterschiede zwischen dem Beharren auf formaler Unabhängigkeit und dem Anspruch auf praktische Mitsprache zu. Leitende Vertreter des Foreign Office warnten im Juli 1988 den Außenminister vor dessen Gesprächen mit dem Schatzkanzler, ein rasches Handeln sei erforderlich. Ähnlich wie beim Europäischen Rat 1985 in Mailand, bei dem Thatcher mit einer Abstimmung über die Einberufung einer Regierungskonferenz überrumpelt worden war, drohe beim Treffen in Madrid erneut eine Isolierung: „Delors study buys time. But ship will sail in late '89 with or without us. Madrid could be a Milan, but best to try to get UK act together *this autumn*. Need to work closely together." Ein Fernbleiben von einer Gemeinschaftswährung konnte für den Wirtschaftsstandort Großbritannien und insbesondere für den Finanzplatz London erhebliche Nachteile mit sich bringen, was eine direkte Verbindung zwischen der EG-politischen und der wirtschaftlichen Dimension herstellte. Da der WKM-Beitritt als Voraussetzung für eine wirksame Mitsprache in den Verhandlungen über die Währungsunion galt, bot sich damit ein Ansatzpunkt, auch in dieser Frage eine stärkere Einbindung des Foreign Office zu begründen. Dabei solle sich Howe, so die ministeriumsinterne Empfehlung, auf Stimmen aus Industrie und Finanzwirtschaft sowie auf Ökonomen stützen, die eine positivere Linie zur europäischen Währungspolitik forderten.[173]

Im international tätigen Finanzdienstleistungssektor verfing das Argument, die nationale Souveränität müsse um jeden Preis gewahrt werden, weniger. Stattdessen wurde ein stärkeres Gewicht auf den praktischen Einfluss in Europa – insbesondere Mitsprache bei der europäischen Regulierung – gelegt.[174] Peter Leslie von Barclays etwa warnte: „economic and financial independence or sovereignty are a thing of the past".[175] Nicholas Goodison, früherer Vorsitzender der Londoner Börse, betonte vor dem Unterhausausschuss TCSC am 6. Juli 1988, ein weiterer Aufschub des EWS-Vollbeitritts und mangelnde britische Unterstützung für die sich abzeichnende Währungsunion würden die Londoner Kapitalmärkte empfindlich schwächen: „It is of the highest importance for the future strength of our capital markets and their contribution to UK trade that the interests of our markets be taken fully into account as the future strategy for the European Monetary System develops."[176] Selbst wenn Goodisons Argumentation vom Foreign Office in diesem Fall als „too lightweight" bewertet wurde, um die Premierministerin zu über-

173 Hervorhebung im Original. Michael Anthony Arthur an John Kerr, 26.7.1988, Stichpunkte für ein Gespräch zwischen Geoffrey Howe und Nigel Lawson, TNA, FCO 30/7242.

174 Roll, Challenge of Europe, S. 191 f.

175 Andrew MacThomas an M. A. Arthur, 19.12.1989, Übersendung der Rede von Peter Leslie auf der Financial Times Conference in London, „The City and Its Prospects in or out of an Integrated Europe", 30.11.1989, TNA, FCO 30/7902.

176 Nicholas Goodison, Stellungnahme für das Treasury and Civil Service Committee, 1.7.1988, TNA, FCO 30/7242.

zeugen, sammelte das Foreign Office solche Äußerungen systematisch und nutzte sie als Beleg für die wachsende Bedeutung der EG-Politik für die wirtschaftliche Entwicklung.[177]

Mit dem Delors-Bericht zeichnete sich aus Howes und Lawsons Sicht die Gefahr eines Europas der zwei Geschwindigkeiten ab – mit Großbritannien in der langsameren Spur. Wie sehr diese Sorge den Schatzkanzler inzwischen umtrieb, zeigte ein Treffen hochrangiger Vertreter des Schatzamts unter seinem Vorsitz am 18. April 1989. In vertraulicher Runde – weder das Foreign Office noch 10 Downing Street erhielten Kopien des Protokolls – wurde die britische EG-Mitgliedschaft grundsätzlich diskutiert. Lawson verwarf dabei einen EG-Austritt: „His own view was at this stage that the cost of leaving would be totally prohibitive." Permanent Secretary Peter Middleton bekräftigte: „integration had gone so far that leaving was not a viable option." Unter dieser Maßgabe war – auch darin waren sich beide einig – ein grundsätzlicher Neuansatz notwendig, um die Mitgliedschaft zum eigenen Vorteil zu gestalten: „if we remained perpetually awkward then we would probably find ourselves in a two-speed Europe whether we liked it or not", mahnte der Schatzkanzler.[178]

Anders als Economic Secretary Peter Lilley hielt er eine abgestufte Integration, in der Großbritannien nur an den vorteilhaften Politikbereichen teilnahm, für keine echte Option: „it would be difficult to secure the economic benefits without accepting some of the political costs." Auf Dauer, so seine Einschätzung, würde der Ausschluss aus Kernbereichen der europäischen Integration fast zwangsläufig auch die Partizipation an wirtschaftlich vorteilhaften Bereichen des Binnenmarkts verhindern. Ein solches „cherry picking" – später ein zentrales Motiv der Brexit-Debatten[179] – hielt er langfristig für nicht durchsetzbar. Um eine solche Abstufung zu verhindern, betrachtete er eine positivere EWS-Linie nun als zwingend erforderlich: „unless we wished to see a two-speed Europe he did not think that it was possible to remain outside the ERM. Indeed, if we remained outside the ERM we would inevitably be pushed into a two-tier Europe." Zwar glaubte er nicht, den Delors-Bericht durch einen WKM-Beitritt endgültig abwehren zu kön-

---

177 Hervorhebung im Original. Robin Turner an Michael Anthony Arthur, 15.7.1988, mit handschriftlichen Notizen von John Kerr, TNA, FCO 30/7242.

178 Alex Allan, Protokoll eines Treffens von Peter Middleton, Terence Burns und anderen Schatzamt-*officials* am 18.4.1989, erstellt am 20.4.1989, TNA, T 450/594.

179 Beispielsweise warnte der EU-Verhandlungsführer Michel Barnier bei den Brexit-Verhandlungen im Dezember 2016 öffentlichkeitswirksam: „The single market and its four freedoms are indivisible – cherry picking is not an option". Vgl. Julie Levy-Abegnoli, Michel Barnier on Brexit. Cherry Picking is Not an Option, The Parliament Magazine, 6.12.2016, https://www.theparliamentmagazine.eu/news/article/michel-barnier-on-brexit-cherry-picking-is-not-an-option (30.9.2025).

nen, wohl aber, dass sich die Umsetzung seiner Maßnahmen dadurch erheblich verzögern ließe.[180]

Die im Anschluss von Lawson beauftragten Arbeiten des Schatzamts zu den Folgen einer Wirtschafts- und Währungsunion der übrigen elf EG-Mitglieder ohne Großbritannien zeichneten ein düsteres Bild. Weil die Geldpolitik kaum von der Binnenmarktgesetzgebung zu trennen sei, würde das Vereinigte Königreich nicht nur den Einfluss auf zentrale geld- und wirtschaftspolitische Weichenstellungen verlieren, sondern auch auf andere Politikbereiche. Eine effektive wirtschaftspolitische Mitsprache sei dann allenfalls über die G7-Kooperation möglich, und selbst dort drohe langfristig die Verdrängung durch ein G3-Format (USA, Japan und die anderen EG-Mitglieder). Die bisher bestehende Option, sich dem WKM als antiinflationärem Rahmenwerk anzuschließen, fiele mit dessen Transformation in eine volle Währungsunion ohnehin weg. Besonders betroffen wäre der Unternehmenssektor: Der Abzug ausländischer Investitionen, die wegen des Standbeins in der EG getätigt worden waren, drohe ebenso wie die Verlagerung ganzer Firmen auf den Kontinent. Umstrittener war der Status der Londoner City. Eine frühe Version des Papiers hielt es für undenkbar, dass sie außerhalb der gemeinsamen Währung als europäisches Finanzzentrum bestehen könne.[181] Anders als die federführende EG-Abteilung des Schatzamts argumentierte jedoch Chefökonom Terence Burns – aus Lawsons Sicht überzeugend –, der Sektor könne auch für Produkte in Fremdwährungen einen effektiven Handel bieten. Doch auch Burns warnte, dass eine immer engere Abstimmung der EG-Kernländer Großbritannien dazu zwingen könne, Regeln zu akzeptieren, an deren Entstehung das Land zunehmend weniger Anteil habe.[182]

In jedem Fall, so die Endfassung der Untersuchung vom Mai 1989, könne Großbritannien im zweiten Rang einer abgestuften Integration weniger effektiv auf ein günstiges regulatorisches Umfeld im Binnenmarkt hinwirken. Zudem könnten Finanzunternehmen Standorte innerhalb der engeren Union demjenigen in London vorziehen. Letztlich, schränkten die Autoren ein, mache der Einfluss externer Faktoren eine verlässliche Quantifizierung der wirtschaftlichen Implikationen unmöglich – viel hinge auch vom Erfolg der Gemeinschaftswährung ab. Unstrittig schien ihnen jedoch die Gefahr, dass die Mitsprache in der europäischen Gesetzgebung, auch über die Geldpolitik hinausreichend, zunehmend erodieren könn-

180 Alex Allan, Protokoll eines Treffens von Peter Middleton, Terence Burns und anderen Schatzamt-*officials* am 18.4.1989, erstellt am 20.4.1989, TNA, T 450/594.

181 Tim Lankester an Nigel Lawson, 25.4.1989, Memorandum, Prospects of a Two-Tier Europe, April 1989, TNA, T 450/595.

182 Terence Burns an Tim Lankester, 27.4.1989, TNA, T 450/596; Nigel Lawson an Tim Lankester, 28.4.1989, TNA, T 450/596.

te.[183] Tatsächlich griff der spätere Premierminister David Cameron genau dieses Argument erneut auf, als er ein EU-Referendum in Aussicht stellte.[184]

Die Schlüsselrolle, die dem EWS bei der Vermeidung eines solchen Ausgangs zugeschrieben wurde, gab für den Schatzkanzler den Ausschlag, einem gemeinsamen Vorgehen mit Howe zuzustimmen. Bereits gegen Ende der Verhandlungen im Delors-Ausschuss im März 1989 hatte das erste von drei vertraulichen Treffen beider Minister stattgefunden; sie wurden jeweils ohne *officials* und wegen der politischen Brisanz unter strikter Geheimhaltung abgehalten.[185] Ziel war die Ausarbeitung eines gemeinsamen Memorandums an die Premierministerin, das sie von der Notwendigkeit einer positiveren EWS-Linie überzeugen sollte. Lawson blieb dabei vorsichtig und behielt sich bis zuletzt vor, trotz gemeinsamer Arbeiten von einem gemeinsamen Papier abzusehen. Denn ebenso wie in der Presse wurde auch im Regierungsapparat jede Kritik am EWS-Kurs aufmerksam registriert. Als Howe im Mai 1989 – in Anlehnung an Shakespeare – davor warnte, dass zu langes Reifen unweigerlich in Verfall umschlage,[186] stimmten Lawson und sein Berater Andrew Tyrie zwar zu; doch letzterer notierte warnend: „Sir Geoffrey was living dangerously".[187]

Zunächst bemühten sich Howe und Lawson, ihre Argumente über europäische Bande einzubringen. Sie setzten darauf, dass der von Thatcher geschätzte niederländische Regierungschef Ruud Lubbers im geplanten bilateralen Gespräch mit der Premierministerin am 29. April für die britische EWS-Vollmitgliedschaft werben würde.[188] Obwohl die niederländische Regierung eine Wirtschafts- und Währungsunion sowie eine politisch unabhängige Europäische Zentralbank befürwortete, lehnte auch sie den unmittelbaren Beginn von Vertragsverhandlungen ab, wie ihn der Delors-Bericht vorsah.[189] Mit Blick auf das Treffen argumentierte Nigel Wicks, Leiter der ministeriumsübergreifenden Arbeitsgruppe zur Wirtschafts- und Währungsunion, Großbritannien müsse eine konziliante Sprache wählen, um potenzielle Unterstützer wie Lubbers zu gewinnen: „If our strategy is

---

183 Richard Allen an Peter Middleton und Nigel Lawson, 24.5.1989, Memorandum, A Two-Tier Europe. Economic Effects on the UK, TNA, T 450/600.

184 Cameron, Record, S. 400. Kritisch zur parteipolitischen Instrumentalisierung dieses Arguments vgl. Smith, Gambling on Europe, S. 3–5.

185 Howe, Conflict, S. 577.

186 Howe zitierte aus Shakespeares *As You Like It* (2.7.23–28), wo die Figur Jaques über die vergehende Zeit spricht: „It is ten o'clock. [...] 'Tis but an hour ago since it was nine; And after one hour more 'twill be eleven." Die folgende Zeile – „And so from hour to hour we ripe and ripe; And then from hour to hour we rot and rot" – blieb unausgesprochen, dürfte aber vielen Zuhörern bekannt gewesen sein. Die Anspielung lag nahe: ein Seitenhieb auf den fortgesetzten Aufschub des WKM-Beitritts und die Formel, der Beitritt erfolge „when the time is ripe". Vgl. Geoffrey Howe, Rede vor der CBI, 16.5.1989, TNA, T 673/62.

187 Andrew Tyrie an Nigel Lawson, 22.5.1989, TNA, T 673/62.

188 Thompson, Conservative Party, S. 134.

189 Alex Allan an Charles Powell, 25.4.1989, TNA, PREM 19/3866.

to have a chance of success – and now I begin to speak like a Foreign Office diplomat – we need to avoid giving arguments to opponents in the Community and frightening off potential allies". Ähnlich wie Anthony Loehnis in seiner Empfehlung an den Governor vor den Beratungen im Delors-Ausschuss sah auch Wicks wenig Sinn in erneuten Diskussionen der Grundsatzfrage der Schaffung einer Wirtschafts- und Währungsunion. Statt die bekannte britische Ablehnung zu wiederholen, sollten die praktischen Schritte in Stufe 1 erörtert werden, die eine Vertragsänderung überflüssig machten.[190] Lawson riet der Premierministerin vor den Gesprächen mit Lubbers, zur Grundsatzfrage nicht mehr als die vereinbarte Linie zu äußern: Eine gemeinsame europäische Regierung und politische Union seien Vorbedingung einer Wirtschafts- und Währungsunion und stünden nicht auf der Agenda. Im Übrigen solle sie durch Vorschläge zu konkreten, pragmatischen Schritten eine konstruktive Haltung signalisieren.[191]

Im Gespräch mit Lubbers wies Thatcher trotz der sorgfältig abgestimmten Linie die Vorschläge des Delors-Berichts brüsk als „institutional fantasies" zurück und zeigte sich auch unempfänglich für Lubbers' Hinweis, das EWS habe sich für sein Land stabilisierend ausgewirkt.[192] Ebenso deutlich reagierte sie im anschließenden Gespräch mit Finanz- und Außenministern auf den niederländischen Finanzminister Onno Ruding, der den britischen EWS-Vollbeitritt mit ähnlichen Argumenten anmahnte, wie sie Lawson seit Kurzem vertrat. Ruding betonte, Großbritanniens Position in den Verhandlungen würde durch einen Beitritt deutlich gestärkt werden. Thatcher wies dies zurück – nicht ohne Seitenhieb auf Lawsons *shadowing*-Politik – und verwies auf die negativen Erfahrungen der Kursbindung an die D-Mark, die zur aktuellen Inflationslage beigetragen hätten. Ruding beharrte auf seiner Position, „not easily deterred", wie Powell im Gesprächsprotokoll festhielt, blieb damit jedoch erfolglos.[193]

Sorge vor einem „Europa der zwei Geschwindigkeiten"

Thatchers Haltung beunruhigte Lawson. Aus seiner Sicht gab es nur zwei Optionen, wie er am 25. April bei einer Schatzamtsbesprechung darlegte: Entweder die Akzeptanz von Stufe 1 inklusive EWS-Vollmitgliedschaft – und damit die Chance, eine EG-Vertragsänderung zur Schaffung der Wirtschafts- und Währungsunion mit Verweis auf diese praktischen Schritte aufzuschieben – oder die Hinnahme eines Europas der zwei Geschwindigkeiten. Denn im Fall einer Regierungskonferenz, zeigte er sich überzeugt, solle Großbritannien nicht teilnehmen. Um einen

190 Nigel Wicks an Nigel Lawson, 24.4.1989, TNA, T 450/595.

191 Alex Allan an Charles Powell, 25.4.1989, TNA, T 450/595.

192 Protokoll eines Gesprächs zwischen Margaret Thatcher und Ruud Lubbers, 29.4.1989, TNA, PREM 19/3866.

193 Charles Powell, Protokoll eines Gesprächs zwischen Margaret Thatcher und Ruud Lubbers mit Finanz- und Außenministern sowie Botschaftern, 29.4.1989, TNA, PREM 19/3866.

Aufschub der Vertragsänderung zu erwirken, hielt Lawson die Festlegung eines verbindlichen Datums für den WKM-Beitritt für unverzichtbar. Nur dadurch bestehe die Möglichkeit, dass sich die EG-Partner mit der erfolgreichen Vollendung von Stufe 1 zufriedengeben und von weiteren vertraglichen Festlegungen absehen würden.[194]

Thatchers anhaltende Weigerung, einen baldigen Beitritt auch nur in Erwägung zu ziehen, veranlasste Lawson schließlich, gemeinsam mit Howe einen letzten Vorstoß zu wagen. Nach langem Zögern rang er sich am 14. Juni dazu durch, das gemeinsame EWS-Memorandum abzusenden.[195] Das Papier war unter strikter Geheimhaltung von Tim Lankester, dem Leiter für den Bereich Internationale Finanzen des Schatzamts, und John Kerr, dem Leiter der Abteilung für europäische Politik im Foreign Office, ausgearbeitet worden. Nach mehreren Entwürfen wurde es in letzter Minute von Kerr fertiggestellt. Das Papier wurde streng vertraulich behandelt; selbst im Schatzamt wurde es nicht geteilt, sodass das offizielle Briefing für den Europäischen Rat in Madrid zunächst unverändert blieb.[196]

Zentraler Gedanke des Memorandums war die Hoffnung, die im zweiten Halbjahr 1989 anstehende französische EG-Ratspräsidentschaft zu überzeugen, sich mit der EWS-Vervollständigung zufriedenzugeben und nicht auf die Einberufung einer Regierungskonferenz zu drängen. Ein solcher Kurs würde Paris vor dem Risiko bewahren, eine Spaltung der Mitgliedstaaten zu verantworten. Die WKM-Vervollständigung hingegen barg dieses Risiko nicht und wäre – auch wenn sie hinter den gewachsenen währungspolitischen Erwartungen zurückbliebe – ein beachtlicher Erfolg. Um diese Option für Frankreich überhaupt attraktiv zu machen, müsse jedoch eine konkrete britische Beitrittsperspektive, sprich: eine bindende Frist, vorliegen. Mit den bisherigen dehnbaren Verweisen auf die richtige Zeit ließe sich Frankreich kaum dazu bewegen, den sprichwörtlichen Spatzen in der Hand – die WKM-Vervollständigung – der Taube auf dem Dach, dem Beginn gemeinsamer Vertragsverhandlungen, vorzuziehen. Lawson und Howe schlugen deshalb ein Datum innerhalb der nächsten drei Jahre vor, also spätestens 1992. Der Clou ihres Arguments lag darin, dass ein WKM-Beitritt nicht – wie von Thatcher befürchtet – den Weg zur Währungsunion ebnen, sondern im Gegenteil helfen würde, diese aufzuschieben. Mit Blick auf ihre Sorge vor einer möglichen Kettenreaktion betonte das Papier: „ERM would *not* be a slippery slope towards EMU, for ERM arrangements are inter-governmental, not supranational."[197]

---

194 Alex Allan, Protokoll eines Treffens von Schatzamt-*officials* am 25.4.1989, erstellt am 28.4.1989, TNA, T 450/595.

195 Alex Allan an Stephen Wall, 13.6.1989, TNA, T 640/1127.

196 Margaret O'Mara an Mary Brown, 15.6.1989, Briefing für den Europäischen Rat in Madrid, TNA, T 450/602.

197 Hervorhebung im Original. Nigel Lawson und Geoffrey Howe, EC Issues and Madrid, Juni 1989, TNA, PREM 19/2665.

Thatchers Reaktion auf das gemeinsame Papier von Schatzkanzler und Außenminister fiel – wie befürchtet – ablehnend aus. Auf Charles Powells Briefing notierte sie empört, der Vorstoß komme zur Unzeit: Die Endphase des Europawahlkampfs laufe, und ein Beitritt verbiete sich schon angesichts der Inflationsrate, die über acht Prozent betrug. Powell hatte zudem gewarnt, ein Nachgeben könne öffentlich als Schwäche aufgefasst werden – die Presse habe bereits von dem Memorandum erfahren. Auch die Festlegung eines Beitrittsdatums berge Risiken: Sie lade zu Pfundspekulationen ein.[198] Hinter dieser Sorge stand die Befürchtung, die anstehende Kursfixierung könnte auf den Währungsmärkten für Gewinne genutzt werden. Ein gesteigertes Handelsvolumen vor dem Stichtag würde das Pfund aufwerten und Regierung sowie Bank of England zwingen, den Kurs durch teure Devisenmarktinterventionen zu stabilisieren. Um solche Verzerrungen zu vermeiden, müsse der Schritt – so das Argument – überraschend erfolgen.

So riet Powell entschieden von der Verkündung eines Beitrittsdatums ab und empfahl stattdessen, Bedingungen für einen Beitritt zu formulieren. Möglicherweise, sinnierte er, könnten diese als „spoiling tactic“ fungieren, da ihre Erfüllung das System unter zu großen Druck setzen würde – „Or is that wishful thinking?“[199] Bereits im Mai hatte Thatchers Berater Alan Walters die Formulierung solcher Beitrittsbedingungen vorgeschlagen – insbesondere die vollständige Liberalisierung des Kapitalverkehrs sowie die Deregulierung von Bankensystem und Finanzmärkten. Er hielt ein EWS ohne schützende Regulierung für kaum funktionsfähig: In einem Treffen mit der Premierministerin sagte er offen „ERM, after these conditions are met, will be impossible to operate.“[200] Taktisch, so Walters, könne Thatcher mit diesen Bedingungen im Umgang mit den anderen EWS-Mitgliedern nur gewinnen: Entweder akzeptierten die EG-Partner diese Vorgaben – dann entstünde zwischen den EWS-Mitgliedern ein liberalisierter Markt, in dem eine Vollmitgliedschaft wünschenswert wäre, zumal die Wechselkursbindung ohne schützende Kapitalverkehrsbeschränkungen ohnehin langfristig kaum haltbar sei. Oder die anderen EWS-Länder würden – was er erwartete – die Bedingungen ablehnen. Das aber würde ihren Unwillen demaskieren, die zur Vollendung des Binnenmarkts vereinbarten Deregulierungen tatsächlich umzusetzen. Thatcher stünde dann nicht länger als isolierte Bedenkenträgerin da, sondern die anderen Elf als Wortbrüchige. Großbritannien hingegen wäre „on the side of the liberal angels“.[201]

Walters' Vorschlag zielte darauf, die Doppeldeutigkeit der EWS-Partner offenzulegen – ob das Großbritanniens Image tatsächlich verbessert hätte, bleibt frag-

198 Charles Powell an Margaret Thatcher, 14.6.1989, TNA, PREM 19/2665.

199 Hervorhebung im Original. Charles Powell an Margaret Thatcher, 16.6.1989, TNA, PREM 19/2665.

200 Mark Lennox-Boyd, Notizen zu einem Treffen von Margaret Thatcher, Alan Walters, Andrew Turnbull, Paul Gray und Charles Powell, 17.5.1989, CAC, THCR 2/6/4/13 Part 2.

201 Alan Walters an Margaret Thatcher, 18.5.1989, TNA, PREM 19/3269.

lich. Dennoch schlossen sich Charles Powell und Brian Griffiths der Argumentation an. Auch sie hielten Beitrittsbedingungen für den besten Weg, ohne Verlust an Entscheidungshoheit eine konstruktive Linie zu signalisieren. Ihre Motive unterschieden sich jedoch. Walters, der Ökonom, befürwortete möglichst präzise formulierte Bedingungen und deren strikte Umsetzung, um die Schaffung eines freieren und effizienteren Marktumfelds zu erreichen. Thatcher sah in möglichst dehnbaren Konditionen einen Ausweg, um ihren politischen Handlungsspielraum zu wahren. Griffiths wiederum betonte, klare Liberalisierungsvorgaben seien notwendig, um eine Einbindung in den kontinentaleuropäischen Korporatismus zu verhindern – und könnten die WKM-Mitgliedschaft sogar attraktiv machen. Der Umgang mit der europäischen Währungspolitik war aus seiner Sicht eine Grundsatzentscheidung über die künftige Gestalt Europas: „the key issue in responding to Delors is whether joining the ERM also requires this country to change from *Thatcherism* to *European Corporatism*."[202] Das bewährte Rezept, Forderungen nach einer konkreten EWS-Stellungnahme durch wohlkalkulierte Beitrittsbedingungen hinauszuschieben, war nach seiner Adaption durch die Labour-Opposition nun auch für die Regierung wieder attraktiv geworden.

Der ‚Überfall' vor dem Europäischen Rat in Madrid und die Formulierung von Beitrittsbedingungen

Im Treffen zur Besprechung des gemeinsamen Memorandums von Howe und Lawson am 20. Juni 1989 in 10 Downing Street traten die Differenzen zwischen Thatcher und zwei ihrer ranghöchsten Kabinettsmitglieder offen zutage. Beide mahnten, über die bereits beschlossenen Kapitalverkehrsliberalisierungen hinaus keine weiteren Bedingungen für einen WKM-Beitritt zu stellen: Zu hohe Hürden würden die Glaubwürdigkeit eines Beitrittsbekenntnisses untergraben. Thatcher hingegen bezweifelte, dass eine Beitrittszusage – wie glaubhaft sie auch sein mochte – die Einberufung einer Regierungskonferenz und den Übergang zu den Stufen 2 und 3 der Wirtschafts- und Währungsunion verhindern könne. Die Nennung eines konkreten Datums lehnte sie ab, weil dies Spekulationen gegen das Pfund provozieren würde. Anders als beim EWS-Seminar 1985 beendete sie das Treffen jedoch nicht mit einem abrupten Veto, sondern mit der Zusage, weiter über die Frage nachzudenken.[203]

Ihr Private Secretary für außenpolitische Fragen, Charles Powell, zweifelte ebenfalls daran, mit einer Datumsfestlegung die Debatte über Stufe 2 und 3 abwenden zu können. Er empfahl im Nachgang die Formulierung von Beitrittsbe-

---

202 Hervorhebung im Original. Brian Griffiths an Margaret Thatcher, 18.6.1989, TNA, PREM 19/2676.

203 Charles Powell, Protokoll eines Treffens von Margaret Thatcher, Geoffrey Howe und Nigel Lawson, 20.6.1989, TNA, PREM 19/2665.

dingungen.[204] Zwei Tage später berichtete er, nach Auskunft des britischen Ständigen Vertreters David Hannay in Brüssel, selbst Jacques Delors erwarte kein verbindliches Datum.[205] Lawson und Howe gaben sich damit nicht zufrieden. Angesichts der aus ihrer Sicht drängenden Lage verlangten sie am 25. Juni, dem Vorabend des Europäischen Rats in Madrid, ein weiteres Treffen. Genau das rief die Reaktion hervor, die Lawson befürchtet hatte: Thatcher sah darin ein Komplott gegen sich. Schon die Anfrage, notierte Powell, sei „extremely aggravating, and very selfish".[206] Lawsons Private Secretary berichtete nach Rücksprache mit Thatchers Private Secretary für Wirtschaftsfragen, sie habe mit „extreme frostiness" reagiert und neige Walters' Forderung nach ausformulierten Beitrittsbedingungen zu.[207] Das Treffen am Abend des 25. Juni brachte keine Entspannung – im Gegenteil. Thatcher schrieb später, es sei einem „Überfall" gleichgekommen und habe sie „erpressen" sollen, ein Datum zu nennen.[208]

Von dem Treffen selbst liegt kein Protokoll vor, da keine *civil servants* anwesend waren. Der Ablauf lässt sich nur aus späteren Berichten und Thatchers unmittelbar danach angefertigten Notizen rekonstruieren. Nach Thatchers Notizen spielte sich das Treffen folgendermaßen ab: Beide Minister forderten die Festlegung eines Zeitpunkts, bis zu dem der Beitritt vollzogen sein sollte, und drohten andernfalls mit ihrem Rücktritt. Thatcher lehnte eine Festlegung ab und verwies auf das Risiko von Pfundspekulationen bei Bekanntgabe eines verbindlichen Beitrittsdatums. Sie legte Lawson und Howe das Papier von Walters vor, das für Beitrittsbedingungen plädierte. Dies hielten beide für nicht ausreichend, um die Dynamik hin zur Wirtschafts- und Währungsunion zu brechen, und beharrten auf der Festlegung eines Stichtags, worauf Thatcher insistierte: „never take decisions until you have to". Damit endete das Treffen ohne verbindliche Abmachung.[209]

Ob beide tatsächlich, wie von Thatcher festgehalten, mit dem Rücktritt drohten, lässt sich nicht eindeutig feststellen. Howe und Lawson bestritten in ihren Memoiren eine explizite Drohung oder gar Erpressung und gaben an, lediglich auf nationale Interessen verwiesen zu haben.[210] Stephen Wall fasste zwei Jahre später – nun als Private Secretary des neuen Premierministers John Major – die Ereignisse dieses Abends zusammen. Er betonte, eine Rücktrittsdrohung habe Thatcher gezwungen, Beitrittsbedingungen in einem positiven Ton zu formulie-

204 Charles Powell an Margaret Thatcher, 21.6.1989, TNA, PREM 19/2665.

205 Charles Powell an Margaret Thatcher, 23.6.1989, TNA, PREM 19/2666.

206 Charles Powell an Margaret Thatcher, o. D. (24.6.1989), TNA, PREM 19/2676.

207 Alex Allan an Nigel Lawson, Notiz für die Gespräche mit Margaret Thatcher vor dem Europäischen Rat in Madrid, o. D. (26.6.1989), CCA, SOC/Lawson/1/nd.

208 Thatcher, Downing Street, S. 980.

209 Margaret Thatcher, handschriftliche Notiz über ihr Gespräch mit Nigel Lawson und Geoffrey Howe, o. D. (vermutlich unmittelbar nach dem Treffen, 25. Juni 1989), CAC, THCR 1/20/6/6/10.

210 Howe, Conflict, S. 579 f.; Lawson, View from No. 11, S. 928–935.

ren („we will join when' rather than ,we won't join unless'").[211] Der Journalist und ehemalige Labour-Abgeordnete Woodrow Wyatt, in den 1980er Jahren einer von Thatchers engsten Unterstützern, hielt in seinem später veröffentlichten Tagebuch widersprüchliche Aussagen fest: Zunächst habe sie ihm 1990 anvertraut, eine Rücktrittsdrohung habe es nicht gegeben; ein Jahr später jedoch erklärt, eben diese habe sie letztlich zu einer Zustimmung in der WKM-Frage gedrängt, die 1990 zum Beitritt geführt habe.[212] Howe selbst gab 1991 in einem Statement im Rahmen eines Verleumdungsprozesses an, beide hätten der Premierministerin zu verstehen gegeben, dass eine Zurückweisung ihres Rates ihren Verbleib in der Regierung erschweren würde. Er betonte jedoch, keine machtpolitischen Motive, sondern die Sorge um das nationale Interesse sei leitend gewesen – beide hätten gehofft, ihre Kabinettsmitgliedschaft nicht hinterfragen zu müssen.[213]

Das Detail erhielt deswegen so große Bedeutung, weil es eine wesentliche Rolle in den späteren Deutungskämpfen um den britischen WKM-Austritt und Thatchers Sturz 1990 spielte. Das Treffen wurde als entscheidender Wendepunkt in Thatchers EWS-Politik interpretiert. Ihr folgendes Statement bei der Zusammenkunft der EG-Staats- und Regierungschefs in Madrid wurde von Thatchers Berater Brian Griffiths als „crossing of the Rubicon" bezeichnet.[214] Wäre sie dazu gezwungen worden, hätte sie das zum Teil von der Verantwortung für den WKM-Beitritt – und das unglückliche Ausscheiden 1992 – entbunden. Umgekehrt kämpften Lawson und Howe gegen den Eindruck, aus machtpolitischen Motiven diese Entwicklung befördert zu haben.[215] Fest steht, dass dieses „fateful meeting" (Stephen Wall)[216] eine anhaltende Distanz schuf: „relations between the three of us were never the same again", bemerkte Nigel Lawson rückblickend.[217]

In Madrid distanzierte sich Thatcher von Howe und verkündete vier Bedingungen für einen WKM-Beitritt, die sich an Walters Vorschlägen orientierten: Ein Sin-

211 Stephen Wall an Andrew Turnbull, o. D. (Juli 1991), TNA, PREM 19/3323.

212 Die Gespräche, auf die er sich bezog, fanden am 14. November 1990 und am 8. Oktober 1991 statt. Für 1990 zitiert er Thatcher folgendermaßen: „There was complete agreement between the two of them on that and no question of resignation by either of them." Für 1991 hielt er fest: „She was denouncing our joining the Exchange Rate Mechanism […]. I said, ,Yes, but that was after your government', and she said ,Yes but I was pushed into it by Howe and Lawson at the Madrid conference because they said they would resign if I didn't'. I said, ,It is extraordinary how the two of you can come and say a thing like that to me.' They said, ,We are going to resign if you don't give a date when we're going into the ERM'. […] She said, ,We should never have gone into it at all.'" Wyatt, Journals, Bd. 2, 14.11.1990, S. 386 und ebd., 8.10.1991, S. 586.

213 Bei dem Prozess handelte es sich um eine Klage gegen einen Artikel der Journalistin und Autorin Nesta Wyn Ellis im People Magazine. Geoffrey Howe, Statement im Prozess Lawson v Ellis, Oktober 1991, CCA, SOC/Lawson/4/10.

214 Brian Griffiths an Margaret Thatcher, 18.5.1990, TNA, PREM 19/2983.

215 Geoffrey Howe an Nigel Lawson, 4.8.1992, CCA, SOC/Lawson/4/10.

216 Wall, Stranger in Europe, S. 81 f.

217 Lawson, View from No. 11, S. 935.

ken der Inflation, Kapitalverkehrsliberalisierungen, substanzielle Fortschritte bei der Vollendung des EG-Binnenmarktes sowie ein Ausbau der Wettbewerbspolitik.[218] Selbst wenn Thatcher hinter der Forderung nach einer Fristsetzung zurückblieb, signalisierte ihre Erklärung in Madrid einen Kurswandel. Bisher war die Konkretisierung jener Bedingungen, die den richtigen Zeitpunkt für den WKM-Beitritt markieren sollten, bewusst vermieden worden. Insofern zeigten sich Howe und Lawson, die beide betonten, die Bedingungen gingen auch auf ihre Anregungen zurück, zufrieden.[219] Auf Thatchers Seite hielten die Private Secretaries Andrew Turnbull und Paul Gray mit Genugtuung fest, dass keiner der EG-Partner ein konkretes Datum verlangt hatte. Sie sahen darin eine Bestätigung, dass Howe und Lawson sich geirrt hätten und selbst dieses Zugeständnis die Stufen 2 und 3 der Wirtschafts- und Währungsunion nicht von der politischen Agenda hätte tilgen können.[220] Zugleich ließen die von Thatcher genannten Konditionen erheblichen Interpretationsspielraum. Die offizielle Linie, die Thatcher nach dem Europäischen Rat im Unterhaus bekanntgab, benannte keine messbaren Werte, sodass der Zeitpunkt faktisch in der Hand der britischen Regierung blieb:

> The decision when to join the exchange rate mechanism will have to be judged against progress in a number of areas. In particular, when the level of United Kingdom inflation is significantly lower, there is capital liberalisation in the Community and real progress has been made towards the completion of the single market, freedom of financial services and strengthened competition policy.[221]

Deswegen waren die Bedingungen zwar eine deutliche öffentliche Annäherung an den WKM-Beitritt, aber nicht die entscheidende Weichenstellung, als die sie später dargestellt wurden. Der Interpretationsspielraum führte zu weiteren Deutungskämpfen darüber, ob die Bedingungen als erfüllt seien – keinesfalls bedeuteten die Konditionen einen Automatismus für den WKM-Beitritt, der erst zwei Jahre später erfolgte. Entgegen der ursprünglichen Intention führten sie beim letztlichen Beitritt 1990 sogar zu größerem Begründungsaufwand, insbesondere weil die recht hohen Inflationswerte mit der ersten Bedingung kollidierten.

Auch die Bedeutung der umstrittenen Rücktrittsdrohungen ist fraglich. Es ist plausibel, dass Thatcher einen Rücktritt beider Minister befürchtete und dass dies eine wesentliche Motivation für ihre Kurskorrektur war. Doch erstens war auch ohne explizite Drohung eine EWS-Politik gegen den erklärten Willen beider

---

218 Margaret Thatcher, Pressekonferenz nach der Europäischen Ratssitzung in Madrid am 26.–27.6.1989, vom 27.6.1989, MTF, https://www.margaretthatcher.org/document/107711 (30.9.2025).

219 Lawson, View from No. 11, S. 934; Howe, Conflict, S. 582 f.

220 Paul Gray an Margaret Thatcher, 27.6.1989, TNA, PREM 19/2948.

221 Hansard, HC Deb, Vol. 156, Cols. 520 f., 12.7.1989, https://hansard.parliament.uk/Commons/1989-07-12/debates/41e5d1c0-4ac0-43bf-8898-01eb249a7e3a/EuropeanMonetarySystem (30.9.2025).

Minister langfristig kaum haltbar – zumal die Situation bereits so weit eskaliert war, dass beide sich zu dem drastischen Schritt gezwungen sahen, ein so kurzfristiges Treffen einzufordern. Zweitens gab es auch Druck von anderer Seite: Gegenüber den EG-Partnern war die widersprüchliche Haltung, EWS-Reformen als Ersatz für die Entwicklung zur Wirtschafts- und Währungsunion zu fordern, aber gleichzeitig Distanz von dem System zu wahren, immer schwerer vermittelbar. Drittens waren die Beitrittsbedingungen schon zuvor als ernsthafte Option erwogen worden. Das Treffen am 25. Juni war also eine wichtige Zäsur, weil es den Vertrauensverlust in Thatchers engstem Kabinettskreis verdeutlichte. Aber eine lineare Kontinuität in Richtung WKM-Austritt zu unterstellen, blendet die politischen und parteiinternen Handlungszwänge sowie kontingenten Entwicklungen der folgenden Jahre aus und bedient vor allem ein exkulpatorisches politisches Narrativ.

Bemerkenswert ist schließlich auch die Reaktion der EG-Partner. Die Genugtuung darüber, dass sie Thatchers letztlich recht unverbindliche Bedingungen akzeptierten und damit Howe und Lawson im Unrecht ließen, erwies sich rückblickend als voreilig. Denn diese Gelassenheit war ein beunruhigendes Signal: Zwar galt eine britische Beteiligung an der gemeinsamen Währungspolitik weiterhin als wünschenswert, doch nach Jahren des Wartens waren die Partner nicht länger bereit, sie zur Voraussetzung für substanzielle Fortschritte zu machen.

Ergebnisse und Reaktionen auf den Europäischen Rat in Madrid

Zunächst konnte Thatcher mit den Ergebnissen von Madrid durchaus zufrieden sein. Es gelang ihr, verbindliche Zeitvorgaben für die Stufen 2 und 3 der Wirtschafts- und Währungsunion abzuwehren; lediglich der Startpunkt für Stufe 1 – mit der die britische Regierung gut leben konnte – wurde festgelegt. Entgegen Mitterrands Forderungen wurde kein konkretes Datum für den Beginn einer Regierungskonferenz genannt. Zudem akzeptierte die Abschlusserklärung den Delors-Bericht als eine, aber nicht als die einzige Grundlage für die weiteren Arbeiten („a good basis for further work").[222] Wie die Transkriptionen der vertraulichen Diskussionen zeigen, hatte sich Thatcher an die vereinbarte Regierungslinie gehalten, den Bericht als wertvolle Vorarbeit zu würdigen, sich aber geweigert, ihn als alleinige Grundlage zu akzeptieren. Vor allem forderte sie Arbeiten an alternativen Entwürfen und schuf damit die Voraussetzungen für ihre öffentliche Ankündigung, einen britischen Alternativplan ausarbeiten zu lassen.[223] Positiv wurde auf britischer Seite auch die Aufnahme des Subsidiaritäts-

222 Schlussfolgerungen des Europäischen Rates in Madrid, 26./27.6.1989, S. 10, https://www.consilium.europa.eu/en/european-council/conclusions/1992-1975/ (30.9.2025).

223 Handschriftliche Notizen zu dem Treffen der Staats- und Regierungschefs in Madrid am 26.6.1989, BArch, B 126/128627; Transkription und Notizen zu den Verhandlungen des Europäischen Rats in Madrid, 26.–27.6.1989, o. D. (Juni/Juli 1989), TNA, PREM 19/2667.

prinzips bewertet. Demnach sollten Befugnisse nur dann auf eine höhere Ebene übertragen werden, wenn untere Ebenen sie nicht zufriedenstellend ausüben könnten. Der schillernde Begriff der Subsidiarität ließ allerdings erheblichen Deutungsspielraum. Während Thatcher hoffte, mit Verweis auf dieses Prinzip künftige Kompetenzübertragungen auf die supranationale Ebene zu begrenzen, argumentierten andere, dass die Mängel der bisherigen Zusammenarbeit gerade die Notwendigkeit solcher Kompetenzbündelungen zeigten. Subsidiarität wurde zu einem flexibel auslegbaren Prinzip, das half, solche Auffassungsunterschiede zumindest rhetorisch zu überbrücken. Gerade die kalkulierte Doppeldeutigkeit – später auch im Maastricht-Vertrag bewusst durch vage Formulierungen fortgeschrieben – erlaubte es, Differenzen hinter gemeinsamen Formulierungen zu verbergen.[224]

Sowohl in der Unterhausdebatte am 29. Juni 1989[225] als auch in Presse und privaten Zuschriften an Thatcher waren die Reaktionen überwiegend positiv. „Excellent press and leaders this morning. ‚Victory snatched from the jaws …'!“, schrieb ihr Bildungsminister Kenneth Baker und spielte damit auf die bekannte englische Redewendung an, eine drohende Niederlage in einen Sieg zu verwandeln.[226] „Bravo! Thank God you were in Madrid to hold the line“, ergänzte der Journalist John Murray bei Übersendung seines Artikels, der kurz vor der Veröffentlichung in der *Sunday Times* stand – darin lehnte er die Aufgabe des Pfunds als weiteren Schritt zur Verwandlung der EG in ein „German Empire“ ab.[227] Im Kabinett zeigte sich ein breites Meinungsspektrum zum EWS-Vollbeitritt – von offener Gegnerschaft über Skepsis bis hin zu klarer Befürwortung. Doch die von Thatcher in Madrid genannten Beitrittsbedingungen fanden über die Lager hinweg grundsätzliche Zustimmung.[228]

Im Schatzamt meldeten sich nach dem Europäischen Rat auch skeptischere Stimmen zu Wort. Lawsons Berater Andrew Tyrie – der am Europakolleg in Brügge studiert hatte – formulierte in einem dringlichen Schreiben eine grundlegende Kritik am britischen EG-Kurs, die Lawson in seinen persönlichen Papieren aufbewahrte. Der konfrontative Ansatz gegenüber der EG, so Tyrie, sei aus der Zeit gefallen und koste das Land die Führungsposition, die es in den Binnenmarktverhandlungen errungen habe. Sich an die französischen EWS-Reformforderungen anzulehnen, sei ein Irrweg. Der natürliche Verbündete gegen die EG-Kommission

---

224 Jaeschke, Demobilising Opposition.

225 Hansard HC Deb. Vol. 155, Cols. 1109–1124, 29.6.1989, https://hansard.parliament.uk/Commons/1989-06-29/debates/2608b0e5-f384-4ea6-b167-d4f00b8513df/EuropeanCouncil(Madrid) (30.9.2025); Helmut Wegner an Auswärtiges Amt, 30.6.1989, BArch, B 330/52543.

226 „Snatch victory from the jaws of defeat“, lautet die Redewendung. Kenneth Baker an Margaret Thatcher, 30.6.1989, CAC, THCR 1/3/30.

227 John Murray an Margaret Thatcher, 29.6.1989, CAC, THCR 1/8/15.

228 Zur internen Debatte über die EWS-Position siehe das Papier über die Positionen im Kabinett, o. D. (Juni 1989), CAC, THCR 1/14/18.

sei die Bundesrepublik, die ebenfalls für Subsidiarität, Marktorientierung, Preisstabilität und den Erhalt nationaler geldpolitischer Befugnisse stehe. Den größten Schaden aber sah er in der Spaltung über die EWS-Frage, die eine konstruktive Rhetorik zur europäischen Währungspolitik blockiert habe. Ohne eigene Agenda könne das Land aber keine Ziele umsetzen: „We will only be able to secure reforms of this kind if we are not suspected of clandestine Euro-wrecking.“[229] Das stützte Lawsons Argument, ein WKM-Beitritt könne ein solches positives Signal zu setzen.

Thatchers Ankündigung, Großbritannien werde einen Alternativplan für eine Wirtschafts- und Währungsunion vorzulegen, traf das Schatzamt dagegen völlig unvorbereitet. Bis dahin war davon ausgegangen worden, dass die gemeinsamen Arbeiten der Finanzminister zur Ausgestaltung von Stufe 1 und zur Definition der Stufen 2 und 3 im Mittelpunkt stehen würden – so hatte es der ECOFIN-Rat in S'Agaró am 13. Juni noch empfohlen.[230] Nun wurde Mitte Juli 1989 kurzfristig die Einsetzung zweier ministeriumsübergreifender Arbeitsgruppen beschlossen: Die eine sollte Alternativvorschläge erarbeiten, die andere sonstige Fragen zu einer Wirtschafts- und Währungsunion behandeln. Auch in diesem Rahmen behielt der Schatzkanzler die EWS-Politik im Blick. Wie Peter Middleton betonte: „The Chancellor wishes to bring out the essential differences between EMS and EMU with a view to demonstrating that EMS does not merge imperceptibly into monetary union.“[231]

Wachsende EG- und parteipolitische Relevanz der EWS-Debatte

Während die Arbeiten am britischen Alternativplan ab dem 19. Juli 1989 liefen (siehe Kapitel 4.3), wuchs der Druck aus der Konservativen Partei, die europapolitische Position zu überdenken. Auslöser waren die desaströsen Ergebnisse der Europawahl vom 15. Juni 1989, bei der die Labour Party erstmals seit zehn Jahren auf nationaler Ebene einen Wahlsieg gegen die Konservativen errang. Dies beunruhigte insbesondere hochrangige Unterhausabgeordnete, denn nach dem Mehrheitswahlrecht konnten sie ihre Mandate nicht über Listenplätze absichern, sondern waren auf Mehrheiten in ihren Wahlkreisen angewiesen. Im parteiinternen Thinktank Progress Trust war bereits im Mai 1989 die Notwendigkeit einer pragmatischeren EWS-Linie angemahnt worden.[232] Nach der Wahl kritisierte der Thinktank eine vorherrschende „bunker mentality“ und warnte, die Labour Party wirke geschlossener in Europafragen als die Regierung.[233] Die öffentliche Stim-

229 Andrew Tyrie, Memorandum zum Europäischen Rat in Madrid, Juni 1989, TNA, T 640/1344.
230 Nigel Wicks, Memorandum zum Vorgehen nach der Tagung des Europäischen Rats in Madrid, 14.6.1989, TNA, T 450/603; David Peretz an Nigel Wicks, 19.6.1989, TNA, T 450/603.
231 Peter Middleton an Nigel Wicks, 13.7.1989, TNA, T 450/603.
232 Protokoll einer Sitzung des Progress Trust Political Committees, 24.5.1989, CPA, CTT/PT 2/4/1.
233 Protokoll einer Sitzung des Progress Trust Political Committees, 21.6.1989, CPA, CTT/PT 2/4/1.

mung sei, so das Gremium, von der ablehnenden Rhetorik zunehmend abgestoßen: „The people are switched off by Euro bashing".[234] Auch eine Gruppe von Hinterbänklern um Hugh Dykes und David Curry warnte im Gespräch mit Thatcher vor dem negativen „tone of our approach to Europe" und dem Eindruck, Labour sei proeuropäischer als die Regierung.[235] Selbst das einflussreiche 1922 Committee, Zusammenschluss der konservativen Hinterbänkler im Unterhaus, kritisierte bei einem Treffen mit der Premierministerin die sehr negative Wahlkampagne als „unfortunate" und mahnte, trotz Ablehnung einer Wirtschafts- und Währungsunion eine konstruktive Haltung zu wahren. Thatcher gestand zu, die Kampagne sei schädlich und das Wahlergebnis enttäuschend gewesen, aber beharrte auf ihrem harten Kurs in der Währungspolitik: „there are some things we must just fight off. Some things totally unacceptable & no business of EC".[236]

Die Wahlniederlage warf ein Schlaglicht auf die divergierenden Auffassungen von Souveränität, die in der Konservativen Partei für Konflikte sorgten. Zwar konnte Thatcher sich auf Umfragen stützen, die eine breite Sorge um die britische Souveränität in der Bevölkerung nahelegten.[237] Auch der Unterhausausschuss TCSC zum Delors-Bericht hob die Gefährdung der traditionellen Parlamentsrechte hervor und kam zu einem ablehnenden Fazit.[238] Doch in ihrer eigenen Partei geriet Thatchers kompromisslose Haltung zunehmend in die Kritik. Edward Heath, Thatchers Vorgänger als Premierminister, bezeichnete ihre Warnungen vor einem europäischen Superstaat als „absolute rubbish" und bewusste Irreführung der Öffentlichkeit.[239] Er hielt konventionelle Souveränitätsvorstellungen für Relikte vergangener Zeiten, die eine gezielte Bündelung von Kompetenzen verhinderten, die den wahren nationalen Interessen entspräche.[240] Ähnlich argu-

234 Protokoll einer Sitzung des Progress Trust Political Committees, 26.6.1989, CPA, CTT/PT 2/4/1.

235 Charles Powell an Richard Gozney, Protokoll eines Gesprächs zwischen Margaret Thatcher und den konservativen Abgeordneten Hugh Dykes, David Curry, Anthony Nelson, Cyril Townsend und Timothy Raison, 6.7.1989, TNA, FCO 30/7907.

236 Mark Lennox-Boyd, Protokoll eines Treffens von Margaret Thatcher und der Führung des 1922 Committees, 11.7.1989, THCR 2/6/4/67.

237 Alan Butt Philip, Bulldog That's Still Very British. Are We Really Europeans?, The Times, 4.12.1989; Europäische Kommission, Eurobarometer 30, Oktober/November 1988, S. 800, Datensatz bereitgestellt durch GESIS, Study No. ZA1715, https://doi.org/10.4232/1.10887 (30.9.2025); Europäische Kommission, Eurobarometer 31A, Juni/Juli 1989, S. 505, Datensatz bereitgestellt durch GESIS, Study No. ZA1751, https://doi.org/10.4232/1.10889 (30.9.2025).

238 Mary Brown an John Major, 3.10.1989, TNA, T 450/619; Unterhausdebatte zur WWU, Hansard HC Deb. Vol. 519, Cols. 1183, 490, 2.11.1989, https://hansard.parliament.uk/Commons/1989-11-02/debates/00a10947-6f5a-4c39-a244-f33c9fbc500c/EconomicAndMonetaryUnion (15.12.2023).

239 Battle Lines Drawn for EC Vote. Facts on File, World News Digest, 26.5.1989.

240 Hansard HC Deb. Vol. 823, Col. 2210, 28.10.1971, https://hansard.parliament.uk/Commons/1971-10-28/debates/f7b49d76-2531-4c3e-9af3-bf15653b73f7/EuropeanCommunities (30.9.2025); McManus, Edward Heath, Kap. 4.

mentierte Michael Heseltine. Er sah die europäische Integration als Ansatz, durch Bündelung von Befugnissen wirkliche Souveränität zurückzugewinnen[241] und mahnte: „Governments have a responsibility to seek to recover the power through partnerships of sovereignty that may embrace wider groupings of sovereign independent nations."[242] Auch David Howell kritisierte die vermeintliche Wahl zwischen „serene joys of monetary autonomy with freely floating exchange rates [...] and some sinister loss of sovereignty". In Wirklichkeit müsse sich Großbritannien entscheiden, ob es die Kontrolle über das Pfund weiterhin den Bewegungen des Dollars überlasse oder sie im sicheren Hafen des EWS zurückerlangen wolle.[243] Die Behauptung, Großbritannien verfüge allein noch über effektive währungspolitische Souveränität, war aus seiner Sicht irreführend.[244]

Diese funktionale Deutung von Souveränität fand Resonanz in der Fraktion der konservativen EP-Abgeordneten, die 1987 festgehalten hatte: „Whatever the legal definition of national sovereignty, it is a concept of limited practical value in relation to world economic events."[245] Prominente Vertreter drängten auf einen pragmatischen und zeitgemäßen Umgang mit dem Begriff. So hatte Henry Plumb, EP-Präsident von 1987 bis 1989, bereits 1984 betont: „If these concepts ever had validity, the modern world has rendered them obsolete."[246] Alarmistische Warnungen vor einer Währungsunion seien Ausdruck eines fehlerhaften Souveränitätsverständnisses; die EG ziele auf gemeinsame Ausübung, nicht Abgabe von Befugnissen.[247] Auch EDG-Anführer Christopher Prout versuchte in einem ausführlichen Schreiben an Thatcher, den Graben zwischen seiner Fraktion und der Regierung zu überbrücken. Die konstitutionelle Ordnung sah er nicht bedroht, da ein Rückzug aus EG und Währungsunion theoretisch möglich bleibe, und die Beschränkung der Handlungsfreiheit sei unter dem Strich kein Verlust, weil die anderen Länder gleichermaßen gebunden würden.[248] Dennoch kam es im Juni 1989 aufgrund dieser Auffassungsunterschiede zu offenen Konfrontationen zwischen nationaler Führung und EP-Fraktion.[249]

---

241 John Carvel, Howe Defends Tory Vision of Europe, THE GUARDIAN, 20.5.1989.

242 Hansard HC Deb. Vol. 153, Col. 530, 18.5.1989, https://hansard.parliament.uk/commons/1989-05-18/debates/b5bd485a-3670-4b92-a160-5707d0581d4f/DevelopmentsInTheEuropeanCommunity#530 (15.12.2023).

243 David Howell, Beitrag für die Zeitschrift Crossbow, April 1985, TNA, FCO 30/6266; Colin Budd an Patrick Fairweather, 30.4.1985, TNA, FCO 30/6266.

244 HOWELL, Price of Union, Ausschnitt abgeheftet in MRC, MSS.200/C/2008/ Box 128.

245 EDG, Positionspapier, Group Objectives in the Field of Economic, Monetary, Fiscal and Industrial Policy, 10.3.1987, CPA, CRD 4/30/3/15.

246 Henry Plumb an Michael Ranken, 3.8.1984, CPA, CCO 508/1/51/1-3.

247 Robin Oakley et al., Tories Continue Infighting over Europe, THE TIMES, 17.5.1989.

248 Christopher Prout an Margaret Thatcher, 23.1.1990, CAC, THCR 2/11/12/3 Part 3.

249 Protokoll einer Diskussion zwischen David Young und konservativen EP-Abgeordneten im Unterhaus, 29.6.1989, TNA, FCO 30/3316.

Auch innerhalb der Regierung setzte sich die Auseinandersetzung fort. Bei der Kabinettsumbildung im Juli 1989 entließ Thatcher Geoffrey Howe aus dem Amt des Außenministers – sie hielt ihn für die treibende Kraft hinter dem gemeinsamen Vorstoß mit Lawson.[250] Auf ihren angesehenen Schatzkanzler glaubte sie dagegen nicht verzichten zu können. Howe erhielt stattdessen die Posten des Deputy Prime Minister, Lord President of the Council und Leader of the House of Commons. Der schlecht kommunizierte Wechsel – ihm war zunächst das Innenressort angeboten worden, was bei Bekanntwerden auch den Amtsinhaber Douglas Hurd düpierte – wurde weithin als Zurücksetzung verstanden. Thatchers Pressesprecher Bernard Ingham wurde darüber hinaus noch mit der Bemerkung zitiert, das Amt des Deputy Prime Minister sei ohnehin ohne größere Bedeutung.[251] Howes Nachfolger wurde der von Thatcher geförderte, noch relativ unerfahrene John Major, womit die Allianz zwischen Schatzamt und Foreign Office zumindest vorübergehend aufgebrochen war. Die Spannungen zwischen Lawson und Thatcher nahmen dennoch weiter zu. Weder die gemeinsame Ablehnung einer Währungsunion noch die Madrider EWS-Bedingungen konnten den Konflikt entschärfen. Im Gegenteil: Mit der Rückkehr von Alan Walters als persönlichem wirtschaftspolitischem Berater der Premierministerin erreichte die Krise einen neuen Höhepunkt. Lawsons Frustration wuchs, weil Thatcher sich nicht an die mühsam abgestimmte EWS-Linie hielt, sondern öffentlich ihre Skepsis bekräftigte. Im Unterhaus bekräftigte sie nach ihrer Rückkehr aus Madrid ihre Zweifel an der Funktionsfähigkeit des WKM nach dem weiteren Abbau von Devisenkontrollen: „We shall see how the exchange rate mechanism holds up".[252] Auch machte sie öffentlich keinen Hehl daraus, dass sie Lawson und dessen *shadowing*-Politik für die steigende Inflation verantwortlich machte. Lawson sah seine Position zunehmend untergraben – und vermutete, Thatcher lasse sich ausschließlich von Walters' kritischen Einflüsterungen leiten.[253]

Damit gewann die Frage der EWS-Vollmitgliedschaft 1989 sowohl in der EG- als auch in der Parteipolitik deutlich an Gewicht. Sie wurde zu einem politisch aufgeladenen Streitfeld, das die zuvor überwiegend ökonomisch geführte Debatte überlagerte. In diesem Spannungsfeld aus geldpolitischen und parteiintern umstrittenen europastrategischen Überlegungen bemühte sich die Regierung dennoch, nach außen den ökonomischen Charakter der Entscheidung zu betonen – aus Gründen der Glaubwürdigkeit an den Finanzmärkten und um dem britischen

250 Charles Powell an Margaret Thatcher, Briefing für das Treffen mit Nigel Lawson und Geoffrey Howe, o. D. (Juni 1989), CAC, THCR 1/20/6/6/10.

251 Lord Howe of Aberavon, CCBH Witness Programme, 14.11.2007, S. 21.

252 Hansard HC Deb. Vol. 155, Cols. 1111 f., 29.6.1989, https://hansard.parliament.uk/commons/1989-06-29/debates/2608b0e5-f384-4ea6-b167-d4f00b8513df/EuropeanCouncil(Madrid)#1111 (30.9.2025).

253 Rachel Lomax an Nigel Lawson, Briefing für ein Treffen mit Margaret Thatcher, 1.7.1988, TNA, T 640/58.

Fernbleiben in den Augen der EG-Partner nicht noch mehr Symbolkraft zu verleihen. So betonte Thatcher im Gespräch mit dem spanischen Ministerpräsidenten Felipe González, dessen Land kurz zuvor dem WKM beigetreten war, Großbritannien werde sich strikt an wirtschaftlichen Kriterien orientieren: „‚Politische' Überlegungen (wie im Falle Spaniens) spielten keine Rolle." Die spanische Botschaft verglich das Treffen später mit einem „Besuch beim Zahnarzt".[254]

Auch in der Bank of England setzte sich die EWS-Debatte fort. Thatchers Skepsis gegenüber dem Argument, ein WKM-Beitritt sei nun aus EG-politischen Gründen unverzichtbar, wurde dort von Eddie George, dem Leiter der Geldmarkt-Abteilung, geteilt. Er beschrieb sich selbst als „agnostic" in der Frage und hielt die ökonomischen wie auch die politischen Vorteile für überschätzt. In einer Diskussion im Court of Directors im Juli 1989 erklärte er:

> [I]t was definitely the case that we would have more influence by being in the ERM than staying out [...]. There was, however, a good deal of sabre rattling about the consequences of our not joining, both as regards London's position as a financial centre declining and our having limited influence on the development of European legislation. London's position as a financial centre had not suffered over the last ten years when we had been outside the ERM; rather it had positively prospered.

Andrew Crockett, seit März 1989 Executive Director der Internationalen Abteilung, sah dies anders. Er und seine führenden Mitarbeiter hielten eine Mitgliedschaft für vorteilhaft, während die externen *directors* aus der Unternehmenswelt uneinig waren.[255] Governor Leigh-Pemberton äußerte sich vorsichtiger als im Delors-Ausschuss, befürwortete aber auch in diesem Rahmen – unter Verweis auf die Madrider Bedingungen – einen zeitnahen WKM-Beitritt.[256]

Der Delors-Bericht hatte damit die WKM-Diskussion auf eine neue Grundlage gestellt. Die drohende Gefahr einer abgestuften Integration, die langfristig sogar ein britisches Ausscheiden aus dem europäischen Verbund bedeuten konnte, ließ im Schatzamt die Sichtweise aufkommen, die WKM-Mitgliedschaft sei ein zentrales Element der EG-Politik. Die möglichen wirtschaftlichen Nachteile einer Isolierung verknüpften erstmals die bis dahin getrennten Themenfelder. Dies führte zu einer stärkeren Einbindung des Foreign Office, verschärfte aber zugleich die Kon-

254 Hermann von Richthofen an Auswärtiges Amt, 20.6.1989, Bericht über Gespräche mit der spanischen Botschaft über ein Treffen von Margaret Thatcher und Felipe González am 19.6.1989, BArch, B 136/30911. Das Protokoll aus 10 Downing Street hielt diesen Austausch zum EWS allerdings nicht fest. Charles Powell, Protokoll eines Gesprächs zwischen Margaret Thatcher und Felipe González, 19.6.1989, TNA, T 450/602.

255 Paul Tucker, Vermerk über die informelle Diskussion des Court of Directors der Bank of England am 11.7.1989, BoE 3A161/200.

256 B. A. Hoffmann, Auszug aus dem Protokoll der Sitzung des Court of Directors der Bank of England am 27.7.1989, erstellt am 3.8.1989, BoE 3A161/200.

flikte innerhalb des Kabinetts. Die Überlegungen zu den möglichen Folgen einer britischen Isolierung oder gar eines EG-Austritts, die im Schatzamt intensiv vorangetrieben wurden, formulierten Argumentationslinien, die dreißig Jahre später in den Brexit-Debatten erneut eine Rolle spielten – mit einem entscheidenden Unterschied: Lawson setzte sich damals klar für die volle EG-Mitgliedschaft ein und ließ, um diesen Ausgang zu vermeiden, selbst das Foreign Office in Fragen der Währungspolitik einbinden.

Als Hypothek erwies sich, dass vor 1989 die Verbindung zwischen Geld- und EG-Politik in der WKM-Debatte so vehement bestritten worden war. Als mit dem Delors-Bericht die politische Dimension der Währungsintegration auf die Agenda rückte, fehlten strategische Vorüberlegungen. Die von Lawson nun angestrebte Verknüpfung beider Ebenen trug Thatcher nicht mit. Auch in den folgenden Jahren hemmte der erbitterte EWS-Konflikt eine offene Reflexion über den künftigen Umgang mit den Vorschlägen zur Wirtschafts- und Währungsunion.

Dabei entwickelte sich kein Konsens über das Verständnis von Souveränität, obwohl es zunehmend in das Zentrum der währungspolitischen Debatten rückte. Eine dreiteilige Artikelserie des *Guardian* unterstrich dies Ende 1990: Sie analysierte die widersprüchlichen Deutungen in der Politik und zeigte, wie sehr sie einen klaren politischen Kurs im Umgang mit der EG verhinderten.[257] Besonders deutlich wurde dies in den Alternativvorschlägen zum Delors-Bericht, die Thatchers Regierung bis 1990 vorlegte.

3 Britische Alternativvorschläge: Währungskonkurrenz und harter ECU

Auswahl eines Alternativmodells zur Wirtschafts- und Währungsunion

Thatchers Ankündigung einer britischen Alternative zum Delors-Bericht beim Europäischen Rat in Madrid sorgte zunächst beinahe für einen Unfall: Als Permanent Secretary Peter Middleton aus dem Schatzamt, mit dem die Initiative nicht abgestimmt war, die Meldung im Autoradio hörte, fuhr er nach eigenen Angaben vor Überraschung fast gegen einen Baum.[258] Zwar zirkulierten in seinem Ministerium bereits Vorschläge zur Weiterentwicklung der Währungskooperation, doch zielten sie entsprechend der bisherigen Regierungslinie auf eine Verstärkung bestehender EWS-Mechanismen – nicht auf einen umfassenden Gegenentwurf zum

257 Melanie Phillips, The Pound and the Glory. Mrs Thatcher Is Certain. Sterling and Sovereignty Are Indivisible. So What is Sovereignty?, The Guardian, 5.11.1990; Richard Norton-Taylor, A British Pot and Euro-Kettle. The ‚Democratic Deficit' between London and Brussels May Not Be as Large as the PM Would Have Us Think, The Guardian, 6.11.1990; Will Hutton, Names that Stifle the Numbers Game, The Guardian, 7.11.1990.

258 Lawson, View from No. 11, S. 939.

Delors-Bericht.[259] Sie eigneten sich nicht als kurzfristig präsentable Alternative und wurden daher fallengelassen.[260] Dass keine weiter gereiften Gegenvorschläge vorlagen, kritisierte Thatcher als unzureichende Vorbereitung – „rather unfairly", wie John Kerr angesichts der fehlenden Konsultation vor Madrid bemerkte.[261]

Thatcher hoffte, auch Gegenvorschläge von deutscher und französischer Seite sowie von Thinktanks anregen zu können.[262] Dies hätte die EG-Verhandlungen in die Länge gezogen und die britische Sonderrolle relativiert.[263] Diese Erwartung zerschlug sich jedoch bald, sodass es bei den Arbeiten im Schatzamt blieb. Dort wurden im Juli zwei Komitees eingerichtet. Die Treasury Co-ordinating Group on Economic and Monetary Union unter Nigel Wicks' Vorsitz war überwiegend mit Angehörigen des Schatzamts besetzt, ergänzt durch Vertreter des Foreign Office, des Cabinet Office, der Bank of England, der Rechtsabteilung des Schatzamts (Treasury Solicitors) sowie durch den britischen Permanent Representative in Brüssel, David Hannay. Die Gruppe behandelte rechtliche, institutionelle und verhandlungstaktische Fragen im Umgang mit den EG-Institutionen.[264] Unmittelbar arbeitete sie an der britischen Position gegenüber dem Fragenkatalog für die Regierungskonferenz zur Wirtschafts- und Währungsunion, den eine Expertengruppe unter Führung von Élisabeth Guigou, Mitterrands Sonderbeauftragter für europäische und internationale Wirtschaftspolitik, erarbeitete. Thatcher lehnte das Vorgehen zwar als verfrüht ab, ließ aber eine britische Beteiligung zu, um eine diplomatische Isolierung zu vermeiden.[265]

Eine zweite stärker technisch ausgerichtete Gruppe unter Vorsitz von Peter Middleton arbeitete an Alternativen zum Delors-Bericht. Sie bestand überwiegend aus Schatzamt-Angehörigen, von denen einige auch in die erste Gruppe eingebunden waren, und wurde durch Vertreter der Bank of England sowie Thatchers Berater Brian Griffiths ergänzt. Das Foreign Office war nur indirekt über die Teilnahme von John Kerr in persönlicher Funktion eingebunden; das Cabinet Office blieb außen vor.[266] Die Entscheidung, Kerr lediglich in persönlicher Eigenschaft einzubeziehen, bestätigte zwar die politische Dimension der Arbeiten. Zugleich verdeutlichte sie die zentrale Verantwortlichkeit des Schatzamts, die nach

259 Nigel Wicks an Nigel Lawson, 21.6.1989, EMS. Council (or Board) for European Economic and Monetary Co-Ordination, TNA, T 450/602.

260 Alex Allan an Nigel Wicks, 23.6.1989, TNA, T 671/7.

261 John Kerr an Richard Gozney, 7.7.1989, TNA, FCO 30/7907.

262 Protokoll eines Gesprächs zwischen Margaret Thatcher und Nigel Lawson, 29.6.1989, TNA, T 640/1344.

263 John Kerr an Richard Gozney, 7.7.1989, TNA, FCO 30/7907.

264 Protokoll eines Treffens der HMT Co-ordinating Group on Economic and Monetary Union am 24.7.1989, erstellt am 26.7.1989, TNA, T 640/1345.

265 John Major an Paris, 30.8.1989, TNA, PREM 19/2676.

266 Diese Zusammensetzung war bei einem Meeting zwischen Nigel Lawson, Peter Middleton und Terence Burns am 6.7.1989 beschlossen worden. Alex Allan, Protokoll eines Treffens von Nigel Lawson, Peter Middleton, Terence Burns und Nigel Wicks, 6.7.1989, TNA, T 640/1344.

dem Konflikt um Howes und Lawsons Zusammenwirken besonders sorgsam gewahrt wurde. Auf Thatchers Betreiben wurde im September Handels- und Industrieminister Nicholas Ridley – ihr „strongest support" im Kabinett[267] – einbezogen. Ridley lehnte die Wirtschafts- und Währungsunion vehement ab und hielt den WKM-Beitritt nur dann für akzeptabel, wenn er dazu beitrug, weitere Integrationsschritte zu verhindern.[268]

Governor Robin Leigh-Pemberton hatte durch persönliche Intervention beim Schatzkanzler die Beteiligung der Bank of England an den Arbeiten durchgesetzt.[269] Er stand dem Vorhaben eines Alternativplans zur Wirtschafts- und Währungsunion skeptisch gegenüber und bezweifelte in seiner öffentlichen Aussage vor dem Unterhausausschuss TCSC im Juli, dass es eine praktikable Alternative zum Delors-Bericht gebe, und warnte vor einer spekulationsanfälligen, langgezogenen Stufe 1 – sehr zum Unmut von Lawson, der dies als „foolish remarks" bezeichnete.[270]

Die Arbeiten im Schatzamt bezogen sich in erster Linie auf die Währungs-, weniger auf die Wirtschaftsunion, die auch im Delors-Bericht nur am Rande behandelt worden war. In der ersten Sitzung von Peter Middletons Arbeitsgruppe wurden verschiedene Alternativen diskutiert: Einerseits Varianten der EWS-Weiterentwicklung – eine Verengung der WKM-Bandbreiten, die Aufnahme von Nicht-EG-Mitgliedern oder eine gemeinsame Politik gegenüber Dollar und Yen; andererseits neue Modelle wie Hayeks Konzept konkurrierender Währungen, ein Gold- oder Rohstoffstandard und eine engere DM-Bindung aller EG-Währungen. Letzterer Vorschlag wurde in Anlehnung an das historische Vorbild als „Sterling area" bezeichnet, obwohl die D-Mark als Leitwährung fungierte. Als wenig wünschenswerte letzte Option wurde eine lose Variante der Währungsunion erörtert, mit einem Koordinierungskomitee statt einer gemeinsamen Zentralbank. Maßgeblich für die Bewertung der Alternativen war der Grad an Souveränität, den die Mitgliedstaaten jeweils aufgeben müssten.[271] Im August fiel die Entscheidung, nur die Konzepte der Währungskonkurrenz und des Gold- bzw. Rohstoffstandards weiterzuverfolgen; die übrigen Modelle galten als weniger praktikabel oder überzeugend.[272] John Odling-Smee aus dem Schatzamt erarbeitete ein Papier zu diesen beiden Ansätzen.[273] Die Arbeiten liefen unter erheblichem Zeitdruck, da

---

267 Charles Powell an Margaret Thatcher, 19.3.1989, CAC, THCR 1/20/6/6/10.

268 Nicholas Ridley, Memorandum zu EWS und Währungsunion, o. D. (Dezember 1989), TNA, PREM 19/2982.

269 Alex Allan an Nigel Wicks, Vermerk über einen Anruf von Robin Leigh-Pemberton bei Nigel Lawson, 30.6.1989, TNA, T 640/1344.

270 Neil Williams an Margaret O'Mara und Ian Stewart, 11.7.1989, TNA, T 640/1344.

271 Protokoll eines Treffens der HMT Co-Ordinating Group on Economic and Monetary Union am 28.7.1989, erstellt am 1.8.1989, TNA, T 640/1345.

272 Jonathan Taylor an Peter Middleton, 7.8.1989, TNA, T 640/1346.

273 Huw Evans an Nigel Lawson, 4.8.1989, TNA, T 640/1345.

beim informellen ECOFIN im französischen Antibes Anfang September 1989 ein erster Ausblick auf die britische Alternative präsentiert werden sollte. Anfang September beschlossen Thatcher und Lawson, die weiteren Arbeiten auf den Ansatz der Währungskonkurrenz zu konzentrieren, der aus ihrer Sicht am ehesten eine marktbasierte Lösung mit minimalem institutionellen Anpassungsbedarf ermöglichte.[274]

Entwicklung des Ansatzes der konkurrierenden Währungen 1989

Grundlage war Friedrich August von Hayeks Theorie der Währungskonkurrenz aus seinem Werk *Denationalisation of Money* von 1976. Hayek befürwortete darin die Abschaffung des staatlichen Monopols für die Geldschöpfung, da es aus seiner Sicht zur finanzpolitischen Selbstbedienung und zur Verschuldung missbraucht werde und so inflationär wirke. Statt eines staatlichen Emissionsmonopols plädierte er für die Zulassung konkurrierender Währungen, die auch von privaten Emittenten ausgegeben werden könnten. Dieser Wettbewerb sollte stabilere Währungen ermöglichen. Er verband, wie in seinem Œuvre üblich, ökonomische und politische Argumente: Die Aufgabe des staatlichen Monopols für Geld sollte nicht nur Stabilität sichern, sondern auch ein Instrument staatlicher Kontrolle beseitigen, das die Bewegungsfreiheit der Menschen an nationale Währungen band.[275] Explizit für den europäischen Kontext schlug Hayek als kurzfristig umsetzbaren Zwischenschritt die gegenseitige Freigabe der nationalen Währungen vor, zunächst innerhalb der EG. Dies stelle eine „more practicable" Alternative zu der von ihm als „utopian" charakterisierten Einheitswährung dar.[276] Für Thatcher war die Kombination von Stabilitätsorientierung, Wettbewerb und individueller Freiheit ansprechend. Das auf Hayeks Ideen basierende Papier, das unter Lawsons Führung im Schatzamt erarbeitet wurde, pries sie rückblickend als das „geniale Alternativkonzept".[277] Lawsons Plan war jedoch nicht der erste Rückgriff auf Hayeks Währungskonkurrenz – bereits im Juli 1987 hatte der deutsche Ökonom Roland Vaubel sie auf einem Symposium als mögliche EWS-Alternative ins Spiel gebracht.[278]

Lawsons Alternativmodell griff Hayeks Modell in ausgesprochen pragmatischer Form auf. Hayeks Grundgedanke, langfristig das staatliche Monopol der Geldausgabe zu überwinden, stand in diametralem Kontrast zu Lawsons und Thatchers Ziel, die britische Souveränität in der Geld- und Währungspolitik dauerhaft zu

274 Charles Powell an John Gieve, Protokoll eines Gesprächs zwischen Margaret Thatcher und Nigel Lawson am 5.9.1989, erstellt am 6.9.1989, TNA, PREM 19/3741.

275 Hayek, Denationalisation of Money.

276 Ebd., S. 17.

277 Thatcher, Downing Street, S. 987.

278 Roland Vaubel, Kommentar auf dem Symposium New Institutional Arrangements for the World Economy, Juli 1987, TNA, PREM 19/2675.

sichern. Bei aller Befürwortung von Privatisierungsansätzen in anderen Politikfeldern galt ihnen Geld als Kernbestandteil nationaler Identität und staatlicher Befugnisse. So wurde die Idee privater Geldemittenten im Schatzamt kurz diskutiert, aber nie ernsthaft verfolgt.[279] Damit übernahm man den Mechanismus der Währungskonkurrenz, löste ihn aber von Hayeks weitreichender Kernidee der Entstaatlichung. Die EG-Währungen sollten in allen Mitgliedsstaaten frei zirkulieren und als Zahlungsmittel miteinander konkurrieren, der Wettbewerb würde die Regierungen zu stabilitätsorientierter Politik anhalten. Den EG-Partnern ein solches unerprobtes Modell schmackhaft zu machen, war ambitioniert. Statt einer gemeinsamen würden 13 Währungen zirkulieren – die zwölf nationalen sowie der ECU – und es war erklärungsbedürftig, wie dies zur gewünschten Währungsunion führen sollte. Diese erwartbaren Einwände sollten durch möglichst praxisnahe Ausführungen vorweggenommen werden.[280] Die Abstimmung zwischen den Ressorts blieb dabei schwierig. Im Umfeld der Premierministerin entstand der Eindruck, das Schatzamt wolle die Vorschläge ohne Konsultation mit anderen Ministerien erarbeiten.[281] Erst auf Drängen von Nigel Wicks wurde das Foreign Office über die Erläuterungen an die Premierministerin informiert,[282] wobei Außenminister und Beamte Unterlagen nur eingeschränkt erhielten.[283]

Auf dem informellen ECOFIN in Antibes am 9. und 10. September 1989 stießen Lawsons Darlegungen zur Währungskonkurrenz auf verhaltene Reaktionen. Gleichwohl hoffte er, die anderen Finanzminister angesichts wachsender souveränitätspolitischer Bedenken noch überzeugen zu können.[284] Am 11. Oktober wurde eine erste Version des Papiers unter dem Titel *Market Approach to Economic and Monetary Union* vorgelegt, das die Prinzipien von Subsidiarität, Wettbewerb und Preisstabilität betonte. Es sah die WKM-Mitgliedschaft aller EG-Währungen in Stufe 1 vor. Freier Kapitalverkehr, ein gemeinsamer Finanzraum, volle Konvertibilität aller Währungen sowie Kapital- und Arbeitsmobilität sollten die Konvergenz fördern: Um die Abwertung ihrer Währung und daraus resultierende Kapitalabflüsse zu vermeiden, würden die Regierungen eine stabilitätsorientierte Geld- und Fiskalpolitik betreiben, was Regulierungen und Transfers überflüssig mache.

279 Darauf machte unter anderem Ben Patterson aufmerksam: Europe's New Agenda. A Guide to EMU, Oktober 1990, S. 8, CPA, PUB 352/6.

280 Andrew Turnbull, Notiz an Barry Potter, Juni 1990, TNA, PREM 19/2983.

281 Hervorhebung im Original. Charles Powell an Margaret Thatcher, 5.9.1989, TNA, PREM 19/3741.

282 John Kerr an Stephen Wall und Douglas Hurd, 7.9.1989, TNA, FCO 30/7907.

283 John Major an Margaret Thatcher, 5.9.1989, mit handschriftlicher Anmerkung von Nigel Wicks: „FOR PERSONAL USE ONLY. NOT TO BE SHOWN TO FOREIGN SECRETARY", TNA, FCO 30/7907.

284 Nigel Lawson an Margaret Thatcher, 23.9.1989, TNA, PREM 19/3741.

Diese Stufe, so das Papier, würde längere Zeit in Anspruch nehmen, bevor weitere Schritte möglich würden.[285]

Das bedeutete eine Abkehr von bisherigen Grundannahmen der europäischen Währungsintegration. Frühere Modelle hatten stets eine schrittweise Verringerung der Wechselkursschwankungen vorgesehen. Für eine echte Währungskonkurrenz wären jedoch Wechselkursbewegungen notwendig. Komplett aneinandergekoppelte Währungen miteinander konkurrieren zu lassen wäre ebenso sinnlos, wie Sprinter einem Wettkampf austragen zu lassen, ihnen aber zu verbieten, schneller oder langsamer zu laufen als die anderen. Hier lag innenpolitischer Sprengstoff: Thatcher argumentierte, die Währungskonkurrenz sei nur mit frei schwankenden Wechselkursen – also ohne WKM-Bindung – möglich. Aus Lawsons Sicht hingegen boten die Schwankungsbreiten im WKM genug Spielraum für den Wettbewerb. Die WKM-Mitgliedschaft, war er überzeugt, müsse der Ausgangspunkt aller weiteren Überlegungen sein.[286]

Um den Einwänden der EG-Partner zuvorzukommen, stellte das Papier in Aussicht, dass die wettbewerbsfähigste Währung sich durchsetzen und so zur europäischen Einheitswährung werden würde. Zudem betonte es, dass der Ansatz zwar unerprobt, aber in Wahrheit sicherer sei als eine zentral gesteuerte, institutionelle Weiterentwicklung. Denn deren Scheitern könne das gesamte europäische Projekt gefährden, während der marktbasierte Ansatz Flexibilität böte.[287] Insgesamt blieb der Vorschlag ein Balanceakt zwischen Thatchers Vorbehalten und den Erwartungen der EG-Partner. Hier galt die Bundesrepublik als wichtigster Referenzpunkt: Nigel Wicks betonte: „Our paper, if it is to succeed, must sway the Bundesbank and through them the German Government." Deswegen müsse es zumindest einige – auch vertragliche – Schritte zur Währungsunion und eine britische WKM-Mitgliedschaft in Aussicht stellen und zugleich die stabilitätsgefährdenden Elemente des Delors-Berichts betonen. Das führte aber zu Argumentationsproblemen: Denn der Fokus auf harte Stabilitätsprinzipien der Währungskonkurrenz könnte in den inflationsträchtigen Ländern Befürchtungen wecken, ihnen würde ein strikter Austeritätskurs aufgezwungen. Je mehr man die deutsche Seite mit einer Zurückdrängung der sogenannten ‚Weichwährungsländer' aus der geld- und währungspolitischen Entscheidungsfindung lockte, desto mehr Widerstand weckte man bei denjenigen, die den deutschen Einfluss relativieren wollten.[288] Auch Governor Leigh-Pemberton hielt die deutsche Unterstützung für unerlässlich, ging allerdings noch einen Schritt weiter und mahnte, sich nicht

285 Entwurf für das britische Papier, Market Approach to Economic and Monetary Union, 11.10.1989, TNA, PREM 19/3741.

286 Andrew Turnbull an Margaret Thatcher, 9.9.1989, TNA, PREM 19/2982.

287 Entwurf für das britische Papier, Market Approach to Economic and Monetary Union, 11.10.1989, TNA, PREM 19/3741.

288 Nigel Wicks an Nigel Lawson, 11.10.1989, TNA, PREM 19/3741.

grundsätzlich gegen zentrale deutsche Anliegen – Zentralbankunabhängigkeit und die Fixierung der Wechselkurse nach Stufe 1 – zu stellen.[289]

Obwohl das Papier dem Wechselkursmechanismus eine wichtige Rolle zuordnete, konnte sich Thatcher nicht zu einem konkreteren Beitrittsversprechen durchringen. „We must stick to the Madrid position", vermerkte sie kurz nach Vorlage des ersten Entwurfs.[290] Im Oktober bekräftigte sie mit Blick auf eine spätere Version: „I am very happy with the paper – so long as we stick to the Madrid conditions for ERM."[291] Nach Einschätzung des ehemaligen Diplomaten und City-Vertreters Michael Butler spiegelte dieses Verhalten ein Muster wider: Thatcher habe sich nach dem Wahlerfolg von 1987 zunehmend von den Ratschlägen ihrer Minister gelöst und auf ihre vorgefassten Überzeugungen vertraut. Sie habe geglaubt, entschiedener Widerstand genüge, um eine Währungsunion abzuwehren, und Zugeständnisse wie eine WKM-Mitgliedschaft seien daher entbehrlich. Das Scheitern des Werner-Plans der 1970er Jahre habe sie in der Annahme bestärkt, die Staaten würden letztlich stets ihre nationalen Interessen verfolgen.[292]

Von den EG-Partnern wurde der britische Vorschlag mit Skepsis aufgenommen. Er schien ihnen nicht nur unausgereift und riskant, sondern auch praktisch kaum umsetzbar – das drückte sich in Fragen aus, ob alle Rentner in der EG ihre Zahlungen in stabiler D-Mark verlangen könnten oder ob Geschäfte Wechselgeld in zwölf Währungen vorhalten müssten. Die deutsche Unterstützung, auf die Thatcher und das Schatzamt bauten, realisierte sich nicht. Nach Lawsons ersten, noch vagen Ausführungen auf dem ECOFIN in Antibes notierte der deutsche Finanzminister, die Idee sei „sehr problematisch, da sie große Verwirrung schaffen würde".[293] Die Bundesbank bewertete sie intern als „weder politisch machbar noch praktisch durchführbar und auch integrationspolitisch nicht hilfreich". Entweder würden gewohnheitsmäßig nationale Währungen weiterverwendet, oder es entstünde ein Münz-Wirrwar, das eine überhastete Währungsunion ohne ausreichende Stabilitätsmechanismen erzwingen könnte.[294] In Großbritannien stieß der Plan auf ähnlich Kritik. So hielt Peter Leslie von der Barclays Bank fest, er sei zwar technisch innovativ, biete aber keine langfristige Perspektive: „It is therefore open to the charge that it is a strategy without a vision." [295]

Am 25. Oktober 1989 beschlossen Thatcher, Schatzkanzler Nigel Lawson, Außenminister John Major sowie Industrie- und Handelsminister Nicholas Ridley,

---

289 Robin Leigh-Pemberton an Nigel Lawson, 11.10.1989, TNA, PREM 19/3741.

290 Charles Powell an Margaret Thatcher, 13.10.1989, TNA, PREM 19/3741.

291 Paul Gray an Margaret Thatcher, 24.10.1989, TNA, PREM 19/3741.

292 Michael Butler, Interview mit Andrew Crozier, 10.8.1998, HAEU, Voices of Europe Collection, https://archives.eui.eu/en/oral_history/INT565 (30.9.2025).

293 Bericht über die ECOFIN-Tagung in Antibes, 10.11.1989, BArch, B 136/30954.

294 Dörner, Vermerk der Bundesbank: Währungswettbewerb als Weg zur WWU?, 18.9.1989, BArch, B 136/35479.

295 Peter Leslie, Papier zur Wirtschafts- und Währungsunion, 30.11.1990, TNA, FCO 30/7902.

das Papier in *The Evolutionary Approach to EMU* umzubenennen. Zudem wurden auf Thatchers Drängen die Madrider Bedingungen für einen WKM-Beitritt aufgenommen – zum Missfallen des Schatzamts, das nationale Sonderpositionen vermeiden wollte, um den gemeinschaftlichen Charakter des Papiers zu unterstreichen.[296] Dabei war intern klar, dass es vor allem einen taktischen Zweck erfüllte:

> It was agreed that the purpose of the paper was *primarily tactical*: to fulfil our undertaking to put forward an alternative to the Delors report and to *slow down discussion* of EMU within the Community. There would then be at least two options on the table at the European Council in Strasbourg, and the need for our proposals to be properly considered could be adduced as an additional reason for delaying an IGC.[297]

Dass eine Regierungskonferenz sich dauerhaft aufschieben ließe, hielt Nigel Wicks im Schatzamt zwar für unrealistisch. Doch auch im Falle ihres Stattfindens könne der Alternativvorschlag nützlich sein, da er die Diskussion bremsen und Zeit gewinnen könne. Dafür sei jedoch der Eindruck bloßer Obstruktion unbedingt zu vermeiden.[298]

Diese Überlegungen veränderten die EWS-Diskussion. Beobachter wie etwa Harold James bedauerten eine zunehmende Politisierung, mit der die ökonomischen Vorteile in den Hintergrund zu treten drohten: „EMS membership is nothing more than one possible instrument of British policy. […] EMS's attractions lie not in political dreams about a ‚European' future, but in offering a practical way of addressing two endemic British problems: high levels of inflation and high interest rates."[299] Doch die EG-politische Dimension ließ sich kaum ausblenden. Wirtschaftsexperte Gavyn Davies bemerkte im Oktober 1989: „I suspect that what we are observing is the great British EEC debate in yet another disguise; otherwise a technical economic question would not arouse such passion."[300] Damit rückte das umstrittene Konzept der Souveränität in das Zentrum der Auseinandersetzung.

Nigel Lawsons Rücktritt am 26. Oktober 1989 und Auseinandersetzungen in der Partei

Die Differenzen über die WKM-Mitgliedschaft spitzten sich immer weiter zu. Thatchers wiederholte Warnung, das EWS werde unter den Bedingungen des frei-

296 Nigel Wicks an Nigel Lawson, 25.10.1989, TNA, T 450/618.

297 Charles Powell an John Gieve, Protokoll eines Treffens von Margaret Thatcher, Nigel Lawson, John Major und Nicholas Ridley, 25.10.1989, TNA, T 450/618.

298 Nigel Wicks an Nigel Lawson, 26.10.1989, TNA, T 450/618.

299 James, For, S. 21.

300 Gavyn Davies: EMS Proven but Not Painless, Sunday Correspondent, 15.10.1989, abgeheftet in TNA, PREM 19/3741.

en Kapitalverkehrs zusammenbrechen, untergrub die Glaubwürdigkeit von Lawsons Alternativplan, der ausdrücklich auf der WKM-Mitgliedschaft aller EG-Staaten beruhte. Kurz vor der geplanten Veröffentlichung des Papiers am 30. Oktober 1989 eskalierte die ohnehin gespannte Situation. Auslöser war ein biografischer Essay von Thatchers Berater Alan Walters, den er vor Wiederaufnahme seiner Beratertätigkeit für den *American Economist* verfasst hatte.[301] Er wurde in Großbritannien am 18. Oktober durch Simon Holbertons Vorabbericht in der *Financial Times* öffentlich bekannt.[302] Obwohl Holberton primär Walters' Haltung zur Wirtschafts- und Währungsunion darstellte, konzentrierte sich die Berichterstattung auf dessen Beschreibung der EWS-Wechselkursbindung als „half-baked". Die Formulierung wurde breit zitiert, löste sogar parlamentarische Nachfragen aus und festigte den Eindruck fortgesetzter Meinungsverschiedenheiten zwischen Thatcher und ihrem Schatzkanzler.[303]

Es war nicht die erste Auseinandersetzung um Walters' Umgang mit der Presse – bereits in den Jahren zuvor hatten Thatchers Büro und Schatzamt in wiederholt Zurückhaltung angemahnt. Im Juli 1988 hatte Nigel Wicks plakativ gewarnt, selbst ein Interview über Chrysanthemen würde angesichts des Interesses an Thatchers und Lawsons Differenzen verdreht werden, Schweigen sei die sicherste Option.[304] Für Walters, der seine Forschung stets als praxisrelevanten Beitrag zur öffentlichen Debatte verstand, war dies kaum umsetzbar.

Als sich herausstellte, dass er das Manuskript des Artikels selbst an die *Financial Times* weitergegeben hatte – als Ersatz für ein zuvor abgelehntes Interview –, wurde die Situation unhaltbar.[305] Der *Observer* bezeichnete den Text als „astonishingly indiscreet", da er zahlreiche Details über seine Tätigkeit für die Regierung enthielt.[306] Besonders heftig kritisiert wurde die Passage: „My advice has been for Britain to retain its system of flexible exchange rates and to stay out of the present arrangements of the ERM. So far Mrs Thatcher has concurred. [...] It would not be in Britain's or, I believe, Europe's interest to join the present half-baked

301 Ein Skript des Artikels für *The American Economist* findet sich in Margaret Thatchers Unterlagen. Alan Walters, A Life Philosophy, o. D., TNA, PREM 19/3741.

302 Simon Holberton, PM's Economist Adds His Guarded Support, The Financial Times, 18.10.1989.

303 Andrew Turnbull an Margaret Thatcher, 19.10.1989, TNA, PREM 19/3741; Unterhausdebatte zur Wirtschaftspolitik, Hansard HC Deb. Vol. 158, Cols. 685–767, 24.10.1989, https://hansard.parliament.uk/Commons/1989-10-24/debates/3b88b12e-dc63-423c-ad31-3b48f034b9c8/OppositionDay (30.9.2025).

304 Nigel Wicks an Robin Butler, 28.7.1988, Bericht über ein Telefonat mit Alan Walters, TNA, PREM 19/2087.

305 Andrew Turnbull an Margaret Thatcher, 19.10.1989, TNA, PREM 19/3741. Vgl. auch die Gegendarstellung der *Financial Times* unter einem Leserbrief des Ökonomen Esra Bennathan, der den Umgang der Zeitung mit dem Manuskript kritisierte. Fracas in the Media Over Sir Alan Walters, The Financial Times, 27.10.1989.

306 And Sir Alan's Undiluted Wisdom, The Observer, 22.10.1989.

system."[307] Die offizielle Erklärung aus Downing Street, der Artikel sei lange vor Walters Rückkehr nach London entstanden, konnte den Schaden nicht begrenzen. Unklarheiten über den Zeitpunkt der Abfassung waren letztlich nebensächlich: Das Vertrauensverhältnis zwischen Thatcher und Lawson war längst erodiert. Zu groß waren die öffentlich ausgetragenen Differenzen über die WKM-Mitgliedschaft, die Wechselkurspolitik und die taktische Linie in den EG-Verhandlungen zur Wirtschafts- und Währungsunion.

Am Morgen des 26. Oktober 1989 verlangte Schatzkanzler Nigel Lawson eine Unterredung mit der Premierministerin und stellte ein Ultimatum: Entweder Walters' Entlassung oder sein eigener Rücktritt. Margaret Thatcher, die den Vorgang in handschriftlichen Notizen festhielt, lehnte das Ansinnen als „absurd" ab und bekräftigte, Walters sei lediglich Berater, während Lawson als Kanzler die politische Verantwortung trage und entscheide. Dieser hingegen argumentierte, Walters' öffentliche Äußerungen untergrüben seit Langem seine Autorität und machten eine weitere Zusammenarbeit unmöglich. Als Thatcher ablehnte, reichte er seinen Rücktritt ein. In seinem handgeschriebenen Brief erklärte er: „The successful conduct of economic policy is possible only if there is, *and is seen to be*, full agreement between the Prime Minister and the Chancellor of the Exchequer. Recent events have confirmed that this essential requirement cannot be satisfied so long as Alan Walters remains your personal economic adviser."[308]

Kurz darauf trat auch Alan Walters zurück, der seinen Verbleib als Belastung sah – „probably the only instance in history of an economic adviser resigning because his advice was preferred by the head of government."[309] Er bot Thatcher an, ihr weiterhin auf persönlicher Basis beratend zur Seite zu stehen, was sie dankbar annahm.[310] In ihrer handgeschriebenen Antwort betonte sie: „Truth and loyalty are very difficult things to pursue. But, like you, I shall continue to do *just that* for those qualities are essential for leadership and for the good of politics." Sie ergänzte: „I hope you will come to London frequently and contact us so that the friendship which we value so much may continue. And perhaps a little advice too."[311]

Mit dem Rücktritt Lawsons verlor Thatcher nicht nur ihren Schatzkanzler und ihren engsten Berater, sondern auch erheblichen politischen Rückhalt. Innerhalb von drei Monaten waren mit Außenminister Howe und Schatzkanzler Lawson zwei zentrale Kabinettsmitglieder im Streit über die EWS-Frage ausgeschieden.

307 Alan Walters, Kopie des Skripts für den Artikel im American Economist, A Life Philosophy, Oktober 1989, TNA, PREM 19/3741.

308 Hervorhebung im Original. Nigel Lawson an Margaret Thatcher, 26.10.1989, CAC, THCR 1/3/31.

309 Davies, History of Money, S. 461.

310 Alan Walters an Margaret Thatcher, 7.11.1989, CAC, THCR 1/20/6/6/10.

311 Hervorhebung im Original. Margaret Thatcher an Alan Walters, o. D. (November 1989), CAC, WTRS 1/86.

Nach den enttäuschenden Ergebnissen der Europawahl im Juni 1989 traf dies ihre Autorität empfindlich. Der parteiinterne Thinktank Progress Trust warnte, „the P. M. [Prime Minister, JC] could throw the next election away", und kritisierte insbesondere ihre Haltung zur EG.[312] Wie viel Unruhe in der Partei herrschte, wurde im November deutlich: In der jährlich vorgesehenen Wahl der Parteiführung trat Anthony Meyer an. Zwar blieb er mit zehn Prozent der Stimmen (33 zu 314) chancenlos. Doch allein, dass die Wahl zustande kam – 15 Jahre hatte es keine Gegenkandidatur gegeben – verdeutlichte die innerparteiliche Unzufriedenheit.[313] Rund 60 konservative Abgeordnete stimmten nicht für die Premierministerin, weitere 50 nur widerwillig – ein ernstes Warnsignal. Ihr Sekretär für Parlamentsfragen, Mark Lennox-Boyd, konstatierte, besonders die EWS-Politik sorge für wachsenden Unmut.[314]

Nach Lawsons Rücktritt übernahm John Major das Schatzamt – und damit auch die ungelöste EWS-Frage. Major hatte erst drei Monate zuvor Howes Nachfolge als Außenminister angetreten, zuvor war er als Chief Secretary to the Treasury (1987–1989) die Nummer zwei im Schatzamt gewesen.[315] Die Personalie entlastete Thatcher nicht von der EWS-Frage. Denn ab März 1990 setzte sich auch Major für einen raschen EWS-Vollbeitritt ein. Ihm ging es dabei weniger um dogmatische Ansätze – dem *Economist*-Journalisten Mark Schreiber erklärte er, „monetary policy was an art, not a science"[316] – als um eine möglichst wirksame Inflationsbekämpfung und ein positives Signal in den Verhandlungen über die Wirtschafts- und Währungsunion. Gemeinsam mit Douglas Hurd, dem neuen Außenminister und ebenfalls Befürworter eines WKM-Beitritts, verfügte er über eine günstigere Ausgangsposition als sein Vorgänger: Die angeschlagene Premierministerin konnte sich personelle Veränderungen auf zentralen Kabinettsposten vorerst nicht mehr leisten.

Die parteiinternen Spannungen hielten indes an. In einer Rede am 28. Oktober in Bath betonte Geoffrey Howe die Notwendigkeit eines EWS-Vollbeitritts und lobte Lawsons Politik. Powell kritisierte, Howe müsse sich in seiner neuen Funktion gar nicht zum EWS äußern; aus Thatcher Sicht war es eine Rede, die „vor kalkulierter Bösartigkeit nur so strotzte" und gezielt darauf angelegt war, „Unruhe zu stiften".[317] Howe entgegnete, er habe lediglich auf die Madrider Bedingungen ver-

312 Protokoll einer Sitzung des Progress Trust Political Committees, 1.11.1989, CPA, CTT/PT 2/4/1.

313 Andrew Turnbull an Margaret Thatcher, 5.12.1989, CAC, THCR 1/1/50A.

314 Mark Lennox-Boyd an Margaret Thatcher, 8.12.1989, CAC, THCR 1/1/50A.

315 Christopher Huhne, Tougher Conditions Laid Down for British Membership of EMS, The Guardian, 30.10.1989.

316 Alan Houmann, Protokoll eines Gesprächs zwischen John Major und Mark Schreiber am 13.9.1990, erstellt am 14.9.1990, TNA, T 673/80.

317 Thatcher, Downing Street, S. 991.

wiesen und Lawson nur am Rande erwähnt.[318] Die Episode nährte Thatchers Verdacht, Howe untergrabe ihre Position. Weil die Rede zuvor mit Major abgestimmt worden war und Howes Team sie großen Zeitungen als wichtigen Beitrag angekündigt hatte,[319] sah sie darin eine gezielte Provokation.[320]

Der Konflikt verdeutlicht die Brisanz des Themas EWS in der britischen Politik. Thatcher reagierte mit einem viel beachteten ITV-Interview mit Brian Walden, in dem sie die Bedingungen für einen EWS-Vollbeitritt scheinbar weiter verschärfte. Zur Kapitalverkehrsfreiheit fügte sie zusätzliche Anforderungen hinzu, etwa die Freigabe von Fremdwährungsinvestitionen in Pensionsfonds oder die Aufgabe von Subventionen. Ihre spöttische Bemerkung über ein „higgledy-piggledy set of rules" in anderen EG-Staaten galt Kritikern als weiteres Beispiel mangelnden Fingerspitzengefühls in der Europapolitik.[321] Das Schatzamt bewertete die erneute Kursänderung als unglücklich; Peter Middleton und John Odling-Smee bemühten sich daher, Thatchers Äußerungen als bloße Präzisierung der Madrider Bedingungen zu deuten.[322]

Veröffentlichung des Alternativplans der konkurrierenden Währungen

Nach Lawsons Rücktritt war es an John Major, das Alternativkonzept der Währungskonkurrenz zu veröffentlichen. Anstelle des ursprünglich vorgesehenen 30. Oktober wählte er als Anlass die Unterhausdebatte zur Währungsunion am 2. November. Am Nachmittag des 1. November erhielten die EG-Finanzminister wie üblich eine Ankündigung, das Papier selbst ging ihnen am Vormittag der Debatte zu.[323] Auch konservative EDG-Abgeordnete wurden mit Informationsunterlagen versorgt, um ihre Unterstützung zu sichern.[324] Jede Unterstützung war nötig: Die letzte Sitzung der Expertengruppe unter Élisabeth Guigous Vorsitz, die die Regierungskonferenz zur Wirtschafts- und Währungsunion vorbereitete, hatte gezeigt, dass keine Delegation den britischen Vorschlag für praktikabel hielt. Der Permanent Representative David Hannay berichtete aus Brüssel: „it is clear that the UK's forthcoming paper on the later stages of EMU will not get an easy ride."[325]

Majors Unterhausrede, die er in enger Abstimmung mit der Premierministerin vorbereitet hatte,[326] sollte die britischen Vorbehalte verdeutlichen, aber zugleich

---

318 Howe, Conflict, S. 606 f.

319 Terry Perks an Margaret Thatcher, 3.11.1989, CAC, THCR 1/3/32.

320 Wyatt, Journals, Bd. 2, 29.10.1989, S. 182 und ebd., 31.10.1989, S. 183.

321 Margaret Thatcher, Interview mit Brian Walden für ITV, 28.10.1989, MTF, https://www.margaretthatcher.org/document/107808 (30.9.2025).

322 David Peretz an Nigel Wicks, 30.10.1989, TNA, T 450/619; John Odling-Smee an David Peretz, 30.10.1989, TNA, T 450/619; Robert Evans an John Odling-Smee, 31.10.1989, TNA, T 450/619.

323 Jonathan Taylor an Nigel Wicks, 27.10.1989, TNA, T 450/618.

324 Andrew Tyrie an John Major, 31.10.1989, TNA, T 450/619.

325 David Hannay an FCO, 27.10.1989, TNA, PREM 19/3741.

326 Charles Powell an Jonathan Taylor, 1.11.1989, TNA, T 450/619.

demonstrieren, dass die Regierung als „good Europeans" handelte.[327] Er betonte, ein Bericht „from a group of technical monetary experts" könne die politischen Implikationen nicht erfassen, die jedoch wesentlich für die Entscheidungsfindung seien. Das stand im Widerspruch zur EWS-Diskussion, in der wirtschaftliche Kriterien explizit den politischen vorgezogen wurden. Die Ausgestaltung der Währungsunion, so Major, entscheide über die künftige Gestalt der Gemeinschaft: ein föderales Europa oder – wie von Großbritannien angestrebt – eine engere Partnerschaft souveräner Nationalstaaten. Die Währungskonkurrenz stellte er als konsequente Weiterentwicklung der bisherigen EG-Währungskooperation dar: „Our paper proposes that we should take the market approach of stage 1 forward to its logical conclusion rather than switching in mid-stream to a bureaucratic and centralised plan."[328]

Die Regierung wertete die anschließende Unterhausdebatte als Erfolg. Auch führende Oppositionsvertreter äußerten Vorbehalte gegenüber dem Delors-Bericht, sodass Thatcher einen breiten Konsens im Unterhaus reklamieren konnte. Das Foreign Office meldete an die EG-Vertretungen einen „striking all-party consensus [...] in rejecting stages 2 and 3 of the Delors report." Schattenkanzler John Smith hatte den Delors-Bericht als zu schematisch kritisiert und Zentralbankunabhängigkeit sowie bindende Haushaltsregeln als undemokratisch zurückgewiesen; SDP-Anführer David Owen die „federalist route" verworfen; Liberaldemokrat Alan Beith trotz Befürwortung einer Währungsunion Eingriffe in nationale Haushalte abgelehnt.[329]

Unerwähnt blieben in den Erfolgsmeldungen jedoch die scharfen Einwände gegen die Währungskonkurrenz. John Smith ätzte, der für Zeichnungen grotesker Maschinen bekannte Karikaturist Heath Robinson hätte seine helle Freude an diesem komplizierten Modell gehabt. Es gehe, so Smith, mit horrenden Transaktionskosten einher und fördere gerade jene Dominanz der D-Mark, die die Regierung angeblich verhindern wolle.[330] Auch Alan Beith sah darin ein „recipe for the deutschmark to be the predominant and successful competing currency and for the Bundesbank to be Europe's central bank".[331] David Owen nannte das Konzept zwar im Prinzip begrüßenswert, sah es nach den verhaltenen Reaktionen in Antibes jedoch bereits als „non-runner".[332] Der Hauptkritikpunkt wurde in der Debat-

327 Moira Wallace an Charles Powell, 2.11.1989, Entwurf der Rede des Schatzkanzlers für die Debatte im Unterhaus zur europäischen Währungspolitik, TNA, PREM 19/3741.

328 Hansard HC Deb. Vol. 159, Cols. 488–492, 2.11.1989, https://hansard.parliament.uk/Commons/1989-11-02/debates/7145d684-df95-45f6-b0b6-a3793f4fb127/CommonsChamber (30.9.2025).

329 Douglas Hurd an die britische Botschaft in Paris, 3.11.1989, TNA, PREM 19/3741.

330 Hansard HC Deb. Vol. 159, Cols. 504 f., 2.11.1989, https://hansard.parliament.uk/Commons/1989-11-02/debates/7145d684-df95-45f6-b0b6-a3793f4fb127/CommonsChamber (30.9.2025).

331 Hansard HC Deb. Vol. 159, Col. 541, 2.11.1989, https://hansard.parliament.uk/Commons/1989-11-02/debates/7145d684-df95-45f6-b0b6-a3793f4fb127/CommonsChamber (30.9.2025).

332 Hansard HC Deb. Vol. 159, Col. 522, 2.11.1989, https://hansard.parliament.uk/Commons/1989-11-02/debates/7145d684-df95-45f6-b0b6-a3793f4fb127/CommonsChamber (30.9.2025).

te mehrfach wiederholt: Es sei völlig unklar, ob sich eine dominante Währung – aller Wahrscheinlichkeit nach die D-Mark – durchsetzen würde oder ob aus Gewohnheit die nationalen Währungen weiterverwendet würden.[333]

Mit der Unterhausdebatte begann zugleich eine gezielte Kommunikationskampagne. John Major veröffentlichte einen seiner seltenen Namensartikel im *Correspondent*, wieder in enger Abstimmung mit der Premierministerin. Statt auf Zentralismus und Bürokratie, betonte er, sei der britische marktbasierte Ansatz auf Demokratie und Vielfalt ausgerichtet. „Excellent – straightforward & direct", notierte Thatcher dazu und wiederholte in einer langen handschriftlichen Anmerkung ein Kernargument ihrer Rede in Brügge 1988: Es sei ironisch, dass die EG ausgerechnet in einer Phase demokratischer Aufbrüche in Osteuropa den Weg undemokratischer Zentralisierung gehe.[334]

Das britische Alternativpapier war in der Hoffnung entworfen worden, äußere Entwicklungen könnten den Enthusiasmus für eine gemeinsame europäische Währung bremsen. Der Mauerfall im November 1989 und die sich abzeichnenden deutsche Wiedervereinigung bewirkten jedoch das Gegenteil: Viele EG-Partner sahen nun eine größere Dringlichkeit, die Währungsunion voranzutreiben. Bereits im Oktober hatten französische Regierungsvertreter gegenüber einer Labour-Delegation ihre Sorge über einen möglichen deutschen „eastward drift" (Finanzminister Pierre Bérégovoy) oder gar einen „state of emergency" (Premierminister Michel Rocard) geäußert, der sich nur durch Fortschritte in der europäischen Währungspolitik eindämmen lasse.[335] Auch Jacques Delors zeigte sich in seiner ersten Unterredung mit dem neuen Außenminister Douglas Hurd besorgt. Kohls Zögern und Genschers Überlegungen, EG-Erweiterung und Vertiefung zu verbinden, deuteten für ihn auf „pan German tendencies" in Richtung Österreich, Polen und Osteuropa hin, denen nur durch eine Vertiefung der Integration, insbesondere im Währungsbereich, zu begegnen sei. Zwar bemühe sich Delors, so die Einschätzung des Foreign Office, das britische Papier nicht offen zu verwerfen; nutze aber die Perspektive der deutschen Wiedervereinigung als Argument für seine Position.[336]

Die Entwicklung vertiefte den Interessengegensatz zwischen jenen EG-Staaten, die eine Relativierung der deutschen währungspolitischen Dominanz durch eine gemeinsame Geldpolitik anstrebten, und der britischen Regierung, die darin eine Bedrohung für Souveränität und demokratische Verantwortlichkeit sah. Kurzzeitig deutete sich Ende 1989 ein Zusammengehen von Thatcher und dem ebenfalls

333 Cohen, Geography of Money, S. 135 f.

334 Moira Wallace an Charles Powell, 9.11.1989, Übersendung des Artikelentwurfes von John Major für den Correspondent, TNA, PREM 19/3741.

335 Ewen Fergusson, Vermerk über ein Gespräch von Labour-Abgesandten mit dem französischen Premierminister Michel Rocard, 17.10.1989, TNA, T 671/7.

336 Stephen Wall, Protokoll eines Abendessens von Douglas Hurd und Jacques Delors am 5.11.1989, erstellt am 6.11.1989, TNA, T 450/621.

besorgten Mitterrand an, um den Prozess zu bremsen.[337] Doch Anfang 1990 verlagerte der französische Präsident sich darauf, ein wiedervereinigtes Deutschland in feste europäische Strukturen einzubinden, während Thatcher ihre Skepsis in zunehmend drastischen Tönen öffentlich vortrug, ohne jedoch eine vergleichbare konstruktive Strategie zum Umgang mit den neuen Gegebenheiten anzubieten. Eine Währungsunion, argumentierte Thatcher, würde die deutsche Dominanz nicht einhegen, sondern ihr im Gegenteil zum Durchbruch verhelfen. Ihre Haltung rückte sie jedoch zunehmend in die Rolle der Bedenkenträgerin ohne echte Zukunftsperspektive, die Allianzen mit den anderen europäischen Ländern erschwerte.[338]

Auch die angestrebte Zusammenarbeit mit der Bundesregierung wurde schwieriger: Angesichts der Wiedervereinigungsdynamik bemühte sich diese umso nachdrücklicher um eine Demonstration ihrer europäischen Verlässlichkeit – eine Unterstützung der britischen Alternative schien dem wenig dienlich. Helmut Schlesinger von der Bundesbank sagte dem britischen Wirtschaftskonsul Bob Bonney: „the German Ostpolitik cast doubts on the FRG good faith in the Community which *propelled* the Government into a *high profile demonstration* of commitment."[339] Zudem belasteten Thatchers Vorbehalte gegenüber der Wiedervereinigung das bilaterale Verhältnis.[340] Aus dem Bundeskanzleramt wurde Unverständnis geäußert, warum für Großbritannien die Währungsintegration keine Lösung darstelle, obwohl für die engere deutsche Einbindung sogar die hergebrachte Stabilität der D-Mark riskiert werde.[341] Auch in der Bundesbank betonte Wolfgang Rieke, Leiter der Internationalen Abteilung, im Gespräch mit dem britischen Botschaftsrat David Broucher: „He wondered why the British, who were in the same state of diminished power as France, did not appear to draw the same conclusions."[342]

Dementsprechend ernüchternd verliefen Konsultationen mit der deutschen Seite. Sie verdeutlichten, dass die Vorschläge zwar als ernsthafter, aber verspäteter Beitrag betrachtet wurden. Selbst Bundesbankvertreter, die im Unterschied zum Auswärtigen Amt keinen festen Zeitplan wünschten, bezweifelten, dass

337 Rödder, Deutschland, S. 157.

338 Larres, Thatcher, S. 374; Geppert, Isolation oder Einvernehmen.

339 Hervorhebung im Original. Christopher Mallaby an FCO, 4.11.1989, TNA, PREM 19/3741.

340 Vgl. zu Thatchers Vorbehalten gegen die deutsche Wiedervereinigung: Geppert, Emotions; ders., Isolation; Smedley, Thatcher; Meyer, Participation; Salmon, United Kingdom; Himmler, Discord; Dodd, Rest Europas; An, Obstructive all the Way; Rödder, Deutschland; Kettenacker, Britain; Klein, Obstructive or Promoting; Deighton, Mitterrand; Jackisch, Eisern gegen die Einheit.

341 Pauline Neville-Jones, Bericht über ein Mittagessen mit Peter Hartmann, 4.8.1989, TNA, FCO 30/7897.

342 David Broucher, Bericht über ein Gespräch mit Wolfgang Rieke, 30.8.1989, TNA, FCO 30/7897.

Marktkräfte allein eine Währungsintegration bewirken könnten.[343] Bundesbankpräsident Karl Otto Pöhl zeigte sich aufgeschlossen: „He agreed with virtually everything in our paper, though the ideas about competition between currencies were not very detailed". Doch auch er hielt, wie der Botschaftsbericht vermerkte, mit einem gewissen „fatalism" eine Regierungskonferenz im Jahr 1990 für unumgänglich.[344]

Ein ähnliches Fazit zogen Vertreter des Schatzamts nach Beratungen im deutschen Finanz- und Wirtschaftsministerium. Ihre Gesprächspartner zeigten zwar Sympathien für ein schrittweises Vorgehen, hielten aber an der etablierten Definition der Währungsunion fest und betrachteten institutionelle Weiterentwicklung sowie Kontrolle der nationalen Haushalte als notwendig – beides versuchte der britische Vorschlag zu vermeiden: „The Germans are clearly not going to support our approach to EMU beyond stage 1. [...] The main debate will be about Delors version of EMU [...]. If we are to have any influence over the form of EMU which eventually emerges, we shall need [...] some work on identifying variances of the Delors formula which are least bad from our point of view."[345] Der britische Europaminister Francis Maude vermeldete nach Gesprächen im Auswärtigen Amt, dass mit dem Auswärtigen Amt und der FDP keine Fortschritte zu erzielen seien.[346] Auch in den Niederlanden[347] und in Frankreich zeigten Gespräche, dass mindestens eine gemeinsam Zentralbank und unwiderruflich fixierte Währung gefordert wurden – was die britische Alternative nicht bot.[348] Schon vor der ersten offiziellen Präsentation im ECOFIN hatte die britische Taktik damit erheblich an Schlagkraft eingebüßt.

Am 13. November 1989 nahmen die EG-Finanzminister den britischen Vorschlag als erörterungswürdig zur Kenntnis, sahen ihn aber nicht als echte Alternative zum Delors-Bericht. Der deutsche Bericht hielt knapp fest: „Die Diskussion machte im Übrigen deutlich, dass GB-Lösungsalternative keine Unterstützung im Rat hat, wenngleich eine Reihe von darin enthaltenen Gesichtspunkten als nützlich und interessant bezeichnet wurden und alle DEL sich dafür aussprachen, die GB-Überlegungen ernsthaft zu diskutieren".[349] Major zeigte sich nach dem ECOFIN „reasonably satisfied". Er habe deutlich machen können, dass die britischen Vorbehalte nicht bloße Obstruktion seien, sondern die Haltung des Unterhauses

---

343 Christopher Mallaby an FCO, 4.11.1989, TNA, PREM 19/3741.

344 Christopher Mallaby an FCO, 10.11.1989, TNA, PREM 19/3741.

345 John Odling-Smee, Vermerk über Gespräche im Wirtschafts- und Finanzministerium am 9.11.1989, erstellt am 10.11.1989, TNA, T 450/621.

346 Christopher Mallaby an FCO, 10.11.1989, TNA, PREM 19/3741; Vermerk über ein Gespräch zwischen Francis Maude und Staatsminister Lutz Stavenhagen, 10.11.1989, BArch, B 136/23550.

347 Richard Allen an Nigel Wicks, 10.11.1989, TNA, T 450/621.

348 Wilf White, Protokoll eines Gesprächs von Schatzamt-*officials* und Michael Jay mit Personen aus dem französischen Trésor, 30.10.1989, TNA, T 450/622.

349 Bericht über die Sitzung des ECOFIN, 13.11.1989, PA AA, B 224-ZA/168780.

spiegelten. In Abstimmung mit Außenminister Douglas Hurd beschloss er, künftig drei Punkte besonders zu betonen: erstens das britische Bekenntnis zum WKM-Beitritt; zweitens die im Delors-Bericht geforderten Souveränitätsübertragungen, die in Großbritannien auf unüberwindliche Ablehnung stießen; und drittens die Notwendigkeit, eine Regierungskonferenz über die Arbeiten der Guigou-Gruppe hinaus vorzubereiten.[350]

Die EWS-Vollmitgliedschaft als Symbol der EG-Strategie

Es wurde zunehmend deutlich, dass der Alternativplan ohne WKM-Beitritt wenig Glaubwürdigkeit besaß, was der EWS-Frage neue politische Brisanz verlieh. Dies machte die Untersuchung zum Delors-Bericht durch das House of Lords European Communities Select Committee deutlich. Hier wurde die Behandlung des WKM-Beitritts als rein ökonomische Frage scharf kritisiert: „the political argument is just as strong, if not stronger. It was clear from the evidence received that the issue has taken on great symbolic significance. United Kingdom membership would be a clear statement that this country is fully committed to the Community." Nur ein Beitritt vor Beginn von Stufe 1 im Juli 1990, so das Fazit, könne eine wirkliche Mitsprache in den EG-Verhandlungen sichern.[351] Auch Geoffrey Howe drängte in seiner neuen Rolle als Deputy Prime Minister weiterhin auf einen raschen Beitritt. Im November 1989 erklärte er in einem Interview: „the more closely we are participating in the exchange rate mechanism and in a sense the sooner we are fully engaged in it, the more likely we are to have a substantial influence on what's happening."[352]

Handels- und Industrieminister Nicholas Ridley, ein Unterstützer von Thatchers Linie, hob in seinem EWS-Papier vom Dezember 1989 ebenfalls die politische Relevanz hervor: „Recently, joining the ERM has been seen as a political gesture; a signal that Britain is prepared to travel along the Delors road; a token of our good European intentions." Er zog daraus jedoch ganz andere Schlüsse. Während Lawson, Howe und ihre Amtsnachfolger Major und Hurd hofften, ein solches Signal könne die EG-Verhandlungen positiv beeinflussen, warnte Ridley davor, Nachgiebigkeit zu signalisieren. Zugleich milderte er seine Gegnerschaft zum WKM-Beitritt, da dieser im Vergleich zu den weltpolitischen Umbrüchen seit 1989 eine „relatively minor question" sei, die pragmatisch anhand der Madrider Konditionen entschieden werden solle.[353] Trotz dieser Auffassungsunterschiede

350 Stephen Wall an John Kerr, 14.11.1989, Protokoll eines Telefonats zwischen John Major und Douglas Hurd, TNA, FCO 30/7885.

351 Baroness Serota an Margaret Thatcher, 30.11.1989, Übersendung Bericht des House of Lords European Communities Select Committee zum Delors-Bericht, TNA, PREM 19/3741.

352 Charles Powell an Margaret Thatcher, 1.12.1989, TNA, PREM 19/2982.

353 Charles Powell an Margaret Thatcher, 1.12.1989, EWS-Papier von Nicholas Ridley, TNA, PREM 19/2982.

herrschte Einigkeit in einem Punkt: Die EWS-Frage ließ sich inzwischen nicht mehr von der EG-Politik trennen.

Im Schatzamt kritisierte Majors Berater Andrew Tyrie den fehlenden strategischen Weitblick. Es sei versäumt worden, die britische Alternative offensiv zu vertreten, sodass sie weithin als „wrecking exercise“ wahrgenommen werde. Während Frankreich und die Bundesrepublik die Währungsunion als Mittel zur Stabilisierung Europas betrachteten und dieses Anliegen effizient verfolgten, agiere die britische Regierung „too tactically and too domestically“: „On EMU the French and Germans are playing geo-politics, we are not.“ Er mahnte: „We cannot rely on economic logic to win our case for us in the EC.“ Auch er sah ohne WKM-Beitritt keine Aussicht auf Erfolg der britischen Verzögerungstaktik.[354] Schatzkanzler Major bezeichnete die Analyse als „very depressing.“[355]

Der Europäische Rat in Straßburg und die Abkehr von der Währungskonkurrenz, Dezember 1989

Angesichts der politischen Brisanz suchte Schatzkanzler John Major eine engere Abstimmung mit Außenminister Douglas Hurd. Vor dem Europäischen Rat in Straßburg (8. bis 9. Dezember 1989) formulierten beide gemeinsam sieben Zielpunkte, die sie jedoch in getrennten Briefen an Thatcher übermittelten.[356] Großbritannien solle weitere Analysen anregen, die Währungskonkurrenz im Gespräch halten, das Tempo zur Vollendung des Binnenmarkts sichern, eine Festlegung auf Stufe 2 und 3 verhindern, ein Enddatum für die Regierungskonferenz vermeiden, Übergangsbedingungen definieren und das Subsidiaritätsprinzip betonen.[357] Thatcher verschärfte die Vorlage um den ausdrücklichen Vorbehalt, Stufe 2 und 3 weder bei einer Konferenz 1990 noch danach zu akzeptieren.[358]

Im Schatzamt stieß diese pauschale Ablehnung auf Kritik. Nigel Wicks warnte, damit nehme sich Großbritannien jeden Verhandlungsspielraum und den EG-Partnern jeden Anreiz zum Kompromiss.[359] Das Ministerium wollte zwar das Gesamtpaket, nicht aber jedes einzelne Element der späteren Stufen zur Wirtschafts- und Währungsunion zurückweisen, um als Verhandlungspartner im Spiel zu bleiben. Dadurch solle Zeit gewonnen werden, in der Differenzen unter den Mitgliedstaaten wachsen könnten. Das Foreign Office befürchtete allerdings, dies

354 Andrew Tyrie an John Major, 21.11.1989, TNA, T 450/622.

355 John Gieve an Andrew Tyrie, 23.11.1989, TNA, T 450/623.

356 Richard Allen an John Gieve, 23.11.1989, Übersendung eines Briefentwurfes an Charles Powell, TNA, T 450/623.

357 John Gieve an Charles Powell, 24.11.1989, TNA, T 450/623; Stephen Wall an Charles Powell, 24.11.1989, TNA, T 450/623.

358 Charles Powell an John Gieve, 27.11.1989, TNA, T 450/623.

359 Margaret Brown an Nigel Wicks und John Major, 29.11.1989, TNA, T 450/623; Nigel Wicks an John Major, 29.11.1989, TNA, T 450/623.

könne als Obstruktion erscheinen. Beide Ressorts teilten jedoch die Sorge, Thatcher könne die mühsam gefundene Linie der WKM-Beitrittsbedingungen verschärfen und damit die Verhandlungsposition untergraben.[360] „Our paper on the evolutionary approach is predicated on developing the ERM", mahnte Wicks. „If it looked as if we were trying to denigrate the ERM, we would simply denigrate our paper."[361] John Kerr im Foreign Office betonte, grundsätzlich Kritik am WKM müsse vermieden werden, oder „the whole edifice of thinking underlying our paper falls to the ground."[362]

Der Europäische Rat in Straßburg erwies sich als schwieriges Treffen. Neben der Währungsunion belastete auch die geplante Sozialcharta die Beziehungen zu den EG-Partnerstaaten. Jacques Delors' Initiativen in diesem Bereich und seine Bemühungen um die Einbindung sozialdemokratischer Parteien sowie der Gewerkschaftsbewegung nährten Thatchers Verdacht, die europäische Integration bedeute die Einführung sozialistischer Modelle durch die Hintertür. Zwar gelang es, einen offenen Bruch in der Währungsfrage zu vermeiden. Doch nach intensiven deutsch-französischen Verhandlungen – von denen die britische Regierung erst im Nachhinein erfuhr[363] – gelang die Einigung, zwei parallel ablaufende Konferenzen zur Wirtschafts- und Währungsunion sowie zur Politischen Union einzuberufen.[364] Beide sollten noch 1990 auf Einladung der italienischen Regierung beginnen[365] – ein klarer Rückschlag für die britische Verzögerungstaktik.

Die Bilanz des Treffens fiel gemischt aus. Es wurde deutlich, dass die EG-Partner der Wirtschafts- und Währungsunion angesichts der geopolitischen Umbrüche hohe Priorität einräumten. Als Teilerfolg konnte London jedoch werten, dass Zeitplan und Tagesordnung der Verhandlungen offenblieben, kein Enddatum für die Regierungskonferenzen festgelegt wurde und ein Hinweis auf die Wahrung der „demokratische[n] Kontrolle in den einzelnen Mitgliedsstaaten" in die Schlussfolgerungen aufgenommen wurde.[366] Auch das britische Alternativpapier blieb auf dem Tisch.[367] Dennoch gab es weiterhin substanzielle Kritik am Alternativmodell. Der italienische Finanzminister Guido Carli überreichte John Major beim ECOFIN am 18. Dezember ein Papier, in dem er vor einer Destabilisierung

360 Margaret Brown an John Major, 1.12.1989, TNA, T 450/624.

361 Nigel Wicks an John Major, 1.12.1989, TNA, T 450/624.

362 Richard Allen an John Gieve, 4.12.1989, Bericht über ein Gespräch mit John Kerr, TNA, T 450/624.

363 Pauline Neville-Jones, Vermerk über ein Telefonat mit Dietrich von Kyaw, 11.12.1989, TNA, T 450/625.

364 Vgl. dazu Loth, Between France and the Bundesbank, S. 342 f.

365 Schlussfolgerungen des Europäischen Rates in Straßburg, 8./9.12.1989, https://www.consilium.europa.eu/en/european-çouncil/conclusions/1992-1975/ (30.9.2025).

366 Schlussfolgerungen des Europäischen Rates in Straßburg, 8./9.12.1989, https://www.consilium.europa.eu/de/european-council/conclusions/1992-1975/ (30.9.2025).

367 Murdo McLean an FCO, 9.12.1989, Bericht über Ablauf und Ergebnisse des Europäischen Rats in Straßburg, TNA, T 450/625.

durch die Währungskonkurrenz warnte. Es gebe keinen historischen Präzedenzfall für die gleichzeitige Verwirklichung fester Wechselkurse, Kapitalverkehrsfreiheit und unabhängiger Geldpolitik.[368] Das Schatzamt widersprach mit Verweis auf die anglo-irische Währungsunion und auf Hongkong, das seine Währung an den US-Dollar gebunden hatte, musste intern jedoch einräumen, dass die Gegenargumente stichhaltig seien und voraussichtlich auch von anderen aufgegriffen würden.[369]

Mit dem Straßburger Treffen war deutlich geworden, dass der Alternativvorschlag die Unterstützung für den Delors-Plan nicht würde aufbrechen können. Weder erhielt er nennenswerte Rückendeckung noch veranlasste er andere Mitgliedstaaten zu eigenen Alternativentwürfen. Nigel Wicks Arbeitsgruppe im Schatzamt warnte daher, die britische Strategie für die bevorstehende Regierungskonferenz könne sich nicht länger allein auf die Währungskonkurrenz stützen.[370] Der Vorschlag befriedige weder den Wunsch nach institutioneller Entwicklung noch entspreche er der weithin akzeptierten Definition einer Währungsunion. Wicks sah nur zwei Optionen: das Festhalten an der Währungskonkurrenz mit dem Risiko völliger Isolierung – oder eine Weiterentwicklung, die den Vorstellungen der Partner hinreichend entgegenkäme, um als ernsthafte Alternative zu gelten.[371]

Die Vorschläge für einen harten ECU, 1989–1990

Eine solche neue Alternative brachte Nigel Wicks Ende November 1989 ins Spiel: ein Papier von Paul Richards, Direktor der Bank Samuel Montagu & Co. und Mitglied des British Invisible Exports Council, der die Interessen der City in der EG vertrat.[372] Richards war in Wirtschaftsnetzwerken in Brüssel aktiv und stand in engem Austausch mit Befürwortern einer britischen EWS-Vollmitgliedschaft.[373] Sein Papier, *An Evolutionary Approach to an Inter-Governmental Conference on EMU*, hatte er für das Bank of England City Economists' Committee erarbeitet. Ziel war ein konsensfähiger, marktorientierter Vorschlag für die Regierungskonferenz, der dem Subsidiaritätsprinzip verpflichtet blieb und der Inflationsbekämpfung diente. Das Papier sah die Einrichtung eines Europäischen Währungsfonds (EWF) vor, der die Verwaltung des EWS übernehmen, Wechselkurse festlegen und den ECU ausgeben sollte – jedoch ohne eigene geldpolitische Befugnisse. Die

368 Guido Carli, The Evolution Towards Economic and Monetary Union. A Response to the HM Treasury Paper, Dezember 1989, TNA, T 450/626.

369 John Odling-Smee an David Peretz, 22.12.1989, TNA, T 450/626.

370 Nigel Wicks an John Gieve, Übersendung eines Briefentwurfes an die Premierministerin, 28.11.1989, TNA, T 450/623.

371 Nigel Wicks an Margaret Brown, 10.11.1989, TNA, T 450/677.

372 Nigel Wicks an Huw Evans, 28.11.1989, TNA, T 450/623.

373 N. R. Collier, Vermerk über das Centre for European Policy Studies, 8.8.1988, BoE 8A249/2.

Verantwortung läge weiterhin bei den nationalen Zentralbanken, sodass die Kontrolle faktisch intergouvernemental bliebe. Zudem sollte der bisher variable ECU-Währungskorb fixiert und als Parallelwährung ausgegeben werden, die jederzeit gegen nationale Währungen eintauschbar war und schrittweise zu einer stabilen europäischen Währung erstarken sollte. Besonders attraktiv erschien aus britischer Sicht, dass sich London als potenzieller Sitz des EWF anbot.[374] Der entscheidende Unterschied zur Währungskonkurrenz, betonte Richards, sei „chiefly political": Während die Konkurrenz nationaler Währungen die Vorherrschaft der D-Mark zementiere, böte der harte ECU eine europäische Lösung, die Stabilität mit gemeinschaftlicher Kontrolle verband.[375]

Mit der faktischen Zurückweisung des ersten britischen Alternativvorschlags rückte der Hard-ECU-Plan ins Zentrum. Wesentlicher Treiber war Michael Butler, Direktor der Hambros Bank und ehemaliger britischer Permanent Representative bei der EG in Brüssel. Als Diplomat hatte er maßgeblich an den EG-Beitrittsverhandlungen 1973 sowie an den Verhandlungen über den britischen Haushaltsrabatt von 1984 mitgewirkt und genoss Thatchers Respekt. 1988 hatte er auf Bitte des Governors der Bank of England, Robin Leigh-Pemberton, den Vorsitz des British Invisible Exports Council (BIEC) übernommen, in dem Bank of England, City und Schatzamt die Interessen der britischen Finanzdienstleister in der EG abstimmten. Dort versuchte Butler nach eigener Darstellung, die absehbaren Konflikte über das Ziel der Währungsunion zu moderieren.[376] Er warb bei Schatzkanzler, Außenminister und Premierministerin für einen konstruktiven Ansatz, um eine für den Finanzdienstleistungssektor schädliche Isolierung in der EG zu vermeiden.[377] Aus seiner Sicht bot die Weiterentwicklung bestehender Institutionen die beste Chance, nationale Souveränität zu wahren und zugleich die Entwicklung der Währungsintegration aktiv mitzugestalten.[378] Mit Paul Richards' Konzept konnte er anstelle bloßer Warnungen einen ausgearbeiteten Gegenvorschlag präsentieren. Ab Winter 1989/90 überarbeitete er gemeinsam mit Richards dessen Papier und brachte es über seine Kontakte in die politische Diskussion ein.[379]

---

374 Paul Richards, Memorandum, An Evolutionary Approach to an Intergovernmental Conference on EMU, 22.11.1989, TNA, T 450/763.

375 Protokoll eines Gesprächs zwischen Nigel Wicks, Joe Grice, A. D. McIntosh und Paul Richards, 24.11.1989, TNA, T 450/763.

376 Michael Butler, Interview mit Andrew Crozier, 10.8.1998, HAEU, Voices of Europe Collection, https://archives.eui.eu/en/oral_history/INT565 (30.9.2025).

377 Michael Butler an Margaret Thatcher, 21.10.1986, TNA, PREM 19/2162; Jonathan Taylor an Charles Powell, 7.7.1989, Bericht über ein Telefonat zwischen Nigel Lawson und Michael Butler, TNA, PREM 19/2676.

378 Michael Butler an Margaret Thatcher, Memorandum, Discussion of EMU at the Strasbourg European Council in December, November 1989, TNA, T 450/623.

379 HANNAY, Butler.

Mit der Ablehnung der Währungskonkurrenz durch die EG-Partner wuchs das Interesse an Richards' und Butlers Plan. Eine Schatzamt-Besprechung am 28. Februar 1990 stellte ernüchtert fest, die Versuche, eine Währungsunion ohne institutionelle Reformen zu propagieren, seien gescheitert: „the central thesis that an eventual monetary union need not entail a single monetary policy, or any common institutional framework, has evoked no governmental support." Selbst Staaten mit ähnlichen Bedenken wie die Niederlande oder Dänemark seien nun bereit, ohne Großbritannien voranzugehen.[380] Damit wurde deutlich, dass die bisherige Taktik nicht zum Ziel führte.[381] Ein Bericht der Wicks-Gruppe zu den technischen Aspekten der Währungsunion forderte angesichts der beschleunigten Integrationsdynamik neue Allianzen und ein tragfähiges Konzept. In der Sprache dieser internen Papiere spiegelte sich bereits die wachsende Entfremdung: Der Begriff *communautaire* wurde spöttisch gebraucht, und martialische Metaphern wie „firebreaks" gegen ungebremste Integration standen für ein Gefühl drohender Überwältigung. Zugleich herrschte Resignation: die meisten Mitgliedstaaten seien „determined to get on with the IGC [...] in order to demonstrate that, at least on paper, development of the Community is continuing."[382]

Dennoch hielt Major auf dem ECOFIN-Treffen Ende März 1990 noch an der Währungskonkurrenz fest.[383] Das Treffen machte jedoch die zunehmende Marginalisierung dieses Ansatzes deutlich. Der von der Europäischen Kommission vorgelegte Entwurf zur Wirtschafts- und Währungsunion wandte sich ausdrücklich gegen das britische Modell, da es „zur Dominanz der D-Mark führen müsse".[384] Auch der Währungsausschuss sprach sich für ein Vorgehen mit institutioneller Vertiefung aus – ein Signal, dass die Diskussion über technische Alternativen faktisch beendet war.[385]

Damit gewann Richards' Konzept, das Michael Butler Ende März an Premierministerin, Schatzkanzler und Außenminister sandte, an Gewicht. Thatchers Private Secretary Charles Powell räumte ein, nach Einberufung der Regierungskonferenz werde irgendeine Form institutionellen Wandels wohl unvermeidlich sein.

---

380 Wilf White an 10 Downing Street, 28.2.1990, Übersendung des Berichts der HMT Co-Ordinating Group on Economic and Monetary Union, Next Steps on EMU. A Report to Ministers, TNA, PREM 19/2982.

381 John Gieve an Charles Powell, 12.2.1990, TNA, PREM 19/2982.

382 Wilf White an 10 Downing Street, 28.2.1990, Übersendung des Berichts der HMT Co-ordinating Group on Economic and Monetary Union, Next Steps on EMU. A Report to Ministers, TNA, PREM 19/2982.

383 John Major an Margaret Thatcher, 23.3.1990, TNA, PREM 19/2982.

384 Schlüter an Karl Otto Pöhl und Hans Tietmeyer, Vermerk zu den WWU-Überlegungen der Kommission am 13.3.1990, erstellt am 14.4.1990, PA AA B 224-ZA/168737.

385 Wilhelm Schönfelder, Vermerk über die Europäische Wirtschafts- und Währungsunion, Bericht des EG-Währungsausschusses, 25.3.1990, PA AA, B 224-ZA/168737; EG-Währungsausschuss, Economic and Monetary Union Beyond Stage 1 – Orientation for the Preparation of the Intergovernmental Conference, 12.3.1990, PA AA, B 224-ZA/168737.

Der Vorschlag erschien als möglicher Kompromiss: eine institutionell verankerte, aber marktorientierte Währungsordnung ohne supranationale Zentralbank.[386] Richards' Papier, *The Next Stage in an Evolutionary Approach to Monetary Union*, wurde im Rahmen des British Invisible Exports Council (BIEC), des wirtschaftsnahen Gremiums zur Förderung britischer Dienstleistungs- und Finanzexporte, überarbeitet. Das Dokument präsentierte sich nicht als Gegenentwurf, sondern als Ergänzung zur Währungskonkurrenz. Neben den nationalen EG-Währungen würde ein gehärteter ECU, der niemals abwerten dürfe, in der EG kursieren. Butler betonte zugleich, der Plan könne nur glaubwürdig platziert werden, wenn Großbritannien das Fernziel einer Währungsunion zumindest rhetorisch akzeptiere und in Stufe 1 dem WKM beitrete. Thatcher hoffte hingegen, ein Bekenntnis zur Währungsunion vermeiden zu können.[387]

Die EWS-Debatte lief parallel weiter, ließ sich aber kaum noch von diesen Überlegungen trennen. Einen Tag nach dem Eingang des Papiers von Richards und Butler verwarf Thatcher im Gespräch mit ihrem Schatzkanzler erneut einen WKM-Beitritt. Sie argumentierte, die in Madrid formulierten Bedingungen seien nicht erfüllt und die Auswirkungen der bevorstehenden Einführung der D-Mark in der DDR müssten abgewartet werden. Obwohl Major die Sorge teilte, ein verbindlicher Stichtag könne Spekulationen auslösen, hielt er die baldige Erörterung möglicher Termine mit Blick auf die EG-Entwicklungen für unumgänglich: „the issue was closely related to the necessary preparations for the Inter-Governmental Conference later this year." Major sah den WKM-Beitritt als Voraussetzung für eine wirksame Mitsprache, während Thatcher befürchtete, er könne als Zustimmung zur Einheitswährung missverstanden werden.[388] Gleichzeitig betonte Major die wirtschaftlichen Vorteile eines Beitritts, der als positives Signal an die Märkte die Glaubwürdigkeit erhöhen und dadurch Zinssenkungen bei gleichzeitiger Wechselkursstabilisierung ermöglichen könne. Damit zielte er auch auf die innenpolitische Problematik vieler Hauseigentümer, die im Rahmen des 1980 von der konservativen Regierung eingeführten *Right to Buy*-Programms[389] ihre vormals kommunalen Wohnungen erworben hatten. Da viele Hypotheken variabel verzinst waren, führten steigende Zinsen bei gleichzeitig fallenden Hauspreisen zu einer wachsenden Verschuldungslast. Major verband seine Appelle somit mit

386 Charles Powell an Paul Gray und Andrew Turnbull, 7.3.1990, TNA, PREM 19/2982.

387 Michael Butler an Margaret Thatcher, 28.3.1990, TNA, PREM 19/2982.

388 Paul Gray an John Gieve, Protokoll eines Gesprächs zwischen Margaret Thatcher und John Major, 29.3.1990, TNA, PREM 19/2982.

389 Rechtlich verankert wurde das Programm mit dem Housing Act von 1980. Ortolano, Begrudging Neoliberalism; Davies, Right to Buy; King, Housing; Jackson, Property-Owning Democracy; Malpass, Housing.

einer doppelten Argumentationslinie: europapolitisch als Schritt zur Mitsprache, innenpolitisch als Weg zu den niedrigeren Zinsen, die Thatcher anstrebte.[390]

Anfang April kündigte Major der Premierministerin ein Memorandum zur Wirtschafts- und Währungsunion an, mit dem er einen Ansatz präsentieren wollte, der bei Wahrung der britischen Mitsprache die Stufen 2 und 3 vermeiden sollte. Zugleich betonte er erneut die Notwendigkeit eines WKM-Beitritts.[391] Thatcher widersprach: Sie sah Europa an einer Weggabelung zwischen einem zentralistischen und einem dezentralen, auf nationalen Verfassungen beruhenden Modell. Zur Untermauerung verwies sie auf das Plädoyer von Frank Vibert, dem stellvertretenden Direktor des Institute of Economic Affairs, für Kooperation durch Verträge und multilaterale Abkommen statt durch eine europäische Regierung.[392] Sie warnte vor einem Dammbruch: „There were serious dangers in the UK adopting a posture which implied that moves beyond ERM membership towards further economic and monetary integration could be contemplated." Während Major vor einer Fundamentalopposition zu Stufe 2 und 3 warnte, hoffte Thatcher immer noch, mit Unterstützung der Bundesbank Zugeständnisse vermeiden zu können: „if we made that position absolutely clear it was likely that, under pressure from the Bundesbank, Germany would also decline to move to further stages." Die WKM-Mitgliedschaft blieb für Major ein taktisches Verhandlungsinstrument; für Thatcher wurde sie zur Grundsatzfrage. Eine Währungsunion, so ihre Befürchtung, würde „tight centrally controlled blocks of countries" fördern und damit Freihandel und den GATT-Prozess gefährden.[393] Entsprechend wuchs ihr Interesse an globalen Alternativen wie dem von Alan Walters vorgeschlagenen Rohstoffstandard.[394]

Trotz ihrer unterschiedlichen Auffassungen bemühten sich Thatcher und Major gleichermaßen, den Einfluss des Foreign Office in Währungsfragen zu begrenzen. Beide lehnten einen Vorstoß von Außenminister Douglas Hurd ab, der im März 1990 im Kabinettsausschuss für Europafragen die Einrichtung einer Arbeitsgruppe zur Entwicklung einer Kommunikationsstrategie vorgeschlagen hatte. Im Schatzamt hieß es dazu unmissverständlich: „It is clearly out of the question for the FCO to start a new lobbying exercise on EMU with other member states until substantive questions of policy have been decided."[395] Major stellte Hurd jedoch

390 Paul Gray an John Gieve, Protokoll eines Gesprächs zwischen Margaret Thatcher und John Major, 29.3.1990, TNA, PREM 19/2982.

391 Paul Gray an John Gieve, 5.4.1989, Protokoll eines Gesprächs zwischen Margaret Thatcher und John Major, TNA, PREM 19/2982.

392 Vibert, Constitutional.

393 Paul Gray an John Gieve, Protokoll eines Gesprächs zwischen Margaret Thatcher und John Major, 5.4.1989, TNA, PREM 19/2982.

394 Alan Walters an Andrew Turnbull, o. D. (Oktober 1989), TNA, PREM 19/3741.

395 Mary Brown an John Major, 12.3.1990, TNA, T 673/157.

Konsultationen in Aussicht, sobald die Regierungslinie feststand.[396] In 10 Downing Street bekräftigte Charles Powell, Major solle die Arbeiten für die Regierungskonferenz fortsetzen – vorerst ohne Einbindung des Foreign Office oder des Cabinet Secretary.[397] Damit sollte den Versuchen des Foreign Office vorgebeugt werden, stärkeren Einfluss auf die Währungsfragen zu gewinnen, die auf EG-Ebene platziert wurden. Beispielsweise plädierte John Kerr in einem Gespräch mit Dietrich von Kyaw (Auswärtiges Amt) dafür, die Regierungskonferenzen zur Wirtschafts- und Währungsunion und zur Politischen Union zeitlich zu trennen, um seinem Ministerium eine Mitwirkung zu ermöglichen: „Das könne man nicht der Treasury überlassen."[398]

Entwicklung des Opt-in-Ansatzes

Da sich inzwischen selbst traditionell zurückhaltende Zentralbankpräsidenten und Finanzminister – darunter Bundesbankpräsident Karl Otto Pöhl – für die Verwirklichung einer Währungsunion aussprachen, wurde eine neue Strategie erforderlich. In Nigel Wicks' Arbeitsgruppe im Schatzamt wurden verschiedene Optionen diskutiert, von der vollständigen Ablehnung bis zur Vertragsunterzeichnung. Major hielt einen „opting in"-Mechanismus für am aussichtsreichsten. Das *Opt-in*-Modell sah vor, dass ein neuer EG-Vertrag die Definition und Stufen der Wirtschafts- und Währungsunion festschreiben, die Mitgliedstaaten jedoch selbst entscheiden sollten, ob und wann sie beiträten. Dieses Konzept bedeutete ein erhebliches Zugeständnis, da damit erstmals die vertragliche Verankerung zentraler Elemente der Delors-Vorschläge akzeptiert würde. Major wollte so den britischen Handlungsspielraum wahren und zugleich größere Übel – eine politische Union („utterly unacceptable") und eine Stärkung des Europäischen Parlaments – abwehren. Zudem sollte der Ansatz verhindern, dass ein Land zur Teilnahme gezwungen würde. Anders als die später realisierte *Opt-out*-Lösung war das Modell keine Sonderregelung zum Fernbleiben, sondern sah vor, dass jedes Land aktiv den Beitritt erklären musste. Dies hätte eine symbolische Umkehr bedeutet, weil damit nicht die Teilnahme, sondern die Nichtteilnahme den Normalfall dargestellt hätte. Majors Kalkül war, dass mit der gewonnenen Zeit die Begeisterung für die Währungsunion nachließe und auch andere Staaten fernblieben – was die Integrationsdynamik bremsen und zugleich britische Isolierung vermeiden wür-

396 John Major an Douglas Hurd, 15.3.1990, TNA, T 673/157.

397 Charles Powell an John Gieve, 10.4.1990, TNA, PREM 19/2982.

398 Dietrich von Kyaw, Vermerk über die Gespräche zu EG-Themen bei dem deutsch-britischen Gipfel am 30.3.1990, PA AA, B 224-ZA/168737.

de.[399] Allerdings war absehbar, dass es schwer werden würde, Thatcher für die damit verbundene Akzeptanz des Fernziels Währungsunion zu gewinnen.[400]

Auch Thatchers außenpolitischer Private Secretary Charles Powell hielt eine Ablehnung jeglicher Vertragsänderungen und ein Festhalten an der Währungskonkurrenz für nicht länger haltbar. Anders als Major glaubte er jedoch, auch ohne eine grundsätzliche Zustimmung zu Stufe 3 einen Kompromiss finden zu können.[401] Mitte April erörterten Thatcher und Major gemeinsam mit Vertretern des Schatzamts die Zusammenführung von hartem ECU und *Opt-in*-Modell. Major schlug vor, den harten ECU als Stufe 2 zu präsentieren und für Stufe 3 unwiderruflich fixierte Wechselkurse oder eine Einheitswährung in Aussicht zu stellen. Thatcher lehnte es ab, Stufe 3 überhaupt als Ziel zu akzeptieren: „it was simply wrong to be trying to centralise powers in the Community." Sie befürchtete, dies könne als Nachgiebigkeit gewertet werden. Daher wurde beschlossen, in den Arbeiten an einem neuen britischen Alternativpapier nur den Europäischen Währungsfonds und den harten ECU als mögliche Ausgestaltung der bislang kaum definierten Stufe 2 vorzusehen und Stufe 3 auszuklammern.[402]

Bei den Arbeiten entwickelte sich ein Konkurrenzverhältnis zwischen Schatzamt und Michael Butler. Das Schatzamt arbeitete an einem eigenen Konzept zur Weiterentwicklung des ECU und zur Schaffung eines Europäischen Währungsfonds (EWF). Dieser sollte – wie bei Butler und Richards – die Zusammenarbeit im EWS koordinieren, ECU ausgeben und die ECU-Politik gegenüber Drittwährungen festlegen. Anders als in deren Entwurf sollte der ECU jedoch nur gegen nationale Währungen ausgegeben werden, um deutsche Vorbehalte gegenüber möglichen Stabilitätsrisiken zu entschärfen. Die weitergehenden Befugnisse des bisherigen Papiers, so die Kritik, würden den EWF zu einer „fully-fledged, albeit fettered, European Central bank, with the ecu as a fully independent separate currency" machen. Zugleich bemühte sich Major, Butlers Einfluss zu begrenzen. Er empfahl Thatcher, Butler höflich für seinen Beitrag zu danken und ihn zu weiteren Ausarbeitungen zu ermutigen – zugleich aber von den EG-Verhandlungen fernzuhalten.[403] Doch Butler blieb aktiv. Als ehemaliger Diplomat verstand er sich als Bindeglied zwischen Regierung, EG-Politik und City und sah es als seine Aufgabe, den Plan eines gehärteten ECU europaweit zu bewerben. Seine Eigeninitiative führte zu Spannungen.[404] Mehrere EG-Partner hielten das gemeinsame

399 John Major an Margaret Thatcher, 9.4.1990, TNA, PREM 19/2982.

400 John Gieve, Protokoll einer Besprechung zwischen John Major, Peter Middleton und Nigel Wicks am 3.4.1990, erstellt am 9.4.1990, TNA, T 671/28.

401 Charles Powell an Margaret Thatcher, 17.4.1990, TNA, PREM 19/2982.

402 Charles Powell an John Gieve, 18.4.1990, TNA, PREM 19/2982.

403 Tancred Tarkowski an Charles Powell, 19.4.1990, Schatzamt-Memorandum zu Paul Richards Plänen für einen harten ECU, April 1990, TNA, PREM 19/2982.

404 Margaret Brown an John Major, 29.11.1989, Übersendung eines Briefentwurfes an Charles Powell, TNA, T 450/623.

Papier von Butler und Richards irrtümlich für einen offiziellen britischen Beitrag – Jacques Delors führte es sogar in einer Sitzung der Zentralbankpräsidenten als solchen an.[405] Auch in London stieß Butlers Vorgehen auf Kritik: In der Bank of England hieß es bereits im November 1989, „[they] did not think it was any of Sir Michael Butler's business to advise on the tactics".[406]

Wenige Tage nach dem Treffen mit Major besprach Thatcher mit Michael Butler dessen Vorschläge. Sie und Charles Powell hofften, Butler würde – anders als Major – eine Option ohne Akzeptanz des Endziels einer institutionalisierten Währungsunion liefern: „then we have a chance of postponing Stage 3 to the Greek Kalends."[407] Doch nach Rücksprache mit EG-Vertretern, darunter Jacques Delors, kam auch Butler zu dem Schluss: „the only way for the United Kingdom to remain in the game was to accept the goal of permanently fixed parities or a single currency. It would be impossible to get away without having at least the aim of full EMU incorporated in any agreement". Wie Major mahnte er zudem den WKM-Beitritt an. Thatcher blieb jedoch bei ihrer Linie, ohne Positionsänderung auf Zeit zu spielen: „there was no need to take a decision on the final goal or on a single currency at this stage. We did not know what the Community would be like in ten years' time."[408]

Major versuchte weiter, Thatcher von seiner *Opt-in*-Lösung zu überzeugen. Ein im Mai erarbeitetes Schatzamt-Memorandum betonte, der Ansatz vermeide den Eindruck einer bloßen „wrecking tactic", ohne das Parlament festzulegen.[409] Das Foreign Office und die Bank of England wurden bewusst nicht einbezogen – auch wegen unterschiedlicher Prioritäten. Das Schatzamt drängte auf eine frühe Festlegung auf das *Opt-in*, um sich klar von Regelungen zu Stufe 3 zu distanzieren. Das Foreign Office hingegen wollte die Forderung möglichst spät einbringen, um durch den Anschein voller britischer Teilnahme die Verhandlungsposition zu stärken. Das Misstrauen zwischen beiden Ressorts blieb bestehen: Im Schatzamt wurde gar befürchtet, dieses Vorgehen solle zu weitreichenden Zusagen führen, von denen man später kaum noch abrücken könne.[410] Major hielt daher fest, das Unterhaus könne weder auf das „when" noch auf das „whether" einer Währungsunion festgelegt werden. Nigel Wicks wurde mit weiteren Arbeiten zur Frage beauftragt, wann der *Opt-in*-Vorschlag präsentiert werden könne. Diese Überlegungen blieben wegen Thatchers ausstehender Zustimmung jedoch zunächst

405 Tancred Tarkowski an Charles Powell, 19.4.1990, Schatzamt-Memorandum zu Paul Richards Plänen für einen harten ECU, April 1990, TNA, PREM 19/2982.

406 Simon Broadbent an John Kerr, 29.11.1989, TNA, FCO 30/7885.

407 Charles Powell an Margaret Thatcher, 19.4.1990, TNA, PREM 19/2982.

408 Charles Powell an John Gieve, Protokoll eines Gesprächs zwischen Margaret Thatcher und Michael Butler, 20.4.1990, TNA, PREM 19/2982.

409 Tancred Tarkowski, Protokoll eines Treffens von John Major und Schatzamt-*officials* am 21.5.1990, erstellt am 23.5.1990, TNA, T 671/28.

410 David Peretz an John Major, 18.5.1990, TNA, T 673/63.

theoretisch.[411] Auch mit der Bank of England bestanden zunächst Auffassungsunterschiede: Der Delors-Ausschuss hatte Parallelwährung und EWF ausdrücklich verworfen, und Governor Leigh-Pemberton teilte die Bedenken der Bundesbank, eine zeitlich unbegrenzte Stufe 2 könne den Prozess dauerhaft in einer stabilitätsgefährdenden Zwischenphase festhalten. Zudem war er im Ausschuss der EG-Zentralbankpräsidenten an der Ausarbeitung eines Statuts für ein Europäisches Zentralbankensystem beteiligt, dessen Entwürfe eine kurze Stufe 2 vorsahen.[412] Erst nach intensiven Beratungen zeigte sich Leigh-Pemberton zu einer vorsichtigen Unterstützung bereit.[413]

Ende Mai 1990 legte John Major das im Schatzamt erarbeitete Papier vor, das seinen *Opt-in*-Ansatz sowie für Stufe 2 die Einrichtung eines EWF und die Ausgabe eines harten ECU vorsah. Powell warnte die Premierministerin: „You will find it *unpalatable*." Tatsächlich lehnte Thatcher den Ansatz ab, da sie die Akzeptanz von Stufe 3 weiterhin für unvereinbar mit der Parlamentssouveränität hielt. Auf Majors Hinweis, Großbritannien könne in den zweiten Rang der Gemeinschaft abrutschen, entgegnete sie: „What's wrong with that if the other tier is going in the wrong direction".[414] Einen Vertragsabschluss ohne britische Beteiligung hielt sie für unwahrscheinlich, da die Mitgliedstaaten trotz proeuropäischer Rhetorik kaum bereit seien, ihre nationalen Interessen aufzugeben: „Germany and France would have to pay the regional subventions – OR there would be NONE in which case the poorer nations would NOT agree."[415] Sie war überzeugt, man müsse den anderen EG-Staaten nur die politischen und praktischen Schwierigkeiten vor Augen führen, damit sie ihre Haltung revidierten. Powell bestärkte sie darin: „surely this is the sort of guerrilla warfare in which we excel in the community."[416] Damit rückte Großbritannien jedoch zunehmend in die Rolle des destruktiven Mahners ohne konstruktive Gegenstrategie.

Majors Vorschlag ließ zudem Spannungen in der Konservativen Partei erwarten. Thatchers Principal Private Secretary Andrew Turnbull warnte, der vorgesehene WKM-Beitritt könne zwar die Glaubwürdigkeit bei den EG-Partnern stärken, zugleich aber innerparteilichen Widerstand provozieren.[417] Hinzu kam eine gereizte Stimmung, die selbst enge Mitarbeiter als Ausdruck wachsender Frustra-

411 Tancred Tarkowski, Protokoll eines Treffens von John Major und Schatzamt-*officials* am 21.5.1990, erstellt am 23.5.1990, TNA, T 671/28.

412 Schatzamt-Briefing für das Gespräch zwischen John Major und Robin Leigh-Pemberton, Mai 1990, TNA, T 673/63.

413 John Gieve an Paul Tucker, Protokoll eines Gesprächs zwischen John Major und Robin Leigh-Pemberton am 27.4.1990, erstellt am 30.4.1990, TNA, T 671/28; John Gieve, Protokoll eines Treffens von Schatzamt- und Bank of England-Vertretern, 14.6.1990, TNA, T 671/29.

414 Hervorhebung im Original. Charles Powell an Margaret Thatcher, 25.5.1990, TNA, PREM 19/2983.

415 John Major an Margaret Thatcher, 24.5.1990, TNA, PREM 19/2983.

416 Charles Powell an Margaret Thatcher, 25.5.1990, TNA, PREM 19/2983.

417 Andrew Turnbull an Margaret Thatcher, 25.5.1990, TNA, PREM 19/2983.

tion über die europäische Agenda beschrieben. Thatcher machte ihre Ablehnung des WKM-Beitritts und ihre Sorge vor deutscher Dominanz nun in schärferen, teils als undiplomatisch empfundenen Worten deutlich.[418]

In ihrem Gespräch mit Major sowie den Schatzamtsvertretern Wicks und Middleton wies sie eine Zusage zur Vertragsänderung erneut zurück. Großbritannien müsse, so Thatcher, die EG-Partner von der eigenen Position überzeugen, „playing also on their fears of German domination", und kündigte einen „crusade" gegen das Delors-Modell an. Als Alternative gab sie Studien zu globalen Konzepten in Auftrag: einen internationalen Rohstoffstandard (Schatzamt), eine atlantische Freihandelszone (Foreign Office und Handelsministerium) sowie eine weiter ausgearbeitete Variante des harten ECU ohne *Opt-in*.[419] Sie sah in der EG-Entwicklung das Risiko der Bildung abgeschotteter, protektionistischer Blöcke, dem sie durch international ausgerichtete Initiativen entgegenwirken wollte. „The basic motivation is to strengthen free markets and free economic and monetary exchange", betonte Powell. Zugleich gehe es darum, die europäische Integrationsdynamik umzulenken, „not so much in the expectation of derailing it but of leading it off in a rather different direction."[420] Damit wurde die europäische Währungspolitik endgültig zu einer strategischen Frage über Großbritanniens Rolle in der sich verändernden Weltordnung nach 1989/90.

Globale Orientierung und entpolitisiertes Geld? Der Ansatz eines Rohstoffstandards

Bei der Entscheidung gegen die Mitgliedschaft im WKM 1978 und in den ersten Jahren der Thatcher-Regierung hatte die Frage einer globalen Orientierung – insbesondere das Verhältnis zu den USA – eine wichtige Rolle gespielt,[421] war danach jedoch weitgehend zurückgetreten.[422] Die Besonderheiten des Pfunds als ehemaliger Reservewährung wurden zwar weiterhin betont, doch primär in technischen Argumenten über seine stärkere Bindung an Öl- und Dollarbewegungen.[423] Globale Wechselkursanker galten mangels realer Optionen als unpraktika-

418 Ingham, Downfall, 1.6.1990, S. 233.

419 Charles Powell, Protokoll eines Gesprächs zwischen Margaret Thatcher, John Major, Nigel Wicks und Peter Middleton, 31.5.1990, TNA, PREM 19/2983.

420 Charles Powell an Stephen Wall, 6.6.1990, TNA, PREM 19/2983.

421 Protokoll eines Telefonats zwischen James Callaghan und Jimmy Carter, 17.4.1978, FOI Release 248745, MTF, https://www.margaretthatcher.org/document/111481 (30.9.2025); David Hannay, Interview mit Malcolm McBain, 22.7.1999, BDOHP, https://oa.churchillarchives.libnova.com/view/1567 (30.9.2025).

422 Stephen Wall an Robin Renwick und Lynda Chalker, 20.6.1986, TNA, FCO 30/6577.

423 David Norgrove an Rachel Lomax, Protokoll des Ministertreffens zum WKM-Beitritt am 30.9.1985, erstellt am 1.10.1985, TNA, PREM 19/2162.

bel, eine Dollarbindung als politisch wie wirtschaftlich ausgeschlossen.[424] Thatcher verstand die Wahl ohnehin nicht als Entscheidung zwischen einer europäischen oder amerikanischen Anbindung, sondern zwischen flexiblen und festen Wechselkursen.

Mit den intensiven Debatten um die Wirtschafts- und Währungsunion gewann der Gegensatz zwischen ‚global' und ‚europäisch' nun wieder an Bedeutung. Da die Wirtschafts- und Währungsunion als unumkehrbar galt – anders als eine Wechselkursbindung –, rückten Diskussionen über die *special relationship* mit den USA, über Vorstellungen einer Anglosphäre und eines britischen Exzeptionalismus erneut in den Vordergrund.[425] Diese Denkfiguren dienten auch als rhetorische Strategie, um den befürchteten Souveränitätsverlust abzuwehren: Marktliberale Modelle mit globalem Anspruch wurden einer engen, zentralistischen und interventionistischen europäischen Lösung entgegengestellt.[426] Zwar wurde intern darauf hingewiesen, US-amerikanische und europäische Orientierung schlössen sich nicht gegenseitig aus.[427] Aber praktisch wurde der Kontrast zwischen beiden wieder stärker betont, und die Währung diente als Marker dieser Zuordnung. Diese Logik prägte auch die Suche nach global ausgerichteten Alternativmodellen.

Hier brachte Thatcher die Idee eines Rohstoffstandards ins Spiel. Diese hatte Alan Walters bereits im Juli 1989 entwickelt, als erstmals Alternativen zum Delors-Bericht gesucht wurden, und sie der Premierministerin im Oktober 1989 präsentiert. Er sah in der Bindung der wichtigsten internationalen Währungen an einen Rohstoffkorb (ECOM) eine „non-politicised" Alternative zur Europäischen Zentralbank und zu einem „Leviathan Delors".[428] Anders als Thatcher verstand Walters den Vorschlag jedoch nicht als Umgehung, sondern als möglichen Weg hin zu einer Währungsunion. Rein stabilitätspolitisch wäre aus seiner Sicht sogar eine direkte D-Mark-Kopplung vorzuziehen gewesen, um anderen Ländern eine Teilhabe an der erfolgreichen deutschen Geldpolitik zu ermöglichen. Politisch sei dies aber untragbar, da es Großbritannien – ebenso wie die übrigen EG-Staaten – zu einer „monetary colony of Germany" machen würde. Der Rohstoffstandard sei, wie er in der *Times* ausführte, „the epitome of a depoliticised currency." Obwohl auch er einen Souveränitätsverlust impliziere, sei dieser akzeptabel – denn die Kontrolle ginge nicht an ausländische Institutionen, sondern einen externen

---

424 Schatzamt, Memorandum zu den Optionen der Wechselkurspolitik, o. D. (November 1981), TNA, T 448/152; John Kerr, Interview mit Malcolm McBain, 6.1.2004, BDOHP, https://oa.churchillarchives.libnova.com/view/1613 (30.9.2025).

425 Spiering, Euroscepticism; Shiels, Anglosphere; Wellings, Anglosphere.

426 Anthony Bevins und Peter Pringle, Thatcher Puts Loyalty to US before Europe, The Independent, 2.6.1989.

427 CRD-Memorandum, Chairman's Briefing, Position zur Meldung im Independent, „Thatcher Puts Loyalty to US before Europe", 2.6.1989, CPA, CRD 4/30/3/48.

428 Alan Walters an Andrew Turnbull, o. D. (Oktober 1989), TNA, PREM 19/3741.

Marktmechanismus.[429] Ein Schatzamt-Memorandum argumentierte ähnlich: „There would be loss of sovereignty in the sense that national central banks would lose power of discretion, but no transfer of sovereignty from national to Community level."[430] Dies verdeutlicht, dass es im Souveränitätsdiskurs weniger um den Verlust von Handlungsspielräumen selbst ging – diese wurden auch durch die von Thatcher bewusst gestärkte Marktlogik eingeschränkt –, sondern um deren Übertragung auf andere Staaten und Institutionen.

Bereits bei Erscheinen von Walters' Artikel war die Realisierung des ECOM-Vorschlags unwahrscheinlich. Die Koordinierungsgruppe um Nigel Wicks hatte ihn ebenso wie andere rohstoff- oder goldbasierte Modelle schon im Herbst 1989 abgelehnt. Die Idee sei unausgereift, die Bindung an einen Rohstoffkorb mache die Geldpolitik zu starr und automatisiert – politische Zustimmung sei kaum zu erwarten: „[It] had the appearance of an idea being put forward for ideas' sake".[431] Im Juni 1990 wurde der Ansatz erneut als nicht konsensfähig eingeschätzt.[432] John Major nannte ihn ein „very mixed blessing": Zwar umgehe er eine supranationale Zentralbank, doch eine automatisierte Zinspolitik gefährde die Stabilität, ohne Preisdisziplin oder eine tragfähige Alternative zur Einheitswährung zu garantieren.[433] Auch Handels- und Industrieminister Nicholas Ridley warnte, ein Rohstoffstandard könne die Währungsunion nicht aufhalten, da er theoretisch mit einer Einheitswährung vereinbar sei – immerhin könnte auch eine europäische Währung an einen Rohstoffkorb gekoppelt werden. Großbritannien solle sich daher auf die Sicherung seiner Position im Binnenmarkt konzentrieren, da angesichts der absehbaren EG-Erweiterungen um osteuropäische Staaten ohnehin nicht mehr jedes Land an allen Projekten teilnehmen werde. Anders als Major befürwortete er eine klare Absage an Stufe 3 – und nutzte den WKM dabei als Argumentationshilfe. Er sei zwar „*a relatively harmless*, although *incorrect step*", doch ohne ausdrücklichen Ausschluss weiterer Integrationsschritte bestehe die Gefahr, dass er als schleichendes Hineingleiten „first into the ERM, secondly into the negotiations on *Stage II*, thirdly *into* EMU itself" verstanden werde.[434]

Auch Charles Powell hielt den Rohstoffstandard eher für eine langfristige Perspektive als für eine realistische Verhandlungsoption.[435] Zu einem ähnlichen

429 Alan Walters, A New Euromoney that All Would Buy, The Times, 24.7.1990.

430 Wilf White, Übersendung des Berichts der HMT Co-Ordinating Group on Economic and Monetary Union, Next Steps on EMU. A Report to Ministers, 28.2.1990, TNA, PREM 19/2982.

431 Andrew Turnbull an Margaret Thatcher, 9.9.1989, TNA, PREM 19/3741.

432 Andrew Turnbull an Margaret Thatcher, 20.6.1990, TNA, PREM 19/2982.

433 John Major an Margaret Thatcher, 14.6.1990, Übersendung eines Schatzamt-Briefings zum Referenzstandard, Juni 1990, TNA, PREM 19/2983.

434 Hervorhebung im Original. Nicholas Ridley an Margaret Thatcher, 14.6.1990, TNA, PREM 19/2983.

435 Charles Powell an Margaret Thatcher, 15.6.1990, TNA, PREM 19/2983.

Schluss kam eine gemeinsame Studie von Foreign Office und Handelsministerium zur transatlantischen Freihandelszone: Vorrang müsse der Abschluss der laufenden GATT-Uruguay-Runde haben. Ein zusätzlicher Vorstoß, so ihr Urteil, sei kaum verhandelbar, würde von den GATT-Verhandlungen ablenken und womöglich neue Handelsblöcke fördern.[436] Beide Ansätze wurden daher vorerst fallengelassen.[437]

Auch Überlegungen zu einer Neuauflage der historischen *Sterling Area* wurden verworfen. Thatcher selbst lehnte den Vorschlag des Historikers Julian Amery mit Hinweis auf die veränderten Weltmärkte und die geringere internationale Bedeutung des Pfunds ab.[438] Auch das Schatzamt sah weder eine definitorisch klare Grundlage noch die politische Akzeptanz eines sterlingbasierten Blocks, der faktisch die DM zur dominanten Reservewährung gemacht hätte.[439] Trotz ihres Beharrens auf der großen imperialen Vergangenheit bestand Thatcher nicht darauf, die frühere internationale Rolle des Pfunds wiederzubeleben.

Am 14. Juni 1990 besprach Schatzkanzler John Major mit Vertretern aus Schatzamt und Bank of England das weitere Vorgehen. Es bestand Einigkeit, dass britische Vorschläge nur als Ergänzung, nicht als Alternative zur Wirtschafts- und Währungsunion präsentiert werden dürften – andernfalls wären sie „dead on arrival." Der Rohstoffstandard solle endgültig fallen gelassen werden.[440] Außenminister Douglas Hurd unterstützte diesen Kurs. Die in der Regierung geäußerte Hoffnung, bei EG-Erweiterungen würden neue Mitglieder Integrationsschritte wie die Währungsunion zurückweisen, hielt er für illusionär.[441] Fünf Tage später stimmte Thatcher in einer Besprechung mit Major, Hurd und Handelsminister Nicholas Ridley zu, die Alternativen Rohstoffstandard und Freihandelszone zugunsten der „so called Butler proposals" aufzugeben. Der Vorschlag sollte vor dem Europäischen Rat in Dublin vom 25. bis 26. Juni in Abstimmung mit Butler präsentiert werden; das *Opt-in* und die Stufe 3 lehnte Thatcher jedoch weiterhin ab.[442]

Für die Vorstellung wählte Major bewusst ein deutsches Forum: seine Rede vor der Deutschen Industrie- und Handelskammer in London am 20. Juni. Dies unterstrich die zentrale Bedeutung, die der deutschen Unterstützung beigemessen wurde. Entsprechend bemühte er sich um eine Einbettung in eine breitere Europavision: „*Our vision is of an open Europe*: open to trade and new investment;

---

436 Foreign Office und Handels- und Industrieministerium, Memorandum, EMU. Trade and Global Interdependence, 13.6.1990, TNA, PREM 19/2983.

437 Charles Powell an Margaret Thatcher, 15.6.1990, TNA, PREM 19/2983.

438 Margaret Thatcher an Julian Amery, 12.5.1989, TNA, PREM 19/2676.

439 Warwick Wood an John Major, 5.12.1989, TNA, T 450/624.

440 John Gieve, Protokoll eines Treffens von Schatzamt- und Bank of England-Vertretern, 14.6.1990, TNA, T 671/29.

441 Douglas Hurd an Margaret Thatcher, 17.6.1990, TNA, PREM 19/2983.

442 Charles Powell an John Gieve, Protokoll eines Gesprächs zwischen Margaret Thatcher, John Major und Nicholas Ridley, 19.6.1990, TNA, PREM 19/2983.

open to new members from Europe, East and West. […] *We should develop a form of EMU that permits them to join us and does not put up barriers against it.*" Dennoch verliehen die Warnungen vor „big-bangism" und der rigiden Struktur des Delors-Berichts der Rede einen defensiven Charakter – auch der Vorschlag, ECU-Scheine gegen nationale Währungen auszugeben, konnte daran wenig ändern.[443] Dies spiegelte die anhaltenden internen Differenzen: Major wollte die Entwicklung des harten ECU zur alleinigen Gemeinschaftswährung in Aussicht stellen; Thatcher, unterstützt von Charles Powell, lehnte dies ab.[444] Noch am Tag der Rede ergänzte sie auf dem Manuskript handschriftlich eine abschwächende Formulierung: „In time the ecu would be more widely used: it would become a common currency for Europe. In the very long term, if peoples and governments so choose, it could develop into a single currency. But that is a decision we should not take now".[445] Mit diesen internen Spannungen hatte auch der zweite britische Alternativvorschlag – offiziell als Weiterentwicklung des ersten präsentiert – einen schwierigen Start.

Präsentation der Hard-ECU-Vorschläge

Die Vorstellung wurde sorgfältig vorbereitet. Neben einer Vorabunterrichtung von Karl Otto Pöhl als Vorsitzendem des Ausschusses der EG-Zentralbankpräsidenten und IWF-Direktor Michel Camdessus fand ein ausführliches Pressebriefing statt. Am Folgetag berichteten alle großen britischen Zeitungen über Majors Rede – mit gemischtem Echo. Es reichte von Zustimmung (*Daily Express, Daily Mail, Independent*) über Zurückhaltung (*Times, Guardian, Daily Telegraph*) bis zur Ablehnung (*Financial Times, Today*).[446] In der Londoner City wurde die konstruktivere Haltung begrüßt, zugleich aber bezweifelt, dass der Vorschlag angesichts seiner Komplexität und späten Verkündung noch maßgeblichen Einfluss auf die Verhandlungen haben könne.[447] Auch die CBI reagierte zunächst verhalten und sprach sich erst Ende Juli auf Drängen ihrer European Monetary Working Group für die Vorschläge aus.[448] Thatcher und Powell sahen darin jedoch keinen

443 Hervorhebung im Original. John Major, Rede vor der Deutschen Industrie- und Handelskammer in London, 20.6.1990, HBA, B 330/24323.

444 Charles Powell an Margaret Thatcher, 20.6.1990, TNA, PREM 19/2983.

445 Charles Powell an John Gieve, 20.6.1990, TNA, PREM 19/2983.

446 Hermann von Richthofen an Auswärtiges Amt, 21.6.1990, HBA, B 330/24323.

447 Wolf-Rüdiger Bengs an Auswärtiges Amt, 25.6.1990, HBA, B 330/24323.

448 Neil Williams an Clare Hollingsworth, 14.5.1990, MRC, MSS.200/C/May2001/784 2; Members of the CBI Economic Monetary (*sic!*) Union Working Group, Anhang zu: CBI Paper on Economic and Monetary Union, 25.7.1990, TNA, PREM 19/2984; John Banham an John Major, 27.8.1990, TNA, T 673/77.

Fortschritt: Der Verband betrachte die Einheitswährung als Ziel,[449] was beide als „singularly unhelpful and *wrong* in its analysis" kritisierten. Besonders die Warnung, Großbritannien könne wie beim EWS erneut den Anschluss verpassen, stieß auf ihren Widerspruch.[450]

Parallel startete das Schatzamt eine intensive Informationskampagne in enger Abstimmung mit dem Foreign Office.[451] Major veröffentlichte einen Namensartikel zum harten ECU in führenden Finanzzeitungen aller elf Mitgliedsstaaten – eine Aktion, die sein Pressesekretär Gus O'Donnell als „unqualified success – an excellent example of fruitful co-operation between the Treasury and the FCO" bewertete.[452] In den folgenden Monaten versuchten Major, Außenminister Douglas Hurd und Governor Robin Leigh-Pemberton, den Vorschlag durch öffentliche Auftritte und Reden als ernsthafte Verhandlungsgrundlage im europäischen Diskurs zu verankern.[453]

Leigh-Pemberton warb vor dem Europäischen Parlament in Straßburg[454] und im Ausschuss der Zentralbankpräsidenten für den Plan. Die Bank of England legte dort ein eigenes Papier vor, das Majors Entwurf erweiterte: Es schlug eine Hard ECU Bank (HEB) vor, die den ECU verwalten, gegen nationale Währungen ausgeben und den Zins festlegen sollte. Jede EG-Zentralbank sollte den ECU-Wert ihrer Bestände garantieren und einen Rücktausch zum ursprünglichen Kurs ermöglichen.[455] Leigh-Pemberton betonte, der Plan „should be viewed as being consistent with Stage Three and perfectly capable of leading to that Stage".[456] Damit positionierte er sich klar gegen Thatchers Linie – eine Spannung, die der Glaubwürdigkeit des britischen Beitrags erneut schadete.

Auch innerhalb der Konservativen Partei blieb der Vorstoß umstritten: Ein Flügel warf Major vor, zu zögerlich zu agieren, ein anderer hielt schon eine ECU-Gemeinschaftswährung zusätzlich zu nationalen Währungen für überzogen. Die Spaltung vertiefte sich, als Thatcher nur einen Tag nach Majors Rede im Unterhaus die Bedeutung des Vorschlags herunterspielte und damit die mühsam austa-

---

449 CBI, Report of the CBI European Monetary Union Working Group: European Monetary Union. A Business Perspective, November 1989, MRC, MSS.200/C/4/1989/25; CBI, Pressemitteilung, A Common European Currency Would Benefit Business, 8.11.1989, CAC, CATH 6, Part 1.

450 Hervorhebung im Original. Tancred Tarkowski an Charles Powell, 9.8.1990, CBI-Memorandum, European Monetary Union – The Next Steps, Juli 1990, TNA, PREM 19/2984.

451 Tancred Tarkowski, Protokoll eines Gesprächs zwischen John Major, Peter Lilley und Francis Maude, 6.7.1990, TNA, T 673/75.

452 Adam Lynford an Gus O'Donnell und John Gieve, 11.7.1990, TNA, T 673/75.

453 Tancred Tarkowski an Huw Evans, 5.7.1990, TNA, T 673/75.

454 Robin Leigh-Pemberton, Rede vor dem Europäischen Parlament in Straßburg am 11.6.1990, HBA, B 330/24323.

455 Bank of England, Memorandum, Beyond Stage 1. Principles for Institutional Progress, 20.6.1990, HBA, B 330/24323.

456 Protokoll der 247. Sitzung des Ausschusses der Präsidenten der Zentralbanken der Mitgliedsstaaten der Europäischen Wirtschaftsgemeinschaft, 10.7.1990, ECB, CoG 2.1.

rierte Kompromisslinie konterkarierte: „The speech does not mean that we approve of a single European currency; it says specifically that we do not. […] It means that those who wish to use the new ecu in place of their own currency may do so. I do not believe that we shall."[457] So konnte der Plan auch die wachsende Distanz zu den konservativen Europaabgeordneten nicht überbrücken. Wie Financial Secretary Peter Lilley festhielt, unterstützte die Fraktion den Vorschlag zwar formal – etwa Abgeordnete wie Bryan Cassidy und Christopher Prout –, doch mehrheitlich galt Stufe 3 weiterhin als Ziel, sodass eine „pure and simple" Unterstützung kaum zu erwarten war.[458]

Interessengegensätze mit den EG-Partnern

Zentrales Ziel der britischen Diplomatie war es, die Unterstützung der Bundesrepublik zu gewinnen – eine heikle Aufgabe angesichts der bekannten deutschen Vorbehalte gegen jede Form von Parallelwährung. Bundesbankpräsident Karl Otto Pöhl hatte bereits im Mai am Rande des Deutsch-Britischen Wirtschaftsausschusses betont, die D-Mark könne nur durch eine „echte europäische Währung" ersetzt werden, die von einer unabhängigen Zentralbank ausgegeben werde.[459] Als Michael Butler ihm das Papier von Paul Richards übersandte, kritisierte er den harten ECU als bestenfalls kostspieligen Umweg zur Währungsunion, schlimmstenfalls als Weg ins geldpolitische Chaos.[460]

Schatzamt und Bank of England suchten in zahlreichen Gesprächen mit Vertretern aus Bundesbank, Finanzministerium und Auswärtigem Amt den Ausgleich. Sie betonten die antiinflationären Sicherungsmechanismen des Plans. Der ECU sollte nur gegen nationale Währungen ausgegeben werden, nie abwerten und so Wettbewerbsdruck und Preisdisziplin fördern.[461] Doch auch nach eingehender Prüfung blieben die deutschen Reaktionen verhalten. Im Finanzministerium galt der Vorschlag als „nicht realistische Alternative"; man vermutete ein britisches Interesse, über den ECU-Handel Londons Finanzplatz zu stärken.[462] In

457 Hansard HC Deb. Vol. 174, Cols. 1109–1111, 21.6.1990, https://hansard.parliament.uk/Commons/1990-06-21/debates/f8690824-54bd-4200-8dad-3dce8f1cbf8b/PrimeMinister (30.9.2025).

458 Stephen Flanagan an John Gieve, 12.7.1990, TNA, T 673/75; Andrew Tyrie an John Gieve, 12.7.1990, TNA, T 673/75.

459 Wilhelm Schürmann, Vermerk über die 47. Tagung des deutsch-britischen Regierungsausschusses für Wirtschaftsfragen am 10.–11.5.1990 in Frankfurt/Main, 18.5.1990, HBA, B 330/24323.

460 Karl Otto Pöhl an Michael Butler, 7.6.1990, HBA, B 330/24323.

461 A. D. McIntosh an Francis Maude, Liste der bisherigen EG-Gespräche auf Minister- und Arbeitsebene zur Vorstellung der harten ECU-Vorschläge, 7.8.1990, TNA, T 673/78; John Gieve, Protokoll eines Gesprächs zwischen John Major und Theo Waigel, 10.7.1990, TNA, T 674/557/1; Tancred Tarkowski an Stephen Wall, 20.6.1990, TNA, PREM 19/2983.

462 Wolfgang Glomb, Vermerk zum Alternativvorschlag des britischen Finanzministers Major für die institutionelle Ausgestaltung der Stufe 2, 21.6.1990, BArch, B 126/131225.

der Bundesbank überwogen stabilitätspolitische Bedenken. Wolfgang Rieke, Direktor der Internationalen Abteilung, sah in der Hard ECU Bank – er ging vom Papier der Bank of England aus – eine unzureichend kontrollierbare Institution, die den politischen Zugriff auf die Geldpolitik eher vergrößern als verringern könnte.[463]

Pöhl bekräftigte diese Vorbehalte bei seinem Besuch in London Anfang Juli 1990. Eine Lösung ohne eindeutig zugeordnete Verantwortung für Preisstabilität komme nicht infrage, warnte er, und eine zusätzliche, dreizehnte Währung würde die Komplexität nur erhöhen.[464] Besonders alarmierend für die britischen Vertreter war, dass er nun auch ein Vorangehen der anderen EG-Länder ohne Großbritannien für möglich hielt.[465] Gespräche des Deputy Governor Eddie George und von Andrew Crockett mit Helmut Schlesinger und Hans Tietmeyer in Frankfurt änderten nichts an der skeptischen Haltung der Bundesbank.[466] Für Majors Werbekampagne bedeutete das einen empfindlichen Rückschlag – sie wurde dennoch fortgesetzt, nun auch gegenüber anderen EG-Partnern und der Kommission.

Bei einem Frühstück mit John Major am 10. Juli zeigte sich Jacques Delors ungewöhnlich offen für die britischen Vorschläge. Der ECU müsse zu einer echten Währung ausgebaut werden, erklärte er, um die Dominanz der D-Mark einzudämmen: „Unless the ECU was built up, he feared that the DM would become the predominant currency in East and West Europe within 5 years." Delors war bereit, den britischen Ansatz als mögliche Entwicklungsoption für den ECU im Gespräch zu halten, sofern London seine Kritik am Delors-Bericht mäßige. Beide vereinbarten eine positive öffentliche Linie – die sich jedoch angesichts von Thatchers Angriffen auf einen europäischen Föderalismus und das vermeintliche Machtstreben der Kommission kaum durchhalten ließ.[467]

Gegenüber Frankreich und den südeuropäischen Staaten betonte London vor allem die Risiken einer deutschen Dominanz und der wirtschaftlichen Zwänge unwiderruflicher Wechselkursfixierungen.[468] Der britische Permanent Representative in Brüssel, David Hannay, schlug vor, diesen Ländern im Zusammenhang

---

463 Wolfgang Rieke, Vermerk, Britischer Vorschlag „Beyond Stage 1", 21.6.1990, HBA, B 330/24323.

464 Hermann von Richthofen an Auswärtiges Amt, 4.7.1990, HBA, B 330/24323.

465 John Gieve an Charles Powell, Protokoll eines Mittagessens von John Major, Karl Otto Pöhl, Peter Middleton, Terence Burns, Eddie George und Botschafter Hermann von Richthofen, 3.7.1990, TNA, PREM 19/2984.

466 Andrew Crockett, Protokoll eines Gesprächs zwischen Eddie George, Andrew Crockett, Helmut Schlesinger und Hans Tietmeyer am 5.7.1990, erstellt am 9.7.1990, TNA, T 450/658.

467 John Gieve an Simon Gass, Protokoll eines Frühstücks von John Major und Jacques Delors am 9.7.1990, erstellt am 10.7.1990, TNA, T 673/75.

468 A. D. McIntosh an Francis Maude, Liste der bisherigen EG-Gespräche auf Minister- und Arbeitsebene zur Bewerbung der harten ECU-Vorschläge, 7.8.1990, TNA, T 673/78; Adam Lynford an Gus O'Donnell und John Gieve, 5.7.1990, mit handschriftlicher Anmerkung von Gus O'Donnell, TNA, T 674/557/1; Adam Lynford an Gus O'Donnell, 17.9.1990, TNA, T 673/80; Bryan Hopkinson an Nick Westcott, 25.9.1990, TNA, T 673/80; Huw Evans an John Major,

mit der Hard-ECU-Initiative eine Ausweitung der Regionalfonds in Aussicht zu stellen – „it might have a chance if the pill were sweetened with regional sugar." Das Schatzamt lehnte ab. Ein solcher Schritt würde nur den Verdacht nähren, Großbritannien werde am Ende doch einer Einheitswährung zustimmen, und zugleich die wirtschaftliche Logik des eigenen Vorschlags untergraben: „Logic is not our strong point in all particulars in the EMU debate but it is strong on this."[469] Major folgte dieser Einschätzung.[470]

Im Schatzamt bestand allerdings weitgehend Einigkeit, dass die Einwände gegen eine Europäische Zentralbank in erster Linie politisch motiviert waren: „the overriding objection is the political one, that currencies are an attribute of sovereignty, not the economic issues", hatte Financial Secretary Peter Lilley schon im April festgestellt.[471] Eine interne Analyse von John Odling-Smee kam zu dem Ergebnis, dass sich die ökonomischen Vorteile des harten ECU kaum überzeugend belegen ließen, da das Konzept langfristig ähnliche Stabilitätsrisiken berge wie der Delors-Plan.[472] Trotz dieser Einschätzung drängte Thatcher auf eine wirtschaftliche Argumentation, zum Unmut des Schatzamts, das keine „untenable position on the economics" vertreten wollte. Major hielt sie jedoch für politisch notwendig.[473] So rückte in der britischen Kommunikationsstrategie das Argument ins Zentrum, eine Einheitswährung würde die wirtschaftliche Entwicklung in den ärmeren Ländern hemmen und die Arbeitslosigkeit erhöhen.

Nicholas Ridleys Rücktritt

Am 12. Juli 1990 erlitt die britische Strategie zur Präsentation der Hard-ECU-Pläne einen schweren Rückschlag. An diesem Tag veröffentlichte der *Spectator* ein Interview des Journalisten Dominic Lawson, Sohn des ehemaligen Schatzkanzlers Nigel Lawson, mit Handels- und Industrieminister Nicholas Ridley. Darin warnte Ridley in so drastischen Worten vor einer deutschen Dominanz in der Wirtschafts- und Währungsunion, dass er kurz darauf zurücktreten musste. Die Titelgrafik – Ridley, wie er Helmut Kohl auf einem Wahlplakat einen Hitlerbart malt – setzte den Ton. Er bezeichnete die Währungsunion als „a German racket designed

---

Bericht über ein Gespräch von Francis Maude und Huw Evans mit Leonor Beleza und Vitor Gaspar am 19.6.1990, erstellt am 20.6.1990, TNA, T 674/557/2.

469 Andrew Tyrie an John Major, 20.7.1990, TNA, T 673/76.

470 John Gieve an Richard Allen, 23.7.1990, TNA, T 673/77.

471 Stephen Flanagan an John Gieve, 18.4.1990, TNA, T 673/75.

472 John Odling-Smee an John Major, 12.7.1990, TNA, T 673/75.

473 Tancred Tarkowski, Notiz für John Major, o. D., mit Antwort John Majors, 8.8.1990, TNA, T 673/76.

to take over the whole of Europe" und lehnte Souveränitätsübertragungen entschieden ab: „You might just as well give it to Adolf Hitler, frankly."[474]

Seine Kritik stützte sich auf historische Argumente: Die Stabilitätsorientierung der deutschen Geldpolitik sei ein Produkt der Hyperinflation der 1920er Jahre.[475] Großbritannien dagegen, geprägt von der Massenarbeitslosigkeit der 1930er Jahre, neige stärker zur Beschäftigungspolitik. Diese unterschiedlichen Prägungen, so Ridley, ließen sich nicht in einer gemeinsamen Währung vereinen.[476] In ähnlichem Sinne hatte er Thatcher bereits zuvor schriftlich gewarnt.[477] Charles Powell hielt seine Überlegungen zwar für intellektuell beeindruckend, aber für die Öffentlichkeit ungeeignet.[478]

Ridleys öffentliche Bemerkungen zu Hitler und dem Zweiten Weltkrieg lösten dennoch einen Skandal aus. Solche Befürchtungen waren in der britischen Öffentlichkeit zwar verbreitet, doch die Wortwahl galt als inakzeptabel. Selbst Thatcher sprach vom „worst ‚Ridleyism yet'", und ihr Pressesekretär Bernard Ingham hielt den Rücktritt für unausweichlich.[479] Obwohl Ridley auch Zustimmung erhielt – teils aus Deutschland und von Persönlichkeiten wie CBI-Generalsekretär John Banham – überwog die Empörung.[480] Problematisch für Thatcher war, dass viele in Ridleys Äußerungen lediglich eine unverblümte Version ihrer eigenen Haltung sahen. Dominic Lawson schrieb, beide unterschieden sich „not significantly" voneinander.[481]

Die öffentliche Empörung und die diplomatischen Verstimmungen ließen Thatcher keine andere Wahl, als den Rücktritt ihres loyalen, aber impulsiven Ministers anzunehmen. Damit verlor sie ihren letzten engen Verbündeten im Kabinett, der ihren Widerstand gegen die Wirtschafts- und Währungsunion vorbehaltlos teilte. Der Skandal schwächte ihre Position erheblich und belastete das Werben um Unterstützung für das britische Hard-ECU-Papier.[482]

Beim ECOFIN am 23. Juli 1990 wurde der britische Vorschlag zwar als zusätzliche Diskussionsgrundlage akzeptiert, doch die italienische Präsidentschaft drängte weiter auf eine rasche Vorbereitung der Regierungskonferenz. Zugleich arbei-

---

474 Dominic Lawson, Saying the Unsayable About the Germans, The Spectator, 12.7.1990, nachgedruckt in The Spectator, 22.9.2011, https://www.spectator.co.uk/article/from-the-archives-ridley-was-right (30.9.2025).

475 Zur Inflation: Teupe, Zeit des Geldes; zur Nutzung der Inflationserfahrung 1923 als Argument für die deutsche Zentralbankunabhängigkeit Mee, Central Bank Independence.

476 Dominic Lawson, Unveröffentlichtes Transkript des Interviews mit Nicholas Ridley auf Basis der Tonbandaufnahme, o. D. (Juli 1990), CAC, RIDL 2/7.

477 Nicholas Ridley, Redeentwurf zur deutschen Wiedervereinigung, o. D. (März 1990), THCR, RIDL 3/1/16-17.

478 Charles Powell an Nicholas Ridley, 7.3.1990, CAC, RIDL 3/1/16-17.

479 Ingham, Downfall, 9.-15.7.1990, S. 254–256.

480 Michael Simmonds an Nicholas Ridley, 13.7.1990, CAC, RIDL 2/7.

481 Dominic Lawson, Saying the Unsayable About the Germans, The Spectator, 12.7.1990.

482 Wolf-Rüdiger Bengs an Auswärtiges Amt, 13.7.1990, B 330/24323.

tete der Ausschuss der EG-Zentralbankpräsidenten an den Statuten eines Europäischen Zentralbanksystems. Das britische Ziel war es, die eigenen Vorschläge trotz dieses beschleunigten Tempos im Gespräch zu halten.[483] Die Kommission griff die britischen Ideen in zwei Berichten zur Wirtschafts- und Währungsunion im August und September auf, bewertete sie jedoch kritisch: Der harte ECU widerspreche dem Delors-Konzept und fördere weder geldpolitische Konvergenz noch institutionelle Kooperation. Schatzamt-Vertreter reagierten empört und warfen der Kommission vor, Teile der Idee – etwa die Härtung des ECU – zu übernehmen, ohne ihre Substanz anzuerkennen.[484] Delors kritisierte umgekehrt, London habe „no concessions to the wider debate about EMU" gemacht und zentrale Fragen wie die Haushaltskontrolle offengelassen.[485] Damit geriet das britische Papier zunehmend in die Defensive: Es blieb zwar Teil der Verhandlungen, verlor jedoch an politischer Schlagkraft.

Zugleich kam es zu Spannungen mit Michael Butler, der die Diskussion über den BIEC weiter antrieb. Er drängte Thatcher, den Plan als Schritt zu Stufe 3 darzustellen, um ihn für die EG-Partner akzeptabel zu machen – sehr zu ihrem Ärger: „This is not very cooperative of Michael – especially as we have enhanced so many of his proposals."[486] Butler beharrte darauf, die Delors-Definition der Währungsunion sei unumgänglich.[487] Ende Juli notierte Thatcher konsterniert, ein Treffen mit ihm sei zwar sinnlos, lasse sich aber kaum vermeiden.[488] Butler verfügte über wertvolle Kontakte in Brüssel und der City,[489] agierte aber zunehmend unabhängig von der Regierungslinie. Auch Major bemühte sich, die Eigenleistung des Schatzamts hervorzuheben, da der Entwurf inzwischen als „Butler plan" galt.[490] Im Herbst 1990 musste eine vom Schatzamt geplante Konferenz zum harten ECU wegen einer kurz zuvor anberaumten Veranstaltung des BIEC abgesagt werden – zum Ärger des Schatzamts, das eine Vereinnahmung des Themas befürchtete. Major überließ dem Interessenverband schließlich widerstrebend die Bühne, um offene Gegensätze zu vermeiden.[491]

483 David Hannay an FCO, 23.7.1990, TNA, PREM 19/2984.

484 Wilf White an Paul Gray und Francis Maude, 20.8.1990, TNA, T 673/79.

485 John Odling-Smee, Vermerk über ein Gespräch mit Joly Dixon am 20.8.1990, erstellt am 21.8.1990, TNA, T 673/79.

486 Michael Butler an Margaret Thatcher, 17.7.1990, TNA, PREM 19/2984.

487 Michael Butler an Charles Powell, Bericht über Gespräche mit Mario Sarcinelli und Tommaso Padoa-Schioppa, 23.7.1990, TNA, PREM 19/2984.

488 Michael Butler an Charles Powell, 6.9.1990, TNA, PREM 19/2984.

489 Beispielsweise hielt er engen Kontakt zu City-Ökonomen und Gremien in der Bank of England. Michael Butler, Memorandum, Paper to the European Committee of the BIEC, 9.8.1990, BoE 7A2/20.

490 John Major an Margaret Thatcher, 24.5.1990, TNA, PREM 19/2983.

491 Huw Evans an John Major, 1.8.1990, mit handschriftlichen Anmerkungen von Tancred Tarkowski und John Major, TNA, T 673/78; Tancred Tarkowski an Richard Allen, 3.8.1990, TNA, T 673/78.

Bis September 1990 war deutlich geworden, dass der Hard-ECU-Ansatz keine realistische Alternative zum Delors-Bericht bot.[492] Rückblickend betonte Charles Powell, Thatcher habe ihn nie als echte Alternative zu den nationalen Währungen betrachtet. Andrew Turnbull sprach von einer „diversionary exercise with a nil chance of success [...] I do not believe that our colleagues in Europe ever had a real interest in it".[493] Butler hingegen sah durchaus Potenzial, das jedoch durch die langwierigen Anpassungen an Thatchers Vorgaben verspielt worden sei. Ihre Weigerung, das Ziel einer einheitlichen Währung zu akzeptieren, habe dem Plan schließlich die Wirkung genommen.[494]

Ob er früher größere Wirkung entfaltet hätte, ist fraglich. Die Grundidee der ECU-Stärkung war nicht abwegig – bereits das 1988 von Helmut Schmidt und Valéry Giscard d'Estaing geleitete Komitee für eine Europäische Währungsunion hatte ein ähnliches Modell vorgeschlagen, allerdings mit der Einheitswährung als Ziel.[495] Dass die EG-Partner von diesem Ziel oder vom Delors-Ansatz abweichen würden, war von Beginn an unwahrscheinlich. Der britische Vorschlag blieb damit letztlich ein taktisches Instrument der Verzögerung – belastet durch interne Meinungsunterschiede, ein inkonsistentes Auftreten und die unklare Rolle des Pfunds im EWS. Angesichts der weltpolitischen Entwicklungen hatte er kaum Aussicht auf Erfolg.

4 Der Wechselkursmechanismus als politisches Instrument: Labours Annäherung an die Währungsunion (1988–1990)

Eine intensive Debatte über die Europäische Wirtschafts- und Währungsunion setzte in der Labour Party später ein als in der konservativen Regierung. Während sich deren Aufmerksamkeit mit den Verhandlungen im Delors-Ausschuss ab 1988 zunehmend auf die politischen Implikationen der Währungskooperation und Fragen nationaler Souveränität richtete, konzentrierte sich die Labour-Führung bis zum EWS-Vollbeitritt im Oktober 1990 vor allem auf die Mitgliedschaft im Wechselkursmechanismus (WKM). Diese Schwerpunktsetzung war partei- wie wahltaktisch sinnvoll. Die von Labour formulierten wachstumsorientierten Beitrittsbedingungen ermöglichten es, über die wirtschaftlichen Aspekte der WKM-Mitgliedschaft zumindest formal einen breiten Konsens in der Labour Party herzustellen, während EG-Mitgliedschaft und Souveränität hoch umstritten blieben. Die EWS-Frage erlaubte es zudem, die konservativen Parteistreitigkeiten über die

---

492 Andrew Turnbull an Barry Potter, Übersendung des Memorandums Models of Economic and Monetary Union, o. D. (Juni 1990), TNA, PREM 19/2983.

493 Andrew Turnbull, CCBH Witness Programme, 14.11.2007, S. 33.

494 Michael Butler, CCBH Witness Programme, 14.11.2007, S. 32.

495 Entwurf des Kommuniqués zu einem Gespräch zwischen John Major und Giscard d'Estaing am 12.11.1990, TNA, T 673/61.

Währungspolitik aufzugreifen, ohne zugleich die im Rahmen von Kinnocks *Policy Review* mühsam befriedeten Debatten über Europa erneut zu eröffnen.

Bis zum Delors-Bericht vom April 1989 befürwortete die offizielle Parteilinie daher zwar eine engere währungspolitische Zusammenarbeit in der EG, lehnte aber die Schaffung einer Europäischen Zentralbank als überflüssig ab.[496] Auch nach Veröffentlichung des Berichts sollte diese Linie möglichst beibehalten werden, um in Wiederaufbrechen der eigenen „old European arguments" zu vermeiden. Dies hielt ein parteiinternes Memorandum des Economic Sub-Committee hielt fest: „It would be in our political advantage to concentrate the pressure on the ERM question (on which there are well established views [...]) whereas there is very little public awareness about EMU and the more controversial proposals of the Delors Report."[497]

Vollständig ließ sich eine Stellungnahme zu den Vorschlägen des Delors-Ausschusses allerdings nicht vermeiden – schon, weil die konservative Regierung im Bewusstsein der weiterhin bestehenden EG-Kontroversen innerhalb der Labour Party auf klare Aussagen drängte. Bei der Besprechung des Delors-Berichts Ende April 1989 stimmten Neil Kinnock und Schattenkanzler John Smith darin überein, dass die volle Beteiligung am Gemeinsamen Markt, eine rasche EWS-Vollmitgliedschaft sowie die aktive Mitwirkung an den Verhandlungen über die Wirtschafts- und Währungsunion im britischen Interesse lagen. Für die Währungsunion sollten dabei ähnliche Voraussetzungen gelten wie für den Beitritt zum Wechselkursmechanismus: Sie müsse so ausgestaltet sein, dass eine angemessene Regionalpolitik mit Investitionen und einer Angleichung von Wirtschaftsleistung und Lebensstandard möglich sei.[498]

Damit erkannten beide implizit die Notwendigkeit einer Europäischen Zentralbank an, auch wenn sich dies zunächst nicht in der offiziellen Parteilinie niederschlug. Diese blieb bis Oktober 1990 eng an der Regierungsposition orientiert. Sie unterstützte die erste Stufe der Währungsunion – einschließlich der EWS-Vollmitgliedschaft aller EG-Staaten – lehnte jedoch den Übergang zu einer Einheitswährung und die Schaffung einer politisch unabhängigen Zentralbank ab, ebenso wie eine entsprechende Unabhängigkeit der Bank of England. Eine Entscheidung über weitergehende Schritte, so das Argument, könne erst erfolgen, wenn sich die erste Stufe als funktionsfähig erwiesen habe.[499] Kinnock betonte im April 1989 in einer handschriftlichen Notiz, die wirtschaftliche Entwicklung der Gemeinschaft

---

496 Neil Kinnocks Büro, Vorschlag für Fragen und Antworten zum EWS, o. D. (Februar 1989), CAC, KNNK 8/36.

497 ESC-Papier, Economic and Monetary Union, o. D. (1989), CAC, KNNK 6/2/8 Part 2.

498 Protokoll eines Gesprächs zwischen Neil Kinnock und John Smith, 25.4.1989, CAC, KNNK 2/2/46.

499 Hansard HC Deb. Vol. 159, Cols. 501–503, 2.11.1989, https://hansard.parliament.uk/commons/1989-11-02/debates/00a10947-6f5a-4c39-a244-f33c9fbc500c/EconomicAndMonetaryUnion (30.9.2025).

müsse auf der wachsenden Zusammenarbeit der Mitgliedstaaten sowie auf den Erfahrungen des Binnenmarkts und der britischen WKM-Mitgliedschaft beruhen. Größere monetäre Kooperation sei „desirable as it is inevitable", die Zentralbankunabhängigkeit aber abzulehnen. Zugleich unterstrich er die Bereitschaft der Labour-Führung, ihre Position „positively and vigorously within the decision making process of the Community" zu vertreten.[500]

Trotz dieser Bestätigung der Regierungsposition – auf die sich Thatcher in den folgenden Monaten wiederholt berief – attackierte die Labour-Führung die Regierung mit Argumenten, die 1978 noch die konservative Opposition gegen die EWS-Strategie der damaligen Labour-Regierung vorgebracht hatte. Eine Labour-Regierung, so die Linie, hätte durch eine aktivere und konstruktivere Haltung bessere Verhandlungsergebnisse erzielt und Großbritannien eine stärkere Ausgangsposition verschafft.[501] Sie folgte damit dem vertrauten Muster parteipolitischer Auseinandersetzungen über die europäische Integration, indem hypothetische eigene Erfolge positiv gegen die tatsächlichen Resultate der Gegenseite gesetzt wurden.

Die Skepsis in der eigenen Partei gegenüber der Wirtschafts- und Währungsunion blieb jedoch ausgeprägt, sodass Kinnocks und Smiths offenere Haltung schwer durchzusetzen war. Anders als beim EWS gelang es zunächst nicht, die Vorbehalte in der Partei zu besänftigen. Das zeigte sich etwa in den Stellungnahmen von Henry Neuberger, bis 1987 Kinnocks wirtschaftspolitischer Berater und später Mitarbeiter des Schattenministers für Industrie und Handel, Bryan Gould. Als überzeugter Keynesianer hatte Neuberger die marktorientierte Neuausrichtung des *Policy Review* nicht mehr mittragen wollen. Zum Delors-Bericht schrieb er: „One would have thought that a document that united Nigel Lawson, Margaret Thatcher and Samuel Brittan and the Financial Times against it can't be all bad. But it is." Er sah in der Wirtschafts- und Währungsunion nach dem Delors-Modell eine Festschreibung des Monetarismus, vergleichbar mit der in den Römischen Verträgen verankerten Doktrin freier Märkte. Im Europäischen Währungssystem hingegen erkannte er Potenzial für wachstumsorientierte Alternativen. Allerdings hätte sich, so Neuberger, eine verantwortungsvolle Regierung für wachstumsorientierte EWS-Reformen eingesetzt, statt Beratungen von Zentralbankern „for more monetarism" hinzunehmen.[502]

Die Linie, einen EWS-Vollbeitritt zu befürworten, die Wirtschafts- und Währungsunion jedoch abzulehnen, bekräftigte die Parteikonferenz im Oktober 1989. Auch die Wahlen zum Europäischen Parlament waren auf dieser Grundlage geführt worden. Das verschaffte der Parteiführung einen Mittelweg: Jene, die eine

500 Neil Kinnock, handschriftliche Notizen zu EWS sowie Wirtschafts- und Währungsunion, o. D. (April 1989), CAC, KNNK 2/2/46.

501 Labour Party, Briefing: The Exchange Rate Mechanism, the EMS, and the Delors Report, o. D. (1989), CAC, KNNK 8/53.

502 Henry Neuberger, Papier für die British Labour Group, Economics of 1992, Oktober 1989, LPA, EPLP 2/4/5.

weitere Währungsintegration aus Souveränitätsbedenken oder wegen einer befürchteten deflationären Politik ablehnten, wurden durch die Absage an eine Europäische Zentralbank beruhigt. Zugleich konnte man der von Denis Howell angeführten Gruppierung Labour Movement in Europe, die bereits 1988 für den Übergang zu einer gemeinsamen Währung eingetreten war, mit der EWS-Forderung teilweise entgegenkommen.[503]

Im Mai 1990 bekräftigte das Policy-Review-Dokument *Looking to the Future* den Widerstand gegen eine „all-powerful, but unaccountable European Central Bank". Trotz eines grundsätzlichen Bekenntnisses zur Vertiefung und Erweiterung der europäischen Integration erteilte es einer politischen sowie einer Wirtschafts- und Währungsunion eine Absage.[504] Der bald erwartete EWS-Vollbeitritt und die Bereitschaft der anderen EG-Länder, auch ohne Großbritannien die Währungsintegration voranzutreiben, setzten die Labour-Führung jedoch unter Druck, ihre Position zu klären.

Die innerparteilichen Flügelkämpfe waren inzwischen öffentlich sichtbar. Der *Guardian* berichtete Mitte Juni 1990, führende Schattenkabinett-Mitglieder um John Smith und Gordon Brown würden nur wenige Wochen nach Veröffentlichung des *Policy-Review*-Berichts bereits an weitergehenden Zugeständnissen in der Währungsintegration arbeiten. Dagegen formierte sich Widerstand im EG-skeptischen Flügel.[505] Wie sehr die Frage die mühsam errungene währungspolitische Kompromisslinie gefährdete, zeigte eine alarmierte Zuschrift des Labour-Unterhausabgeordneten Ron Leighton an Neil Kinnock. Leighton, ein Gegner weiterer europäischer Integration, pochte auf die Einhaltung der vereinbarten Formulierungen und warnte vor einer Annäherung an das Ziel der Wirtschafts- und Währungsunion.[506] Kinnock sicherte zwar die Beibehaltung der bisherigen Linie zu,[507] doch zeichnete sich ab, dass die Entwicklungen in der EG und der bevorstehende britische WKM-Beitritt eine klarere Positionierung unvermeidlich machen würden.

Auf der Labour-Parteikonferenz Anfang Oktober 1990 äußerte sich Kinnock in seiner Rede nicht weiter zu den Vorschlägen für eine Wirtschafts- und Währungsunion. Er und John Smith forderten jedoch den Beitritt zum Wechselkursmechanismus sowie eine Zinssenkung um einen Prozentpunkt – Maßnahmen, die Schatzkanzler John Major nur wenige Stunden nach Abschluss der Konferenz verkündete.[508] Der WKM-Beitritt nahm Labour damit nicht nur ihre zentrale wirtschaftspolitische Forderung gegen die konservative Regierung, sondern rückte

503 Philip Webster, Call for a Single European Currency, The Times, 27.7.1988.

504 Labour Party, Looking to the Future. A Dynamic Economy. A Decent Society. Strong in Europe, Mai 1990, S. 7 f., LPA, Policy Review – Uncatalogued.

505 Labour Tempted to Drop Its Opposition to EC Currency, The Guardian, 15.6.1990.

506 Ron Leighton an Neil Kinnock, 18.6.1990, CAC, KNNK 1/3/51.

507 Neil Kinnock an Ron Leighton, 11.7.1990, CAC, KNNK 1/3/51.

508 Labour Party Economic Secretariat, Economic Brief, 8.10.1990, CAC, KNNK 8/56.

auch die Frage einer Währungsunion erneut auf die Agenda, die die Partei zuvor mit dem Verweis auf die ungeklärte WKM-Frage bewusst gemieden hatte. Mit dem WKM-Beitritt im Oktober 1990 begann für Labour eine neue Phase: Die zuvor abstrakt diskutierte europäische Währungskooperation wurde zur konkreten politischen Realität, auf die sich die Partei – ebenso wie Regierung und Finanzwirtschaft – neu einstellen musste.

KAPITEL 5

Freiheit durch Bindung? WKM-Mitgliedschaft und der „schwarze Mittwoch“ am 16. September 1992

Arthur Cockfield, ehemaliger Binnenmarktkommissar, fasste Jahre nach den Verhandlungen über den Delors-Bericht ein wiederkehrendes Muster der britischen Währungspolitik zusammen: Großbritannien treffe Entscheidungen zur europäischen Währungskooperation selten inhaltlich falsch, aber häufig zum unpassenden Zeitpunkt: „The answer again is that what went wrong was that we went at the wrong time [...]. This was a mistake you can guarantee the Blair Government will make because it's a mistake that has always been made by this country in the past. Not that it would be wrong to go into the Euro – on the contrary – it would be that we will choose the wrong time to do it.“[1]

Cockfields Diagnose zielte auf eine Frage, die die britische Europapolitik seit den 1970er Jahren begleitet hatte und 1990–1992 eine neue Dringlichkeit erhielt: War der Zeitpunkt für zentrale währungs- und integrationspolitische Entscheidungen gut gewählt? Diese Problematik durchzog die gesamte EWS-Debatte – die Überlegungen zum WKM-Beitritt, die Platzierung britischer Positionen in den Verhandlungen über die Wirtschafts- und Währungsunion sowie den Umgang mit den zunehmenden Spannungen im EWS. Die Entscheidungen wurden dadurch erschwert, dass sich geldpolitische, wirtschaftliche und europapolitische Erwägungen beständig überlagerten und gegenseitig beeinflussten.

1 Verhandlungen um Beitrittszeitpunkt und Konditionen

Parallel zu den Vorbereitungen der EG-Regierungskonferenzen zur Wirtschafts- und Währungsunion sowie zur Politischen Union liefen auch die internen EWS-Diskussionen weiter. Beide Bereiche ließen sich nur schwer trennen, da die WKM-Mitgliedschaft in den EG-Verhandlungen als Argument diente. So verknüpfte John Major beim Lunch mit Kommissionsvizepräsident Henning Christophersen beide Fragen: „if the Monetary Committee were to dismiss the hard ecu he was hardly likely to announce entry into the ERM the following day!“[2] Intern wurden die technischen Details eines möglichen Beitritts jedoch von der Taktik für die Regierungskonferenz abgegrenzt. Während die außen- und europapoliti-

1 Arthur Cockfield, Interview mit Andrew Crozier, 24.8.1998, HAEU, Voices of Europe Collection, https://archives.eui.eu/en/oral_history/INT567 (30.9.2025).

2 Tancred Tarkowski, Protokoll eines Mittagessens von John Major und Henning Christophersen, mit Nigel Wicks und Mary Brown am 24.7.1990, erstellt am 26.7.1990, TNA, T 673/77.

HTTPS://DOI.ORG/9783112234860-006

sche Linie zwischen dem Außenminister, den Economic and Financial Secretaries des Schatzamts und FCO-Europaminister Francis Maude abgestimmt wurde, beriet das Schatzamt über mögliche Beitrittsdaten und Konditionen ausschließlich mit der Bank of England und der Premierministerin.

Rückblickend erklärte Major, er habe sich ab März 1990 für den Beitritt erwärmt, „because logic was inexorably pressing in that direction". Der Druck der EG-Partner und die schwindende Glaubwürdigkeit der Geldpolitik machten den WKM-Beitritt aus seiner Sicht unvermeidlich. Obwohl er eine EG-Isolierung fürchtete, argumentierte er gegenüber der Premierministerin vor allem mit geld- und wirtschaftspolitischen Erfordernissen. Er war sich mit Außenminister Hurd – mit dem er bei regelmäßigen Frühstücken informell die EG-Politik besprach – einig, dass nur diese Argumente erfolgversprechend seien.[3]

Offiziell behielt das Schatzamt die Kontrolle, dem Foreign Office wurde auch nicht die Zuständigkeit für die Kommunikation mit den EG-Partnern zum WKM-Beitritt übertragen. Damit sollte der Eindruck einer Allianz gegen Thatcher vermieden werden, wie Majors Private Secretary John Gieve festhielt: „since at times you have not wanted to be – or appear to be – hand in glove with the FCO."[4] Hurd akzeptierte das, obwohl er die Währungspolitik für die „most important question for Britain in Europe" hielt, als politische Notwendigkeit.[5]

Konkrete Planungen für den WKM-Beitritt begannen am 20. April 1990 mit einem Treffen im Schatzamt unter Vorsitz von Peter Middleton, bei dem eine gemeinsame Arbeitsgruppe mit der Bank of England unter Nigel Wicks Leitung eingerichtet wurde. Aufgrund der politischen Brisanz und Marktsensibilität erfolgten die Arbeiten unter strengster Geheimhaltung.[6] Middleton etablierte eigens ein Sicherheitssystem nach dem Vorbild der jährlichen Haushaltsvorbereitung, das nur einem festgelegten Personenkreis Zugang zu den mit „ADSO" gekennzeichneten EWS-Dokumenten gewährte. Nicht einmal die Existenz dieses Systems sollte außerhalb des Kreises bekannt werden.[7] Zu den rund siebzig Berechtigten gehörten Mitarbeiter des Schatzamts, der Bank of England, aus dem Büro der Premierministerin, der Regierungsrechtsberatung und der zugehörigen Sekretariate. Auf Thatchers Wunsch wurde auch Brian Griffiths aus der Policy Unit als ihr persönlicher Berater einbezogen.[8] Das Foreign Office blieb zunächst ausgeschlossen; erst Ende Juni wurden zwei Vertreter des Agrarministeriums hinzugezogen, nachdem

3 Major, Autobiography, S. 153–157.

4 John Gieve, Notiz für John Major, o. D. (September 1990), TNA, T 673/80.

5 Hurd, Memoirs, S. 436–438.

6 Robert Evans, Protokoll eines Treffens im Schatzamt zwischen Peter Middleton, Terence Burns, Nigel Wicks, Huw Evans, Michael Scholar und David Peretz am 20.4.1990, erstellt am 23.4.1990, TNA, T 671/28.

7 Robert Evans an Paul Tucker, Übersendung der ADSO-Sicherheitsinstruktionen für den Umgang mit Informationen zum WKM-Beitritt, 24.4.1990, BoE 14A99/11.

8 Barry Potter an Robert Evans, 27.4.1990, TNA, PREM 19/2982.

die zuständige Schatzamtsabteilung die Fragen der Gemeinsamen Agrarpolitik (GAP) nicht mehr allein bearbeiten konnte.[9]

Die Bank of England war aufgrund ihrer Expertise in der Funktionsweise des EWS unverzichtbar. Zugleich sollte sie in den Bereitschaftszustand versetzt werden, um eine zeitnahe Umsetzung einer Beitrittsentscheidung zu ermöglichen. Da eine Unterrichtung des Foreign Office erst wenige Tage vor dem Schritt vorgesehen war, übernahm Nigel Wicks die Vorbereitung der außenpolitischen Kommunikation mit Blick auf die Wirtschafts- und Währungsunion. Der restriktive Umgang mit Informationen sollte verhindern, dass andere Ministerien Zuständigkeiten beanspruchten. Peter Middleton betonte: „It would be important to ensure that the Treasury continued to be involved in all significant decisions."[10] Beitrittsdatum, Leitkurs und Ablauf des Verfahrens wurden zwischen Bank und Schatzamt auf Arbeitsebene abgestimmt.[11] Auf höchster Ebene beriet sich John Major eng mit Governor Leigh-Pemberton. Dieser habe, wie Major später betonte, den Beitritt als „a matter of principle" befürwortet, während er selbst ihn vor allem als „anti-inflationary weapon" betrachtet habe.[12] Trotz dieser unterschiedlichen Akzentuierung arbeiteten beide eng zusammen und begegneten den politischen Spannungen mit Ironie: Das Schatzamtprotokoll ihres Treffens vom 27. April vermerkte einen Münzwurf um eine Originalkarikatur zum inneren EWS-Ringen der Regierung – den Leigh-Pemberton gewann, während Major sich eine Kopie in sein Büro hängen ließ.[13]

Trotz enger Zusammenarbeit verliefen die gemeinsamen Vorbereitungen nicht spannungsfrei. Ein erstes Schatzamt-Strategiepapier für den WKM-Beitritt stieß in der Bank of England auf Widerstand, weil Governor Leigh-Pemberton darin nicht eingebunden war.[14] Andrew Crockett kritisierte: „My main question is the Governor's involvement". Bei der finalen Abstimmung mit der Premierministerin sowie der Unterrichtung des EG-Zentralbankausschusses solle er beteiligt sein.[15]

---

9 Erfasst wurden die Personen auf einer ADSO Access List. Die Personen auf dieser Liste waren grundsätzlich berechtigt zum Erhalt von Informationen und Dokumenten, erhielten aber nicht zwangsläufig alle Unterlagen. Paul Tucker an Robert Evans, 2.5.1990, BoE 14A99/1; ADSO – Access List, 22.5.1990, BoE 14A99/1; Robert Evans an Barry Potter, ERM Security Instructions, 24.4.1990, TNA, PREM 19/2982; Index der ADSO Security Instructions, Dezember 1990, BoE 14A99/1.

10 Robert Evans, Protokoll eines Treffens von Peter Middleton, Terence Burns, Nigel Wicks, Huw Evans, Michael Scholar und David Peretz am 20.4.1990, erstellt am 23.4.1990, TNA, T 671/28.

11 Paul McIntyre, Ergebnisprotokoll eines Treffens im Schatzamt zwischen Nigel Wicks, Terence Burns, Michael Scholar, Paul McIntyre, Andrew Crockett, Tony Coleby und Michael Foot am 25.4.1990, erstellt am 26.4.1990, BoE 14A99/1.

12 Major, Autobiography, S. 157.

13 Ebd.; John Gieve, Protokoll einer Besprechung zwischen John Major und Robin Leigh-Pemberton am 27.4.1990, erstellt am 30.4.1990, BoE 14A99/1.

14 Paul McIntyre an Nigel Wicks, 4.6.1990, TNA, T 671/28.

15 Ebd.

Das betonte auch Michael Foot, Leiter der Devisenmarktabteilung der Bank: „It goes without saying that he [the Governor] will be closely involved in the various preparatory consultations."[16] Für weiteren Unmut sorgte, dass der letzte Entwurf eines gemeinsamen EWS-Memorandums für Thatcher Ende Juni nicht an die Bank of England weitergeleitet wurde.[17] Zwei Papiere zur Funktionsweise des Wechselkursmechanismus[18] und zu den Beitrittsmodalitäten[19] erhielt sie gar nicht.[20] Der Schatzkanzler vermied jeden direkten Kontakt zwischen Governor und Premierministerin. Noch im September 1990 lehnte Major Leigh-Pembertons Angebot ab, selbst bei Thatcher für einen baldigen Beitritt zu werben.[21]

Ein solches Eingreifen, so Majors Kalkül, hätte sich als kontraproduktiv erwiesen – nicht nur wegen des angespannten Verhältnisses zwischen Governor und Premierministerin seit Veröffentlichung des Delors-Berichts, sondern auch, um jeden Verdacht eines Komplotts zu vermeiden. Wie sensibel Thatcher reagierte, zeigte sich im selben Monat: Ihr Hinweis auf die Madrider WKM-Beitrittsbedingungen bei einer Pressekonferenz in Bern wurde von den Märkten als Aufschub interpretiert und führte zu einem Kursverfall des Pfunds. Leigh-Pembertons und Majors telefonischer Protest sowie ein eilig veröffentlichtes Schatzamt-Statement, das mit einer baldigen WKM-Beitrittsankündigung die Lage beruhigen sollte, lösten bei Thatcher Verärgerung aus: „This is a panic statement – and divisive. We are back in Lawson days".[22]

In einer Schatzamtbesprechung Anfang Juni 1990 sprachen sich leitende Treasury-*officials* und politische Vertreter, unter ihnen Chief Secretary und späterer Schatzkanzler Norman Lamont, für einen baldigen WKM-Beitritt aus – spätestens bis zum 5. Oktober. Danach, so argumentierte Nigel Wicks, würden die EG-Regierungskonferenz, die parlamentarische Weihnachtspause und die britische Haushaltsplanung einen Beitritt für Monate verzögern. Nur eine einzelne Stimme sprach sich dafür aus, mit dem Beitritt zu warten, bis die Inflation zurückgegangen sei.[23] Im Anschluss übersandte Major der Premierministerin ein Memorandum, das einen baldigen Beitritt zum aktuellen oder leicht darüberliegenden DM-Kurs und mit Schwankungsbreiten von ±6 Prozent empfahl. Ein Sinken der Infla-

16 Michael Foot an Paul McIntyre, 7.6.1990, BoE 14A99/1.
17 Michael Foot an Paul Tucker, 12.6.1990, BoE 14A99/1.
18 John Gieve an Barry Potter, 25.5.1990, Memorandum, The Exchange Rate Mechanism (ERM), How It Works, 15.5.1990, TNA, PREM 19/2983.
19 John Major an Margaret Thatcher, 8.6.1990, TNA, PREM 19/2983.
20 Paul McIntyre an David Peretz, 27.6.1990, TNA, T 671/29.
21 John Gieve, Protokoll eines Gesprächs zwischen John Major und Robin Leigh-Pemberton am 6.9.1990, erstellt am 7.9.1990, TNA, T 671/62.
22 Margaret Thatcher, Pressekonferenz in Bern, 20.9.1990, MTF, https://www.margaretthatcher.org/document/108204 (30.9.2025); Charles Powell an Andrew Turnbull, 22.9.1990, TNA, PREM 19/2984.
23 John Gieve, Protokoll eines Treffens von John Major mit Schatzamt-Vertretern, 6.6.1990, TNA, T 671/28.

tion – die erste Madrider Beitrittsbedingung – wäre wünschenswert, aber „not essential". Optimal durchgeführt, könne der Schritt den Wechselkurs stützen und eine moderate Zinssenkung ermöglichen, die sei aber nicht exakt vorhersehbar. Im Gegensatz dazu könne ein Zögern den Kurs drücken und Zinserhöhungen bewirken, die Thatcher vermeiden wollte.[24]

Aus Sicht des Schatzamts war für die positiven Effekte der richtige Zeitpunkt entscheidend. Zwei Zeitfenster kamen in Betracht: Juli, vor der parlamentarischen Sommerpause, oder September bis Oktober. Ein späterer Beitritt, etwa im November oder Dezember, würde wegen der Regierungskonferenz zur Wirtschafts- und Währungsunion als politisch opportunistisch erscheinen und die angestrebte Glaubwürdigkeit untergraben.[25] Auch der Governor sprach sich im Gespräch mit Schatzamt-Vertretern für einen Beitritt innerhalb der nächsten sechs bis neun Monate aus. Den genauen Zeitpunkt hielt er jedoch für „largely political", da keine wesentlichen wirtschaftlichen Veränderungen zu erwarten seien. Ein rasches Vorgehen, darin waren sich Bank und Schatzamt einig, biete die größten Vorteile; Zögern hingegen erhöhe die Risiken. Middleton betonte, angesichts von Thatchers anhaltendem Widerstand müsse jede sich bietende politische Gelegenheit genutzt werden, wolle man den Beitritt überhaupt durchsetzen.[26]

Die Premierministerin hatte dem zunehmenden Druck aus Wirtschaft, Parlament, von den EG-Partnern und vor allem aus dem eigenen Kabinett nur wenig entgegenzusetzen. Auch ihre gezielte Suche nach Gegenargumenten blieb ergebnislos: So ließ sie etwa prüfen, ob deutsche aufsichtsrechtliche Beschränkungen für Investitionen in Lebensversicherungen und Pensionsfonds ihren Madrider Beitrittsbedingungen widersprachen – ohne belastbare Resultate.[27] Inzwischen plädierten auch ihre engsten Berater für einen Beitritt und bezogen sich, nach Jahren des Beharrens auf wirtschaftlichen Argumenten, nun ausdrücklich auf politische Erwägungen. Bernard Ingham, Thatchers langjähriger Pressesekretär und einer ihrer engsten Ratgeber, hatte bereits Ende März 1990 den EWS-Vollbeitritt und eine positive Präsentation der Europapolitik als zentralen Bestandteil der Wiederwahlstrategie identifiziert: „Entry into the ERM is probably *the* issue which would really confound your critics and confuse your enemies. [...] Politically there is much to be said for a cold, calculated pre-emptive strike at a time of your own

24 Peter Middleton an John Major, 1.6.1990, TNA, T 671/28; John Major an Margaret Thatcher, 8.6.1990, TNA, PREM 19/2983.

25 Schatzamt, Aide-Memoire, The Timing of Sterling Entry into the ERM, 13.6.1990, TNA, T 671/29.

26 John Gieve, Protokoll eines Treffens von Schatzamt- und Bank of England-Vertretern, 14.6.1990, TNA, T 671/29.

27 Andrew Turnbull an Margaret Thatcher, 4.5.1990, TNA, PREM 19/2983.

choosing […] Entry would also be seen to put you right back into the heart of the construction of Europe".[28]

Auch Thatchers wirtschaftspolitischer Berater Brian Griffiths sprach sich am 18. Mai 1990 im Gespräch mit Peter Middleton im Schatzamt, trotz seiner Abneigung gegen feste Wechselkurse, für einen baldigen Beitritt aus.[29] Am selben Tag übermittelte er der Premierministerin ein Papier, das die ökonomischen Vor- und Nachteile eines WKM-Beitritts abwog. Die wirtschaftlichen Argumente, so Griffiths, sprächen weiterhin dagegen: Eine EWS-Wechselkursbindung erzwinge Zinsanpassungen und Marktinterventionen, und angesichts der überschießenden M0-Geldmenge sei die Aussicht auf sinkende Zinsen „a recipe for inflation". Auch die D-Mark sei infolge der deutschen Wiedervereinigung kein stabiler Anker mehr. „The real case for entry", stellte er fest, „is *political*." Der Beitritt würde ein dringend benötigtes positives Signal an City und Industrie senden und der Labour Party den wirtschaftspolitischen Angriffspunkt entziehen. Thatcher habe mit den Beitrittsbedingungen längst Erwartungen geweckt, hinter die sie kaum zurückkönne. Mit flexiblen Realignment-Regelungen und Schwankungsbreiten von ±6 Prozent sei der Schritt auch ökonomisch vertretbar. Griffiths' Fazit lautete: „On balance the economic arguments are still against joining […]. The political case is strongly in favour of entry and is becoming stronger. On balance therefore I believe the UK should enter the ERM."[30] Eine ähnlich zurückhaltende Empfehlung übermittelte am 12. Juni Thatchers Private Secretary für Wirtschaftsfragen, Barry Potter, nach Konsultationen mit Alan Walters und dem von der Premierministerin hochgeschätzten Fed-Chef Alan Greenspan: „Both […] have given broadly the same advice. Entry to the ERM is a political necessity; and properly *timed and managed*, it can *give economic* benefits."[31]

Am Folgetag gab Thatcher in einem Gespräch mit John Major ihren prinzipiellen Widerstand auf und betonte, nun sei es eine Frage der Zeit.[32] Rückblickend erklärte sie, sie sei von dem Schritt nicht überzeugt gewesen, habe sich dem Druck jedoch nicht länger widersetzen können: „Selbst ein noch so entschlossener Regierungschef eines demokratischen Landes kann sich nicht unbegrenzt Forderungen des Kabinetts, der Regierungspartei, der Industrielobby und der Presse widersetzen". Auch die Unterstützung ihres einzigen Verbündeten im Kabinett, Nicholas Ridley, habe nicht ausgereicht, um den Schritt „aus prinzipiellen

28 Hervorhebung im Original. Bernard Ingham an Margaret Thatcher, 28.3.1990, CAC, THCR 1/16/49.

29 John Gieve an Peter Middleton, Protokoll eines Gesprächs zwischen John Major und Peter Middleton, 18.5.1990, TNA, T 674/501.

30 Hervorhebung im Original. Brian Griffiths an Margaret Thatcher, 18.5.1990, TNA, PREM 19/2983.

31 Hervorhebung im Original. Barry Potter an Margaret Thatcher, 12.6.1990, TNA, PREM 19/2983.

32 Barry Potter an John Gieve, Protokoll eines Gesprächs zwischen Margaret Thatcher und John Major am 13.6.1990, erstellt am 14.6.1990, TNA, PREM 19/2983.

Gründen abzulehnen."[33] Nach ihrem Rücktritt kritisierte sie, die Konservative Partei habe den Pfundkurs zum „Prüfstein ihrer Wirtschaftspolitik und damit ihrer politischen Glaubwürdigkeit" gemacht und sich den unvorhersehbaren Wechselkursbewegungen völlig ausgeliefert.[34]

Neben dem politischen Druck verengten zunehmend auch die geldpolitischen Rahmenbedingungen Thatchers Handlungsspielräume. Auch ohne WKM-Mitgliedschaft musste sich die britische Regierung eng an den deutschen Zinsentscheidungen orientieren, um destabilisierende Kursausschläge des Pfunds zu vermeiden – was Leon Brittan zur vielzitierten Wendung veranlasste, die britische Souveränität bestehe inzwischen aus der 15-minütigen Reaktionszeit nach deutschen Zinsentscheidungen.[35] Überschießende Geldmengen und steigende Inflation ließen sich trotz hoher Zinsen kaum eindämmen, während die Zinspolitik zugleich das Wirtschaftswachstum bremste. Hinzu kam das Risiko, dass enttäuschte WKM-Beitrittserwartungen Spekulationen gegen das Pfund auslösen und eine abrupte Abwertung verursachen könnten – mit verheerenden Folgen für das Vertrauen in die wirtschaftliche Kompetenz der Regierung. Eine glaubwürdige geldpolitische Alternative zum WKM-Beitritt zeichnete sich nicht ab, und die politischen Kosten der Hochzinspolitik wollten weder der Schatzkanzler noch die Premierministerin auf Dauer tragen.

Die Suche nach passenden WKM-Beitrittsterminen

Thatchers prinzipielles Einverständnis bedeutete noch keinen unmittelbaren Beitritt. Sie knüpfte ihre Zustimmung an drei Bedingungen: Erstens sollten sich die wirtschaftlichen Grunddaten – insbesondere die Inflation – positiv entwickeln. Zweitens wollte sie die unmittelbaren Folgen der deutsch-deutschen Währungsunion für die D-Mark abwarten. Drittens sollte der Zeitpunkt so gewählt werden, dass keine Zinserhöhungen in politisch sensiblen Phasen, etwa vor Wahlen, erforderlich würden. Major hielt die wirtschaftlichen Voraussetzungen zwar bereits für erfüllt, sagte aber ein weiteres Memorandum zu diesen Fragen zu.[36] Im Schatzamt wurde nach geeigneten Wochenenden gesucht, an denen der EG-Währungsausschuss tagen und die Beitrittsbedingungen beschließen konnte. Zahlreiche

---

33 Thatcher, Downing Street, S. 997.

34 Ebd., S. 999.

35 Brittan, Monetary Union; Nicholas Wood, Sovereignty for 15 Minutes, The Times, 6.7.1990, aufgegriffen beispielsweise von Paddy Ashdown und Graham Allen im Unterhaus. Hansard HC Deb. Vol. 168, Col. 783, 6.3.1990, https://hansard.parliament.uk/commons/1990-03-06/debates/141a0cbd-e5ac-4c92-86dc-9bb4638d5ae1/BalanceOfPaymentsAndInterestRates#783 (30.9.2025); Hansard HC Deb. Vol. 180, Cols. 38 f., 7.11.1990, https://hansard.parliament.uk/commons/1990-11-07/debates/73e4c301-ea20-4785-878d-7c744874e134/FirstDay#38 (30.9.2025).

36 Barry Potter an John Gieve, Protokoll eines Gesprächs zwischen Margaret Thatcher und John Major am 13.6.1990, erstellt am 14.6.1990, TNA, PREM 19/2983.

Faktoren waren zu berücksichtigen: Termine der Premierministerin, Sitzungen des Europäischen Rates und des ECOFIN, Finanzmarktentwicklungen sowie politische Ereignisse wie Wahlen in EG-Staaten.[37] In Abstimmung mit dem Agrarministerium wurden zudem die Folgen eines Beitritts für die Gemeinsame Agrarpolitik geprüft.[38]

Major gelang es dabei, die EWS-Debatte auf taktische Fragen von Zeitpunkt und Konditionen zu konzentrieren und sie von der EG-Politik und dem Souveränitätsdiskurs abzugrenzen. Trotz dieser politischen Entschärfung zeigte sich Thatchers ökonomischer Private Secretary Barry Potter mit dem wenig später vorgelegten EWS-Memorandum unzufrieden: „The papers are *disappointing*: They are *not* an objective appraisal of different entry dates." Den Vorschlag, wegen des günstigen Pfundkurses im Juli beizutreten, lehnte er ab und riet Thatcher, dies im Gespräch mit Major kritisch zu hinterfragen.[39] Im Schatzamt herrschte Konsens, eine möglichst frühe Gelegenheit zu nutzen – denn erfolge der Beitritt nicht spätestens vor der Parteikonferenz am 8. Oktober, wäre er aus politischen Gründen erst nach dem Haushaltsvorschlag im März 1991 wieder möglich gewesen.[40]

Im Gespräch mit der Premierministerin betonte John Major: „The date of entry had to be judged as much on political as economic criteria". Alles spreche für ein rasches Handeln: Politisch würde der Beitritt Labour die Angriffsfläche nehmen und die Popularität der Regierung stärken; wirtschaftlich verspreche er Stabilität und könne Währungsspekulationen vor der Unterhauswahl im Folgejahr vorbeugen. Ein späterer Beitritt – etwa kurz nach dem Autumn Statement zum Stand der Wirtschaft oder unmittelbar vor der EG-Regierungskonferenz – könne dagegen als Zeichen der Schwäche interpretiert werden. Thatcher hielt dagegen, eine bessere Inflationsentwicklung sei notwendig, um den Eindruck zu vermeiden, die Regierung sei auf europäische Hilfe angewiesen. Zudem müssten Zinssenkungen im Zusammenhang mit dem WKM-Beitritt auch unabhängig von diesem Schritt gerechtfertigt sein, um nicht als kurzfristiger „honeymoon benefit" diskreditiert zu werden. Sie bevorzugte daher einen Beitritt im September oder später.[41] Schriftlich argumentierte Major im Nachgang, eine Inflationssenkung sei keine Voraussetzung für die WKM-Mitgliedschaft, da diese disziplinierend auf Lohnverhandlungen und somit stabilisierend wirke. Er empfahl einen „surprise move in July", der sowohl die heimische Wirtschafts- als auch die EG-Politik stärken würde. Er untermauerte dies mit Schatzamt-Prognosen zur Wirtschaftsentwicklung,

---

37 John Gieve an Peter Middleton, 15.6.1990, TNA, T 671/29; Peter Middleton an Nigel Wicks, 20.6.1990, TNA, T 671/29.

38 Paul McIntyre an David Peretz, 27.6.1990, TNA, T 671/29.

39 Hervorhebung im Original. Barry Potter an Margaret Thatcher, 26.6.1990, TNA, PREM 19/2983.

40 John Major an Margaret Thatcher, 26.6.1990, TNA, PREM 19/2983.

41 Barry Potter an John Gieve, Protokoll eines Gesprächs zwischen John Major und Margaret Thatcher, 27.6.1990, TNA, PREM 19/2983.

die von anhaltendem Inflationsdruck ausgingen. Daraus ergab sich ein Dilemma: Einerseits verlangte die Lage nach einem restriktiven geldpolitischen Kurs mit hohem Zins- und Wechselkursniveau; andererseits waren aus politischer Sicht Zinssenkungen dringend nötig, die bei Fortführung der aktuellen Politik erst im letzten Quartal 1991 möglich wären. Ein zeitnaher WKM-Beitritt erschien daher als einziger Weg, die dringend notwendigen Zinssenkungen und damit eine Entlastung der Hypothekennehmer vorzunehmen – ohne eine Abwertung und neue Preissteigerungen zu riskieren.[42]

Diese Prognosen bewogen auch Thatchers Private Secretary für Wirtschaftsfragen Barry Potter zu einer veränderten Einschätzung. Obwohl ökonomisch nicht unbedingt notwendig, eröffne der WKM-Beitritt einen politisch leichter durchsetzbaren Weg zur Inflationsbekämpfung bei moderaten Zinsen. Juli hielt er jedoch für verfrüht, angesichts stabiler Wechselkurse, der City-Erwartungen und des erwarteten Höhepunkts der Inflation im September sei ein späterer Zeitpunkt günstiger.[43] Dahinter stand die Überlegung, dass eine fallende Inflationsrate den Nachweis erleichtern würde, die erste Madrider Beitrittsbedingung – die Annäherung der britischen Inflationsrate an das EWS-Niveau – sei erfüllt.

Auch Brian Griffiths riet von Juli ab, da die Bedingung der Inflationssenkung offensichtlich nicht erreicht sei. Zugleich warnte er vor den Risiken eines Aufschubs: Zweifel am Beitritt könnten zu einem unkontrollierbaren Kursverfall führen, der während der anstehenden konservativen Parteikonferenz schweren politischen Schaden verursachen würde. Er empfahl daher, mit klaren Beitrittsankündigungen die Erwartungen zu stabilisieren und den Schritt bei Rückgang der Inflation zu vollziehen.[44] Selbst Bundesbankpräsident Karl Otto Pöhl riet mit Blick auf die Inflationsraten bei seinem London-Besuch Anfang Juli zu einem Aufschub bis September oder Anfang Oktober, betonte jedoch, die Entscheidung liege allein bei der britischen Regierung.[45]

Dennoch blieb Major bei seiner Empfehlung, die Thatcher am 4. Juli ablehnte, da der Schritt als „panic measure" gedeutet werden und Abwertungsdruck auslösen könne. Damit stand fest, dass ein Beitritt vor der parlamentarischen Sommerpause nicht mehr erfolgen würde. Beide vereinbarten, Ende August die Termine 14. September und 5. Oktober zu prüfen und dabei auch die Option einer engeren Bandbreite von ±4 statt ±6 Prozent zu erwägen.[46] Letzteres würde ein Signal größerer Disziplin senden als die bisher angedachten ±6 Prozent, die seit Januar 1990

42 John Major an Margaret Thatcher, 2.7.1990, TNA, T 671/29.

43 Hervorhebung im Original durch Margaret Thatcher, Barry Potter an Margaret Thatcher, 2.7.1990, TNA, PREM 19/2984.

44 Brian Griffiths an Margaret Thatcher, 3.7.1990, TNA, PREM 19/2984.

45 John Gieve an Charles Powell, Protokoll eines Gesprächs zwischen John Major und Karl Otto Pöhl, 3.7.1990, TNA, PREM 19/2984.

46 Barry Potter an John Gieve, Protokoll eines Gesprächs zwischen Margaret Thatcher und John Major, 4.7.1990, TNA, T 671/29.

nur für Spanien galten, und sich dem Standard von ±2,25 Prozent annähern. Governor Leigh-Pemberton hielt diesen Schritt für sinnvoll, Major präferierte die breiten, flexibleren Bänder, die keinen neuen britischen Sonderweg darstellen würden.[47]

Parallel erörterten Schatzamt und Bank of England den angemessenen Beitrittskurs. Grundsätzlich galt, dass größere Abweichungen vom vorherrschenden Marktkurs nur unter erheblichen Kosten möglich wären, da sie Spekulationen provoziert und sofortige Devisenmarktinterventionen erfordert hätten. Deswegen, so die vorherrschende Meinung, komme nur ein Kurs nahe dem aktuellen Niveau zwischen 2,90 und 3,00 DM in Betracht. Das bedeutete auch, dass größere Pfundschwankungen – etwa durch ein vorzeitiges Durchsickern des Termins an die Presse – unbedingt vermieden werden mussten. Auch eine Zinssenkung in Erwartung des Beitritts wurde aus diesem Grund verworfen.[48]

EG- und internationale Entwicklungen als Treiber der EWS-Debatte

Während dieser internen Verhandlungen drohte der Konflikt mit dem ehemaligen Schatzkanzler Nigel Lawson erneut aufzuflammen. Anlass war das neue Buch von Alan Walters, *Sterling in Danger*. Entsprechend dem Radcliffe-Verfahren von 1976 wurde das Manuskript vorab den zuständigen *officials* vorgelegt und löste erhebliche Bedenken aus. Walters wiederholte darin seine scharfe EWS-Kritik und nahm Lawson scharf ins Visier. Ursprünglich wollte er dem Buch in Anlehnung an John Maynard Keynes' Kritik an Churchills Wiedereintritt in den Goldstandard 1925 – *The Economic Consequences of Mr. Churchill*[49] – den *Titel The Economic Consequences of Nigel Lawson* geben. Die persönlichen Angriffe auf Lawson ließen eine offene Eskalation und erneute Aufmerksamkeit für die währungspolitischen Auseinandersetzungen im Kabinett befürchten.[50]

Thatcher drängte – erfolglos – auf einen Rückzug des Buches.[51] Walters strich in mehreren Überarbeitungsrunden allzu konfrontative Passagen, um Thatcher politischen Schaden zu ersparen.[52] Doch auch wegen missglückter Umsetzungen im Druck verblieben brisante Passagen, unter anderem die unzutreffende Be-

47 John Gieve an Paul Tucker, Protokoll eines Gesprächs zwischen John Major und Robin Leigh-Pemberton am 16.7.1990, erstellt am 18.7.1990, TNA, T 671/29.

48 Robert Evans, Protokoll eines Treffens von Schatzamt- und Bank of England-Vertretern am 18.7.1990, erstellt am 26.7.1990, TNA, T 671/29.

49 Keynes, Economic Consequences of Mr Churchill.

50 Andrew Turnbull an Margaret Thatcher, 8.3.1990, TNA, PREM 19/3438; Andrew Turnbull an Margaret Thatcher, 24.4.1990, TNA, PREM 19/3438; Andrew Turnbull an Robin Butler, 26.4.1990, TNA, PREM 19/3438.

51 Handschriftliche Notizen für ein Gespräch zwischen Andrew Turnbull und Alan Walters, o. D. (Juli 1990), TNA, PREM 19/3325.

52 Andrew Turnbull an Margaret Thatcher, 8.3.1990, TNA, PREM 19/3438; Alan Walters an Andrew Turnbull, 20.3.1990, TNA, PREM 19/3438; Andrew Turnbull an Margaret Thatcher,

hauptung, Lawson habe seine IWF-Rede von 1987 ohne Wissen der Premierministerin und anderer Schatzamtsvertreter vorbereitet.[53] Trotz Walters' inzwischen begrenzten Einflusses[54] sah sich Thatcher zu einer öffentlichen Distanzierung gezwungen: Sie ließ erklären, der Ökonom habe keinen Einfluss auf die Regierungspolitik und sie habe ihn seit zwei Monaten nicht mehr konsultiert.[55]

Für Spannungen sorgte auch, dass Thatcher in ihren Gesprächen mit ausländischen Partnern die währungspolitische Kompromisslinie erneut infrage stellte. Ende Juli kündigte sie gegenüber dem deutschen Außenminister Hans-Dietrich Genscher an, Großbritannien werde dem WKM beitreten, „in order to use the Deutschmark as a sort of gold standard, which would help to bear down on inflation". Zugleich relativierte sie jedoch die mühsam mit Major ausgehandelte Linie, wonach der harte ECU bei Zustimmung aller Regierungen und Völker langfristig zu einer Einheitswährung werden könne, indem sie erklärte, ein Weitergehen über das EWS hinaus sei nicht angezeigt. Von Genschers Hinweis, gerade eine gemeinsame Geldpolitik und eine unabhängige Zentralbank würden Stabilität fördern, ließ sie sich nicht überzeugen. Sie betonte: „a national currency and national decision-making on economic and monetary policy were among the most substantial attributes of sovereignty in the modern world."[56] Mit solchen Äußerungen setzte sie ein Signal, das der britischen Kompromisslinie zuwiderlief, den harten ECU nicht durch ein kategorisches Ausschließen einer europäischen Einheitswährung zu diskreditieren. Dies erschwerte die Platzierung des britischen Alternativvorschlags, für den die deutsche Unterstützung essenziell war.

Im Währungsausschuss am 4. September 1990 bemühten sich die Partner, Großbritannien einzubinden, doch wurde deutlich, dass sie den harten ECU allenfalls als Ergänzung, nicht aber als Alternative zum Delors-Bericht akzeptierten.[57] Trotz der Skepsis konnte die britische Seite respektable Erfolge erzielen: Der Vorschlag blieb im Gespräch und fand zeitweise sogar Unterstützung einzelner Länder, insbesondere Spaniens. Spätestens nach dem informellen ECOFIN Anfang September war jedoch klar, dass der harte ECU anstelle der dritten Stufe der Wirtschafts- und Währungsunion kaum noch durchsetzbar war.[58] Zwar be-

---

24.4.1990, TNA, PREM 19/3438; Andrew Turnbull an Robin Butler, 26.4.1990, TNA, PREM 19/3438.

53 Terence Burns an Alan Walters, 3.9.1990, TNA, PREM 19/3438; Alan Walters an Terence Burns, 7.9.1990, TNA, PREM 19/3438; Graham Mather an Andrew Turnbull, 13.7.1990 und 16.7.1990, TNA, PREM 19/3438.

54 Wolf-Rüdiger Bengs an Auswärtiges Amt, 30.7.1990, HBA, B 330/24323.

55 Michael Prescott, Walters Savaged by Thatcher's Aides, THE SUNDAY CORRESPONDENT, 29.7.1990.

56 Charles Powell an Stephen Wall, Protokoll eines Gesprächs zwischen Margaret Thatcher und Hans-Dietrich Genscher, 30.7.1990, TNA, T 450/234.

57 Wolfgang Rieke, Vermerk über die Diskussion im Währungsausschuss am 4.9.1990, erstellt am 5.9.1990, HBA, B 330/24323.

58 John Major an Margaret Thatcher, 11.9.1990, TNA, PREM 19/2984.

standen über Zeitpläne und Kriterien weiterhin Differenzen, doch in der Substanz der Währungsunion war Großbritannien isoliert.

Unter diesem Eindruck griff Financial Secretary Francis Maude im Schatzamt die bereits unter Lawson begonnenen Arbeiten zu den Folgen eines Europas der zwei Geschwindigkeiten wieder auf.[59] Die Ergebnisse fielen ernüchternd aus. Ein Fernbleiben aus einer europäischen Währungsunion würde den dauerhaften Ausschluss aus zentralen Entscheidungsgremien bedeuten und die britische Position in der EG und den Londoner Finanzplatz schwächen – auch gegenüber den USA und Japan. Zudem drohten Glaubwürdigkeitsverluste, die mit höheren Zinsen ausgeglichen werden müssten. Langfristig könne die währungspolitische Isolierung und der damit verbundene Einflussverlust die EG-Mitgliedschaft untragbar machen: „we might eventually be forced to leave the Community because of an effective breakdown of working relations with the 11."[60] Diese Aussichten bestärkten Major in seinem Bemühen, Thatcher von der *Opt-in*-Variante zu überzeugen.[61]

Früher als gedacht: Die Entscheidung für die Beitrittserklärung am 5. Oktober

Der irakische Einmarsch in Kuweit Anfang August 1990 veränderte die Lage grundlegend. Einerseits trieb der resultierende Ölpreisanstieg die Inflation weiter an. Die Differenz zwischen dem britischen Verbraucherpreisindex und dem WKM-Durchschnitt stieg im August auf über 6,3 Prozent; gegenüber der Bundesrepublik betrug sie sogar 7,8 Prozent. Eine Annäherung war frühestens zum Jahresende zu erwarten, was die Erfüllung der Madrider Beitrittsbedingung in weite Ferne rückte.[62] Zudem drohten neue Währungs- und Marktverwerfungen infolge der militärischen Auseinandersetzungen. In dieser Phase zunehmender Unsicherheit erschien das EWS als sicherer Hafen. Dennoch blieb Major angesichts der komplexen Situation zunächst vorsichtig.[63] Governor Leigh-Pemberton warnte Ende August, die unklare Lage löse Unruhe an den Märkten aus. Gerüchte über einen niedrigen Beitrittskurs hätten bereits einen Pfundrückgang von 3,03 auf 2,96 DM ausgelöst und Interventionen von 80 Millionen Dollar erzwungen. Jeder weitere Aufschub sei zu riskant. Während einzelne Stimmen in Bank und Schatzamt – darunter Deputy Governor Eddie George – ein rasches Vorgehen befürwor-

59 Philip Rutnam, Bericht über ein Treffen von Francis Maude mit Richard Allen, 4.9.1990, TNA, T 673/79.

60 Schatzamt, EC Group, Memorandum, A Treaty of Eleven. Economic Effects on the UK, September 1990, TNA, T 673/80.

61 Philip Rutnam an Richard Allen, 4.9.1990, mit handschriftlichen Anmerkungen von John Major, TNA, T 673/80.

62 Schatzamt, Memorandum, UK-ERM Inflation Differential, Oktober 1990, TNA, T 671/62.

63 Robin Leigh-Pemberton, Protokoll eines Gesprächs mit Peter Middleton am 30.8.1990, erstellt am 31.8.1990, BoE 14A99/1.

teten, plädierten andere dafür, abzuwarten, bis die Auswirkungen der Golfkrise klarer seien.[64]

Major fürchtete, die bevorstehende konservative Parteikonferenz und seine Mansion-House-Rede vor der City ohne glaubwürdige geldpolitische Perspektive bestreiten zu müssen, zumal die Zinsen bei 15 Prozent lagen. Ihm erschien eine Lockerung der Madrider Bedingungen vertretbar. Die Lage war jedoch nicht eindeutig. Anfang September legte John Major der Premierministerin dar, bei einer langwierigen Krise wäre ein rascher Beitritt sinnvoll, da das EWS als sicherer Hafen Stabilität bieten würde. Eine kurzfristige militärische Eskalation hingegen spreche für Abwarten, um nach deren Ende gegebenenfalls in ein reformiertes System einzutreten.[65] Thatcher befürchtete, der vom Schatzamt vorgeschlagene Leitkurs von 3,00 DM könne die britische Wettbewerbsfähigkeit untergraben und das Zinsniveau dauerhaft hochtreiben.[66] In einem weiteren Gespräch mit Thatcher, Brian Griffiths und Schatzamtsvertretern erreichte Major zumindest eine pragmatische Auslegung der Madrider Bedingung: Eine Annäherung an die EG-Inflationsraten galt fortan als erfüllt, sobald der Höhepunkt der Preissteigerung überschritten war und ein Rückgang absehbar schien. Zugleich zeigte sich, dass Thatcher den Beitritt weiterhin aus einer Vielzahl wirtschaftlicher und politischer Bedenken heraus verzögerte – von den hohen deutschen Zinsen über den Ölpreisanstieg bis zu befürchteten Wettbewerbsnachteilen. Sie machte erneut deutlich, dass sie den WKM ausschließlich als geldpolitischen Anker betrachtete, dessen Mitgliedschaft sich nur bei unmittelbaren Stabilitätsvorteilen lohne: „the fundamental reason for joining the ERM was to use the Deutschmark as a kind of gold standard".[67] Governor Leigh-Pemberton bedauerte in einer Aussprache mit Major diese Verzögerung, da die Geldpolitik außerhalb des WKM vor der anstehenden Regierungskonferenz zunehmend schwer zu steuern sei. Sein Angebot, persönlich bei der Premierministerin zu intervenieren, lehnte Major ab und hielt die Entscheidungsführung weiterhin in eigener Hand.[68]

Am 12. September bekräftigte Thatcher in einem Gespräch mit Major, die Märkte hätten ihre Erwartungen inzwischen angepasst und rechneten erst später im Jahr mit einem Beitritt. Damit folgte sie den Einschätzungen ihres Beraters Brian Griffiths und widersprach den Warnungen des Schatzamts vor einer weiteren Pfundabwertung.[69] Aus ihrer Sicht könne die Entscheidung vertagt werden,

---

64 John Gieve, Protokoll eines Treffens von John Major, Robin Leigh-Pemberton, Eddie George, Peter Middleton und Terence Burns am 31.8.1990, erstellt am 3.9.1990, TNA, T 671/62.

65 John Major an Margaret Thatcher, 3.9.1990, TNA, PREM 19/3674.

66 Barry Potter an Margaret Thatcher, 3.9.1990, TNA, PREM 19/2948.

67 Barry Potter an John Gieve, Protokoll über ein Treffen in No. 10 Downing Street, 4.9.1990, TNA, PREM 19/3674.

68 John Gieve an Paul Tucker, Protokoll eines Treffens von John Major und Robin Leigh-Pemberton, 7.9.1990, TNA, T 671/62.

69 Brian Griffiths an Margaret Thatcher, 11.9.1990, TNA, PREM 19/2948.

bis eine Zinssenkung auch unabhängig vom WKM-Beitritt wirtschaftlich gerechtfertigt wäre – ein Punkt, bei dem sie sich auf Äußerungen von Fed-Chef Alan Greenspan berief – und sich ein Rückgang der Inflation abzeichne.[70]

Im Schatzamt überwogen inzwischen die Argumente für rasches Handeln. In Beratungen unter Leitung von Peter Middleton kamen führende Vertreter des Ministeriums und der Bank of England überein, dass die Anzeichen einer konjunkturellen Abschwächung und die Aussicht auf sinkende Inflationsraten den Beitritt rechtfertigten. Zwar berge die Golfkrise Risiken, doch weiteres Abwarten könne den Schritt um Jahre verzögern. Eine Zinssenkung galt als vertretbar, sollte jedoch erst nach dem Beitritt erfolgen, um kein Signal geldpolitischer Nachgiebigkeit zu senden. Einig war man sich auch, dass der Beitritt in den breiten Wechselkursbändern von ±6 Prozent erfolgen sollte.[71] Major plädierte weiterhin nachdrücklich für einen Beitritt Mitte Oktober. Das Pfund, so warnte er, werde zunehmend von Gerüchten und Missverständnissen belastet; weiteres Zögern gefährde die Glaubwürdigkeit der Regierung: „not only was the economic advice clear but politically he was convinced that early entry was needed to maintain the Government's credibility." Daher beauftragte er die Bank of England, die konkreten Vorbereitungen einzuleiten.[72]

Am 2. Oktober berieten Vertreter des Schatzamts unter Leitung von Peter Middleton gemeinsam mit Deputy Governor Eddie George und Ian Plenderleith von der Bank of England das mögliche Vorgehen beim WKM-Beitritt. Diskutiert wurden zwei Termine: der 5. Oktober, der als zu kurzfristig galt, und der 12. Oktober, der zeitlich mit Thatchers Rede auf der konservativen Parteikonferenz zusammengefallen wäre. Der Leitkurs sollte sich am Marktniveau von rund 3,00 DM orientieren, jedoch nicht unter 2,95 DM liegen. Ein deutlich niedrigerer Kurs, so die Einschätzung, würde auf Widerstand der übrigen EWS-Mitglieder stoßen, da er Großbritannien unbotmäßige Wettbewerbsvorteile verschaffen könnte.[73]

Am Folgetag erörterte John Major mit der Premierministerin drei Varianten zur Abstimmung von Beitritt und Zinspolitik. Die Optionen einer Zinssenkung ohne Beitritt oder eines gleichzeitigen Vorgehens lehnte er ab, da beides die Glaubwürdigkeit der Regierung untergraben würde. Er empfahl stattdessen eine Senkung wenige Tage nach dem Beitritt. Thatcher bestand jedoch darauf, beides gleichzeitig durchzuführen. Major schlug daraufhin den 12. Oktober als Beitrittstermin vor und betonte, die geldpolitischen Folgen einer möglichen Eskalation am Golf ließen sich innerhalb des Mechanismus besser abfedern. Zur Klärung der

70 Barry Potter an John Gieve, Protokoll eines Gesprächs zwischen Margaret Thatcher und John Major, 12.9.1990, TNA, T 671/62.

71 Peter Middleton an John Major, 28.9.1990, Bericht über Beratungen mit führenden Schatzamt- und Bank of England-Vertretern, TNA, T 671/62.

72 John Gieve an Peter Middleton, 1.10.1990, TNA, T 671/62.

73 Robert Evans, Protokoll eines Treffens von Peter Middleton, Terence Burns, Nigel Wicks, Michael Scholar, Paul Gray, Eddie George und Ian Plenderleith, 2.10.1990, TNA, T 671/62.

Details stimmte Thatcher einem weiteren Treffen mit Middleton, Terence Burns und Eddie George zu. [74]

In der anschließenden Besprechung zwischen Schatzamt und Bank of England lehnten alle Beteiligten die von Thatcher gewünschte gleichzeitige Zinssenkung ab. Governor Leigh-Pemberton betonte, „he did not like to ‚take the dividend before the profit'", und Burns verglich das Vorgehen mit einer „stag night before a wedding". Es bestand jedoch Einigkeit darin, dass die Zinssenkung als Preis für Thatchers Zustimmung akzeptiert werden müsse, wenn sich andernfalls die langwierige EWS-Ungewissheit fortsetzen würde.[75]

Governor Leigh-Pemberton konnte an dem für den 4. Oktober angesetzten Treffen mit der Premierministerin nicht teilnehmen. Eine kurzfristige Absage seiner lange geplanten Japanreise hätte Marktgerüchte über eine unmittelbar bevorstehende EWS-Entscheidung ausgelöst und damit unerwünschte Kursschwankungen riskiert. Stattdessen schrieb er Margaret Thatcher einen Brief, in dem er eindringlich vor einer gleichzeitigen Zinssenkung beim WKM-Beitritt warnte.[76] Seine Intervention blieb ebenso erfolglos wie die Appelle der Anwesenden bei der Besprechung am 4. Oktober. Thatcher bestand auf einer gleichzeitigen Zinssenkung. Zwar war zunächst der 12. Oktober als Termin vorgesehen, doch änderte sich die Lage gegen Ende der Diskussion. Als die Vor- und Nachteile erörtert wurden, sprachen der stabile Pfundkurs von 2,93 DM und die ruhigen Märkte für einen sofortigen Schritt. Zugleich ließe sich so die „artificiality" einer Verkündung auf dem konservativen Parteitag vermeiden, und man könne die Aufmerksamkeit von den bevorstehenden Inflationszahlen – 10,9 Prozent – ablenken.[77] Die laufende Labour-Parteikonferenz, der man mit dieser Ankündigung die Schau stehlen würde, fand im Protokoll keine Erwähnung; doch Thatcher und Major dürfte der politische Nebeneffekt kaum unwillkommen gewesen sein. Major hatte noch am Vortag gegenüber Bernard Ingham betont, die Nachricht eines Beitritts werde Labour ins Wanken bringen und ihrer Wirtschaftspolitik den Boden entziehen.[78]

Damit fiel die Entscheidung auf Freitag, den 5. Oktober. Nach der Einigung trennten sich die Teilnehmer, um die Modalitäten auszuarbeiten, und kamen um 19:15 Uhr erneut zusammen. Das Statement der Premierministerin – einschließlich der umstrittenen Zinssenkung – wurde abgestimmt, und die Verkündung für 16 Uhr, nach Schließung der Währungsmärkte, festgesetzt. Nigel Wicks berichtete

74 Andrew Turnbull an John Gieve, 3.10.1990, TNA, T 671/62.

75 John Gieve an Paul Tucker, Protokoll eines Treffens von John Major, Robin Leigh-Pemberton, Peter Middleton, Terence Burns, Nigel Wicks und Michael Scholar am 3.10.1990, erstellt am 8.10.1990, TNA, T 671/62.

76 Robin Leigh-Pemberton an Margaret Thatcher, 4.10.1990, TNA, T 671/62.

77 Andrew Turnbull an John Gieve, Protokoll eines Gesprächs zwischen Margaret Thatcher, John Major, Peter Middleton, Terence Burns, Nigel Wicks und Eddie George, 4.10.1990, TNA, T 671/62.

78 Ingham, Downfall, 1.-7.10.1990, S. 293.

von der positiven Reaktion des Vorsitzenden des Währungsausschusses, Mario Sarcinelli, den er telefonisch vorab informiert hatte. Abschließend erklärte Thatcher, dass der Beitritt am Folgetag erfolgen werde, verbunden mit einer Zinssenkung um einen Prozentpunkt, und entließ die Beteiligten in ihre nächtlichen Arbeiten an Presseerklärungen und Briefings.[79]

Mit diesem Treffen endete das jahrelange Ringen um die EWS-Vollmitgliedschaft. Neben den wirtschaftlichen Erwägungen zu Inflation, Zinssenkung und den Erwartungen der Währungsmärkte war es die politische Lage, die einen weiteren Aufschub aus Thatchers Sicht ausschloss. Innenpolitisch stand sie unter Druck: Die Forderungen aus der eigenen Fraktion, von der Labour-Opposition sowie von Arbeitgeber- und Arbeitnehmerverbänden nahmen zu. Auf EG-Ebene galt der Beitritt nicht nur als Bestandteil der vereinbarten Stufe 1 der Wirtschafts- und Währungsunion, sondern auch als Beweis der Ernsthaftigkeit der britischen harten-ECU-Vorschläge. Diese Kräfteverhältnisse brachte die *Times* pointiert zum Ausdruck:

> The forces that have been ranged against her over the past year are truly formidable. The massed ranks of European leaders and their supporters in the British Foreign Office are frantic for entry. So too are the European Commission, the bulk of backbenchers in the House of Commons, the Confederation of British Industry, the Treasury, the Bank of England, Fleet Street and, in public and private statements, the Foreign Secretary and the Chancellor of the Exchequer. Only the Pope and the Archbishop of Canterbury appear to be missing from the list.[80]

Hinter den Kulissen wirkten jedoch deutlich komplexere Abwägungen an der Schnittstelle von wirtschaftlichen und politischen Motiven. Die Vielzahl an Faktoren und Prognosen, die bei den Überlegungen zu Zeitpunkt, Konditionen und Argumentationstaktik zu berücksichtigen waren, führte zu differenzierteren Positionen als den einfachen Forderungen nach einem sofortigen Beitritt oder einer pauschalen Ablehnung.

Das Bild eines unausweichlichen Drucks durch Kabinett, Partei und Wirtschaft entspricht weitgehend dem, das Thatcher selbst rückblickend zeichnete. Umgekehrt diente ihre Ablehnung später den WKM-Beitrittsbefürwortern als Rechtfertigung, sie hätten ungünstige Ausgangsbedingungen wie die gleichzeitige Zinssenkung akzeptieren müssen, um den Schritt überhaupt durchsetzen zu können. Beides war nicht unzutreffend und entsprach der Wahrnehmung der Beteiligten, spiegelte jedoch nur einen Teil der Realität. Denn Thatcher verfügte über keine überzeugende geldpolitische Alternative und hoffte zugleich, von der erwarteten Zinssenkung zu profitieren. Auch die führenden Befürworter des Beitritts sahen

---

79 Andrew Turnbull an John Gieve, Protokoll eines Gesprächs zwischen Margaret Thatcher, John Major, Peter Middleton, Terence Burns, Nigel Wicks und Eddie George, 4.10.1990, TNA, T 671/62.

80 The War of Thatcher's Ear, The Times, 22.9.1990.

sich zeitweise veranlasst, aus taktischen Gründen die Dynamik zu bremsen oder Einwände der EG-Partner zu übergehen – wie sich insbesondere beim Beitrittsprozedere zeigen sollte.

Auch die Souveränitätsfrage spielte in der Abwägung eine Rolle: Die Sorge vor einer weiteren Integrationsdynamik in Richtung Währungsunion hatte Überlegungen zum Zeitpunkt des Beitritts – insbesondere im Hinblick auf die bevorstehende Regierungskonferenz – maßgeblich geprägt. In der Endphase der Entscheidungsfindung traten diese politischen Erwägungen jedoch hinter die geldpolitischen Argumente zurück. Zum Teil hielten die Beteiligten diese tatsächlich für ausschlaggebend; zum Teil wurden politische Bedenken bewusst in ökonomische Sprache gefasst, um selbst in den internen Gremien nicht den Eindruck taktischer Opportunität zu erwecken.

2 Geldpolitisches Rückgrat: Der Beitritt zum Wechselkursmechanismus

Am 5. Oktober um 16 Uhr beendete Schatzkanzler John Major Monate der Unsicherheit und Spekulationen über die britische EWS-Vollmitgliedschaft. In seiner Erklärung vor der Presse sagte er:

> To reinforce our framework of monetary discipline we have decided the UK should now join the exchange rate mechanism of the European Monetary System. We have proposed, therefore, to our European Community partners that, as part of the common procedure, we should join the ERM on Monday morning with a central exchange rate at around DM 2.95 and initially with 6 per cent margins.[81]

In den zahlreichen Interviews, die er unmittelbar nach der Verkündung gab, betonte Major, nicht politische, sondern wirtschaftliche Überlegungen hätten den Ausschlag gegeben. Damit wollte er dem Verdacht des Opportunismus begegnen, den sowohl der Zeitpunkt als auch die populäre Zinssenkung weckten. Denn der Schritt geschah unmittelbar nach Abschluss der Labour-Parteikonferenz und kurz vor dem konservativen Parteitag – ein Moment, der sich auch wahlstrategisch günstig ausnahm. „It's fair to say the general election campaign has started today", bemerkte etwa der City-Ökonom Nick Parsons.[82] Ähnlich fiel das Urteil in der Presse aus. Der *Guardian* bedauerte die Entscheidungsfindung von so erheblicher ökonomischer Tragweite aus kurzfristigen politischen Motiven.[83] Die *Times* kon-

---

81 John Major, Statement zur Zinssenkung und zum Beitritt zum EWS-Wechselkursmechanismus, 5.10.1990, TNA, T 671/62.

82 Larry Elliott und Mark Milner, Tories Take ERM Gamble. City Applauds Major's Base-Rate Cut, THE GUARDIAN, 6.10.1990.

83 The Gamble and the Great Test, THE GUARDIAN, 6.10.1990.

statierte: „Politics has triumphed over economics. [...] Economic policy is back in the hands of politicians.“[84] Jim O'Neill, Chefökonom der Swiss Bank Corporation, warnte vor den ökonomischen Konsequenzen: „It is a political move and the pound will become a big, big sell.“[85]

Deswegen bemühten sich auch Margaret Thatcher und Governor Robin Leigh-Pemberton in ihren Stellungnahmen, den technischen und unpolitischen Charakter der Entscheidung hervorzuheben. Thatcher betonte zu Beginn ihrer Pressekonferenz, die sie um 17:25 Uhr vor ihrer Dienstwohnung in 10 Downing Street gab, die ökonomische Motivation des WKM-Beitritts und die Berechtigung der Zinssenkung: „The most important thing is to get inflation down and these two policies are right for the times.“[86] Governor Leigh-Pemberton hob ebenfalls die wirtschaftlichen Vorteile hervor, ließ jedoch mit seiner Mahnung zu einer glaubwürdigen Politik seine Skepsis gegenüber der Zinssenkung erkennen: „I am sure that our membership of the ERM will help to reduce inflation, not least by underpinning confidence in our existing policies; but it can only make the process less painful if it helps expectations to adjust more quickly.“[87]

Tatsächlich ließen sich politische und ökonomische Motive für die Entscheidung kaum voneinander trennen. Ihr Ziel war die Rückgewinnung von Handlungsfreiheit auf mehreren Ebenen – wirtschaftlich, parteipolitisch und in den Verhandlungen zur Wirtschafts- und Währungsunion. Wirtschaftlich sollte der externe EWS-Stabilitätsanker einen Glaubwürdigkeitsgewinn verschaffen, der die Inflationsbekämpfung unterstützte, den Umgang mit den Währungsmärkten erleichterte und die Tarifparteien disziplinierte. Zugleich sollten dauerhaft niedrigere Zinsen möglich werden, ohne Preissteigerungen zu riskieren. Damit beruhte die WKM-Mitgliedschaft jedoch von Beginn an auf einem inneren Widerspruch: Eine zu lockere Geldpolitik gefährdete genau das Vertrauen, auf dem die erhofften Vorteile der WKM-Mitgliedschaft und der mit ihr verbundenen Zinssenkungen beruhten.[88] Majors Hoffnung, diesen Gegensatz durch einen positiven Kreislauf aus Glaubwürdigkeitsgewinn und Pfundaufwertung zu überwinden, erfüllte sich nicht. Das lieferte für Jahre Konfliktstoff über die Frage, ob Thatchers Beharren auf einer sofortigen Zinssenkung diese Wirkungskette von Anfang an verhindert hatte – oder ob Majors Erwartung auch ohne diesen Faktor zu optimistisch gewesen war.

---

84 Taking the Plunge, The Times, 6.10.1990.

85 Peter Torday und Peter Rodgers, Sterling's Entry into the ERM. City Expects More Cuts in Base Rate to Follow, The Independent, 6.10.1990.

86 Margaret Thatcher, Pressekonferenz zum Beitritt zum Wechselkursmechanismus des EWS, 5.10.1990, MTF, https://www.margaretthatcher.org/document/108212 (30.9.2025).

87 Robin Leigh-Pemberton, Statement zum Beitritt zum Wechselkursmechanismus des EWS, 5.10.1990, BoE 14A99/1.

88 Auf diesen Widerspruch weist hin: James, Making a Modern Central Bank, S. 274.

Parteipolitisch sollte der WKM-Beitritt die wachsenden Forderungen aus den eigenen Reihen, der Wirtschaft und der Öffentlichkeit erfüllen und zugleich Labours alternatives, auf dem EWS fußendes Wirtschaftsprogramm entwerten. Damit konnte der Druck auf die Premierministerin gemindert werden, während sich der Schatzkanzler als durchsetzungsstarker Politiker profilieren konnte – tatsächlich wurde er infolge dieses Coups bereits als möglicher Nachfolger im Amt des Premierministers gehandelt.[89]

EG-politisch sollte die britische Position in den Verhandlungen über die Wirtschafts- und Währungsunion gestärkt werden, wenngleich Major und Hurd dieses Argument wegen Thatchers bekannter Vorbehalte nur selten offen anführten. Dem Ziel einer stärkeren europäischen Verhandlungsposition widersprach allerdings das britische Vorgehen, aus innenpolitischen Erwägungen sowohl den Beitrittskurs als auch die sechsprozentige Bandbreite einseitig festzulegen. Nach den Bestimmungen des EWS-Abkommens unterlagen diese Parameter eigentlich gemeinschaftlicher Abstimmung im Währungsausschuss, da alle Mitgliedstaaten den vereinbarten Kurs mit Devisenmarktinterventionen verteidigen mussten. Zudem stellten die erweiterten Bänder eine Abweichung von den regulären ±2,25 Prozent dar und zementierten somit eine britische Sonderstellung. Die Widersprüche zwischen innenpolitischer Taktik, parteipolitischem Kalkül und europäischer Glaubwürdigkeit belasteten die WKM-Mitgliedschaft somit bereits vor ihrem Vollzug mit einer erheblichen Hypothek.

Schwieriger Start der Verhandlungen mit den EG-Partnern

Nach der Beitrittsentscheidung am Donnerstagabend begann am Freitag, dem 5. Oktober, die Umsetzung des detaillierten Ablaufplans, den die ADSO-Gruppe über Monate hinweg entworfen und immer wieder überarbeitet hatte. Die historische Bedeutung dieses Tages war allen Beteiligten bewusst. So notierte Eddie Georges Private Secretary Clive Briault auf einer Liste der Telefonate seines Vorgesetzten: „Addressees of this note and historians in the future may be interested in the attached notes of telephone conversations held by the Deputy Governor on Friday."[90] Zwei Monate nach dem Beitritt mahnte Peter Middleton die Beteiligten, alle relevanten Unterlagen ordnungsgemäß zu archivieren und die Informationen in seinem Büro zu bündeln – „so that we can ensure that it is not lost for posterity."[91]

Um einen reibungslosen Ablauf der Verhandlungen zu gewährleisten und die Beitrittskonditionen frühzeitig zu platzieren, wurden die EG-Partner in einer vorab festgelegten Reihenfolge vor Majors offizieller Verkündung informiert. Die

---

89 Will Hutton, Perfect Time to Shoot the Fox, The Guardian, 6.10.1990.

90 Clive Briault, Vermerk über Eddie Georges Telefonate am 5.10.1990, erstellt am 8.10.1990, BoE 14A99/1.

91 Richard Evans an alle Mitglieder der ADSO-Sicherheitsliste, 10.12.1990, BoE 14A99/1.

kurzfristige Entscheidung hatte Änderungen erforderlich gemacht – ursprünglich hätten erste Gespräche bereits am Mittwoch vor dem Beitrittswochenende stattfinden sollen.[92] So unterrichteten ab Freitagmorgen Vertreter des Schatzamts und der Bank of England das EG-Währungskomitee, die Zentralbanken und mehrere Finanzminister telefonisch. Das Foreign Office sollte offiziell erst mit Veröffentlichung der Beitrittserklärung informiert werden; informell hatte Major Außenminister Hurd bereits am Vortag einbezogen, der den Schritt wegen seiner außenpolitischen Vorteile ausdrücklich begrüßte.[93]

Die Abstimmung mit den EG-Partnern erwies sich jedoch als schwierig. Wegen der gleichzeitigen Zinssenkung sah sich die Regierung gezwungen, auch einen Beitrittskurs zu nennen. Andernfalls hätten die Märkte die Zinsentscheidung als Signal verstanden, die Regierung strebe einen niedrigeren Leitkurs an. Daraus resultierende Pfundverkäufe hätten zu einer Abwertung geführt und die Bank of England zu kostspieligen Interventionen gezwungen. Die vorweggenommene Festlegung des Kurses verletzte allerdings das gemeinschaftliche Verfahren, nach dem alle EWS-Mitglieder die Beitrittsbedingungen gemeinsam festlegten. Dies rief deutlichen Unmut hervor – Majors Hinweis, man spreche lediglich von einem Richtwert „around DM 2,95" und nicht von einer festen Zahl, vermochte die Partner kaum zu beschwichtigen. Dieser Regelverstoß belastete die Kooperation von Beginn an und ließ erwarten, dass künftige Abweichungen umso strikter geahndet würden.[94]

Peter Middleton und Nigel Wicks im Schatzamt, Andrew Turnbull im Prime Minister's Office sowie Deputy Governor Eddie George in der Bank of England, der den in Japan weilenden Robin Leigh-Pemberton vertrat, koordinierten die Gespräche mit den EG-Partnern. Zuerst informierte John Major um 9 Uhr den Vorsitzenden des Währungsausschusses, Mario Sarcinelli, der die Entscheidung grundsätzlich begrüßte, aber – wie erwartet – von der Nennung eines festen Beitrittskurses abriet.[95] Bundesbankpräsident Karl Otto Pöhl, der als Vorsitzender des Ausschusses der EG-Zentralbankpräsidenten um 9:45 Uhr von Eddie George unterrichtet wurde, bewertete den Schritt ebenfalls positiv. Der festgelegte Kurs sei zwar eher hoch angesetzt, aber vertretbar; er empfahl jedoch, die Zinssenkung um einige Tage zu verschieben.[96] In einem späteren Gespräch mit dem Schatzkanzler gratulierte Pöhl Major zu seiner „brave and courageous decision" und bot an, den britischen Beitritt öffentlich zu unterstützen – was Major dankbar an-

---

92 Schatzamt, Ablaufplan für einen möglichen WKM-Beitritt am 12.10.1990, erstellt am 2.10.1990, TNA, T 671/62.

93 Hurd, Memoirs, S. 436–438.

94 Michael Foot, Memorandum, Operational Issues of Joining ERM, 18.5.1990, BoE 14A99/1.

95 Tancred Tarkowski an Nigel Wicks, Protokoll eines Telefonats zwischen John Major und Mario Sarcinelli, 5.10.1990, BoE 14A99/1.

96 Clive Briault, Vermerk über ein Telefonat zwischen Eddie George und Karl Otto Pöhl, 8.10.1990, BoE 14A99/1.

nahm. Das Protokoll vermerkte keine Warnung vor einem überhöhten Beitrittskurs, wie es ein Jahr später in der Presse ausgeführt wurde.[97] Pöhl riet lediglich erneut zu einer zeitlichen Trennung von Beitritt und Zinssenkung.[98]

ECOFIN-Präsident Guido Carli begrüßte Majors Entscheidung und äußerte die Erwartung, Großbritannien werde bald in die engen Wechselkursbänder übergehen.[99] Schwieriger verliefen die Kontakte mit der französischen Seite. Philippe Lagayette von der Banque de France hatte bereits über das Sekretariat des Währungsausschusses von der Entscheidung erfahren und kritisierte gegenüber Deputy Governor Eddie George, die Kursverkündung könne als „fait accompli" wahrgenommen werden, das die Beratungen des Ausschusses vorwegnehme. Erst nach Rücksprache mit Banque-de-France-Präsident Jacques de Larosière zeigte er sich versöhnlicher, betonte jedoch erneut, die Veröffentlichung des Leitkurses stelle ein ernstes Problem dar. George erwiderte, die Entscheidung sei nicht verhandelbar, und die Regierung nehme das Risiko einer abweichenden Einschätzung des Ausschusses in Kauf. Um die festgefahrene Situation zu entschärfen, vereinbarten Nigel Wicks und Jean-Claude Trichet (Trésor) weitere Konsultationen auf Regierungsebene. Nach Rücksprache mit Peter Middleton einigten sich Eddie George und John Major am frühen Nachmittag darauf, trotz französischer Einwände am vorgesehenen Verfahren festzuhalten. Ein anschließendes Gespräch mit Karl Otto Pöhl sicherte die deutsche Unterstützung. Zwar teilte Pöhl die französischen Bedenken, doch angesichts der politischen Umstände – namentlich Thatchers Haltung – zeigte er sich „quite relaxed about the proposed UK announcement and had no qualms with an announcement which proposed a central rate of around DM2.95."[100]

Besonders konfrontativ verlief Majors Telefonat mit Kommissionspräsident Jacques Delors um 15:20 Uhr. Delors schlug ein Sondertreffen der EG-Finanzminister vor, das Major mit Verweis auf die unnötige Dramatik und die zu erwartenden „immense difficulties" ablehnte. Delors reagierte scharf: Der Beitritt könne in London als Erfolg gelten, erscheine aus seiner Sicht jedoch als „tactical move to prevent the building of European Union". Er sah das in Rom im September implizit vereinbarte Einvernehmen verletzt, den britischen harten ECU-Vorschlag zunächst im Raum zu lassen. Major wies den Vorwurf zurück und betonte, die EWS-Entscheidung stehe unabhängig von der Währungsunion. Das Gespräch endete frostig mit Delors' Ankündigung, das Verfahren öffentlich als „a poor way to build Europe" zu kritisieren. Erst später ließen Mitarbeiter seines Kabinetts verlauten,

97 Mary Francis an John Major, 18.6.1993, TNA, PREM 19/4140.

98 Tancred Tarkowski an Nigel Wicks, Vermerk über ein Telefonat zwischen John Major und Karl Otto Pöhl am 5.10.1990 um 11:20 Uhr, 5.10.1990, BoE 14A99/1.

99 Tancred Tarkowski an Nigel Wicks, Vermerk über ein Telefonat zwischen John Major und Guido Carli am 5.10.1990 um 11:00 Uhr, 5.10.1990, BoE 14A99/1.

100 Clive Briault, Vermerk über Eddie Georges Telefonate am 5.10.1990, erstellt am 8.10.1990, BoE 14A99/1.

Delors werde gegenüber der Presse einen „reasonably positive approach" einnehmen.[101] Auch Carli versicherte, dass ein Sondertreffen des ECOFIN nicht geplant sei, da eine Revision der Entscheidung ohnehin unwahrscheinlich sei. Er vermutete, Delors' Reaktion habe sich vor allem aus dessen Sorge gespeist, die britische Haltung könne die Kritik am Delors-Bericht stärken.[102]

Um 15:45 Uhr fand die zuvor mit Karl Otto Pöhl vereinbarte Telefonkonferenz der EG-Zentralbankpräsidenten statt. Eddie George erläuterte die britische Entscheidung. Er betonte, der Beitrittskurs liege lediglich 0,5 Prozent über dem aktuellen Marktniveau und äußerte die Hoffnung auf einen baldigen Wechsel in die engen Wechselkursbänder. Die gleichzeitige Zinssenkung verteidigte er als geldpolitisch gerechtfertigt und erläuterte, sie habe die Veröffentlichung des Kursvorschlags unvermeidlich gemacht. Sein Versuch, die Vorgehensweise positiv zu wenden – der am Samstag tagende Währungsausschuss könne nun die ersten Reaktionen der New Yorker Märkte berücksichtigen – vermochte Philippe Lagayette nicht zu besänftigen. Unterstützt von Wim Duisenberg und Carlo Ciampi bekräftigte er seine Vorbehalte. Pöhl, der die Konferenz leitete, beendete die Diskussion mit dem Hinweis, die Bedenken müssten nicht von allen wiederholt werden; Verfahrensfragen sollten, wie von Mariano Rubio vorgeschlagen, zu einem späteren Zeitpunkt geklärt werden. Lediglich der irische Notenbankpräsident äußerte Bedenken gegenüber der Wahl der breiten Bänder, ansonsten überwogen positive Reaktionen. Grundsätzlich, so die einhellige Einschätzung, sei der Beitritt ein wichtiger Schritt zur Stärkung der europäischen Währungskooperation.[103]

Nach Veröffentlichung von Majors Statement informierte George um 16:15 Uhr Alan Greenspan und E. Gerald Corrigan von der US-Federal Reserve, die sich beide „enthusiastic" zeigten. Greenspan hob hervor, dass Großbritannien damit Unsicherheit und Spekulation beende.[104] Auch Majors schriftliche Mitteilung an die EG-Finanzminister, die kurz nach 16 Uhr verschickt wurde, betonte die wirtschaftlichen Überlegungen, die den Beitritt getragen hätten.[105]

Im Anschluss wurden auch die übrigen Kabinettsmitglieder unterrichtet. Für Verstimmung sorgte das Verfahren bei Deputy Prime Minister Geoffrey Howe, der nach eigenen Angaben erst in einem Gespräch mit der Königin von den Ereignissen erfahren hatte – für ihn eine „indication of the curious way in which matters

101 John Gieve an Stephen Wall, Protokoll eines Telefonats zwischen John Major und Jacques Delors am 5.10.1990 um 15:20 Uhr, erstellt am 5.10.1990, TNA, T 671/62.

102 Kate Gaseltine, Vermerk über ein Telefonat zwischen John Major und Guido Carli am 5.10.1990 um 16:45 Uhr, erstellt am 5.10.1990, TNA, T 673/125/2.

103 Clive Briault, Vermerk über Eddie Georges Telefonate am 5.10.1990, erstellt am 8.10.1990, BoE 14A99/1.

104 Ebd.

105 Schatzamt, Pressemitteilung über die Stellungnahme des Schatzkanzlers zum WKM-Beitritt am 5.10.1990, TNA, T 671/62.

of importance were handled towards the end".[106] Was genau misslang, lässt sich nicht eindeutig rekonstruieren: Nach dem Ablaufplan des Schatzamts hätte Howe bereits um 15:15 Uhr durch den Schatzkanzler informiert werden sollen.[107] Der Vorfall machte die Zerrüttung der Kabinettsbeziehungen kurz vor Thatchers Rücktritt deutlich.

Der eigentliche Beitritt erfolgte am Folgetag in einer kurzfristig einberufenen Sitzung des Währungsausschusses. Nigel Wicks aus dem Schatzamt und Andrew Crockett von der Bank of England kam die wenig dankbare Aufgabe zu, den Unmut der Mitglieder zu besänftigen – „task more awkward (Monetary Committee treated as mere rubber stamp) but judged manageable", vermerkte die interne Schatzamt-Einschätzung.[108] Die britische Delegation argumentierte, der vorgeschlagene Kurs entspreche weitgehend dem Marktniveau und die breiten Bänder seien lediglich eine Übergangslösung. Trotz grundsätzlicher Zustimmung zur britischen Entscheidung musste Wicks, wie erwartet, deutliche Kritik hinnehmen. Kommissionsvertreter Giovanni Ravasio wiederholte Delors Forderung nach einer Sondersitzung der EG-Finanzminister und Notenbankgouverneure und bemängelte, dass die Kursbindung so explizit als D-Mark-Bindung dargestellt worden war – denn formell trat das Pfund in ein Paritätengitter ein, nicht in eine bilaterale D-Mark-Kopplung. Auch andere Delegierte äußerten sich kritisch zum britischen Vorgehen, schlossen sich Ravasios Antrag jedoch nicht an und akzeptierten letztlich den Kurs. Lediglich die französischen Vertreter plädierten für eine Anhebung des Beitrittskurses, während der italienische Vorsitzende dafür plädierte, irgendeinen anderen als den vorgeschlagenen Kurs anzusetzen, um eine Unterlaufung des Konsultationsprozesses nicht einfach hinzunehmen.[109]

Der deutsche Bundesbankvertreter Hans Tietmeyer zeigte sich besorgt über die Zinssenkung und äußerte – „auch um der französisch-italienischen Haltung etwas entgegenzusetzen" – eine Präferenz für einen leicht niedrigeren Kurs. Letztlich erreichte Wicks jedoch die wesentlichen Ziele: Der vorgeschlagene Leitkurs wie auch die breite Bandbreite wurden akzeptiert, ein Sondertreffen der Finanzminister fand nicht statt.[110] Mit der Sitzung wurde der Leitkurs offiziell auf 0,696904 Pfund pro ECU festgelegt. Die Auswirkungen auf die Gemeinsame Agrarpolitik blieben marginal; lediglich für Griechenland ergab sich durch die

106 Lord Howe of Aberavon, CCBH Witness Programme, 14.11.2007, S. 22.

107 John Gieve an Peter Middleton, 4.10.1990, Liste mit Gesprächspartnern und detailliertem Ablaufplan für den WKM-Beitritt, TNA, PREM 19/2984.

108 John Major an Margaret Thatcher, Memorandum über den Ablauf eines möglichen WKM-Beitritts am 12.10.1990, erstellt am 4.10.1990, TNA, PREM 19/2984.

109 Paul Gray an Nigel Wicks, Mitteilung an Vertretungen in europäischen Städten zum WKM-Beitritt, 8.10.1990, TNA, T 671/62; B. A. Hoffmann, Auszug aus dem Protokoll der Sitzung des Court of Directors der Bank of England mit Diskussion über den WKM-Beitritt am 11.10.1990, erstellt am 18.10.1990, BoE 3A161/200.

110 Hans Tietmeyer, Bericht an die Mitglieder des Zentralbankrats über die Sitzung des EG-Währungsausschusses am 6.10.1990, erstellt am 8.10.1990, BArch, B 330/23369.

Leitkursanpassung gegenüber dem ECU eine Agrarpreiserhöhung um drei Prozent.[111]

Die internationalen Reaktionen fielen überwiegend positiv aus, auch wenn Jacques Delors beim informellen Treffen der EG-Außenminister am 6. Oktober in Asolo seine Kritik am britischen Vorgehen wiederholte und grundsätzlichere Differenzen mit der britischen Regierung ansprach. Thatcher, bemerkte er, erwecke den Eindruck, die EG als reine Freihandelszone zu sehen.[112] Irlands Finanzminister Albert Reynolds zeigte sich verärgert, erst aus der Presse von der britischen Entscheidung erfahren zu haben.[113] Dies verdeutlicht, wie wenig Bedeutung die britischen Währungsbehörden dem 1978 noch so kontrovers diskutierten Verhältnis zum irischen Pfund inzwischen beimaßen. Beim regulären ECOFIN-Treffen am Montag, dem ersten Tag der britischen WKM-Mitgliedschaft, begrüßten die übrigen EG-Finanzminister den Schritt. Dennoch wurde nochmals Kritik am britischen Vorgehen laut. Insgesamt überwogen jedoch positive Rückmeldungen.[114] Angeregt durch den britischen Schritt erklärte Norwegen am 19. Oktober unilateral, die norwegische Krone ab dem 22. Oktober mit einem Leitkurs von 7,9994 Kronen pro ECU innerhalb der engen Schwankungsbreiten des WKM zu halten. Da dieser Schritt keine Interventionsverpflichtungen der übrigen Mitglieder nach sich zog, werteten die EG-Finanzminister und Zentralbankpräsidenten ihn als symbolische, aber bedeutsame Ausweitung der europäischen Stabilitätspolitik.[115]

Innenpolitische Reaktionen

Der WKM-Beitritt wurde überwiegend positiv aufgenommen, doch beendete er die währungspolitischen Differenzen in der Regierungspartei nicht dauerhaft. Geoffrey Howe begrüßte den Schritt am 9. Oktober in einer Rede vor dem Conservative Small Business Bureau, verband ihn jedoch mit deutlicher Kritik an der Regierungspolitik – „You will recognize all the not-very-coded signals“, notierte Charles Powell handschriftlich auf dem Redetext. Howe betonte den Nutzen des Beitritts als geldpolitischen Stabilitätsanker und variierte Thatchers bekannte Formel: „‚You can't buck the market‘ has tended in practice to mean ‚You can't ignore the Deutschmark‘.“ Er mahnte zugleich, es handele sich nicht um eine „soft option“ für lockere Geldpolitik, sondern um ein Instrument für „European self-discipline“. Zugleich forderte er, dieses historische Bekenntnis zur EG durch eine stärkere Einbindung in die Wirtschafts- und Währungsunion zu untermauern –

111 Horst Koblitz, Vermerk über die Teilnahme Großbritanniens am EWS-Wechselkursmechanismus, 16.10.1990, BArch, B 330/23369.

112 Douglas Hurd an John Kerr, 7.10.1990, TNA, PREM 19/2984.

113 Nicholas Fenn an FCO, 8.10.1990, TNA, FCO 30/8665.

114 Juliet Campbell an FCO, 8.10.1990, TNA, PREM 19/2984.

115 Memorandum zur Bindung der norwegischen Krone an die ECU, 19.10.1990, TNA, T 673/60.

„there can and should [...] be ‚no turning back' from the historic commitment that was announced last Friday."[116] Major war die Rede zwar am Vortag vorgelegt worden, er hatte sie aber nicht mehr prüfen können. Howe könne sich also nicht auf die Zustimmung des Schatzamts berufen, vermeldete Majors Principal Private Secretary John Gieve angesichts der Verstimmung der Premierministerin.[117] Nigel Lawson hingegen begrüßte die Entscheidung vorbehaltlos: „I warmly welcome this historic decision which I have long advocated. While ERM membership is no panacea, it provides the essential missing link in the government's economic policy and will prove of increasing benefit to the British economy in the months and years ahead."[118]

Die Reaktionen auf den WKM-Beitritt reichten von nachdrücklicher Zustimmung bis zu scharfer Kritik am Timing. Aus der Wirtschaft kam überwiegend positive Resonanz: John Banham, Präsident des Industrieverbands CBI, bezeichnete den Schritt in einem Schreiben an den Schatzkanzler als überfällige Entlastung für Unternehmen und als Beitrag zur Stärkung des Vertrauens in die Wirtschaftspolitik.[119] Die positive Haltung der CBI-Führung verdeckte jedoch interne Differenzen: Gerade kleinere, weniger exportorientierte Unternehmen begegneten der Wirtschafts- und Währungsunion mit Skepsis.[120] Der WKM-Beitritt wirkte im Verband daher nicht als Abschluss, sondern als Ausgangspunkt weiterer währungspolitischer Auseinandersetzungen.

Vorsichtiger äußerte sich der Gewerkschaftsverband TUC. Die Regierung sei „kicking and shouting" beigetreten, notwendig seien nun flankierende, wachstumsfördernde Maßnahmen, insbesondere Investitionen.[121] Generalsekretär Norman Willis sprach von einer „welcome but long-overdue development" und einer Herausforderung für alle Seiten der Industrie.[122] Er hob auch die strategische Bedeutung hervor: „It does make sense to see sovereignty exercised in a European Community context and full membership of the EMS will give the UK a status in the development of the Community it would otherwise not have had."[123] Dies verdeutlicht, wie weit sich der TUC inzwischen von der EG-skeptischen Haltung der 1970er Jahre entfernt hatte. Auch die wirtschaftswissenschaftliche Bewertung fiel uneinheitlich aus. Während einige den hohen Beitrittskurs kritisierten, hoben an-

116 Geoffrey Howe, Rede vor dem Conservative Small Business Bureau, 9.10.1990, TNA, PREM 19/2984.

117 John Gieve, Notiz für John Major, 8.10.1990, TNA, T 673/59.

118 Philip Stephens, Ministers Hope to Cut Labour's Lead, The Financial Times, 6.10.1990.

119 John Banham an John Major, 9.10.1990, TNA, T 673/59.

120 Zur Zurückhaltung gegenüber einer weitergehenden Festlegung auf die Wirtschafts- und Währungsunion vgl. Single Market Is Top Priority, Says CBI, Press Association, 28.11.1990; CBI Europe Committee, Memorandum, Wither Maastricht?, 11.9.1992, MRC, MSS.200/C/Apr2000/96-99.

121 TUC, Pressemitteilung zum EWS, 9.10.1990, MRC, MSS.292/F/2099.

122 Sigh of Relief is Tinged with Suspicion, The Times, 6.10.1990.

123 TUC, Pressemitteilung zum EWS, 9.10.1990, MRC, MSS.292/F/2099.

dere die möglichen Stabilisierungseffekte hervor. Alan Budd warnte vor überzogenen Erwartungen: „Those who expect miraculous benefits will be disappointed. The best one can hope is that we now have a more credible and therefore less painful method of bringing down inflation."[124]

Die Oppositionsparteien Labour und Liberal Democrats befürworteten den Beitritt grundsätzlich, kritisierten jedoch Zeitpunkt und festgelegten Leitkurs. Labour-Vorsitzender Neil Kinnock warf der Regierung vor, mit der Entscheidung weniger wirtschaftliche als parteitaktische Ziele zu verfolgen: „It is now clear that their interest is not in good timing or in holding the British economy together – it is in trying to hold the Tory Party together", Paddy Ashdown sah darin ebenfalls „political management not economic management".[125] Auch in der Presse mischten sich Zustimmung und Skepsis. Der Schritt wurde als kluger politischer Schachzug bezeichnet – „In political and news terms yesterday was clearly a coup", notierte Thatchers Pressesekretär Bernard Ingham in seiner Presseschau.[126] Doch viele Kommentare kritisierten die politische Motivation. Ingham selbst reagierte verärgert auf diese Wendung: „Editors are disgraceful. Having spent years arguing for entry, they now discover that the ERM is not a panacea and could be tough on us. What a shower!"[127]

Im Unterhaus wurde der WKM-Beitritt am 15. und 23. Oktober debattiert. Die Labour-Führung forderte, nicht der Schatzkanzler, sondern die Premierministerin persönlich solle den Schritt in der Debatte vertreten.[128] Weil sie länger als ihr Schatzkanzler auf der wortgetreuen Erfüllung der Madrider Beitrittsbedingungen bestanden hatte, hätte ihr Sinneswandel in der Debatte wirkungsvoller als demütigende Kehrtwende dargestellt werden können – ein Ansatzpunkt, mit dem Labour die Regierung unter Druck setzen wollte. Letztlich erläuterte John Major die Entscheidung; Thatcher, so notierte ihr Pressesekretär Bernard Ingham besorgt, zeigte bei der Vorbereitung der Premierministerfragen wenig Enthusiasmus. Sie erwog demnach sogar, ihren anhaltenden Wunsch offenzulegen, die Zinspolitik an den wirtschaftlichen Erfordernissen statt am Wechselkurs auszurichten.[129] Eine solch offene Infragestellung der WKM-Verpflichtungen hätte den Oppositionsangriff geradezu eingeladen. In der Debatte kritisierte Labour-Anführer Neil Kinnock, die Entscheidung sei von „political expediency and concern for their

---

124 Alan Budd, In the Band, THE TIMES, 6.10.1990.

125 Paul Bromley, Tories Score Political Coup with ERM Surprise, THE PRESS ASSOCIATION, 6.10.1990.

126 Bernard Ingham an Margaret Thatcher, 6.10.1990, CAC, THCR 1/9/18A/13.

127 INGHAM, Downfall, 1.-7.10.1990, S. 294 f.

128 Neil Kinnock an Margaret Thatcher, 8.10.1990, TNA, PREM 19/2984; Neil Kinnock an Margaret Thatcher, 10.10.1990, TNA, PREM 19/2984.

129 INGHAM, Downfall, 15.–21.10.1990, S. 297.

own status" getrieben worden, nicht ökonomischen Überlegungen.[130] Auch Schattenkanzler John Smith sprach von „blatantly political reasons".[131]

Kritik entzündete sich vor allem an der gleichzeitigen Zinssenkung, die als opportunistisch wahrgenommen wurde. Major verteidigte sie als ökonomisch notwendig, um keine falschen Markterwartungen zu erzeugen. Dass der Governor in der *Financial Times* damit zitiert wurde, er hätte eine spätere Zinssenkung bevorzugt, bot der Opposition zusätzliche Angriffsfläche.[132] Nigel Lawson, befreit von den Zwängen seines früheren Amtes, griff dies auf und warnte, diese opportunistische Verquickung habe in den Augen der Finanzmärkte Glaubwürdigkeit gekostet, wofür Großbritannien einen hohen Preis werde zahlen müssen. Zugleich hob er die Differenz zwischen EWS und Währungsunion hervor: „there is a world of difference between EMS, which is an aspect of economic management, and EMU, which is essentially political."[133] Darin war er sich mit Thatcher einig, wie sie in ihrem handgeschriebenen Brief anlässlich seines angekündigten Rückzugs aus dem Unterhaus betonte: „The ERM has gone well", schrieb sie, und bekräftigte: „We must continue to make it clear that we would not agree to a single currency."[134]

In den folgenden Monaten bemühte sich die Regierung, den Vorwurf des politischen Opportunismus zu entkräften.[135] In seiner Mansion-House-Rede am 18. Oktober betonte John Major: „What entry to the ERM amounts to is an extra dimension to our monetary discipline."[136] Dass der Beitrittszeitpunkt auch von innen- und EG-politischen Erwägungen beeinflusst war, erschien Major, Robin Leigh-Pemberton und den meisten führenden *officials* nicht als Widerspruch zu ihrem Anspruch, eine wirtschaftlich notwendige Entscheidung getroffen zu haben. Schwelende Beitrittsgerüchte, Regierungsstreitigkeiten, Konflikte in der EG und die Aussicht auf eine Labour-Regierung drohten unkontrollierbare Wechselkursbewegungen auszulösen und damit Geldpolitik und Konjunktur zu gefährden. Diese politischen Unsicherheiten rasch zu beenden, erschien ihnen als öko-

130 Hansard HC Deb. Vol. 178, Col. 213, 23.10.1990, https://hansard.parliament.uk/Commons/1990-10-23/debates/0a9a2dc7-1ca7-4ef3-ab6a-ee70f7589555/ExchangeRateMechanism (30.9.2025).

131 Hansard HC Deb. Vol. 178, Col. 270, 23.10.1990, https://hansard.parliament.uk/Commons/1990-10-23/debates/0a9a2dc7-1ca7-4ef3-ab6a-ee70f7589555/ExchangeRateMechanism (30.9.2025).

132 Stefan Wagstyl, Britain and the EMS. Governor Cautious over Further Base Rate Cut, The Financial Times, 8.10.1990.

133 Hansard HC Deb. Vol. 178, Cols. 215 f., 23.10.1990, https://hansard.parliament.uk/Commons/1990-10-23/debates/0a9a2dc7-1ca7-4ef3-ab6a-ee70f7589555/ExchangeRateMechanism (30.9.2025).

134 Margaret Thatcher an Nigel Lawson, 18.10.1990, CAC, THCR 3/2/299.

135 Kate Gaseltine an Stephen Wall, 8.10.1990, Positionspapier zur Währungspolitik, TNA, PREM 19/2984; Gus O'Donnell an John Major, 22.10.1990, TNA, T 673/60.

136 John Major, Mansion-House-Rede am 18.10.1990, TNA, T 673/59.

nomische Notwendigkeit – selbst wenn dazu Zugeständnisse wie die von ihnen als verfrüht betrachtete Zinssenkung erforderlich waren.

Die Kritik, der Zeitpunkt sei aus politischen Motiven gewählt, nahmen sie in Kauf, da längeres Zögern die Unsicherheit vergrößern und Glaubwürdigkeit kosten konnte. Diese Einschätzung brachte Eddie George in einer Sitzung des Court of Directors der Bank of England prägnant auf den Punkt: „It was recognised that the timing would evoke comments that there was a political motive [...] Given our perception that conditions were appropriate we thought it better to enter sooner than later [...] From a domestic policy standpoint these terms were more important than the timing.“[137]

Die Ausführungen von Eddie George verdeutlichen, wie eng politische und ökonomische Erwägungen in der Entscheidungsfindung verflochten waren. So scharf in der öffentlichen Rhetorik zwischen ökonomischen und politischen Motiven unterschieden wurde, so wenig ließ sich diese Trennung in der Praxis aufrechterhalten. Tatsächlich handelte es sich um eine Abwägung zahlreicher miteinander verknüpfter Faktoren – getragen von der pragmatischen Einsicht, dass es weder den optimalen Beitrittskurs noch den perfekten Zeitpunkt gab. Die Verhandlungen kurz vor dem WKM-Beitritt hatten gezeigt, wie unterschiedlich die Bewertungen dieser Parameter angesichts der Ungewissheit über künftige Entwicklungen ausfallen konnten. Und bei aller Einigkeit, die nach dem ‚schwarzen Mittwoch‘ 1992 über die Fehlkalkulation des Beitritts herrschte, besteht bis heute kein Konsens darüber, welche Bedingungen stattdessen angemessen gewesen wären. Entscheidend für den Erfolg der Mitgliedschaft war jedoch nicht allein die Beitrittsentscheidung selbst, sondern auch die Politik nach dem Beitritt – und die begann unter schwierigen Vorzeichen.

WKM-Mitgliedschaft und Geoffrey Howes Rücktritt

Mit dem WKM-Beitritt war die Geldpolitik keineswegs automatisiert – auch danach blieben Abwägungs- und Ermessensentscheidungen erforderlich. Erstens boten die breiten Wechselkursbänder Spielraum, zweitens bestand kein unmittelbarer und vollständig vorhersehbarer Zusammenhang zwischen geldpolitischen Maßnahmen und dem Wechselkurs, und drittens mussten die Währungsbehörden weiterhin im Einzelfall entscheiden, ob Pfundbewegungen durch Zinsanpassungen oder Marktinterventionen zu regulieren waren. Auch der antiinflationäre Effekt war kein Selbstläufer. Das zeigte eine Schatzamt-Analyse zu den EWS-Implikationen: Das Tempo der Angleichung an die EG-Inflationsraten hing weiter-

137 B. A. Hoffmann, Auszug aus dem Protokoll der Sitzung des Court of Directors der Bank of England am 11.10.1990, erstellt am 18.10.1990, BoE 3A161/200.

hin maßgeblich von Zins- und Haushaltspolitik ab, auch wenn die WKM-Mitgliedschaft unterstützende Glaubwürdigkeitseffekte versprach.[138]

Erschwert wurde die Politik dadurch, dass der Pfundkurs nach einer kurzen Aufwertung auf 3,05 DM bereits eine Woche später wieder auf rund 3,00 DM fiel und danach unter anhaltenden Abwertungsdruck geriet. Damit zerschlugen sich die Regierungshoffnungen, zeitnah weitere Zinssenkungen vorzunehmen – sie wurden erst im Februar 1991 möglich. Das Szenario eines stabilen Pfunds, fallender Zinsen und einer daraus resultierenden Wahleuphorie rückte in weite Ferne. Stattdessen, so resümierte der *Observer*-Journalist William Keegan, folgte auf die anfängliche Euphorie rasch die Ernüchterung: „honeymoon bliss was followed rapidly by the realisation that this was indeed The Great Anti-Climax of Our Time".[139]

Die anhaltende Pfundschwäche wurde durch die fortbestehenden EG- und währungspolitischen Differenzen im konservativen Kabinett zusätzlich verschärft. Diese traten bereits eine Woche nach dem Beitritt auf der Parteikonferenz in Bournemouth offen zutage: John Major pries das EWS als Instrument zur Inflationsbekämpfung, mahnte jedoch, es sei „not a quick fix and it was not intended as such". Zugleich betonte er seine Ablehnung des Delors-Berichts: „Joining the ERM does not mean that we are on a road leading inexorably to a single currency." Thatcher würdigte in ihrer Rede die EWS-Vollmitgliedschaft ebenfalls als Stärkung geldpolitischer Disziplin, erteilte aber einer Wirtschafts- und Währungsunion als Teil eines undemokratischen „federal Europe through the back-Delors" eine klare Absage.[140] Außenminister Douglas Hurd warnte dagegen eindringlich, Großbritannien dürfe seinen Einfluss nicht durch eine defätistische und isolierte EG-Position verspielen. Deputy Prime Minister Geoffrey Howe griff mit seiner Mahnung, es könne nun „no turning back" geben, erneut eine Thatcher-Formulierung auf. Die Chance, künftige Regelungen mitzugestalten, dürfe man nicht aus der Hand geben.[141]

Zu diesen inhaltlichen Spannungen kam wachsender politischer Druck. Am 18. Oktober erlitt die Partei bei der Nachwahl in Eastbourne, die nach der Ermordung des Nordirlandministers Ian Gow notwendig geworden war, eine verheerende Niederlage.[142] Zudem fielen die Umfragewerte auf historische Tiefstände – ungewöhnlich unmittelbar nach einer Parteikonferenz, wie Thatchers Pressesekretär

---

138 Christopher Riley an Terence Burns, 17.10.1990, Übersendung eines Memorandums von David Savage, The Implications of ERM Entry for MTFS Objectives, Oktober 1990, TNA, T 682/1.

139 William Keegan, Business (In My View). ERM and the Tarnished Scenario, The Observer, 14.10.1990.

140 Margaret Thatcher, Rede auf der Konservativen Parteikonferenz, 12.10.1990, MTF, https://www.margaretthatcher.org/document/108217 (30.9.2025).

141 Stephens, Politics and the Pound, S. 179; Anthony Bevins und Colin Brown, Howe Breaks Cabinet Ranks on EMU, The Independent, 12.10.1990.

142 Ralph Atkins, Democrats take Eastbourne from Tories, The Times, 19.10.1990.

Bernard Ingham besorgt festhielt. Der WKM-Beitritt, bemerkte er, habe die Lage nur kurzfristig stabilisiert; es fehle ein leidenschaftliches Programm, das dem Eindruck einer verbrauchten Regierung nach elf Jahren im Amt entgegenwirken könne. Die europapolitische Spaltung, weit sichtbarer als in der Labour Party, untergrabe das Vertrauen in die Regierungsfähigkeit der Konservativen.[143] In der zweiten Unterhausdebatte zum EWS, nur einen Tag nach dieser Einschätzung, am 23. Oktober, stimmten elf konservative Abgeordnete unter John Biffens Führung gegen die Regierungslinie – darunter auch Anthony Favell, der zwei Wochen zuvor aus Protest gegen den WKM-Beitritt als Majors politischer Parlamentssekretär zurückgetreten war.[144]

Diese Konflikte belasteten auch die Glaubwürdigkeit des britischen Vorschlags eines harten ECU, den die meisten EG-Partner eher als taktisches Ablenkungsmanöver denn als ernsthaften Diskussionsbeitrag betrachteten. Die fundamentalen Differenzen über die langfristige Perspektive einer Einheitswährung zwischen Major und Thatcher bestanden weiterhin. Ihr Principal Private Secretary Andrew Turnbull hielt fest: „He clearly leaves open the possibility that it could come about in the distant future if the British people have come to want it. Your statements are seen as root and branch opposition."[145] Auf der Sitzung des Europäischen Rates in Rom am 27. und 28. Oktober 1990 setzte der italienische Premierminister Giulio Andreotti erwartungsgemäß die Regierungskonferenzen zur Schaffung einer Politischen Union sowie einer Wirtschafts- und Währungsunion an die Spitze der Agenda. Thatcher hatte bereits bei seinem Besuch in Chequers am 20. Oktober vehement protestiert und ihre bekannte Linie bekräftigt: Es sei eine Ironie der Geschichte, dass die westeuropäischen Staaten ausgerechnet während des Zerfalls der Sowjetunion bereit seien, ihre Souveränität an nicht gewählte Institutionen abzutreten. Ihr Gegenvorschlag, stattdessen die Golfkrise, die GATT-Verhandlungen und Hilfen für die Sowjetunion zu priorisieren, war ohne Erfolg geblieben.[146] Auch in der Frage des Startdatums für Stufe 2 der Währungsunion – die übrigen Elf einigten sich auf den 1. Januar 1994 – blieb Großbritannien isoliert. Gemeinsam mit Außenminister Douglas Hurd beharrte Thatcher darauf, zunächst

143 Bernard Ingham an Andrew Turnbull und Margaret Thatcher, 22.10.1990, CAC, THCR 1/9/18A/14.

144 Der von Major gestellte Antrag lautete: „That this House congratulates the Government on joining the Exchange Rate Mechanism of the European Monetary System; notes the clear evidence that the Government's tight monetary and fiscal policies are reducing inflationary pressures in the economy; and believes Exchange Rate Mechanism membership will reinforce the Government's counter-inflationary strategy and help to strengthen the framework for a sustained improvement in economic performance." Hansard HC Deb. Vol. 178, Cols. 195, 284, 23.10.1990, https://hansard.parliament.uk/Commons/1990-10-23/debates/0a9a2dc7-1ca7-4ef3-ab6a-ee70f7589555/ExchangeRateMechanism (30.9.2025).

145 Andrew Turnbull an Margaret Thatcher, 24.10.1990, TNA, PREM 19/2984.

146 Charles Powell an Stephen Wall, Protokoll eines Treffens von Margaret Thatcher und Giulio Andreotti, 20.10.1990, TNA, PREM 19/3058.

die Inhalte festzulegen, bevor über den Zeitplan entschieden werde.[147] Im Abschlusskommuniqué wurde jedoch nur ein britischer Vorbehalt aufgenommen, der diese abweichende Position erläuterte.[148]

In der anschließenden Unterhausdebatte machte Thatcher ihrer Verärgerung Luft. Ihrem inzwischen berüchtigten „No, no, no" gegen Währungsunion, föderales Europa und Souveränitätsübertragungen folgte eine leidenschaftliche Verteidigung des Pfunds: „I believe that both Parliament and sterling have served this country and the rest of the world very well. [...] it is an expression of our sovereignty. This Government believe in the pound sterling." Sie betonte, ein starkes Pfund sichere Unabhängigkeit und Geschichte: „We shall trade better with the great history behind sterling than we possibly could with a single currency." Und sie erklärte offen, dass der harte ECU nie die nationalen Währungen ablösen würde.[149] Diese Passage war ein politischer Paukenschlag – und aus Majors Sicht der Todesstoß für den harten ECU-Vorschlag, den er über Monate verteidigt hatte.[150] „I nearly fell off my bench", erinnerte er sich später. „With this single sentence she wrecked months of work and preparation."[151]

Nicht nur Major war entsetzt. In der ersten Reihe saß Deputy Prime Minister Geoffrey Howe – mit versteinertem Gesicht und dem Bewusstsein, Thatchers Kurs nicht länger mittragen zu können. Zwei Tage später erklärte er seinen Rücktritt. Schon der Verlust eines weiteren langjährigen Kabinettsministers, noch dazu aus ihrem engsten Umfeld, war verheerend. Seine Rücktrittsrede am 13. November aber wurde zum eigentlichen Wendepunkt. Der sonst so zurückhaltende Howe, dessen Attacken Labour-Politiker Denis Healey einst mit denen eines toten Schafes verglichen hatte,[152] hielt eine bemerkenswert scharfe, präzise und vernichtende Rede. Ausgerechnet auf dem Briefpapier der französischen EG-Ratspräsidentschaft von 1989 handschriftlich entworfen,[153] leitete sie Thatchers Sturz ein.

Die Rede legte schonungslos die europapolitischen Auffassungsunterschiede zwischen ihm und der Premierministerin offen. Bereits im Juni 1989 hatte Howe in einem Aufsatz in *International Affairs* argumentiert, die Idealisierung von Souveränität laufe den nationalen Interessen zuwider. Souveränität verstand er nicht als starres Konzept, sondern als „flexible, adaptable, organic notion that evolves and adjusts with circumstances". Die EG sah er als Chance, die staatlichen Befug-

---

147 Michael Arthur an Stephen Egerton, Protokoll der Diskussion beim Europäischen Rat in Rom am 27.–28.10.1990, TNA, FCO 30/8835.

148 Schlussfolgerungen des Europäischen Rates in Rom, 27./28.10.1990, TNA, PREM 19/2979.

149 Hansard HC Deb. Vol. 178, Cols. 875–879, 30.10.1990, https://publications.parliament.uk/pa/cm198990/cmhansrd/1990-10-30/Debate-1.html (30.9.2025).

150 Duckenfield, Business and the Euro, S. 116.

151 Major, Autobiography, S. 176.

152 Hansard HC Deb. Vol. 951, Col. 1027, 14.6.1978, https://hansard.parliament.uk/commons/1978-06-14/debates/803f1d93-8789-4b90-bc6c-a360225ba789/EconomicSituation (30.9.2025).

153 Handschriftlicher Entwurf von Geoffrey Howes Rücktrittsrede, o. D. (Oktober/November 1990), BOD, MS. Howe dep. 275.

nisse durch Bündelung effektiver einzusetzen.[154] Eine Bedrohung der nationalen Identität sei dies nicht; die Staaten blieben bestehen, könnten ihren Einfluss jedoch deutlich effektiver einsetzen: „As I see it, the Community represents the coming together of twelve different coloured skeins of silk, each of which retains its unique quality, but all of which gain in strength by being engaged with each other."[155] Diese Grundidee eines flexiblen, zweckorientierten Souveränitätsverständnisses, das Thatchers Argumentation diametral entgegenstand, griff er in seiner Rücktrittsrede auf.

Vor dem gesamten Unterhaus und zahlreichen Pressevertretern geißelte Howe Thatchers Darstellung der EG-Politik, in der sie „a false antithesis, a bogus dilemma" zwischen der Kooperation souveräner Staaten einerseits und der Aufgabe nationaler Identität in einem föderalen Staat andererseits konstruiere. Nicht die Einheitswährung, führte er aus, sondern Isolierung in Europa sei die wirkliche Gefahr für die britische Identität. Er beklagte den wirtschaftlichen Schaden, den das lange Zögern beim WKM-Beitritt verursacht habe, und kritisierte Thatchers Umgang mit dem harten ECU-Plan. Sie habe diesem durch ihre offene Ablehnung jegliche Glaubwürdigkeit geraubt – ein Punkt, den er mit einer inzwischen legendären Metapher aus dem Nationalsport Cricket veranschaulichte: „It is rather like sending your opening batsmen to the crease only for them to find, the moment the first balls are bowled, that their bats have been broken before the game by the team captain." Er habe, so Howe, aus Loyalität viel zu lange eine Politik mitgetragen, die er für grundlegend verfehlt halte – diesen Loyalitätskonflikt könne er nicht länger ertragen. Mehr noch, er forderte seine konservativen Parteifreunde auf, ihre eigene Haltung zu überdenken.[156] Die Rede war eine politische Sensation: „Howe to sink the Iron Lady", titelte die *Financial Times*[157] – und sollte damit bald recht bekommen.

Margaret Thatchers Rücktritt

Thatcher lauschte der Rede, wie die Kameraaufzeichnungen zeigen, sichtlich getroffen. Aufmerksam hörte auch ein weiterer konservativer Politiker zu: Michael Heseltine, ihr langjähriger innerparteilicher Gegenspieler und ehemaliger Verteidigungsminister. Er war 1986 nach einem Konflikt über eine europäische Lösung für den angeschlagenen Luftfahrtkonzern Westland Aircraft zurückgetreten und hatte seither eine beachtliche Hausmacht in der Partei aufgebaut. Seit Monaten kursierten Spekulationen, er könne in der nächsten Wahl des Parteivorsitzenden gegen Thatcher antreten. Ob von Howe beabsichtigt oder nicht – seine Rede war

154 Howe, Sovereignty and Interdependence, S. 687.

155 Ebd., S. 685.

156 Hansard HC Deb. Vol. 178, Cols. 461–465, 13.11.1990, https://api.parliament.uk/historic-hansard/commons/1990/nov/13/personal-statement (30.9.2025).

157 Joe Rogaly, Howe to Sink the Iron Lady, The Financial Times, 14.11.1990.

für Heseltine nach langem Zögern das Signal zum Handeln. Am nächsten Morgen verkündete er vor seiner Wohnung in der Chapel Street seine Kandidatur und erklärte vor der Presse: „The Prime Minister holds views on Europe behind which she has not been able to maintain a united Cabinet. This damages the proper pursuit of British self-interest in Europe."[158] Als überzeugter Pro-Europäer – 1989 hatte er das Buch *The Challenge of Europe. Can Britain Win?* veröffentlicht[159] – setzte Heseltine einen deutlichen Gegenakzent zu Thatchers zunehmend konfrontativer EG-Politik.

Thatcher stand nun unter massivem Druck. Neben wirtschaftlichen Problemen – hoher Inflation, hohen Zinsen und einem großen Zahlungsbilanzdefizit – wog auch die parteiinterne Unzufriedenheit schwer: Ihr als autoritär empfundener Führungsstil und die Proteste gegen die unpopuläre Kopfsteuer hatten die Partei gespalten. In der ersten Abstimmung der konservativen Unterhausfraktion am 20. November, an der sie wegen der KSZE-Tagung in Paris nicht persönlich teilnehmen konnte, gewann Thatcher zwar mit 204 zu 152 Stimmen, verfehlte jedoch den notwendigen Stimmvorsprung. Zunächst wollte sie sich dem zweiten Wahlgang stellen. Doch selbst engste Unterstützer zweifelten an ihrer Aussicht auf einen Sieg und rieten dazu, John Major oder Douglas Hurd zu unterstützen, um die eigene politische Linie gegen Heseltine zu wahren. Nach dramatischen internen Beratungen erklärte Thatcher am 22. November ihren Verzicht auf die zweite Abstimmung und sprach Major ihre Unterstützung aus.[160] Nach 15 Jahren als Parteivorsitzende und elf Jahren als Premierministerin trat Margaret Thatcher zurück. Es war das Ende einer Ära – wie die *Sun* unter der Schlagzeile „Mrs T-EARS" berichtete, zeigte sie sich sichtbar bewegt.[161]

Obwohl die Wiedergewinnung von Handlungsspielraum ein Leitmotiv ihrer Amtszeit war, manifestierte sich Thatchers Verlust an Kontrolle in der EWS- und EG-Politik besonders deutlich. Zwei Entwicklungen, die sie als zentral für ihr Reformprojekt betrachtete, entglitten ihr: zum einen die Wiederherstellung der wirtschaftlichen Leistungsfähigkeit, die angesichts der wirtschaftlichen Probleme infrage stand; zum anderen der Erhalt individueller Freiheit, den sie durch die europäische Integration und die deutsche Wiedervereinigung bedroht sah. Vor diesem Hintergrund musste sie mit dem EWS-Vollbeitritt eine Politik akzeptieren, die sie über ein Jahrzehnt abgelehnt hatte. Zwar nutzte sie die kurzfristigen wirtschaftlichen Vorteile – insbesondere die Zinssenkung – und stellte die anfängliche Stabilität als Erfolg heraus, doch gelang es ihr nicht, damit die Kontrolle über wirtschaftliche und europäische Entwicklungen zurückzugewinnen. Ihre zuneh-

---

158 Heseltine, Jungle, S. 362 f.

159 Ders., Challenge.

160 Andrew Turnbull, Memorandum, Prime Minister's Resignation, 22.11.1990, CAC, THCR 1/9/18A/17.

161 Mrs T-EARS, The Sun, 23.11.1990.

mend aggressive Reaktion auf diesen Kontrollverlust entfremdete selbst Verbündete, die ihre Skepsis gegenüber supranationaler Integration teilten.

EG- und Währungspolitik waren nicht die alleinigen Ursachen von Thatchers Rücktritt, doch der enge zeitliche Zusammenhang, ihre Symbolkraft und ihre Rolle bei Howes Rücktritt verliehen ihnen im Nachhinein zentrale Bedeutung. In der Wahrnehmung vieler Zeitgenossen wurde die Währungspolitik zu Thatchers „nemesis",[162] auch die Forschung misst ihr maßgebliche Bedeutung bei.[163] Nicholas Ridley brachte diese Zuschreibungen später auf den Punkt: „When Margaret Thatcher is dead and opened it will be those three letters ‚ERM' that will be lying in her heart."[164]

Gerade weil die EWS-Frage als entscheidend für ihren Sturz galt, verschärfte Thatchers Abgang die parteiinterne Polarisierung. Befreit von den Beschränkungen des Amts mobilisierte sie die EG-skeptischen Kräfte der Partei von den Hinterbänken aus.[165] Ihr Nachfolger John Major, am 27. November 1990 mit deutlicher Mehrheit gewählt, versuchte, die Spaltung zu überbrücken. Er hielt an den Kernpunkten ihrer Politik fest – Ablehnung einer Einheitswährung, der Übertragung geldpolitischer Kompetenzen auf eine supranationale Europäische Zentralbank und einer politischen Union –, veränderte aber den Ton gegenüber den EG-Partnern.[166] Diese neue Umgänglichkeit war mehr Stil- als Kurskorrektur, doch sie verschaffte ihm kurzfristig Handlungsspielraum: Mit seinem *Opt-in*-Ansatz hielt er das Ziel einer möglichen Einheitswährung zumindest offen und bewahrte den harten ECU-Plan vorübergehend als Verhandlungsoption. Dieser wurde bis zum Herbst 1991 schrittweise fallengelassen; damit endete auch der letzte Versuch, eine britische Alternative zur europäischen Währungsunion zu etablieren.[167]

Auch unter Majors Führung rissen die Diskussionen über Kurs und Ziel der WKM-Mitgliedschaft nicht ab. Die Spekulationen über mögliche Informationslecks beim Beitritt und die anhaltenden Debatten über Zins- und Wechselkurspolitik zeigten, dass die Währungsfrage politisch weiterhin hochgradig aufgeladen blieb.[168] Wie der liberale Abgeordnete Alan Beith im Unterhaus bemerkte, verbanden selbst Befürworter des Beitritts sehr unterschiedliche Erwartungen: Für die einen markierte der WKM-Beitritt eine Endstation, für andere den Einstieg in eine engere Währungsunion.[169] Diese Ambivalenz setzte sich auch nach 1990

162 Young, Blessed Plot, S. 340.
163 Ludlow, Problematic Partners, S. 213.
164 Ridley, My Style of Government, S. 201.
165 Major, Autobiography, S. 265.
166 Stephens, Politics and the Pound, S. 186 f.; Duckenfield, Business and the Euro, S. 117.
167 Dyson und Featherstone, Road to Maastricht, S. 613.
168 James, Making a Modern Central Bank, S. 276–278.
169 Hansard HC Deb. Vol. 178, Col. 220, 23.10.1990, https://hansard.parliament.uk/Commons/1990-10-23/debates/0a9a2dc7-1ca7-4ef3-ab6a-ee70f7589555/ExchangeRateMechanism (30.9.2025).

fort – zwischen dem strikten Festhalten am Stabilitätskurs und dem Wunsch nach größerer Flexibilität. Das Spannungsverhältnis zwischen ökonomischer Disziplin und politischem Handlungsspielraum, das Thatchers Amtszeit geprägt hatte, blieb damit bestehen – und sollte Großbritanniens Verhältnis zur europäischen Integration noch lange bestimmen.

3 „Our Head is in Europe but our heart is still elsewhere“: EWS-Vollmitgliedschaft

Zielkonflikte der WKM-Mitgliedschaft

Nach der politisch folgenreichen WKM-Beitrittsentscheidung vom Oktober 1990 stellte die praktische Umsetzung der WKM-Mitgliedschaft die Regierung vor neue Herausforderungen. Großbritannien war dem Wechselkursmechanismus unter ungünstigen makroökonomischen Bedingungen beigetreten: hohe Inflationsraten, ein erhebliches Zahlungsbilanzdefizit sowie ein sinkendes Wirtschaftswachstum. Zugleich war die Regierungspartei europapolitisch gespalten. Der Schritt wurde zudem mit unterschiedlichen, teilweise sich widersprechenden Erwartungen verbunden: Der WKM sollte als externer Stabilitätsanker zur Inflationsbekämpfung beitragen und zugleich niedrigere Zinsen ermöglichen; außerdem sollte der Beitritt ein europapolitisches Signal setzen, den Handel durch stabilere Wechselkurse fördern und die innenpolitischen Spannungen entschärfen. Diese heterogenen Erwartungen machten die später auftretenden Zielkonflikte zwischen Wechselkurs- und Wirtschaftspolitik nahezu unvermeidlich.

Sie traten rasch zutage. Erstens blieb der erwartete Aufwertungseffekt aus: Nach einem kurzen Ausschlag stabilisierte sich der Pfundkurs wieder in der Nähe seines Vorniveaus, sodass Hoffnungen auf baldige weitere Zinssenkungen weitgehend enttäuscht wurden. Diese wären jedoch dringend nötig gewesen, um das stagnierende Wachstum zu beleben und die stark belasteten Hypothekenschuldner zu entlasten.[170] Zweitens erwiesen sich die dem Leitkurs zugrunde liegenden Wirtschaftsprognosen aus Schatzamt und Bank of England als zu optimistisch.[171] Statt einer Erholung rutschte die britische Wirtschaft in eine langgezogene Rezession; Produktion und Beschäftigung gingen über mehrere Quartale zurück, und erstmals traf die Krise in größerem Maße den konservativen Süden Englands. Der eher hoch angesetzte EWS-Kurs ließ sich nur mit vergleichsweise hohen Zinsen halten – womit sich der erwartete Zielkonflikt zwischen heimischer Wirtschafts-

170 Naef, Exchange Rate History, S. 204 f.

171 Anthony Coleby an Peter Middleton, Übersendung der monatlichen Unterrichtung zur Zinsentwicklung, 4.1.1991, BoE 10A161/11.

politik und den Verpflichtungen des WKM tatsächlich einstellte.[172] Drittens verschärfte der Umgang der Regierung mit dem Wechselkursziel dieses Dilemma. Zwar ließ sich die WKM-Mitgliedschaft grundsätzlich mit unterschiedlichen Graden an Flexibilität handhaben – etwa durch die volle Ausnutzung von Bandbreiten und der Durchführung von Kursanpassungen.[173] Doch diese Realignments waren inzwischen selten geworden – nicht zuletzt, weil die EWS-Mitgliedstaaten die Debatten um die Wirtschafts- und Währungsunion nicht durch die damit einhergehenden öffentlichkeitswirksamen und oft kontroversen Verhandlungen destabilisieren wollten. Zwischen Anfang 1987 und Herbst 1992 fand keine größere Korrektur mehr statt; einzig die Lira wurde im Januar 1990 um 3,7 Prozent gegenüber dem ECU abgewertet.[174] „[R]ealignment", konstatiert John Kerr rückblickend, „had turned from being a routine to being a sin".[175]

Prinzipiell blieben Anpassungen jedoch möglich. Majors Regierung legte sich dennoch früh auf die maximal strikte Auslegung fest: Der WKM könne nur dann als glaubwürdiger antiinflationärer Stabilitätsanker dienen, wenn eine Pfundabwertung auf Jahre ausgeschlossen werde. Das war eine deutliche Abkehr von Überlegungen der 1980er Jahre, ein Sonderrecht auf unilaterale Kursanpassungen zu fordern. Statt das EWS als System fester, aber anpassungsfähiger Kurse zu behandeln, als das es bewusst konzipiert worden war, behandelte Majors Regierung es als Festkurssystem und beraubte sich damit eines zentralen Anpassungsmechanismus. Gleichzeitig präsentierte sie diese Selbstbindung als alternativlos: Jede Abwertungserwartung würde Zweifel an der eigenen antiinflationären Disziplin wecken und spekulative Kapitalbewegungen mit unkalkulierbaren Folgen auslösen. Diese Argumentation erzeugte jedoch eine selbstverstärkende Dynamik: Je kategorischer ein Realignment ausgeschlossen wurde, desto unausweichlicher erschien den Märkten genau dieser Schritt als Signal für ein politisches Scheitern. Damit wurde die Option erst recht unbenutzbar. Der Umgang mit dem Wechselkursziel zeigt besonders deutlich, wie sehr sich der Kampf gegen die Inflation in den 1980er Jahren in einen Kampf um Marktvertrauen verwandelt hatte.

Als unmittelbare Instrumente zur Stabilisierung des Pfundkurses blieben nach dem Beitritt im Wesentlichen nur Zinssetzung und Devisenmarktinterventionen. Letztere waren wegen hoher Kosten, geldmengenwirksamer Effekte und begrenzter Währungsreserven nur eingeschränkt einsetzbar. Die geldpolitischen Entscheidungsspielräume wurden damit stark verengt – obwohl für Großbritannien, anders als für andere EWS-Mitglieder, der Anreiz einer künftigen Einheitswäh-

172 Office for National Statistics: Gross Domestic Product: Year on Year Growth, 10.11.2023, https://www.ons.gov.uk/economy/grossdomesticproductgdp/timeseries/ihyp/pn2 (30.9.2025); STEPHENS, Politics and the Pound, S. 189 f.; KEEGAN et al., Six Days, Kap. 8.

173 Chris Allsopp, Memorandum, The European Monetary System, April 1988, CAC, KNNK 6/2/3.

174 Liste der EWS-Realignments zwischen 1979 und 1993 bei HONOHAN und CONROY, Sterling Movements, S. 206.

175 John Kerr, Interview am 17.5.2022.

rung keine Rolle spielte. Der Zielkonflikt zwischen heimischer Wirtschafts- und Geldpolitik einerseits und der Wechselkursbindung andererseits spitzte sich Anfang 1991 zu. Sinkende Inflationsraten hätten Zinssenkungen nahegelegt, doch die WKM-Verpflichtung ließ diese nicht zu.[176] Ohne EWS-Bindung wären die Zinsen längst gesenkt worden, stellte Robin Leigh-Pemberton Anfang Februar 1991 in einem Brief an den 1990 von Major ernannten Schatzkanzler Norman Lamont fest.[177] Lamont drängte wie John Major immer vehementer auf Zinssenkungen.[178] Die Bank of England lehnte dies mit Verweis auf die EWS-Verpflichtung ab – aus einer gestärkten Position. Sie war für die Sicherung der EWS-Parität zuständig und tätigte die verpflichtenden Devisenmarktinterventionen eigenständig.[179] Das verlieh der Zentralbank auch in der formell vom Schatzamt verantworteten Zinspolitik größeres Gewicht, weil die Zinsentscheidungen des Schatzamts unmittelbare Folgen für den Wechselkurs hatten, dessen WKM-Kompatibilität von der Bank of England zu sichern war. Nur eine strikt erfüllte WKM-Verpflichtung, argumentierten Bank-Vertreter, könne die Risikoprämie senken, die dem Pfund aufgrund seiner Inflationsgeschichte anhaftete – und damit langfristig niedrigere Zinsen ermöglichen.[180]

Nun rächte sich das britische Vorgehen beim WKM-Beitritt: Die unilaterale Verkündung des Leitkurses und die zeitgleich vorgenommene Zinssenkung senkte die Bereitschaft der EWS-Partner, den Pfundkurs durch Interventionen oder ein angepasstes Management ihrer eigenen Währungen zu stützen. Das verlängerte die Phase, in der die Regierung ihre Ernsthaftigkeit durch eine restriktive Zinspolitik unter Beweis stellen musste, wie Andrew Crockett in der Bank of England erläuterte: „immediately after entry there had been a certain amount of resentment on the part of other ERM countries at what was perceived as the UK's opportunism. This impression must be corrected".[181] Bei konsequenter Erfüllung der WKM-Verpflichtungen, so Leigh-Pemberton im Januar 1991, könne der Mechanismus langfristig niedrigere Zinsen ermöglichen: „[A]s markets come to appreciate this commitment rates will be able to come down within the ERM to levels that, frankly, we could not achieve simply by an unearned and premature policy relaxation outside it."[182]

---

176 Kate Gaseltine, Protokoll eines Treffens von Norman Lamont, Robin Leigh-Pemberton und *officials* am 25.1.1991, erstellt am 28.1.1991, BoE 10A114/25.

177 Robin Leigh-Pemberton an Norman Lamont, 7.2.1991, BoE 10A114/25.

178 Eddie George, Protokoll eines Gesprächs mit Peter Middleton, 7.2.1991, BoE 10A114/25.

179 Die verpflichtenden Devisenmarktinterventionen an den Interventionsbändern konnte sie ohne Zustimmung durchführen. Freiwillige intramarginale Interventionen musste sie allerdings mit dem Schatzamt abstimmen.

180 John Gieve an David Mellor, 21.12.1990, TNA, T 673/61.

181 Kate Gaseltine, Protokoll eines Treffens von Norman Lamont, Eddie George und Vertretern aus Schatzamt und Bank of England, 12.12.1990, erstellt am 13.12.1990, BoE 10A114/24.

182 Robin Leigh-Pemberton, Rede vor dem Institute of Bankers in Schottland, Glasgow, 14.1.1991, BoE 10A161/11.

Politische Umbrüche und Entwicklungen auf den internationalen Währungsmärkten verschärften dieses Dilemma zwischen dem Versuch, die Glaubwürdigkeit zu stärken, und dem Streben nach Zinssenkungen. Die Bundesbank erhöhte die Zinsen, um dem inflationären Druck infolge der Wiedervereinigung entgegenzuwirken. Dies verstärkte den Aufwertungsdruck auf die D-Mark und setzte die übrigen EWS-Währungen unter entsprechenden Abwertungsdruck. In Frankreich sorgte dies für „considerable annoyance", meldete die britische Botschaft aus Paris. Die französische Regierung sehe sich trotz einer auf deutsches Drängen implementierten, restriktiveren Wirtschafts- und Geldpolitik unverschuldet unter Druck gesetzt: „It is as if the patient had given up smoking and drinking on medical advice only to find himself choking on the cigar smoke coming out of the doctor's surgery."[183]

Trotz des geteilten Unmuts über die deutsche Zinspolitik warnte Nigel Wicks vor den französischen Angeboten, gemeinsam Druck auf die Bundesbank auszuüben. Dies könne sich gegen Großbritannien wenden, da die deutsch-französischen Beziehungen auf höchster Ebene enger seien.[184] Parallel dazu schwächte der Golfkrieg ab Januar 1991 den US-Dollar, eine Entwicklung, die durch die amerikanische Zinssenkung im Februar verstärkt wurde.[185] Wegen der engen Handelsverflechtung traf dies das Pfund etwas stärker als andere EWS-Währungen und verstärkte zugleich Kapitalumschichtungen in die D-Mark als zweite große Reservewährung.[186] „Sterling was trapped in the dollar-deutschmark-crossfire", resümierte John Major später.[187]

Intern war man sich bewusst, dass auch ohne WKM-Mitgliedschaft hohe Inflation, ein beträchtliches Leistungsbilanzdefizit und ein schwacher Pfundkurs Zinssenkungen erschwert hätten.[188] Doch der Verweis auf die Bundesbank ermöglichte es der Regierung, die politische Verantwortung für das anhaltend hohe Zinsniveau auf externe Faktoren abzuwälzen und Kritik an der Durchführung des WKM-Beitritts abzuwehren. Dieses Argument war jedoch ambivalent: Eine Lockerung der deutschen Stabilitätspolitik hätte die antiinflationäre Ankerfunktion geschwächt, die das EWS für die britische Geldpolitik überhaupt erst attraktiv machte. Grundlegende Kritik am System verbot sich ohnehin, da es inzwischen die zentrale Säule der eigenen geldpolitischen Strategie bildete. Besonders heikel

183 Christopher Crabbie an Chris Melliss, 20.12.1990, TNA, T 450/668.

184 Nigel Wicks an Chris Melliss, 12.12.1990, Bericht über ein Telefonat mit Jean-Claude Trichet am Wochenende 8./9.12.1990, TNA, T 450/667.

185 G. A. Croughton, Protokoll einer Sitzung des Court of Directors der Bank of England, 31.1.1991, BoE 10A114/25; Robin Leigh-Pemberton an Norman Lamont, 7.2.1991, BoE 10A114/25.

186 Thygesen, Towards Monetary Union, S. 151.

187 Major, Autobiography, S. 314.

188 Barry Potter, Protokoll eines Treffens von John Major, Norman Lamont und Robin Leigh-Pemberton, 20.12.1990, TNA, PREM 19/3325; Robin Leigh-Pemberton, Rede vor dem Institute of Bankers in Schottland, Glasgow, 14.1.1991, BoE 10A161/11.

war diese Lage, weil Großbritannien – anders als die übrigen EWS-Mitglieder – in der Wirtschafts- und Währungsunion keine perspektivische Lösung für die strukturellen Probleme sah, die aus der deutschen Dominanz im EWS resultierten. Die Regierung war damit doppelt gebunden: Sie sah sich auf die Stabilitätswirkung des Systems angewiesen, lehnte seine politische Weiterentwicklung aber ab. Diese ambivalente Haltung – eine Mitgliedschaft aus ökonomischer Rationalität, aber ohne Bindung an eine gemeinsame Vision – lässt sich mit William Wallace' Beschreibung der damaligen konservativen Europapolitik prägnant fassen: „our head is in Europe but our heart is still elsewhere."[189]

Obwohl öffentlich mit Nachdruck zurückgewiesen, gab es hinter den Kulissen Überlegungen für eine mögliche Wechselkursanpassung. Ende 1990 erinnerte Nigel Wicks jedoch an die „grisly exchanges" des umstrittenen Realignments von 1987: „Inevitably the economic aspects become confused with the political and [...] issues of national pride for the smallest countries as well as the biggest, tend to swamp discussions". „It sounds ghastly", schrieb Private Secretary Tancred Tarkowski an Schatzkanzler Lamont.[190] Gleichwohl ließ John Major bereits im Januar 1991 – also deutlich früher als bisher angenommen[191] – seine Beraterin Sarah Hogg prüfen, ob im Zuge der angekündigten Verengung der Schwankungsbreiten auf ±2,25 Prozent unauffällig eine moderate Abwertung des Pfunds durchgeführt werden könne. Letztlich wurde diese Option jedoch verworfen, um keinen Glaubwürdigkeitsverlust zu riskieren.[192]

Im Februar 1991 fand eine Maßnahme zur Entlastung statt: Eine Stabilisierung des Pfundkurses erlaubte eine 0,5-prozentige Zinssenkung.[193] Doch Major blieb ungeduldig: „[He] was ‚gnashing his teeth' and had asked why the Bank was acting to hold rates up", berichtete Turnbull am 21. Februar aus 10 Downing Street.[194] In den folgenden Monaten setzte eine verhalten positive Dynamik ein: Die Inflation sank bis Juli von fast neun auf 5,5 Prozent, was schrittweise Zinssenkungen auf elf Prozent ermöglichte. Diese Entwicklung blieb jedoch hinter den Erwartungen zurück. Statt einer nachhaltigen Erholung folgte ein „winter of dark nights and false dawns".[195] Immer wieder aufkeimende Hoffnungen zerschlugen sich, und erst im September wurde eine weitere moderate Zinssenkung auf 10,5 Prozent möglich – die letzte im Jahr 1991.[196]

---

189 WALLACE, Foreign Policy, S. 68.

190 Nigel Wicks an Peter Middleton, 17.12.1990, TNA, T 673/61.

191 STEPHENS, Politics and the Pound, S. 190–192.

192 Sarah Hogg an John Major, 3.1.1991, TNA, PREM 19/3325.

193 Robin Leigh-Pemberton an Norman Lamont, 7.2.1991, BoE 10A114/25.

194 Paul Tucker, Vermerk über einen Anruf von Andrew Turnbull, 21.2.1991, BoE 10A114/25.

195 STEPHENS, Politics and the Pound, S. 189.

196 Bank of England, Official Bank Rate History, o. D., https://www.bankofengland.co.uk/boeapps/database/Bank-Rate.asp (30.9.2025).

Diese Phase machte die Beschränkung des geldpolitischen Handlungsspielraums durch die WKM-Mitgliedschaft deutlich, zeigte aber zugleich deren Funktion als Stabilitätsanker: Indem sie vorzeitige, potenziell inflationäre Lockerungen der Geldpolitik verhinderte, erfüllte sie genau den ihr zugedachten Zweck. Damit spiegelte sie das Grunddilemma jedes Regelsystems wider: Einerseits versprach der Stabilitätsanker langfristige Glaubwürdigkeitsgewinne und mittelfristig mehr Handlungsfreiheit; andererseits erforderte er kurzfristige wirtschaftliche Kosten, die politisch gerechtfertigt werden mussten. Im Gegensatz zu den anderen EWS-Regierungen konnte die britische Regierung nicht auf die perspektivische Weiterentwicklung der Währungsintegration als Anreiz verweisen.

Majors neuer europapolitischer Ansatz in der Währungsfrage

Denn trotz des veränderten Tons folgte die britische Europapolitik in der Währungsfrage unter Major ähnlichen Grundsätzen wie bisher. Er signalisierte größere Kooperationsbereitschaft, indem er versprach, die anstehenden Regierungskonferenzen „in a constructive and optimistic spirit" anzugehen.[197] Seine Rede vor der Konrad-Adenauer-Stiftung im März 1991, in der er Großbritannien „at the very heart of Europe" verortete, deutete auf einen stilistischen Neuanfang hin.[198] Doch eine gemeinsame Währung und eine Europäische Zentralbank lehnte die Regierung weiterhin ab. Major, Lamont und Hurd hielten anders als Thatcher ein britisches Veto jedoch für politisch wenig erfolgversprechend, weil es einen separaten Vertrag der übrigen EG-Staaten nicht verhindern würde. Majors *Opt-in*-Ansatz akzeptierte daher grundsätzlich die Möglichkeit einer Währungsunion ohne britische Beteiligung – ein Kurs, der im eigenen Lager latent konflikthaft blieb. Charles Powell notierte intern, durch diese prinzipielle Akzeptanz berge er erhebliches Potenzial für innerparteilichen Widerstand.[199]

Dieser Konflikt brach im Verlauf der Regierungskonferenz zur Wirtschafts- und Währungsunion ab 15. Dezember 1990 offen auf. Thatcher forderte öffentlich ein britisches Veto, die EG-skeptische Bruges Group – die sich 1989 in Reaktion auf Thatchers Brügge-Rede gegründet hatte – kritisierte Majors Linie als untragbaren Kompromiss, und im Unterhaus formierte sich Widerstand; eine Gruppe integrationsskeptischer konservativer Abgeordneter plädierte offen für ein Europa der zwei Geschwindigkeiten.[200]

Damit war Major gezwungen, auf zwei Ebenen gleichzeitig zu balancieren: Er wollte gegenüber den EG-Partnern Kooperationsbereitschaft signalisieren, durfte

---

197 John Gieve, Briefentwürfe an die EG-Staats- und Regierungschefs, 28.11.1990, TNA, PREM 19/3325.

198 Major, Autobiography, S. 268 f.

199 Charles Powell an John Major, 23.1.1991, TNA, PREM 19/3325.

200 Forster, Maastricht Negotiations, S. 62.

die kritischen Strömungen in der eigenen Partei aber nicht überfordern.[201] Seine Strategie war daher eine bewusste Verschiebung der Debatte: weg von der aufgeladenen Souveränitätsfrage, hin zu wirtschaftlichen und währungspolitischen Erwägungen – „at the fastest respectable pace", wie er dem City-Vertreter Michael Butler anvertraute.[202] Botschafter Christopher Mallaby hatte aus Bonn gewarnt, dass eine Fortführung der Souveränitätsdebatte London eher isoliere und ein deutsches Beharren auf absoluten nationalen Souveränitätsforderungen für Großbritannien keineswegs wünschenswert, sondern noch schwieriger zu handhaben wäre.[203] Die Versachlichung sollte die innerparteilichen Spannungen entschärfen und zugleich taktische Allianzen auf europäischer Ebene erleichtern.

Die deutsche Seite spielte wegen der ähnlichen währungspolitischen Vorstellungen eine wesentliche Rolle. John Major bemühte sich intensiv um ein engeres Einvernehmen mit Bundeskanzler Helmut Kohl, dessen Verhältnis zu Thatcher in den letzten Jahren stark belastet gewesen war. Nicht zufällig wählte Major für seine europapolitische Grundsatzrede – wie schon 1990 beim harten ECU-Vorschlag – mit der Konrad-Adenauer-Stiftung ein deutsches Forum. Er verwies auf gemeinsame Grundprinzipien wie die Priorisierung von Preisstabilität, die Vermeidung hoher Haushaltsdefizite und die Konvergenz niedriger Inflationsraten.[204] Anders als Thatcher setzte er dabei nicht auf die Bundesbank als Hauptansprechpartnerin für währungspolitische Fragen, sondern suchte den politischen Austausch. Das zeigte Erfolge: Helmut Kohl beschrieb Major als Glücksfall für Europa. Allerdings gab der britische Botschafter zu Bedenken: „This act of warmth is not unconditional." Es sei wesentlich, transparent mit den weiterhin bestehenden Differenzen umzugehen, da die deutsche Seite zwar kompromissbereit sei, aber konstruktive und konkrete Schritte erwarte.[205] In einem langen bilateralen Gespräch in Chequers im Juni 1991 legte Major Kohl offen die wirtschafts- und innenpolitischen Zwänge dar und berief sich auf historische Gegebenheiten: „The British were by temperament the least European of the present community countries. This was for reasons of history and geography, our position as island and the fact that we were appalling linguists." Er warb für ein schrittweises Vorgehen, eine weitere Berücksichtigung des harten ECU-Plans und ein Wahlrecht vor dem Übergang zu Stufe 3.[206]

Doch auch die politische Annäherung konnte zentrale Differenzen nicht ausräumen: die deutschen Vorbehalte gegenüber einer Parallelwährung sowie die

201 Dyson und Featherstone, Road to Maastricht, S. 535; Stephens, Politics and the Pound, S. 199.

202 Charles Powell, Protokoll eines Gesprächs zwischen John Major und Michael Butler, 12.12.1990, TNA, PREM 19/3325.

203 Christopher Mallaby an Douglas Hurd, 30.11.1990, DBPO Ser. 3, Bd. 7, S. 491–501.

204 John Major an Helmut Kohl, 4.1.1991, TNA, PREM 19/3325.

205 Christopher Mallaby an FCO, 5.6.1991, TNA, PREM 19/3766.

206 Stephen Wall, Protokoll eines Gesprächs zwischen John Major und Helmut Kohl, 9.6.1991, TNA, PREM 19/3766.

Forderung nach einer politisch unabhängigen Zentralbank und einem verbindlichen Zeitplan für die Wirtschafts- und Währungsunion. Beides lehnte die britische Seite ab, die ein evolutionäres, an Marktentwicklungen orientiertes Vorgehen und den Erhalt währungspolitischer Souveränität anstrebte.[207] Dies war auch Ausdruck unterschiedlicher europapolitischer Vorstellungen.

Wie unterschiedlich die Visionen trotz punktueller Gemeinsamkeiten blieben, brachte Klaus-Peter Klaiber von der deutschen Botschaft in London im September 1991 auf den Punkt. Thatchers Europapolitik sei „der verzweifelte Kampf gegen ein angebliches politisches und wirtschaftliches Monstrum" gewesen, das vermeintlich zur Fremdbestimmung der „einzigartigen britischen Nation" führe. Major hingegen füge sich „ins Unvermeidliche" und wolle eine politische Isolierung vermeiden – versuche zugleich aber „den Verlust britischer Souveränitätsrechte zu verhindern". Die Unterschiede lägen „nicht in der Substanz, sondern lediglich im taktischen Ansatz"; die Briten unterstützten zwar „auf dem Papier das Ziel der Europäischen Union, tragen es im Herzen aber nicht mit".[208]

Vor dem Hintergrund dieser Konflikte veränderte sich in Großbritannien die Wahrnehmung der deutschen Rolle in der Währungspolitik grundlegend. Bis 1988 war die Ankerrolle der D-Mark im WKM zwar immer wieder kritisiert worden, weil sie der deutschen Politik größeren Einfluss verschaffe; doch wurde sie letztlich als unverzichtbares disziplinierendes Element akzeptiert. Mit der Aussicht auf eine Wirtschafts- und Währungsunion wurde die deutsche währungspolitische Führungsrolle aber zunehmend problematisiert, da die Sorge bestand, sie könne sich in einer engeren Union in politische Dominanz umschlagen.

Opt-in-Strategie und der britische Alternativvorschlag

In der Regierungskonferenz zur Wirtschafts- und Währungsunion traten diese Spannungen erneut deutlich hervor. Großbritannien wurde im Wesentlichen durch Nigel Wicks und John Kerr vertreten; die politische Steuerung hatte Schatzkanzler Norman Lamont.[209] Im Mittelpunkt standen die Ausgestaltung von Stufe 2, deren Beginn der Europäische Rat in Rom für den 1. Januar 1994 festgelegt hatte, sowie der Übergang und die institutionelle Architektur von Stufe 3.[210] Zentrales britisches Ziel war es, dem Parlament das Entscheidungsrecht über die Teilnahme an Stufe 3 zu sichern – ein Übergang dürfe nicht erzwungen werden („no imposition"). Ein britisches Veto gegen die Wirtschafts- und Währungsunion hielt Lamont, wie er Major kurz vor Beginn der Regierungskonferenz erläuterte, für

207 Helmut Kohl an John Major, 29.1.1991, TNA, PREM 19/3325.

208 Klaus-Peter Klaiber an Auswärtiges Amt, 24.9.1991, PA AA, B 224-ZA/168763.

209 Forster, Maastricht Negotiations, S. 11 f. Vgl. zum Verlauf der Verhandlungen auch Ludlow, High Point; Dyson und Featherstone, Road to Maastricht, S. 644–690; Blair, Dealing with Europe; James, Making the European Monetary Union; Marsh, Euro.

210 Loth, Building, S. 318 f.

nicht durchsetzbar. Deshalb sollte das parlamentarische Recht durch eine *Opt-in*-Klausel gewahrt werden, nach der kein automatischer Übergang in Stufe 3 erfolgen würde, sondern jedes Mitgliedsland aktiv zustimmen müsste. Damit verband sich auch die Hoffnung, dass weitere Staaten den Schritt hinausschieben oder ablehnen und so eine britische Isolierung vermieden würde.[211]

Für dieses *Opt-in* entwickelte Lamont zwei Varianten: eine terminierte und eine prinzipielle Lösung. Eine terminierte *Opt-in*-Klausel würde jedem Land erlauben, den Zeitpunkt des Übergangs selbst festzulegen. Sie implizierte letztlich die britische Teilnahme und versprach daher größeren Einfluss in den Verhandlungen, hätte aber den Widerstand der EG-skeptischen Fraktion in der Konservativen Partei befördert. Ein prinzipieller Vorbehalt ließ offen, ob der Schritt in Stufe 3 überhaupt vollzogen würde. Das hätte innerparteilich beruhigend gewirkt, aber den britischen Einfluss auf die Ausgestaltung der finalen Etappe geschmälert. Lamont selbst präferierte eine Lösung mit einem prinzipiellen *Opt-in*, die in Stufe 2 Elemente des harten ECU-Plans verankerte und den Übergang in Stufe 3 zwar ermöglichte, aber auf unbestimmte Zeit vertagte. So ließe sich die Einheitswährung hinauszögern und gleichzeitig eine Isolierung abmildern: Selbst wenn Großbritannien Stufe 3 nicht vollziehen sollte, bliebe es über die ECU-Parallelwährung eingebunden. Um Konflikte zu vermeiden, empfahl Lamont jedoch, die Frage der konkreten Ausgestaltung so lange wie möglich offen zu halten.[212]

Dieses Verhandlungsziel implizierte eine möglichst lange und substanziell ausgestaltete Stufe 2, in der die währungspolitischen Befugnisse weiterhin national bleiben sollten. Genau das erschwerte jedoch das Einvernehmen mit der deutschen Seite, die eine zu lange Übergangsphase als Risiko für Preisstabilität und institutionelle Klarheit ansah. Damit blieb der bilaterale Dialog, wie der britische Botschafter in Bonn feststellte, zunächst „steril".[213]

Formal lag der harte ECU-Vorschlag weiterhin auf dem Tisch. Die britische Seite nutzte ihn als Vehikel, um die neue *Opt-in*-Position gegenüber EG-Partnern und der eigenen Partei zu vermitteln. Außenminister Douglas Hurd konstatierte, Majors konzilianterer Stil erhöhe die Bereitschaft der EG-Partner, sich ernsthaft mit dem britischen Ansatz auseinanderzusetzen.[214] Lamont hoffte ebenfalls, Elemente des Plans in Stufe 2 verankern zu können, machte aber auch deutlich: „the British proposals […] are unlikely to be accepted as they stand. […] A treaty which allows only for stage 2 is simply not negotiable."[215] Die Skepsis bei den EG-Partnern blieb bestehen. Bundesbankpräsident Karl Otto Pöhl bezeichnete das harte ECU-Modell wegen der unklaren geldpolitischen Verantwortlichkeiten als

211 Norman Lamont an John Major, 11.12.1990, TNA, PREM 19/3325.

212 Ebd.

213 Christopher Mallaby an FCO, 25.2.1991, TNA, PREM 19/3325.

214 Douglas Hurd an John Major, 1.2.1991, TNA, PREM 19/3325.

215 Norman Lamont an John Major, 11.12.1990, TNA, PREM 19/3325.

„the worst possible recipe for monetary policy".[216] Selbst der britische Ausschuss für EG-Fragen im Oberhaus lehnte es öffentlich als unzureichend ab.[217] Die Chancen, Lamonts ehrgeiziges Ziel durchzusetzen, waren damit von Beginn an begrenzt.

Umso größer war die Hoffnung, als der spanische Premierminister Felipe González und sein Finanzminister Carlos Solchaga einen eigenen Entwurf vorlegten, der auf einem modifizierten ECU und einem EWF beruhte. Aus britischer Sicht wurden sie damit zu den „best allies so far on monetary cooperation".[218] Doch bis Mai 1991 zeigte sich, dass die Unterstützung nicht ausreichen würde. Lamont empfahl daher, stattdessen den deutschen Gegenvorschlag zu unterstützen – die Härtung des bestehenden Korb-ECU.[219] Immerhin wurde im September 1991 die Einrichtung des Europäischen Währungsinstituts (EWI) als Vorläufer einer möglichen Europäischen Zentralbank beschlossen. Dieser Schritt wurde in London als Teilerfolg gewertet, da das lose strukturierte EWI dem im harten ECU-Vorschlag angestrebten Europäischen Währungsfonds in wesentlichen Zügen ähnelte.[220]

Norman Lamont und der luxemburgische Finanzminister Jean-Claude Juncker, zugleich ECOFIN-Vorsitzender, einigten sich bereits im Januar 1991 darauf, eine Regelung anzustreben, die dem *Opt-in* entsprach. Juncker scherzte, Großbritannien werde am Ende der Regierungskonferenz vielleicht sagen: „goodbye – see you later, perhaps". Lamont erwiderte mit einem Zitat der Sängerin Vera Lynn: „we'll meet again, don't know where, don't know when."[221] Allerdings stießen derartige Überlegungen bei anderen EG-Ländern auf erhebliche Vorbehalte – insbesondere in Frankreich und der Bundesrepublik. Eine allgemeine *Opt-in*-Klausel würde ihren nationalen Parlamenten einen Hebel bieten, sich gegen die Teilnahme zu positionieren und damit das gesamte Projekt gefährden. Eine explizit auf einzelne Länder zugeschnittene Lösung wiederum hätte aus britischer Sicht die eigene Sonderrolle allzu deutlich markiert. Vor diesem Hintergrund löste der Vorstoß von Kommissionspräsident Jacques Delors beim informellen ECOFIN am 11. Mai 1991 erheblichen Unmut aus. Delors schlug vor, eine explizit auf Großbritannien bezogene „no imposition"-Klausel in den Vertrag aufzunehmen – und machte dies unmittelbar in einer Pressekonferenz öffentlich.[222] Lamont bezeich-

216 Davies, History of Money, S. 471.

217 House of Lords Select Committee on the European Communities (Hrsg.), Economic and Monetary Union and Political Union, 27th Report, 1989–90 (HL Paper 88), London 1990; Davies, History of Money, S. 471–473.

218 B. G. Bender an John Major, 16.1.1991, TNA, PREM 19/3325; Andrew Turnbull an Robin Butler, 19.12.1990, TNA, PREM 19/3325.

219 Norman Lamont an John Major, 4.5.1991, TNA, PREM 19/3323.

220 Forster, Negotiations, S. 65.

221 Tancred Tarkowski an Richard Gozney, Protokoll eines Mittagessens von Norman Lamont und Jean-Claude Juncker am 16.1.1991, erstellt am 25.1.1991, TNA, PREM 19/3325.

222 Jeremy Heywood an Stephen Wall, 13.5.1991, TNA, PREM 19/3323.

nete den Vorstoß daraufhin als „constructive but not a dramatic breakthrough".[223]

Intern wertete Außenminister Douglas Hurd den Schritt als „inadequate as to content and untimely", erkannte jedoch an, dass die Diskussion damit in eine für Großbritannien günstigere Richtung gelenkt worden sei: Inzwischen signalisierte auch Frankreich grundsätzliche Zustimmung zu einer Regelung, die einzelnen Ländern ein Fernbleiben von Stufe 3 ermöglichen würde. Gleichzeitig warnten sowohl Hurd als auch Lamont eindringlich vor einer vorschnellen Festlegung der genauen Bedingungen. Erstens war die Ausgestaltung von Stufe 2 weiterhin ungeklärt; zweitens hätte eine frühzeitige Festlegung des *Opt-in* die britische Verhandlungsposition geschwächt.[224] Dementsprechend lehnte John Major beim Europäischen Rat in Luxemburg im Juni 1991 alle Versuche ab, eine entsprechende Übereinkunft bereits festzuschreiben.[225]

Der informelle ECOFIN in Apeldoorn am 21. und 22. September 1991 bestätigte den Grundsatz, dass kein Mitgliedstaat den Übergang in Stufe 3 blockieren könne, aber ebenso wenig zur Teilnahme gezwungen werden dürfe. Zugleich wurde anerkannt, dass Stufe 3 beginnen könne, sobald eine ausreichende Zahl von Ländern die Konvergenzkriterien erfüllte.[226] Das bedeutete faktisch eine Zustimmung zu einem Europa der zwei Geschwindigkeiten in der Währungspolitik, das Großbritannien kontrolliert mitgestalten wollte, um eine eigene Isolierung zu verhindern.[227]

Strittig blieb, wie ein britischer Vorbehalt rechtlich zu sichern sei. Norman Lamont plädierte für eine *Opt-out*-Formulierung, nach der nicht die teilnehmenden, sondern die fernbleibenden Länder eine separate Erklärung abgeben müssten. Sie sollte allen Ländern offenstehen, um zu vermeiden, dass Großbritannien als Sonderfall hervortrat.[228] Eine allgemeine *Opt-out*-Klausel stieß jedoch auf Widerstand, weil die EG-Partner ihren nationalen Parlamenten keinen zusätzlichen Ansatzpunkt für Ablehnung bieten wollten. Sie drängten daher auf eine individuelle britische (und dänische) Sonderregelung.[229] Ende November 1991 musste die britische Seite das Ziel einer allgemeinen Klausel aufgeben.[230] Parallel arbeitete das Schatzamt seit Juni 1991 an einem eigenen *Opt-out*-Text, der den britischen Vorbe-

223 Peter Marsh und David Buchan, Hard Ecu Plan to Be Reviewed, The Financial Times, 13.5.1991.

224 Douglas Hurd an John Major, 10.6.1991, TNA, PREM 19/3319.

225 Dyson und Featherstone, Road to Maastricht, S. 654–656.

226 Ebd., S. 656; Forster, Negotiations, S. 65.

227 Ludlow, High Point, S. 244.

228 Norman Lamont an John Major, 7.10.1991, TNA, PREM 19/3324.

229 David Bostock an Michael Jay, Bericht über Gespräche mit Vertretern aus Bundeskanzleramt und Bundesfinanzministerium am 21.10.1991, erstellt am 22.10.1991, TNA, PREM 19/3324.

230 Stephen Wall an Jeremy Heywood, 25.11.1991, TNA, PREM 19/3324.

halt rechtsverbindlich und vertraglich festschreiben sollte. Dieser wurde schließlich beim Europäischen Rat in Maastricht eingebracht.[231]

Ein weiterer Streitpunkt war die Zentralbankunabhängigkeit, die Großbritannien mit Verweis auf demokratische Verantwortlichkeit zunächst ablehnte. Im September 1991 schlug Norman Lamont dem Premierminister jedoch vor, die politische Unabhängigkeit sowohl der entstehenden Europäischen Zentralbank als auch der nationalen Institute grundsätzlich zu akzeptieren, sofern diese Verpflichtung erst bei einem Übergang in Stufe 3 greifen würde. Damit wollte er verhindern, dass die Vertragsbestimmungen bereits in Stufe 2 eine formale Entlassung der nationalen Zentralbanken in die Unabhängigkeit vorschrieben.[232] Zunächst stieß er damit jedoch auf John Majors Widerstand.[233] Ende Oktober erneuerte Lamont seinen Vorschlag und betonte ausdrücklich, es gehe nicht um eine Unabhängigkeit der Bank of England in Stufe 2.[234] Diesmal erhielt er Majors Zustimmung.[235] Ironischerweise würde Lamont nur wenige Monate nach Vertragsunterzeichnung 1992 selbst für eine unabhängige Bank of England werben – aus Gründen der geldpolitischen Glaubwürdigkeit.[236]

Beim Europäischen Rat in Maastricht erreichten John Major und Norman Lamont schließlich eine *Opt-out*-Regelung, allerdings nicht – wie ursprünglich angestrebt – im Vertragstext selbst, sondern in einem separaten *Protokoll über einige Bestimmungen betreffend das Vereinigte Königreich Großbritannien und Nordirland*. Großbritannien trug den Übergang in Stufe 2 zum 1. Januar 1994 mit, erreichte jedoch, dass alle wesentlichen Verpflichtungen – Unabhängigkeit der Zentralbank, bindende Haushaltsregeln, Übertragung geldpolitischer Befugnisse – erst in Stufe 3 greifen würden. Zudem wurden verbindliche Konvergenzkriterien festgeschrieben, die Großbritannien unterstützt hatte. Vor der endgültigen Bewertung dieser Kriterien sollte London dem Rat der EU mitteilen, ob eine Teilnahme an Stufe 3 beabsichtigt war; ein späterer Beitritt blieb möglich.[237]Im Gegenzug akzeptierte Major den Zeitplan, nach dem die Wirtschafts- und Währungsunion für die teilnehmenden Staaten spätestens am 1. Januar 1999 beginnen sollte und – bei qualifiziertem Mehrheitsbeschluss des Rates – bereits 1997 möglich gewesen wäre.[238] Eine ähnliche *Opt-out*-Regelung erreichte die britische Seite im Protokoll

231 Dyson und Featherstone, Road to Maastricht, S. 656.

232 Norman Lamont an John Major, 29.7.1991, TNA, PREM 19/3324.

233 Stephen Wall an Jeremy Heywood, 7.9.1991, TNA, PREM 19/3324.

234 Norman Lamont an John Major, 23.10.1991, TNA, PREM 19/3324.

235 Sheila James an Stephen Wall, 30.10.1991, TNA, PREM 19/3324; Wim Kok an Norman Lamont, 28.10.1991, TNA, PREM 19/3322 Part 2.

236 Dyson und Featherstone, Road to Maastricht, S. 666.

237 Protokoll über einige Bestimmungen betreffend das Vereinigte Königreich Großbritannien und Nordirland, Vertrag über die Europäische Union, 29.7.1992, https://eur-lex.europa.eu/legal-content/EN/TXT/?uri=CELEX:11992M/TXT (30.9.2025); Briefing zu den Ergebnissen des Europäischen Rats in Maastricht, Dezember 1991, TNA, PREM 19/3318 Part 1.

238 Loth, Building Europe, S. 318 f.

über die Sozialpolitik.[239] Die Regierung präsentierte das Ergebnis als großen Erfolg, in der Presse fiel das Echo überwiegend positiv aus – „Game, set and match", wurde der Premierminister nach den zähen Verhandlungen zitiert.[240]

Auf die EWS-Politik wirkten sich die Verhandlungen zunächst kaum aus. Das System wurde weiterhin primär als geldpolitisches Instrument behandelt, nicht als Vorstufe der Wirtschafts- und Währungsunion; eine Verbindung der beiden Ebenen wurde bewusst vermieden. Norman Lamont drohte nach eigenen Angaben sogar mit Rücktritt, sollte die WKM-Mitgliedschaft – die er innenpolitisch als unverzichtbares Rahmenwerk verteidigte – als vertragliche Verpflichtung festgeschrieben werden.[241]

Der Vertrag sah schließlich, analog zur Regelung bei der Zentralbankunabhängigkeit, keine verpflichtende WKM-Mitgliedschaft in Stufe 2 vor. Allerdings zählte eine zweijährige spannungsfreie Teilnahme zu den Konvergenzkriterien, anhand derer der Rat über die Teilnahme von Ländern an der einheitlichen Währung entscheiden sollte.[242] Nach dem britischen Austritt aus dem WKM am 16. September 1992 gewann diese Bestimmung an Relevanz: Ein Wiedereintritt sei nur erforderlich, stellte die Rechtsabteilung des Schatzamts klar, wenn Großbritannien tatsächlich den Übergang in Stufe 3 anstrebe.[243] Während die Regierungskonferenz und der Vertrag von Maastricht somit nur begrenzte direkte Auswirkungen auf die EWS-Wechselkurspolitik hatten, entwickelten sich die öffentliche Auseinandersetzungen über die Vertragsratifizierung ab 1992 zu einem weit schwerwiegenderen Problem.

4 „Grey Wednesday"? Der Austritt aus dem Wechselkursmechanismus 1992

„Welcome at the front line of the Somme. Better get at the Earl Haig uniform & roll up the picture of Keynes. You'll not be needing it these 5 years."[244] Mit dieser martialischen Anspielung auf Douglas Haig, den britischen Oberbefehlshaber an

239 John Major beharrte darauf, es handele sich nicht um ein *Opt-out*, weil das entsprechende Protokoll nicht im Haupttext des Vertrags enthalten sei. Formal ist das zutreffend, aber in der Praxis wurde die Regelung als Ausnahme für die britische Seite wahrgenommen – auch von der oppositionellen Labour Party, die 1997 diesen Vorbehalt zurücknehmen würde. Ludlow, High Point, S. 251 f.; Stephens, Politics of the Pound, S. 203.

240 Roger Williams, Major Hails Maastricht Deal, The Press Association, 11.12.1991. John Major selbst allerdings gibt an, die Worte seien nicht für die Veröffentlichung gedacht gewesen. Major, Autobiography, S. 288.

241 Dyson und Featherstone, Road to Maastricht, S. 664.

242 Vertrag über die Europäische Union, 29.7.1992, https://eur-lex.europa.eu/legal-content/EN/TXT/?uri=CELEX:11992M/TXT (30.9.2025).

243 Beverly St Quinton an Murdo McLean, 3.11.1992, TNA, PREM 19/4139.

244 Austin Mitchell an John Major, 14.9.1992, TNA, FCO 30/10268.

der Westfront im Ersten Weltkrieg, warnte der Labour-Abgeordnete Austin Mitchell den Premierminister am 14. September 1992 vor den politischen Belastungen und Widerständen, die die restriktive WKM-Politik in den kommenden Jahren mit sich bringen werde. Er befürchtete eine Verschärfung der Lage infolge einer aus seiner Sicht verfehlten EWS-Strategie und eines überhöhten Pfundkurses. Niemand – weder er noch John Major – konnte zu diesem Zeitpunkt ahnen, dass zwei Tage später eine „Schlacht um das Pfund“[245] ausbrechen würde, die im Austritt aus dem WKM mündete und die britische Wirtschafts- und Europapolitik für Jahrzehnte prägen sollte. Wie Mitchell nutzten auch zeitgenössische Kommentare militärische Metaphern, um die dramatische Wahrnehmung des Geschehens zu verdeutlichen: „Loss of faith led to bloodbath on the foreign exchanges“, hieß es im *Guardian*.[246] Major warnte sein Kabinett zugleich davor, Schatzkanzler Norman Lamont nicht als „air raid shelter“, als politischen Schutzbunker, zu instrumentalisieren.[247]

Strukturelle Probleme und politische Auseinandersetzungen um den Vertrag von Maastricht

Auch wenn die Krise im September 1992 viele überraschte, hatten sich die strukturellen Probleme bereits über Monate aufgebaut. Im Herbst 1991 schien sich zwar eine leichte Erholung anzukündigen – Lamont sprach auf der konservativen Parteikonferenz im Oktober 1991 von „green shoots of economic spring“ als Ankündigung einer beginnenden Erholung.[248] Das wurde rückblickend als zu optimistisch kritisiert, war jedoch im Einklang mit zeitgenössischen Prognosen. Interne Schatzamtsberechnungen wie auch Vorhersagen aus der Wirtschaft rechneten für 1992 mit Wachstumsraten von rund 1,8 bis 1,9 Prozent. Der vergleichsweise feste Pfundkurs ermöglichte schrittweise Zinssenkungen, bis das Zinsdifferenzial zur Bundesrepublik Ende 1991 nur noch etwa ein Prozent betrug.[249]

---

245 Die Metapher der Schlacht war weitverbreitet und prägte zahlreiche Schlagzeilen und Berichte. Die Schlacht um das Pfund Sterling, Hamburger Abendblatt, 18.9.1992; The Sterling Crisis. How They Fought the Battle of the Pound, The Independent, 17.9.1992; Maureen Johnson, Major in Crisis as He Stakes All on Battle for the Pound, Associated Press, 16.9.1992; The New Battle for Britain, Evening Standard, 16.9.1992.

246 Larry Elliott, Loss of Faith Led to Bloodbath on the Foreign Exchanges, The Guardian, 17.9.1992.

247 James Hardy, Cabinet Stands by Lamont, The Press Association, 17.9.1992.

248 Norman Lamont, Rede vor der konservativen Parteikonferenz am 9.10.1991, zit. n. Nikki Knewstubb, Chancellor Still Aiming for 20p Tax Rate, The Guardian, 10.10.1991.

249 Stephen Davies, Part Two. ERM Project – The UK's Membership of the ERM, 21.12.1993, FOI Release 9.2.2005, Sterling Withdrawal from the ERM, https://webarchive.nationalarchives.gov.uk/ukgwa/20130403000951/http:/www.hm-treasury.gov.uk/foi_erm4_2005.htm (30.9.2025).

Im Dezember 1991 kündigte Lamont erstmals verbindlich eine baldige Verengung der WKM-Bandbreiten für das Pfund auf die üblichen ±2,25 Prozent an. Ein daraufhin eintretender kurzfristiger Anstieg des Pfundkurses bekräftigte die Annahme, durch politische Signale eine stabilisierende Wirkung erzielen zu können. Doch bereits kurz darauf geriet das Pfund nach einer deutschen Erhöhung des Diskont- und Lombardsatzes um jeweils 0,5 Prozent sowie einer nahezu gleichzeitigen Zinssenkung in den Vereinigten Staaten unter Druck. Anders als andere EWS-Mitglieder reagierte Großbritannien nicht mit einer Anhebung der eigenen Leitzinsen. In den folgenden Monaten blieb das Pfund schwach und bewegte sich häufig am unteren Rand der faktisch angestrebten engen WKM-Bandbreite, ließ sich jedoch vorerst ohne Zinserhöhungen halten.[250]

Dazu trug auch eine Phase politischer Stabilisierung bei: Die Unterzeichnung des Vertrags von Maastricht am 7. Februar 1992 – einschließlich der britischen *Opt-out*-Klauseln für Sozialpolitik sowie Wirtschafts- und Währungsunion – beendete für kurze Zeit die scharfen europapolitischen Auseinandersetzungen und entschärfte vorerst die internen Konflikte, sodass Großbritannien den Vertrag mittragen konnte. Vor der Unterhauswahl im April 1992 bekannten sich alle großen Parteien zur WKM-Mitgliedschaft. Da auch die Labour Party zusicherte, im Falle eines Wahlsiegs am WKM festzuhalten, blieb das Pfund – anders als im Vorfeld früherer Unterhauswahlen – weitgehend stabil. Die Konservativen errangen trotz schlechter Umfragewerte und anhaltender Rezession einen überraschenden Wahlsieg,[251] was den Pfundkurs festigte und Anfang Mai eine Zinssenkung auf zehn Prozent ermöglichte.[252]

Majors Erfolg war jedoch mit einer schweren Hypothek verbunden: Obwohl die Konservativen mit 41,9 Prozent nahezu den gleichen Stimmanteil wie 1987 erreichten, verloren sie infolge des Mehrheitswahlrechts 40 Mandate; ihre parlamentarische Mehrheit schrumpfte von 102 auf 21 Sitze. Für eine geeinte Partei wäre dies weiterhin ein komfortabler Vorsprung gewesen, nicht aber für die zunehmend über die Europapolitik gespaltenen Konservativen.[253] Zunächst blieb die EWS-Politik davon unberührt. Das Wahlprogramm hatte den WKM als „central to our counter-inflation discipline“ festgeschrieben und den Übergang in die engen Bandbreiten bekräftigt.[254] Nach der Wahl begann das Schatzamt unter dem Codewort „Reticence“ sogar mit der konkreten Planung,[255] zumal sich das Pfund komfortabel innerhalb der Bandbreiten von ±2,25 Prozent um den Mittel-

250 Ebd.

251 Butler und Kavanagh, General Election of 1992.

252 Bank of England, Official Bank Rate History, o. D., https://www.bankofengland.co.uk/boeapps/database/Bank-Rate.asp (30.9.2025).

253 Duckenfield, Business and the Euro, S. 118–120.

254 Konservatives Wahlmanifest 1992, The Best Future for Britain, MTF, http://www.conservativemanifesto.com/1992/1992-conservative-manifesto.shtml#resp (30.9.2025).

255 Wynn Owen an Jeremy Heywood, 13.4.1992, TNA, T 448/810.

kurs von 2,95 DM bewegte.[256] Allerdings legte Schatzkanzler Lamont am 23. Juni, wie sein Private Secretary hervorhob, „quite emphatically“ sein Veto ein. Er fürchtete eine übermäßige Einengung des geldpolitischen Handlungsspielraums und eine Verfestigung des ohnehin hohen Zinsniveaus.[257]

Die Ratifizierung des Vertrags von Maastricht erwies sich rasch als konfliktträchtiger als zunächst erwartet. Zwar verlief die zweite parlamentarische Lesung der notwendigen Gesetzesvorlage am 21. Mai 1992 „good-tempered“ und wurde mit 336 zu 92 Stimmen angenommen – begünstigt durch Enthaltungen der Labour Party. Doch 22 konservative Abgeordnete stimmten gegen die eigene Regierung. Es war die größte innerparteiliche Rebellion der Tories in einer europapolitischen Frage seit 1973 und verdeutlichte die Bruchlinien innerhalb der Partei.[258] Die Unruhe wurde durch symbolträchtige Episoden verstärkt, etwa Proteste gegen eine geplante Rede Königin Elisabeths II. vor dem Europäischen Parlament.[259] Zusätzliche Brisanz erhielt die Debatte durch die Rückkehr Margaret Thatchers in die europapolitische Diskussion. Obwohl sie mit der Wahl 1992 aus dem Unterhaus ausgeschieden war, signalisierte sie in einer kritischen Rede in Den Haag Mitte Mai 1992, dass sie ihren Widerstand gegen die geplante Wirtschafts- und Währungsunion – und die damit verbundene Vertiefung der Gemeinschaft – im Oberhaus fortführen würde.[260]

Thatchers Interventionen zielten direkt auf die Glaubwürdigkeit der WKM-Politik der Regierung. Sie hatte das Pfund zwar selbst in den WKM geführt, griff die Mitgliedschaft aber zunehmend an. Bereits im Januar 1991 hatte sie in einem Gespräch mit Major die WKM-Mitgliedschaft mit Churchills Rückkehr zum Goldstandard von 1925 verglichen, die das Pfund zu einem überhöhten Kurs festgelegt und die Regierung wirtschaftspolitisch gelähmt habe: „She believed there was a danger of repeating Winston Churchill's historic error of fixing the parity for the £ at too high a level“.[261] Im Unterhaus warnte sie zudem, die Mitgliedschaft könne als Vorstufe zur Teilnahme an einer europäischen Währung interpretiert werden: „in such circumstances it would probably mean coming out of the exchange rate mechanism to keep our freedom of action.“[262]

256 Michael Scholar an Terence Burns und Norman Lamont, 14.4.1992, Papier zum Übergang in die engen Wechselkursbänder, TNA, T 448/810.

257 Jeremy Heywood an Paul Gray, 23.6.1992, TNA, T 448/810.

258 Stephens, Politics and the Pound, S. 204.

259 Ivo Dawnay und David Buchan, Queen Drawn into Tory Wrangle Over Europe, The Financial Times, 12.5.1992.

260 Margaret Thatcher, Rede in Den Haag am 15.5.1992, MTF, https://www.margaretthatcher.org/document/108296 (30.9.2025).

261 Andrew Turnbull, Protokoll eines Treffens von John Major und Margaret Thatcher, 3.1.1991, TNA, PREM 19/3890.

262 Hansard HC Deb. Vol. 199, Cols. 296 f., 20.11.1991, https://hansard.parliament.uk/Commons/1991-11-20/debates/ca97a346-9ed6-4125-ac34-3d4a5fa307d8/EuropeanCommunity(IntergovernmentalConferences) (30.9.2025).

Endgültig brachen die bestehenden Spannungen mit dem „Nein“ im dänischen Referendum über die Ratifizierung des Maastricht-Vertrags im Juni 1992 aus. Das Ergebnis stellte den gesamten Ratifizierungsprozess infrage, denn gemäß den Vertragsbestimmungen mussten alle Mitgliedstaaten zustimmen. Major setzte daraufhin die laufende Debatte im britischen Parlament aus – ein Schritt, der die euroskeptischen Kräfte innerhalb der Konservativen erheblich stärkte.[263] Bereits am folgenden Tag forderten 85 konservative Abgeordnete in einem Parlamentsantrag einen Neuanfang in der Europapolitik, der sich auf den Gemeinsamen Markt konzentrieren sollte. Unter den Unterzeichnern waren auch viele, die in der zweiten Lesung zuvor weniger aus Überzeugung als aus Loyalität mit der Regierung gestimmt hatten.[264]

Major widersetzte sich zusammen mit Außenminister Douglas Hurd, Innenminister Kenneth Clarke und Wirtschaftsminister Michael Heseltine den Forderungen nach Neuverhandlungen. Er war überzeugt, dass sich ein besserer Vertrag nicht aushandeln ließe. Hinzu kam, dass er erhebliches politisches Kapital in die Maastricht-Verhandlungen investiert hatte. Mit dem Vertrag glaubte er erreicht zu haben, woran Thatcher gescheitert war: die zentralen währungspolitischen Kompetenzen und das Pfund als Ausdruck nationaler Souveränität zu bewahren und zugleich die britische Teilnahme an sämtlichen Gemeinschaftsverträgen abzusichern.[265]

Die britische Kontroverse wurde durch die Ankündigung eines französischen Referendums über die Ratifizierung des Maastricht-Vertrags weiter verschärft. Präsident François Mitterrand setzte es für den 20. September 1992 an, obwohl ein Referendum verfassungsrechtlich nicht erforderlich gewesen wäre. Nachdem Umfragen zunächst eine deutliche Zustimmung erwarten ließen, deuteten sie im Verlauf des Sommers auf ein Kopf-an-Kopf-Rennen hin.[266] Die wachsenden Zweifel an der Realisierung der Wirtschafts- und Währungsunion stärkten die EWS-kritischen Stimmen in Großbritannien. So erneuerten sechs Ökonomen um Patrick Minford, Tim Congdon und Alan Walters in der *Times* ihre bereits im Februar 1991 erhobene Forderung nach einem WKM-Austritt. Für das „hypothetical, perhaps illusory goal“ einer europäischen Währungsunion, argumentierten sie, dürfe nicht das wirtschaftliche Wohlergehen geopfert werden.[267]

---

263 Hurd, Memoirs, S. 465 f.

264 Hinzu kamen Abgeordnete der Ulster Unionist Party, der Democratic Unionist Party und der Labour-Abgeordnete Harold Walker, fünf Konservative zogen ihre Unterschrift später wieder zurück. Future Development Of The E.E.C., Early Day Motion 174, vorgelegt am 3.6.1992, https://edm.parliament.uk/early-day-motion/7898#tab-supporters (30.9.2025).

265 Stephens, Politics and the Pound, S. 205.

266 Vgl. zum französischen Referendum Warlouzet, French Referenda.

267 Tim Congdon, Bill Martin, Patrick Minford, Gordon Pepper, Alan Walters und Peter Warburton, Clearing Obstacles to Economic and Monetary Recovery, The Times, 7.1.1992.

Die Unsicherheit über den Ausgang des französischen Referendums verstärkte zugleich die Unruhe an den Währungsmärkten. Als neue Umfragen im August ein französisches ‚Nein' nahelegten, näherte sich das Pfund dem unteren WKM-Interventionspunkt. Auch ein Statement des Schatzkanzlers, das Entschlossenheit zum Festhalten an der EWS-Parität signalisieren sollte, blieb wirkungslos, sodass die Bank of England erneut mit offenen Devisenmarktinterventionen eingreifen musste.[268]

Einen Zusammenbruch des EWS erwartete die britische Regierung auch im Falle eines Scheiterns des Maastricht-Vertrags nicht; die übrigen Mitgliedstaaten hätten, so die Einschätzung, kein Interesse am Verlust ihres Stabilitätsankers. Zugleich war jedoch klar, dass die zu erwartenden Spekulationen das Pfund besonders hart treffen würden. Anders als Frankreich verfügte Großbritannien über keinen schützenden Vertrauensvorschuss, wie im Foreign Office festgestellt wurde: „We have only limited credibility in the markets, the governing party is split over ERM and the underlying weakness of our economy makes the need for some sort of action appear more acute."[269]

Festhalten am WKM-Leitkurs

Trotz dieser Spannungen zog Permanent Secretary Terence Burns Anfang September 1992 im Schatzamt ein positives Zwischenfazit der WKM-Mitgliedschaft. Sie habe alle zentralen Ziele erreicht: die erfolgreiche Senkung der Inflationsrate, die von elf auf unter vier Prozent gefallen war, stabile Wechselkurse und eine verbesserte Glaubwürdigkeit. Zudem habe die Mitgliedschaft dazu beigetragen, den von Major angestrebten Platz „at the heart of Europe" zu sichern. Burns verwies jedoch zugleich auf die zunehmenden Belastungen durch die europapolitische Kontroverse, die fortdauernde Rezession, die hohen deutschen Zinsen und den fallenden Dollar.[270]

Die Zweifel am hohen britischen Leitkurs sorgten zudem dafür, dass jede Andeutung einer möglichen Kursanpassung das Pfund unter Druck setzte. Entsprechend sah die Regierung dem Beitritt des portugiesischen Escudo im April 1992 mit erheblicher Nervosität entgegen.[271] Der Beitritt erfolgte schließlich zu einem sehr niedrigen Kurs und löste beträchtliche Kontroversen aus. In der Bank of England wurde mit Sorge registriert, welche Unruhe bereits die Aufnahme einer ver-

268 Neil Chrimes an Michael Jay, 26.8.1992, TNA, FCO 30/10267.

269 FCO Economic Advisers, Memorandum, The European Economy Without Maastricht, August 1992, TNA, FCO 30/10267.

270 Terence Burns, Memorandum zum Wechselkursmechanismus, o. D. (September 1992), TNA, T 579/172.

271 C. A. J. C. Butler, Vermerk über den portugiesischen EWS-Vollbeitritt, 3.4.1992, BoE 4A39/11.

gleichsweise kleinen Währung hervorrief: „one wonders what would happen if the decision required was one of real consequence".[272]

Trotz dieser Unsicherheiten sah die britische Regierung keine realistische Alternative zum Festhalten am WKM. Nach der Abkehr von der monetaristischen Geldmengensteuerung auch das zweite geldpolitische Rahmenwerk aufzugeben oder mittels einer Abwertung zu lockern, lehnten sowohl Premierminister John Major als auch das Schatzamt vehement ab. Dort wurde Ende Juni 1992 argumentiert, sämtliche Alternativen – Zinssenkungen, Abwertungen oder ein Austritt aus dem WKM – würden die geldpolitische Glaubwürdigkeit beschädigen und langfristig Inflation und Zinsen erhöhen: „It may make matters considerably worse". Die Kombination aus WKM-Mitgliedschaft und haushaltspolitischer Disziplin sei trotz aller Spannungen der bestmögliche Kurs.[273]

Einzelne Überlegungen zu Kurskorrekturen blieben randständig. In der Internationalen Abteilung der Bank of England wurde Anfang September die Möglichkeit erörtert, Devisenmarktinterventionen zeitweise auszusetzen, wie Frankreich im April oder Italien im Juli 1986.[274] Im Schatzamt wurden zur selben Zeit die Kosten einer bis zu 20-prozentigen Kurskorrektur gegenüber Dollar und EWS-Währungen analysiert. Diese Erwägungen wurden jedoch von den Ereignissen des 16. September überholt.[275] In der Praxis spielten sie ohnehin keine Rolle, da ein Realignment politisch vehement ausgeschlossen wurde.

Später betonte Major, er habe hinter den Kulissen gemeinsam mit der Policy Unit bereits zu diesem Zeitpunkt nach Möglichkeiten gesucht, den Mechanismus freiwillig und ohne größeren Vertrauensverlust zu verlassen; der Austritt sei dieser Überlegung lediglich zuvorgekommen.[276] Sarah Hogg, Leiterin der Policy Unit und Majors enge Beraterin, bestätigte, dass entsprechende Optionen Anfang 1992 ohne Wissen des Schatzkanzlers erörtert worden seien.[277] Norman Lamont erklärte dagegen, Mitte 1992 habe Major einen eigenen Vorschlag zur Suspendierung der WKM-Mitgliedschaft – den er ihm aufgrund der drohenden Marktverwerfungen unter strengster Geheimhaltung vorgetragen habe – abgelehnt.[278]

---

272 Andrew Crockett, Protokoll einer Sitzung im Währungsausschuss am 4.4.1992, erstellt am 6.4.1992, BoE 4A39/11.

273 Alan Budd, Memorandum, Treasury Management and the Policy Framework, 26.6.1992, TNA, T 438/793.

274 John Arrowsmith an Michael Foot, 11.9.1992, BoE 4A39/11.

275 Chris Riley an Alan Budd, 17.9.1992, TNA, T 438/793.

276 John Major, Interview mit Peter Hennessy für BBC 4, 13.8.2014, JMA, https://johnmajorarchive.org.uk/2014/08/13/extracts-from-sir-john-majors-interview-with-peter-hennessy-13-august-2014/ (30.9.2025); John Major, The Churchill Lecture, Churchill College in Cambridge, 26.11.2010, JMA, https://johnmajorarchive.org.uk/2010/11/26/sir-john-majors-speech-at-churchill-college-the-churchill-lecture-26-november-2010-2/ (30.9.2025).

277 Hogg und Hill, John Major, S. 187 f.

278 Norman Lamont, CCBH Witness Programme, 14.11.2007, S. 38 f.

Wie konkret Majors Pläne waren, lässt sich auf Grundlage der verfügbaren archivalischen Akten bislang nicht abschließend beurteilen. Künftige Freigaben aus dem Prime Minister's Office,[279] dem Foreign Office, dem Schatzamt[280] und dem Parteiapparat könnten detailliertere Einblicke ermöglichen. Dass in der Policy Unit, deren Zweck die Entwicklung politischer Alternativen jenseits ministerieller Zwänge war, entsprechende Szenarien zumindest durchgespielt wurden, erscheint plausibel. Allerdings enthalten die für diese Studie zugänglichen Akten – insbesondere jene aus dem zuständigen Schatzamt – keine Hinweise auf die umfassenden Vorbereitungen, die ein so tiefgreifender Bruch mit der bestehenden geldpolitischen Strategie erfordert hätte. In der praktischen Politik spielten solche Überlegungen jedenfalls keine Rolle. Selbst kurz vor dem Austritt finden sich keine Hinweise auf ernsthafte Alternativpläne. Im Gegenteil: Trotz wachsender Bedenken von Schatzkanzler und Governor der Bank of England wurde bis in die Abendstunden des 16. September an der WKM-Mitgliedschaft festgehalten. Die nachträgliche Darstellung solcher Überlegungen als gereifte Strategie, deren Umsetzung allein durch die Pfundkrise verhindert worden sei, ginge daher zu weit.

In seiner Grundsatzrede zum EWS vor dem European Policy Forum am 10. Juli legte Norman Lamont dar, dass vermeintlich leichte Auswege aus der disziplinierenden Bindung des Systems langfristig zu höheren Zinsen, höherer Inflation oder beidem führen würden. „As the Russians say", erklärte er, „only mousetraps have free cheese".[281] Ende des Monats erklärte Major dem Chefredakteur der *Sunday Times*, er wolle das Pfund langfristig zur härtesten Währung Europas machen, die eines Tages sogar die Position der D-Mark einnehmen könne. „Major Aims to Make Sterling Best in Europe", verkündete die Zeitung einer erstaunten Öffentlichkeit, die ansonsten überwiegend Meldungen über das schwächelnde Pfund las.[282] Was rückblickend als groteske Hybris kritisiert wurde,[283] ist vor al-

279 Während die Jahre davor und danach abgedeckt sind, fehlen genau zwei Aktenordner für Herbst 1992 aus der durchnummerierten EWS-Reihe: Zwischen 1979 und 1997 sind 16 Bände in den National Archives einsehbar. Die Bände 12 und 13, beide für das Jahr 1992, sind bisher nicht dem Archiv übergeben worden. Die Akten zum EWS aus dem Prime Minister's Office sind im Katalog der National Archives einsehbar, https://discovery.nationalarchives.gov.uk/results/r?_aq=European%20Monetary%20System&_d=PREM&_dss=range&_sd=1979&_ed=1997&_ro=any&_hb=tna&_srt=1&_st=adv&_ps=30 (30.9.2025).

280 Trotz der formellen 20-Jahres-Frist werden immer noch laufend Akten aus Schatzamt und Foreign Office in den National Archives freigegeben, etwa Akten aus dem Privatbüro von Norman Lamont und aus dem Privatbüro von Permanent Secretary Terence Burns.

281 Norman Lamont, Rede vor dem European Policy Forum, 10.7.1992, TNA, FCO 30/10267.

282 Major Aims to Make Sterling Best in Europe, The Sunday Times, 2.8.1992. Major beschreibt die Episode in seinen Memoiren und betont, das Ziel habe er auf sehr lange Sicht erklärt. Major, Autobiography, S. 316 f.

283 Bogdanor, Leaving the ERM, S. 8. Auch Oppositionsführer John Smith griff die Formulierung am 24. September 1992 im Unterhaus scharf an. Hansard HC Deb. Vol. 212, Col. 12, 24.9.1992, https://hansard.parliament.uk/commons/1992-09-24/debates/817ced1f-a839-449d-b077-b04d003ee1e1/EconomicPolicy (30.9.2025).

lem als Ausdruck des Bemühens zu verstehen, Zweifel an der britischen Entschlossenheit zur Wechselkursstabilisierung im Keim zu ersticken. Die gemeinsame Erklärung der EG-Finanzminister und Zentralbankpräsidenten vom 28. August, die ein Realignment ausschloss, nahm Lamont zum Anlass, seinerseits zu bekräftigen: „We are going to maintain sterling's parity and we will do whatever is necessary".[284]

Konflikte über die deutsche Zinspolitik

Mit dem Ausschluss von Abwertung und WKM-Austritt blieb für kurzfristige Zinssenkungen allein eine Reduzierung der deutschen Zinsen, da Devisenmarktinterventionen auf Dauer zu kostspielig waren. Damit machte sich die britische Regierung abhängig von der deutschen Geldpolitik, auf die sie letztlich keinen direkten Einfluss hatte. Bundesbank und Bundesregierung zeigten wenig Bereitschaft, ihre Stabilitätspolitik den Zinserfordernissen anderer EWS-Länder unterzuordnen. Stattdessen verwiesen sie auf die Möglichkeit eines Realignments für den aus ihrer Sicht überhöhten Pfundkurs. Darüber kam es schon vor September 1992 zu erheblichen Verstimmungen, weil Presseberichte nahelegten, die Bundesbank ziehe die Nachhaltigkeit des Pfund-Leitkurses in Zweifel. Am 13. Juli zitierte die *Financial Times* einen hochrangigen Bundesbank-Vertreter mit der Aussage, das EWS sei kein Festkurssystem und Realignments seien zuweilen notwendig.[285] Diese kaum verhüllte Anspielung auf das Pfund untergrub nicht nur die Wirkung von Norman Lamonts Bekenntnis zum EWS bei seiner Rede vor dem European Policy Forum drei Tage zuvor. Schlimmer noch: Im Schatzamt wurde vermutet, Bundesbankpräsident Helmut Schlesinger selbst sei die Quelle – er hatte dem Blatt unmittelbar zuvor ein Interview gegeben.[286] Schlesinger versicherte zwar Botschafter Christopher Mallaby, der im Namen seiner Regierung offiziellen Protest einlegte, die Bundesbank äußere sich grundsätzlich nicht zu Wechselkursen anderer Länder. Er räumte jedoch ein, nicht die gesamte Belegschaft kontrollieren zu können.[287] In den folgenden Wochen kam es zu mehreren ähnlichen Vorfällen. Zwar machte die Bundesbank kleinere Zugeständnisse – so beschränkte sie ihre Zinserhöhung vom 16. Juli auf den Diskontsatz und beteiligte sich an einer konzertierten Dollarstützung –, dennoch hielt das Schatzamt einen „gentle remin-

284 Norman Lamont, Statement zur Erklärung der EG-Finanzminister, 28.8.1992, TNA, FCO 30/10267.

285 Germany on Money Supply Tightrope, THE FINANCIAL TIMES, 13.7.1992.

286 Douglas Hurd an die britische Botschaft in Bonn, 14.7.1992, TNA, T 671/82.

287 Christopher Mallaby an FCO, Bericht über ein Gespräch mit Bundesbankpräsident Helmut Schlesinger, 14.7.1992, TNA, FCO 30/10267.

der of the need for great care by Bundesbank spokesmen in responding to questions about the possibility of realignments“ für notwendig.[288]

Gleichzeitig wuchs die politische Unsicherheit über die Ratifizierung des Maastricht-Vertrags und verstärkte die Spannungen im EWS. Am 2. September kündigte John Major an, im Fall eines negativen französischen Votums die Gesetzesvorlage im Unterhaus zurückzuziehen.[289] Um die für Devisenmarktinterventionen erforderlichen Reserven zu erhöhen, nahm Großbritannien am 3. September eine Fremdwährungsanleihe über zehn Milliarden ECU auf.[290] Die Lira geriet unter erheblichen Druck; angesichts der desolaten italienischen Haushaltslage bestanden Zweifel, ob Italien die Bedingungen für den perspektivischen Übergang in Stufe 3 der Wirtschafts- und Währungsunion erfüllen würde. Am 3. September erreichte die Lira den unteren Interventionspunkt, am 11. September mussten die Zinsen drastisch erhöht werden.[291]

Diese Spannungen wurden beim informellen ECOFIN-Treffen in Bath am 4. und 5. September offensichtlich. Norman Lamont, der als britischer Schatzkanzler aufgrund der EG-Präsidentschaft den Vorsitz führte, drängte mehrfach auf deutsche Zinssenkungen. Bundesbankpräsident Helmut Schlesinger, als Beobachter anwesend, reagierte verärgert, sodass er das Treffen zeitweise verlassen wollte. Bundesfinanzminister Theo Waigel, der das bemerkte, hielt ihn davon ab.[292] Beide verwahrten sich gegen den Vorwurf, die deutschen Zinsen seien hauptverantwortlich für die EWS-Spannungen. Schlesinger betonte, die Bundesbank verzichte bereits auf eigentlich notwendige Zinserhöhungen; Waigel verwies auf Dollarschwäche und mangelnde Konvergenz. Zudem stehe auch die Bundesregierung unter erheblichem innenpolitischen Druck: Eine Mehrheit lehne den ECU als stabilitätsgefährdende „esperanto currency“ ab, jede Lockerung der Stabilitätspolitik würde diese Opposition verstärken: „If the Germans were pressed to take inappropriate action to help the Maastricht process elsewhere it could have an extremely adverse effect on opinion and prospect for ratification in Germany.“[293]

Dennoch griff nur der niederländische Finanzminister Wim Kok eine Überprüfung der EWS-Kurse auf, dagegen lehnte die britische Seite mit Unterstützung von Frankreich, Italien und Spanien ein Realignment für die nähere Zukunft

288 Paul Gray an Nigel Sheinwald, Antwort auf eine Anfrage der britischen Botschaft in Bonn zur deutschen Zinserhöhung, 22.7.1992, TNA, FCO 30/10267; Douglas Hurd an die britische Botschaft in Bonn, 7.10.1992, TNA, FCO 30/10267.

289 Jeremy Heywood an Stephen Wall, Ergänzung für die Rede von John Major vor der London Conference am 7.9.1992, erstellt am 3.9.1992, TNA, T 450/766.

290 Schatzamt, Mitteilung über die Aufnahme einer Anleihe in Höhe von zehn Milliarden ECU, 3.9.1992, TNA, T 450/766.

291 Paul McIntyre, Memorandum zum Wechselkursmechanismus, 11.9.1992, TNA, T 450/766.

292 Helmut Schlesinger, CCBH Witness Programme, 14.11.2007, S. 74 f.

293 Paul Gray an Nigel Wicks, Protokoll einer Besprechung beim informellen ECOFIN in Bath am 4.9.1992, erstellt am 11.9.1992, BoE 4A39/11.

ab.[294] Da keine Einigung über ein gemeinsames Kommuniqué erzielt wurde, verlas Lamont lediglich eine kurze Erklärung, in der er die frühere Absage an ein Realignment bestätigte und mitteilte, die Bundesbank plane unter den gegebenen Umständen keine weiteren Zinserhöhungen.[295]

Nur fünf Tage später sah sich Schatzkanzler Norman Lamont erneut veranlasst, bei Bundesbankpräsident Helmut Schlesinger wegen Presseberichten zu protestieren, die Bundesbank-Quellen mit der Aussage zitierten, ein Realignment sei unvermeidlich: „I regret having to write to you in this way, but it is important that the efforts the UK and other countries are making to establish the credibility of their counter-inflation policies are not undermined by unauthorised remarks."[296] Am 14. September schrieb Nigel Wicks an Horst Köhler im Bundesfinanzministerium und drängte auf größere Zurückhaltung gegenüber der Presse, nachdem *Reuters* über die Skepsis eines namentlich nicht genannten Ministeriumsvertreters zum Pfundkurs berichtet hatte.[297] Köhler sagte zwar zu, dies intern anzusprechen, wies jedoch zugleich auf die Option von Realignments im EWS hin.[298] Diese Vorkommnisse verfestigten auf britischer Seite den Eindruck einer deutschen Flüsterkampagne gegen das Pfund.

Auch auf höchster politischer Ebene kam es zu einem ungewöhnlich offenen Austausch zwischen John Major und Helmut Kohl. Der Bundeskanzler lehnte am 4. September Zinssenkungen ab, auf die Major gedrängt hatte. Zwar zeigte er Verständnis für die britischen Schwierigkeiten und räumte eigene innenpolitische Belastungen durch das hohe Zinsniveau ein. Zugleich betonte er mit Blick auf die gemeinsame Erklärung der EG-Finanzminister vom 28. August, die ein Realignment ausschloss, dass seine Regierung diese Position aus politischen Gründen mittrage, um die Ratifizierung des Vertrags über die Europäische Union nicht zu gefährden. Grundsätzlich müsse es im bestehenden EWS jedoch möglich bleiben, Realignments vorzunehmen. Die Kritik an der deutschen Regierung wies er entschieden zurück: Die Wiedervereinigung sei nicht der Kern der Probleme; sie habe Wachstumsimpulse gesetzt, während die Bundesrepublik zugleich die höchsten Anpassungslasten nach dem Zusammenbruch der kommunistischen Systeme trage.[299]

Majors Versuch, Spannungen zwischen Bundesregierung und Bundesbank auszunutzen und über Kohl direkten Einfluss auf die Zinspolitik zu nehmen, wirkte kontraproduktiv. Nach Einschätzung führender deutscher Beamter trug er eher

294 Ebd.
295 Transkript der Pressekonferenz von Norman Lamont, 5.9.1992, TNA, FCO 30/10267.
296 Norman Lamont an Helmut Schlesinger, 10.9.1992, TNA, FCO 30/10269.
297 Nigel Wicks an Horst Köhler, mit angehängten Reuters-Meldungen, 14.9.1992, TNA, FCO 30/10269.
298 Horst Köhler an Nigel Wicks, 15.9.1992, TNA, FCO 30/10269.
299 Helmut Kohl an John Major, 4.9.1992, TNA, T 671/83.

dazu bei, Bundesregierung und Bundesbank enger zusammenzuführen.[300] Wie schon Thatcher, die mit ihren Bundesbankkontakten keinen Widerstand gegen eine Europäische Zentralbank mobilisieren konnte, scheiterte auch Major mit dem Versuch, die Bundesbankpolitik auf höchster politischer Ebene zu beeinflussen.

Nach dem ECOFIN von Bath gerieten zunächst jene Länder unter massiven Druck, die ihre Währungen unilateral, also ohne formelle EWS-Mitgliedschaft, an den WKM gebunden hatten. Am 8. September löste die finnische Zentralbank die ECU-Kopplung der Finnischen Mark,[301] in Schweden wurden die Zinsen kurz darauf drastisch angehoben und mit einer großvolumigen Fremdwährungsanleihe gestützt.[302] Vor diesem Hintergrund schloss John Major in einer Rede in Glasgow am 10. September ein Realignment oder gar einen WKM-Austritt als Verrat an der britischen Zukunft aus: „miracle cures simply don't work, never have, and never will", erklärte er und betonte, Anpassungen müssten im Rahmen der WKM-Disziplin erfolgen. Diese Aussage wurde später als realitätsfern kritisiert.[303] Im damaligen Kontext sollte sie jedoch durch demonstrative Entschlossenheit Spekulationen gegen das Pfund verhindern. Die Bank of England bekräftigte diesen Ansatz: Der Handelsbericht der Devisenabteilung registrierte an diesem Tag eine stabile Nachfrage nach dem Pfund und vermerkte am Folgetag, Majors Rede habe die Währung gestützt.[304]

Am Samstagabend, dem 12. September, erklärte die italienische Regierung, ein Realignment der Lira anzustreben, nachdem die Bundesbank signalisiert hatte, den aus ihrer Sicht unhaltbaren Kurs nicht länger durch Interventionen zu stützen.[305] Dies setzte die britische Regierung zusätzlich unter Druck, weil nun erneut die Frage nach einer Korrektur des Pfundkurses aufkam. In einem eilig anberaumten Treffen am Sonntagmorgen um 7:30 Uhr schlossen Schatzkanzler Norman Lamont, Deputy Governor Eddie George und führende *officials* eine Abwertung aus. Die Bundesbank hatte im Zusammenhang mit dem Lira-Realignment eine Zinssenkung zugesagt. Nach Einschätzung der Anwesenden konnten Spekulationen nur verhindert werden, wenn beide Maßnahmen gleichzeitig bekannt gegeben wurden. Die Bekanntgabe war für Sonntagabend, nach der telefonischen Sitzung des Währungsausschusses, vorgesehen.[306]

---

300 Keegan et al., Six Days, Kap. 14.

301 Neil Smith an FCO, 8.9.1992, TNA, FCO 30/10267.

302 Robert Cormack an FCO, 9.9.1992, TNA, FCO 30/10268.

303 John Major, Rede vor dem CBI Scotland in Glasgow, 10.9.1992, JMA, https://johnmajorarchive.org.uk/1992/09/10/mr-majors-speech-to-the-scottish-cbi-10-september-1992/ (30.9.2025).

304 Naef, Exchange Rate History, S. 207–210.

305 Andrew Turnbull, Briefing zum Realignment am 14.9.1992, TNA, T 671/83.

306 Owen Barder, Protokoll eines Treffens im Schatzamt zwischen Norman Lamont, Eddie George und führenden *officials* am 13.9.1992, erstellt am 14.9.1992, TNA, T 671/83.

Deputy Governor Eddie George trug dieses Anliegen unmittelbar nach dem Treffen telefonisch dem Bundesbank-Vizepräsidenten Hans Tietmeyer vor. Dieser bestätigte die geplante Zinssenkung, musste sich jedoch mit Helmut Schlesinger abstimmen, ob eine gleichzeitige Verkündung möglich sei.[307] Die Frage war für beide Seiten heikel. Aus britischer Sicht war eine gemeinsame Bekanntgabe notwendig, weil das frühe Durchsickern des Lira-Realignments Abwertungserwartungen auslösen und das Pfund in den asiatischen und amerikanischen Märkten unter die Interventionsgrenze drücken konnte. Zwar bestand am Wochenende keine offizielle WKM-Interventionspflicht. Fiele das Pfund jedoch im außereuropäischen Handel unter die EWS-Bandbreite, würde der europäische Handel am Montagmorgen mit erheblichem Druck beginnen. Eine parallele Ankündigung deutscher Zinssenkungen sollte dieses Risiko begrenzen.

Für die Bundesbank stellte sich das Problem anders dar. Die entscheidende Sitzung des Bundesbankrats fand erst am Montagmorgen statt – zu spät, um die Märkte in Übersee zu erreichen. Eine Vorab-Ankündigung hätte die Autorität des Gremiums untergraben und den Eindruck politischer Einflussnahme erweckt, den die auf ihre Unabhängigkeit bedachte Bundesbank unbedingt vermeiden wollte. Zudem bestand die Gefahr, dass Ratsmitglieder eine Zustimmung aus Protest verweigern würden. Als Kompromiss verkündete der Währungsausschuss am Sonntagabend neben der siebenprozentigen Lira-Anpassung, dass der Bundesbankrat am Montag über mögliche Zinssenkungen beraten werde.[308] Dieser beschloss am Montagmorgen eine Senkung des Lombardsatzes um 0,25 Prozentpunkte und des Diskontsatzes um 0,5 Prozentpunkte.[309]

Die unmittelbare Wirkung der Zinssenkung auf den Pfundkurs war gering; er stieg nur leicht an. Langfristig prägten jedoch zwei Aspekte die späteren Diskussionen um den WKM-Austritt. Erstens entbrannte eine Kontroverse darüber, ob Großbritannien angemessen über die auf dem Tisch liegenden Realignment-Optionen informiert worden war. Diese Optionen hatten Bundesbank-Vizepräsident Hans Tietmeyer und Staatssekretär Horst Köhler mit dem Vorsitzenden des Währungsausschusses, Jean-Claude Trichet, in Paris sowie mit der italienischen Regierung in Rom erörtert. Trichet wurde vorgeworfen, der britischen Seite ein deutsches Angebot vorenthalten zu haben, bei einem umfassenderen Realignment unter Einschluss des Pfunds die Zinsen weiter zu senken, um kurz vor dem fran-

307 Owen Barder, Protokoll eines Telefonats zwischen Eddie George und Hans Tietmeyer, 13.9.1992, TNA, T 671/83.

308 EG-Währungsausschuss, Mitteilung über die Leitkursanpassung, 13.9.1992, TNA, T 671/83.

309 Deutsche Bundesbank, Statistik, Diskontsatz, Lombardsatz und Basiszinssatz, https://www.bundesbank.de/de/statistiken/geld-und-kapitalmaerkte/zinssaetze-und-renditen/diskontsatz-lombardsatz-und-basiszinssatz-650692 (11.12.2025).

zösischen Referendum keine Debatte über eine mögliche Franc-Abwertung zu provozieren.[310]

Allerdings ist fraglich, ob ein solches Angebot für Großbritannien überhaupt relevant gewesen wäre.[311] John Major hatte am Sonntag die telefonische Anfrage des italienischen Premierministers Giuliano Amato abgelehnt, Pfund und Lira gemeinsam abzuwerten.[312] Auch in der Bundesbank, erinnerte sich Stephen Davies aus dem Schatzamt, sei zwei Tage später niemand davon ausgegangen, dass die britische Regierung an einer Abwertung interessiert gewesen wäre.[313] Welche Zugeständnisse bei einer Pfundabwertung überhaupt möglich gewesen wären, blieb daher offen. Gleichwohl wurde die vermutete Zurückhaltung von Informationen zu einem zentralen Argument in den Diskussionen um den britischen Kurs. Sie führte sofort zu Irritationen mit der französischen Seite, die London aus Sorge vor weiterer Aufmerksamkeit für die Pfundkrise rasch beizulegen suchte.[314] In den späteren Deutungskämpfen diente die Episode Vertretern aus britischer Regierung und Schatzamt als Beleg für eine aus ihrer Sicht unzureichende EG-Unterstützung – zugleich bot sie eine willkommene Erklärung dafür, warum die Option einer Abwertung nicht gewählt worden war.[315] Faktisch, betonte Norman Lamont später, hätte die Kenntnis eines weitergehenden Realignment-Angebots am britischen Kurs nichts geändert: „we did not believe that devaluation of sterling would have helped our problem. […] So, interesting and dramatic though such matters are, I do not place a great sinister interpretation on what took place because it would not have made any difference."[316]

Unmittelbar relevant war zweitens die Wirkung von Realignment und Zinssenkung auf die Bundesbank. Ihre Glaubwürdigkeit beruhte wesentlich auf politischer Unabhängigkeit, deren Nimbus bereits durch die Auseinandersetzungen über die deutsche Währungsunion im Juli 1990 – die im Rücktritt von Bundesbankpräsident Karl Otto Pöhl 1991 gipfelten – beschädigt worden war. Die vorzeitige Ankündigung der Zinssenkung im Zusammenhang mit dem Lira-Realignment verstärkte nun den Eindruck, die Bundesbank sei empfänglich für politische Einflussnahme. Wie sich die britische Regierung zu immer nachdrücklicheren Bekenntnissen zur EWS-Parität gedrängt sah, hielt auch die Bundesbank angesichts der aufgekommenen Zweifel an ihrer Unabhängigkeit einen umso deutlicheren Nachweis ihrer Autonomie für notwendig.[317] Darauf wies der britische Botschaf-

310 Zu der Diskussion vgl. die Berichte beim Zeitzeugenseminar: CCBH Witness Programme, 14.11.2007, S. 56–71.

311 Keegan et al., Six Days, Kap. 15.

312 Andrew Turnbull an Nigel Wicks, 18.9.1992, TNA, T 671/83.

313 Stephen Davies an Nigel Wicks, 23.11.1992, TNA, T 671/196.

314 Christopher Crabbie an Nigel Wicks, 13.11.1992, TNA, T 671/196.

315 CCBH Witness Programme, 14.11.2007, S. 56–71.

316 Norman Lamont, CCBH Witness Programme, 14.11.2007, S. 71.

317 Christopher Mallaby an FCO, 17.9.1992, TNA, FCO 30/10268.

ter in Bonn, Christopher Mallaby, eindringlich hin und warnte, dass wegen der Zinssenkung sogar Schlesingers Rücktritt als Bundesbankpräsident zur Debatte stehen könne. Auch Foreign-Office-Ökonom Neil Chrimes warnte: „The step will promote much debate about the true meaning of the German central bank's independent status, and may raise concerns about the ability of a future ECB to resist strong political pressures."[318]

Trotz dieser Ausführungen wurde das Verhalten der Bundesbank in der britischen Regierung nicht als Versuch interpretiert, die eigene Unabhängigkeit zu demonstrieren, sondern als gezielter Angriff auf das Pfund. Um die Lage nicht zu verschärfen, rieten Deputy Governor und Schatzamt-*officials* John Major entschieden davon ab, die Zinssenkung öffentlich als Erfolg britischer Einflussnahme darzustellen: „it was important not to gloat over the German decision. They would find it very irritating and pressure in the future would be much less likely to succeed."[319]

Damit erklärt sich, warum Helmut Schlesinger am Dienstag, dem 15. September, dem *Handelsblatt* und dem *Wall Street Journal* ein gemeinsames Interview gab, das ursprünglich für den Freitag vorgesehen, aber wegen der Lira-Turbulenzen verschoben worden war.[320] Er wollte Zweifel an der politischen Unabhängigkeit der Bundesbank ausräumen; seine Äußerungen zum EWS erwiesen sich jedoch als folgenschwer für das Pfund. Auf die Frage, ob er ein umfassenderes Realignment bevorzugt hätte, widersprach er nicht deutlich. Diese Passage wäre bei der üblichen Autorisierung der Bundesbank gestrichen worden, gelangte aber in eine kurze unautorisierte Vorab-Meldung, die in der *Handelsblatt*-Printausgabe und über internationale Presseagenturen verbreitet wurde. Mit indirekten Zitaten wurde berichtet, Schlesinger schließe nicht aus, dass bis zum französischen Referendum „die eine oder andere Währung unter Druck geraten könnte" und „man hätte die Lage im EWS stärker entspannen können, wenn es zu einem umfassenderen Realignment gekommen wäre".[321] Dass er das Pfund ausdrücklich ausnahm, ging in der Meldung verloren.[322]

Dabei stand das Pfund Sterling bereits massiv unter Druck. Am 14. September waren deshalb die Chefökonomen von Bank of England und Schatzamt in Begleitung von Stephen Davies aus dem Schatzamt nach Frankfurt gereist, um Bundesbank und Bundesfinanzministerium von der Haltbarkeit des Leitkurses zu über-

318 Neil Chrimes an Richard Gozney, 14.9.1992, TNA, FCO 30/10268.

319 Owen Barder, Protokoll eines Treffens im Schatzamt zwischen Norman Lamont, Eddie George und führenden Vertretern aus Schatzamt und Bank of England am 13.9.1992, erstellt am 14.9.1992, TNA, T 671/83.

320 Keegan et al., Six Days, Kap. 16.

321 Pressemeldung, EWS-Spannungen noch nicht endgültig gelöst, Handelsblatt, 15.9.1992, abgeheftet in TNA, T 671/83.

322 Helmut Schlesinger, CCBH Witness Programme, 14.11.2007, S. 61.

zeugen – ohne Erfolg. Substanzielle deutsche Zinssenkungen rückten damit in weite Ferne.[323]

Am Abend berieten Premierminister, Schatzkanzler, Terence Burns, Sarah Hogg und Majors Private Secretary Alex Allan die Optionen. Die erst ein Jahr später verfassten Notizen Allans legen nahe, dass dabei erstmals offen über einen WKM-Ausstieg gesprochen wurde. Lamont kündigte jedoch an, „like mad " für den Verbleib zu kämpfen und notfalls Zinserhöhungen von bis zu vier Prozentpunkten vorzunehmen. Wie Major hielt er eine Abwertung oder einen Austritt nur für denkbar, wenn alle anderen Optionen scheiterten. Ein kampfloser Rückzug sei ausgeschlossen, da er die britische europa- und geldpolitische Glaubwürdigkeit irreparabel beschädigen würde: „Withdrawal without fighting worst option. [...] Look very weak not to make a fight of it."[324]

Dieser Kampf begann bereits am 15. September. Der Pfundkurs fiel auf den Londoner Märkten auf 2,781 DM und lag nur noch 0,25 Pfennig über der unteren Interventionsgrenze des WKM; in New York war diese bereits unterschritten worden, in Tokio geschah dies am Folgetag. Während eines Krisentreffens des Schatzkanzlers mit dem Governor und Deputy Governor um 19 Uhr traf die Nachricht über Schlesingers Interview ein und sorgte für Bestürzung: „The Chancellor expressed his amazement that Schlesinger would have said such a thing". Ein erster Anruf des Governors in Frankfurt ergab jedoch, dass Schlesinger selbst von unbegründeten Gerüchten ausging und sich über die spekulative Berichterstattung der britischen Presse verärgert zeigte.[325]

Als sich herausstellte, dass tatsächlich eine entsprechende *Handelsblatt*-Meldung verbreitet worden war, drängte Lamont auf ein Dementi durch Frankfurt. Leigh-Pemberton warnte jedoch, die angespannten Beziehungen zur Bundesbank erschwerten ein solches Vorgehen: „He [Schlesinger, JC] was very ill-disposed towards the British Government". Wie Leigh-Pemberton Lamont in einem weiteren Telefonat um 21:15 Uhr berichtete, war Schlesinger vor Einsicht in die Berichte nicht zu einer Zurückweisung bereit. Die Bundesbank erklärte lediglich, der Bericht sei nicht autorisiert.[326]

---

323 Douglas Hurd an die britische Botschaft in Bonn, 15.9.1992, TNA, FCO 30/10268. Vgl. auch Alan Budd, CCBH Witness Programme, 14.11.2007, S. 51 f. Für eine Beschreibung des Besuchs vgl. Keegan et al., Six Days, Kap. 16.

324 Alex Allan an Terence Burns, 14.6.1993, Protokoll eines Treffens von John Major, Norman Lamont, Terence Burns, Sarah Hogg und Alex Allan am 14.9.1992, TNA, PREM 19/4140. Das Protokoll war zunächst zurückgehalten worden. Im Januar 2023 wurde es freigegeben und mit der entsprechenden Akte wiedervereint.

325 Owen Barder, Protokoll eines Treffens von Norman Lamont, Robin Leigh-Pemberton, Eddie George und führenden Vertretern aus Schatzamt und Bank of England am 15.9.1992, erstellt am 23.9.1992, TNA, T 671/83.

326 Owen Barder, Protokoll eines Telefonats zwischen Norman Lamont und Robin Leigh-Pemberton am 15.9.1992, erstellt am 18.9.1992, TNA, T 671/83.

Die Auswirkungen des Interviews sind umstritten und, da sie nur auf der Grundlage kontrafaktischer Überlegungen eingeschätzt werden können, nur schwer zu ermessen. Barry Eichengreen und Alain Naef liefern jedoch ein starkes Indiz für die negativen Auswirkungen: Mit Bekanntwerden der Meldung stieg der Druck auf das Pfund schlagartig an – ohne dass dafür in diesem Moment eine andere Erklärung plausibel wäre.[327]

WKM-Ausscheiden am 16. September

War die Lage am Vortag bereits prekär gewesen, verschärfte sie sich am 16. September nochmals erheblich. Die Währungsmärkte hatten schon umfangreiche Positionen gegen das Pfund aufgebaut.[328] Stanley Druckenmiller, Manager des Soros-Hedgefonds Quantum Fund, hatte bis Ende August in Erwartung einer Kurskorrektur Pfund im Volumen von 1,5 Milliarden Dollar gegen D-Mark leer verkauft – also ohne sie zu besitzen. Die Bestände wurden ausgeliehen und sollten später zurückgekauft werden. Das Risiko war begrenzt: Der Fonds verkaufte Pfund zum aktuellen EWS-Kurs, im Fall einer Abwertung konnten sie günstiger zurückgekauft werden; blieb die Abwertung aus, entstanden lediglich Zinskosten für die geliehenen Beträge. Größere Verluste drohten nur bei einer Pfund-Aufwertung – angesichts des anhaltenden Abwertungsdrucks ein kaum realistisches Szenario. „[W]e felt we might lose 1 % or so if we were wrong [...] and we might make 20 %", erklärte der Währungsexperte Robert Johnson von Soros Fund Management rückblickend.[329] Diese nahezu risikolose Positionierung („one-way bet") war ein strukturelles Problem stabilisierter Wechselkurse.[330]

Das Schlesinger-Interview vom 15. September deuteten Druckenmiller und Soros, wie sie später angaben, als klares Signal, dass die Bundesbank den Pfundkurs nicht mehr stützen würde. Daraufhin bauten sie ihre Position weiter aus. Bis Mittwoch, den 16. September, 16 Uhr, tätigten sie Pfund-Leerverkäufe im Umfang von zehn Milliarden Dollar – weniger als die ursprünglich angestrebten 15 Milliarden. Ihre Rechnung ging auf: Mit der Abwertung erzielten sie einen Gewinn von rund einer Milliarde Dollar, hinzu kamen Profite aus weiteren EWS-Spekulationen. Auch andere Fonds profitierten: Caxton Corporation verdiente rund 300 Millionen Dollar, Jones Investment etwa 250 Millionen; die Gewinne amerikanischer Banken werden auf etwa 800 Millionen Dollar geschätzt.[331]

---

327 Eichengreen und Naef, Imported or Home Grown. Vgl. auch Naef, Exchange Rate History, S. 211–215.

328 Eichengreen und Wyplosz, Unstable EMS.

329 Zit. n. Keegan et al., Six Days, Kap. 2.

330 Eichengreen und Wyplosz, Unstable EMS, S. 57. Vgl. auch Obstfeld und Rogoff, Mirage of Fixed Exchange Rates.

331 Ebd.

Am 16. September um 8:50 Uhr warnte Lamont den Premierminister telefonisch vor den potenziellen Folgen von Schlesingers Interview. Bei seinem anschließenden Treffen mit Governor, Deputy Governor und *officials* um 9 Uhr berichteten die Vertreter der Bank of England, Devisenmarktinterventionen über insgesamt 1,4 Milliarden Pfund seien am Morgen wirkungslos geblieben. Händler in New York und Tokio hatten sich zuvor mit unter dem WKM-Leitkurs gehandelten Pfund eingedeckt und lösten nun gewinnbringend die Umtauschpflicht der Bank of England zur EWS-Parität ein. Eine zunächst erfolgreichere weitere Intervention weckte kurzzeitig Hoffnungen, die Parität ohne Zinserhöhung halten zu können. Bei anhaltendem Abwertungsdruck wurden jedoch eine Zinserhöhung um zwei Prozentpunkte und – als Ultima Ratio – die Suspendierung der WKM-Mitgliedschaft ins Auge gefasst.[332]

Als sich um 10:30 Uhr zeigte, dass die Interventionen nicht ausreichten, beschlossen Schatzkanzler und Premierminister eine Anhebung des Leitzinses auf zwölf Prozent, die Lamont um 11 Uhr verkündete. Damit führte er die eigentlich abgeschaffte Minimum Lending Rate wieder ein, mit der die Bank of England einen Mindestzinssatz für kurzfristige Kredite an Banken festlegte. In einer Formulierung, die an das berühmte *Whatever it takes* von EZB-Präsident Mario Draghi zwanzig Jahre später erinnert, erklärte Lamont: „the Government is prepared to take whatever measures are necessary to maintain sterling's parity within the ERM."[333] Anders als Draghi konnte Lamont jedoch keine Unterstützung anderer Zentralbanken mobilisieren, und im Laufe des Tages zeigte sich, dass die vereinten Kräfte von Schatzamt und Bank of England nicht ausreichten.[334]

Auch die Zinserhöhung blieb wirkungslos, sodass Lamont im Gespräch mit seinen *officials* eine Aussetzung der WKM-Verpflichtungen erwog. Beratungen in der Bank of England um 12:35 Uhr führten zu einem ähnlichen Ergebnis. Wie der Governor Lamont anschließend erläuterte, waren die Währungsreserven nahezu erschöpft; weitere Zinserhöhungen erschienen wenig erfolgversprechend. Er empfahl deshalb eine einwöchige Suspendierung der WKM-Mitgliedschaft und hoffte, ein paralleler Schritt Italiens könne die negative Außenwirkung abfedern.[335]

In einem Krisentreffen mit dem Premierminister um 14 Uhr im Admiralty House – wohin Majors Dienstsitz nach dem IRA-Anschlag in der Downing Street vorübergehend verlegt worden war – rieten Lamont und Leigh-Pemberton erneut

332 Owen Barder, Protokoll eines Treffens von Norman Lamont, Robin Leigh-Pemberton, Eddie George und führenden Vertretern aus dem Schatzamt am 16.9.1992 um 9 Uhr, 23.9.1992, TNA, T 671/83.

333 Norman Lamont, Erklärung zur Zinserhöhung auf elf Prozent am 16.9.1992, TNA, FCO 30/10268.

334 MARSH, Black Wednesday.

335 Owen Barder, Protokoll eines Treffens von Norman Lamont, Robin Leigh-Pemberton, Eddie George und führenden Vertretern aus dem Schatzamt am 16.9.1992 um 12:35 Uhr, 23.9.1992, TNA, T 671/83.

zur Suspendierung. Zu dem Treffen kamen jedoch auch Außenminister Douglas Hurd, Innenminister Kenneth Clarke, Industrie- und Handelsminister Michael Heseltine und Chief Whip Richard Ryder. Ihre Anwesenheit, so Heseltines spätere Einschätzung, sollte eine kollektive Verantwortung für die Entscheidung herstellen: – „we should all […] dip our hands in the blood".[336]

Gegen die Empfehlung von Lamont und Leigh-Pemberton entschied die Runde, die WKM-Verpflichtung nicht zu suspendieren. Stattdessen sollte Lamont noch am Nachmittag eine zweite Zinserhöhung auf 15 Prozent für den Folgetag ankündigen. Damit habe man den EG-Partnern die Ernsthaftigkeit der britischen Bemühungen demonstrieren wollen, erinnerte sich Majors Private Secretary für Wirtschaftsfragen, Mary Francis: „discussion around the table [was] divided between those members of the Cabinet who were strongly pro-European and felt that it was important to demonstrate that at least we were trying and those who were not, and felt that it was much better to make the decision quickly and stop spending extra money."[337]

Der Vorwurf, aus pro-europäischen Erwägungen hohe Kosten für Devisenmarktinterventionen in Kauf genommen zu haben – in jeder weiteren Stunde der WKM-Mitgliedschaft flossen wertvolle Devisenreserven ab – sollte später Wasser auf die Mühlen des EU-Skeptizismus leiten. Das wog umso schwerer, als Schätzungen von bis zu 27 Milliarden Pfund kursierten. Erst 2005 wurde diese Zahl relativiert, als nach einem Freedom-of-Information-Antrag Dokumente zum WKM-Ausscheiden vorzeitig freigegeben wurden. Die darin enthaltenen Schatzamt-Berechnungen von 1993 bezifferten den Verlust – nach sukzessivem Abverkauf der während der Interventionen erworbenen Pfundbestände – auf deutlich moderatere 3,3 Milliarden Pfund, eine Einschätzung, die auch Harold James bestätigte.[338] Bereits wenige Tage nach dem Ausscheiden hatte zudem eine interne Analyse von Andrew Turnbull gezeigt, dass ein Großteil der Interventionen ohnehin vor dem Treffen um 14 Uhr stattgefunden hatte – und daher auch durch eine Suspendierungsentscheidung in dieser Runde nicht hätte vermieden werden können.[339]

Nach dem Treffen im Admiralty House kündigte John Major in Telefonaten mit Bundeskanzler Helmut Kohl und dem französischen Premierminister Pierre Bérégovoy an, er sehe sich zur Suspendierung der WKM-Mitgliedschaft gezwungen, falls die zweite Zinserhöhung wirkungslos bleibe und keine Unterstützung

336 Heseltine, Life in the Jungle, S. 431.

337 Mary Francis, CCBH Witness Programme, 14.11.2007, S. 68.

338 FOI Release 9.2.2005, Sterling Withdrawal from the ERM, https://webarchive.nationalarchives.gov.uk/ukgwa/20130403000951/http:/www.hm-treasury.gov.uk/foi_erm4_2005.htm (30.9.2025); James, Making a Modern Central Bank, S. 306.

339 Andrew Turnbull an Terence Burns, 24.9.1992, TNA, T 671/83.

der EWS-Zentralbanken – insbesondere der Bundesbank – erfolge.[340] Die gleiche Botschaft übermittelte Lamont seinen EG-Kollegen; parallel warnten seine *officials* die Mitglieder des Währungsausschusses in den Finanzministerien davor, dass ein Austritt bevorstehen könnte. Auch Governor Leigh-Pemberton bemühte sich in der ersten der drei an diesem Tag stattfindenden Abstimmungen mit den anderen EG-Zentralbankpräsidenten um unterstützende Devisenmarktinterventionen – jedoch ohne Erfolg. In der ersten Zentralbankrunde drängte eine Mehrheit auf ein Realignment statt einer Suspendierung. Im zweiten Treffen verschob sich jedoch das Meinungsbild: Nun trat eine Mehrheit für eine Aussetzung der britischen WKM-Verpflichtungen ein. Lamberto Dini, der den italienischen Zentralbankpräsidenten Carlo Ciampi vertrat, sprach sich sogar für eine allgemeine einwöchige Aussetzung des WKM aus.[341]

In einem weiteren Krisentreffen im Schatzamt um 16 Uhr einigten sich Lamont, Terence Burns, Governor Leigh-Pemberton und Deputy Governor Eddie George darauf, John Major die Suspendierung der WKM-Mitgliedschaft bis mindestens zum 21. September zu empfehlen.[342] Beim zweiten Treffen im Admiralty House, bei dem Schatzkanzler, Terence Burns, Governor und Deputy Governor um 17 Uhr erneut mit dem Premierminister und Kabinettsmitgliedern zusammenkamen, wurde dieser Empfehlung gefolgt; zugleich wurde die anvisierte Zinserhöhung auf 15 Prozent zurückgenommen.[343] Leigh-Pemberton teilte die Entscheidung seinen Amtskollegen in einer dritten Konzertierung um 18 Uhr mit, konnte jedoch für eine allgemeine Aussetzung – die Großbritannien einem isolierten Vorgehen vorgezogen hätte – keine Mehrheit gewinnen.[344]

Zur gleichen Zeit entstand im Schatzamt die Erklärung zur Suspendierung der WKM-Verpflichtungen, die Lamont um 19:30 Uhr auf den Stufen seines Amtssitzes in 11 Downing Street verlas.[345] Hinter ihm stand sein Berater David Cameron, der später als Premierminister die britischen Beziehungen zur EU maßgeblich

340 Stephen Wall, Protokoll eines Telefonats zwischen John Major und Helmut Kohl am 16.9.1992, TNA, T 671/83; Stephen Wall, Protokoll zweier Telefonate zwischen John Major und Pierre Bérégovoy am 16.9.1992, TNA, T 671/83.

341 Paul Tucker, Protokoll der Konzertationen der EG-Zentralbankpräsidenten am 16.9.1992, TNA, T 671/83.

342 Owen Barder, Protokoll eines Treffens von Norman Lamont, Robin Leigh-Pemberton, Eddie George und führenden Vertretern aus dem Schatzamt am 16.9.1992 um 16 Uhr, erstellt am 23.9.1992, TNA, T 671/83.

343 Andrew Turnbull, Memorandum zu den Ereignissen des 16. September 1992, 24.9.1992, TNA, T 671/83.

344 Paul Tucker, Protokoll der Konzertationen der EG-Zentralbankpräsidenten am 16.9.1992, TNA, T 671/83.

345 Norman Lamont, Erklärung zur Suspendierung der WKM-Mitgliedschaft am 16.9.1992 um 19:30 Uhr, 16.9.1992, TNA, T 671/83.

prägen sollte. Er erklärte rückblickend, die Erfahrung des WKM-Austritts habe ihn gegen eine Euro-Teilnahme eingenommen.[346]

Der Währungsausschuss nahm die britische Entscheidung in einer Erklärung um 5:35 Uhr am folgenden Morgen zur Kenntnis; sie kündigte zugleich eine befristete italienische WKM-Aussetzung und eine fünfprozentige Abwertung der Peseta an.[347] Lamonts Verkündung war ein Paukenschlag. Die Reaktionen in Großbritannien reichten von Entsetzen über Unglauben bis hin zu Freude. Der konservative Abgeordnete Peter Tapsell sprach von der größten nationalen Demütigung seit der Suez-Krise 1956.[348] Der Historiker Niall Ferguson hingegen erinnert sich, das Publikum der National Opera – wo passenderweise Verdis *Macht des Schicksals* gegeben wurde – habe nach Bekanntwerden der Nachricht gejubelt, „and no one louder than me".[349] Margaret Thatcher begrüßte die Entscheidung mit unverhohlener Freude und sprach von einer endgültigen Absage an Festkurssysteme, die den Wechselkurs zu einem „virility symbol" überhöhten.[350]

Folgen des WKM-Austritts

Der WKM-Austritt zeigte, wie wenig die Staaten den Währungsmärkten im Ernstfall entgegenzusetzen hatten, deren tägliches Handelsvolumen inzwischen 880 Milliarden US-Dollar betrug – fast 39-mal so viel wie die Summe, die die Bank of England am 16. September für Devisenmarktinterventionen eingesetzt hatte.[351] Das Schlagwort, George Soros habe die altehrwürdige Bank of England in die Knie gezwungen, verdeutlichte die Herausforderung staatlicher Handlungsfähigkeit in einer zunehmend von komplexen globalen Finanzmärkten abhängigen Wirtschaft.[352] Der Schock wog umso schwerer, als er unerwartet kam: Die Lage des Pfunds war bedrückend gewesen, doch der Druck auf die Währungen Italiens, Portugals und Spaniens eigentlich größer.[353] Dies stärkte in London den Eindruck unzureichender europäischer Unterstützung, insbesondere seitens der Bundesbank.

---

346 Hansard HC Deb. Vol. 539, Col. 689, 31.1.2012, https://hansard.parliament.uk/Commons/2012-01-31/debates/12013110800001/InformalEuropeanCouncil (30.9.2025).

347 EG-Währungsausschuss, Erklärung zum EWS-Realignment, 17.9.1992, TNA, T 671/83.

348 Hansard HC Deb. Vol. 212, Col. 64, 24.9.1992, https://hansard.parliament.uk/commons/1992-09-24/debates/817ced1f-a839-449d-b077-b04d003ee1e1/EconomicPolicy (30.9.2025).

349 Ferguson, Ascent of Money, S. 318.

350 Margaret Thatcher, Rede vor der CNN World Economic Development Conference, 19.9.1992, MTF, https://www.margaretthatcher.org/document/108304 (30.9.2025)

351 Naef, Exchange Rate History, S. 204–207. Das betonte Norman Lamont in seiner Anhörung vor dem Unterhausausschuss TCSC am 12.10.1992. Vgl. dazu Roberts an Andrew Turnbull und Norman Lamont, Briefing, 9.10.1992, TNA, T 448/809.

352 Vgl. dazu auch Ferguson, Ascent of Money, S. 305–319.

353 Naef, Exchange Rate History, S. 211.

Unmittelbare personelle Folgen hatte die Währungskrise nicht. John Major erwog zwar einen Rücktritt, ließ sich jedoch unter anderem von seinem europapolitischen Berater Stephen Wall überzeugen, im Amt zu bleiben.[354] Auch Norman Lamont blieb im Amt, obwohl vielfach mit seinem Rücktritt gerechnet wurde – der *Evening Standard* kommentierte, er sei „probably already politically dead".[355] Erst acht Monate später, am 27. Mai 1993, trat er nach der Ankündigung einer umstrittenen Steuererhöhung zurück.[356] Schwerer wogen die politischen und institutionellen Folgen. Erstens war das geldpolitische Rahmenwerk in sich zusammengebrochen, zweitens stellte der WKM-Austritt die wirtschaftspolitische Kompetenz der Regierung infrage und drittens verschärfte er die Widerstände gegen die europäische Integration.

Mit dem Scheitern der WKM-Mitgliedschaft stand die Regierung erneut vor den grundsätzlichen geldpolitischen Fragen, die bereits zu Beginn der 1980er Jahre ungelöst geblieben waren: Wie ein Rahmen geschaffen werden könne, der verlässliche Signale für Zinsentscheidungen setzte, politische Eingriffe begrenzte und am Markt Glaubwürdigkeit erzeugte.[357] Ein Wiedereintritt in den WKM blieb zunächst eine Option und war bei Verkündung der Suspendierung in Aussicht gestellt worden.[358] Sie wurde aber vom Kabinett an eine umfassende Reform des Mechanismus und an günstigere wirtschaftliche Bedingungen geknüpft.[359] Das bedeutete eine Rückkehr zu interpretationsbedürftigen Vorbedingungen.

Interne Analysen im Schatzamt kamen rasch zu dem Ergebnis, dass die Ursachen der Krise weit über die deutsche Zinspolitik hinausgingen: der schwache Dollar, die US-Rezession, der vom übrigen EG-Raum abweichende britische Konjunkturzyklus, die zunehmende Starrheit des EWS sowie ein Leitkurs, der 1990 angemessen, aber unter den Bedingungen von 1992 nicht mehr tragfähig gewesen war.[360] Vor diesem Hintergrund erschien ein baldiger Wiedereintritt unrealistisch. Die Bank of England sprach sich dafür aus, die Option offen zu halten und warnte davor, sie durch übermäßig restriktive Bedingungen faktisch zu verbauen.[361]

354 Major, Autobiography, S. 335 f. Das berichtet auch Stephen Wall, CCBH Witness Programme, 14.11.2007, S. 66 f.

355 John Williams, Scent of Blood for the Sharks, Evening Standard, 17.9.1992.

356 Major, Autobiography, S. 679 f.

357 Andrew Turnbull an Norman Lamont, 21.9.1992, TNA, T 671/83.

358 Norman Lamont, Erklärung zur WKM-Suspendierung um 19:30 Uhr, 16.9.1992, TNA, T 671/83; Owen Barder, Protokoll eines Treffens von Norman Lamont, Robin Leigh-Pemberton, Eddie George und führenden Vertretern aus dem Schatzamt am 16.9.1992 um 16 Uhr, erstellt am 23.9.1992, TNA, T 671/83.

359 Kabinettsprotokoll, Sitzung am 17.9.1992, TNA, CAB 128/130/5.

360 Andrew Turnbull an Norman Lamont, 18.9.1992, TNA, T 448/809.

361 Andrew Crockett, Note for the Record, 29.9.1992, BoE 4A39/11.

Auch der CBI plädierte nach dem Austritt zunächst für eine Reform des EWS und für klar definierte Beitrittsbedingungen.[362] Im President's Committee wurden sogar Zweifel an der bisherigen Unterstützung des Vertrags von Maastricht diskutiert, doch blieb das Gremium letztlich bei seiner pro-europäischen Linie.[363] Der gewerkschaftliche Dachverband TUC zog aus der Krise gegenteilige Schlussfolgerungen. Er betonte die enge wirtschaftliche Verflechtung mit den EG-Partnern und warnte vor einer „two tier Europe with Britain in the lower tier", die einen historischen Rückschlag darstellen würden. „Going it alone means going downhill", hieß es in einer Stellungnahme. Der TUC sprach sich daher für eine stärkere europäische Integration, die Schaffung einer Europäischen Zentralbank – wenn auch ohne politische Unabhängigkeit – und für die Ratifizierung des Vertrags von Maastricht aus.[364]

Obwohl offiziell noch der WKM-Wiedereintritt angestrebt wurde, arbeitete das Schatzamt bereits an einem neuen, auf interne ökonomische Indikatoren gestützten geldpolitischen Rahmen. Die provisorische Orientierung an der Geldmenge M0 erwies sich als ungeeignet, da sie langfristig weder verlässliche Signale für Zinsentscheidungen bot noch an den Märkten Glaubwürdigkeit besaß. Damit rückte die Frage nach einer institutionellen Neuordnung erneut in den Vordergrund.[365]

Im Schatzamt wurde die Unabhängigkeit der Bank of England als möglicher Weg zur Stärkung der geldpolitischen Glaubwürdigkeit geprüft.[366] Die empirischen Befunde der Wirtschaftswissenschaften und das Beispiel der Bundesbank sprachen dafür,[367] doch blieb selbst die Bank of England zurückhaltend und griff das Thema weniger aus eigener Initiative als im Gefolge der öffentlichen Debatte auf.[368] Zwei Einwände blieben maßgeblich: Erstens komme es weniger auf den formellen Status als auf die Qualität der Entscheidungsprozesse an;[369] zweitens werfe eine vollständige Loslösung von Regierungsweisungen demokratische Ver-

362 Howard Davies an John Banham, 21.9.1992, MRC, MSS.200/C/April2002/8096a.

363 Protokoll eines Treffens des CBI-President's Committee am 22.9.1992, MRC, MSS.200/C/Apr2000/98.

364 TUC Council, Statement, The Economy, Devaluation and Europe, 23.9.1992, MRC, MSS.292/F/2296.

365 Andrew Crockett an Norman Lamont, 21.9.1992, TNA, T 671/83.

366 Andrew Turnbull an Norman Lamont, 21.9.1992, Übersendung eines Papiers von Stephen Davies, The Monetary Framework, TNA, T 448/809.

367 Alesina, Macroeconomics; Alesina und Summers, Central Bank Independence; Issing, Unabhängigkeit, S. 31; Bade und Parkin, Central Bank; Grilli et al., Political and Monetary Institutions; Cukierman et al., Measuring the Independence; Doyle und Weale, Independent Central Bank; Crowe und Meade, Evolution of Central Bank Governance; Haldane, Central Bank Independence; Moiseev, Independence of Central Bank; Rogoff, Optimal Degree.

368 Paul Tucker an Robin Leigh-Pemberton, 1.2.1989, BoE 13A183/1.

369 Mervyn King, Papier für die Sitzung des Court of Directors der Bank of England am 12.11.1992, erstellt am 15.11.1992, BoE 6A163/26.

antwortungsprobleme auf.[370] Einigkeit bestand jedoch darüber, dass die Rollen und Zuständigkeiten zwischen Regierung und Zentralbank klarer definiert werden mussten.[371]

Das neue geldpolitische Rahmenwerk wurde in enger Abstimmung zwischen Prime Minister's Office, Schatzamt und Bank of England innerhalb weniger Wochen entwickelt. Statt formeller Zentralbankunabhängigkeit sollte größere Transparenz in den Entscheidungsprozessen die notwendige Glaubwürdigkeit schaffen. Norman Lamont skizzierte die Grundzüge zunächst schriftlich gegenüber dem Unterhausausschuss TCSC[372] und stellte sie am 29. Oktober 1992 in seiner Mansion-House-Rede vor.[373] Kern des Ansatzes war die Einführung eines Inflationsziels von ein bis vier Prozent, das zuvor nur Kanada und Neuseeland praktizierten. Ein solches Ziel war bereits 1989 erwogen, wegen möglicher Konflikte mit den Erfordernissen des WKM jedoch verworfen worden.[374] Als Zwischenindikatoren dienten M0, M4 sowie Größen wie Hauspreise und der Wechselkurs. Damit vollzog die Regierung eine bewusste Abkehr von der engen Regelbindung früherer Jahre; künftig sollten Ermessensentscheidungen, gestützt auf ein transparentes Zielsystem, im Vordergrund stehen. „We are, of course, moving from a largely rules-based system to one that is more discretionary", erklärte Lamont.[375]

Dieser Schritt reflektierte die Ernüchterung über zwei gescheiterte regelgebundene Rahmenwerke. Zugleich stand er nicht im Widerspruch zu den europäischen Entwicklungen: Auch das Modell der späteren Europäischen Zentralbank setzte auf institutionelle Unabhängigkeit und ein politisch vorgegebenes Inflationsziel, ohne der Zentralbank ein striktes Regelwerk aufzuerlegen. Die britische Lösung war damit Teil eines breiteren Übergangs zu flexibleren, zielorientierten geldpolitischen Regimen.[376]

Lamonts neues Rahmenwerk setzte ab Oktober 1992 auf größere Transparenz in der geldpolitischen Entscheidungsfindung. Dazu gehörten monatliche Berichte nach den Treffen von Schatzkanzler und Governor, schriftliche Begründungen von Zinsentscheidungen sowie ein vierteljährlicher, im *Quarterly Bulletin* veröf-

370 Zu den Diskussionen um die Zentralbankunabhängigkeit vgl. James, Making a Modern Central Bank, S. 318–375; Clegg, Practical Monetarism; Goodhart und Lastra, Changing.

371 Protokoll einer Sitzung des Court of Directors der Bank of England, 12.11.1992, BoE 6A163/26.

372 Norman Lamont an John Watts, 8.10.1992, FOI Release 14.10.2005, Introduction of Inflation Target in October 1992, https://webarchive.nationalarchives.gov.uk/ukgwa/20130402185936/http://www.hm-treasury.gov.uk/foi_introduction_of_inflation_targets_2005.htm (30.9.2025).

373 Norman Lamont, Mansion-House-Rede am 29.10.1992, https://www.gov.uk/government/publications/chancellors-mansion-house-speeches-1985-1994 (30.9.2025).

374 Memorandum zu Inflationszielen, 1.10.1992, FOI Release 14.10.2005, Introduction of Inflation Target in October 1992, https://webarchive.nationalarchives.gov.uk/ukgwa/20130402185936/http://www.hm-treasury.gov.uk/foi_introduction_of_inflation_targets_2005.htm (30.9.2025).

375 Norman Lamont, Mansion-House-Rede am 29.10.1992, https://www.gov.uk/government/publications/chancellors-mansion-house-speeches-1985-1994 (30.9.2025).

376 Rogoff, Optimal Degree; James, Making the European Monetary Union.

fentlichter Inflationsbericht.[377] Das Rahmenwerk erwies sich als Erfolg und legte auch die Grundlagen für den späteren geldpolitischen Kurs von Tony Blairs New Labour-Regierung ab 1997.[378] Es stärkte die Glaubwürdigkeit der Politik und ermöglichte schrittweise Zinssenkungen, die den wirtschaftlichen Aufschwung der folgenden Jahre unterstützten. Kenneth Clarke führte den Ansatz ab Mai 1993 fort und etablierte gemeinsam mit dem neuen Governor Eddie George eine enge Kooperation, die zum Markenzeichen der britischen Geldpolitik wurde. Rückblickend wurde der Austritt daher zunehmend ambivalent bewertet. Während der Ökonom Alan Budd ihn trotz der politischen Kosten als „economic triumph" und Wendepunkt der makroökonomischen Entwicklung bezeichnete,[379] sprach Mervyn King in der Bank of England 1994 von einem „Grey Wednesday", um den gleichzeitigen Glaubwürdigkeitsverlust und die Schaffung eines erfolgreichen neuen Rahmenwerks zu beschreiben.[380]

Politisch diskreditierte der WKM-Austritt die wirtschaftspolitische Kompetenz der Konservativen und damit einen ihrer zentralen Vorteile gegenüber Labour.[381] Das verbreitete Narrativ, der 16. September habe geradlinig zur Wahlniederlage 1997 geführt, greift jedoch zu kurz. Es blendet die zahlreichen hausgemachten Probleme der Partei aus und verdankt seine Persistenz nicht zuletzt der Tatsache, dass so politische Verantwortung auf ein einzelnes Ereignis verschoben werden konnte. Zwar fielen die Zustimmungswerte der Regierung unmittelbar nach dem Austritt; zudem verloren die Konservativen mehrere Nachwahlen.[382] Dennoch waren die Erwartungen an ihre Wirtschaftspolitik bereits vor der Krise im Rückgang begriffen, nach drei Jahren Rezession und parallel zu Labours erfolgreichem *Policy Review*.[383] Statistische Analysen zeigen, dass der WKM-Austritt bestehende Zweifel eher verstärkte, als sie zu erzeugen.[384] Zugleich stieg die Zuschreibung wirtschaftlicher Kompetenz bis 1997 wieder an und trug sogar positiv zum konservativen Ergebnis bei.[385] Kurz vor der Wahl sprachen mehr Befragte der Regierung wirtschaftspolitische Kompetenz zu als Labour.[386] Auch der zeitliche Verlauf spricht gegen eine lineare Interpretation: Nach einem Höhepunkt von rund 40 Prozent begannen die konservativen Zustimmungswerte bereits im Spätsommer

377 Norman Lamont, Mansion-House-Rede am 29.10.1992, https://www.gov.uk/government/publications/chancellors-mansion-house-speeches-1985-1994 (30.9.2025).

378 Champroux, Politique Monétaire.

379 Budd, Black Wednesday, S. 15.

380 King, Monetary Policy in the UK, S. 123.

381 Duckenfield, Business and the Euro, S. 133; Evans, Consigning Its Past, S. 291; Crewe, 1979, S. 421; Hoskyns, Just in Time, S. 390.

382 House of Commons Library, UK Parliamentary By-elections Since 1945, 1.7.2025, https://commonslibrary.parliament.uk/research-briefings/sn02383/ (12.12.2025).

383 Sanders, Economic Performance, S. 207.

384 Ders., Conservative Incompetence, S. 252.

385 Ders., Economic Performance, S. 207.

386 Lee, Convergence, S. 64.

1992 zu sinken und bewegten sich bis Jahresende überwiegend im Bereich zwischen 30 und 35 Prozent. Nach einer kurzfristigen Erholung Anfang 1993 lagen sie ab Mitte 1993 überwiegend unter 30 Prozent. 1994 stabilisierten sie sich dann im Bereich zwischen 20 und 30 Prozent.[387] Vieles spricht also dafür, dass die WKM-Krise ein wichtiger, aber keineswegs der einzige Grund für die Niederlage der Konservativen in der Unterhauswahl 1997 war.

Weder das verlorene Vertrauen in die Wirtschaftspolitik noch der unmittelbare Popularitätsrückgang nach der Pfundkrise 1992 allein erklären diesen Ausgang. Die positive Wirtschaftsentwicklung der Folgejahre hätte es einer ansonsten geeinten Regierung durchaus ermöglichen können, die Krise zu überstehen. David Sanders argumentiert, der Reputationsverlust von 1992 habe vielmehr ein Möglichkeitsfenster für die modernisierte Labour Party geöffnet, in Teile der konservativen Unterstützerbasis vorzudringen.[388] Hinzu kam eine Serie parteiinterner Belastungen. Die Konservative Partei war in den 1990er Jahren durch zahlreiche Skandale geprägt – von Korruptionsaffären über Waffenexporte bis zu privaten Fehltritten –, die unter dem Stichwort „Tory sleaze" eine hohe öffentliche Resonanz fanden.[389] Majors *Back to Basics*-Kampagne, die konservative Werte und moralische Standards betonte, verstärkte die Fallhöhe und damit den politischen Schaden; bis 1997 kam es zu fünfzehn Rücktritten prominenter konservativer Politiker aufgrund von Skandalen.[390]

Besonders schädlich war der zunehmend offen ausgetragene Konflikt über den Vertrag von Maastricht und die europäische Integration, der die Regierungsfähigkeit der Partei infrage stellte.[391] Major sah im WKM-Austritt einen Katalysator dieser Polarisierung: „Black Wednesday turned a quarter of a century of unease into a flat rejection of any wider involvement in Europe."[392] Kenneth Clarke widersprach entschieden und bezeichnete die Vorstellung, der WKM-Austritt habe die Partei politisch zerstört, als Mythos: „We destroyed ourselves completely and then built up a myth that it had all been something to do with the ERM and Black Wednesday."[393]

Auch Norman Lamont, der nach seinem Rücktritt 1993 für einen britischen EU-Austritt plädierte,[394] widersprach der Deutung, der WKM-Ausstieg habe zur Wahlniederlage von 1997 geführt. Sie ignoriere die zwischenzeitliche Erholung

387 Ipsos, Voting intentions (Westminster) – All Companies' Polls 1992–1997, https://www.ipsos.com/en-uk/voting-intentions-westminster-all-companies-polls-1992-1997 (11.12.2025).

388 Sanders, Conservative Incompetence, S. 269; Green und Jennings, Brexit; Green und Jennings, Politics of Competence, S. 226–231; Telesca, Economic Competence, S. 631 f.

389 Dominic Penna, Boris Johnson V John Major. How Tory Sleaze Scandals under the Two Leaders Stack Up, The Telegraph, 1.7.2022; Farr, Sleaze.

390 Vgl. dazu Leonard, Prime Ministers, S. 222–224; McMeeking, Political Leadership, S. 75.

391 Kavanagh, John Major's Political Legacy; Hickson, Conservative Right, S. 71–80.

392 Major, Autobiography, S. 348–352, Zitat S. 352.

393 Kenneth Clarke, CCBH Witness Programme, 14.11.2007, S. 91.

394 Lamont, Sovereign Britain.

der Umfragewerte sowie andere Belastungen wie die BSE-Krise und Tony Blairs Popularität seit 1994.[395] Dies unterstreicht, wie schwer die Bedeutung eines einzelnen Ereignisses für einen Wahlausgang zu bestimmen ist, der von zahlreichen, miteinander verflochtenen Faktoren geprägt wurde. Ob die Niederlage von 1997 ohne die Pfundkrise abzuwenden gewesen wäre, lässt sich nicht mit Gewissheit bestimmen, da nicht eingetretene Verläufe nicht beobachtbar sind. Die vorliegenden empirischen Befunde sprechen jedoch dagegen, den WKM-Ausstieg als alleinigen Ausgangspunkt der konservativen Probleme zu betrachten.

Ebenso schwierig zu quantifizieren ist der Einfluss des WKM-Ausstiegs auf die europapolitischen Kontroversen der 1990er Jahre. Unstrittig ist jedoch, dass er die Beziehungen zu den EG-Partnern belastete und den innerparteilichen Gegnern des Maastricht-Vertrags neue Argumente lieferte. Die Krise führte zur schwersten Belastung der deutsch-britischen Beziehungen seit der Aufnahme diplomatischer Beziehungen 1951. Während London mangelnde Unterstützung und kontraproduktive Äußerungen der Bundesbank beklagte, wiesen deutsche Regierungs- und Zentralbankvertreter die Vorwürfe zurück und sahen sich zu Unrecht zum Sündenbock für britische Probleme erklärt.[396] Zugleich wurde in Bonn mit Sorge registriert, dass britische Forderungen nach grundlegenden EWS-Reformen die ohnehin fragile Stabilität des Systems gefährden könnten.[397] Auch im Schatzamt gab es Stimmen, die Majors Kurs für riskant hielten, weil er Erwartungen an Reformen weckte, die weder realistisch verhandelbar noch innenpolitisch nachhaltig durchzuhalten waren.[398]

Ende September kam es zu einer formellen diplomatischen Verstimmung, die verdeutlichte, wie stark die Pfundkrise das gegenseitige Vertrauen beschädigt hatte. Der deutsche Botschafter Hermann von Richthofen legte Protest gegen die britischen Vorwürfe ein, die Bundesbank habe ihre EWS-Verpflichtungen verletzt oder das Pfund bewusst geschwächt. Im Foreign Office verwies man dagegen auf die innenpolitischen Schwierigkeiten, insbesondere den eskalierenden Konflikt innerhalb der Konservativen Partei.[399] Zusätzlicher Druck aus Bonn, so die Argumentation, könne die ohnehin fragile Maastricht-Ratifizierung unterminieren. Zugleich beklagte die britische Seite ein mangelndes Verständnis für die politische Lage, in der sich die Regierung nach dem WKM-Ausstieg befand. Auf deutscher Seite wiederum wurde die britische Darstellung als ungerechtfertigt und zuneh-

395 Norman Lamont, CCBH Witness Programme, 14.11.2007, S. 99 f.

396 John Shepherd an FCO, Bericht über eine Befragung von Bundesbank-Vertretern durch eine TCSC-Delegation, 2.11.1992, TNA, FCO 30/10274.

397 Christopher Mallaby an FCO, 21.9.1992, TNA, FCO 30/10268.

398 Jeremy Moodey an Nigel Sheinwald, 25.9.1992, TNA, FCO 30/10269.

399 Pauline Neville-Jones an Stephen Wall, 25.9.1992, TNA, FCO 30/10269.

mend feindselig empfunden – nicht zuletzt wegen Presseberichten, die in Schlagzeilen wie „NAZI BANKERS“ gipfelten.[400]

Bundesbankpräsident Helmut Schlesinger sah sich angesichts der britischen Vorwürfe veranlasst, seine Position zu verteidigen. In einem am 29. September übermittelten Schreiben betonte er, die Bundesbank habe ihre formellen EWS-Verpflichtungen erfüllt und eine Pfundabwertung ausdrücklich ausgeschlossen.[401] Dies wurde im Schatzamt eingeräumt, zugleich aber die aus britischer Sicht mangelnde deutsche Unterstützung – insbesondere im Vergleich zum Franc – kritisiert.[402] Am Folgetag suchten John Major und Helmut Kohl in einem längeren Telefongespräch eine Klärung. Der Austausch endete versöhnlich: Major legte seine parteiinternen Schwierigkeiten dar, Kohl sagte zu, die Diskussion über mögliche EWS-Reformen offen zu halten.[403]

Dennoch erhielt der Konflikt neue Nahrung, als die deutsche Botschaft ohne Vorwarnung Teile von Schlesingers Schreiben an die *Financial Times* weitergab – obwohl bei Überreichung des Dokuments gegenüber der britischen Seite dessen vertraulicher Charakter ausdrücklich betont worden war.[404] Die Veröffentlichung sollte Vorwürfe des Vertragsbruchs entkräften, war für die britische Regierung jedoch hochproblematisch, weil sie erneut Aufmerksamkeit auf den WKM-Austritt lenkte und somit der Opposition neue Angriffspunkte bot.[405] Schlesinger zeigte sich gegenüber Leigh-Pemberton „bitter“ über die britische Empörung, versuchte aber vergeblich, die Veröffentlichung zurückzuziehen.[406] Da sich nun auch das Schatzamt zu einer Gegendarstellung veranlasst sah, erhielt der bereits auf höchster politischer Ebene weitgehend bereinigte Konflikt erneut öffentliche Sichtbarkeit.[407]

In einem ausführlichen persönlichen Schreiben legte Robin Leigh-Pemberton seine Einwände gegen Schlesingers Darstellung dar. Die Veröffentlichung breche durch die Bekanntgabe von Interventionsbeträgen die Vertraulichkeit der Zentralbankkooperation, überzeichne das Ausmaß der Bundesbank-Unterstützung

---

400 David Gillmore an Michael Jay, Protokoll eines Gesprächs mit dem deutschen Botschafter Hermann von Richthofen am 28.9.1992, erstellt am 29.9.1992, TNA, FCO 30/10269.

401 Tim Simmons an Michael Jay, Übersendung eines Briefs von Helmut Schlesinger, 28.9.1992, TNA, FCO 30/10269.

402 Jeremy Heywood an Stephen Wall, Briefing zu Helmut Schlesingers Erklärung, 29.9.1992, TNA, FCO 30/10269.

403 Stephen Wall an Christopher Prentice, Protokoll eines Gesprächs zwischen John Major und Helmut Kohl, 30.9.1992, TNA, T 671/84.

404 Peter Norman an Andrew Hudson, 30.9.1992, Übersendung der Stellungnahme von Helmut Schlesinger zur Veröffentlichung in der Financial Times, TNA, T 671/84.

405 Wynn Owen, Protokoll von Telefonaten zwischen David Gillmore und Hermann von Richthofen, 30.9.1992, TNA, T 671/84.

406 Paul Tucker, Protokoll eines Gesprächs zwischen Robin Leigh-Pemberton und Helmut Schlesinger, 30.9.1992, TNA, T 671/84.

407 Stellungnahme des Schatzamts zur Erklärung der Bundesbank, 30.9.1992, TNA, T 671/84.

und erwecke den unzutreffenden Eindruck, Großbritannien sei ein umfassendes Realignment angeboten worden. Er bat Schlesinger, diese Punkte zu korrigieren, versicherte aber Vertraulichkeit und betonte seine Zuversicht, die bisher gute Zusammenarbeit fortsetzen zu können: „There is nothing I value more highly than the immensely close relations between central banks built up over such a long period [...]. I see nothing in the events of recent weeks to cause that to change".[408] Intern hatte er sich im Gespräch mit Premierminister und Schatzkanzler zwar verärgert gezeigt,[409] doch unterband er im Interesse der weiteren Kooperation, dass sein Brief als Beleg für ein deutsches Fehlverhalten an die Bundesregierung weitergegeben wurde.[410] Tatsächlich verständigten sich die Führungen beider Zentralbanken rasch auf eine Fortführung der konstruktiven Zusammenarbeit,[411] während auf Regierungsebene die Beziehungen belastet blieben.[412] Leigh-Pemberton knüpfte damit an seine Rolle im Delors-Ausschuss an: Er bemühte sich um stabile Arbeitsbeziehungen und den langfristigen Erhalt der Zentralbankkooperation und bot so ein sachorientiertes Gegengewicht zu den zunehmend belasteten Regierungskontakten.

Parallel dazu verschärften sich die europapolitischen Auseinandersetzungen um den Maastricht-Gesetzgebungsprozess. Das französische Referendum ergab zwar eine knappe Mehrheit von rund 51 Prozent für den Vertrag von Maastricht, doch wie schwierig der britische Prozess werden sollte, zeigte sich bereits in der Unterhausdebatte zum WKM-Ausscheiden am 24. September: 71 konservative Abgeordnete stimmten für einen Antrag, der das Ausscheiden begrüßte und eine eigenständige Stabilitätspolitik forderte.[413] Ein harter Kern von rund 40 konservativen Rebellen leistete erbitterten Widerstand gegen die Ratifizierung, lose unterstützt von etwa zehn weiteren Fraktionsmitgliedern. Das erschwerte die Mehrheitsbildung erheblich, zumal Nachwahlniederlagen Majors Mehrheit bis zur letzten Abstimmung im Juli 1993 auf 18 Sitze reduzierten.[414]

Nicht nur Hinterbänkler, sondern auch Kabinettsmitglieder wie John Redwood, Minister für Wales, stellten sich offen gegen die Ratifizierung. Das Scheitern der WKM-Mitgliedschaft war nicht Auslöser dieser Skepsis, verstärkte sie aber und lieferte ein wirkmächtiges Argument. „No Eurosceptic could have written a more perfect script to legitimize the contention that ‚Europe' was bad for Britain", konstatiert Hugo Young.[415] John Major selbst formulierte martialisch: „There was poli-

---

408 Robin Leigh-Pemberton an Helmut Schlesinger, 30.9.1992, TNA, T 671/84.

409 Beverly St Quinton, Protokoll eines Gesprächs zwischen John Major, Norman Lamont und Robin Leigh-Pemberton, 1.10.1992, TNA, T 671/84.

410 Owen Barder an Paul Tucker, 1.10.1992, TNA, T 671/84.

411 James, Making a Modern Central Bank, S. 304.

412 Geppert, Viertes Reich oder Normalisierung, S. 197.

413 Notices of Motions, 24.9.1992, abgeheftet in TNA, FCO 30/10269.

414 Major, Autobiography, S. 352.

415 Young, Blessed Plot, S. 294.

tical blood on the ground and the government's opponents – within and beyond the Conservative Party – took full advantage. Anti-European sentiment was refreshed and reinvigorated." [416]

John Smith, der nach Kinnocks Rücktritt im April 1992 die Labour-Parteiführung übernommen hatte, nutzte die Auseinandersetzungen geschickt, indem er Unterstützung für den Vertrag mit Kritik am britischen *Opt-out* in der Sozialpolitik verband. Mit verschiedenen Anträgen im Unterhaus, teils in Kooperation mit konservativen Rebellen, machte er die tiefe Spaltung der Regierungspartei sichtbar, während es ihm gleichzeitig gelang, die eigene – nicht weniger europapolitisch gespaltene – Partei zusammenzuhalten.[417] Wie schon so oft zuvor wurde die europäische Integration damit erneut zum Instrument parteipolitischer Auseinandersetzungen.

Erst am 23. Juli 1993 sicherte Major eine parlamentarische Mehrheit für die Ratifizierung, musste die Abstimmung dafür jedoch – nach einer Niederlage am Vortag – mit einer Vertrauensfrage verbinden. Zeitgenössisch wurde dies als „nuclear option"[418] bezeichnet: Hätte die Regierung verloren, wären Neuwahlen fällig geworden, die die Konservative Partei angesichts schlechter Umfragewerte mit hoher Wahrscheinlichkeit verloren hätte. Zwar ging Majors Poker auf: Er konnte die konservativen Abgeordneten, die gegen die Regierungslinie gestimmt hatten, disziplinieren und gewann die entscheidende Abstimmung mit einer Mehrheit von 38 Stimmen, doch der Prozess legte den desolaten Zustand der Partei schonungslos offen. „He has been backed against the wall and forced, in order to survive, to threaten his own party with electoral suicide", kritisierte Oppositionsführer John Smith.[419] Die Vorgänge schienen die bittere Formulierung in Norman Lamonts späterer Rücktrittsrede zu bestätigen, die Partei sei „in office but not in power" gewesen.[420]

Das Inkrafttreten des Vertrags von Maastricht am 1. November 1993 beendete die konservativen Kontroversen keineswegs; der europapolitische Konflikt zwischen den Flügeln der Partei blieb unaufgelöst.[421] Wie verhärtet die Fronten waren, zeigte Majors unbeabsichtigt öffentlich gewordener Kommentar, in dem er die Rebellen seiner eigenen Partei als „bastards" bezeichnete.[422] Der innerparteili-

---

416 John Major, Britain Should Seize This Chance to Strike a New Deal with Europe, DAILY TELEGRAPH, 15.9.2012, zit. n. SMITH, European Dividing Line, S. 1284.

417 WARD, Shadow Budget.

418 Donald Macintyre und Stephen Castle, Where Does Major Go from Here, THE INDEPENDENT, 25.7.1993.

419 Hansard HC Deb. Vol. 229, Col. 633, 23.7.1993, https://hansard.parliament.uk/commons/1993-07-23/debates/17cff0c2-b38d-4b6c-8964-85437879be00/SocialPolicyProtocol(Confidencemotion)#633 (30.9.2025).

420 Hansard HC Deb. Vol. 226, Col. 285, 9.6.1993, https://hansard.parliament.uk/commons/1993-06-09/debates/e5a0b9fe-13c4-43e8-860e-b226ba725b12/PersonalStatement#285 (30.9.2025).

421 DUCKENFIELD, Business and the Euro, S. 132.

422 MAJOR, Autobiography, S. 343 f.

che Druck belastete auch die Beziehungen zu den EU-Partnern. So blockierte Major die Ernennung des belgischen Premierministers Jean-Luc Dehaene zum Präsidenten der Europäischen Kommission, musste jedoch feststellen, dass auf Zugeständnisse immer neue Forderungen aus dem EU-skeptischen Parteiflügel folgten – etwa ein Referendum über die Teilnahme an der Wirtschafts- und Währungsunion oder sogar die Zusage, niemals beizutreten.[423]

Überlegungen zu einem Referendum über die Wirtschafts- und Währungsunion

Major hoffte, ähnlich wie Wilson 1975, die parteiinternen Debatten durch ein Referendum entschärfen zu können. Am 13. November 1994 diskutierte er diese Option mit Kabinettsmitgliedern und seiner Beraterin Sarah Hogg. Ohne ein solches Votum, argumentierte er, sei die europäische Währung nicht durch das Parlament zu bringen; zudem biete das in einer Unterhauswahl erteilte Mandat keine ausreichende Legitimation für eine so weitreichende konstitutionelle Änderung. Während sich einige Anwesende nach anfänglicher Skepsis offen zeigten, lehnte Schatzkanzler Kenneth Clarke den Kurs als opportunistische und unverantwortliche Form des Parteimanagements strikt ab. Er sei auch kontraproduktiv, weil unbeliebte Regierungen in Volksabstimmungen erfahrungsgemäß schlecht abschnitten: „A referendum offer would be a public admission that the Government could not get its act together". Industrie- und Handelsminister Michael Heseltine befürchtete eine britische Isolierung und argumentierte, es handele sich eher um eine Weiterentwicklung des ECU, die keiner Volksabstimmung bedürfe. Major aber insistierte: „His prime concern was to win the general election. If a referendum served that objective, he would go for it."[424]

Außenminister Douglas Hurd bestärkte Major vier Tage später in einem Memorandum. Zwar seien Referenden grundsätzlich konfliktträchtig, doch könne ein Votum in diesem Fall sowohl die pro-europäische Grundhaltung der Bevölkerung sichtbar machen als auch die innerparteilichen Konflikte ausräumen („clear the air").[425] Ein Stimmungsbild in den unteren Kabinettsrängen, das Hurd in Majors Auftrag einholte, ergab eine verhaltene Mehrheit für ein Referendum. Neben einer Klärung der Parteilinie wurde es als möglicher Präzedenzfall für ein Instrument gesehen, mit dem auch andere unliebsame politische Forderungen – etwa Labours Drängen auf Devolution der Landesteile – abgefangen werden könnten. Zugleich wurden grundsätzliche Vorbehalte deutlich, weil Volksabstimmungen

423 LEONARD, Prime Ministers, S. 223; DADDOW, UK Media.

424 Roderic Lyne, Protokoll eines Gesprächs zwischen John Major, Sarah Hogg und Ministern, 13.11.1994, TNA, PREM 19/4663.

425 Douglas Hurd an John Major, 17.11.1994, TNA, PREM 19/4663.

die Parlamentssouveränität relativierten, für die Gegner der europäischen Integration so lautstark eintraten.[426]

Kenneth Clarke warnte Major in einem ausführlichen Schreiben eindringlich vor einem konsultativen Referendum und wies auf die demokratietheoretischen Probleme hin. Er selbst würde – ungeachtet des Ausgangs – im Unterhaus nicht gegen seine Überzeugung stimmen, was für viele andere Abgeordnete gleichermaßen gelte. Ein solcher Konflikt zwischen Parlamentsmehrheit und Wählerwillen wäre politisch kaum beherrschbar. Statt Klarheit zu schaffen, würde ein Referendum neue Legitimationsprobleme erzeugen und zentrale Institutionen schwächen: „referendums would totally undermine the authority of both Parliament and Government. They would weaken our position in Europe. They would be potentially disastrous for the management of the party. They would put the Prime Minister in an impossible position."[427] Auch Michael Heseltine warnte, ein Referendum würde Großbritannien als Verhandlungspartner diskreditieren und die eigentliche Frage nicht klären, sondern in ein Urteil über die Gesamtleistung der Regierung umschlagen: „we would get a ‚poor quality' decision, largely unrelated to the EU issue. It would not therefore ‚clear the air'."[428]

Major konnte seinen Kurs 1994 nicht durchsetzen. Erst zwei Jahre später, nachdem die Frage im Kabinett am 7. März 1996 erneut aufgebracht worden war, erreichte er die Zustimmung von Kenneth Clarke, Michael Heseltine und Umweltminister John Gummer zu einem Referendum. Noch am selben Tag gab Major öffentlich bekannt, dass eine Entscheidung zum Übergang in die Stufe 3 durch ein Referendum bestätigt werden müsse. Inzwischen übten euroskeptische Parteien zusätzlichen Druck aus, vor allem die 1993 gegründete UKIP und die 1994 ins Leben gerufene Referendum Party.[429] Zudem bestand die Sorge, Labour könne der Regierung im bevorstehenden Wahlkampf mit einer eigenen Referendum-Ankündigung zuvorkommen und die Regierung so zum Handeln zwingen.[430]

Major betonte, relevant werde ein Referendum ohnehin erst, wenn eine Regierung grundsätzlich den Übergang in Stufe 3 der Wirtschafts- und Währungsunion anstrebe – ein Schritt, der frühestens in der kommenden Legislaturperiode anstehe.[431] Labour, nach John Smiths plötzlichem Tod im Mai 1994 unter Führung von Tony Blair, zog im November 1996 nach und kündigte ebenfalls ein Referendum über die europäische Währung an. Dazu kam es jedoch nicht: Die Konservativen verloren im Mai 1997 die Unterhauswahl, und die nachfolgende Labour-Regierung

---

426 John Sawers an Alex Allan, 15.12.1994, TNA, PREM 19/4663.

427 Kenneth Clarke an John Major, 25.11.1994, TNA, PREM 19/4663.

428 Michael Heseltine an John Major, 29.11.1994, TNA, PREM 19/4663.

429 Goodwin und Milazzo, UKIP; Tournier-Sol, From UKIP; dies., L'impact du UKIP; Usherwood, Single-Issue Party.

430 Major, Autobiography, S. 687 f.

431 Ebd.

unter Tony Blair und später Gordon Brown entschied sich gegen eine Euro-Einführung.[432]

Die Ereignisse des 16. September entwickelten sich rasch zu einem symbolischen Bezugspunkt, an den spätere Deutungen von wirtschaftspolitischer Glaubwürdigkeit, europäischer Bindung und nationaler Souveränität anknüpften. Diese Deutungsmuster prägten die Konfliktlinien der britischen Europadebatten in den folgenden Jahrzehnten. Der Tag machte sichtbar, dass die wirtschaftspolitische Regelbindung im WKM strukturell kaum mit den vielfältigen und teilweise widersprüchlichen Erwartungen vereinbar war, die unterschiedliche Gruppierungen an den Beitritt geknüpft hatten. Diese Spannung zwischen Regelbindung, Glaubwürdigkeit und politischem Handlungsspielraum blieb auch nach 1992 für die Konservative Partei ebenso prägend wie für Labour.

5 Zwischen Pragmatismus und Neuorientierung: Labour und die Währungsunion nach 1990

Der britische WKM-Beitritt im Oktober 1990 stellte Labour vor erhebliche strategische Herausforderungen und zwang die Partei zu einer Neujustierung ihrer Wirtschafts- und Europapolitik. Das EWS war im Verlauf des *Policy Review* zu einem zentralen Bestandteil ihrer europapolitischen Programmatik geworden. Dass die Regierung den Schritt ausgerechnet zum Ende des laufenden Labour-Parteitags verkündete, traf die Parteiführung unvorbereitet und entzog ihr einen ihrer wichtigsten Angriffspunkte gegenüber den Konservativen. Die zuvor bekräftigte Beitrittsforderung erschwerte eine offene Kritik zusätzlich – zumal Labour selbst eine Zinssenkung als Bedingung genannt hatte und die Modalitäten des Beitritts daher kaum grundsätzlich zurückweisen konnte. Zugleich geriet die Partei unter Druck, ihre Linie zur europäischen Währungsintegration zu präzisieren. Bis dahin hatte die Labour-Führung ihre Position zur Wirtschafts- und Währungsunion bewusst offengelassen.

Der WKM-Beitritt machte unmittelbar sichtbar, wie wenig belastbar Labours bislang offene Haltung zur Wirtschafts- und Währungsunion war. In seinen handschriftlichen Notizen für seine Rede auf der Parteikonferenz hatte Neil Kinnock eine Doppelstrategie mit Blick auf die geplante europäische Einheitswährung skizziert: „[W]e are *positive*", jedoch nur unter noch zu klärenden Bedingungen – „If there is to be then X, Y, Z." Anstelle einer klaren Festlegung rückte zunächst die parteipolitische Dimension in den Vordergrund. Die sichtbare Spaltung der Konservativen und die umstrittene harte ECU-Initiative boten Angriffspunkte, die

432 Daddow, New Labour and the European Union, S. 47–50.

Kinnock ausdrücklich nutzen wollte: „make fun ‚imposed' idea + hard ECU" und „Tory divide".[433]

Wenige Tage nach dem WKM-Beitritt signalisierte Schattenkanzler John Smith in einem BBC-Interview Gesprächsbereitschaft über die Schaffung einer Europäischen Zentralbank und einer Einheitswährung.[434] Im November 1990 legte die Parteiführung, das National Executive Committee (NEC), mit dem Statement *Labours Approach to the Intergovernmental Conference on Economic and Monetary Union and subsequent developments in the European Community* eine erste konsolidierte Position vor. Das Dokument betonte die Notwendigkeit einer konstruktiven britischen Haltung in den EG-Verhandlungen und griff auf das aus der EWS-Debatte vertraute Instrument der Vorbedingungen zurück. Eine Währungsunion sei nur tragfähig, wenn sie von einer umfassenden Konvergenzpolitik begleitet werde, die über die konservative Fokussierung auf Inflation und Zinsen hinaus auch Wachstum, Konsum und Produktion einschließe. Dazu wurden größere Transferleistungen zum Ausgleich wirtschaftlicher Unterschiede sowie eine verstärkte Investitionstätigkeit gezählt.[435]

Ebenso wie die konservative Regierung lehnte das Führungsgremium NEC verbindliche Haushaltsvorgaben und eine politische Unabhängigkeit der Bank of England ab. Den von der Regierung erhobenen Anspruch, absolute Souveränität zurückzugewinnen, wies das NEC zurück. Bereits vor der WKM-Mitgliedschaft sei Großbritannien faktisch an die Währungsentwicklung gebunden gewesen – nun eben an den im WKM festgelegten Leitkurs. Den harten ECU, das von der Regierung propagierte Alternativmodell zum Delors-Bericht, wies das Papier als umständlich, spekulationsanfällig und potenziell deflationär zurück. Eine an Bedingungen gebundene Zustimmung zur Währungsunion, so das zentrale Argument, würde hingegen verhindern, dass Großbritannien in ein „Europa der zwei Geschwindigkeiten" abrutschte: „EC partners have made clear that [...] their desire is to move towards full Monetary Union and the establishment of a Single Currency. Labour believes that it would not be in the national interest if Britain allowed itself to be excluded from such developments".[436]

In einer öffentlichen Stellungnahme vom 28. November bekräftigte das NEC daher seine Unterstützung für eine europäische Einheitswährung und eine Zentralbank, die den EG-Finanzministern verantwortlich sein und in London angesiedelt werden sollte. Zugleich hielt es an der Forderung fest, weitergehende Schritte erst nach einer Annäherung der Wirtschaftsleistungen der EG-Länder einzuleiten. Einen verbindlichen Zeitplan, wie ihn die übrigen elf Mitgliedstaaten im Oktober auf dem Europäischen Rat in Rom beschlossen hatten, lehnte die Partei ab. Als

---

433 Neil Kinnock, Notizen, ERM Speech. Difficult Points, o.D, Oktober 1990, CAC, KNNK 8/56.

434 Anthony Bevins, Labour to Back Single European Currency, THE INDEPENDENT, 18.10.1990.

435 Labour Party National Executive Committee, Positionspapier, Economic and Monetary Union, 6.11.1990, TNA, PREM 19/3325.

436 Ebd.

nächster praktischer Schritt solle der Wechselkursmechanismus gehärtet werden – ein Signal an die Londoner City, dass eine Labour-Regierung keine expansive Pfundabwertung anstreben würde. Mit diesen Festlegungen entwickelte Labour die Position, die sie zu den anstehenden EG-Regierungskonferenzen am 14. und 15. Dezember einbrachte. Das Papier erklärte: „There can be no question of accepting Division Two status for our country in the community of the future".[437] Roy Hattersley fasste die Grundhaltung der Parteiführung zusammen: „The tide is flowing towards an integrated Europe. We can sail with it – influencing its speed and direction – or we can allow ourselves to be washed along without even attempting to determine its course and destination".[438]

Neben der Sorge vor einer britischen Isolierung und dem Bemühen, sich gegenüber den gespaltenen Konservativen als verantwortungsbewusste und geschlossene Alternative zu präsentieren, gewann für Labour auch der inhaltliche Kurs der EG an Attraktivität. Nach elf Jahren konservativer Regierungsführung bot die europäische Ebene eine Möglichkeit indirekter Einflussnahme. Wesentlich dafür waren Delors' Bestrebungen, die Arbeitnehmerseite stärker in den Gemeinsamen Markt einzubinden und ein ‚soziales Europa' als Gegengewicht zu den freien Marktkräften zu etablieren.[439] Dieser Ansatz wog in der Labour Party deutlich schwerer als die Wirtschafts- und Währungsunion und erleichterte es, die mit Labour eng verbundenen Gewerkschaften für eine europäische Orientierung zu gewinnen. Thatchers dominierende politische Rolle relativierte zudem die Bedenken vor einem Verlust parlamentarischer Souveränität. Ein Labour-Abgeordneter argumentierte im November 1990, die Souveränität sei faktisch bereits an die konservative Regierung abgetreten worden und könne daher durch die EG kaum weiter eingeschränkt werden.[440]

Eine eigenständige Dynamik entwickelte sich zugleich im TUC, der den WKM-Beitritt im Oktober 1990 grundsätzlich begrüßte, den späten Zeitpunkt und die fehlende Konsultation jedoch scharf kritisierte. Aus Sicht des Verbandes hätten flankierende Kreditkontrollen die mit dem höheren Wechselkurs verbundenen Importrisiken abfedern müssen.[441] Anders als Labour deutete der TUC den Schritt vor allem als Einstieg in eine Wirtschafts- und Währungsunion, die er als Bestandteil eines europäischen Modells mit starker Sozial-, Wachstums- und Beschäftigungspolitik verstand.[442] Entsprechend nutzte der Verband die Delors-Initiativen

---

437 Patrick Wintour, Labour Endorses a Single Currency, The Guardian, 29.11.1990.

438 Anthony Bevins, Parliament and Politics. Hattersley Backs Monetary Union, The Independent, 4.12.1990.

439 Bujard, British Prime Minister, S. 59 f.; Delaney, Labour Party, S. 136.

440 Richard Norton-Taylor, A British Pot and Euro-Kettle, The Guardian, 6.11.1990.

441 TUC, Pressemitteilung zum EWS, 9.10.1990, MRC, MSS.292/F/2099.

442 TUC, Memorandum, Europe 1992 and After. Challenges for Britain, Oktober 1990, CAC, KNNK 8/56; TUC General Council, Protokoll der 12. Sitzung (1991–92), 22.7.1992, MRC, MSS.292D/20/27; John Monks, Interview 1999, BW, https://web.archive.org/web/

als Vehikel für sozialpolitische Anliegen und unterstützte die Verhandlungen über den Vertrag von Maastricht unter der Voraussetzung eines verbindlichen Sozialkapitels; ein Referendum lehnte er ab, um nicht Majors *Opt-out*-Kurs zu legitimieren oder durch eine Ablehnung des Vertrags gewerkschaftliche Rechte zu gefährden.[443] Auch nach dem WKM-Austritt hielt der TUC an der Perspektive einer Währungsunion fest, nicht zuletzt aus Sorge vor einer deflationären Dominanz der D-Mark bei einer Fortsetzung des freien Floatings.[444] Trotz interner Vorbehalte[445] blieb dieser Kurs mehrheitlich konsensfähig und unterstrich die europapolitische Öffnung der politischen Linken – allerdings nicht synchron. Während Labour den WKM vor allem aus wirtschafts- und glaubwürdigkeitspolitischen Erwägungen unterstützte, verstand der TUC ihn als Ansatzpunkt, um in einer politisch gestaltbaren Wirtschafts- und Währungsunion eine sozialpolitische Agenda durchzusetzen. Die parallele, aber zeitversetzte Europäisierung von Labour Party und Gewerkschaftsorganisation schwächte die traditionelle EG-Skepsis im linken Spektrum und erleichterte Labours strategische Neujustierung.

Labours an Bedingungen geknüpfte Zustimmung zur Wirtschafts- und Währungsunion stieß sowohl bei anderen Parteien als auch im eigenen EG-skeptischen Flügel auf Kritik. Thatchers Privatsekretär Dominic Morris bezeichnete den Ansatz als öffentlichkeitswirksamen, aber politisch wenig belastbaren Versuch, sich mit weit gefassten Bedingungen einer klaren Festlegung zu entziehen: „As a policy it is of the ‚and-with-one-bound-he-was-free' version".[446] Auch die Liberal Democrats griffen Labours Linie an. Ihr stellvertretender Vorsitzender Alan Beith kritisierte insbesondere die Forderung, eine künftige Europäische Zentralbank müsse zugleich Stabilitäts- und Wachstumsziele verfolgen: „That is rather like asking a referee to take a few shots at goal from time to time. The Labour party has misunderstood the whole nature of the bank's operations." Die Bedingungen dienten seiner Ansicht nach vor allem dazu, die EG-skeptischen Labour-Abgeordneten zu beruhigen: „It is another case of a series of conditions being set so that, for example, the hon. Member for Great Grimsby (Mr. Mitchell) can say – as he did – that he is satisfied that Labour's conditions would never be met."[447]

20160415221524/http://unionhistory.info/britainatwork/videodisplay.php?irn=1063 (30.9.2025).

443 TUC General Council, Bericht für den TUC-Jahreskongress, The Maastricht Treaty and Trade Union Goals, Juli 1992, MRC, MSS.292D/20/27.

444 TUC General Council, Protokoll der 2. Sitzung (1992–93) mit angehängtem Statement-Entwurf, 23.9.1992, erstellt am 28.10.1992, MRC, MSS.292D/20/28.

445 Strange, British Labour Movement, S. 16 f.

446 Economic Committee des Schattenkabinetts und Economic Committee der Policy Review Group, Positionspapier zur Wirtschafts- und Währungsunion, 6.11.1990, TNA, PREM 19/3325.

447 Hansard HC Deb. Vol. 178, Col. 220, 23.10.1990, https://hansard.parliament.uk/Commons/1990-10-23/debates/0a9a2dc7-1ca7-4ef3-ab6a-ee70f7589555/ExchangeRateMechanism (30.9.2025).

Innerhalb der Partei löste die Akzeptanz einer Europäischen Zentralbank und einer gemeinsamen Währung als langfristige Perspektive eine offene Rebellion aus. Peter Shore, Douglas Jay, Nigel Spearing und Austin Mitchell aus dem Umfeld des EG-skeptischen Labour Common Market Safeguards Committee protestierten in einem offenen Brief gegen die neue Linie. Die Wirtschafts- und Währungsunion diene, so ihr Argument, nicht vorrangig ökonomischen Zielen, sondern markiere einen politischen Schritt hin zu einem föderalen Europa mit zentralisierten Entscheidungsstrukturen.[448] David Stoddart warnte Neil Kinnock im September eindringlich vor einem historischen Fehler und zog die Parallele zum britischen Wiedereintritt in den Goldstandard 1925: „You must be aware that entry to the ERM will be tantamount to putting Britain back on to a sort of gold standard and I would have thought that history, particularly that part of it which nearly destroyed the Labour Party in 1931, would have taught any and every Labour leadership to avoid such a system like the plague." Der Schritt hätte, so Stoddart, verheerende Folgen für Regionen und Beschäftigung. Er zeigte sich „surprised that you, in particular, should listen to and be taken in by the siren voices of the Eurofanatics within the Labour Party".[449]

Bereits in der Oktoberdebatte im Unterhaus hatten EG-skeptische Stimmen um Denzil Davies, Denis Healey, Tony Benn und Peter Shore die Akzeptanz der Wirtschafts- und Währungsunion als potenzielle Abgabe von Souveränität an Unternehmen und nicht demokratisch legitimierte Zentralbanker scharf kritisiert.[450] In einer Sitzung der Parlamentsfraktion im Dezember 1990 trat Neil Kinnock dem Labour Common Market Safeguards Committee entgegen und setzte seinen Kurs unter Verweis auf die breite innerparteiliche Unterstützung durch. „It is their last dying gasp", kommentierte ein Labour-Abgeordneter anschließend die Bemühungen der Gruppe unter Peter Shores Leitung.[451] Der Widerstand blieb jedoch heftig. Austin Mitchell warf der Parteiführung im Dezember vor, mit der Akzeptanz einer potenziell deflationären Währungsunion die Kosten einer verfehlten Politik gerade jenen aufzubürden, die Labour zu vertreten beanspruchte – „for the benefit of a financial sector which will screw us."[452]

Die Bemühungen von Parteivize Roy Hattersley, Schattenkanzler John Smith und Kinnocks Chefberater John Eatwell, eine Annäherung an die EG-Währungspolitik gegen diese Widerstände zu festigen, wurden dadurch erleichtert, dass viele jüngere Labour-Abgeordnete die traditionelle EG-Skepsis der Partei nicht teilten. Auf der Labour-Parteikonferenz 1990 hörten etwa zehn Personen Tony Benns

---

448 Peter Shore an Neil Kinnock, 5.12.1990, CAC, KNNK 1/3/56.

449 David Stoddart an Neil Kinnock, 5.9.1990, CAC, KNNK 1/3/56 Part 2.

450 Hansard HC Deb. Vol. 178, Col. 229, 23.10.1990, https://hansard.parliament.uk/Commons/1990-10-23/debates/0a9a2dc7-1ca7-4ef3-ab6a-ee70f7589555/ExchangeRateMechanism (30.9.2025).

451 Colin Brown, Kinnock Displays Determination Over Leadership, The Independent, 7.12.1990.

452 Austin Mitchell an Neil Kinnock, 21.12.1990, CAC, KNNK 1/3/52.

Rede, während der Vorsitzende der Labour-Gruppe im Europäischen Parlament, Glyn Ford, rund hundert Zuhörer anzog. Ford unterstützte die Einheitswährung als exportfördernd, forderte dafür jedoch eine deutliche Ausweitung der Regionalfonds.[453] „Unlike the Conservatives", stellte der *Economist* fest, „Labour has little to fear from either die-hard anti-Community or fanatical-federalist lobbies."[454]

Der Abschlussbericht der dritten Phase des *Policy Review, Opportunity Britain: Labour's Better Way for the 1990s*, bestätigte im April 1991 die grundsätzliche Unterstützung für das Ziel einer Wirtschafts- und Währungsunion. Gleichzeitig warnte er vor einem rigiden Zeitplan, da ein überstürztes Vorgehen die britische Wettbewerbsfähigkeit gefährden und die Kluft zwischen wirtschaftlich starken und schwachen Regionen vergrößern könne. Eine funktionsfähige Wirtschafts- und Währungsunion müsse, so die Linie, von einer abgestimmten Industrie- und Regionalpolitik begleitet werden. Neil Kinnock betonte im Vorwort: „The movements towards economic and monetary union can provide a great opportunity – but only if we are determined to use our influence – to secure European regional and industrial policies to help strengthen our economy, and to see that the process works for the whole Community and not merely for its advantaged sections."[455] Zugleich befürwortete das Dokument eine aktive britische Führungsrolle in der EG und auf den anstehenden Regierungskonferenzen. Neben dem Beitritt zur Sozialcharta betonte die Partei die Notwendigkeit einer starken Regionalpolitik als „crucial prerequisite for the functioning of any economic and monetary union".[456]

Die Position zum Delors-Bericht war damit, ebenso wie die EWS-Linie, alles andere als der von Dominic Morris unterstellte rasche Befreiungsschlag. Sie entstand aus einer komplexen Abwägung partei-, wahl- und europapolitischer Faktoren, getragen von der Annahme, dass eine langfristige britische Einbindung notwendig sei, wolle man eine dauerhafte Isolierung innerhalb der EG vermeiden.

Wie schon beim EWS erfüllte auch Labours Positionierung zur Wirtschafts- und Währungsunion mehrere politische Funktionen. Eine positive Grundhaltung bestätigte den wirtschafts- und europapolitischen Wandel des *Policy Review*. Sie markierte zugleich eine klare Abgrenzung vom zunehmend EG-kritischen Kurs der Konservativen und bot eine programmatische Öffnung für die anstehenden Wahlkämpfe. Die gemeinsame Währung, zunächst als Ausdruck marktliberaler und deflationärer Tendenzen abgelehnt, erschien zunehmend als Element eines europäischen Ordnungsrahmens, der eine politische Korrektur des Thatcherismus von außen ermöglichen konnte. Glyn Ford brachte diese Logik auf den Punkt: „We need Maastricht to muzzle the Rottweilers of the free market", wenngleich

453 Glyn Ford, Rede vor der Labour-Parteikonferenz, 1.10.1990, LPA, EPLP 2/6/16.

454 Singing a New Song, The Economist, 6.10.1990.

455 Labour Party, Opportunity Britain. Labour's Better Way for the 1990s, April 1991, S. 14 f. LPA, Policy Review: Uncatalogued, Papers and Reports.

456 Ebd., S. 53.

das System ursprünglich für die Gegenseite entstanden sei: „Maastricht wasn't written by Socialists for Socialists".[457] Die Formulierung von Bedingungen diente schließlich dazu, den gemäßigt EG-skeptischen Flügel zu beruhigen, da sie einen Aufschub der Realisierung versprach.

Der Ansatz folgte derselben Logik wie in der EWS-Debatte: Ein pragmatischer Standpunkt zur Wirtschafts- und Währungsunion sollte Labours realpolitische Orientierung unterstreichen und dazu beitragen, das Image radikaler Politik abzustreifen. Diese Haltung war Teil der Charme-Offensive, mit der führende Labour-Politiker um Akzeptanz in der Londoner City und um wirtschaftspolitische Glaubwürdigkeit warben. Die Bemühungen zeigten Wirkung: Mitte 1991 wandte sich Hambros-Banker Michael Butler an Schattenschatzkanzler John Smith, um für seinen gemeinsam mit Paul Richards entwickelten harten ECU-Vorschlag zu werben.[458] Gegenüber Premierminister John Major relativierte Butler diese Annäherung zwar und verwies darauf, dass sie auf Druck von City-Interessenvertretern wie dem British Invisible Exports Council erfolge, keine Erwartungen eines Regierungswechsels impliziere und er sich davon wenig verspreche.[459] Dennoch machte der Vorgang deutlich, dass die reformierte Labour Party selbst im traditionellen konservativen Unterstützerkreis der Finanzwirtschaft an Einfluss gewann. „Little to fear from Labour", meldete bereits Mitte 1990 ein Pressedienst aus der City.[460]

Trotz dieser Annäherung blieb die Wirtschafts- und Währungsunion aus Labour-Perspektive jedoch kein komfortables Wahlkampfthema. John Eatwell warnte Kinnock im Juli 1991 davor, die konservative Spaltung allzu offensiv auszunutzen, da die Medien dann eine klare Positionierung von Labour verlangen könnten – eine Positionierung, die durch die weiterhin ambivalenten Zielsetzungen der Partei erschwert würde.[461] Diese Ambivalenz war solange tragfähig, wie sie nicht in eine konkrete Verhandlungsstrategie übersetzt werden musste.

In den folgenden Jahren bekräftigte die Parteiführung ihre Position als pro-europäische politische Kraft in Großbritannien. Das Wahlmanifest vom März 1992 kündigte eine aktive Mitwirkung an den Verhandlungen zur Wirtschafts- und Währungsunion an, die eine EG-weite Politik zur Bekämpfung von Arbeitslosigkeit sowie eine Stärkung der regionalen und strukturellen Industriepolitik fördern sollte. Eine Europäische Zentralbank sollte nach dieser Linie in London angesiedelt und durch die EG-Finanzminister kontrolliert werden.[462]

Die Unterhauswahl im April 1992 setzte Kinnocks Parteiführung ein abruptes Ende. In der Europawahl 1989 war es Labour noch gelungen, die Konservativen zu überholen – erstmals seit 1974. Doch trotz Erfolgen in Nachwahlen und kom-

457 Glyn Ford, Skript einer Rede am 24.9.1992, LPA, EPLP 2/6/16.
458 Michael Butler an John Smith, 19.6.1991, TNA, PREM 19/3323.
459 Michael Butler an Stephen Wall, o. D. (Juni 1990), TNA, PREM 19/3323.
460 Little to Fear from Labour, PR Newswire Europe, 25.4.1990.
461 John Eatwell an John Smith, 1.7.1991, CAC, KNNK 8/71 Part 3.
462 Labour Party, Wahlmanifest, März 1992, LPA, EPLP 2/6/16.

munalen Wahlen sowie vielversprechenden Umfragewerten gelang 1992 kein Wahlsieg. Zwar hatte der *Policy Review* wegweisende Veränderungen eingeläutet und damit maßgeblich den Boden für New Labour und spätere Wahlerfolge bereitet, scheiterte jedoch an seinem Hauptziel: Der Sicherung einer Labour-Regierung.[463] Kinnock zog nach der Niederlage die Konsequenzen und trat vom Parteivorsitz zurück; sein Nachfolger John Smith übernahm wenige Wochen später die Führung.

Der Austritt aus dem Wechselkursmechanismus am 16. September 1992 veränderte die politische Ausgangslage grundlegend. Für die Labour-Führung bestätigte er die zentralen Kritikpunkte am konservativen Kurs. In der folgenden Parlamentsdebatte am 24. September warf John Smith der Regierung eine inkonsistente und von kurzfristigen Prioritäten bestimmte Wirtschaftspolitik vor, die Großbritannien geschwächt hinterlassen und zu einem demütigenden Rückzug aus dem WKM geführt habe. Er bezeichnete Major als „devalued Prime Minister of a devalued Government". Ein klares Bekenntnis zu einem möglichen Wiedereintritt gab er nicht ab, sondern betonte – wiederum eine indirekt formulierte Bedingung – zunächst müsse die Wirtschaft gestärkt werden: „The circumstances in which we would rejoin the ERM must be judged according to the state of our economy – and that is regrettably weak."[464] Die Krise belegte aus seiner Sicht, dass Stabilität nicht durch punktuelle Interventionen, sondern nur durch eine glaubwürdige und nachvollziehbare Erholungsstrategie mit Investitionen, Qualifizierung und einer aktiven Industrie- und Regionalpolitik zu erreichen sei.[465] Der WKM sei ein Rahmenwerk, das nur mit einer richtigen Politik erfolgreich sein könne – eine Linie, die Labour bereits seit 1990 für den WKM verfolgt hatte.

Zugleich eröffnete der *Black Wednesday* Labour neue politische Handlungsspielräume. Die konservative Regierung büßte einen Teil ihres Glaubwürdigkeitsvorsprungs in Wirtschaftsfragen ein, während Labour auch durch Kinnocks Reformkurs als ernsthafte Alternative wahrgenommen wurde.[466] In der Londoner City verstärkte sich der Eindruck, die Partei habe mit dem *Policy Review* eine neue wirtschaftspolitische Ernsthaftigkeit entwickelt. Das zeigte sich etwa in der positiven Resonanz, die Gespräche zwischen führenden Labour-Politikern und Finanzakteuren in den folgenden Monaten fanden – Smiths sogenannte „prawn cocktail offensive" zeigte Wirkung.[467] Für Labour bot die Krise damit eine strategische Gelegenheit, ihre pro-europäische und wachstumsorientierte Linie nicht

463 Massey, Modernisation, S. 126–128. Vgl. zur Bedeutung der Reformen auch Davis und McWilliam, Neil Kinnock.

464 Hansard HC Deb. Vol. 212, Col. 15 und 22, 24.9.1992, https://hansard.parliament.uk/Commons/1992-09-24/debates/cd4dbf7e-0c2d-40b4-97d6-60e9ba1f04ec/CommonsChamber (30.9.2025).

465 Ebd.

466 Telesca, Economic Competence, S. 631 f.

467 Clive Mills und Bob Newton, The Bid to Woo City From the Tories, The Press Association, 12.5.1994.

nur als programmatische Option, sondern als glaubwürdige Antwort auf die strukturellen Schwächen der konservativen Währungspolitik zu präsentieren.

Innerhalb der Partei führte der *Black Wednesday* kurzfristig zu einer Wiederbelebung euroskeptischer Stimmen, die sich in ihrer Kritik an der Währungsintegration bestätigt sahen.[468] Doch anders als in den 1970er Jahren konnte dieser Flügel die Gesamtlinie der Partei nicht mehr nachhaltig beeinflussen. Smith und die Mehrheit der Fraktionsführung hielten an der pro-europäischen Orientierung fest und betonten, dass eine konstruktive Rolle in der EG nur aus einer Position wirtschaftspolitischer Glaubwürdigkeit heraus möglich sei. Die Krise trug damit eher zur Festigung als zur Infragestellung des programmatischen Kurses bei. Anders als in der Konservativen Partei, wo die Führung mit einer drohenden Rebellion der Hinterbänkler kämpfte, konnte sich die Labour-Führung stabilisieren und die Politik unter dem Blickwinkel der Parteieinheit gestalten.[469]

Die Ratifizierung des Vertrags von Maastricht im Jahr 1993 bot Labour die Möglichkeit, ihre europapolitische Neuaufstellung weiter zu konsolidieren. Die Partei unterstützte den Vertrag politisch, enthielt sich im Parlament jedoch, da sie Majors *Opt-out* beim Sozialkapitel ablehnte. Die britische Teilnahme galt Labour als unverzichtbar, um die wirtschaftlichen und sozialen Ungleichgewichte innerhalb der EG auszugleichen und eine Währungsunion auf tragfähiger Grundlage zu errichten.[470] Labours Position blieb damit: Unterstützung der Integrationsschritte, aber unter Bedingungen, die politisch und wirtschaftlich legitimierbar waren. Diese Haltung war eine Fortsetzung der Linie, die bereits im *Policy Review* und während der WKM-Debatte angelegt worden war: pro-europäisch, wachstumsorientiert, strukturell reformorientiert, aber nicht vorbehaltlos.

Nach John Smiths unerwartetem Tod im Mai 1994 übernahm Tony Blair die Parteiführung und setzte den Modernisierungskurs fort. Er betrachtete eine konstruktive Rolle in der EU als unerlässlich, um Großbritanniens Einfluss langfristig zu sichern.[471] Parteiintern verschob sich die Stimmung weiter zugunsten einer pragmatischen, wachstumsorientierten Integrationspolitik. Dies spiegelte sich in einer 1996 unter Labour-Unterhausabgeordneten durchgeführten Umfrage wider: Eine große Mehrheit sah in der Wirtschafts- und Währungsunion keine Bedrohung der Souveränität, sondern eine notwendige Anpassung an internationale Rahmenbedingungen.[472] Browns Ankündigung eines Referendums im November 1996 bekräftigte diesen Kurs, da sie Reformbereitschaft und wirtschaftspolitische Vorsicht verband, ohne die Partei programmatisch zu überfordern.[473]

---

468 Marsh, Euro, S. 202.

469 Duckenfield, Business and the Euro, S. 125–127.

470 Ivor Owen und David Owen, Tory Euro-Sceptics Respond to Calls for Unity, The Financial Times, 24.7.1993; Labour Split on Europe Revealed, The Independent, 18.4.1996.

471 Furby, Tony Blair, S. 210–220.

472 Strange, British Labour Movement, S. 15.

473 Daddow, New Labour and the European Union, S. 47–50; Furby, Tony Blair, S. 216.

Der überwältigende Wahlsieg 1997 bestätigte diesen Kurs. In der Regierung hielt Labour zunächst an der abwartenden Linie fest, ehe die Entscheidung fiel, Großbritannien nicht in die dritte Stufe der Währungsunion zu führen. Die 1997 formulierten Bedingungen verbanden wirtschaftliche Stabilität, politische Kontrolle und parteiinterne Geschlossenheit – und markierten zugleich den Abschluss einer Entwicklung, die mit der EWS-Debatte begonnen hatte.

Schlussbetrachtung

> I shall be telling this with a sigh;
> Somewhere ages and ages hence:
> Two roads diverged in a wood, and I—
> I took the one less traveled by,
> And that has made all the difference.[1]

Der Vertrag von Maastricht, der die Begründung der Europäischen Union und die Einführung einer einheitlichen Währung, des Euro, festschrieb, veränderte die europäische Integration grundlegend. Er markierte den Ausgangspunkt einer beispiellos engen währungspolitischen Zusammenarbeit in Westeuropa. Zugleich regte er eine kritischere Auseinandersetzung mit dem Einigungsprojekt an – die Umwandlung von einem „permissive consensus" in einen „constraining dissensus".[2] Allerdings zeigt die jüngere Forschung, dass die Einteilung in eine relativ unproblematische Vorgeschichte und eine konfliktreiche Zeit nach der Wegscheide 1992 verkürzt wäre – der lange Weg nach Maastricht war keineswegs problemlos.[3] Auch die vorliegende Studie verortet den entscheidenden Umbruch in der britischen Währungspolitik in der Zeit vor 1992, indem sie aufzeigt, wie die Verhandlungen um eine Wirtschafts- und Währungsunion bereits in der zweiten Hälfte der 1980er Jahre die EWS-Debatte und den britischen Blick auf die Währung grundlegend veränderten.

Der Entschluss der britischen Regierung gegen den Wechselkursmechanismus war, wie später derjenige gegen die Teilnahme an der Wirtschafts- und Währungsunion, eine entscheidende Weichenstellung.[4] Und wie für Robert Frosts Wanderer im Gedicht „The Road Not Taken" machte diese Entscheidung an einer Weggabelung scheinbar den Unterschied für die gesamte weitere Reise: Sie brachte das Land auf einen Weg, der es immer weiter weg von der Europäischen Union führte. Ein genauer Blick auf die Überlegung, die Frost seinem Wanderer in den Mund legt, wirft aber Fragen auf: Kann eine einzelne Entscheidung tatsächlich den gesamten Verlauf eines Lebens bestimmen? Oder sind solche Deutungen eher als Rationalisierung zu verstehen, zumal die beschriebene Überlegung des Wanderers noch während seines langen Zögerns vor dem weniger genutzten Weg stattfindet und damit die kommende Entwicklung erst antizipiert?[5] Ähnliche Fragen wie bei diesem Gedicht – dessen metaphorische Weggabelung vielfach zur

---

1 Robert Frost, The Road Not Taken, in: Ders., Mountain Interval, New York 1916, S. 9–10.

2 Hooghe und Marks, Permissive Consensus; Schimmelfennig, European Integration.

3 Patel, Auf dünnem Eis; Geppert et al., Great Temptation, S. 18; Jaeschke, Immer engere Union.

4 Zur Bedeutung der Währungspolitik für die europäische Integration ist insbesondere in der Finanzkrise 2007/8 und der Schuldenkrise in der Eurozone vgl. Clemens, Scheitert der Euro; Geppert, Euro. Geburt aus dem Geist der Wiedervereinigung.

5 Orr, Road Not Taken.

 | HTTPS://DOI.ORG/9783112234860-007

Illustration (währungs-)politischer Wegscheiden in der europäischen Integration genutzt wird[6] – stellen sich auch für die britische EWS-Politik. Kann das WKM-Ausscheiden als die entscheidende Wegscheide betrachtet werden, die alles veränderte? Der Blick auf die Geschichte des ambivalenten britischen Verhältnisses zur europäischen Währungspolitik legt nahe, diese Frage mit „Nein" zu beantworten. Der währungspolitische Weg hätte viele mögliche Abzweigungen geboten, vor und nach dem sogenannten schwarzen Mittwoch und dem Vertrag von Maastricht mit dem britischen *Opt-out*. Das zeigen die konfliktreichen innenpolitischen Verhandlungen um die mögliche britische Teilnahme am Wechselkursmechanismus ab 1978 ebenso, wie das Hadern mit den Konsequenzen des Beitritts nach 1990. Denn die erbitterten Konfrontationen über die WKM-Mitgliedschaft und später die Teilnahme an einer einheitlichen Währung gab es nur deswegen, weil es Stimmen gab, die für eine engere europäische Einbindung plädierten. Das wird noch deutlicher, wenn der Blick über die oberste Regierungsspitze hinaus geweitet wird, auf die Ministerien, CBI, TUC, Opposition und mit den Abgeordneten des Europäischen Parlaments auch auf weitere Teile der regierenden Konservativen Partei. Ebenso bestand auch unmittelbar nach dem WKM-Austritt ein Möglichkeitsfenster für einen Wiedereintritt, wenngleich die Entwicklung einer alternativen geldpolitischen Strategie bis Oktober und die folgenden EWS-Turbulenzen 1993 diese Option rasch schlossen. Blairs Labour-Regierung rang ab 1997 ebenso mit der Währungspolitik wie ihre konservative Vorgängerin, diesmal mit den Antipoden Gordon Brown und Tony Blair. Das soll nicht bedeuten, dass die kurze EWS-Vollmitgliedschaft nicht gewichtige Argumente gegen die Teilnahme an einer einheitlichen Währung geboten hat, zumal ein Kurswechsel umso schwieriger wurde, je länger das Land in diesem Kernbereich der europäischen Integration außen vor blieb. Aber die Annahme einer zwangsläufigen Entwicklung würde den Handlungsspielraum der Regierungen unterschätzen und sie damit von ihrer politischen Verantwortlichkeit für den gewählten europapolitischen Kurs freisprechen.

Mit ihren Implikationen für die aktuelle Geld- und Europapolitik wirft die EWS-Debatte einen langen Schatten in die Gegenwart. Folgt man ihm, führt der Weg in einen wahren Dschungel aus Mythen, die sich um den späten Beitritt, die unglückliche Mitgliedschaft und den demütigenden Austritt des Landes aus dem europäischen Wechselkursverbund ranken. Ohne den schwarzen Mittwoch, den unfreiwilligen Austritt des Pfundes aus dem System, wäre es nicht zum Brexit gekommen; er habe wesentlich zur Schwächung der Konservativen Partei beigetragen, hieß es in konservativen Kreisen. Euroskeptische Stimmen zeigten sich überzeugt, dass der Austritt erst der Ursprung einer angemessenen Wirtschaftspolitik sei und man den Tag zum weißen oder goldenen Mittwoch umdeuten müsse.

6 Phelan, Road Not Taken; Dyson, Fifty Years, S. 169; Andry, Social Europe; Búrca, Road Not Taken.

Deswegen spricht der ehemalige britische Schatzkanzler Kenneth Clarke von einer ganzen Mythologie, die sich um das Thema gebildet habe.[7]

Die Bewertung der EWS-Debatte fällt deswegen so schwer, weil es sich nicht um eine rein wirtschaftliche Debatte handelte, die sich ausschließlich um die richtige geldpolitische Ausrichtung drehte. Es ging auch nicht nur um ein europapolitisches Signal, das allein anhand der EG-politischen Vor- und Nachteile verhandelt wurde. Vielmehr bewegte sich die Debatte an der Schnittstelle von Wirtschaft und Politik. Dieses Spannungsfeld zeigte sich schon in der Doppelstrategie, auf die James Callaghans Labour-Regierung bei den Verhandlungen um die EWS-Gründung 1978 setzte und die Thatchers Nachfolgeregierung 1979 im Wesentlichen übernahm: Erstens die Beteuerung, als gute Europäer die Kooperation mit pragmatischen Mitteln vorantreiben zu wollen, belegt durch eine partielle EWS-Mitgliedschaft, die trotz Fernbleiben vom Kernstück WKM die Mitsprache bei weiteren Verhandlungen sichern sollte. Zweitens die Diskreditierung weiterreichender supranationaler Vorstellungen als realitätsfern und potenziell gefährlich für die parlamentarische Demokratie. Die offizielle britische Position lautete bis 1990, ein Beitritt werde zur richtigen Zeit erfolgen. Beide Regierungen formulierten dabei mehr oder weniger realistische Bedingungen, die sich auf wirtschaftliche Argumente bezogen, aber auch Ausdruck grundlegender Vorbehalte gegen die europäische Bindung der jeweiligen Reformstrategien waren.

Diese Strategie war weder unumstritten noch ohne politisches Risiko: Bereits 1978 hatte Margaret Thatchers Ratgeber Simon May vor dem Unwillen der übrigen EG-Länder gewarnt, einem ohnehin außen vor bleibenden Partner Zugeständnisse zu machen – nicht nur bei Ausgestaltung der Währungskooperation, sondern auch in anderen Bereichen der Gemeinschaftspolitik. In die Position eines schwierigen Partners zu geraten, würde Großbritannien in allen anstehenden Verhandlungen mit einem Handicap belasten. Dennoch übernahm Margaret Thatchers Regierung die Strategie und führte sie selbst dann fort, als das Erscheinen des Delors-Berichts im April 1989 die Kosten einer begrenzten Mitsprache erhöhte: Denn ohne volle EWS-Mitgliedschaft hatte Großbritannien weniger Hebel in den EG-Verhandlungen, um die Entwicklung zur ungewünschten einheitlichen Währung zu bremsen. Der Schritt zu einer europäischen Einheitswährung wäre viel weitreichender als eine reversible und – zumindest theoretisch – anpassungsfähige Wechselkursbindung. So ging auch Margaret Thatcher in ihrer Kritik an dem Vorhaben einer Europäischen Zentralbank und einer einheitlichen Währung deutlich weiter als in der am EWS. Sie warnte nicht mehr nur vor einem Verlust des geldpolitischen Handlungsspielraums, sondern vor einem bürokratischen und sozialistischen Angriff auf Demokratie und Freiheit selbst. Hingegen argumentierten ihre Schatzkanzler Nigel Lawson und nach dessen Rücktritt 1989 John Major ganz ähnlich wie Simon May zehn Jahre vorher: Die WKM-Mitgliedschaft

7 Kenneth Clarke, CCBH Witness Programme, 14.11.2007, S. 83.

sei unerlässlich, um die Entwicklung der EG mitzugestalten. Als sich herauskristallisierte, dass sich die EG-Partner auch von zwei vorgelegten britischen Alternativplänen nicht von dem gefassten Ziel würden abbringen lassen, drängte Major auf einen noch weiterreichenden Ansatz. Ohne eine zumindest theoretische Beitrittsperspektive zur europäischen Währung, argumentierte er, würden die übrigen EG-Mitglieder Großbritannien kaum Mitsprache einräumen bei diesem Projekt, das zweifellos einen der wichtigsten Integrationsschritte seit den 1950er Jahren darstelle. Seinen Vorschlag, dem Ziel der einheitlichen Währung grundsätzlich zuzustimmen, aber ein Recht auf Nichtteilnahme an der einheitlichen Währung zu verankern, konnte er zunächst nicht durchsetzen. Die prinzipielle Akzeptanz der Wirtschafts- und Währungsunion, die ein solcher Kurs implizieren würde, lehnte Thatcher selbst als ferne Zukunftsperspektive ab. Erst nach Thatchers Rücktritt konnte John Major, als ihr Nachfolger, seine Vorstellungen verwirklichen und sicherte ein *Opt-out*, das dem Land als potenziellem Beitrittskandidaten immerhin beschränkte Gestaltungsoptionen offenhalten sollte. Das entsprach dem Muster der EWS-Strategie, in der Großbritannien sich auch nicht zur vollen Teilnahme bereit gezeigt, aber durch eine Option zum Beitritt den Fuß in der währungspolitischen Tür behalten hatte. Eine ernsthafte Auseinandersetzung mit den Parallelen zu den EWS-Verhandlungen, in denen schon 1978 die Probleme so klar benannt worden waren, blieb aber aus – vor allem, um nicht die scharfen Auseinandersetzungen zwischen Thatcher und Majors Vorgänger als Schatzkanzler, Nigel Lawson, wieder heraufzubeschwören.

Im Laufe der EWS-Debatte zwischen 1985 und 1990 spiegelte sich das Spannungsfeld aus Wirtschaft und Politik in den Verantwortlichkeiten der jeweiligen politischen Stellen, die mit der Frage befasst waren und zwischen denen es zu Reibungen und Kompetenzstreitigkeiten kam. Personeller, technischer und ideeller Wandel innerhalb der Ministerien und der Bank of England trugen dazu bei, die Positionierung und die Haltung zur europäischen Währungspolitik zu verschieben und bis 1985 selbst im traditionell skeptischen Schatzamt die Befürwortung eines WKM-Beitritts herbeizuführen. Dabei gab es eine bemerkenswerte Kluft in der Wahrnehmung: In Whitehall bemühten sich das Schatzamt und das Prime Minister's Office zu betonen, dass die Entscheidung eine wirtschaftliche sei, und dass man den Überlegungen des Foreign Office nicht den Vorrang einräumen dürfe. Selbst Außenminister Geoffrey Howe stellte klar: Die Entscheidung müsse in erster Linie auf wirtschaftlichen Argumenten beruhen – teilweise, weil er in dieser Argumentationsstrategie die bessere Chance sah, seine Chefin zu überzeugen, teilweise, weil er selbst die wirtschaftlichen Meriten für grundlegend hielt. Während sich die Regierung auf wirtschaftliche Argumente konzentrierte, zeigte sich der Bank of England-Governor Robin Leigh-Pemberton davon überzeugt, dass die Entscheidung auf politischen Erwägungen beruhe. Wenn er in der Öffentlichkeit verstärkt den politischen Charakter der Entscheidung betonte, meinte er damit nicht die interne Einteilung der Argumente, sondern verwies darauf, eine so komplexe Entscheidung mit so erheblichen Implikationen für Wirtschaft und Gesellschaft müsse durch die demokratisch gewählte politische Führungsebene getroffen werden.

Dieser Auffassungsunterschied zeugt von den Schwierigkeiten einer trennscharfen Unterscheidung von wirtschaftlicher und politischer Ebene. In den ersten Jahren der EWS-Debatte ab 1979 wurde der politische Charakter zwar benannt, aber ökonomische Erwägungen galten als maßgebliches Entscheidungskriterium. Dazu wurden gezählt: Die Frage des angemessenen Beitrittskurses; Konsequenzen für Wachstum und Inflationsentwicklung; die gegensätzliche Wirkung von Ölpreisentwicklungen auf Pfund und EWS-Währungen, insbesondere die D-Mark als Ankerwährung des EWS, und möglicherweise resultierende Spannungen auf das Wechselkursgefüge; die mangelnde Konvergenz zwischen der deutschen und der britischen Wirtschaft hinsichtlich Produktivität und Inflationsentwicklung; die potenziell destabilisierenden Auswirkungen des Beitritts einer internationalen Reservewährung zum EWS-Wechselkursverbund; sowie der Nutzen stabiler Wechselkurse für Handel und Wirtschaft. In Thatchers und Schatzkanzler Lawsons Rhetorik wurde betont, das EWS ausschließlich unter wirtschaftlich-technischen und damit rationalen, im Gegensatz zu schwammigen EG-politischen Gesichtspunkten zu bewerten. Für Geoffrey Howe, der als Schatzkanzler (1979–1983) zunächst vorrangig die geldpolitische Strategie im Blick hatte, blieb das EWS immer auch EG-politisches Symbol. Es sollte aber bis weit in seine anschließende Amtszeit als Außenminister (1983–1989) dauern, bis er diese Funktion unter dem Eindruck europapolitischer Umbrüche als Priorität bewertete.

Die offizielle Linie blieb durchgehend, dass der Beitritt zur richtigen Zeit stattfinden würde. Die sich wandelnden Bedingungen wie Wechselkurs- und Ölpreisschwankungen führten deswegen selbst bei prinzipieller Befürwortung einer WKM-Mitgliedschaft zu einem für externe Beobachter verwirrenden Oszillieren zwischen unmittelbaren Beitrittsforderungen und Rückzug auf die abwartende Position. Eine prinzipielle Absage an den EWS-Vollbeitritt, wie sie John Redwood forderte, oder eine Konkretisierung der Bedingungen, unter denen der Zeitpunkt gekommen sei, wie es die FCO-Vertreter vorschlugen, gab es nicht. Selbst im primär mit der EG-Strategie befassten Foreign Office setzte sich mit Geoffrey Howes Amtsantritt die Position durch, dass die wirtschaftlichen Argumente (*balance of arguments*) zumindest ausgeglichen sein müssten; erst dann könnten die politischen Argumente zum Zug kommen. Zu diesen politisch eingeordneten Argumenten zählten: Die erhöhte Glaubwürdigkeit des britischen EG-Bekenntnisses, die erstens eine strategische Grundausrichtung zur europäischen Anbindung untermauern würde und zweitens durch eine verbesserte Verhandlungsposition konkrete finanzielle Vorteile, etwa bei EG-Haushaltsverhandlungen, bringen könnte; das Aufbrechen des deutsch-französischen Führungstandems zugunsten einer Dreierkonstellation; größere Sicherheit gegenüber den Bewegungen in den Kapital- und Währungsmärkten; und ein größerer Einfluss des europäischen

Währungsraumes gegenüber den großen internationalen Reservewährungen US-Dollar und Yen. Mit Blick auf die Innenpolitik wurde die Wirkung des EWS-Vollbeitritts vor einer Wahl und die parteipolitische Auseinandersetzung mit der Opposition erwogen. Es wurde angenommen, dass der Beitritt positive Folgen für die EG-Politik haben würde. Die innenpolitische Wertung war umstrittener. Das 1985 insbesondere von Thatcher-Berater Alan Walters ins Spiel gebrachte *election trap*-Gegenargument war bis zur Unterhauswahl im Juni 1987 maßgeblich. Demnach könnte die Perspektive eines Labour-Sieges das Pfund und damit die EWS-Parität unter Druck setzen, das wiederum würde die Wirtschaftskompetenz der regierenden konservativen Regierung diskreditieren und deren Wahlaussichten verschlechtern. Zudem bestand selbst im Foreign Office die Sorge, durch die EWS-Vollmitgliedschaft notwendige restriktive Zins- und Sparmaßnahmen könnten dem Ansehen der EG in der britischen Bevölkerung schaden. Andersherum drangen die von Schatzkanzler Nigel Lawson schon 1981 vorgebrachten parteipolitischen Argumente nicht durch: Mit der WKM-Mitgliedschaft könnte die EG-politische Spaltung der Labour Party offengelegt und zugleich die eigenen, konservativen Kritiker von Spar- und Stabilitätsmaßnahmen argumentativ entwaffnet werden.

Wie wenig das EWS als Mittel der EG-Politik gesehen wurde, zeigt der Umgang mit dem *shadowing*, mit dem Schatzkanzler Lawson das Pfund 1987 und Anfang 1988 informell an die D-Mark band. So wurden die Vorteile stabiler Wechselkurse für Marktvertrauen und Handel mit den Kosten der notwendigen Interventionen abgewogen, EG-politische Erwägungen aber weitgehend außen vorgelassen. Das wurde deutlich, als die Regierung mit nicht abgesprochenen Devisenmarktinterventionen in D-Mark bewusst gegen das EWS-Abkommen verstieß und erhebliche Spannungen mit den EWS-Partnern in Kauf nahm. Das veranlasste die Bank of England zu erheblichem Protest, weil sie die Zentralbankkooperation in der EG gefährdet sah.

Das im Kabinett durchgesetzte Narrativ, die Entscheidung werde primär von wirtschaftlichen Faktoren abhängig gemacht, muss jedoch auf drei Weisen differenziert werden: Erstens verwischte die vermeintlich klare Grenze zwischen wirtschaftlichen und politischen Argumenten bereits früh. Denn geldpolitische Entscheidungen hatten weitreichende Auswirkungen auf die Wirtschafts-, Umverteilungs-, Sozial- und Europapolitik. Auf EG-Ebene könnte eine verbesserte Verhandlungsposition konkrete finanzielle Vorteile bringen, etwa, wenn so ein geringerer britischer EG-Haushaltsbeitrag verhandelbar wäre. Die Erwartungen konkreter Gegenleistungen für einen WKM-Beitritt blieben allerdings zu gering, um dieses Argument wirksam zu machen. Zweitens war schon die wirtschaftspolitische Prioritätensetzung selbst – die Präferenz von Inflationsbekämpfung über Wachstums- und Beschäftigungsziele – eine politisch motivierte Entscheidung. Die gesamte Bewertungsgrundlage der wirtschaftlichen Abwägung war also nicht allein Ergebnis rein technisch-rationaler Überlegungen, sondern auch einer gesellschaftspolitischen Agenda, die Margaret Thatcher für notwendig hielt, um das Land umfassend zu reformieren. Drittens war die begriffliche Verortung von politisch und wirtschaftlich keineswegs eindeutig – so changierten Argumente zwischen beiden Kategorien. Beispielsweise gewann, wie in der Bank of England festgestellt wurde, die europapolitische Mitsprache angesichts der anstehenden Währungsunion auch größere finanzielle Bedeutung. Denn deren Ausgestaltung würde sich substanziell auf die ökonomische Entwicklung auswirken, was wiederum den Einflussmöglichkeiten direkte ökonomische Relevanz verlieh. Vor 1988 wurden diese Grenzbereiche und begrifflichen Zuordnungsschwierigkeiten aber kaum benannt.

Warum wurde der wirtschaftliche Charakter der Entscheidung so nachdrücklich betont, wo den Beteiligten doch die politische Reichweite der Entscheidung bewusst war? Auch dafür lassen sich mehrere Erklärungen anführen, die ineinandergriffen und zusammenwirkten: Die Betonung der Regierung, die Entscheidung auf Basis einer wirtschaftlichen Abwägung zu fällen, war eine bewusste Entpolitisierung der wirtschaftspolitischen Agenda. Der Anspruch, antiinflationäre, angebotsseitige Wirtschaftsreformen sowie Auflösung des sozialdemokratischen Nachkriegskonsenses seien die einzig praktikablen Alternativen (auf das Schlagwort „There is no alternative" gebracht), verlieh dem von Thatcher selbst geförderten Narrativ eines radikalen Umbruches Nachdruck und entzog die Maßnahmen einer breiteren Debatte über die damit einhergehenden verteilungspolitischen Konsequenzen. Die politisch motivierte Steuerung der Wirtschaft wurde mit den nachfrageorientierten und auf Wirtschafts- und Beschäftigungswachstum zielenden Ansätzen der Vorgängerregierung in Verbindung gebracht und diese damit als wohlstandsschädigend und ideologisch verhärmt diskreditiert.

Auf die Währungspolitik angewandt legte dieses Argumentationsmuster nahe, das Fernbleiben aus dem EWS sei ebenfalls die einzige vernünftige und praktikable Entscheidung. Zugleich verortete der Anspruch der wirtschaftlich-technischen Priorität die Debatte in den Bereich der Fachleute und entzog sie somit einem breiteren Diskurs, was sich mit der zunehmenden Zuordnung in den alleinigen Verantwortungsbereich des Schatzamts und dem Herausdrängen des Foreign Office auch institutionell deckte. Auf EG-Ebene ermöglichte die Entpolitisierung, einen Zusammenhang zwischen Fernbleiben und mangelndem politischen Bekenntnis zur europäischen Einigung zu dementieren. Zudem entsprach das Floating mit der freien Preisbildung auf den Währungsmärkten dem marktorientierten Ansatz von Thatchers Regierung.

Eine Entmystifizierung des Pfundkurses, der bei den großen vorangegangenen Abwertungen den Vorgängerregierungen so großen politischen Schaden zugefügt hatte, bot im Parteienstreit unmittelbaren praktischen Nutzen und entsprach zugleich den ideologischen Präferenzen. Das Pfund sollte nicht länger als ein Mittel zur Regulierung der Verteilung gesehen werden. Deutlich wurde das in der Weigerung, CBI- und Unternehmensforderungen nach export- und wachstumssteigernden, ‚kompetitiven' Pfundabwertungen nachzugeben, und in Forderungen an die Tarifparteien, eine solche Abwertung nicht zur Deckung hoher Lohnabschlüsse einzukalkulieren. Mit den Schritten zu einer Wirtschafts- und Währungsunion ab 1988 bröckelte diese Taktik jedoch, als die Regierung selbst die Kontrolle über Geld und Währung als unerlässlichen Grundpfeiler der Souveränität und damit der demokratischen Ordnung darstellte.

Den Ausschlag für den Beitritt zum Wechselkursmechanismus 1990 hatten die geldpolitischen Probleme gegeben – um sie hatten sich die Beratungen zwischen Thatcher und ihrem Schatzkanzler Major, inzwischen nur noch bilateral durchgeführt, hauptsächlich gedreht. Die primäre Funktion, die der WKM-Mitgliedschaft auf Regierungsebene zugeschrieben wurde, bestand darin, der Geldpolitik ein Rückgrat zu geben, einen Stabilitätsanker gegen die Inflation. Die Regierungskonferenz zur Wirtschafts- und Währungsunion, die im Dezember 1990 anberaumt war, spielte aber eine entscheidende Rolle für die Festlegung des Zeitpunkts, da man Vorwürfe des Opportunismus durch einen späteren Beitritt verhindern wollte. Die Behandlung des EWS als geldpolitisches Instrument signalisierte auch den Unwillen der britischen Regierung, die weiterreichende Entwicklungsperspektive als Vorläufer einer Wirtschafts- und Währungsunion anzuerkennen. Erst nach dem Austritt wurde der veränderte Charakter des EWS durch die Ambitionen der Einheitswährung als Hauptgrund für die Spannungen identifiziert, die schließlich zur Pfundkrise führten. Überraschend konnten die politischen Implikationen nur kommen, weil zuvor die politische und symbolische Dimension von Währung in den EWS-Debatten hartnäckig negiert worden war, um nicht an die EG-politischen Konsequenzen der Sonderposition und die regierungsinternen Kontroversen zu rühren. Das erschwerte den reflektierten Umgang mit dieser Bedeutungsebene, die sich mit den Verhandlungen um die Gestaltung einer Wirtschafts- und Währungsunion nicht mehr umgehen ließ. Es verhinderte auch eine realistische Einschätzung der Bündnisoptionen auf EG-Ebene. Sowohl Thatcher als auch Major überschätzten die Möglichkeit, über eine enge Abstimmung mit der deutschen Seite ihre Vorbehalte auf EG-Ebene durchzusetzen – ein Muster, das sich später auch in den Brexit-Verhandlungen wiederholen sollte.[8]

Die nationale Souveränität spielte zwar eine wichtige Rolle in den EWS-Debatten, aber im Lichte der Ergebnisse dieser Studie muss zeitlich stärker differenziert werden als bisher: Der Souveränitätsbegriff tauchte in den internen EWS-Debatten ab 1979 zunächst kaum auf. Es ging weniger um die Rechte des Parlaments bei der Wechselkursbindung, sondern um den geldpolitischen Spielraum. So konnte Thatchers Berater John Redwood Forderungen, den drohenden Souveränitätsverlust zum großen Argument gegen den WKM zu machen, nicht durchsetzen. Erst 1988, mit den Verhandlungen im Delors-Ausschuss um die Europäische Wirtschafts- und Währungsunion, gewann das Konzept an Bedeutung. Und auch

8 Bale und Pike, Merkel Myth.

hier machte Schatzkanzler Lawson deutlich, dass EWS und Währungsunion mit Blick auf ihre souveränitätspolitischen Implikationen komplett unterschiedlich seien – in der reversiblen EWS-Bindung erblickte er, im Unterschied zur einheitlichen Währung, keine Bedrohung der britischen Souveränität. Diese Auffassung stand im Gegensatz zu derjenigen Margaret Thatchers, die befürchtete, der WKM-Beitritt könne auf einen Schlitterpfad Richtung Einheitswährung führen.

Der Souveränitätsbegriff blieb umstritten. Hier zeichneten sich zwei Deutungsmuster ab: Einerseits das formale Recht des Parlaments, Entscheidungen zu treffen, und andererseits die praktische Fähigkeit, Entscheidungen umzusetzen, die unter Umständen durch eine rechtliche Bindung an größere Verbünde erhöht werden könnte. Entlang dieser Linien bewegten sich auch die Auseinandersetzungen um die staatlichen Handlungsoptionen in den Brexit-Debatten, wenngleich der komplexe und schwer fassbare Terminus der Souveränität durch leichter greifbare Formeln wie ‚Kontrolle' ersetzt wurde. Die Grundsatzfrage, ob einer möglichst weitreichenden formell-rechtlichen Selbstbestimmung der Vorrang gegeben werden sollte oder dem tatsächlichen und praktischen Einfluss in internationalen Verbünden bleibt bis heute virulent – und das nicht nur in Großbritannien. Für ein besseres Verständnis der dahinterliegenden Ansprüche und Deutungen und auch der Widersprüchlichkeit, die mit solchen Forderungen einhergehen kann, scheint es hilfreich, statt eines aufgesetzten festen Konzepts das Spektrum der Souveränitätsauffassungen selbst zum Untersuchungsgegenstand zu machen. Ersteres ermöglicht die Feststellung, dass sich Großbritannien wegen einer distinktiven Vorstellung von Parlamentssouveränität von Bereichen der europäischen Integration absonderte und so seinen Status als schwieriger Partner immer weiter zementierte. Das ist nicht unrichtig, bietet aber mit Blick auf die Diskussionen in anderen Ländern nicht viel mehr als die Schlussfolgerung, dass eine andere Souveränitätsauffassung dort eben weiterreichende Integrationsschritte ermöglichte. Der zweite Ansatz hingegen ermöglicht ein differenzierteres Verständnis für die innenpolitischen Konflikte um die europäische Integration in Großbritannien. Er bietet eine Erklärung, warum es im Zusammenhang mit dem Brexit-Referendum so viel leichter war, über die Probleme der Kompetenzübertragungen an ein supranationales System Einigkeit herzustellen als zu entscheiden, in welche Form die wiedergewonnene Souveränität gegossen werden sollte. Sie eröffnet zudem mehr Anknüpfungspunkte für Vergleiche mit historischen und aktuellen Diskussionen in anderen EG- bzw. EU-Ländern, sei es um die Währungspolitik oder andere kontroverse Fragen der internationalen Kooperation. Damit können auch Erzählungen eines britischen Exzeptionalismus relativiert werden, die für den Brexit eine große Rolle spielten.

Die Debatten um die Souveränität und die Probleme mit der WKM-Bindung stärkten den EU-skeptischen Flügel in der Konservativen Partei. Zugleich vollzog sich in der Oppositionspartei eine grundlegende Neuausrichtung: Hatte die Partei im Wahlprogramm von 1983 noch radikale Forderungen nach einem EG-Austritt und weitreichenden Verstaatlichungen gestellt, bewegte sie sich in Labour-Chef Neil Kinnocks *Policy Review* in Richtung einer marktorientierten und proeuropäischen Ausrichtung. Die Befürwortung des Beitritts zum Wechselkursmechanismus ab 1986 wurde zu einem Wegweiser für diese Veränderungen: Er vermittelte das Bekenntnis zu einer vorsichtigen Wirtschaftspolitik und einer Anti-Inflationspolitik sowie die Akzeptanz der EG-Mitgliedschaft und verlieh der Verschiebung der parteipolitischen Agenda in die politische Mitte an Glaubwürdigkeit. Das Bekenntnis blieb ambivalent, wie die weitreichenden und realistisch kaum verhandelbaren Vorbedingungen für einen WKM-Beitritt zeigten, die von der Parteiführung formuliert wurden. Zudem war der Kurswandel stark parteipolitisch motiviert, um die zunehmende Spaltung der Konservativen auszunutzen. Diese Ambivalenz war ein Grund, warum sich die Partei auch in ihren Regierungsjahren ab 1997 so schwer tat mit der Frage nach der europäischen Währungspolitik.

Man könnte die britische EWS-Politik als Teil einer Kontinuität sehen, die vom verspäteten EG-Beitritt 1973 über das Fernbleiben von WKM und Euro – mit dem retardierenden Element von New Labours europapolitischen Impulsen – letztlich zum EU-Austritt 2020 führte. Thatchers Absage an einen föderalen Superstaat in der Brügge-Rede 1988, ihr ikonisches „No, No, No" zu den Beschlüssen des Europäischen Rats in Rom 1990 und der WKM-Austritt 1992 würden als weitere Belege einmal mehr die britische Distanz zum Integrationsprozess untermauern. Eine solche Deutung würde die Literatur erweitern, die einen britischen Exzeptionalismus belegt, der die enge europäische Bindung ausschließt – und das je nach Verortung des Betrachtenden entweder kritisiert oder begrüßt. Und für eine solche Deutung würde angesichts des EU-Austritts einiges sprechen, immerhin tat sich Großbritannien besonders schwer mit der europäischen Währung und verließ die EU.

Eine umstürzende Neuinterpretation der britischen EG-Mitgliedschaft kann und soll die vorliegende Analyse der Währungspolitik nicht leisten. Aber sie schließt an Forschungen an, die nicht in erster Linie die Unzulänglichkeit britischer Europavorstellungen am deutsch-französischen Vergleich herausarbeiten, sondern die komplexeren Strukturen des EG-Diskurses aufzeigen wollen. Es gab eben nicht nur Gegner, sondern auch eine starke Fraktion von Befürwortern des EWS-Vollbeitritts. Und die Motivation auf beiden Seiten war komplexer, als es eine klare Gegenüberstellung von beitrittsbefürwortenden und ablehnenden Stimmen entlang ihrer EG-Haltung messen könnte. Ausschlaggebend waren auch ökonomische und parteipolitische Motive. Die mit der Währung verbundenen Vorstellungen und Funktionszuweisungen bestimmten ebenso die Formulierung der Währungspolitik: Die Interpretation des EWS als vornehmlich wirtschaftliches Instrument lief parallel zu, aber verbunden mit der europapolitischen Dimension. Der Kampf um die europäische Wechselkursbindung war nicht nur Marker der EG-Bindung, sondern über weite Strecken eine Selbstverständigung über die wirtschaftliche Strategie, eine neue Episode in dem Streben nach Stabilität des Pfundes. Letztlich optierten aufeinanderfolgende britische Regierungen in der Währungspolitik für einen eigenständigen Reformkurs statt der engen Bindung an die europäische Integration. Aber parallel waren auch immer Versuche zu beobachten, zumindest formell an der europäischen Entwicklung beteiligt zu bleiben. Das sollte genau jene Szenarien der europapolitischen Isolierung vermeiden, vor denen mit Blick auf die WKM-Mitgliedschaft in den 1980er Jahren so intensiv gewarnt worden war. Ob dieser Ansatz ohne den WKM-Austritt zu einer vollen Teilnahme am Euro geführt hätte, ist nicht mit Sicherheit zu sagen. In jedem Fall hätte dies einen neuen Blick auf die Währung erfordert. Der Schriftsteller Malcolm Bradbury hielt in einem Beitrag für die *Times* von 1991 fest:

> And perhaps more than any other nations the British have, for historical reasons and their role in the world money markets, worshipped the weight and seriousness of their own coin of the realm. [...] Novelists know that all great myths are finally real, worth something. Perhaps the hardest price we will have to pay for becoming what we will almost inevitably become in the end, true Europeans, will be that of believing in the worth of its coin of the super realm, and coming to love the loveless ecu.[9]

Die Liebe für den ECU oder den Nachfolger, den Euro, entdeckte Großbritannien nicht. Aber liest man den verschlungenen Pfad der EWS-Politik nicht als unvermeidlichen Weg eines schwierigen Partners zur Entfremdung, sondern als komplexe Debatte in einem spezifischen Kontext, ist es zumindest nicht ausgeschlossen, dass die Zuwendung zu einer europäischen Währung im Bereich des Möglichen gelegen hätte.

9 Malcolm Bradbury, Little Sir Ecu, THE TIMES, 2.2.1991.

Abkürzungsverzeichnis

AAPD	Akten zur Auswärtigen Politik der Bundesrepublik Deutschland
ABCC	Association of British Chambers of Commerce
ACDP	Archiv für Christlich-Demokratische Politik, Sankt Augustin
AEI	Archive of European Integration
Art.	Artikel
BArch	Bundesarchiv, Koblenz
BDOHP	British Diplomatic Oral History Programme, Churchill Archives Centre, Cambridge
BIEC	British Invisible Exports Council
BIZ	Bank für Internationalen Zahlungsausgleich
BOD	Bodleian Libraries, Special Collections, Oxford
BLG	British Labour Group
BOA	British Online Archives
BoE	Bank of England Archive, London
BW	Britain at Work, London Metropolitan University
CAC	Churchill Archives Centre, Cambridge
CBI	Confederation of British Industry
CCA	Archives, Christ Church, Oxford
CCBH	Centre for Contemporary British History
CPA	Conservative Party Archive, Bodleian Libraries, Special Collections, Oxford
CPRS	Central Policy Review Staff
DBPO	Documents on British Policy Overseas
DCE	Domestic Credit Expansion
DM	Deutsche Mark
ECB	Historisches Archiv der Europäischen Zentralbank, Frankfurt
ECU	European Currency Unit
EDG	European Democratic Group
EEA	Einheitliche Europäische Akte
EFPC	Economic and Financial Policy Committee (CBI)
EFWZ	Europäischer Fonds für Währungspolitische Zusammenarbeit
EMS	European Monetary System (Europäisches Währungssystem)
EMU	Economic and Monetary Union
ERM	Exchange Rate Mechanism (Wechselkursmechanismus)
EVP	Europäische Volkspartei
EWS	Europäisches Währungssystem
Fed	Federal Reserve System

 | HTTPS://DOI.ORG/9783112234860-008

FOI	Freedom of Information Act
GAP	Gemeinsame Agrarpolitik
HAB	Historisches Archiv der Deutschen Bundesbank, Frankfurt
HEB	Hard ECU Bank
IWF	Internationaler Währungsfonds
LPA	Labour History Archive & Study Centre, Manchester
LSE	London School of Economics and Political Science
MEP	Member of the European Parliament
MRC	Modern Records Centre, University of Warwick Library, Coventry
NatWest	National Westminster Bank
NEC	National Executive Committee, Labour Party
OECD	Organisation für wirtschaftliche Zusammenarbeit und Entwicklung
PA AA	Politisches Archiv des Auswärtigen Amts, Berlin
SNP	Scottish National Party
TCSC	Treasury and Civil Service Committee
TNA	The National Archives, Kew
UKREP	Permanent Representative of the United Kingdom to the European Communities
VK	Vereinigtes Königreich von Großbritannien und Nordirland
WKM	Wechselkursmechanismus
WWU	Wirtschafts- und Währungsunion

Quellen- und Literaturverzeichnis

Ungedruckte Quellen

1 Archive

The National Archives, Kew (TNA)
- Records of the Cabinet Office (CAB)
- Records of the Prime Minister's Office (PREM)
- Records created or inherited by HM Treasury (T)
- Records of the Foreign and Commonwealth Office and Predecessors (FCO)

Bank of England Archive, London (BoE)
- Banking Department: Papers Concerning the European Monetary System (EMS) (C4)
- Committee of Treasury Files (3A161)
- Committee on Exports (COIE): Sub Committee on European Economic Community (7A2)
- Economic Intelligence Department Files: European Monetary System (EMS) and Monetary Policy (6A177)
- Economic Policy: General Discussions (10A153)
- European Economic and Monetary Union (8A249)
- Gimlets Files: Sterling Policy (1A50)
- Gold and Foreign Exchange Office: Intervention – Tactics in the Foreign Exchange Markets in Support of the Sterling Rate of Exchange (11A21)
- Governor's Office Files: Market Intervention (14A99)
- Governor's Office Files: Central Bank Independence (13A183)
- Monetary Policy: General Files (10A114)
- Overseas Department and International Division: Gimlets Files (4A39)
- Overseas Department (8A213)
- Ryrie / Middleton / Burns Monthly Meetings (10A161)
- Select Committee on the Treasury and Civil Service (6A163)

Churchill Archives Centre, Cambridge (CAC)
- The Papers of Baroness Thatcher LG, OM, FRS (THCR)
- The Papers of Christopher Prout (KGLD)
- The Papers of Julian Amery (AMEJ)
- The Papers of Lord Ridley of Liddesdale (RIDL)
- The Papers of Neil Kinnock (KNNK)
- The Papers of Sir Alan Walters (WTRS)

 | HTTPS://DOI.ORG/9783112234860-009

The Papers of Sir Frederick Catherwood (CATH)
The Papers of Sir John Hoskyns (HOSK)

Christ Church Archives, Oxford (CCA)
The Papers of Nigel Lawson, Lord Blaby (SOC/Lawson)

Bodleian Libraries, Oxford (BOD)
Archive of (Richard Edward) Geoffrey Howe, Baron Howe of Aberavon (MS. Howe)

Conservative Party Archive, Oxford (CPA)
Conservative Central Office – Party Chairman's Office (CCO 20)
Conservatives in the European Parliament (CCO 508)
Conservative Research Department (CRD)
Printed and Published Material (PUB)
Thinktanks: Progress Trust (CTT/PT)

Labour History Archive and Study Centre, Manchester (LPA)
Colin Beevor and the Labour Committee for Europe (BEE)
European Parliamentary Labour Party (EPLP)
National Executive Committee (NEC)
Pamphlets
Papers of Michael Foot (MF)
Policy Review – uncatalogued

Modern Records Centre, University of Warwick, Coventry (MRC)
Confederation of British Industry Archive (MSS.200)
Trades Union Congress (MSS.292)

Bundesarchiv, Koblenz (BArch)
Bundeskanzleramt (B 136)
Bundesministerium der Finanzen (B 126)
Deutsche Bundesbank (B 330)

Politisches Archiv des Auswärtigen Amts, Berlin (PA AA)
Leitung: Ministerbüro (B 1)
Politische Abteilung: Länderreferate Großbritannien, Commonwealth, Nordeuropa, Ostseerat (B 31)
Europaabteilung: Internationale Währungspolitik, Verkehrs-, Sozial- und Energiepolitik der EG (B 202)
Europaabteilung: Wirtschafts- und Währungsunion, Binnenmarkt (B 224)

Historisches Archiv der Deutschen Bundesbank (HAB)
Hauptabteilung, Zentralbereich J Internationale Beziehungen (B 330)
Nachlass Karl Otto Pöhl (N 4)

Historisches Archiv der Europäischen Zentralbank, Frankfurt (ECB)
The Committee of Governors of the Central Banks of the Member States of the European Economic Community (1964–93) (CoG)
The Delors Committee (1988–1989) (DelC)

Archiv für Christlich-Demokratische Politik (ACDP), Sankt Augustin
Nachlass Gerhard Stoltenberg (I-626)

2 Interviews

Terence Burns, Interview am 25.5.2022.
John Gieve, Interview am 4.5.2022.
David Hannay, Interview am 4.5.2022.
John Kerr, Interview am 17.5.2022.
Norman Lamont, Interview am 25.5.2022.
Nigel Wicks, Interview am 9.6.2022.

Gedruckte Quellen

1 Zeitungen und Zeitschriften

Associated Press, Daily Mail, Daily Telegraph, The Financial Times, The Guardian, The Independent, The Observer, The Spectator, The Sun, The Sunday Telegraph, The Sunday Times, The Times.

2 Datenbanken, Quelleneditionen und Interview-Transkripte

AAPD Akten zur Auswärtigen Politik der Bundesrepublik Deutschland, hrsg. v. Institut für Zeitgeschichte, München (https://www.ifz-muenchen.de/aapd).
AEI Archive of European Integration, University of Pittsburgh (http://aei.pitt.edu/).
BDOHP British Diplomatic Oral History Programme, Churchill Archives Centre (https://bdohp.chu.cam.ac.uk/).
BOA British Online Archives (https://microform.digital/boa/).
British Labour Party Papers 1968–1994.
Liberal Party from Asquith to Ashdown, 1912–1988.
BW Britain at Work. Voices from the Workplace 1945–1995, TUC Library Collections at the London Metropolitan University (https://collections.londonmet.ac.uk/about/britainatwork).

CCBH Centre for Contemporary British History Witness Programme.
Black Wednesday and the Rebirth of the British Economy, 14.11.2007, London 2008, hrsg. v. Michael Kandiah.
CVCE Centre Virtuel de la Connaissance sur l'Europe (https://www.cvce.eu/de).
DBPO Documents on British Policy Overseas, hrsg. v. Foreign and Commonwealth Office.
Salmon, Patrick, Keith Hamilton und Stephen R. Twigge (Hrsg.), Documents on British Policy Overseas (DBPO), Serie 3, Bd. 7: German Unification 1989–90, London 2010.
Eurobarometer, Meinungsumfragen der Europäischen Kommission,
Daten bereitgestellt durch den GESIS Eurobarometer Data Service (https://www.gesis.org/en/eurobarometer-data-service#c122017).
HAEU Historical Archives of the European Union: Oral History-Programme, Voices of Europe Collection (https://archives.eui.eu/en/oral_history).
Hansard The Parliamentary Debates (Hansard). House of Commons, Official Report, Series 5–6 (https://api.parliament.uk/historic-hansard/index.html).
The Parliamentary Debates (Hansard). House of Lords, Official Report, Series 5–6 (https://api.parliament.uk/historic-hansard/index.html).
JMA John Major Archive (https://johnmajorarchive.org.uk/).
MTF The Margaret Thatcher Foundation (www.margaretthatcher.org).

3 Memoirenliteratur, Tagebücher, Zeitzeugenseminare, Berichte

Ashdown, Paddy, A Fortunate Life. The Autobiography of Paddy Ashdown, London 2010.
Baker, Kenneth, The Turbulent Years. My Life in Politics, London 1993.
Bank of England (Hrsg.), The Bank of England and Earlier Proposals for a Decimal Coinage, in: Bank of England Quarterly Bulletin 10,4 (1970), S. 454–458.
Bank of England (Hrsg.), Overseas Sterling Balances 1963–1973, in: Bank of England Quarterly Bulletin 14,2 (1974), S. 162–175.
Bank of England (Hrsg.), Some Recent Developments in the United Kingdom's Invisible Account, in: Bank of England Quarterly Bulletin 17,4 (1977), S. 443–450.
Bank of England (Hrsg.), Intervention Arrangements in the European Monetary System, in: Bank of England Quarterly Bulletin 19,2 (1979), S. 190–194.
Bank of England (Hrsg.), Economic Commentary Quarter 2, 1980, in: Bank of England Quarterly Bulletin 20,2 (1980), S. 119–140.
Bank of England (Hrsg.), The Supplementary Special Deposits Scheme, in: Bank of England Quarterly Bulletin 22,1 (1982), S. 74–85.
Bank of England (Hrsg.), Changes to Monetary Aggregates and the Analysis of Bank Lending, in: Bank of England Quarterly Bulletin 24,1 (1984), S. 78–83.
Bank of England (Hrsg.), Operation of Monetary Policy, in: Bank of England Quarterly Bulletin 24,3 (1984), S. 318–328.
Bank of England (Hrsg.), The Variability of Exchange Rates Measurement and Effects, in: Bank of England Quarterly Bulletin 24,3 (1984), S. 346–349.

Bank of England (Hrsg.), ECU Financial Activity, in: Bank of England Quarterly Bulletin 28,4 (1988), S. 509–516.

Benn, Tony, Dare to Be a Daniel. Then and Now, London 2012.

Blair, Tony, A Journey. My Political Life, London 2010.

Brittan, Leon, Monetary Union. The Issues and the Impact, London 1990.

Brown, Gordon, My Life, Our Time, London 2017.

Butler, Michael, Europe. More than a Continent, London 1988.

Callaghan, James, Time and Chance, London 1987.

Cameron, David, For the Record, London 2019.

Carrington, Peter, Reflect on Things Past. The Memoirs of Lord Carrington, London 1988.

Deutsche Bundesbank (Hrsg.), Geschäftsbericht der Deutschen Bundesbank für das Jahr 1979, Frankfurt a. M. 1980.

Deutsche Bundesbank (Hrsg.), Geschäftsbericht der Deutschen Bundesbank für das Jahr 1987, Frankfurt a. M. 1988.

EG-Kommission (Hrsg.), The European Trade Union Confederation. Trade Union Information, EU Commission – Working Document, Brüssel 1984, in: Archive of European Integration, http://aei.pitt.edu/id/eprint/33814 (12.12.2025).

Fforde, John, Setting Monetary Objectives. Paper Presented at a Conference on Monetary Targeting Organised by the Federal Reserve Bank of New York in May 1982, in: Bank of England Quarterly Bulletin 23,2 (1983), S. 200–208.

Hannay, David, Britain's Quest for a Role. A Diplomatic Memoir from Europe to the UN, London 2013.

Hattersley, Roy, Who Goes Home? Scenes from a Political Life, London 1995.

Heseltine, Michael, The Challenge of Europe. Can Britain Win?, London 1989.

Heseltine, Michael, Life in the Jungle. My Autobiography, London 2000.

HM Government (Hrsg.), Europe – the Future, in: Journal of Common Market Studies 23,1 (1984), S. 73–81.

Hogg, Sarah und Jonathan Hill, Too Close to Call. John Major, Power and Politics in No. 10, London 1999.

Hoskyns, John, Just in Time. Inside the Thatcher Revolution, London 2000.

House of Commons (Hrsg.), First Report from the Expenditure Committee 1978–79, London 1978.

House of Commons (Hrsg.), Fifth Report from the Treasury and Civil Service Select Committee 1983–84, London 1984.

House of Commons (Hrsg.), Treasury and Civil Service Committee, The Financial and Economic Consequences of UK Membership of the European Communities. The European Monetary System, London 1985.

House of Lords (Hrsg.), Fifth Report from the Select Committee on the European Communities, European Monetary System, 1983–84, London 1983.

House of Lords Select Committee on the European Communities (Hrsg.), Economic and Monetary Union and Political Union, 27th Report, 1989–90 (HL Paper 88), London 1990.

Howe, Geoffrey, Sovereignty and Interdependence. Britain's Place in the World, in: International Affairs 66,4 (1990), S. 675–695.
Howe, Geoffrey, Conflict of Loyalty, London 1995.
Howell, David, The Price of Union, in: Christopher Joyce (Hrsg.), Questions of Identity. Exploring the Character of Europe, London und New York 2002, S. 17–19.
Hurd, Douglas, Memoirs, London 2003.
Ingham, Bernard, Kill the Messenger, London 1991.
Ingham, Bernard, The Wages of Spin, London 2003.
Ingham, Bernard, The Slow Downfall of Margaret Thatcher. The Diaries of Bernard Ingham, London 2019.
Jenkins, Roy, A Life at the Centre, London 1991.
Jurgensen, Philippe, Report of the Working Group on Exchange Market Intervention, Washington 1983.
Kinnock, Neil und David Martin, Bringing Common Sense to the Common Market. A Left Agenda for Europe (Fabian Society, Bd. 525), London 1988.
Labour Party (Hrsg.), Banking and Insurance Green Paper. Report of a Labour Party Study Group, London 1973.
Labour Party (Hrsg.), Meet the Challenge, Make the Change. A New Agenda for Britain. Final Report of Labour's Policy Review for the 1990s, London 1989.
Lamont, Norman, Sovereign Britain, London 1995.
Lamont, Norman, In Office, London 1999.
Lawson, Nigel, The View from No. 11. Memoirs of a Tory Radical, London 1992.
Major, John, John Major. The Autobiography, London 1999.
Mandelson, Peter, The Third Man, London 2011.
Owen, David, Europe Restructured. Vote to Leave, York [3]2016.
Patterson, Ben, Europe's New Agenda. A Guide to the EMU, o. O. 1990.
Prior, Jim, A Balance of Power, London 1986.
Redwood, John, Our Currency, Our Country. The Dangers of European Monetary Union, Harmondsworth 1997.
Ridley, Nicholas, My Style of Government. The Thatcher Years, London 1991.
Roll, Eric, The Challenge of Europe Seen from Britain, in: Robert Miller (Hrsg.), BIEC Yearbook 1989–1990, London 1989, S. 184–192.
Steel, David, Against Goliath. David Steel's Story, London 1989.
Stoltenberg, Gerhard, Zur weiteren Entwicklung der währungspolitischen Zusammenarbeit in Europa, 15.3.1988, in: Henry Krägenau und Wolfgang Wetter (Hrsg.), Europäische Wirtschafts- und Währungsunion. Vom Werner-Plan zum Vertrag von Maastricht. Analysen und Dokumentation, Baden-Baden 1993, Dok. 51, S. 310–312.
Thatcher, Margaret, Downing Street No. 10. Die Erinnerungen, London 1993.
Thatcher, Margaret, The Path to Power, London 1995.
Thatcher, Margaret, Statecraft. Strategies for a Changing World, London 2002.
Tebbit, Norman, Upwardly Mobile. An Autobiography, London 1988.

Vibert, Frank, Constitutional Change and Political Union in the European Community, IEA Inquiry, London 1990.

Walters, Alan, Britain's Economic Renaissance. Margaret Thatcher's Reforms 1979–1984, Oxford 1986.

Walters, Alan, Sterling in Danger, London 1990.

Wyatt, Woodrow, The Journals of Woodrow Wyatt, Bd. 1: 1985–88, hrsg. v. Sarah Curtis, London 1998.

Wyatt, Woodrow, The Journals of Woodrow Wyatt, Bd. 2: Thatcher's Fall and Major's Rise, 1989–92, hrsg. v. Sarah Curtis, London 1999.

Literatur

Aalberts, Tanja, Constructing Sovereignty between Politics and Law (The New International Relations), London und New York 2012.

Abdelal, Rawi, Mark Blyth und Craig Parsons (Hrsg.), Constructing the International Economy (Cornell Studies in Political Economy), Ithaca und London 2010.

Abromeit, Heidrun, Volkssouveränität, Parlamentssouveränität, Verfassungssouveränität. Drei Realmodelle der Legitimation staatlichen Handelns, in: Politische Vierteljahresschrift 36,1 (1995), S. 49–66.

Accominotti, Olivier, International Monetary Regimes. The Interwar Gold Exchange Standard, in: Stefano Battilossi, Youssef Cassis und Kazuhiko Yago (Hrsg.), Handbook of the History of Money and Currency (Springer Reference), Singapur 2020, S. 633–664.

Acosta, Juan, Beatrice Cherrier, François Claveau, Clément Fontan, Aurélien Goutsmedt und Francesco Sergi, Six Decades of Economic Research at the Bank of England, in: History of Political Economy 56,1 (2024), S. 1–40.

Addison, Paul, The Road to 1945. British Politics and the Second World War, London 1975.

Aglietta, Michel, Die Ambivalenz des Geldes, in: Jeff Kintzelé und Peter Schneider (Hrsg.), Georg Simmels Philosophie des Geldes, Frankfurt a. M. 1993, S. 175–220.

Aglietta, Michel, La monnaie entre dettes et souveraineté, Paris 2016.

Aglietta, Michel, Money. 5000 Years of Debt and Power, London und New York 2018.

Agnew, John, Taking Back Control? The Myth of Territorial Sovereignty and the Brexit Fiasco, in: Territory, Politics, Governance 8,2 (2020), S. 259–272.

Ahrens, Ralf, Monetaristische Ziele? Die Geldmengensteuerung der Deutschen Bundesbank in den 1970er und 1980er Jahren, in: Vierteljahrschrift für Sozial- und Wirtschaftsgeschichte 111,3 (2024), S. 308–330.

Aikman, Calum, The Birth of the Social Democratic Party in Scotland, in: Contemporary British History 27,3 (2013), S. 324–347.

Alborn, Timothy, Coin and Country. Visions of Civilisation in the British Recoinage Debate, 1867–1894, in: Journal of Victorian Culture 3,2 (1998), S. 252–281.

Alborn, Timothy, Money's Worth. Morality, Class, Politics, in: Martin Hewitt (Hrsg.), The Victorian World (Routledge Worlds), London und New York 2012, S. 209–224.

Aldcroft, Derek H. und Michael J. Oliver, Exchange Rate Regimes in the Twentieth Century, Cheltenham 1998.

Alesina, Alberto, Macroeconomics and Politics, in: NBER Macroeconomics Annual 3 (1988), S. 13–62.

Alesina, Alberto und Lawrence Summers, Central Bank Independence and Macroeconomic Performance. Some Comparative Evidence, in: Journal of Money, Credit and Banking 25,2 (1993), S. 151–162.

Algermissen, Joachim, Hans Tietmeyer. Ein Leben für ein stabiles Deutschland und ein dynamisches Europa (Untersuchungen zur Ordnungstheorie und Ordnungspolitik, Bd. 70), Tübingen 2019.

Algermissen, Joachim, Hans Tietmeyer. Digitale Zusatzmaterialien, Tübingen 2019, https://www.mohrsiebeck.com/buch/hans-tietmeyer-ein-leben-fuer-ein-stabiles-deutschland-und-ein-dynamisches-europa-9783161569128?no_cache=1 (30.9.2025).

Allison, John F. W., The Westminster Parliament's Formal Sovereignty in Britain and Europe from a Historical Perspective, in: Giornale di Storia Costituzionale 34,2 (2017), S. 57–71.

Amis, Martin, Money. A Suicide Note, London 1984.

An, Pyeongeok, Obstructive All the Way? British Policy Towards German Unification 1989–90, in: German Politics 15,1 (2006), S. 111–121.

Anderson, Benedict, Imagined Communities. Reflections on the Origin and Spread of Nationalism, London und New York 2016.

Andry, Aurélie D., Social Europe, the Road Not Taken. The Left and European Integration in the Long 1970s (Oxford Studies in Modern European History), Oxford 2022.

Anta, Claudio Giulio, The Margaret Thatcher–Jacques Delors Quarrel on the Idea of Europe (1988–1990), in: History of European Ideas (2025), online first, DOI: 10.1080/01916599.2025.2569318.

Anthony, Myrvin und Ronald MacDonald, On the Mean-Reverting Properties of Target Zone Exchange Rates. Some Evidence from the ERM, in: Michael Bordo und Ronald MacDonald (Hrsg.), Credibility and the International Monetary Regime. A Historical Perspective (Studies in Macroeconomic History), Cambridge und New York 2012, S. 177–203.

Aqui, Lindsay, Government Policy and Propaganda in the 1975 Referendum on European Community Membership, in: Contemporary British History 34,1 (2020), S. 1–21.

Aqui, Lindsay, The First Referendum. Reassessing Britain's Entry to Europe, 1973–75, Manchester 2020.

Armstrong, Kenneth, United Kingdom – Divided on Sovereignty?, in: Neil Walker (Hrsg.), Sovereignty in Transition, Oxford 2003, S. 327–350.

Asmuth, Christoph, Burkhard Nonnenmacher und Nele Schneidereit (Hrsg.), Texte zur Theorie des Geldes (Reclams Universal-Bibliothek Bd. 19370), Stuttgart 2016.

Atkinson, Fred J., S. J. Brooks und S. G. F. Hall, The Economic Effects of North Sea Oil, in: National Institute Economic Review 104 (1983), S. 38–44.

Avril, Emmanuelle und Yann Béliard (Hrsg.), Labour United and Divided from the 1830s to the Present, Manchester 2018.

Bade, Robin und Michael Parkin, Central Bank Laws and Monetary Policy, Unpublished Manuscript, University of Western Ontario, Oktober 1988.

Baimbridge, Mark (Hrsg.), The 1975 Referendum on Europe, Bd. 1: Reflections of the Participants, Exeter 2007.

Baimbridge, Mark, Philip Whyman und Andrew Mullen, The 1975 Referendum on Europe, Bd. 2: Current Analysis and Lessons for the Future, Exeter 2006.

Baker, David und David Seawright (Hrsg.), Britain For and Against Europe. British Politics and the Question of European Integration, Oxford 1998.

Bale, Tim und Karl Pike, Hopes Will Be Dashed. Brexit and the „Merkel Myth“, in: Journal of European Integration 46,2 (2024), S. 135–153.

Baltensperger, Ernst, Monetary Policy Under Conditions of Increasing Integration (1979–1996), in: Deutsche Bundesbank (Hrsg.), Fifty Years of the Deutsche Mark. Central Bank and the Currency in Germany Since 1948, Oxford 1999, S. 437–523.

Bandelj, Nina, Frederick Wherry und Viviana Zelizer (Hrsg.), Money Talks. Explaining How Money Really Works, Princeton 2017.

Barfuß, Karl Marten, Geld und Währung, in: Renate Neubäumer, Brigitte Hewel und Thomas Lenk (Hrsg.), Volkswirtschaftslehre. Grundlagen der Volkswirtschaftstheorie und Volkswirtschaftspolitik, Wiesbaden [6]2017, S. 473–600.

Barro, Robert J. und David B. Gordon, A Positive Theory of Monetary Policy in a Natural Rate Model, in: The Journal of Political Economy 91,4 (1983), S. 589–610.

Battilossi, Stefano, Youssef Cassis und Kazuhiko Yago (Hrsg.), Handbook of the History of Money and Currency (Springer Reference), Singapur 2020.

Bayne, Nicholas, The Foundations of Summitry, in: Emmanuel Mourlon-Druol und Federico Romero (Hrsg.), International Summitry and Global Governance. The Rise of the G7 and the European Council, 1974–1991 (Cold War History), London und New York 2014, S. 23–38.

Beggs, Michael, Money and Its Ideas. Between Technocracy and Democracy, in: Taylor C. Nelms und David Pedersen (Hrsg.), A Cultural History of Money, Bd. 6: A Cultural History of Money in the Modern Age (The Cultural Histories Series), London u. a. 2019, S. 53–82.

Beloff, Nora, The General Says No. Britain's Exclusion from Europe (Penguin Specials, Bd. S201), Harmondsworth 1963.

Benati, Luca, The Inflation-Targeting Framework from an Historical Perspective, in: Bank of England Quarterly Bulletin 45,2 (2005), S. 160–168.

Benn, Stanley I., The Uses of „Sovereignty“, in: Political Studies 3,2 (1955), S. 109–122.

Bentivoglio, Giulia, The Tentative Alliance? Britain, Italy and Participation in the European Monetary System, in: Journal of European Integration History 22,1 (2016), S. 85–106.

Bentivoglio, Giulia, The Two Sick Men of Europe? Britain and Italy between Crisis and Renaissance (1976–1983) (Euroclio, Bd. 104), Brüssel 2018.

Berbéri, Carine, Les syndicats britanniques face aux questions monétaires européennes, in: Revue Française de Civilisation Britannique 15,2 (2009), S. 133–152.

Berbéri, Carine, Le Royaume-Uni face à l'euro. De la prudence à l'hostilité (Collection L'esprit économique. Série Le monde en questions), Paris 2012.

Berbéri, Carine, British Trade Unions and European Monetary Issues (1970–2013), Graat On-Line Occasional Papers, Februar 2015, http://www.graat.fr/occasionalpapers.html (30.9.2025).

Beule, Peter, Auf dem Weg zur neoliberalen Wende? Die Marktdiskurse der deutschen Christdemokratie und der britischen Konservativen in den 1970er-Jahren (Beiträge zur Geschichte des Parlamentarismus und der politischen Parteien, Bd. 180), Düsseldorf 2019.

Bevir, Mark, The Remaking of Labour, in: Observatoire de la société britannique 7 (2009), S. 351–366.

Biebricher, Thomas, Die politische Theorie des Neoliberalismus (Suhrkamp-Taschenbuch Wissenschaft, Bd. 2326), Berlin 2021.

Bindseil, Ulrich, Monetary Policy Implementation. Theory Past and Present, Oxford 2004.

Blaazer, David, Reading the Notes. Thoughts on the Meaning of British Paper Money, in: Humanities Research 1 (1999), S. 39–52.

Blaazer, David, „Devalued and Dejected Britons". The Pound in Public Discourse in the Mid 1960s, in: History Workshop Journal 47 (1999), S. 121–140.

Blackburn, Keith und Michael Christensen, Monetary Policy and Policy Credibility. Theories and Evidence, in: Journal of Economic Literature 27 (1989), S. 1–45.

Blair, Alasdair, Dealing with Europe. Britain and the Negotiation of the Maastricht Treaty, Aldershot 1999.

Blick, Andrew, People Who Live in the Dark. The History of the Special Adviser in British Politics, London 2004.

Bodin, Les Six Livres de la République, hrsg. v. Jacques du Puy, Paris 1576.

Bodin, Sechs Bücher über den Staat, hrsg. v. Bernd Wimmer und Peter Cornelius, München 1986.

Bogdanor, Vernon, Britain and Europe, in: Zeitschrift für Staats- und Europawissenschaften 14,2 (2016), S. 157–165.

Bogdanor, Vernon, Leaving the ERM, Lecture Gresham College, 16.4.2016, https://www.gresham.ac.uk/watch-now/leaving-erm-1992 (30.9.2025).

Böhm, Enrico, Die Sicherheit des Westens. Entstehung und Funktion der G7-Gipfel (1975–1981) (Studien zur internationalen Geschichte, Bd. 34), München 2014.

Boldt, Hans, Souveränität. 19. und 20. Jahrhundert, in: Otto Brunner, Werner Conze und Reinhart Koselleck (Hrsg.), Geschichtliche Grundbegriffe. Historisches Lexikon zur politisch-sozialen Sprache in Deutschland, Bd. 6, Stuttgart 1990, S. 129–152.

Booth, Alan, The Manufacturing Failure Hypothesis and the Performance of British Industry during the Long Boom, in: The Economic History Review 56,1 (2003), S. 1–33.

Bordo, Michael, The Bretton Woods International Monetary System. A Historical Overview, in: Michael Bordo und Barry Eichengreen (Hrsg.), A Retrospective on the Bretton Woods System. Lessons for International Monetary Reform, Chicago und London 1993, S. 3–108.

Bordo, Michael, Monetary Policy Cooperation/Coordination and Global Financial Crises in Historical Perspective, in: Open Economies Review 32,3 (2021), S. 587–611.

Bordo, Michael, Owen Humpage und Anna Schwartz, Strained Relations. US Foreign Exchange Operations and Monetary Policy in the Twentieth Century, Chicago 2015.

Bordo, Michael, Ronald MacDonald und Michael Oliver, Sterling in Crisis, 1964–1967, in: European Review of Economic History 13,3 (2013), S. 437–459.

Bordo, Michael und Robert N. McCauley, Triffin. Dilemma or Myth?, BIS Working Papers Nr. 684, 19.12.2017, https://www.bis.org/publ/work684.htm (12.12.2025).

Bordo, Michael, Eric Monnet und Alain Naef, The Gold Pool (1961–1968) and the Fall of the Bretton Woods System. Lessons for Central Bank Cooperation, in: The Journal of Economic History 79,4 (2019), S. 1027–1059.

Bordo, Michael, Eugene White und Dominique Simard, France and the Breakdown of the Bretton Woods International Monetary System, in: Jaime Reis (Hrsg.), International Monetary Systems in Historical Perspective, New York 1995, S. 153–180.

Borio, Claudio und Gianni Toniolo, One Hundred and Thirty Years of Central Bank Cooperation. A BIS Perspective, in: Claudio Borio, Piet Clement und Gianni Toniolo (Hrsg.), Past and Future of Central Bank Cooperation, Cambridge 2008, S. 16–75.

Boughton, James M., Silent Revolution. The International Monetary Fund 1979–1989, Washington 2001.

Bozo, Frédéric, In Search of the Holy Grail. France and European Monetary Unification, 1984–1989, in: Michael Gehler und Wilfried Loth (Hrsg.), Reshaping Europe. Towards a Political, Economic and Monetary Union, 1984–1989 (Veröffentlichungen der Historiker-Verbindungsgruppe bei der Europäischen Kommission, Bd. 20), Baden-Baden 2020, S. 283–330.

Brady, Andrew, Unions and Employment in a Market Economy. Strategy, Influence and Power in Contemporary Britain, New York 2019.

Braun, Christina von, Der Preis des Geldes. Eine Kulturgeschichte, Berlin 2014.

Briggs, Asa, Britain and Europe after 1945, in: Alaric Searle, Adolf M. Birke und Magnus Brechtken (Hrsg.), An Anglo-German Dialogue. The Munich Lectures on the History of International Relations (Prinz-Albert-Studien, Bd. 17), Berlin und Boston 2015, S. 243–255.

Broad, Matthew, Harold Wilson, Denmark and the Making of Labour European Policy (Studies in Labour History, Bd. 10), Liverpool 2017.

Brooker, Joseph, Introduction. Listen to Money Singing, in: Textual Practice 26,1 (2012), S. 1–10.

Brooker, Joseph, Sado-Monetarism. Thatcherite Subjects in Alasdair Gray and Martin Amis, in: Textual Practice 26,1 (2012), S. 135–154.

Brown, John, The State of British Political History, in: Journal of Contemporary History 40,1 (2005), S. 189–198.

Brown, Wendy, Neoliberalism's Scorpion Tail, in: William Callison und Zachary Manfredi (Hrsg.), Mutant Neoliberalism. Market Rule and Political Rupture, New York 2019, S. 39–60.

Brown, William, Industrial Relations and the Economy, in: Roderick Floud und Paul Johnson (Hrsg.), The Cambridge Economic History of Modern Britain, Bd. 3: Structural Change and Growth, 1939–2000, Cambridge 2004, S. 399–423.

Brown, William und Chris F. Wright, From Center Stage to Bit Player. Trade Unions and the British Economy, in: The Singapore Economic Review 59,4 (2014), S. 1–20.

Brunnermeier, Markus K., Harold James und Jean-Pierre Landau, The Euro and the Battle of Ideas, Princeton 2016.

Budd, Alan, Black Wednesday. A Re-Examination of Britain's Experience in the Exchange Rate Mechanism (Institute of Economic Affairs Occasional Paper 135), London 2005.

Bujard, Birgit, The British Prime Minister in the Core Executive. Political Leadership in British European Policy (Contributions to Political Science), Cham 2019.

Buller, Jim, National Statecraft and European Integration. The Conservative Government and the European Union, 1979–1997, London 2000.

Buller, Jim, The Importance of Being Autonomous. Understanding the Blair Government's Policy towards the Single Currency, in: British Politics 9,3 (2014), S. 318–345.

Buller, Jim und Matthew Flinders, The Domestic Origins of Depoliticisation in the Area of British Economic Policy, in: British Journal of Politics and International Relations 7,4 (2005), S. 526–543.

Buller, Jim, Pınar E. Dönmez, Adam Standring und Matthew Wood, Depoliticisation, Post-Politics and the Problem of Change, in: Jim Buller, Pınar E. Dönmez, Adam Standring und Matthew Wood (Hrsg.), Comparing Strategies of (De)Politicisation in Europe. Governance, Resistance and Anti-Politics, Cham 2018, S. 1–24.

Bulmer, Simon und Martin Burch, Organizing for Europe. Whitehall, the British State and European Union, in: Public Administration 76,4 (1998), S. 601–628.

Bulmer, Simon und Martin Burch, The Europeanisation of Whitehall. UK Central Government and the European Union (European Policy Studies), Manchester 2009.

Búrca, Gráinne de, The Road Not Taken. The European Union as a Global Human Rights Actor, in: American Journal of International Law 105,4 (2011), S. 649–669.

Burdeau, Geneviève, L'exercice des compétences monétaires par les Etats, in: Recueil des cours de l'Académie de droit international de La Haye 212 (1988), S. 223–249.

Burhop, Carsten, Julian Becker und Max Bank, Deutschland im Weltwährungssystem von Bretton Woods, in: Geschichte und Gesellschaft 39,2 (2013), S. 197–239.

Burk, Kathleen und Alec Cairncross, „Goodbye, Great Britain". The 1976 IMF Crisis, New Haven und London 1992.

Burnham, Peter, Globalisation, Depoliticisation and „Modern" Economic Management, in: Werner Bonefeld und Kosmas Psychopedis (Hrsg.), The Politics of Change. Globalisation, Ideology and Critique, Basingstoke 2000, S. 9–30.

Burnham, Peter, New Labour and the Politics of Depoliticisation, in: The British Journal of Politics and International Relations 3,2 (2001), S. 127–149.
Burnham, Peter, Depoliticising Monetary Policy. The Minimum Lending Rate Experiment in Britain in the 1970s, in: New Political Economy 16,4 (2011), S. 463–480.
Burton, Michael, From Broke to Brexit. Britain's Lost Decade, Basingstoke 2021.
Butler, David und Dennis Kavanagh, The British General Election of 1992 (British General Elections 1945–92), Basingstoke 1999.
Butler, David und Uwe Kitzinger, The 1975 Referendum, Basingstoke [2]1996.
Cairncross, Alec und Barry J. Eichengreen, Sterling in Decline. The Devaluations of 1931, 1949, and 1967, Houndsmills und New York [2]2003.
Campbell, Jeffrey R., Odyssean Forward Guidance in Monetary Policy. A Primer, in: Economic Perspectives 137,4 (2013), S. 130–139.
Camps, Miriam, Britain and the European Community 1955–1963, Princeton 1964.
Cannadine, David, Apocalypse When? British Politicians and British „Decline" in the Twentieth Century, in: Peter Clarke und Clive Trebilcock (Hrsg.), Understanding Decline. Perceptions and Realities of British Economic Performance, Cambridge 1997, S. 261–284.
Capie, Forrest, The Bank of England. 1950s to 1979 (Studies in Macroeconomic History), New York 2010.
Capie, Forrest, Pemberton, Robert [Robin] Leigh-, Baron Kingsdown (1927–2013), in: Oxford Dictionary of National Biography, 1.1.2017, DOI: 10.1093/ref:odnb/108288.
Capie, Forrest und Geoffrey Wood, Monetary Control in the UK. The Impossible Dream?, in: Philipp Hartmann, Haizhou Huang und Dirk Schoenmaker (Hrsg.), The Changing Fortunes of Central Banking, Cambridge 2018, S. 32–47.
Carreau, Dominique, Souveraineté et coopération monétaire internationale, Paris 1970.
Carreau, Dominique, La souveraineté monétaire de l'Etat à la fin du XXe siècle. Mythe ou réalité?, in: Charles Leben, Éric Loquin und Mahmoud Salem (Hrsg.), Souveraineté étatique et marchés internationaux à la fin du 20ème siècle. Mélanges en l'honneur de Philippe Kahn (Travaux du Centre de recherche sur le droit des marches et des investissements internationaux, Bd. 20), Paris 2000, S. 491–506.
Champroux, Nathalie, Entre convictions et obligations. Les gouvernements Thatcher et Major face au système monétaire européen 1979–1997, Paris 2009.
Champroux, Nathalie, La politique monétaire sous les gouvernements Major. La sortie du tunnel, in: Observatoire de la société britannique 7 (2009), S. 101–116.
Champroux, Nathalie und Nicholas Sowels, The Monetary and Fiscal Policies of Early Thatcherism and the Legacy of the Medium Term Financial Strategy, in: Revue Française de Civilisation Britannique 17 (2015), S. 135–161.
Chown, John F., A History of Money. From AD 800, London u. a. 1994.
Clapham, John, The Bank of England. A History, 2 Bde., Cambridge 1970.
Clegg, Juliane, Großbritannien, Deutschland und die Debatte um die britische Teilnahme am Europäischen Währungssystem 1985–1990, in: Werkstatt Geschichte 88 (2023), S. 73–88.

Clegg, Juliane, „Practical Monetarism" und Zentralbankkooperation. Die Bank of England und die britische EWS-Politik 1979–1990, in: Vierteljahrschrift für Sozial- und Wirtschaftsgeschichte 111,3 (2024), S. 331–363.

Clemens, Gabriele, „Scheitert der Euro, dann scheitert Europa"? Krisen im europäischen Integrationsprozess, in: Wilfried Buchmüller und Cord Jakobeit (Hrsg.), Erkenntnis, Wissenschaft und Gesellschaft. Wie Forschung Wissen schafft, Heidelberg 2016, S. 37–49.

Clift, Ben, The Hollowing out of Monetarism. The Rise of Rules-Based Monetary Policy-Making in the UK and USA and Problems with the Paradigm Change Framework, in: Comparative European Politics 18,3 (2020), S. 281–308.

Clift, Ben und Jim Tomlinson, When Rules Started to Rule. The IMF, Neo-Liberal Economic Ideas and Economic Policy Change in Britain, in: Review of International Political Economy 19,3 (2012), S. 477–500.

Cobham, David P., The Making of Monetary Policy in the UK, 1975–2000 (Series in Financial Economics and Quantitative Analysis), Chichester 2002.

Cobham, David P., The Exchange Rate as a Source of Disturbances. The UK 1979–2000, in: National Institute Economic Review 181 (2002), S. 96–112.

Cohen, Benjamin J., The Geography of Money, Ithaca und London 1998.

Cohen, Benjamin J., The New Geography of Money, in: Emily Gilbert und Eric Helleiner (Hrsg.), Nation-States and Money. The Past, Present and Future of National Currencies (Routledge/RIPE Studies in Global Political Economy, Bd. 2), London 1999, S. 121–138.

Cohen, Benjamin J., Currency Power. Understanding Monetary Rivalry, Princeton 2015.

Congdon, Tim, Why Was Black Wednesday so Golden?, in: Lombard Street Research. Monthly Economic Review 159 (2002), S. 3–19.

Conze, Eckart, Abschied von Staat und Politik? Überlegungen zur Geschichte der internationalen Politik, in: Eckart Conze, Ulrich Lappenküper und Guido Müller (Hrsg.), Geschichte der internationalen Beziehungen. Erneuerung und Erweiterung einer historischen Disziplin, Köln u. a. 2004, S. 15–43.

Cook, Andy, The Politics of Decimalisation in the UK. Britain's Other D-Day, Newcastle-upon-Tyne 2022.

Cooper, Richard N., Almost a Century of Central Bank Cooperation, in: Claudio Borio, Gianni Toniolo und Piet Clement (Hrsg.), The Past and Future of Central Bank Cooperation (Studies in Macroeconomic History), Cambridge 2008, S. 76–112.

Copley, Jack, Why Were Capital Controls Abandoned? The Case of Britain's Abolition of Exchange Controls, 1977–1979, in: The British Journal of Politics and International Relations 21,2 (2019), S. 403–420.

Corry, Dan, The 1992 „Shadow Budget". Some Further Thoughts by Dan Corry, Mile End Institute, 1.1.2023, https://www.qmul.ac.uk/mei/publications/items/the-1992-shadow-budget-some-further-thoughts-by-dan-corry.html (12.12.2025).

Corsetti, Giancarlo, Galina Hale und Beatrice Weder di Mauro (Hrsg.), The Making of the European Monetary Union. 30 Years Since the ERM Crisis, Paris und London 2023.

Crafts, Nicholas, British Relative Economic Decline Revisited. The Role of Competition, in: Explorations in Economic History 49,1 (2012), S. 17–29.

Crewe, Ivor, 1979–1996, in: Anthony Seldon (Hrsg.), How Tory Governments Fall. The Tory Party in Power Since 1783, London 1996, S. 393–452.

Crewe, Ivor und Anthony King, SDP. The Birth, Life and Death of the Social Democratic Party, Oxford 1995.

Crowe, Christopher und Ellen E. Meade, The Evolution of Central Bank Governance around the World, in: Journal of Economic Perspectives 21,4 (2007), S. 69–90.

Crowson, Nick, The Conservative Party and European Integration Since 1945. At the Heart of Europe? (Routledge Advances in European Politics), London 2007.

Crowson, Nick, Britain and Europe. A Political History Since 1918, London 2011.

Cukierman, Alex, Steven B. Webb und Bilin Neyapti, Measuring the Independence of Central Banks and Its Effect on Policy Outcomes, in: The World Bank Economic Review 6,3 (1992), S. 353–398.

Daddow, Oliver (Hrsg.), Harold Wilson and European Integration. Britain's Second Application to Join the EEC (Cass Series. British Foreign and Colonial Policy), London und New York 2003.

Daddow, Oliver, Britain and Europe Since 1945. Historiographical Perspectives on Integration, Manchester 2004.

Daddow, Oliver, New Labour and the European Union. Blair and Brown's Logic of History, Manchester 2011.

Daddow, Oliver, The UK Media and „Europe". From Permissive Consensus to Destructive Dissent, in: International Affairs 88,6 (2012), S. 1219–1236.

Daddow, Oliver, Christopher Gifford und Ben Wellings, The Battle of Bruges. Margaret Thatcher, the Foreign Office and the Unravelling of British European Policy, in: Political Research Exchange 1,1 (2019), S. 1–24.

Danescu, Elena, A Rereading of the Werner Report of 8 October 1970 in the Light of the Pierre Werner Family Archives, CVCE 2013, https://www.cvce.eu/en/recherche/unit-content/-/unit/ba6ac883-7a80-470c-9baa-8f95b8372811 (12.12.2025).

Danescu, Elena, Pierre Werner and Europe. The Family Archives behind the Werner Report (Archival Insights Into the Evolution of Economics), Basingstoke 2018.

Daunton, Martin, Britain and Globalisation Since 1850. I: Creating a Global Order, 1850–1914 (Presidential Address, 25.11.2005), in: Transactions of the Royal Historical Society 16 (2006), S. 1–38.

Davies, Aled, Right to Buy. The Development of a Conservative Housing Policy, 1945–1980, in: Contemporary British History 27,4 (2013), S. 421–444.

Davies, Aled, The City of London and Social Democracy. The Political Economy of Finance in Britain, 1959–1979 (Oxford Historical Monographs), Oxford 2017.

Davies, Aled, James Freeman und Hugh Pemberton, „Everyman a Capitalist" or „Free to Choose"? Exploring the Tensions within Thatcherite Individualism, in: The Historical Journal 61,2 (2018), S. 477–501.

Davies, Aled, Ben Jackson und Florence Sutcliffe-Braithwaite (Hrsg.), The Neoliberal Age? Britain Since the 1970s, London 2021.

Davies, Glyn, A History of Money, Cardiff [4]2016.

Davis, Jonathan und Rohan McWilliam, Neil Kinnock. A Reassessment, in: Nathan Yeowell (Hrsg.), Rethinking Labour's Past (Politics and International Relations, Bd. 22), London 2022, S. 231–248.

Degens, Philipp und Aaron Sahr, Die Rückkehr des Geldes, in: Mittelweg 36 28,3–4 (2019), S. 3–49.

Degryse, Christophe, 1973–2013. 40 Jahre Europäischer Gewerkschaftsbund, Brüssel 2015.

Deighton, Anne, Labour, New Labour and European Integration 1945–1999, in: Alaric Searle, Adolf M. Birke und Magnus Brechtken (Hrsg.), An Anglo-German Dialogue. The Munich Lectures on the History of International Relations (Prinz-Albert-Studien, Bd. 17), Berlin und Boston 2015, S. 273–284.

Deighton, Anne, Mitterrand, Thatcher and the Berlin Wall, in: Douglas Johnson, Richard Mayne und Robert Tombs (Hrsg.), Cross Channel Currents. 100 Years of the Entente Cordiale, London 2004, S. 181–183.

Delaney, Erin, The Labour Party's Changing Relationship to Europe. The Expansion of European Social Policy, in: Journal of European Integration History 8,1 (2002), S. 121–138.

Dell, Edmund, A Hard Pounding. Politics and Economic Crisis 1974–76, Oxford 1991.

Dell, Edmund, Britain and the Origins of the European Monetary System, in: Contemporary European History 3,1 (1994), S. 1–60.

Dell, Edmund, The Chancellors. A History of the Chancellors of the Exchequer, 1945–90, London 1997.

Dellepiane-Avellaneda, Sebastian, Gordon Unbound. The Heresthetic of Central Bank Independence in Britain, in: British Journal of Political Science 43,2 (2013), S. 263–293.

Dennison, James, Why Did the UK Leave the EU? The State of the Science of Explaining Brexit, in: John Erik Fossum und Christopher Lord (Hrsg.), Handbook of the European Union and Brexit, Cheltenham 2023, S. 26–41.

Derix, Simone, Gelddinge. Doing Money in der ersten Hälfte des 20. Jahrhunderts, in: Historische Anthropologie 27,1 (2019), S. 104–124.

Desai, Radhika, Intellectuals and Socialism. „Social Democrats" and the Labour Party, London 1994.

Desan, Christine, Über die Verfasstheit des Geldes. Die Produktion der modernen Welt und die Gestaltung von Geld, in: Mittelweg 36 28,3–4 (2019), S. 103–130.

Deutsche Bundesbank (Hrsg.), Geld und Geldpolitik, Frankfurt a. M. 2022.

Dicey, Albert V., Lectures Introductory to the Study of the Law of the Constitution, London 1885.

Dinan, Desmond, The Single European Act, in: Finn Laursen (Hrsg.), The Oxford Encyclopedia of European Union Politics, Bd. 4: R–W (Oxford Research Encyclopedia of Politics), New York 2021, S. 2265–2278.

Dodd, Andrew, „Ihr wollt den Rest Europas in Deutschland verankern". Margaret Thatcher and German Reunification, in: Patrick Bormann, Thomas Freiberger und Judith Michel (Hrsg.), Angst in den internationalen Beziehungen (Internationale Beziehungen. Theorie und Geschichte, Bd. 7), Göttingen 2010, S. 115–130.

Doering-Manteuffel, Anselm, Nach dem Boom. Brüche und Kontinuitäten der Industriemoderne seit 1970, in: Vierteljahrshefte für Zeitgeschichte 55,4 (2007), S. 559–581.

Doering-Manteuffel, Anselm und Lutz Raphael, Nach dem Boom. Perspektiven auf die Zeitgeschichte seit 1970, Göttingen ³2012.

Doering-Manteuffel, Anselm und Lutz Raphael, Nach dem Boom. Neue Einsichten und Erklärungsversuche, in: Anselm Doering-Manteuffel, Lutz Raphael und Thomas Schlemmer (Hrsg.), Vorgeschichte der Gegenwart. Dimensionen des Strukturbruchs nach dem Boom (Nach dem Boom), Göttingen 2016, S. 9–34.

Dølvik, Jon Erik, Redrawing Boundaries of Solidarity? ETUC, Social Dialogue and the Europeanisation of Trade Unions in the 1990s (Arena Report 5; Fafo Report 238), Oslo 1997.

Dominguez, Kathryn M. und Jeffrey A. Frankel, Does Foreign Exchange Intervention Work?, Washington, D. C. 1993.

Donaghy, Aaron, Margaret Thatcher's Private Secretaries for Foreign Affairs, 1979–1984, in: Andrew Holt und Warren Dockter (Hrsg.), Private Secretaries to the Prime Ministers. Foreign Affairs from Churchill to Thatcher (Routledge Studies in Modern British History), London 2017, S. 166–186.

Dorey, Peter, Industrial Relations Imbroglio. The Labour Governments, 1964–1970, in: ders. (Hrsg.), The Labour Governments 1964–1970 (British Politics and Society), London 2006, S. 92–107.

Dorey, Peter, The Oratory of Margaret Thatcher, in: Richard Hayton und Andrew Crines (Hrsg.), Conservative Orators from Baldwin to Cameron (New Perspectives on the Right), Manchester 2015, S. 103–120.

Dorey, Peter, Comrades in Conflict. Labour, the Trade Unions and 1969's In Place of Strife, Manchester 2019.

Dorey, Peter und Mark Garnett, „The Weaker-Willed, the Craven-Hearted". The Decline of One Nation Conservatism, in: Global Discourse 5,1 (2015), S. 69–91.

Doyle, Christopher und Martin Weale, Do We Really Want an Independent Central Bank?, in: Oxford Review of Economic Policy 10,3 (1994), S. 61–77.

Drach, Alexis, From Gentlemanly Capitalism to Lobbying Capitalism. The City and the EEC, in: Financial History Review 27,3 (2020), S. 376–396.

Drach, Alexis, Reluctant Europeans? British and French Commercial Banks and the Common Market in Banking (1977–1992), in: Enterprise and Society 21,3 (2020), S. 768–798.

Drach, Alexis, An Early Form of European Champions? Banking Clubs between European Integration and Global Banking (1960s–1990s), in: Business History 66,1 (2024), S. 287–310.

Drach, Alexis, Economic and Monetary Union. From 1957 to the Euro Crisis, in: Brigitte Leucht, Katja Seidel und Laurent Warlouzet (Hrsg.), Reinventing Europe, London 2023, S. 302–332.

Duckenfield, Mark, Business and the Euro. Business Groups and the Politics of EMU in Britain and Germany, Basingstoke 2006.

Dunleavy, Patrick und Roderick A. W. Rhodes, Core Executive Studies in Britain, in: Public Administration 68,1 (1990), S. 3–28.

Dutton, David, British Politics Since 1945. The Rise, Fall and Rebirth of Consensus (Historical Association Studies), Oxford ²1997.

Dyson, Kenneth, Fifty Years of Economic and Monetary Union. A Hard and Thorny Journey, in: David Phinnemore und Alex Warleigh-Lack (Hrsg.), Reflections on European Integration. 50 Years of the Treaty of Rome (Palgrave Studies in European Union Politics), Basingstoke 2009, S. 143–171.

Dyson, Kenneth und Kevin Featherstone, The Road to Maastricht. Negotiating Economic and Monetary Union, Oxford 1999.

Dyson, Kenneth und Ivo Maes, Architects of the Euro. Intellectuals in the Making of European Monetary Union, Oxford 2016.

Ebke, Almuth, „The Party is Over“? Britische Wirtschaftspolitik und das Narrativ des „Decline“, 1970–1976, Frankfurt a. M. und Berlin 2012.

Ebke, Almuth, Britishness. Die Debatte über nationale Identität in Großbritannien, 1967 bis 2008 (Ordnungssysteme. Studien zur Ideengeschichte der Neuzeit, Bd. 55), Berlin und Boston 2019.

Edgerton, David, The Decline of Declinism, in: The Business History Review 71,2 (1997), S. 201–206.

Edmonds, John, How the TUC Learned to Love the European Union and How the Affair Turned Out, Vortrag am 27.11.2010, History and Policy Trade Union Forum, https://historyandpolicy.org/trade-union-forum/meeting/how-the-tuc-learned-to-love-the-european-union-and-how-the-affair-turned-ou/ (12.12.2025).

Eich, Stefan, Old Utopias, New Tax Havens. The Politics of Bitcoin in Historical Perspective, in: Philipp Hacker, Ioannis Lianos, Georgios Dimitropoulos, Stefan Eich (Hrsg.), Regulating Blockchain. Techno-Social and Legal Challenges, Oxford 2019, S. 85–98.

Eich, Stefan, John Locke and the Politics of Monetary Depoliticization, in: Modern Intellectual History 17,1 (2020), S. 1–28.

Eich, Stefan, The Currency of Politics. The Political Theory of Money from Aristotle to Keynes, Princeton 2022.

Eich, Stefan und Adam Tooze, The Great Inflation, in: Anselm Doering-Manteuffel, Lutz Raphael und Thomas Schlemmer (Hrsg.), Vorgeschichte der Gegenwart. Dimensionen des Strukturbruchs nach dem Boom (Nach dem Boom), Göttingen 2016, S. 173–196.

Eichengreen, Barry, Vom Goldstandard zum Euro. Die Geschichte des internationalen Währungssystems, Berlin 2000.

Eichengreen, Barry, Globalizing Capital. A History of the International Monetary System, Princeton ³2019.

Eichengreen, Barry, International Currencies in the Lens of History, in: Stefano Battilossi, Youssef Cassis und Kazuhiko Yago (Hrsg.), Handbook of the History of Money and Currency (Springer Reference), Singapur 2020, S. 335–359.

Eichengreen, Barry, Thirty Years after the ERM Crisis, in: Giancarlo Corsetti, Galina Hale und Beatrice Weder di Mauro (Hrsg.), The Making of the European Monetary Union. 30 Years Since the ERM Crisis, Paris und London 2023, S. 13–16.

Eichengreen, Barry, The Long Shadow of Black Wednesday, Project Syndicate, 13.9.2022, https://www.project-syndicate.org/commentary/30-years-since-black-wednesday-uk-pound-ejected-from-erm-by-barry-eichengreen-2022-09 (30.9.2025).

Eichengreen, Barry und Marc Flandreau, The Rise and Fall of the Dollar, or When Did the Dollar Replace Sterling as the Leading Reserve Currency?, in: European Review of Economic History 13,3 (2009), S. 377–411.

Eichengreen, Barry, Arnaud Mehl und Livia Chiţu, How Global Currencies Work. Past, Present, and Future, Princeton und Oxford 2018.

Eichengreen, Barry und Alain Naef, Imported or Home Grown? The 1992–3 EMS Crisis, in: Journal of International Economics 138 (2022), https://doi.org/10.1016/j.jinteco.2022.103654 (12.12.2025).

Eichengreen, Barry und Charles Wyplosz, The Unstable EMS, in: Brookings Papers on Economic Activity 1 (1993), S. 51–144.

Eijffinger, Sylvester C. W. und Jacob de Haan, The Political Economy of Central Bank Independence, in: Special Papers in International Economics 19 (1996), https://econpapers.repec.org/RePEc:fth:prinfi:19 (12.12.2025).

Einaudi, Luca, Money and Politics. European Monetary Unification and the International Gold Standard (1865–1873), Oxford 2001.

Ellison, James, Threatening Europe. Britain and the Creation of the European Community 1955–58 (Contemporary History in Context Series), Basingstoke 2000.

Ellison, James, Britain and Europe, in: Paul Addison und Harriet Jones (Hrsg.), A Companion to Contemporary Britain 1939–2000 (Blackwell Companions to British History), Oxford 2005, S. 517–538.

Elster, Jon, Ulysses Unbound. Studies in Rationality, Precommitment and Constraints, Cambridge 2000.

Evans, Stephen, Consigning Its Past to History? David Cameron and the Conservative Party, in: Parliamentary Affairs 61,2 (2008), S. 291–314.

Farr, Martin, Leading the Labour Party in the 1980s, in: Jonathan Shaw Davis und Rohan McWilliam (Hrsg.), Labour and the Left in the 1980s, Manchester 2018, S. 44–68.

Farr, Martin, Sleaze. Why Boris Johnson is Being Reminded of the Lurid Scandals of 1990s Britain, The Conversation, 19.11.2021, https://theconversation.com/sleaze-why-boris-johnson-is-being-reminded-of-the-lurid-scandals-of-1990s-britain-171761 (12.12.2025).

Farrall, Stephen und Colin Hay (Hrsg.), The Legacy of Thatcherism. Assessing and Exploring Thatcherite Social and Economic Policies, Oxford 2014.

Fforde, John, The Bank of England and Public Policy, Cambridge 1992.

Feavearyear, Albert E., The Pound Sterling. A History of English Money, Oxford ^{2}1963.

Feldstein, Martin, New Evidence on the Effects of Exchange Rate Interventions, NBER Working Paper Nr. 2052, Cambridge, MA 1986, https://papers.ssrn.com/sol3/papers.cfm?abstract_id=301413 (12.12.2025).

Ferguson, James, The Anti-Politics Machine. Development, Depoliticization, and Bureaucratic Power in Lesotho, Minneapolis [8]2007.

Ferguson, Niall, The Cash Nexus. Money and Power in the Modern World, 1700–2000, London 2001.

Ferguson, Niall, The Ascent of Money. A Financial History of the World, New York und London 2009.

Flachmeyer, Malte und Axel T. Paul, Bridge over Troubled Waters. Die EZB, die Euro-Rettung und die Politisierung der Geldpolitik, in: Kölner Zeitschrift für Soziologie und Sozialpsychologie 70,1 (2018), S. 495–515.

Fleming, Marcus, Domestic Financial Policies Under Fixed and Floating Exchange Rates, in: IMF Staff Papers 9,3 (1962), S. 369–379.

Flinders, Matthew, Memorandum. Written Evidence, House of Commons Select Committee on Public Administration, November 2005, https://publications.parliament.uk/pa/cm201012/cmselect/cmpubadm/714/714vw10.htm (12.12.2025).

Flinders, Matthew und Jim Buller, Depoliticisation. Principles, Tactics and Tools, in: British Politics 1,3 (2006), S. 293–318.

Fontana, Cary und Craig Parsons, „One Woman's Prejudice". Did Margaret Thatcher Cause Britain's Anti-Europeanism?, in: Journal of Common Market Studies 53,1 (2015), S. 89–105.

Forder, James, Why Is Central Bank Independence so Widely Approved?, in: Journal of Economic Issues 39,4 (2005), S. 843–865.

Forder, James, Macroeconomics and the Phillips Curve Myth (Oxford Studies in the History of Economics), Oxford 2014.

Forder, James, The Fallacies of Central Bank Independence, in: Economic Affairs 42,3 (2022), S. 549–558.

Forster, Anthony, Britain and the Maastricht Negotiations (St. Antony's Series), Basingstoke 1999.

Franklin, Mark und Lawrence Freedman, The Falklands Factor, in: Contemporary Record 1,3 (1987), S. 27–29.

Franklin, Michael (Hrsg.), Joining the CAP. The Agricultural Negotiations for British Accession to the European Economic Community, 1961–1973, Oxford und New York 2010.

Franklin, Michael, Could and Should Britain Have Joined the European Exchange Rate Mechanism in 1979? A Personal Memoir, in: Journal of Contemporary European Research 9,5 (2013), S. 759–766.

Freeman, James, Neoliberalism and Conservatism in Britain, in: Aled Davies, Ben Jackson und Florence Sutcliffe-Braithwaite (Hrsg.), The Neoliberal Age? Britain Since the 1970s, London 2021, S. 254–275.

Friedberg, Aaron L., The Weary Titan. Britain and the Experience of Relative Decline, 1895–1905, Princeton 1988.

Frieden, Jeffry A., Labour and the Politics of Exchange Rates. The Case of the European Monetary System, in: Sanford Jacoby (Hrsg.), The Workers of Nations. Industrial Relations in a Global Economy, Oxford und New York 1995, S. 201–218.

Frieden, Jeffry A., Currency Politics. The Political Economy of Exchange Rate Policy, Princeton und Oxford 2015.

Friedman, Milton und Anna Schwartz, A Monetary History of the United States 1867–1960, Princeton 1963.

Fulla, Mathieu, The Neoliberal Turn that Never Was. Breaking with the Standard Narrative of Mitterrand's tournant de la rigueur, in: Contemporary European History 33,2 (2024), S. 763–784.

Furby, Daniel, Tony Blair. A European Journey, in: Matthew Broad und William King (Hrsg.), The Labour Party and European Integration. A Biographical Approach, Bristol 2025, S. 210–229.

Gallus, Alexander, Axel Schildt und Detlef Siegfried, Deutsche Zeitgeschichte – transnational, in: Alexander Gallus, Axel Schildt und Detlef Siegfried (Hrsg.), Deutsche Zeitgeschichte – transnational (Hamburger Beiträge zur Sozial- und Zeitgeschichte, Bd. 53), Göttingen 2015, S. 11–23.

Gamble, Andrew, The Free Economy and the Strong State (Studies in Business Cycles, Bd. 12), Basingstoke ^{2}1994.

Gamble, Andrew, Neoliberalism, in: Capital and Class 25 (2001), S. 127–134.

Gamble, Andrew und Kelly Gavin, The British Labour Party and Monetary Union, in: West European Politics 23,1 (2000), S. 1–25.

Ganßmann, Heiner, Geld und Arbeit. Wirtschaftssoziologische Grundlagen einer Theorie der modernen Gesellschaft, Frankfurt a. M. 1996.

Ganßmann, Heiner, Doing Money. Elementary Monetary Theory from a Sociological Standpoint, London und New York 2012.

Gavin, Francis J., Gold, Dollars, and Power. The Politics of International Monetary Relations, 1958–1971 (The New Cold War History), Chapel Hill 2007.

Gehler, Michael, Das Scheitern der Großen Freihandelszone 1958 und die Gründung der EFTA 1959/60, in: Michael Gehler und Andrea Pudlat (Hrsg.), Vom gemeinsamen Markt zur europäischen Unionsbildung. 50 Jahre Römische Verträge 1957–2007 (Arbeitskreis Europäische Integration. Historische Forschungen. Veröffentlichungen, Bd. 5), Wien 2009, S. 243–282.

Gehler, Michael und Sanne Ziethen (Hrsg.), Währungsidentitäten und -kulturen im Kontext europäischer und globaler Krisen (Historische Europa-Studien, Bd. 27), Hildesheim 2022.

Gellwitzki, C. Nicolai L. und Anne-Marie Houde, Feeling the Heat. Emotions, Politicization, and the European Union, in: Journal of Common Market Studies 60,5 (2022), S. 1470–1487.

George, Stephen, An Awkward Partner. Britain in the European Community, Oxford ^{3}1998.
Geppert, Dominik, Thatchers konservative Revolution. Der Richtungswandel der britischen Tories (1975–1979) (Veröffentlichungen des Deutschen Historischen Instituts London, Bd. 52), München 2002.
Geppert, Dominik, Ein Europa, das es nicht gibt: Die fatale Sprengkraft des Euro, Wien u. a. ^{2}2013.
Geppert, Dominik, Die europäische Union in historischer Perspektive, in: Gregor Kirchhof, Hanno Kube und Reiner Schmidt (Hrsg.), Von Ursprung und Ziel der Europäischen Union, Tübingen ^{2}2017, S. 29–43.
Geppert, Dominik, Der Euro. Geburt aus dem Geist der Wiedervereinigung, in: Tilman Mayer (Hrsg.), In der Mitte Europas. Deutschlandforschung aus nationaler und internationaler Perspektive (Schriftenreihe der Gesellschaft für Deutschlandforschung, Bd. 107), Berlin 2016, S. 9–29.
Geppert, Dominik, Isolation oder Einvernehmen? Großbritannien und die deutsche Einheit 1989/90, in: Geschichte in Wissenschaft und Unterricht 67,1–2 (2016), S. 5–22.
Geppert, Dominik, Die Europäische Union ohne Großbritannien. Wie es zum Brexit kam und was daraus folgt, in: Jürgen Rüttgers und Frank Decker (Hrsg.), Europas Ende, Europas Anfang. Neue Perspektiven für die Europäische Union (Schriftenreihe der Bundeszentrale für Politische Bildung, Bd. 10132), Bonn 2017, S. 117–130.
Geppert, Dominik, Warum können sich Deutsche und Briten in Europa nicht verstehen?, in: Dominik Geppert und Hans Jörg Hennecke (Hrsg.), Interessen, Werte, Verantwortung. Deutsche Außenpolitik zwischen Nationalstaat, Europa und dem Westen. Zur Erinnerung an Hans-Peter Schwarz, Paderborn 2019, S. 131–141.
Geppert, Dominik, Beziehungsprobleme. Margaret Thatcher, Helmut Kohl und die schlechte Chemie, in: Hélène Miard-Delacroix und Andreas Wirsching (Hrsg.), Emotionen und internationale Beziehungen im Kalten Krieg (Schriften des Historischen Kollegs, Bd. 104), Berlin und Boston 2020, S. 255–274.
Geppert, Dominik, Emotions and Gender in Margaret Thatcher and Helmut Kohl's Cold War, in: Diplomacy and Statecraft 32,4 (2021), S. 766–788.
Geppert, Dominik, Viertes Reich oder Normalisierung? Die britische Wahrnehmung Deutschlands nach 1990, in: Tim Geiger, Jürgen Lillteicher und Hermann Wentker (Hrsg.), Zwei plus Vier. Die internationale Gründungsgeschichte der Berliner Republik (Schriftenreihe der Vierteljahrshefte für Zeitgeschichte, Bd. 123), Berlin und Boston 2021, S. 181–197.
Geppert, Dominik, Hat der Euro eine Zukunft? Nationale Kehrseiten einer europäischen Weltwährung, in: Paul Michael Lützeler und Michael Gehler (Hrsg.), Die Europäische Union zwischen Konfusion und Vision. Interdisziplinäre Fragestellungen (Arbeitskreis Europäische Integration. Historische Forschungen, Bd. 13), Wien und Köln 2022, S. 201–216.

Geppert, Dominik, Juliane Clegg und Victor Jaeschke, The Great Temptation. Referendums on European Integration from the 1970s to the Present in Historical Perspective, in: Journal of European Integration History 28,1 (2022), S. 9–35.

Geyer, Michael, Historical Fiction of Anatomy and the Europeanization of National History, in: Central European History 22,3–4 (1989), S. 316–342.

Gianviti, François, Current Legal Aspects of Monetary Sovereignty, in: Internationaler Währungsfonds (Hrsg.), Current Developments in Monetary and Financial Law, Bd. 4, Washington 2005, S. 3–16.

Gifford, Chris, Nationalism, Populism and Anglo-British Euroscepticism, in: British Politics 10,3 (2015), S. 362–366.

Gilbert, Emily, Common Cents. Situating Money in Time and Place, in: Economy and Society 34,3 (2005), S. 357–388.

Gilbert, Mark, The Intellectual Origins of Brexit. Enoch Powell, Douglas Jay and the British Dissenting Tradition, in: Mark Gilbert und Daniele Pasquinucci (Hrsg.), Euroscepticisms. The Historical Roots of a Political Challenge (European Studies, Bd. 36), Leiden und Boston 2020, S. 121–139.

Gilbert, Mark, Eva Oberloskamp und Thomas Raithel, Introduction. Germany and European Integration, in: Mark Gilbert, Eva Oberloskamp und Thomas Raithel (Hrsg.), Germany and European Integration (German Yearbook of Contemporary History, Bd. 4), Berlin 2019, S. 7–19.

Glees, Anthony, The Diplomacy of Anglo-German Relations. A Study of the ERM Crisis of September 1992, in: German Politics 3,1 (1994), S. 75–90.

Glencross, Andrew, British Euroscepticism as British Exceptionalism. The Forty-Year „Neverendum" on the Relationship with Europe, in: Studia Diplomatica 67,4 (2014), S. 7–20.

Gliddon, Paul, The Labour Government and the Battle for Public Opinion in the 1975 Referendum on the European Community, in: Contemporary British History 31,1 (2017), S. 91–113.

Goodhart, Charles und Rosa Lastra, The Changing and Growing Roles of Independent Central Banks Now Do Require a Reconsideration of Their Mandate, in: Accounting, Economics, and Law. A Convivium 14,4 (2024), S. 457–472.

Goodhart, Charles und Duncan Needham, Historical Reasons for the Focus on Broad Monetary Aggregates in Post-World War II Britain and the „Seven Years War" with the IMF, in: Financial History Review 24,3 (2017), S. 331–356.

Goodwin, Matthew und Caitlin Milazzo, UKIP. Inside the Campaign to Redraw the Map of British Politics, Oxford 2015.

Gowland, David und Arthur Turner, Reluctant Europeans. Britain and European Integration, 1945–1998, Harlow 2000.

Graeber, David, Debt. The First 5,000 Years, New York 2011.

Graf, Rüdiger, Öl und Souveränität. Petroknowledge und Energiepolitik in den USA und Westeuropa in den 1970er Jahren (Quellen und Darstellungen zur Zeitgeschichte, Bd. 103), Berlin 2014.

Graf, Rüdiger und Kim Christian Priemel, Zeitgeschichte in der Welt der Sozialwissenschaften. Legitimität und Originalität einer Disziplin, in: Vierteljahrshefte für Zeitgeschichte 59,4 (2011), S. 479–508.

Granville, Shannon, Downing Street's Favourite Soap Opera. Evaluating the Impact and Influence of Yes, Minister and Yes, Prime Minister, in: Contemporary British History 23,3 (2009), S. 315–336.

Green, Ewen H. H., Thatcher, London 2006.

Green, Ewen H. H., The Conservatives and the City, in: Ranald Michie und Philip Williamson (Hrsg.), The British Government and the City of London in the Twentieth Century, Cambridge 2004, S. 153–173.

Green, Jane und Will Jennings, The Politics of Competence. Parties, Public Opinion and Voters, Cambridge 2017.

Green, Jane und Will Jennings, Will Brexit Be Another Black Wednesday for the Conservatives? Lessons from the ERM Crisis, 19.9.2017, LSE Blogs, https://blogs.lse.ac.uk/brexit/2017/09/19/will-brexit-be-another-black-wednesday-for-the-conservatives-lessons-from-the-erm-crisis/ (12.12.2025).

Green, Jeremy, The Political Economy of the Special Relationship. Anglo-American Development from the Gold Standard to the Financial Crisis, Princeton 2020.

Grilli, Vittorio, Donato Masciandaro und Guido Tabellini, Political and Monetary Institutions and Public Financial Policies in the Industrial Countries, in: Economic Policy 6,13 (1991), S. 341–392.

Grob-Fitzgibbon, Benjamin, Continental Drift. Britain and Europe from the End of Empire to the Rise of Euroscepticism, Cambridge 2016.

Großer, Günter und Günter Weinert, Die weltwirtschaftlichen Auswirkungen der Reaganomics, in: Wirtschaftsdienst 64,11 (1984), S. 535–541.

Hakkinen, Teemu und Miina Kaarkoski, Sovereignty Versus Influence, in: Contributions to the History of Concepts 13,2 (2018), S. 54–78.

Häußler, Mathias, The Popular Press and Ideas of Europe. The Daily Mirror, the Daily Express, and Britain's First Application to Join the EEC, 1961–63, in: Twentieth Century British History 25,1 (2014), S. 108–131.

Häußler, Mathias, A Pyrrhic Victory. Harold Wilson, Helmut Schmidt, and the British Renegotiation of EC Membership, 1974–5, in: The International History Review 37,4 (2015), S. 768–789.

Häußler, Mathias, Die Referenden 1975 und 2016 im Vergleich, Bundeszentrale für politische Bildung (bpb), 16.6.2016, https://www.bpb.de/themen/europa/brexit/229461/die-referenden-1975-und-2016-im-vergleich/ (12.12.2025).

Häußler, Mathias, Ein britischer Sonderweg. Ein Forschungsbericht zur Rolle Großbritanniens bei der europäischen Integration seit 1945, in: Vierteljahrshefte für Zeitgeschichte 67,2 (2019), S. 263–286.

Häußler, Mathias, Helmut Schmidt and British-German Relations. A European Misunderstanding, Cambridge 2019.

Häußler, Mathias, Don't Think Twice, It's All Right? A Historical Comparison of the 1975 and 2016 British Referendums, in: Journal of European Integration History 28,1 (2022), S. 37–56.

Häußler, Mathias, In or Out? Britain and the European Project, in: Brigitte Leucht, Katja Seidel und Laurent Warlouzet (Hrsg.), Reinventing Europe. The History of the European Union, 1945 to the Present, London 2023, S. 317–332.

Hagen, Jürgen von, Microfoundations of the Uses of Money, in: Jürgen von Hagen und Michael Welker (Hrsg.), Money as God? The Monetization of the Market and Its Impact on Religion, Politics, Law, and Ethics, Cambridge 2014, S. 19–41.

Haldane, Andy, What Has Central Bank Independence Ever Done for Us? Speech at the UCL Economists' Society Economics Conference, 28.11.2020, https://www.bankofengland.co.uk/speech/2020/andy-haldane-ucl-economics-conference-2020 (30.9.2025).

Hall, Stuart, The Great Moving Right Show, in: Marxism Today, Januar 1979, S. 14–20.

Hall, Stuart, The Neoliberal Revolution, in: Soundings 48 (2011), S. 9–27.

Hall, Stuart und Martin Jacques (Hrsg.), The Politics of Thatcherism, London 1983.

Haltern, Ulrich, Was ist Souveränität?, Tübingen 2007.

Hannay, David, Butler, Sir Michael Dacres (1927–2013), in: Oxford Dictionary of National Biography. 1.1.2017, DOI: 10.1093/ref:odnb/107550.

Harris, Robert, Good and Faithful Servant. The Unauthorized Biography of Bernard Ingham, London 1990.

Harrison, Brian, The Rise, Fall and Rise of Political Consensus in Britain Since 1940, in: History 84,274 (1999), S. 301–324.

Hart, Keith, Heads or Tails? Two Sides of the Coin, in: Man 21,4 (1986), S. 637–656.

Hay, Colin, Depoliticisation as Process, Governance as Practice. What Did the „First Wave" Get Wrong and Do We Need a „Second Wave" to Put it Right?, in: Policy and Politics 42,2 (2014), S. 293–311.

Hayek, Friedrich A. von, The Road to Serfdom, London 1944.

Hayek, Friedrich A. von, Denationalisation of Money. An Analysis of the Theory and Practice of Concurrent Currencies (Hobart Papers, Bd. 70), London 1976.

Heffernan, Richard, Beyond Euro-Scepticism. Exploring the Europeanisation of the Labour Party Since 1983, in: The Political Quarterly 72,2 (2001), S. 180–190.

Heidenreich, Felix, Die Rhetorik der Souveränität. Zu einem zentralen Topos in der Grammatik populistischer Emotionalisierung, in: Zeitschrift für Politik 65,1 (2018), S. 45–59.

Helleiner, Eric, States and the Reemergence of Global Finance. From Bretton Woods to the 1990s, Ithaca und London 1994.

Helleiner, Eric, National Currencies and National Identities, in: American Behavioral Scientist 41,10 (1998), S. 1409–1436.

Helleiner, Eric, Historicizing Territorial Currencies. Monetary Space and the Nation-State in North America, in: Political Geography 18,3 (1999), S. 309–339.

Helleiner, Eric, Denationalising Money? Economic Liberalism and the „National Question" in Currency Affairs, in: Emily Gilbert und Eric Helleiner (Hrsg.), Nation-

States and Money. The Past, Present and Future of National Currencies (Routledge/RIPE Studies in Global Political Economy, Bd. 2), London 1999, S. 139–158.

Helleiner, Eric, The Making of National Money, Territorial Currencies in Historical Perspective, Ithaca und New York 2003.

Helleiner, Eric, The Macro-Social Meaning of Money. From Territorial Currencies to Global Money, in: Nina Bandelj, Frederick Wherry und Viviana Zelizer (Hrsg.), Money Talks. Explaining How Money Really Works, Princeton 2017, S. 145–157.

Helleiner, Eric, The Life and Times of Embedded Liberalism. Legacies and Innovations Since Bretton Woods, in: Review of International Political Economy 26,6 (2019), S. 1112–1135.

Henkin, Louis, International Law. Politics and Values (Developments in International Law, Bd. 18), Dordrecht 1995.

Hennecke, Hans Jörg, Friedrich August von Hayek. Die Tradition der Freiheit, Düsseldorf 2000.

Hennessey, Thomas, The Evolution of the Troubles 1970–72, Dublin 2007.

Hetzel, Robert, The Monetary Policy of the Federal Reserve (Studies in Macroeconomic History), Cambridge 2008.

Hewitt, Virginia H., A Distant View. Imagery and Imagination in the Paper Currency of the British Empire, 1800–1960, in: Emily Gilbert und Eric Helleiner (Hrsg.), Nation-States and Money. The Past, Present and Future of National Currencies (Routledge/RIPE Studies in Global Political Economy, Bd. 2), London 1999, S. 97–116.

Hewitt, Virginia H. und John M. Keyworth, As Good as Gold. 300 Years of British Bank Note Design, London 1987.

Hickson, Kevin, Britain's Conservative Right Since 1945. Traditional Toryism in a Cold Climate, Cham 2020.

Hickson, Kevin (Hrsg.), Neil Kinnock. Saving the Labour Party? (Routledge Studies in British Politics), Abingdon 2022.

Hickson, Kevin und Anthony Seldon (Hrsg.), New Labour, Old Labour. The Wilson and Callaghan Governments, 1974–79, London 2004.

Hill, Richard, The Labour Party and Economic Strategy, 1979–97. The Long Road Back, Basingstoke 2001.

Himmler, Norbert, Discord over German Unification. Margaret Thatcher and Helmut Kohl, in: Manfred Görtemaker (Hrsg.), Britain and Germany in the Twentieth Century (German Historical Perspectives, Bd. 18), Oxford 2006, S. 197–212.

Hirowatari, Kiyoshi, Britain and European Monetary Cooperation, 1964–1979 (Palgrave Studies in the History of Finance), London 2015.

Hirst, Paul und Grahame Thompson, Globalization in One Country? The Peculiarities of the British, in: Economy and Society 29,3 (2000), S. 335–356.

Hobsbawm, Eric, Introduction. Inventing Traditions, in: ders. und Terence Ranger (Hrsg.), The Invention of Tradition (Past and Present Publications), Cambridge 1983, S. 1–14.

Holt, Andrew und Warren Dockter (Hrsg.), Private Secretaries to the Prime Ministers. Foreign Affairs from Churchill to Thatcher (Routledge Studies in Modern British History), London 2017.

Honohan, Patrick, Using Other People's Money. Farewell to the Irish Pound, in: History Ireland 10,1 (2002), S. 34–37.

Honohan, Patrick, Currency Choices in Ireland Past and Present, Presentation at Queen's University, Belfast, 31.3.2015, https://www.bis.org/review/r150401c.pdf (12.12.2025).

Honohan, Patrick, Currency, Credit and Crisis. Central Banking in Ireland and Europe (Studies in Macroeconomic History), Cambridge 2019.

Honohan, Patrick und Charles Conroy, Sterling Movements and Irish Pound Interest Rates, in: The Economic and Social Review 25,3 (1994), S. 201–220.

Hooghe, Liesbet und Gary Marks, A Postfunctionalist Theory of European Integration. From Permissive Consensus to Constraining Dissensus, in: British Journal of Political Science 39,1 (2009), S. 1–23.

Humpage, Owen, Intervention and the Dollar, in: Economic Commentary. Federal Reserve Bank of Cleveland 24,2 (1988), S. 2–16.

Hyman, Richard, British Trade Unions and the ETUC, in: Andrea Ciampani und Pierre Tilly (Hrsg.), National Trade Unions and the ETUC. A History of Unity and Diversity, Brüssel 2017, S. 95–118.

Hymans, Jacques E. C., The Changing Color of Money. European Currency Iconography and Collective Identity, in: European Journal of International Relations 10,1 (2004), S. 5–31.

Ikemoto, Daisuke, The Callaghan Government and Britain's Opting out of the ERM, in: International Relations (Japan Association of International Relations) 156 (2009), S. 1–17.

Ikemoto, Daisuke, European Monetary Integration 1970–79. British and French Experiences (St. Antony's Series), Basingstoke und New York 2011.

Ingham, Geoffrey, The Nature of Money, Cambridge 2004.

Ireland, Peter N., Expectations, Credibility and Time-Consistent Monetary Policy, in: NBER Working Paper Nr. 7234, Cambridge, MA 1999, https://www.nber.org/papers/w7234 (12.12.2025).

Issing, Otmar, Unabhängigkeit der Notenbank und Geldwertstabilität, Stuttgart 1993.

Issing, Otmar, Einführung in die Geldtheorie (Vahlens Kurzlehrbücher), München [15]2014.

Jackisch, Klaus-Rainer, Eisern gegen die Einheit. Margaret Thatcher und die deutsche Wiedervereinigung, Frankfurt a. M. 2004.

Jackson, Ben, Revisionism Reconsidered. „Property-Owning Democracy" and Egalitarian Strategy in Post-war Britain, in: Twentieth Century British History 16,4 (2005), S. 416–440.

Jackson, Ben, Intellectual Histories of Neoliberalism and Their Limits, in: Aled Davies, Ben Jackson und Florence Sutcliffe-Braithwaite (Hrsg.), The Neoliberal Age? Britain Since the 1970s, London 2021, S. 52–71.

Jackson, Caroline, The First British MEPs. Styles and Strategies, in: Contemporary European History 2,2 (1993), S. 169–195.

Jaeschke, Victor, Eine „immer engere Union“. Konkurrierende Europakonzepte und der Vertrag von Maastricht, 1987–1992 (Studien zur internationalen Geschichte, Bd. 60), München 2025.

Jaeschke, Victor, Demobilising Opposition to European Integration. The Principle of Subsidiarity and the Creation of the European Union, 1988–1992, in: Contemporary European History 34,1 (2025), S. 75–90.

James, Harold, For, in: Centre for Policy Studies (Hrsg.), Joining the EMS. For and against. Christopher Culp and Harold James, London 1989, S. 1–21.

James, Harold, International Monetary Cooperation Since Bretton Woods, Washington u. a. 1996.

James, Harold, Die D-Mark, in: Etienne François und Hagen Schulze (Hrsg.), Deutsche Erinnerungsorte, Bd. 2, München 2001, S. 434–449.

James, Harold, The End of Globalization. Lessons from the Great Depression, Cambridge, MA 2001.

James, Harold, Making the European Monetary Union. The Role of the Committee of Central Bank Governors and the Origins of the European Central Bank, Cambridge, MA und London 2012.

James, Harold, Making a Modern Central Bank. The Bank of England 1979–2003 (Studies in Macroeconomic History), Cambridge 2020.

James, Harold, Monetary Union and the Single Currency, in: Dariusz Adamski, Fabian Amtenbrink und Jakob de Haan (Hrsg.), The Cambridge Handbook of European Monetary, Economic and Financial Integration (Cambridge Law Handbooks), Cambridge 2023, S. 51–68.

James, Scott, Hussein Kassim und Thomas Warren, From Big Bang to Brexit. The City of London and the Discursive Power of Finance, in: Political Studies 70,3 (2021), S. 719–738.

Jansen, Jan und Jürgen Osterhammel, Decolonization. A Short History, Princeton und Oxford 2017.

Jansen, Thomas, The European People's Party. Origins and Development, Basingstoke 1998.

Janssen, Norbert und Peter Andrews, Publication of Narrow Money Data. The Implications of Money Market Reform, in: Bank of England Quarterly Bulletin 45,3 (2005), S. 367–372.

Johnson, Christopher, Britain and the European Monetary System, in: The World Today 42,10 (1986), S. 174–177.

Johnson, Richard, Neil Kinnock and Labour's European Policy, in: Kevin Hickson (Hrsg.), Neil Kinnock. Saving the Labour Party? (Routledge Studies in British Politics), Abingdon 2022, S. 176–188.

Jones, Alistair, Britain and the European Union (Books in the Politics Study Guides Series), Edinburgh 2016.

Jowiya, Khurram, The Conservative Party in the European Parliament 1973–1992, Dissertation, King's College London 2020.

Kaiser, Wolfram, Using Europe, Abusing the Europeans. Britain and European Integration, 1945–63 (Contemporary History in Context), Basingstoke 1996.

Kandiah, Michael und Gilian Staerck, Commonwealth International Financial Arrangements and Britain's First Application to Join the EEC, in: Alex May (Hrsg.), Britain, the Commonwealth and Europe. The Commonwealth and Britain's Applications to Join the European Communities, Basingstoke 2001, S. 111–131.

Kavanagh, Dennis, John Major's Political Legacy, in: Observatoire de la société britannique 7 (2009), S. 27–35.

Kavanagh, Dennis und Peter Morris, Consensus Politics from Attlee to Major (Making Contemporary Britain), Oxford 1994.

Keegan, William, David Marsh und Richard Roberts, Six Days in September. Black Wednesday, Brexit and the Making of Europe, London 2017.

Kelly, Stephen, Margaret Thatcher, the Conservative Party and the Northern Ireland Conflict, 1975–1990, London 2021.

Kettell, Steven, Does Depoliticisation Work? Evidence from Britain's Membership of the Exchange Rate Mechanism, 1990–92, in: The British Journal of Politics and International Relations 10,4 (2008), S. 630–648.

Kettenacker, Lothar, Britain and German Unification, 1989/90, in: Klaus Larres und Elizabeth Meehan (Hrsg.), Uneasy Allies. British-German Relations and European Integration Since 1945, Oxford 2000, S. 99–123.

Keynes, John Maynard, The Economic Consequences of Mr Churchill (1925), in: John Maynard Keynes, Essays in Persuasion, hrsg. v. der Royal Economic Society, Basingstoke ^{3}2010, S. 207–230.

King, Mervyn, Monetary Policy in the UK. IFS Annual Lecture 1994, in: Fiscal Studies 15,3 (1994), S. 109–128.

King, Peter, Housing Policy Transformed. The Right to Buy and the Desire to Own, Bristol 2010.

King, William, Barbara Caste. Fighting All the Way, in: Matthew Broad und William King (Hrsg.), The Labour Party and European Integration. A Biographical Approach, Bristol 2025, S. 192–209.

Kirshner, Jonathan, The Study of Money, in: World Politics 52,3 (2000), S. 407–436.

Kirshner, Jonathan, Money is Politics, in: Review of International Political Economy 10,4 (2003), S. 645–660.

Kitson, Michael, Failure Followed by Success or Success Followed by Failure? A Re-Examination of British Economic Growth Since 1949, in: Roderick Floud und Paul Johnson (Hrsg.), The Cambridge Economic History of Modern Britain, Bd. 3: Structural Change and Growth, 1939–2000, Cambridge 2004, S. 27–56.

Klattenhoff, Timo, Geld, eine symbolische Form. Perspektiven mit Ernst Cassirer und Georg Simmel (Epistemata Philosophie, Bd. 592), Würzburg 2018.

Klein, Yvonne, Obstructive or Promoting? British Views on German Unification 1989/90, in: German Politics 5,3 (1996), S. 404–443.
Klippel, Diethelm, Souveränität bis zum 18. Jahrhundert, in: Otto Brunner, Werner Conze und Reinhart Koselleck (Hrsg.), Geschichtliche Grundbegriffe. Historisches Lexikon zur politisch-sozialen Sprache in Deutschland, Bd. 6, Stuttgart 1990, S. 98–128.
Klüßendorf, Niklot, Numismatik und Geldgeschichte. Basiswissen für Mittelalter und Neuzeit, Peine 2015.
Koselleck, Reinhart, Staat und Souveränität. Vorbemerkung, in: Otto Brunner, Werner Conze und Reinhart Koselleck (Hrsg.), Geschichtliche Grundbegriffe. Historisches Lexikon zur politisch-sozialen Sprache in Deutschland, Bd. 6, Stuttgart 1990, S. 1–4.
Kraemer, Klaus, Geld als Institution. Eine Kritik der Vertrauenshypothese, in: Mittelweg 36 28,3–4 (2019), S. 50–74.
Krasner, Stephen D., Sovereignty. Organized Hypocrisy, Princeton 1999.
Krasner, Stephen D., Alternativen zur Souveränität. Neue Institutionen für kollabierte und scheiternde Staaten, in: Internationale Politik 60,9 (2005), S. 44–53.
Krauss, Clemens, Geldpolitik im Umbruch. Die Zentralbanken Frankreichs und der Bundesrepublik Deutschland in den 1970er Jahren (Quellen und Darstellungen zur Zeitgeschichte, Bd. 128), Berlin 2021.
Kugler, Peter und Tobias Straumann, International Monetary Regimes. The Bretton Woods System, in: Stefano Battilossi, Youssef Cassis und Kazuhiko Yago (Hrsg.), Handbook of the History of Money and Currency (Springer Reference), Singapur 2020, S. 665–686.
Kydland, Finn E. und Edward C. Prescott, Rules Rather than Discretion. The Inconsistency of Optimal Plans, in: Journal of Political Economy 85,3 (1977), S. 473–491.
Kynaston, David, The City of London, Bd. 4: A Club No More, 1945–2000, London 2001.
Lacchè, Luigi, The Sovereignty of the Constitution. A Historical Debate in a European Perspective, in: Giornale di Storia Costituzionale 34,2 (2017), S. 83–102.
Lamberg, Juha-Antti, Jari Ojala und Mirva Peltoniemi, Thinking About Industry Decline. A Qualitative Meta-Analysis and Future Research Directions, in: Business History 60,2 (2018), S. 127–156.
Larres, Klaus, Margaret Thatcher and German Unification Revisited, in: Wolfgang Mueller, Michael Gehler und Arnold Suppan (Hrsg.), The Revolutions of 1989. A Handbook (Internationale Geschichte, Bd. 2), Wien 2015, S. 355–384.
Larson, Mitchell, Gerhard Schnyder, Gerarda Westerhuis und John Wilson, Strategic Responses to Global Challenges. The Case of European Banking, 1973–2000, in: Business History 53,1 (2011), S. 40–62.
Laugharne, Peter, The Treasury and Civil Service Select Committee during the Thatcher Administration, in: Parliamentary History 26,2 (2007), S. 225–244.
Laum, Bernhard, Heiliges Geld. Eine historische Untersuchung über den sakralen Ursprung des Geldes, Berlin 2006.
Lea, David, European Social Dialogue and Industrial Relations. The View of the TUC, in: Wolfgang Lechner und Hans-Wolfgang Platzer (Hrsg.), European Union – European

Industrial Relations? Global Challenges, National Developments and Transnational Dynamics (Routledge Studies in the European Economy), London und New York 1998, S. 133–138.

Ledger, Robert, Neoliberal Thought and Thatcherism. „A Transition From Here to There?“ (Routledge Studies in Modern British History), London 2018.

Lee, Simon, Convergence, Critique and Divergence. The Development of Economic Policy Under David Cameron, in: Matt Beech und Simon Lee (Hrsg.), The Conservatives Under David Cameron. Built to Last?, Basingstoke 2009, S. 60–79.

Leonard, Dick, Modern British Prime Ministers from Balfour to Johnson, Bd. 2, London 2021.

Levine, Philippa, The British Empire. Sunrise to Sunset (Recovering the Past), Harlow 2007.

Llewellyn, Richard, How Green was My Valley, London 1939.

Löffler, Bernhard, Währungsgeschichte als Kulturgeschichte? Konzeptionelle Leitlinien und analytische Probleme kulturhistorischer Ansätze auf wirtschafts- und währungsgeschichtlichem Feld, in: ders. (Hrsg.), Die kulturelle Seite der Währung. Europäische Währungskulturen, Geldwerterfahrungen und Notenbanksysteme im 20. Jahrhundert (Historische Zeitschrift/Beihefte, N. F., Bd. 50), München 2010, S. 3–35.

Lord, Christopher, British Entry to the European Community Under the Heath Government of 1970–4, Aldershot 1993.

Lord, Christopher, Absent at the Creation. Britain and the Formation of the European Community, Aldershot 1996.

Loth, Wilfried, Building Europe. A History of European Unification, Berlin 2015.

Loth, Wilfried, Helmut Kohl und die Währungsunion, in: Vierteljahrshefte für Zeitgeschichte 61,4 (2013), S. 455–480.

Loth, Wilfried, Between France and the Bundesbank. Hans-Dietrich Genscher, Helmut Kohl and the Breakthrough of the Monetary Union, in: Michael Gehler und Wilfried Loth (Hrsg.), Reshaping Europe. Towards a Political, Economic and Monetary Union, 1984–1989 (Veröffentlichungen der Historiker-Verbindungsgruppe bei der Europäischen Kommission, Bd. 20), Baden-Baden 2020, S. 331–346.

Louis, William Roger, The Dissolution of the British Empire, in: Judith M. Brown und William Roger Louis (Hrsg.), The Oxford History of the British Empire, Bd. 4: The Twentieth Century, Oxford 1999, S. 329–356.

Loux, William A., The Impact of Global Commodity Prices on the Wilson Government's Attempted CAP Reform, 1974–1975, in: Agricultural History Review 68,1 (2020), S. 86–108.

Lowe, Rodney, Grit in the Oyster or Sand in the Machine? The Evolving Role of Special Advisers in British Government, in: Twentieth Century British History 16,4 (2005), S. 497–505.

Lowe, Rodney, The Official History of the British Civil Service. Reforming the Civil Service, Bd. 1: The Fulton Years (Government Official History Series), 1966–1981, London 2011.

Lowe, Rodney und Hugh Pemberton, The Official History of the British Civil Service. Reforming the Civil Service, Bd. 2: The Thatcher and Major Revolutions (Government Official History Series), 1982–97, London 2020.

Lucas, Robert E., Econometric Policy Evaluation. A Critique, in: Carnegie-Rochester Conference Series on Public Policy 1 (1976), S. 19–46.

Lucas, Robert E. und Thomas J. Sargent, After Keynesian Macroeconomics. Inflation and Unemployment, in: Federal Reserve Bank of Minneapolis Quarterly Review 3 (1979), S. 49–82.

Ludlam, Steve, New Labour and the Unions. The End of the Contentious Alliance?, in: Steve Ludlam und Martin J. Smith (Hrsg.), New Labour in Government, Basingstoke 2001, S. 111–129.

Ludlow, Peter, The Making of the European Monetary System. A Case Study of the Politics of the European Community (Butterworths European Studies), London 1982.

Ludlow, Piers N., Dealing with Britain. The Six and the First UK Application to the EEC (Cambridge Studies in International Relations, Bd. 56), Cambridge 1997.

Ludlow, Piers N., An Opportunity or a Threat? The European Commission and The Hague Council of December 1969, in: Journal of European Integration History 9,2 (2003), S. 11–25.

Ludlow, Piers N., The Making of the CAP. Towards a Historical Analysis of the EU's First Major Policy, in: Contemporary European History 14,3 (2005), S. 347–371.

Ludlow, Piers N., The Green Heart of Europe? The Rise and Fall of the CAP as the Community's Central Policy, 1958–1985, in: Kiran K. Patel (Hrsg.), Fertile Ground for Europe? The History of European Integration and the Common Agricultural Policy Since 1945, Baden-Baden 2009, S. 78–97.

Ludlow, Piers N., La politique européenne de Thatcher (1979–1990). L'itinéraire d'un libéralisateur frustré?, in: Éric Bussière, Michel Dumoulin und Sylvain Schirmann (Hrsg.), Milieux économiques et intégration européenne au XXe siècle. La relance des années quatre-vingts (1979–1992). Colloque des 1er et 2 décembre 2005, Paris 2007, S. 165–181.

Ludlow, Piers N., The European Community and the Crises of the 1960s. Negotiating the Gaullist Challenge (Cass Series. Cold War History, Bd. 9), London 2007.

Ludlow, Piers N., Problematic Partners. De Gaulle, Thatcher, and their Impact, in: Erik Jones, Anand Menon und Stephen Weatherill (Hrsg.), Oxford Handbook of the European Union (Oxford Handbooks in Politics and International Relations), Oxford 2012, S. 206–218.

Ludlow, Piers N., Safeguarding British Identity or Betraying It? The Role of British „Tradition" in the Parliamentary Great Debate on EC Membership, October 1971, in: Journal of Common Market Studies 53,1 (2015), S. 18–34.

Ludlow, Piers N., Roy Jenkins. The Importance of Top-Level Politics, in: Kenneth Dyson und Ivo Maes: Architects of the Euro. Intellectuals in the Making of European Monetary Union, Oxford 2016, S. 117–137.

Ludlow, Piers N., Commercial Preferences. Economics and Britain's European Choices, 1945–2016, in: David Thackeray, Andrew Thompson und Richard Toye (Hrsg.),

Imagining Britain's Economic Future, c. 1800–1975. Trade, Consumerism, and Global Markets, Basingstoke 2018, S. 279–299.

Ludlow, Piers N., A Double-Edged Victory. Fontainebleau and the Resolution of the British Budget Problem, 1983–84, in: Michael Gehler und Wilfried Loth (Hrsg.), Reshaping Europe. Towards a Political, Economic and Monetary Union, 1984–1989 (Veröffentlichungen der Historiker-Verbindungsgruppe bei der Europäischen Kommission, Bd. 20), Baden-Baden 2020, S. 45–72.

Ludlow, Piers N., Solidarity, Sanctions and Misunderstanding. The European Dimension of the Falklands Crisis, in: The International History Review 43,3 (2021), S. 508–524.

Ludlow, Piers N., The High Point of British Europeanism? John Major, Britain and the Maastricht Negotiations, in: Michele di Donato und Silvio Pons (Hrsg.), European Integration and the Global Financial Crisis. Looking Back on the Maastricht Years, 1980s–1990s (Security, Conflict and Cooperation in the Contemporary World), Basingstoke 2022, S. 235–253.

Luo, Chih-Mei, Interpreting the Blair Government's Policy-Making on European Monetary Union. An Examination of Public Policy Theories, in: Journal of Contemporary European Studies 16,3 (2008), S. 433–448.

Lynch, Philip und Richard Whitaker, A Loveless Marriage. The Conservatives and the European People's Party, in: Parliamentary Affairs 61,1 (2008), S. 31–51.

MacShane, Denis, British Unions and Europe, in: Ben Pimlott und Chris Cook (Hrsg.), Trade Unions in British Politics. The First 250 Years, London 1991, S. 286–306.

Madra, Yahya M. und Fikret Adaman, Neoliberal Turn in the Discipline of Economics. Depoliticization through Economization, in: Damien Cahill, Melinda Cooper, Martijn Konings und David Primrose (Hrsg.), The SAGE Handbook of Neoliberalism (SAGE Reference), Los Angeles 2018, S. 113–128.

Maes, Ivo, La Commission Européenne, le SME et la relance du processus d'Union Économique et Monétaire dans les années 1980, in: Éric Bussière, Michel Dumoulin und Sylvain Schirmann (Hrsg.), Milieux économiques et intégration européenne au XXe siècle. La relance des années quatre-vingts (1979–1992). Colloque des 1er et 2 décembre 2005, Paris 2007, S. 87–106.

Maier, Gerhard, Monetäre Kooperation in Europa, in: Wirtschaftsdienst 68,1 (1988), S. 47–51.

Malpass, Peter, Housing and the Welfare State. The Development of Housing Policy in Britain, Basingstoke 2005.

Mann, Fritz, The Legal Aspect of Money, Oxford ^{5}1992.

Mares, Detlev, Großbritannien. „Contemporary History" jenseits von Konsens und Niedergang, Version: 1.0, in: Docupedia-Zeitgeschichte, 3.6.2011, http://docupedia.de/zg/mares_grossbritannien_contemporary_history_v1_de_2011 (12.12.2025).

Marsh, David, Die Bundesbank. Geschäfte mit der Macht, München 1992.

Marsh, David, The Euro. The Battle for the New Global Currency, New Haven 2011.

Marsh, David, Six Lessons from Black Wednesday for Today's Central Bankers, 15.9.2022, Official Monetary and Financial Institutions Forum (OMFIF), https://www.omfif.org/2022/09/six-lessons-from-black-wednesday-for-todays-central-bankers/ (30.9.2025).

Marsh, Nicky, Money's Doubles. Reading, Fiction and Finance Capital, in: Textual Practice 26,1 (2012), S. 115–133.

Massey, Christopher, The Modernisation of the Labour Party, 1979–97, Manchester 2020.

Massey, Christopher, The Changing of the Praetorian Guard? The Size, Structure and Composition of the Labour Party's National Executive Committee and the Enduring Importance of Labour's Trade Unions, in: The Political Quarterly 92,2 (2021), S. 343–351.

Matthews, Kent, Was Sterling Overvalued in 1925? A Reply and Further Evidence, in: Economic History Review 39,1 (1989), S. 90–96.

Maurer, Bill (Hrsg.), A Cultural History of Money, 6 Bde. (The Cultural Histories Series), London 2019.

McCloskey, Donald, Economic Maturity and Entrepreneurial Decline. British Iron and Steel, 1870–1913 (Ecological Studies), Cambridge 1973.

McKinlay, Alan, Helen Mercer und Neil Rollings, Reluctant Europeans? The Federation of British Industries and European Integration, 1945–63, in: Business History 42,4 (2000), S. 91–116.

McKittrick, David, Séamus Kelters, Brian Feeney und Chris Thornton, Lost Lives. The Stories of the Men, Women and Children who Died as a Result of the Northern Ireland Troubles, Edinburgh 2007.

McManus, Michael, Edward Heath. A Singular Life, London 2016.

McMeeking, Thomas, The Political Leadership of Prime Minister John Major. A Reassessment Using the Greenstein Model (Palgrave Studies in Political Leadership), Basingstoke 2021.

McNamara, Kathleen, The Currency of Ideas. Monetary Politics in the European Union (Cornell Studies in Political Economy), Ithaca 1998.

Mechi, Lorenzo und Antonio Varsori, European Social Policy, in: Éric Bussière, Vincent Dujardin, Piers Ludlow, Federico Romero, Dieter Schlenker, Antonio Varsori (Hrsg.), The European Commission, 1986–2000. History and Memories of an Institution, Luxemburg 2019, S. 403–420.

Mee, Simon, Central Bank Independence and the Legacy of the German Past, Cambridge 2019.

Menon, Anand und Alan Wager, Taking Back Control. Sovereignty as Strategy in Brexit Politics, in: Territory, Politics, Governance 8,2 (2020), S. 279–284.

Meredith, Stephen, A Catalyst for Secession? European Divisions on the Parliamentary Right of the Labour Party 1962–72 and the Schism of British Social Democracy, in: Historical Research 85 (2012), S. 329–351.

Meredith, Stephen, A „Brooding Oppressive Shadow"? The Labour Alliance, the „Trade Union Question", and the Trajectory of Revisionist Social Democracy, c. 1969–1975, in: Labour History Review 82,3 (2017), S. 251–276.

Mergel, Thomas, Überlegungen zu einer Kulturgeschichte der Politik, in: Geschichte und Gesellschaft 28,4 (2002), S. 574–606.

Meteling, Wencke, Statt Phoenix nur Asche. Thatchers wirtschaftspolitisches Experiment 1979–1982 in der deutsch-britischen Pressekritik, in: Frank Bösch, Thomas Hertfelder und Gabriele Metzler (Hrsg.), Grenzen des Neoliberalismus. Der Wandel des Liberalismus im späten 20. Jahrhundert (Zeithistorische Impulse, Bd. 13), Stuttgart 2018, S. 61–92.

Metzler, Gabriele, „Abolish the pound and you abolish Britain". Pfund Sterling, Bank of England und britische Identität im 20. Jahrhundert, in: Bernd Löffler (Hrsg.), Die kulturelle Seite der Währung. Europäische Währungskulturen, Geldwerterfahrungen und Notenbanksysteme im 20. Jahrhundert (Historische Zeitschrift/Beihefte, N. F., Bd. 50), München 2010, S. 169–197.

Meyer, Hinnerk, Participation on Limited Cooperation – Großbritanniens schwierige Rolle im deutschen Einigungsprozess 1989/90, in: Michael Gehler und Maximilian Graf (Hrsg.), Europa und die deutsche Einheit. Beobachtungen, Entscheidungen und Folgen (V&R Academic), Göttingen 2017, S. 141–160.

Michie, Ranald, The City of London and the British Government. The Changing Relationship, in: ders. und Philip Williamson (Hrsg.), The British Government and the City of London in the Twentieth Century, Cambridge 2004, S. 31–56.

Middelaar, Luuk van, Vom Kontinent zur Union. Gegenwart und Geschichte des vereinten Europa, Berlin 2016.

Miles, C. M. und P. A. Bull, External and Foreign Currency Flows and the Money Supply, in: Bank of England Quarterly Bulletin 18,4 (1978), S. 523–529.

Milward, Alan, The UK and the European Community, Bd. 1: The Rise and Fall of a National Strategy, 1945–1963 (Government Official History Series), London 2002.

Milward, Alan, The Hague Conference of 1969 and the United Kingdom's Accession to the European Community, in: Journal of European Integration History 9,2 (2003), S. 117–126.

Minford, Patrick, Inflation and Monetary Policy, in: Oxford Review of Economic Policy 6,4 (1990), S. 62–76.

Minford, Patrick, Evaluating Mrs. Thatcher's Reforms. Britain's 1980s Economic Reform Program, in: Francesco Giavazzi, Francesco Lefebvre D'Ovidio und Alberto Mingardi (Hrsg.), The Liberal Heart of Europe. Essays in Memory of Alberto Giovannini, Basingstoke 2021, S. 97–109.

Mitchell, Kristine, From Whitehall to Brussels. Thatcher, Delors and the Europeanization of the TUC, in: Labor History 53,1 (2012), S. 25–50.

Moggridge, Donald E., British Monetary Policy 1924–1931. The Norman Conquest of $ 4.86, Cambridge 1972.

Moiseev, Sergey R., The Independence of Central Bank. Concept, Methods and Impact of Global Financial Crisis, in: Journal of the New Economic Association 40,4 (2018), S. 110–136.

Monks, John, The British Trade Unions and Europe, in: Revue Française de Civilisation Britannique 15,2 (2009), S. 153–166.

Moore, Charles, Margaret Thatcher. The Authorized Biography, 3 Bde., London 2013–2019.

Moore, Charles, Margaret Thatcher. The Authorized Biography, Bd. 3: Herself Alone, London 2019.

Moore, Noel, The Decimalisation of Britain's Currency, London 1973.

Morys, Matthias, Cycles and Depressions, in: Roderick Floud, Jane Humphries und Paul Johnson (Hrsg.), The Cambridge Economic History of Modern Britain, Bd. 2: 1870 to the Present, Cambridge 2014, S. 229–254.

Moss, Jonathan, Emily Robinson und Jake Watts, Brexit and the Everyday Politics of Emotion. Methodological Lessons from History, in: Political Studies 68,4 (2020), S. 837–856.

Motard, Anne-Marie, Le TUC et l'Europe, le virage des années Thatcher. De l'internationalisme de principe au pragmatisme pro-européen, in: Revue Française de Civilisation Britannique 15,2 (2009), S. 113–131.

Mourlon-Druol, Emmanuel, A Europe Made of Money. The Emergence of the European Monetary System (Cornell Studies in Money), Ithaca 2012.

Mourlon-Druol, Emmanuel, A New Monetary System in a Changing Polity, in: Olivier Feiertag und Michel Margairaz (Hrsg.), Les banques centrales et l'État-nation (Mission historique de la Banque de France), Paris 2016, S. 563–580.

Mourlon-Druol, Emmanuel, European Monetary Integration, in: Stefano Battilossi, Youssef Cassis und Kazuhiko Yago (Hrsg.), Handbook of the History of Money and Currency (Springer Reference), Singapur 2020, S. 809–832.

Mourlon-Druol, Emmanuel und Federico Romero (Hrsg.), International Summitry and Global Governance. The Rise of the G7 and the European Council, 1974–1991 (Cold War History), London und New York 2014.

Mugnaini, Fabio, Messages sur billets de banque, in: Terrain 23 (1994), S. 63–80.

Mullen, Andrew, The British Left's „Great Debate" on Europe, New York und London 2007.

Mullen, Anthony, Spectres of Thatcher. Narratives of National Identity in Contemporary Britain, Dissertation, Durham University 2019.

Müller, Carolin, Politische Theorie des Geldes, in: Aus Politik und Zeitgeschichte 18–19 (2022), S. 4–9.

Müller, Carolin und Aaron Sahr, Contested Privatisation. On the State of Monetary Sovereignty in the Euro Zone, in: Christopher Smith (Hrsg.), Sovereignty. A Global Perspective (Proceedings of the British Academy, Bd. 253), Oxford 2022, S. 210–234.

Mulholland, Marc, The Longest War. Northern Ireland's Troubled History, Oxford 2002.

Mundell, Robert, Capital Mobility and Stabilization Policy Under Fixed and Flexible Exchange Rates, in: The Canadian Journal of Economics and Political Science 29,4 (1963), S. 475–485.

Mundell, Robert, Money and the Sovereignty of the State. Paper Prepared for the International Economic Association Conference in Trento, 4.–7.9.1997, https://www-ceel.economia.unitn.it/events/monetary/mundell14.pdf (12.12.2025).

Murau, Steffen und Jens van't Klooster, Rethinking Monetary Sovereignty. The Global Credit Money System and the State, in: Perspectives on Politics 21,4 (2023), S. 1319–1336.

Naef, Alain, An Exchange Rate History of the United Kingdom, 1945–1992 (Studies in Macroeconomic History), Cambridge 2022.

Needham, Duncan, UK Monetary Policy from Devaluation to Thatcher, 1967–82 (Palgrave Studies in the History of Finance), London 2014.

Needham, Duncan, Britain's Money Supply Experiment, 1971–73, in: English Historical Review 130,542 (2015), S. 89–122.

Needham, Duncan, Snakes and Ladders. Navigating European Monetary Union, in: Philipp Hartmann, Haizhou Huang und Dirk Schoenmaker (Hrsg.), The Changing Fortunes of Central Banking, Cambridge 2018, S. 129–151.

Needham, Duncan, The Evolution of Monetary Policy (Goals and Targets) in Western Europe, in: Stefano Battilossi, Youssef Cassis und Kazuhiko Yago (Hrsg.), Handbook of the History of Money and Currency (Springer Reference), Singapur 2020, S. 857–882.

Needham, Duncan und Anthony Hotson (Hrsg.), Expansionary Fiscal Contraction. The Thatcher Government's 1981 Budget in Perspective, Cambridge 2014.

Nelms, Taylor C. und David Pedersen (Hrsg.), A Cultural History of Money, Bd. 6: A Cultural History of Money in the Modern Age (The Cultural Histories Series), London u. a. 2019.

Nelsen, Brent F. und James L. Guth, Religion and the Struggle for European Union. Confessional Culture and the Limits of Integration, Washington 2015.

Neu, Tim, Geld gebrauchen. Frühneuzeitliche Finanz-, Kredit- und Geldgeschichte in praxeologischer Perspektive, in: Historische Anthropologie 27,1 (2019), S. 75–103.

Newton, Scott, Sterling Crisis of 1947 and the British Response to the Marshall Plan, in: The Economic History Review 37,3 (1984), S. 391–408.

Newton, Scott, The Two Sterling Crises of 1964 and the Decision not to Devalue, in: The Economic History Review 62,1 (2009), S. 73–98.

Newton, Scott, The Sterling Devaluation of 1967, the International Economy and Post-War Social Democracy, in: English Historical Review 125,515 (2010), S. 912–945.

Nienhaus, Volker, Europäische Integration, in: Vahlens Kompendium der Wirtschaftstheorie und Wirtschaftspolitik, Bd. 2, München [9]2007, S. 616–701.

Nordhaus, William, The Political Business Cycle, in: The Review of Economic Studies 42,2 (1975), S. 169–190.

North, Michael, Kleine Geschichte des Geldes. Vom Mittelalter bis heute, München 2009.

Obstfeld, Maurice, The Backdrop of the ERM Crisis, in: Giancarlo Corsetti, Galina Hale und Beatrice Weder di Mauro (Hrsg.), The Making of the European Monetary Union. 30 Years Since the ERM Crisis, Paris und London 2023, S. 47–51.

Obstfeld, Maurice und Kenneth Rogoff, The Mirage of Fixed Exchange Rates, in: Journal of Economic Perspectives 9,4 (1995), S. 73–96.

Officer, Lawrence, International Monetary Regimes. The Gold Standard, in: Stefano Battilossi, Youssef Cassis und Kazuhiko Yago (Hrsg.), Handbook of the History of Money and Currency (Springer Reference), Singapur 2020, S. 599–631.

Oliver, Michael, The Long Road to 1981. British Money Supply Targets from DCE to the MTFS, in: Duncan Needham und Anthony Hotson (Hrsg.), Expansionary Fiscal Contraction. The Thatcher Government's 1981 Budget in Perspective, Cambridge 2014, S. 210–228.

Oliver, Michael und Arran Hamilton, Downhill from Devaluation. The Battle for Sterling, in: Economic History Review 60,3 (2007), S. 486–512.

Orr, David, The Road Not Taken. Finding America in the Poem Everyone Loves and Almost Everyone Gets Wrong, New York 2015.

Ortolano, Guy, Begrudging Neoliberalism. Housing and the Fate of the Property-Owning Social Democracy, in: Aled Davies, Ben Jackson und Florence Sutcliffe-Braithwaite (Hrsg.), The Neoliberal Age? Britain Since the 1970s, London 2021, S. 319–335.

Orwell, George, The Lion and the Unicorn. Socialism and the English Genius, in: Sonia Orwell und Ian Angus (Hrsg.), The Collected Essays, Journalism and Letters of George Orwell, Bd. 2: My Country Right or Left, London 1968, S. 74–133.

Osterhammel, Jürgen, Empire und Commonwealth, in: Roland Sturm (Hrsg.), Länderbericht Großbritannien (Schriftenreihe der Bundeszentrale für Politische Bildung, Bd. 10438), Bonn 2019, S. 51–69.

Papadopoulos, Georgios, Currency and the Collective Representations of Authority, Nationality, and Value, in: Journal of Cultural Economy 8,4 (2015), S. 521–534.

Parr, Helen, Britain's Policy towards the European Community, 1964–1967. Harold Wilson and Britain's World Role (Cass Series. British Foreign and Colonial Policy), Abingdon 2005.

Parsons, Craig, A Certain Idea of Europe (Cornell Studies in Political Economy), Ithaca und London 2003.

Parsons, Craig, Brexit and Economic Ideas, in: John Erik Fossum und Christopher Lord (Hrsg.), Handbook of the European Union and Brexit, Cheltenham 2023, S. 85–103.

Patel, Kiran K., Project Europe. A History, Cambridge 2020.

Patel, Kiran K., Auf dünnem Eis. Die Grenzen der Unterstützung europäischer Einigung durch die Bevölkerung seit den 1950er Jahren, in: Mittelweg 36 31,1 (2022), S. 38–59.

Patel, Kiran K. und Hans Christian Röhl, Transformation durch Recht. Geschichte und Jurisprudenz Europäischer Integration 1985–1992. Mit einem Kommentar von Andreas Wirsching, Tübingen 2020.

Peacock, Mark, Introducing Money (Economics as Social Theory, Bd. 33), London 2013.

Peden, George, The Treasury and the City, in: Ranald Michie und Philip Williamson (Hrsg.), The British Government and the City of London in the Twentieth Century, Cambridge 2004, S. 117–134.

Peebles, Gustav, Inverting the Panopticon. Money and the Nationalization of the Future, in: Public Culture 20,2 (2008), S. 233–265.

Peirano, Pierre-François, La Représentation des jeux de pouvoir par la BBC. L'exemple de la série Yes, (Prime) Minister, in: Revue Française de Civilisation Britannique 26,1 (2021), https://journals.openedition.org/rfcb/7121 (12.12.2025).

Phelan, John, The Road Not Taken. A Comparison between the Hard ECU and the Euro, in: Economic Affairs 35,3 (2015), S. 397–415.

Phillips, Alban W., The Relation between Unemployment and the Rate of Change of Money Wage Rates in the United Kingdom, 1861–1957, in: Economica, New Series 25,100 (1958), S. 283–299.

Pickering, Craig, „Sir Douglas in Euroland". Treasury Officials and the European Union, 1977–2001, in: Public Administration 80,3 (2002), S. 583–599.

Pickup, David, Fiftieth Anniversary of Decimal Day in Britain, in: The E-Sylum (Numismatic Bibliomania Society) 24,7 (2021), Article 27, https://www.coinbooks.org/v24/esylum_v24n07a27.html (12.12.2025).

Pike, Karl, „A Life of Their Own"? Traditions, Power and „As If Realism" in Political Analysis, in: Political Studies 69,3 (2021), S. 709–724.

Pine, Melissa, Harold Wilson and Europe. Pursuing Britain's Membership of the European Community (International Library of Political Studies, Bd. 21), London 2007.

Pointon, Marcia, Money and Nationalism, in: Geoffrey Cubitt (Hrsg.), Imagining Nations (York Studies in Cultural History), Manchester 1998, S. 229–254.

Pollard, Sidney, The Nationalisation of the Banks. The Chequered History of a Socialist Proposal, in: David E. Martin und Martin Rubinstein (Hrsg.), Ideology and the Labour Movement. Essays Presented to John Saville, London 1979, S. 167–190.

Potts, Nic, National Economic Sovereignty and the Single European Currency, in: European Business Review 97,1 (1997), S. 11–23.

Quaritsch, Helmut, Bodins Souveränität und das Völkerrecht, in: Archiv des Völkerrechts 17,3/4 (1978), S. 257–273.

Raineau, Thomas, Treasury Officials and the European Monetary System (1977–1979). Unthinkable Regionalism?, in: Les cahiers Irice 9,1 (2012), S. 153–168.

Ramírez Pérez, Sigfrido, European Trade Unions from the Single European Act to Maastricht. 1985–1992, in: Studi Storici 62,1 (2021), S. 211–245.

Ranelagh, John, Thatcher's People. An Insider's Account of the Politics, the Power and the Personalities, London 1991.

Rault, Charlotte, Pooling, Gaining or Losing Sovereignty? Conflicting Definitions of Irish Sovereignty in the Political Discourse on European Integration, in: Review of Irish Studies in Europe 3,2 (2020), S. 108–125.

Redmond, John, Was Sterling Overvalued in 1925? A Comment, in: Economic History Review 42,1 (1989), S. 87–89.

Renoux, Christian, La prière pour la paix attribuée à saint François. Une énigme à résoudre, Paris 2001.

Renwick, Robin, A Journey with Margaret Thatcher. Foreign Policy Under the Iron Lady, London 2013.

Reveley, James und John Singleton, Clearing the Cupboard. The Role of Public Relations in London Clearing Banks' Collective Legitimacy-Seeking, 1950–1980, in: Enterprise and Society 15,3 (2014), S. 472–498.

Rhodes, Roderick A. W., Introducing the Core Executive, in: Roderick A. W. Rhodes und Patrick Dunleavy (Hrsg.), Prime Minister, Cabinet and Core Executive, Basingstoke 1995, S. 1–8.

Rivot, Sylvie, Rule-Based Frameworks in Historical Perspective. Keynes' and Friedman's Monetary Policies Versus Contemporary Policy-Rules, in: European Journal of the History of Economic Thought 22,4 (2015), S. 601–633.

Roberts, Alasdair, The Logic of Discipline. Global Capitalism and the Architecture of Government, Oxford 2010.

Roberts, Richard, The Pound and the Press, 1919–1972, in: Steve Schifferes und Richard Roberts (Hrsg.), The Media and Financial Crises. Comparative and Historical Perspectives, London 2015, S. 245–260.

Roberts, Richard und Christopher Arnander, Take Your Partners. Orion, the Consortium Banks and the Transformation of the Euromarkets, Basingstoke 2001.

Roberts, Richard und David Kynaston, City State. A Contemporary History of the City of London and How Money Triumphed, London 2001.

Roe-Crines, Andrew und Tim Heppell, Legitimising Euroscepticism? The Construction, Delivery and Significance of the Bruges Speech, in: Contemporary British History 34,2 (2020), S. 204–227.

Rödder, Andreas, Deutschland einig Vaterland. Die Geschichte der Wiedervereinigung, München [2]2009.

Rödder, Andreas, Europa eins – zwei – drei, in: Gregor Kirchhof, Hanno Kube und Reiner Schmidt (Hrsg.), Von Ursprung und Ziel der Europäischen Union. Elf Perspektiven, Tübingen [2]2017, S. 11–28.

Rödder, Andreas, Wandlungen der europäischen Integration. Historische Perspektiven, in: Daniel S. Hamilton, Gregor Kirchhof und Andreas Rödder (Hrsg.), Zeitenwende? Zur Selbstbehauptung der Europäischen Union in einer neuen Welt, Tübingen 2022, S. 35–43.

Rogers, Chris, From Social Contract to „Social Contrick". The Depoliticisation of Economic Policy-Making Under Harold Wilson, 1974–75, in: British Journal of Politics and International Relations 11,4 (2009), S. 634–651.

Rogers, Chris, Economic Policy and the Problem of Sterling Under Harold Wilson and James Callaghan, in: Contemporary British History 25,3 (2011), S. 339–363.

Rogoff, Kenneth, The Optimal Degree of Commitment to an Intermediate Monetary Target, in: The Quarterly Journal of Economics 100,4 (1985), S. 1169–1189.

Rollings, Neil, The Confederation of British Industry and European Integration in the 1960s, in: Oliver Daddow (Hrsg.), Harold Wilson and European Integration. Britain's

Second Application to Join the EEC (Cass Series. British Foreign and Colonial Policy), London und New York 2003, S. 115–134.

Rollings, Neil, British Business in the Formative Years of European Integration, 1945–1973 (Cambridge Studies in the Emergence of Global Enterprise), Cambridge 2007.

Rollings, Neil, Cracks in the Post-War Keynesian Settlement? The Role of Organised Business in Britain in the Rise of Neoliberalism before Margaret Thatcher, in: Twentieth Century British History 24,4 (2013), S. 637–659.

Rollings, Neil, Organised Business and the Rise of Neoliberalism. The Confederation of British Industry 1965–1990s, in: Aled Davies, Ben Jackson und Florence Sutcliffe-Braithwaite (Hrsg.), The Neoliberal Age? Britain Since the 1970s, London 2021, S. 279–298.

Rosamond, Ben, European Integration and the Social Science of EU-Studies. The Disciplinary Politics of a Subfield, in: International Affairs 83,2 (2007), S. 231–252.

Roseveare, Henry, The Treasury. The Evolution of a British Institution, London 1969.

Rowlinson, Matthew, „The Scotch hate Gold". British Identity and Paper Money, in: Emily Gilbert und Eric Helleiner (Hrsg.), Nation-States and Money. The Past, Present and Future of National Currencies (Routledge/RIPE Studies in Global Political Economy, Bd. 2), London 1999, S. 47–67.

Ruggie, John Gerard, International Regimes, Transactions, and Change. Embedded Liberalism in the Postwar Economic Order, in: International Organization 36,2 (1982), S. 379–415.

Sahin, Sila, Britain and the Sterling Float in 1972, Dissertation, University of Warwick 2008.

Salmon, Patrick, The United Kingdom. Divided Counsels, Global Concerns, in: Frédéric Bozo, Andreas Rödder und Mary Elise Sarotte (Hrsg.), German Reunification. A Multinational History (Cold War History), London 2017, S. 153–176.

Salop, Joanne, Monetary Targeting in the United Kingdom. The Motives for Targeting Money Supply and the UK Experience with £ M3 Targeting, in: Finance and Development 23,4 (1986), S. 33–35.

Samuelson, Paul A. und Robert M. Solow, Analytical Aspects of Anti-Inflation Policy, in: The American Economic Review 50,2 (1960), S. 177–194.

Sanders, David, Economic Performance, Management Competence and the Outcome of the Next General Election, in: Political Studies 44,2 (1996), S. 203–231.

Sanders, David, Conservative Incompetence, Labour Responsibility and the Feelgood Factor. Why the Economy Failed to Save the Conservatives in 1997, in: Electoral Studies 18,2 (1999), S. 251–270.

Saunders, Robert, „An Auction of Fear". The Scotland in Europe Referendum, 1975, in: Renewal 21,1 (2014), S. 87–95.

Saunders, Robert, A Tale of Two Referendums. 1975 and 2016, in: The Political Quarterly 87,3 (2016), S. 318–322.

Saunders, Robert, Yes to Europe! The 1975 Referendum and Seventies Britain, Cambridge 2018.

Schenk, Catherine, The UK, the Sterling Area and the EEC, 1957–1963, in: Anne Deighton und Alan Milward (Hrsg.), Widening, Deepening and Acceleration. The European Economic Community 1957–1963 (Veröffentlichungen der Historiker-Verbindungsgruppe bei der Europäischen Kommission, Bd. 7), Baden-Baden 1999, S. 123–137.

Schenk, Catherine, Sterling. International Monetary Reform and Britain's Applications to the EEC in the 1960s, in: Contemporary European History 11,3 (2002), S. 345–369.

Schenk, Catherine, The Decline of Sterling. Managing the Retreat of an International Currency, 1945–1992, Cambridge 2010.

Schenk, Catherine, The Sterling Area and Economic Disintegration, in: Geschichte und Gesellschaft 39,2 (2013), S. 177–196.

Schenk, Catherine, Sterling and Monetary Policy, 1870–2010, in: Roderick Floud, Jane Humphries und Paul Johnson (Hrsg.), The Cambridge Economic History of Modern Britain, Bd. 2: 1870 to the Present, Cambridge 2014, S. 448–475.

Schenk, Catherine, The Sterling Area 1945–1972, in: Stefano Battilossi, Youssef Cassis und Kazuhiko Yago (Hrsg.), Handbook of the History of Money and Currency (Springer Reference), Singapur 2020, S. 771–790.

Schimmelfennig, Frank, European Integration in the Euro Crisis. The Limits of Postfunctionalism, in: Journal of European Integration 36,3 (2014), S. 321–337.

Schmelzer, Matthias, Freiheit für Wechselkurse und Kapital. Die Ursprünge neoliberaler Währungspolitik und die Mont Pèlerin Society, Marburg 2010.

Schönhärl, Korinna, Frederike Schotters und Guido Thiemeyer (Hrsg.), Reden über Geld, Werkstatt Geschichte 88 (2023).

Schramm, Lucas, Using Go-It-Alone Power to Overcome Intergovernmental Deadlock. National Vetoes, Credible Threats, and Multi-Speed Europe in the British Budgetary Rebate Crisis, in: Acta Politica 59 (2024), S. 847–865.

Sedgwick, Peter, Treasury Documents Reveal Warnings on UK Exchange Rate Mishaps, 24.4.2023, Official Monetary and Financial Institutions Forum (OMFIF), https://www.omfif.org/2023/04/treasury-documents-reveal-warnings-on-uk-exchange-rate-mishaps/ (12.12.2025).

Seidel, Katja, Britain, the Common Agricultural Policy and the Challenges of Membership in the European Community. A Political Balancing Act, in: Contemporary British History 34,2 (2020), S. 179–203.

Seldon, Anthony und Daniel Collings, Britain Under Thatcher (Seminar Studies), Harlow 2000.

Shanks, Michael, The Stagnant Society. A Warning, Harmondsworth 1961.

Shiels, David, Enoch Powell, the Anglosphere and the Roots of Brexit, in: Trevor Harris (Hrsg.), Windrush (1948) and Rivers of Blood (1968). Legacy and Assessment (British Politics and Society), London 2019, S. 54–72.

Shonfield, Andrew, British Economic Policy Since the War, Harmondsworth 1958.

Simmel, Georg, Philosophie des Geldes, Leipzig 1900.

Simms, Brendan, Britain's Europe. A Thousand Years of Conflict and Cooperation, London 2016.

Sinclair, David, The Pound. A Biography, London 2000.
Slobodian, Quinn und Dieter Plehwe, Neoliberals against Europe, in: William Callison und Zachary Manfredi (Hrsg.), Mutant Neoliberalism. Market Rule and Political Rupture, New York 2020, S. 89–111.
Smedley, Stuart, Margaret Thatcher, British Public Opinion and German Reunification, 1989–90, in: Cold War History 23,3 (2023), S. 431–451.
Smith, David, The Rise and Fall of Monetarism, Harmondsworth 1987.
Smith, David, Walters, Sir Alan Arthur (1926–2009), in: Oxford Dictionary of National Biography, 10.1.2013, DOI: 10.1093/ref:odnb/100720.
Smith, Julie, The European Dividing Line in Party Politics, in: International Affairs 88,6 (2012), S. 1277–1295.
Smith, Julie, Gambling on Europe. David Cameron and the 2016 Referendum, in: British Politics 13 (2018), S. 1–16.
Smith, Martin, The Core Executive in Britain (Transforming Government), Basingstoke 1999.
Smith, Matthew, Policy-Making in the Treasury. Explaining Britain's Chosen Path on European Economic and Monetary Union, Basingstoke 2014.
Spiering, Menno, A Cultural History of British Euroscepticism, Basingstoke 2015.
Sprenger, Bernd, Das Geld der Deutschen. Geldgeschichte Deutschlands von den Anfängen bis zur Gegenwart, Paderborn ^{3}2002.
Statler, Jocelyn, British Foreign Policy to 1985. The European Monetary System. From Conception to Birth, in: International Affairs 55,2 (1979), S. 206–225.
Stewart, David, Preserving the „Contentious Alliance"? The Labour Party, the Trade Unions, and the Political Fund Ballots of 1985–1986, in: Labour History Review 76,1 (2011), S. 51–69.
Stephens, Philip, Politics and the Pound. The Conservatives' Struggle with Sterling, London 1996.
Stephenson, Hugh, Claret and Chips. The Rise of the SDP, London 1982.
Steven, Martin, The European Conservatives and Reformists (ECR). Politics, Parties and Policies (New Perspectives on the Right), Manchester 2020.
Stock, James und Mark Watson, Has the Business Cycle Changed and Why?, in: NBER Macroeconomics Annual 17 (2002), S. 159–218.
Stockwell, Sarah, The British End of the British Empire, Cambridge 2018.
Strange, Gerard, The British Labour Movement and Economic and Monetary Union in Europe, in: Capital and Class 21,3 (1997), S. 13–24.
Strange, Susan, Sterling and British Policy. A Political Study of an International Currency in Decline, London 1971.
Strange, Susan, Mad Money, Manchester 1998.
Supple, Barry, Official Economic Inquiry and Britain's Industrial Decline. The First Fifty Years, in: Barry Supple und Mary O. Furner (Hrsg.), The State and Economic Knowledge. The American and British Experiences (Woodrow Wilson Center Series), Cambridge 1990, S. 325–353.

Supple, Barry, British Economic Decline Since 1945, in: Roderick Floud und Deidre McCloskey (Hrsg.), The Economic History of Britain Since 1700, Bd. 3: 1939–1992, Cambridge ²1994, S. 318–346.

Sutcliffe-Braithwaite, Florence, Neo-Liberalism and Morality in the Making of Thatcherite Social Policy, in: Historical Journal 55,2 (2012), S. 497–520.

Svensson, Lars E. O., Assessing Target Zone Credibility. Mean Reversion and Devaluation Expectations in the ERM, 1979–1992, in: European Economic Review 37,4 (1993), S. 763–793.

Swinbank, Alan, Something Significant to Show for our Efforts? British Perspectives on the Stocktaking of the Common Agricultural Policy, in: Agricultural History Review 68,1 (2020), S. 63–85.

Talani, Leila S., Betting for and against EMU. Who Wins and Loses in Italy and in the UK from the Process of European Monetary Integration, Aldershot 2000.

Talani, Leila S., Globalization, Hegemony and the Future of the City of London, Basingstoke 2012.

Taylor, Andrew, The Trade Unions and the Labour Party, London 1987.

Taylor, Andrew, What About the Workers? The Conservative Party and the Organised Working Class in Modern British Politics (New Perspectives on the Right, Bd. 15), Manchester 2021.

Taylor, Robert, The TUC. From the General Strike to New Unionism, Basingstoke 2000.

Taylor, Robert, The Rise and Fall of the Social Contract, in: Kevin Hickson und Anthony Seldon (Hrsg.), New Labour, Old Labour. The Wilson and Callaghan Governments, 1974–79, London 2004, S. 70–104.

Teague, Paul, Monetary Union and Social Europe, in: Journal of European Social Policy 8,2 (1998), S. 117–137.

Telesca, Giuseppe, The Economic Competence of the Labour Party in Historical Perspective, in: The Political Quarterly 95,4 (2024), S. 627–633.

Temin, Peter, The Golden Age of European Growth Reconsidered, in: European Review of Economic History 6,1 (2002), S. 3–22.

Teupe, Sebastian, Zeit des Geldes. Die deutsche Inflation zwischen 1914 und 1923, Frankfurt a. M. 2022.

Thain, Colin, The Education of the Treasury. The Medium-Term Financial Strategy 1980–84, in: Public Administration 63,3 (1985), S. 261–285.

Thain, Colin und Maurice Wright, The Treasury and Whitehall. The Planning and Control of Public Expenditure, 1976–1993, Oxford 1995.

Ther, Philipp, Europe Since 1989. A History, Princeton 2018.

Thiemeyer, Guido, Internationalismus und Diplomatie. Währungspolitische Kooperation im Europäischen Staatensystem 1865–1900 (Studien zur internationalen Geschichte, Bd. 19), München 2009.

Thiemeyer, Guido, Economic Models in France and Germany and the Debates on the Maastricht Treaty, in: Journal of European Integration History 19,1 (2013), S. 85–103.

Thom, Rodney und Brendan Walsh, The Effect of a Currency Union on Trade. Lessons from the Irish Experience, in: European Economic Review 46,6 (2002), S. 1111–1123.

Thompson, David, Introduction. The Work of the BIEC, in: Robert Miller (Hrsg.), BIEC Yearbook 1989–1990, London 1989, S. 3–7.

Thompson, Helen, The British Conservative Government and the European Exchange Rate Mechanism, 1979–1994, London 1996.

Thompson, Helen, Thatcherite Economic Legacy, in: Stephen Farrall und Colin Hay (Hrsg.), The Legacy of Thatcherism. Assessing and Exploring Thatcherite Social and Economic Policies, Oxford 2014, S. 33–68.

Thygesen, Niels, Towards Monetary Union in Europe – Reforms of the EMS in the Perspective of Monetary Union, in: Christopher Johnson und Stefan Collignon (Hrsg.), The Monetary Economics of Europe. Causes of the EMS Crisis, London 1994, S. 141–165.

Tilly, Pierre, La CES entre l'acte unique et le Traité de Maastricht (1985–1993). Nécessités et limites d'une conversion transnationale, in: Journal of European Integration History 26,1 (2020), S. 81–94.

Tomlinson, Jim, Inventing „Decline“. The Falling behind of the British Economy in the Post-war Years, in: Economic History Review 49,4 (1996), S. 731–757.

Tomlinson, Jim, The Politics of Decline. Understanding Post-War Britain, Harlow 2001.

Tomlinson, Jim, Economic Policy, in: Roderick Floud und Paul Johnson (Hrsg.), The Cambridge Economic History of Modern Britain, Bd. 3: Structural Change and Growth, 1939–2000, Cambridge 2004, S. 189–212.

Tomlinson, Jim, Labour Party and the City 1945–1970, in: Ranald Michie und Philip Williamson (Hrsg.), The British Government and the City of London in the Twentieth Century, Cambridge 2004, S. 174–192.

Tomlinson, Jim, Economic „Decline“ in Post-War Britain, in: Paul Addison und Harriet Jones (Hrsg.), A Companion to Contemporary Britain 1939–2000 (Blackwell Companions to British History), Oxford 2005, S. 164–179.

Tomlinson, Jim, Mrs Thatcher's Macroeconomic Adventurism, 1979–1981, and Its Political Consequences, in: British Politics 2,1 (2007), S. 3–19.

Tomlinson, Jim, Thatcher, Monetarism and the Politics of Inflation, in: Ben Jackson und Robert Saunders (Hrsg.), Making Thatcher's Britain, Cambridge 2012, S. 62–77.

Tomlinson, Jim, Managing the Economy, Managing the People. Narratives of Economic Life in Britain from Beveridge to Brexit, Oxford 2017.

Tomlinson, Jim, Deindustrialisation and „Thatcherism“. Moral Economy and Unintended Consequences, in: Contemporary British History 35,4 (2021), S. 620–642.

Tomlinson, Jim, Kinnock and the Economy, in: Kevin Hickson (Hrsg.), Neil Kinnock. Saving the Labour Party? (Routledge Studies in British Politics), Abingdon 2022, S. 101–112.

Toniolo, Gianni, Central Bank Cooperation at the Bank for International Settlements, 1930–1973 (Studies in Macroeconomic History), Cambridge 2005.

Toomey, Jane, Harold Wilson's EEC Application. Inside the Foreign Office 1964–7, Dublin 2007.

Tooze, Adam, Crashed. Wie zehn Jahre Finanzkrise die Welt verändert haben (Schriftenreihe der Bundeszentrale für Politische Bildung, Bd. 10317), Bonn 2019.

Tournier-Sol, Karine, From UKIP to the Brexit Party. The Politicization of European Integration and Disruptive Impact on National and European Arenas, in: Journal of Contemporary European Studies 29,3 (2021), S. 380–390.

Tournier-Sol, Karine, L'impact du UKIP et du Brexit Party sur l'échiquier politique britannique, in: Revue Française de Civilisation Britannique 27,2 (2022), https://journals.openedition.org/rfcb/9498 (12.12.2025).

Toye, Richard, From „Consensus" to „Common Ground". The Rhetoric of the Postwar Settlement and Its Collapse, in: Journal of Contemporary History 48,1 (2013), S. 3–23.

Triffin, Robert, Gold and the Dollar Crisis. The Future of Convertibility, New Haven 1960.

True, Nicholas, Prout, Christopher James Osborne, Baron Kingsland (1942–2009), in: Oxford Dictionary of National Biography, 10.1.2013, DOI: 10.1093/ref:odnb/102151.

Tufekci, Baris, The Socialist Ideas of the British Left's Alternative Economic Strategy, 1973–1983, Cham 2020.

Usherwood, Simon, The Dilemmas of a Single-Issue Party. The UK Independence Party, in: Representation 44,3 (2008), S. 255–264.

Usherwood, Simon, Margaret Thatcher and British Opposition to European Integration. Saint or Sinner?, in: Maria Gainar und Martial Libera (Hrsg.), Contre l'Europe? Anti-européisme, euroscepticisme et alter-européisme dans la construction européenne de 1945 à nos jours, Bd. 2: Acteurs institutionnels, milieux politiques et société civile (Studien zur Geschichte der Europäischen Integration, Bd. 21), Stuttgart 2013, S. 75–86.

Valle Alcalá, Roberto del: Martin Amis's Money and the Crisis of Fordism, in: Critique. Studies in Contemporary Fiction 60,1 (2019), S. 1–10.

van der Maas, Erin, The Only Game in Town? British Trade Unions and the European Union, in: Peter Leisink, Bram Steijn und Ulke Veersma (Hrsg.), Industrial Relations in the New Europe. Enlargement, Integration and Reform, Cheltenham 2007, S. 131–151.

Vatanpour, Sina, Money Narratives in Postmodern Fictions by Paul Auster and Martin Amis, in: Jacques-Henri Coste und Vincent Dussol (Hrsg.), The Fictions of American Capitalism. Working Fictions and the Economic Novel (Palgrave Studies in Literature, Culture and Economics), Basingstoke 2020, S. 281–295.

Verdun, Amy, The Role of the Delors Committee in the Creation of EMU. An Epistemic Community?, in: Journal of European Public Policy 6,2 (1999), S. 308–328.

Verdun, Amy, The Logic of Giving up National Currencies. Lessons from Europe's Monetary Union, in: Emily Gilbert und Eric Helleiner (Hrsg.), Nation-States and Money. The Past, Present and Future of National Currencies (Routledge/RIPE Studies in Global Political Economy, Bd. 2), London 1999, S. 199–214.

Verdun, Amy, Theorizing Economic and Monetary Union. Between Concepts and Pragmatism, in: Dariusz Adamski, Fabian Amtenbrink und Jakob de Haan (Hrsg.), The

Cambridge Handbook of European Monetary, Economic and Financial Integration (Cambridge Law Handbooks), Cambridge 2023, S. 33–50.
Vianelli, Marco, Achieving a Shared Consensus. The Delors Committee and the Relaunch of the EMU Process, in: Journal of European Integration History 28,2 (2022), S. 313–334.
Vinen, Richard, Thatcher's Britain. The Politics and Social Upheaval of the Thatcher Era, London 2009.
Vinen, Richard, Thatcherism and the Cold War, in: Ben Jackson und Robert Saunders (Hrsg.), Making Thatcher's Britain, Cambridge 2012, S. 199–217.
Vlahos, Nick, The Political Economy of Devolution in Britain from the Postwar Era to Brexit, Cham 2020.
Wagener, Hans-Jürgen und Thomas Eger, Europäische Integration. Wirtschaft und Recht, Geschichte und Politik, München ^{3}2014.
Wall, Stephen, A Stranger in Europe. Britain and the EU from Thatcher to Blair, Oxford 2008.
Wall, Stephen, Making the Single Market, in: Journal of European Integration History 16,1 (2010), S. 57–65.
Wall, Stephen, The Official History of Britain and the European Community, Bd. 2: From Rejection to Referendum 1963–1975 (Government Official History Series), London 2013.
Wall, Stephen, The Official History of Britain and the European Community, Bd. 3: The Tiger Unleashed (Government Official History Series), London 2019.
Wall, Stephen, Margaret Thatcher and the Single European Act, in: Global Policy 13,2 (2022), S. 30–38.
Wallace, William, Foreign Policy and National Identity in the United Kingdom, in: International Affairs 67,1 (1991), S. 65–80.
Wallerstein, Immanuel, The Modern World System, 4 Bde., New York u.a 1974–2011.
Ward, David, John Smith's Shadow Budget 1992. Myths and Lessons for Labour, Mile End Institute Paper, Januar 2023, https://www.qmul.ac.uk/mei/publications/items/john-smiths-1992-shadow-budget-myths-and-lessons-for-labour.html (30.9.2025).
Ward, David, Black Wednesday: Origins, Impact, and Labour's Opportunity, 15.9.2022, The Mile End Institute, https://policycommons.net/artifacts/3118010/black-wednesday-30-years-on/3911205/ (12.12.2025).
Ward, David, Major Clean Bowled. The Maastricht Confidence Motion 30 Years On, 24.7.2023, Mile End Institute Blog, https://www.qmul.ac.uk/mei/news-and-opinion/items/major-clean-bowled-the-maastricht-confidence-motion-30-years-on.html (12.12.2025).
Warlouzet, Laurent, Governing Europe in a Globalizing World. Neoliberalism and Its Alternatives Following the 1973 Oil Crisis (Routledge Studies on Government and the European Union), London 2018.
Warlouzet, Laurent, Britain at the Centre of European Co-Operation (1948–2016), in: Journal of Common Market Studies 56,4 (2018), S. 955–970.

Warlouzet, Laurent, Creating a Social Europe or Completing the Single Market? Debates within the European Economic Community (1973–86), in: Lucia Coppolaro und Lorenzo Mechi (Hrsg.), Free Trade and Social Welfare in Europe. Explorations in the Long 20th Century (Routledge Studies in Modern European History), London 2020, S. 109–125.

Warlouzet, Laurent, The Implementation of the Single Market Programme, 1985–1992, in: Michael Gehler und Wilfried Loth (Hrsg.), Reshaping Europe. Towards a Political, Economic and Monetary Union, 1984–1989 (Veröffentlichungen der Historiker-Verbindungsgruppe bei der Europäischen Kommission, Bd. 20), Baden-Baden 2020, S. 246–262.

Warlouzet, Laurent, A Social Europe with a Greener Perspective. The Evolution of the Delors Commission around 1989, in: Studi Storici 62,1 (2021), S. 189–209.

Warlouzet, Laurent, The French Referenda of 1992 and 2005. Towards Mainstream Euroscepticism?, in: Journal of European Integration History 28,1 (2022), S. 57–78.

Warlouzet, Laurent, A Flanking European Welfare State. The European Community's Social Dimension, from Brandt to Delors (1969–1993), in: Contemporary European History 33,1 (2024), S. 23–36.

Weale, Martin, 1300 Years of the Pound Sterling, in: National Institute Economic Review 172 (2000), S. 78–89.

Wellings, Ben, English Nationalism, Brexit and the Anglosphere. Wider Still and Wider (New Perspectives on the Right), Manchester 2019.

Wende, Peter, Das Britische Empire. Geschichte eines Weltreichs (Schriftenreihe der Bundeszentrale für Politische Bildung, Bd. 1254), Bonn 2012.

Werner, Henry, Geschichte des Geldes, Berlin 2015.

Werner, Michael und Bénédicte Zimmermann, Vergleich, Transfer, Verflechtung. Der Ansatz der Histoire croisée und die Herausforderung des Transnationalen, in: Geschichte und Gesellschaft 28,4 (2002), S. 607–636.

Westcott, Nicholas, Sovereignty and Brexit. Control of What Exactly?, 26.11.2020, UK in a Changing Europe, https://ukandeu.ac.uk/sovereignty-and-brexit-control-of-what-exactly/ (12.12.2025).

Whyman, Philip, British Trade Unions and EMU. Natural Supporters or Conflicting Interests?, in: Mark Baimbridge, Philip Whyman und Brian Burkitt (Hrsg.), Implications of the Euro. A Critical Perspective from the Left, London 2006, S. 137–144.

Whyman, Philip, British Trade Unions and Monetary Union, in: Industrial Relations 41,3 (2002), S. 467–476.

Whyman, Philip, British Trade Unions, the 1975 European Referendum and Its Legacy, in: Labor History 49,1 (2008), S. 23–45.

Wiener, Martin, English Culture and the Decline of the Industrial Spirit, 1850–1980, Cambridge 1981.

Wilkes, George, British Attitudes to the European Economic Community, 1956–63, Dissertation, University of Cambridge 2002.

Wilkis, Ariel, The Moral Power of Money. Morality and Economy in the Life of the Poor (Culture and Economic Life), Redwood City 2018.

Williamson, Philip, The City of London and Government in Modern Britain. Debates and Politics, in: Ranald Michie und Philip Williamson (Hrsg.), The British Government and the City of London in the Twentieth Century, Cambridge 2004, S. 5–30.

Wilson, Paul, Shades of Sovereignty. Money and the Making of the State, Lanham 2021.

Wirsching, Andreas, Der Preis der Freiheit. Geschichte Europas in unserer Zeit, München 2012.

Wirsching, Andreas, Demokratie und Globalisierung. Europa seit 1989, München 2015.

Wirsching, Andreas, Zeit als Ressource zwischen Bonn und Paris. Der Straßburger EG-Gipfel vom 8./9. Dezember 1989, die Europäische Währungsunion und die deutsche Einheit, in: Vierteljahrshefte für Zeitgeschichte 70,4 (2022), S. 655–688.

Woodward, Richard und James Silverwood, What We Do in the Shadows. Dual Industrial Policy during the Thatcher Governments, 1979–1990, in: The British Journal of Politics and International Relations 25,2 (2023), S. 348–364.

Wrigley, Chris, Trade Unionists and the Labour Party in Britain. The Bedrock of Success, in: Revue Française de Civilisation Britannique 15,2 (2009), S. 59–72.

Wurm, Clemens, Verbände und europäische Integration. Großbritanniens Beitritt zur EG aus der Sicht von Industrie (CBI) und Gewerkschaften (TUC) 1969–1971, in: Franz Knipping und Matthias Schönwälder (Hrsg.), Aufbruch zum Europa der zweiten Generation. Die europäische Einigung 1969–1984 (Europäische und internationale Studien, Bd. 3), Trier 2004, S. 329–376.

Yergin, Daniel und Joseph Stanislaw, La grande bataille. Les marchés à l'assaut du pouvoir, Paris 2000.

Young, Hugo, This Blessed Plot. Britain and Europe from Churchill to Blair, London 1999.

Young, John, Britain and European Unity, 1945–1999 (British History in Perspective), Basingstoke ²2000.

Zaccaria, Benedetto, Jacques Delors, the End of the Cold War and the EU Democratic Deficit, in: Journal of European Integration History 26,2 (2020), S. 285–304.

Zelizer, Viviana A., The Social Meaning of Money. Pin Money, Paychecks, Poor Relief, and Other Currencies, New York 1994.

Zimmermann, Hubert, Money and Security. Troops, Monetary Policy, and West Germany's Relations with the United States and Britain, 1950–1971 (Publications of the German Historical Institute), Cambridge 2002.

Zürn, Michael, Politisierung als Konzept der internationalen Beziehungen, in: Michael Zürn und Matthias Ecker-Ehrhardt (Hrsg.), Die Politisierung der Weltpolitik. Umkämpfte internationale Institutionen (Edition Suhrkamp, Bd. 2659), Berlin 2013, S. 7–35.

Personenregister

 | HTTPS://DOI.ORG/9783112234860-010

Abstract

This study examines British debates on participation in the Exchange Rate Mechanism (ERM) of the European Monetary System (EMS) between 1979 and 1992. Existing scholarship has frequently emphasised Euroscepticism and concerns over national sovereignty in explaining British reluctance towards the ERM. These interpretations have often been shaped by retrospective readings of the period in light of Britain's later opt-out from the euro and Brexit. In contrast, this study argues that between 1979 and 1988 debates about ERM participation centred less on questions of sovereignty than on monetary credibility, rule-based economic policy, and attempts to depoliticise economic governance by framing it as a technical issue of monetary management.

The study demonstrates that questions of sovereignty were initially deliberately depoliticised, as British policy-makers and advisers framed ERM participation largely as a technical issue of monetary management and anti-inflation policy rather than as a fundamental question of European integration. Appeals to rules, market confidence, and economic credibility served not only economic purposes but also important political functions by containing conflicts over Britain's relationship with Europe. Only with the intensifying debates about European Monetary Union after 1988 did sovereignty emerge as a central and openly contested issue.

Based on extensive archival research in British and German archives, the study moves beyond a narrow focus on senior government actors. It includes the perspectives of the Treasury, the Bank of England, the Labour opposition, trade unions, business associations, actors from the financial sector, and actors within the European Parliament. In doing so, it shows how economic ideas and concepts of sovereignty were interpreted, negotiated, and strategically deployed across different institutional contexts.

Methodologically, the study combines approaches from political, diplomatic, and economic history with perspectives from the cultural history of money. It argues that monetary policy debates cannot be understood solely in terms of economic rationality or European policy preferences. Instead, the pound sterling functioned simultaneously as an economic instrument and as a symbol of national identity, political authority, and Britain's post-imperial position in the world.

By reassessing the relationship between sovereignty, monetary policy, and European integration, the study challenges teleological interpretations that draw a direct line from Britain's relationship with the EMS to Brexit. Instead, it emphasises the contingency of Britain's European policy and the persistence of competing visions of Britain's monetary and political future. In doing so, it contributes to a broader re-evaluation of international economic cooperation in late twentieth-century Europe.

 | HTTPS://DOI.ORG/9783112234860-011